論點 韓國史 史料集成

李延馥 · 尹鍾一 · 趙世烈

국학자료원

책을 펴내면서

새천년의 시작을 맞으면서 우리는 다시금 시간과 역사의 무게를 가늠해 보게 된다.

흔히 다가오는 미래를 세계화·정보화의 시대로 예견한다. 또 문화가 사회발전의 핵심적 기능으로 자리잡을 것이라고 진단한다. 다시 말해 새 시대는 정신문화의 기초위에 기술문명이 만개하는 조화로운 사회를 추구하게 될 것이라는 이야기이다. 그러나 우리의 현실은 이러한 지향과 거리가 있어 보인다.

일각에서는 인문학의 고사를 우려하고 있고 사회전반에는 기능주의적 효율성만 강조되고 있는 실정이다.

그나마 조금씩 민족문화에 대한 관심이나 우리 것에 대한 자각이 높아지고 있는 현상이 확산되고 있음은 다행이 아닐 수 없다.

민족사와 민족문화는, 우리 삶의 거울이며 새로운 모색과 창조의 출발점이다. 역동적인 현대사회와 과거사실을 다루는 역사학이 얼핏 괴리가 있어 보이지만 역사가 주는 교훈은 언제나 현재진행형이며 미래 예시적이다.

나라와 민족의 현실을 타개해 나가는 지혜, 문화경쟁의 시대에 우리를 우리답게 하는 원천이 모두 그 속에 담겨져 있고, 노력하기에 따라 얼마든지 퍼 올릴 수 있기 때문이다. 우리 역사와 문화를 제대로 알아야 하는 이유가 여기에 있다.

근래 우리 역사학은 식민잔재를 청산하고 괄목할만한 연구성과를 축적하였을 뿐아니라 민주화 과정에서도 그 학문적·실천적 기여를 소홀히 하지 않았다. 이를 계기로 대중의 민족사에 대한 이해도 한 단계 높아졌다고 볼 수 있다.

그러나 아직도 역사학과 대중사이에는 일정한 거리감이 있어 보인다.

이 책은 보다 생동감 있는 역사 이해를 위해, 현재 학계의 통설을 반영하는 한편 그 성과들을 직접 자료를 통해 확인할 수 있도록 구성하였다. 이를 위해 각 시대별로 주요하게 거론되는 사료를 정선하여 한국사의 쟁점을 부각시켜 정리해 놓았다.

통사가 개별적 사건들을 통일시켜 체계화 논리화 해 놓은 것이라면 사료집성은 기왕의 역사지식을 구체적으로 검증하고 분석해 보는데 유용한 틀이 될 것이다. 민족사의 장면을 직접 접해 봄으로써 그 안에 용해되어 있는 생생한 민족의 숨결도 느껴 볼 수 있으리라 본다. 나아가 학생들이 사료학습과 토론을 거치는 과정에서 주체적인 역사인식과 비판적인 안목을 기를 수 있기를 기대한다.

끝으로 이 책을 펴내기까지 도움을 주신 여러분들과 정성들여 출간해 주신 국학자료원의 모든 분들께 진심으로 감사드린다.

2000년 2월

엮은이 씀.

차례

책을 펴내면서

제1편 古代社會

제1장 古朝鮮과 三韓
  1. 檀君神話와 古朝鮮 ··· 7
  2. 고조선의 주변국가 ·· 11

제2장 三國時代
  1. 삼국의 성립과 발전 ·· 19
    1) 三國의 成立 ··· 19
    2) 삼국의 발전 ··· 27
    3) 삼국의 대외관계 ·· 34
  2. 고대사회의 구조와 民의 생활 ·· 37
    1) 官等制와 身分制 ·· 37
    2) 民의 생활 ·· 39
  3. 佛敎의 受容 ··· 45
    1) 불교의 전래 ··· 45
    2) 불교의 융성 ··· 49

제3장 新羅의 三國統一과 渤海
  1. 統一新羅의 支配體制整備 ·· 55
  2. 渤海의 建國과 發展 ··· 58

제4장 新羅支配體制의 動搖와 後三國
  1. 新羅下代 支配體制의 動搖 ··· 64
  2. 豪族의 成長과 後三國 ·· 67

제2편 中世社會

제1장 高麗時代

1. 高麗의 建國과 門閥貴族社會 ·········· 73
  1) 高麗의 建國 ·········· 74
  2) 國家體制의 정비 ·········· 77
  3) 對外關係 ·········· 86
  4) 貴族社會의 動搖 ·········· 89
2. 武臣政權과 對蒙抗爭 ·········· 92
  1) 武臣政權의 성립 ·········· 92
  2) 武臣政權期의 民衆抗爭 ·········· 96
  3) 對蒙抗爭 ·········· 98
3. 權門世族과 新興士大夫의 進出 ·········· 102
  1) 權門世族의 擡頭 ·········· 102
  2) 新興士大夫의 성장 ·········· 105

제2장 朝鮮前期

1. 治國理念 ·········· 113
2. 集權的 官僚制 ·········· 126
3. 國家와 民 ·········· 137
4. 社會와 經濟現實 ·········· 154
5. 外侵과 克服 ·········· 164

제3장 朝鮮後期

1. 收取制度의 改編 ·········· 167
2. 生産力의 발전 ·········· 174
3. 三政紊亂과 農民抗爭 ·········· 186
4. 實學思想 ·········· 193

제3편 近代社會

제1장 自主的 近代化를 위한 民族運動
  1. 開化運動 ·· 203
  2. 東學農民戰爭 ·· 211
    1) 東學思想 ··· 212
    2) 農民戰爭 ··· 218
  3. 衛正斥邪思想과 義兵戰爭 ··· 225
    1) 衛正斥邪의 논리 ··· 225
    2) 抗日義兵戰爭 ··· 229
  4. 國權回復運動 ·· 232

제2장 獨立戰爭期의 民族運動
  1. 日帝下 國內民族運動 ··· 243
    1) 民族主義運動 ··· 244
    2) 社會主義運動 ··· 255
    3) 民族統一戰線運動 ··· 257
    4) 民衆運動 ··· 263
    5) 民衆生活相 ··· 264
    6) 其他 ··· 273
  2. 日帝下 國外民族運動 ··· 279
    1) 民族主義運動 ··· 280
    2) 社會主義運動 ··· 300

제4편 現代社會

제1장 解放과 分斷
  1. 解放과 政府樹立 ·· 307
    1) 美·蘇의 對韓政策 ··· 308
    2) 北韓의 宣言書 및 政綱 ··· 314
    3) 信託統治에 관한 論爭 ··· 319
  2. 分斷의 展開 ·· 321

3. 大韓民國의 樹立과 試鍊 327

제2장 獨裁政權과 民主化運動
   1. 4月革命 340
   2. 軍事政權의 樹立과 民主化運動 344

제3장 新自由主義의 擡頭와 世界化
   1. 國際秩序의 再編 364
   2. 世界化의 虛構性 366

제1편 古代社會

제1장 古朝鮮과 三韓

1. 檀君神話와 古朝鮮

- 개요 -

> 다른 건국신화와 마찬가지로 단군신화도 초월적·신비적인 내용으로 상징화되어 있다. 그렇지만 단군신화는 초기국가 성립단계의 역사적 상황을 함축하고 있다는 점에서 민족사의 시원으로 평가받을 수 있다. 단군조선은 제정일치의 신정국가(神政國家)였으며 농경사회를 이루고 있었다. 청동기 문화를 배경으로 계급관계가 발생하고 부족국가 간에 활발한 정복과 통합이 진행되면서 초기국가의 면모를 갖추게 된 것이다. 고조선의 영역은 대체로 요하유역과 한반도의 서북부 일대를 포괄하고 있었던 것으로 추정된다. 고조선이 지역집단간의 연맹체 수준을 극복하고 정치적 통합을 이루면서부터 중국 북방의 인접국가와 빈번한 충돌이 일어나게 되었다. 후기의 고조선은 철기문화를 토대로 한층 강력한 국가체제를 갖추고 있었다. 관료기구와 상비군을 두고 있었으며 한(漢)과도 대립할 수 있을 정도의 경제적·군사적 실력도 갖출 정도로 성장하고 있었던 것으로 보인다.

☐ 檀君神話

● 위서(魏書)에 이런 말이 있다. 지금으로부터 2천년 전에 단군왕검(檀君王儉)이 있어 아사달(阿斯達)에 도읍을 정하고 나라를 개창(開創)하여 조선이라 일컬으니 고(高; 堯임금)와 같은 때였다고 한다.

『고기(古記)』에 이런 말이 있다. 옛날에 환인(桓因)의 서자 환웅이 계셔 천하에 자주

뜻을 두고, 인간 세상을 탐내어 구했다. 아버지는 아들의 뜻을 알고, 삼위(三危) 태백산을 내려다 보니 인간 세계를 널리 이롭게 할 만했다. 이에 천부인(天符印) 세 개를 주어, 내려가서 [세상 사람을] 다스리게 했다.

환웅(桓雄)은 그 무리 3천명을 거느리고 태백산 꼭대기의 신단수(神檀樹) 밑에 내려와서 [이 곳을] 신시(神市)라 불렀다. 이 분을 환웅천왕이라 한다. [그는] 풍백(風伯)·우사(雨師)·운사(雲師)를 거느리고 곡식·수명·질병·형벌·선악 등을 주관하고, 인간의 360가지나 되는 일을 주관하여 인간 세계를 다스려 교화시켰다.

이 때 곰 한마리와 범 한마리가 같은 굴에서 살았는데, 늘 환웅에게 사람되기를 빌었다. 때마침 환웅이 신령한 쑥 한 심지와 마늘 스무개를 주면서 말했다. "너희들이 이것을 먹고 백날 동안 햇빛을 보지 않는다면 곧 사람이 될 것이다". 곰은 이것을 받아서 먹었다. 곰은 기(忌)한지 21일만에 여자의 몸이 되었으나, 범은 능히 기피하지 못했으므로, 사람이 되지 못했다. 여자가 된 곰은 그와 혼인할 상대가 없었으므로 항상 단수(檀樹) 밑에서 아이 배기를 축원했다. 환웅은 이에 임시로 변하여 그와 결혼해 주었더니, 그는 임신하여 아들을 낳았다. 이름을 단군왕검(檀君王儉)이라 일렀다.

왕검은 요임금이 왕위에 오른지 50년인 경인년에 평양성에 도읍을 정하고 비로서 조선이라 불렀다. 또다시 도읍을 백악산 아사달에 옮겼다. 그 곳을 궁홀산(弓忽山) 또는 금미달(今彌達)이라 한다. 그는 1,500년 동안 여기서 나라를 다스린다. 주나라 무왕이 왕위에 오른 기묘년에 [무왕이] 기자를 조선에 봉하니, 단군은 이에 장당경으로 옮겨갔다가 후에 돌아와 아사달에 숨어서 산신이 되었는데, 나이가 1,908세였다고 한다.

[『三國遺事』卷1, 紀異1, 古朝鮮]

요점 －신화와 역사
－사회의 분화와 초기국가의 발생

□ 衛滿朝鮮

● 옛날 기자의 후예인 조선후(朝鮮侯)는 주나라가 쇠약해지자 연(燕)이 스스로를 높여 왕이라 칭하고 동쪽으로 침략하려는 것을 보고 조선후도 역시 스스로 왕을 칭하면서 군사를 일으켜 연(燕)을 치고 주나라의 왕실을 받들려 하였는데, [그러나 이러한 계획은] 그 대부(大夫)인 예(禮)가 간(諫)하여 중지되었다. 이에 예(禮)를 서쪽으로 보내어 연(燕)을 설득하니 연(燕)이 계획을 중지하고 공격하지 않았다.

그 뒤 자손들이 교만하고 사나워졌으므로 연(燕)은 장군 진개(秦開)를 보내어 조선의 서방을 공격하여 2천여 리의 땅을 빼앗고 만번한(滿藩汗)에 이르는 지역을 경계로 삼았다. 마침내 조선의 세력은 약화되었다.

진(秦)이 천하를 통일한 뒤, 몽염(蒙恬)을 시켜서 장성(長城)을 쌓게 하여 요동에 이르렀다. 이때에 조선왕 부(否)가 왕이 되었는데, 진(秦)의 습격을 두려워한 나머지 정략(政略)상 진나라에 복속은 하였으나 조회(朝會)에는 나가지 않았다. 부(否)가 죽고 그의 아들 준(準)이 즉위하였다.

그 뒤 20여년이 지나 [중국에서] 진승(陣勝)·항우(項羽)가 기병(起兵)하여 천하가 어지러워지자, 연(燕)·제(齊)·조(趙)의 백성들이 괴로움을 견디다 못해 차츰 준(準)에게 망명하므로, 준(準)은 이들을 서쪽 지방에 거주하게 하였다.

한(漢) 때에 이르러 노관(盧綰)으로 연왕(燕王)을 삼으니, 조선(朝鮮)과 연(燕)은 패수(浿水)를 경계로 하게 되었다. [노]관이 [한을] 배반하고 흉노(匈奴)로 도망한 뒤, 연나라 사람 위만도 망명하여 오랑캐의 복장을 하고 동쪽으로 패수를 건너 준왕(準王)에게 항복하였다. [위만이] 서쪽 변방에 거주하도록 해 주면 중국의 망명자들을 거두어 조선의 번병(藩屛)이 되겠다고 준을 설득하였다. 준왕(準王)은 위만을 믿고 사랑하여 박사(博士)에 임명하고 규(圭)를 주어 백리(百里)의 땅을 봉(封)해 주어 서쪽 변경을 지키게 하였다.

위만이 [중국의] 망명자들을 유인하여 그 무리가 점점 많아지자, 사람을 준왕(準王)에게 보내어 속여서 말하기를,

"한(漢)의 군대가 열군데로 쳐들어오니, [왕궁에] 들어가 숙위(宿衛)하기를 청합니다."

하고는 드디어 되돌아서서 준왕(準王)을 공격하였다. 준왕(準王)은 만(滿)과 싸웠으나 상대가 되지 못하였다.

[준왕]은 그의 근신(近臣)과 궁인(宮人)들을 거느리고 도망하여 바다를 건너 한(韓) 땅에 살면서 스스로 한왕(韓王)이라 하였다. … 일찍이 우거(右渠)가 격파되기 전에 조선상(朝鮮相) 역계경(歷谿卿)이 우거에게 간하였으나 [그의 말] 받아들여지지 않자, 동쪽 진국(辰國)으로 갔다. 그 때 백성으로서 그를 따라가 그곳에 산 사람이 2천여호나 되었는데, 그들도 역시 조선에 조공하는 번국(藩國)과는 서로 왕래하지 않았다.

[『魏略』; 『三國志』 卷28, 魏志30, 東夷傳, 韓]

● [위만이 왕이 되어 왕검에 도읍하였을] 때는 마침 효혜(孝惠)·고후(高后)의 시대로서 천하가 처음으로 안정되니, 요동태수는 곧 위만으로 외신(外臣)으로 삼을 것을 약속하여, 국경 밖의 오랑캐를 지켜 변경을 노략질하지 못하게 하는 한편, 모든 만이(蠻夷)의 군장들이 [중국에] 들어와 천자를 뵙고자 하면 막지 않도록 하였다. 천자도 이를 듣고 허락하였다. 이로써 위만은 군사의 위세와 재물을 얻게 되어 그 주변의 소읍(小邑)들을 침략하여 항복시키니, 진번(眞番)과 임둔(臨屯)도 모두 와서 복속하여 [그 영역이] 사방 수천리가 되었다.

아들을 거쳐 손자 우거(右渠) 때에 이르러서는 유인해 낸 한나라 망명자수가 대단히

많게 되었으며, 천자에게 입견(入見)치 않을 뿐만 아니라, 진번 주변의 여러 나라들이 글을 올려 천자에게 알현하고자 하는 것도 또한 가로막고 통하지 못하게 하였다.

원봉(元封) 2년(B.C. 109)에 한나라는 사신 섭하(涉何)를 보내어 꾸짖고 회유하였으나, 우거(右渠)는 끝내 [한나라] 천자의 명을 받들려고 하지 않았다. 섭하가 돌아가면서 국경인 패수(浿水)에 이르러서 마부를 시켜 전송나온 조선의 비왕(裨王) 장(長)을 찔러 죽이고 바로 [패수를] 건너 요새 안으로 달려 들어간 뒤, 드디어 천자에게 '조선의 장수를 죽였다'고 보고했다. 천자가 그 공을 기려 꾸짖지 않고 섭하에게 요동동부도위(遼東東部都尉)의 벼슬을 내렸다. 이에 조선은 섭하를 원망하여 군사를 일으켜 기습 공격해 섭하를 죽이니, 천자는 죄인을 모집하여 조선을 치게 하였다. … 좌장군이 양군을 합하여 맹렬히 조선을 치니, 조선의 상(相) 노인(路人), 상(相) 한음(韓陰), 니계상(尼谿相) 삼(參)·장군 왕협(王唊)이 서로 모의하기를

"처음 누선(樓船)에게 항복하려 했으나, 누선(樓船)은 지금 잡혀 있고, 좌장군 혼자 장졸(將卒)을 합하여 전투가 더욱 맹렬하여 맞아서 싸우기 두려운데도 왕은 항복하려 하지 않는다."

하고 한음·왕협·노인이 모두 도망하여 한나라에 항복하였다. 노인은 도중에 죽었다.

원봉 3년(B.C. 108) 여름에 니계상 삼이 사람을 시켜 조선왕 우거를 죽이고 항복해 왔으나, 왕검성(王儉城)은 함락되지 않았다. 죽은 우거왕의 대신 성기(成己)가 또 [한나라에] 반하여 다시 군리(軍吏)들을 공격하였다. 좌장군은 우거의 아들 장항(長降)과 상(相) 노인(路人)의 아들 최(最)로 하여금 그 백성들을 달래어 성기를 죽이도록 하였다. 이로써 드디어 조선을 평정하고 사군(四郡)을 설치하였다.

[『史記』卷115, 朝鮮列傳55]

요점
- 기자조선의 실체
- 고조선의 영역과 변천

□ 八條犯禁

● 은(殷)나라의 도가 쇠퇴하자 기자(箕子)가 조선으로 가서 그 백성들에게 예의와 농사·누에치기·길쌈을 가르치고 낙랑·조선 백성의 범금[法] 8조를 만들었다. 사람을 죽인자는 즉시 죽이고, 남에게 상처를 입힌 자는 곡식으로 배상시키며, 도둑질한 자는 남자일 경우에는 몰입하여 그 집 남자종[노]을 만들고 여자일 경우에는 여자종[비]을 만든다. 자기가 용서받고자 하는 자는 한 사람 앞에 50만전을 내게 한다[는 것 등이 8조의 내용이다]. 그러나 비록 [노비를] 면하여 평민[백성]이 되더라도 사람들은 이를 수치스럽게 여겼다. 여자는 배필이 없는 남자와 결혼하였다. 이 때문에 그 백성들이

도둑질을 하지 아니하므로 문단속을 하지 않으며 부인들은 정숙하고 음란하지 않았다. … 군(郡)을 설치하고 초기에는 관리를 요동에서 뽑아왔는데, 이 관리가 [조선의] 백성들이 문단속을 하지 않는 것을 보았다. 장사하러 온 자들이 밤에 도둑질을 하게 되니 풍속이 점차 야박해졌다. 지금은 범금도 많아져서 60여 조목이나 된다.

[『漢書』卷28, 地理志8 下1]

요점 －계급분화와 사유재산의 발생
　　　　－농경정착사회의 진전

2. 고조선의 주변국가

- 개요 -

> 고조선이 성장하고 있던 시기 한반도 일대의 다른 지역에도 초기국가들이 등장하고 있었다. 그 중에서도 만주 동북지역의 부여는 관료기구와 형률체계를 갖추고 중국과도 직접 통교하고 있었다. 사회의 성격은 고조선과 유사하였으나 국가의 통합력은 보다 떨어진 것으로 파악된다.
> 　진국은 한반도 중부일대에 느슨한 정치연맹체의 형태로 발전하고 있었다. 강력한 정치권력을 형성하지는 못한 상태였으며 중계무역을 통해 통제력을 행사하는 수준이었다.
> 　삼한사회는 아직 읍락공동체적 특성을 완전히 벗어나지는 못하고 있었지만 철의 생산과 무역을 통해 생산력을 발전시키면서 초기국가의 단계로 진입하고 있었다. 고조선이 멸망한 후 한문화의 유입은 오히려 주변국가의 성장을 촉진시키고 있었다. 고구려를 비롯한 신흥 초기국가들이 형성되었으며 고조선의 유이민에 의해 철기문화가 한반도 전역으로 확산 발달하게 되었다.

□ 夫餘

● 부여는 장성(長城)의 북쪽에 있는데, 현도(玄菟)에서 천리 떨어져 있다. 남은 고구려와, 동은 읍루(挹婁)와, 서는 선비(鮮卑)와 접해 있고, 북쪽에는 약수(弱水)가 있다. [영토는] 사방 2천리가 되며, 호수는 8만이다. … 나라에는 군왕(君王)이 있고, 모두 가축의 이름으로 관명(官名)을 정하여 마가(馬加)·우가(牛加)·저가(猪加)·구가(狗加)·대사(大使)·대사자(大使者)·사자(使者)가 있다. 부락에는 호민(豪民)이 있으며, 하호(下戶)라고 불리는 백성은 모두 노복(奴僕)이 되었다. 제가(諸加)들은 별도로 사출도(四出道)를 주관하는데, 큰 곳은 수천가이며, 작은 곳은 수백가였다. … 은력(殷曆) 정월에 지내는 제천행사는 국중대회로 날마다 마시고 먹고 노래하고 춤추는데, 그 이름을 영

고(迎鼓)라 하였다. 이 때에는 형옥(刑獄)을 중단하고 죄수를 풀어주었다. … 형벌은 엄하고 각박하여 사람을 죽인 사람은 사형에 처하고, 그 집안 사람들은 적몰하여 노비로 삼는다. 도둑질을 하면 12배를 변상케 했다. 남녀간에 음란한 짓을 하거나 부인이 투기하면 모두 죽였다. 투기하는 것을 더욱 미워하여 죽이고 나서 그 시체를 나라의 남산 위에 버려서 썩게 한다. 친정집에서 [그 부인의 시체를] 가져가려면 소와 말을 바쳐야 내어준다. 형이 죽으면 형수를 아내로 삼는데 이는 흉노의 풍습과 같다. 그 나라 사람들은 가축을 잘 기르며, 명마(名馬)와 적옥(赤玉), 담비와 원숭이 [가죽] 및 아름다운 구슬이 산출되는데 구슬의 크기는 대추(酸棗) 만하다. 활·화살·칼·창을 병기로 사용하며, 집집마다 자체적으로 갑옷과 무기를 보유하였다. … 적군[의 침입]이 있으면, 제 가들이 몸소 전투를 하고, 하호는 양식을 져다가 음식을 만들어 준다. 여름에 사람이 죽으면 모두 얼음을 넣어 장사지내며, 사람을 죽여서 순장(殉葬)을 하는데 많을 때는 백명 가량이나 된다. 장사를 후하게 지내는데, 곽(槨)은 사용하나 관(棺)은 쓰지 않는다. … 옛 부여의 풍속에는 가뭄이나 장마가 계속되어 오곡(五穀)이 영글지 않으면, 그 허물을 왕(王)에게 돌려 '왕을 마땅히 바꾸어야 한다'고 하거나 '죽여야 한다'고 하였다.

[『三國志』 卷28, 魏志30, 東夷傳, 夫餘]

요점 - 부여사회의 성격

□ 沃沮

● 동옥저(東沃沮)는 고구려 개마대산(蓋馬大山)의 동쪽에 있는데, 큰 바닷가에 접해 산다. 그 지형은 동북간은 좁고, 서남간은 길어서 천리정도나 된다. 북쪽은 읍루(挹婁)·부여(夫餘)와, 남쪽은 예맥(濊貊)과 접하여 있다. 호수(戶數)는 5천호인데, 대군왕(大君王)은 없으며 읍락(邑落)에는 각각 대를 잇는 우두머리(長帥)가 있다. 그들의 말은 고구려와 대체로 같지만 경우에 따라 좀 다른 부분도 있다.

한(漢) 무제(武帝) 원봉(元封) 2년(B.C. 109)에 조선을 징벌하여 (위)만의 손자 우거(右渠)를 죽이고, 그 지역을 분할하여 사군(四郡)을 설치하였는데, 옥저성으로 현도군(玄菟郡)을 삼았다. 뒤에 이(夷)·맥(貊)의 침략을 받아 군을 (고)구려의 서북쪽으로 옮기니 지금의 이른바 현도의 고부(故府)라는 곳이 바로 그곳이다.

옥저는 다시 낙랑(樂浪)에 속하게 되었다. 한나라는 그 지역이 넓고 멀리 떨어져 있으므로, 단단대령(單單大領)의 동쪽에 있는 지역을 나누어 동부도위(東部都尉)를 설치하고 불내성(不耐城)에 치소(治所)를 두어 별도로 영동(嶺東) 7현(縣)을 통치하게 하였다. 이때에 옥저의 [읍락도] 모두 현이 되었다.

[후한] 건무(建武) 6년(A.D. 30 ; 고구려 대무신왕 13)에 변경의 군(郡)을 줄였는데,

[옥저의 동부]도위도 이때 폐지되었다. 그 후부터 현에 있던 [토착민의] 우두머리(渠帥)로 모두 현후(縣侯)를 삼으니, 불내(不耐)·화려(華麗)·옥저 등의 제현(諸縣)은 전부 후국(侯國)이 되었다. 이들 이적(夷狄)들은 서로 침공하여 싸웠으나, 오직 불내예후(不耐濊侯)만이 오늘에 이르기까지 [후국으로서의 면모를 유지하여] 공조(功曹)·주부(主簿) 등의 제조(諸曹)를 두었는데, 예인이 모두 [그 직을] 차지하였다.

옥저의 여러 읍락의 우두머리들은 스스로를 삼로(三老)라 일컬으니, 그것은 옛 [한나라] 현이었을 때의 제도이다.

[동옥저는] 나라가 작고 큰 나라의 틈바구니에서 핍박을 받다가 결국 고구려에 신속(臣屬)케 되었다. 고구려는 그 [지역 인물] 중에서 대인(大人)을 두고 사자(使者)로 삼아 [토착 거수와] 함께 통치하게 하였다. 또 대가(大加)로 하여금 조세(租稅)를 통괄 수납케하여, 맥(貊)·포(布)·어(魚)·염(鹽)·해초류(海草類) 등을 천리나 되는 거리에서 져나르게 하고, 또 동옥저의 미인을 보내게 하여 종이나 첩으로 삼았으니, 그들(동옥저 사람)을 노복(奴僕)처럼 대우하였다.

동옥저의 토질은 비옥하며, 산을 등지고 바다를 향해 있어 오곡(五穀)이 잘 자라며 농사짓기에 적합하다. 사람들의 성질은 질박하고 정직하며 굳세고 용감하다. 소나 말이 적고, 창을 잘 다루며 보전(步戰)을 잘한다. 음식·의복·예절은 고구려와 흡사하다.

위략(魏略) ; 그 나라의 혼인하는 풍속은 여자의 나이가 10살이 되기 전에 혼인을 약속하고, 신랑집에서는 [그 여자를] 맞이하여 장성하도록 길러 아내로 삼는다. [여자가] 성인이 되면 다시 친정으로 돌아가게 된다. 여자의 친정에서는 돈을 요구하는데, [신랑집에서] 돈을 지불한 후 다시 신랑 집으로 돌아온다.

그들은 장사를 지낼 적에는 큰 나무 곽(槨)을 만드는데, 길이가 10여 장(丈)이나 되며 한쪽 머리를 열어 놓아 문을 만든다. 사람이 죽으면 시체는 모두 가매장을 하되, 겨우 형체가 덮일 만큼 묻었다가 가죽과 살이 다 썩은 다음에 뼈만 추려 곽 속에 안치한다. 온 집식구를 모두 하나의 곽 속에 넣어 두는데, 죽은 사람의 숫자대로 살아 있을 때와 같은 모습으로 나무로써 모양을 새긴다. 또 질솥에 쌀을 담아서 곽의 문 곁에다 엮어 매단다.

관구검(毌丘儉)이 고구려를 토벌할 때 고구려의 왕 궁(宮)이 옥저로 달아났으므로 [관구검은] 군대를 진격시켜 그를 공격하게 되었고, 이에 옥저의 읍락도 모조리 파괴되고, 3천여 급(級)이 목베이거나 포로로 사로잡히니 궁(宮)은 북옥저로 달아났다.

북옥저는 일명 치구루(置溝婁)라고도 하는데 남옥저와는 8백여리 떨어져 있다. 그들의 풍속은 남·북이 서로 같으며, 읍루와 접해 있다.

읍루는 배를 타고 다니며 노략질하기를 좋아하므로 북옥저는 그들을 두려워하여 여름철에는 언제나 깊은 산골짜기의 바위굴에서 살면서 수비하고, 겨울철에 얼음이 얼어 뱃길이 통하지 않아야 산에서 내려와 촌락에서 산다.

왕기(王頎)가 별도로 군대를 파견하여 궁을 추격, 동쪽 경계의 끝까지 갔다. 그곳에 사는 노인에게,

"바다의 동쪽에 또 사람이 살고 있는가?"

하고 물었다. 노인은 대답하기를,

"우리나라 사람이 어느날 배를 타고 고기잡이를 하다가 풍랑을 만나 수십일을 바람 부는 대로 표류, 동쪽으로 흘러가서 한 섬에 도착하였다. 그 섬 위에는 사람이 살고 있었으나 말을 서로 알아 들을 수 없었다. 그들의 습속은 해마다 7월달이면 동녀(童女)를 구하여 바다에 집어넣는다."

라 하였다. 이어 말하기를,

"바다 가운데에 어떤 나라가 있는데 그곳에는 순전히 여자만 있고 남자는 없다."

고 하였다. 또, 그는 말하기를,

"바다 가운데에 떠올라 있는 베옷 입은 사람을 건졌는데, 그 시체는 마치 중국(中國) 사람같고, 입은 옷의 두 소매 길이는 3장(丈)이었다. 또 난파되어 해안에 밀려온 배 한척을 잡았는데 그 배에 있는 사람의 목부분에 또 얼굴이 있었다. 생포하여 함께 말을 해 보았으나 서로 말이 통하지 않았으며 음식을 먹지 않고 죽었다."

라고 하였다. [노인이 말한] 그 지역은 모두 옥저의 동쪽 큰 바다 가운데에 있다.

[『三國志』 卷30, 魏志30, 東夷傳, 東沃沮]

□ 濊

● 예는 남쪽으로는 진한과, 북쪽으로는 고구려·옥저(沃沮)와 접하였고, 동쪽으로는 대해(大海)에 닿았으니, 오늘날 조선의 동쪽이 모두 그 지역이다. 호수는 2만이다.

일찍이 기자(箕子)가 조선에 가서 8조의 교(敎)를 만들어 그들을 가르치니, 문을 닫아걸지 않아도 백성들은 도둑질을 하지 않았다.

그 뒤 40여 세(世)를 지나 조선 후 준(準)이 참람하게 왕이라 일컬었다. [진(秦)나라 말년에] 진승(陳勝) 등이 기병하여 온 천하가 진나라에 반기를 드니 연(燕)·제(齊)·조(趙) 지역의 백성 수만인이 조선으로 피난하였다. 연나라 사람 위만(衛滿)이 북상투를 하고, 오랑캐의 복장으로 [조선에] 와 그 왕이 되었다.

한 무제는 조선을 정벌하여 멸망시키고, 그 지역을 분할하여 사군을 설치하였다. 이 뒤로부터 호족(胡族)과 한족 사이에 점차 구별이 생겼다.

[예에는] 대군장이 없고 한대(漢代) 이래로 후(侯)·읍군(邑君)·삼로(三老)의 관직이

있어서 하호(下戶)를 통치하였다. 예의 노인들은 옛부터 스스로 일컫기를 "고구려와 같은 종족이다"라고 하였다.

그들의 성질은 조심스럽고 진실하며 욕심이 적고 염치가 있어, 남에게 구걸하거나 도움을 청하지 않는다. 언어와 예절 및 풍속은 대체로 고구려와 같지만 의복은 다르다. 남녀가 모두 곡령(曲領)을 입는데, 남자는 넓이가 여러 치 되는 은화(銀花)를 옷에 꿰매어 장식한다.

단단대산령(單單大山領)의 서쪽은 낙랑(樂浪)에 소속되었으며, 영의 동쪽 일곱 현은 [동부]도위(都尉)가 통치하는데 그 백성은 모두 예인이다. 그 뒤 도위를 폐지하고 그들의 우두머리를 봉하여 후로 삼았다. 오늘날의 불내예(不耐濊)는 모두 그 종족이다. 한 말(漢末)에는 다시 고구려에 복속되었다.

예의 풍속은 산천을 중요시하여 산과 내마다 각기 구분이 있어 함부로 들어가지 않는다. 동성끼리는 결혼하지 않는다. 꺼리는 것이 많아서 병을 앓거나 사람이 죽으면 옛집을 버리고 곧 다시 새 집을 지어 산다. 삼베가 산출되며 누에를 쳐서 옷감을 만든다. 새벽에 별자리의 움직임을 관찰하여 그 해의 흉풍을 미리 안다. 주옥(珠玉)은 보물로 여기지 않는다.

해마다 10월이면 하늘에 제사를 지내는데, 주야로 술 마시며 노래 부르고 춤추니 이를 무천(舞天)이라 한다. 또 호랑이를 신으로 여겨 제사지낸다. 부락을 함부로 침범하면 벌로 생구(生口)와 소·말을 부과하는데, 이를 책화(責禍)라 한다. 사람을 죽인 사람은 죽음으로 그 죄를 갚게 한다. 도둑질하는 사람이 적다.

길이가 3장이나 되는 창을 만들어 때로는 여러 사람이 함께 잡고서 사용하기도 하며, 보전(步戰)에 능숙하다. 낙랑의 단궁(檀弓)이 그 지역에서 산출된다. 바다에서는 반어(班魚)의 가죽이 산출되며, 땅은 기름지고 무늬있는 표범이 많다. 또 과하마(果下馬)가 나는데 [후]한의 환제(桓帝) 때 헌상하였다.

[『三國志』卷30, 魏志30, 東夷傳, 濊]

□ 韓

● 한(韓)은 대방(帶方)의 남쪽에 있는데, 동쪽과 서쪽은 바다로 한계를 삼고, 남쪽은 왜와 접경하니, 면적이 4천리쯤 된다. [한에는] 세 종류가 있으니 하나는 마한, 둘째는 진한, 셋째는 변한인데, 진한은 옛 진국(辰國)이다.

마한은 [삼한 중에서] 서쪽에 위치하였다. 그 백성은 토착생활을 하고 곡식을 심으며 누에치기와 뽕나무 가꿀 줄을 알고 면포도 만들었다. [나라마다] 각각 장수(長帥)가 있어서, 세력이 큰 사람은 스스로 신지(臣智)라하고, 그 다음은 읍차(邑借)라 하였다.

[그 나라 사람들은] 산과 바다 사이에 흩어져 살았으며 성곽이 없었다. 원양국(爰襄

國) … 초리국(楚離國) 등 모두 50여 국이 있다. 큰 나라는 만여가이고, 작은 나라는 수천가로, 모두 10여만호이다.   쪽자 趾叔

진왕(辰王)은 월지국(月支國)을 다스린다. 신지에게는 간혹 우대하는 호칭인 신운견지보(臣雲遣支報) 안사척지(安邪趾叔支) 분신리아불례(濆臣離兒不例) 구사진지렴(狗邪秦支廉)의 칭호를 더하기도 한다. 그들의 관직에는 위솔선(魏率善)·읍군(邑君)·귀의후(歸義侯)·중랑장(中郞將)·도위(都尉)·백장(伯長)이 있다.

[조선(朝鮮)]후(候) 준(準)이 참람되이 왕이라 일컫다가 연(燕)나라에서 망명한 위만(衛滿)의 공격을 받아 나라를 빼앗겼다. …

그 풍속은 기강이 흐려서, 제국(諸國)의 도읍이 비록 주수(主帥)가 있어도 읍락(邑落)에 뒤섞여 살기 때문에 제대로 다스리지 못하였다. 궤배(詭拜)하는 예(禮) 또한 없다. 거처는 초가(草家)에 토실(土室)을 만들어 사는데, 그 모양은 마치 무덤과 같았으며, 그 문은 윗부분에 있다. 온 집안 식구가 그 속에 함께 살며, 장유(長幼)와 남녀(男女)의 분별이 없다.

그들의 장례에는 관(棺)은 있으나 곽(槨)은 사용하지 않는다. 소나 말을 탈줄 모르기 때문에 소나 말은 모두 장례용으로 써버린다.

구슬을 귀하게 여겨 옷에 꿰매어 장식하기도 하고, 목이나 귀에 달기도 하지만, 금·은과 금(錦)·수(繡)는 보배로 여기지 않는다.

그 사람들의 성질은 굳세고 용감하다. 머리칼을 틀어 묶고 상투를 드러내는데 마치 날카로운 병기(兵器)와 같다. 배로 만든 도포를 입고 발에는 가죽신을 신고 다닌다.

그 나라 안에 무슨 있거나 관가(官家)에서 성곽(城郭)을 쌓게 되면, 용감하고 건장하고 건장한 젊은이의 모두 등의 가죽을 뚫고, 큰 밧줄로 그곳에 한 발(丈)쯤 되는 나무막대는 매달고 온 종일 소리를 지르며 일을 하는데, [이를] 아프게 여기지 않는다. 그렇게 작업하기를 권하며, 또 이를 강건한 것으로 여긴다.

해마다 5월이면 씨뿌리기를 마치고 귀신에게 제사를 지낸다. 떼를 지어 모여서 노래와 춤을 즐기며 술 마시고 노는데 밤낮을 가리지 않는다. 그들의 춤은 수십명이 모두 일어나서 뒤를 따라가며 땅을 밟고 구부렸다 치켜들었다 하면서 손과 발로 서로 장단을 맞추는데, 그 가락과 율동은 [중국의] 탁무(鐸舞)와 흡사하다. 10월에 농사일을 마치고 나서도 이렇게 한다.

귀신을 믿기 때문에 국읍(國邑)에 각각 한 사람씩을 세워서 천신(天神)의 제사를 주관하게 하는데, 이를 '천군(天君)'이라 부른다.

또 여러 나라에는 각각 별읍(別邑)이 있으니 그것을 '소도(蘇塗)'라 한다. [그곳에] 큰 나무를 세우고 방울과 북을 매달아 놓고 귀신을 섬긴다. [다른 지역에서] 그 지역으로 도망 온 사람은 누구든 돌려보내지 아니하므로 도덕질하는 것을 좋아하게 되었다. 그들이 소도(蘇塗)를 세운 뜻은 부도(浮屠)와 같으나, 행하는 바의 좋고 나쁜 점은 다르다.

그 나라 북방의 [중국]군(郡)에 가까운 제국(諸國)은 그런대로 약간의 예속(禮俗)이 있지만, 멀리 떨어져 있는 지역은 흡사 죄수와 노비(奴婢)가 모여 사는 곳과 같다. 별다른 진보(珍寶)는 나지 않고, 동물과 초목(草木)은 대략 중국과 동일하다. 큰 밤이 생산되는데 그 크기가 배만큼 크다. 또 세미계(細尾雞)가 나는데 그 꼬리의 길이는 모두 5자(尺) 남짓 된다. 그 고장 남자들은 간혹 문신(文身)을 한 사람도 있다.

　또 주호(州胡)가 마한(馬韓)의 서쪽 바다 가운데의 큰 섬에 있다. 그 사람들은 대체로 키가 작고 말도 한족(韓族)과 같지 않다. [그들은] 모두 선비족(鮮卑族)처럼 머리를 삭발하였으며, 옷은 오직 가죽으로 해 입고 소나 돼지기르기를 좋아한다. 그들의 옷은 상의(上衣)만 입고 하의(下衣)는 없기 때문에 거의 나체와 같다. 배를 타고 왕래하며 한(韓)나라에서 물건을 사고 판다.

[『三國志』卷30, 魏志30, 東夷傳, 韓]

□ 弁辰

● 변진도 12국으로 되어 있다. 또 여러 작은 별읍(別邑)이 있어서 제각기 거수(渠帥)가 있다. [그 중에서] 세력이 큰 사람은 신지(臣智)라 하고, 그 다음에는 험칙(險側)이 있고, 다음에는 번예(樊濊)가 있고, 다음에는 살해(殺奚), 다음에는 읍차(邑借)가 있다. … 변한과 진한의 합계가 24국이나 된다. 대국은 4~5천가이고, 소국은 6~7백가로, 총 4~5만호이다.

　그 중에서 12국은 진왕(辰王)에 복속되어 있다. 진왕은 항상 마한(馬韓) 사람으로 왕을 삼아 대대로 세습하였으며, 진왕은 자립하여 왕이 되지는 못하였다.

　위략(魏略) ; 그들은 [외지에서] 옮겨온 사람들이 분명하기 때문에 마한의 제재를 받는 것이다.

　[변진의] 토지는 비옥하여 오곡과 벼를 심기에 적합하다. 누에치기와 뽕나무 가꾸기를 알아 비단과 베를 짤 줄 알았으며, 소와 말을 탈 줄 알았다.

　혼인하는 예법은 남녀의 분별이 있었다. 큰 새의 깃털을 사용하여 장사를 지내는데, 그것은 죽은 사람이 새처럼 날아 다니라는 뜻이다.

　위략(魏略) ; 그 나라는 집을 지을 때 나무로 가로로 쌓아서 만들기 때문에 감옥과 흡사하다.

　[변진의] 나라에서는 철(鐵)이 생산되는데, 한(韓)·예(濊)·왜(倭)인들이 모두 와서 사 간다. 시장에서의 모든 매매는 철로 이루어져서 마치 중국에서 돈을 쓰는 것과 같으며, 또 [낙랑과 대방의] 두군에도 공급하였다.

[그 나라의] 풍습은 노래하고 춤추며 술마시기를 좋아한다. 비파가 있는데 그 모양은 축(筑)과 같고 연주하는 음곡(音曲)도 있다. 어린아이가 출생하면 곧 돌로 그 머리를 눌러서 납작하게 들려하기 때문에 지금 진한사람의 머리는 모두 납작하다. … 왜와 가까운 지역이므로 남녀가 문신을 하기도 한다. 보전(步戰)을 잘하며, 병장기(兵仗器)는 마한과 같다. …

변진은 진한(辰韓) 사람들과 뒤섞여 살며 성곽(城郭)도 있다. 의복과 주택은 진한과 같다. 언어와 법속(法俗)이 서로 비슷하지만, 귀신에게 제사지내는 방식은 달라서 문의 서쪽에 모두들 조신(竈神)을 모신다.

그 중에서 독로국(瀆盧國)은 왜(倭)와 경계를 접하고 있다.

12국도 왕이 있으며 그 사람들이 형체는 모두 장대하다. 의복은 청결하며 장발(長髮)로 다닌다. 또 폭이 넓은 고운 베를 짜기도 한다. 법규와 관습은 특히 엄준(嚴峻)하다.

[『三國志』 卷28, 魏志30, 東夷傳, 弁辰]

요점 - 삼한의 정치체의 규모와 조직
- 삼한사회의 실상
- 철기문화의 보급

제2장 三國時代

1. 삼국의 성립과 발전

- 개요 -

철기문화의 발달과 생산력 증대에 따라 고구려·백제·신라는 중앙집권적인 고대국가로 발전하여 갔다. 이 과정에서 효율적인 통치를 위해 새로운 법제를 반포하고 행정체계를 정비하는 등 일원적인 지배체제를 구축하게 되었다. 고구려는 한군현과 쟁투속에서 성장하였다. 중국 군현을 축출한 뒤 부(部) 연맹체의 형태로 고구려 국가가 성립하였으며 2세기초 태조왕대에 고대정복국가의 면모를 갖추게 되었다.

고구려는 중국 대륙이 5호16국시대의 혼란기에 빠진 시기를 틈타 국력을 비축하고 4세기말 5세기에는 요하에서부터 한강 이북에 이르는 영토를 점유하는 동북아시아 최대의 패자로 군림하게 되었다.

백제는 마한 소국(小國)의 하나인 백제국(伯濟國)에서부터 비롯되었다. 백제는 남하한 부여=고구려 계통의 유이민 세력과 토착세력이 결합하면서 한강 일대를 중심으로 급속히 세력을 팽창시켜 나갔다. 4세기 중반 근초고왕대에는 마한을 완전히 복속시키고 대방지역을 점령하는 등 고구려를 압박해 나갔다. 또 요서를 경략하고 북큐우슈우 지역에 진출하는 등 백제의 국력은 전성기를 맞게 되었으나 5세기 이후 고구려와의 패권투쟁에 실패하면서 한반도 서남부 지역으로 영향력이 축소되었다. 백제는 6세기 초반 신라와 동맹관계를 구축하여 고구려에 저항하는 한편 지배체제를 정비하여 무왕·성왕대에는 중흥기를 맞이하게 되었다. 또 해외경영에도 힘을 쏟아 해상왕국으로 발전해 나갔다.

신라는 고구려·백제에 비해 성장이 더디었으나 독자적인 발전과정을 거치면서 결국 삼국쟁패의 최후 승자로 남게 되었다. 사로국에서 출발한 신라 역시 유이민 집단이 결합하면서 세력을 확장시켰다. 신라는 오랫동안 고구려의 영향 아래 놓여있었으나 나제동맹을 통해 고구려의 남진정책을 저지하고 한강유역을 차지함으로써 삼국 각축에서 유리한 위치를 차지하게 되었다.

가야는 철의 생산과 무역을 기반으로 성장하였다. 가야 소국들은 높은 수준의 경제적 문화적 번영을 누린 것으로 확인되고 있지만 소국 연맹체의 상태를 완전히 극복하지 못하고 결국 신라에 흡수 통합되고 말았다.

1) 三國의 成立

□ 高句麗

● 시조 동명성왕(東明聖王)의 성은 고씨(高氏)이고 이름은 주몽(朱蒙)이다.(또는 추모

(鄒牟), 또는 중해(衆解)라고도 함) 이보다 먼저 부여왕 해부루(解夫婁)가 늙도록 아들이 없어서 산천에 제사를 드리고 후사를 구하였는데 하루는 그의 말이 곤연(鯤淵)에 이르러 큰 돌을 바라보며 눈물을 흘렸다. 왕은 이상히 생각하여 사람을 시켜서 돌을 옮겼더니 거기서 어린아이가 나타났다. 금색의 개구리 모양이었다. 왕이 크게 기뻐하며 말하였다. 이는 하느님이 나에게 자손을 주심이구나. 그리고는 그 아이를 데리고 가서 금와(金蛙)라고 부르고 자라난 후에는 태자(太子)로 삼았다. … 해부루 왕이 돌아가자 금와가 왕위를 이었다. 이때에 금와왕은 태백산 남쪽 우발수(優渤水)에서 한 여자를 만나 사정을 물으니 그 여자는 말하기를 "나는 본래 하백(河伯)의 딸로서 이름을 유화(柳花)라고 하는데, 여러 아우들과 더불어 나가 노는데 때마침 한 남자가 와서 스스로 천제의 아들 해모수라고 하면서 나를 웅심산(熊心山) 밑 압록가에 있는 집으로 유인하여 가서 정을 통하고는 가서 다시 돌아오지 않았습니다. 우리 부모는 내가 중매도 없이 남에게 몸을 바쳤다고 책망하고 내쫓으므로 드디어 우발수에 와서 살고 있습니다"하였다. 금와왕은 이를 이상하게 여겨 데려다가 깊숙한 방에 가두어 두었더니, 햇빛이 비춰 몸을 피하면 햇빛이 또한 그를 따라다녀 드디어는 아이를 배고 알 하나를 낳았는데 크기가 닷되들이만 하였다. 금와왕은 이를 버리게 하여 개와 돼지에게 주었지만, 먹지 않고 또 길 가운데 버렸지만 소와 말이 이를 피하고 뒤에는 들에 버렸더니 새들이 모여들어 날개로 이를 덮어 주었다. 금와왕은 이것을 갈라 보려고 하였으나 또한 깨뜨릴 수 없으므로 드디어는 그 어미에게 돌려주었다. 그 어미는 물건으로 이를 덮어 따뜻한 곳에 두었더니 한 사내아이가 껍질을 깨뜨리고 그 속에서 나왔는데 골격이 준수하며 모양이 영특하였다. 그 나이가 7세 때에는 남달리 뛰어나서 스스로 활과 화살을 만들어 이를 쏘는데 백발백중이었다. 부여의 말에 활 잘쏘는 사람을 주몽이라 한 까닭으로 그를 주몽이라 이름하였다. 금와왕에게는 일곱 아들이 있어 항상 주몽과 놀았지만 그 기능이 모두 주몽에게 미치지 못하므로 그 장자 대소(帶素)는 왕에게 말하기를 "주몽은 여느 사람같이 출생한 바 아니고 그 사람됨이 용맹스러우므로 만약 일찍 도모하지 않으면 후환이 있을까 두렵습니다. 이를 제거함이 옳겠습니다"하였으나 왕은 이를 듣지 않고 그로 하여금 말을 기르게 하였다. 주몽은 말을 날랜 놈은 먹이를 적게 먹여 여위게 만들고 둔한 놈은 잘 먹여 살찌게 하니 왕은 살찐 놈만 골라 타고 여윈 놈은 모두 주몽에게 주었다. 뒤에 들로 사냥하러 갔을 때 주몽은 활을 잘 쏘므로 그에게는 화살을 적게 주었다. 그러나 주몽이 잡은 짐승은 심히 많았으므로 왕자 및 모든 신하들은 또한 이를 죽이고자 꾀하였다. 주몽의 어머니는 몰래 이 사실을 알고 알리기를 "나라 사람들이 장차 너를 죽이려 하니 너의 재주로 어디 간들 안되겠느냐? 그대로 머물러 있다가 욕을 당하느니 보다 멀리 가서 큰 일을 도모하는 것만 같지 못할 것이다"하자, 주몽은 곧 오이(烏伊)·마리(摩離)·협보(陜父) 등 삼인들로 벗삼고 길을 떠나 엄사수(淹㴢水)에 이르러 강을 건너고자 하였으나 교량이 없었다. 그는 쫓

는 군사에게 잡힐까 두려워 하여 물에 아뢰기를 "나는 천제의 아들이고 하백의 외손인데 오늘 도망하다가 추격병이 박도하니 이를 어찌하면 좋겠는가?"하니 이때 어별(魚鼈)들이 물외로 떠올라서 다리를 만들어 주므로 주몽 등은 강을 건널 수 있었는데, 곧 어별들이 풀려 헤어지자 쫓아오는 군사들이 건널 수 없었다. … 졸본천(卒本川: 위서(魏書)에는 홀승골성(紇升骨城)에 이르렀다 함)에 이르니 그 땅이 기름지며 아름답고 산하가 험고하므로 드디어 도읍을 정하고자 하였다. 그러나 아직 궁실을 지을 겨를이 없어 다만 비류수(沸流水) 위에 집을 짓고 살며, 국호를 고구려(高句麗)라 하고 고(高)로써 성으로 삼았다.(또는 말하기를 주몽이 졸본부여에 이르렀을 때 그 왕은 아들이 없었는데 주몽이 보통 사람이 아닌 것을 알고 그 딸을 그의 아내로 삼고 왕이 돌아가자 주몽이 왕위를 이었다고도 함) 이 때는 한(漢) 효원제(孝元帝) 건소(建昭) 2년이었고 신라 시조 혁거세(赫居世) 21년 갑신세(甲申歲)였다.

[『三國史記』 卷13, 高句麗本紀1, 始祖 東明聖王]

● 옛적 시조(始祖) 추모왕(鄒牟王)이 나라를 세웠는데, [왕은] 북부여에서 태어났으며, 천제(天帝)의 아들이었고, 어머니는 하백(河伯; 水神)의 따님이었다. 알을 깨고 세상에 나왔는데, 태어나면서부터 성(聖)스러운 … 이 있었다.(5자 불명) 길을 떠나 남쪽으로 내려가는데, 부여의 엄리대수(奄利大水)를 거쳐가게 되었다. 왕이 나룻가에서 "나는 천제(天帝)의 아들이며, 하백(河伯)의 따님을 어머니로 한 추모왕(鄒牟王)이다. 나를 위하여 갈대를 연결하고 거북이 무리를 짓게 하여라"라고 하였다. 말이 끝나자마자 곧 갈대가 연결되고 거북떼가 물위로 떠올랐다. 그리하여 강물을 건너가서, 비류곡(沸流谷) 홀본(忽本) 서쪽 산상(山上)에 성(城)을 쌓고 도읍(都邑)을 세웠다. 왕이 왕위(王位)에 싫증을 내니, [하늘님이] 황룡(黃龍)을 보내어 내려와서 왕을 맞이하였다. [이에] 왕은 홀본(忽本) 동쪽 언덕에서 용(龍)의 머리를 디디고 서서 하늘로 올라갔다.

[廣開土大王碑文]

● "… 하백(河伯)의 손자(孫子)이며 일월(日月)의 아들인 추모성왕(鄒牟聖王)이 북부여에서 나셨으니, 이 나라 이 고을이 가장 성스러움을 천하사방(天下四方)이 알지니 …"

[牟頭婁墓誌]

● 왕은 비류수(沸流水)에서 채소잎이 떠 내려오는 것을 보고 그 상류에 사람이 있는 것을 알고 사냥을 떠나 찾아갔는데 비류국(沸流國)에 이르렀다. 그 국왕 송양(松讓)은 나와서 왕을 접견하며 말하기를 "과인은 바다 모퉁이에 치우쳐 사는 까닭으로 아직 일찍 군자를 만나보지 못하였는데 오늘 우연히 만나게 되니 또한 다행한 일이 아니겠는가? 그러나 그대가 어디로부터 왔는지 알지 못하겠다"하므로 왕은 말하기를 "나는

천제(天帝)의 아들로서 아무데에 와서 도읍하였다"하니, 송양은 말하기를 "나는 대대로 여기서 왕 노릇을 하였는데 땅이 적은 것을 두 임금이 가를 수는 없다. 그대는 도읍을 정한지 아직 오래되진 않았으니 나에게 부용(附庸)함이 옳을까 한다"하므로 왕은 그 말에 크게 노하며, 변론으로 싸우고 또한 서로 활쏘기 재주를 다루어 본 바 송양은 능히 대항할 수 없었다.

6월에 송양왕(松讓王)이 나라를 들어 항복하므로 왕은 그 땅을 다물도(多勿都)라 하고 송양을 봉하여 다물도주(多勿都主)로 삼았는데 고구려의 말에 복구한 땅을 다물(多勿)이라고 말하는 까닭으로 이와 같이 이름한 것이다.

[『三國史記』卷13, 高句麗本紀, 始祖 東明聖王 1~2年]

요점 − 고구려 국가권력의 연합적 성격
− 고구려의 일월신앙

□ 百濟

● 백제의 시조는 온조왕이며, 그의 아버지는 추모(鄒牟)이다. 혹은 주몽이라고도 부른다. [주몽이] 북부여로부터 난을 비껴 졸본부여에 이르자, 부여왕에게는 아들이 없고 다만 세 딸이 있는데, 주몽을 보고서 보통 사람이 아님을 알고 둘째딸을 그에게 시집보냈다. 얼마 후에 부여왕이 세상을 떠났으므로 주몽이 왕위를 이었다. [그리하여] 아들 둘을 낳으니, 장자는 비류(沸流)라 하고, 차자는 온조(溫祚)라 했다.

[그러더니] 주몽이 북부여에서 낳은 아들이 오자 태자로 삼으니, 비류와 온조는 태자에게 용납되지 않을 것을 두려워하여, 마침내 오간(烏干)·마려(馬黎) 등 10명의 신하들과 함께 남쪽으로 가니, 백성들이 그에게 따르는 이가 많았다.

[그들은] 마침내 한산(漢山)에 이르러 부아악(負兒嶽)에 올라 살만한 땅을 바라보았다.

비류는 바닷가로 가서 살려 하니, 10명의 신하가 간해서 말했.

"오직 이 하남(河南) 땅은 북쪽으로 한수(漢水)를 띠었고, 동쪽으로 높은 산악에 의거했으며, 남쪽은 비옥한 소택(沼澤)을 바라보고 서쪽은 큰 바다로 가로막혔으니, 그런 자연적인 요해와 지리(地利)는 얻기 어려운 지세입니다. 도읍을 여기에 세우는 것이 어찌 마땅하지 않겠습니까?"

비류는 듣지 않고, 그 백성들을 나누어 미추홀(彌雛忽)로 가서 거기서 살았다.

온조는 하남 위례성에 도읍을 정하고 10명의 신하를 보필로 삼아 나라를 십제(十濟)라 했다. 이 때는 전한(前漢) 성제(成帝) 홍가(鴻嘉) 3년(B.C. 18)이었다.

비류는 미추홀의 땅에 습기가 많고 물이 짜서 편히 살 수 없었기 때문에 위례성으로 돌아와 보니, [온조는] 도읍을 막 정했으며, 백성들이 편히 살았으므로 마침내 부끄러워 뉘우쳐 죽으니, 그 백성들이 모두 위례성으로 돌아왔다.

그 후 줄곧 백성들이 즐겨 따랐으므로 나라 이름을 고쳐서 백제(百濟)라 했다.

그의 세계(世系)는 고구려와 같이 부여에서 나왔으므로 부여를 성으로 삼았다.

일설은 이렇다. 시조는 비류왕이다. 그의 아버지는 우이(優台)로서, 북부여왕 해부루(解夫婁)의 서손(庶孫)이요, [그의] 어머니는 소서노(召西奴)로서 졸본 사람 연타발(延陀勃)의 딸이다. [그녀가] 처음에 우이에게 시집가서 아들 둘을 낳으니, 장자는 비류, 차자는 온조였다. 우이가 죽자 그는 졸본에서 과부로 살았다. 후에 주몽이 부여에 용납되지 못해 전한(前漢) 건소(建昭) 2년(B.C. 37) 봄 2월에 남으로 도망하여 졸본에 이르러, 도읍을 정하고 [나라 이름을] 고구려라 하고는 소서노에게 장가 들어 [그녀를] 왕비로 삼았던 것이다.

그녀는 나라를 세우고 왕업을 여는 데에 자못 내조가 있었으므로, 주몽은 그녀를 총애함이 자별했고, 또 비류 등을 대하기를 자기 아들같이 하였다.

[그러던 것이] 주몽이 부여에 있을 때 예씨(禮氏)에게서 낳은 아들 유류(孺留)가 오자 그를 세워서 태자로 삼아, 왕위를 그가 잇게 하기에 이르렀던 것이다.

이에 비류는 아우 온조에게 말했다.

"처음에 대왕이 부여의 난을 비껴 도망하여 여기에 이르자 우리 어머님은 집안의 재력을 기울여 도와서 나라의 기틀을 이루었으니 그 공로가 컸었는데 대왕이 세상을 떠나자 나라가 유류에게 돌아갔다. 우리들은 공연히 여기에 쓸데없는 물건이 되는 것보다는 어머님을 모시고 남쪽으로 가서 좋은 땅을 찾아 따로 나라를 세우는 것이 낫겠다".

드디어 아우와 함께 무리들을 거느리고 패수와 대수(帶水)의 두 강을 건너 미추홀에 이르러 거기에 살게 되었다.

북사(北史)와 수서(隋書)에서는 모두 이렇게 말했다.

'동명왕의 후손에 구이가 있었는데 인애와 신의에 독실했다. 처음에 나라를 대방의 옛 땅에 세우니, 한 나라의 요동태수 공손도(公孫度)가 그의 딸을 구이에게 시집보냈으므로 마침내 동이(東夷)의 강국이 되었다'.

어느 것이 옳은 지 알 수 없다.

[『三國史記』卷23, 百濟本紀1, 溫祚王]

요점
- 한강유역의 토착세력과 고구려계 유이민세력의 결합
- 백제 국가권력의 연합적 성격

□ 新羅

● 시조의 성은 박씨(朴氏), 이름은 혁거세(赫居世)다. 전한(前漢) 효선제(孝宣帝) 오봉(五鳳) 원년(BC 57) 갑자 4월, 병진에 왕위에 오르니, 왕호는 거서간(居西干)이다. 그 때 나이는 열 세 살이었다. 나라 이름을 서나벌(徐那伐)이라 했다. 이보다 앞서 조선의 유민들이 여러 산골짜기에 흩어져 살면서 여섯 마을을 이루고 있었는데, 첫째를 알천(閼川) 양산촌(楊山村), 둘째를 돌산(突山) 고허촌(高墟村), 세째를 취산(觜山) 진지촌(珍支村), 네째를 무산(茂山) 대수촌(大樹村), 다섯째를 금산(金山) 가리촌(加利村), 여섯째를 명활산(明活山) 고야촌(高耶村)이라 했다. 이들이 후에 진한의 6부가 된다. 고허촌장 소벌공이 양산 기슭 나정 옆에 있는 숲 사이에 말이 무릎을 꿇고 울고 있음을 바라보고 가 보니, 문득 말은 볼 수 없고 다만 커다란 알 하나만 있었다. 그것을 깨어 보니 갓난 아기가 나왔다. 데려다 길렀는데 나이 여남은 살이 되자 기골이 준수하고 숙성하였다. 6부 사람들은 그 출생이 신기하고 이상했으므로 그를 높이 받들고 존경했는데, 이때에 이르러 [그를] 세워서 임금으로 삼았다. 박과 같았으므로 박(朴)으로 성을 삼았다. 거서간은 진한에서는 임금을 말한다.

[『三國史記』卷1, 新羅本紀1, 赫居世居西干]

● 남해왕 때에 가락국 바다에 [어떤] 배가 와서 닿았다. 그 나라의 수로왕이 신하와 백성들과 북을 치고 떠들면서 맞아들여 머물러 두고자 했으나, 배는 빨리 달아나 계림 동쪽 하서지촌(下西知村) 아진포(阿珍浦)에 이르렀다.

그 때 갯가에 한 노파가 있었는데, 이름은 아진의선(阿珍義先)이라 하니 혁거세왕의 고기잡이 할멈이었다. [배를] 바라보고 말하기를

"이 바다 가운데에는 본래 바위가 없는데, 어찌된 까닭에 까치가 모여 들어 우는가?"하고 배를 끌어 당겨 찾아 보았다. 까치가 배위에 모여 들고 그 배 안에 궤 하나가 있었는데 길이가 20자나 되고, 넓이가 13자나 되었다. 그 배를 끌어다가 어떤 나무 숲 밑에 두고 흉(凶)할 것인가, 길(吉)한 것인가를 몰라서 하늘을 향해 고했다.

조금 있다가 궤를 열어보니 단정한 사내아이와 일곱 가지의 보물과 노비가 그 속에 가득차 있었다. 그들은 7일 동안이나 대접했더니 이에 [사내아이는] 말했다.

"나는 본래 용성국(龍城國) 사람으로 우리 나라에는 일찌기 28용왕이 있었는데 모두 사람의 태(胎)에서 났으며, 5,6세 때부터 왕위에 올라 만민을 가르쳐 성명(性命)을 바르게 하였다. 팔품(八品)의 성골(姓骨)이 있었으나 선택하는 일이 없이 모두 왕위에 올랐다. 그 때 우리 부왕 함달파(含達婆)가 적녀국(積女國)의 왕녀를 맞아서 왕비로 삼았는데, 오래도록 아들이 없으므로 기도하여 아들을 구했더니, 7년 후에 알 한 개를 낳았다. 이에 대왕이 여러 신하를 모아서 묻기를 '사람으로서 알을 낳은 일은 고금에 없는 일

이니, 이것이 불길할 조짐이라'하시고 이에 궤를 만들어 나를 그 속에 넣고, 일곱 가지 보물과 종들까지 배 안에 실어 바다에 띄우면서, '인연있는 곳에 닿는대로 나라를 세우고 집을 이루라'고 축원하였다. 그러자 문득 붉은 용이 나타나 배를 호위하여 이곳으로 왔다"라고 말을 마치자, 그 아이는 지팡이를 끌고 두 종을 데리고 토함산 위에 올라가 돌무덤을 만들었다. [그곳에] 7일 동안 머무르면서 성중에 살 만한 곳이 있는가 바라보았다. 마치 초생달 같은 한 산봉우리가 보이는데 지세가 오래 살 만한 곳이었다. 이에 내려와서 그 곳을 찾으니 곧 호공(瓠公)의 집이었다.

이에 모략을 써서 숫돌과 숯을 몰래 그 곁에 묻고 이튿날 이른 아침에 그 집 문 앞에 가서 말했다.

"이것은 우리 조상 때의 집이다"

호공은 그렇지 않다 하고, 서로 다투었으나, 결단하지 못해서 이에 관가에 고했다. 관가에서는 동자에게 물었다.

"무엇으로써 이것이 너의 집임을 증거로서 대겠느냐?"

"우리는 본래 대장장이였는데, 잠시 이웃 고을에 나간 동안 다른 사람이 빼앗아 살고 있으니, 땅을 파서 조사해 봅시다"

그 말대로 땅을 파 보니, 과연 숫돌과 숯이 나왔으므로 이에 그 집을 빼앗아 살게 되었다.

[『三國遺事』 卷1, 紀異1, 脫解王]

● 영평(永平) 3년 경신(60) 8월 4일에 호공(瓠公)이 밤에 월성 서쪽 동리를 가다가 큰 광명이 시림(始林) 속에서 나타남을 보았다. 자주색 구름이 하늘에서 땅에 뻗쳤는데 구름 속에 황금궤가 있어 나뭇가지에 걸려 있고, 그 빛은 궤에서 나왔다. 또 흰 닭이 나무 밑에서 울고 있었다.

이 모양을 왕께 아뢰자 왕이 그 숲에 가서 궤를 열어보니, 그 속에 사내아이가 있어, 누웠다가 곧 일어났다. 마치 혁거세의 고사(故事)와 같으므로 그 말로 인하여 알지(閼智)라고 이름하였다. 알지는 곧 우리말의 아기를 이름이다. 사내아이를 안고 대궐로 돌아오니, 새와 짐승들이 서로 따라와 뛰놀고 춤추었다.

왕은 길일(吉日)을 가려 태자로 책봉했으나 [알지는] 뒤에 파사왕(婆娑王)에게 사양하고 왕위에 오르지 않았다. 금궤에서 나왔으므로 성을 김씨(金氏)라 했다. 알지는 열한(熱漢)을 낳고 열한은 아도(阿都)를 낳고 아도는 수류(首留)를 낳고 수류는 욱부(郁部)를 낳고 욱부는 구도(俱道)를 낳고 구도는 미추(未鄒)를 낳았는데, 미추가 왕위에 올랐으니 신라의 김씨는 알지에서 시작되었다.

[『三國遺事』 卷1, 紀異1, 金閼智 脫解王]

요점 － 경주지역 선주민과 유이민인 박·석·김 3성씨의 결합
　　　 － 신라 국가권력의 연합적 성격

□ 伽倻

● 천지가 개벽한 후로 이 지방에는 아직 나라 이름도 없고, 또한 왕과 신하의 칭호도 없었다. 이 때 아도간(我刀干)·여도간(汝刀干)·피도간(彼刀干)·오도간(五刀干)·유수간(留水干)·유천간(留天干)·신천간(神天干)·오천간(五天干)·신귀간(神鬼干) 등의 9간이 있었다. 이들 수장은 백성을 통솔했는데, 대개 1백호 칠만오천명이었다. 그때 사람들은 거의 스스로 산과 들에 모여 살면서 우물을 파서 마시고 밭을 갈아서 먹었다. 후한(後漢)의 세조(世祖) 광무제(光武帝) 건무(建武) 18년 임인(42) 3월 계욕일(禊浴日)에 [그들이] 사는 곳의 북쪽 구지(龜旨)에서 무엇을 부르는 수상한 소리가 났다. 마을 사람들 2~3백명이 거기에 모이니, 사람소리 같기는 한데 그 모습은 숨기고 소리만 내었다. … 얼마후 우러러 하늘을 바라보니, 자주색 줄이 하늘로 부터 드리워져 땅에 닿는 것이었다. 줄끝을 찾아보니 붉은 단이 붙은 보자기에 금합이 쌓여 있었다. 열어보니 황금색 알이 여섯 개가 있는데 해처럼 둥글었다. 여러 사람은 모두 놀라고 기뻐하여, 함께 수없이 절했다. 조금 있다가 다시 보자기에 싸 가지고서 아도간(我刀干)의 집으로 돌아와서 탑(榻) 위에 두고 무리들은 모두 흩어져 갔다. 12일을 지난 그 이튿날 아침에, 마을 사람들이 다시 모여서 합을 열어보니 알 여섯이 모두 화하여 어린이가 되어 있었는데 용모가 심히 뛰어났으며 평상에 자리잡으니 여러 사람들은 모두 배하고 극히 공경했다. … [어린이는] 나날이 자라 십여일 지나니 키가 구척임은 은나라 천을(天乙)과 같았고, 얼굴이 용안임은 한나라 고조와 같았으며, 눈썹이 팔채(八彩)임은 요임금과 같았고, 눈에 동자가 둘임은 순임금과 같았다. 그 달 보름에 왕위에 올랐다. 세상에 처음 나타났다고 하여 이름을 수로(首露)라 하고 혹 수릉(首陵)이라 했다. 나라 이름은 대가락(大駕洛)이라 하고, 또 가야국(伽倻國)이라고도 했으니 곧 여섯 가야국 중의 하나다. 나머지 다섯 사람도 각각 가서 다섯 가야국의 임금이 되었다. 동쪽은 황산강(黃山江), 서남쪽은 창해(滄海), 서북쪽은 지리산(地理山), 동북쪽은 가야산(伽倻山)으로써 경계를 삼았고, 남쪽이 나라의 끝이 되었다. … 건무 24년 무신(戊申)(48) 7월 27일에 9간 등이 … 문득 [한 척의 배가] 바다의 서남쪽으로부터 붉은 빛의 돛을 달고 붉은 기를 휘날리면서 북쪽으로 향하여 오는 것이었다. … [왕후는] 조용히 왕에게 말했다. "저는 아유타국의 공주입니다. 성은 허(許)라 하고 이름은 황옥(黃玉)이며 나이는 열여섯살입니다. 본국에 있을 때, 올 5월에 부왕과 모후께서 제게 말씀하시기를 '우리 내외가 어젯밤 꿈에 함께 하늘의 상제를 뵈오니 상제께서 가락국왕 수로는 하늘이 내려 보내 왕위에 오르게 했으니, 신성한 분이란 이 사람이며, 또 새로 나라를 다스림에 있

어, 아직 배필을 정하지 못했으니 그대들은 공주를 보내어 배필을 삼게하라'하시고 말을 마치자 하늘로 올라가셨다. 꿈을 깨고 난 뒤에도 상제의 말씀이 오히려 귀에 쟁쟁하니,'너는 이 자리에서 곧 부모를 작별하고 그 곳 가락국을 향해 떠나라'하시었습니다. [그래서] 저는 바다에 떠서 멀리 증조(蒸棗)를 찾고, 하늘로 가서 멀리 반도(蟠桃)를 얻어, 지금 이 아름다운 모습으로 용안을 가까이 하게 되었습니다" … 드디어 혼인하여 두 밤을 지내고 또 하루 낮을 지냈다. … [왕후가 세상을 떠난 후] 왕은 매양 외로운 베개를 의지하여 지나치게 몹시 슬퍼하였다. 10년을 지낸 헌제 건안 4년 기묘(199) 3월 20일에 세상을 떠났다. 나이가 158세였다.

[『三國遺事』卷2, 紀異2, 駕洛國記]

요점 – 가야의 발전과 해상무역
– 가야는 왜 집권적 지배체제를 확립하지 못하였는가?

2) 삼국의 발전

□ 백제의 마한통합과 요서경략

● 백제(百濟)는 그 시조가 동이(東夷)의 삼한국(三韓國)인데 [三韓國의] 하나는 마한(馬韓)이고, 다른 하나는 진한(辰韓)이며, 또 하나는 변한(弁韓)이었다. 변한과 진한은 각각 12국이고 마한은 54국이 있었다. 큰 나라는 만여가이고 적은 나라는 수천가로 모두 10여만호가 되었는데, 백제는 곧 그 가운데 하나이다. 후에 차츰 강대하여져서 여러 소국(小國)을 아울렀다.

그 나라는 본디 고구려와 함께 요동의 동쪽에 있었다. 진대(晉代)에 고구려는 요동을 점령하였는데 백제도 역시 요서(遼西)·진평(晉平)의 2군(郡)을 점거하여 스스로 백제군(百濟郡)을 설치하였다.

[『梁書』東夷列傳, 百濟]

□ 백제의 대외팽창

● 24년(369) 9월에 고구려왕 사유(斯由; 故國原王)가 보기(步騎) 2만 명을 거느리고 치양(稚壤; 原州)에 침입하여 군사를 나누어 민가를 침탈하므로 왕은 태자를 파견하니, 그는 군사를 거느리고 치양에 이르러 급히 이를 격파하여 5천 여명을 참획하고, 그 전리품을 장사(將士)들에게 나눠주었다. 11월에 왕은 한수(漢水; 漢江) 남에서 군사를 사열하였는데 깃발은 모두 황색을 사용하였다.

26년(371) 고구려가 군사를 일으켜 침입하였다. 왕은 이 말을 듣고 패하(浿河) 위에 복병하고 그들이 오기를 기다리다가 급히 공격하니 고구려병(兵)은 패하여 돌아갔다. 겨울에 왕은 태자와 더불어 정병 3만명을 거느리고 고구려로 침입하여 평양성(平壤城)을 공격하니 고구려왕 사유(斯由; 고국원왕)는 이를 막아 싸우다가 화살에 맞아 전사하였다. 이에 왕은 군사를 이끌고 돌아왔다. 서울을 한산(漢山; 현 서울)으로 옮겼다.

[『三國史記』卷24, 百濟本紀2, 近肖古王]

요점
- 4세기 백제의 집권적 지배체제 확립과 대외팽창
- 대방군 지역을 둘러싼 고구려와의 갈등

□ 廣開土太王碑文

● 17세손에 이르러 국강상광개토경평안호태왕[國罡上廣開土境平安好太王]이 18세에 왕위에 올라 칭호를 영락대왕(永樂大王)이라 하였다. 은택(恩澤)이 하늘까지 미쳤고 위무(威武)는 사해에 떨쳤다. [나쁜 무리를] 쓸어 없애니, 백성이 각기 그 생업에 힘쓰고 편안히 살게 되었다. 나라는 부강하고 백성은 유족해졌으며, 오곡이 풍성하게 익었다. [그런데] 하늘이 [이 백성을] 어여삐 여기지 아니하여 39세에 세상을 버리고 떠나시니, 갑인년 9월 29일 을유에 산릉(山陵)으로 모셨다. 이에 비를 세워 그 공훈을 기록하여 후세에 전한다. 그 말씀[詞]은 아래와 같다.

비려(稗麗)가 고구려인에 대한 [노략질을 그치지 않으므로] 영락 5년 을미에 왕이 친히 군사를 이끌고 가서 토벌하였다. 부산(富山)·부산(負山)을 지나 염수(鹽水)에 이르러 그 3개 부락 600~700영(營)을 격파하니, 노획한 소·말·양의 수가 이루 다 헤아릴 수 없었다.

이에 왕이 행차를 돌려 양평도(襄平道)를 지나 동으로 □성(□城)·역성(力城)·북풍(北豊)·오비□(五備□)로 오면서 영토를 시찰하고, 수렵을 한 후에 돌아왔다.

백잔(百殘)과 신라는 옛적부터 [고구려의] 속민(屬民)으로서 조공을 해왔다. 그런데 왜가 신묘년(391)에 오니… 너와 백잔을 파하고 [2자 결] 신라 …하여 신민으로 삼았다.

영락 6년(396) 병신에 왕이 친히 백잔국을 토벌하였다. 고구려군이 [3자 불명]하여 영팔성 … 구천성 … 등을 공취하고, 그 수도를 …하였다. 백잔이 의(義)에 복종치 않고 감히 나와 싸우니 왕이 크게 노하여 아리수를 건너 정병을 보내어 그 수도에 육박하였다. [백잔군이 퇴각하니 …] 곧 그 성을 포위하였다. 이에 백잔주([百]殘主)가 인핍(因逼)해져, 남녀생구 1천명과 세포 천필을 바치면서 왕에게 항복하고, 이제부터 영구히 고구려왕의 노객(奴客)이 되겠다고 맹세하였다. 태왕은 앞의 잘못을 은혜로서 용서하고 뒤에 순종해 온 그 정성을 기특히 여겼다. 이에 58성 700촌을 획득하고 백잔주의 아우와 대신 10인을 데리고 수도로 개선하였다.

영락 8년(398) 무술에 한 부대의 군사를 파견하여 □신(□愼; 息愼·肅愼) 토곡(土谷)을 관찰·순시하였으며 그 때에 막□라성(莫□羅城)·가태라곡(加太羅谷)의 남녀 삼백여 인을 잡아왔다. 이 이후로 조공을 하고 국사(國事)를 논의하였다.

영락 9년(399) 기해에 백잔이 맹서를 어기고 왜와 화통하였다. [이에] 왕이 평양으로 행차하여 내려갔다. 그 때 신라왕이 사신을 보내어 아뢰기를 "왜인이 그 국경에 가득차 성지를 부수고 노객으로 하여금 왜의 민으로 삼으려 하니 이에 왕께 귀의하여 명(命)을 기다립니다"라고 하였다. 태왕이 은혜롭고 자애로워 신라왕의 충성을 갸륵히 여겨, 신라사신을 보내면서 계책을 돌아가서 고하게 하였다.

10년(400) 경자에 왕이 보병과 기병 도합 5만명을 보내어 신라를 구원하게 하였다. [고구려군이] 남거성(男居城)을 거쳐 신라성(新羅城; 國都)에 이르니, 그 곳에 왜군이 가득하였다. 관군이 막 도착하니 왜적이 퇴각하였다. [고구려군이] 그 뒤를 급히 추격하여 임나가라(任那加羅)의 종발성(從拔城)에 이르니 성이 곧 항복하였다. '安羅人戌兵 … 新羅城□城 …'하였고 왜구가 크게 무너졌다. … 옛적에는 신라 매금(寐錦)이 몸소 고구려에 와서 보고를 하며 청명(聽命)을 할 일이 없었는데, 국강상광개토경호태왕대에 이르러 [이번의 원정으로 신라를 도와 왜국를 격퇴하니] 신라 매금이 … 하여 [스스로 와서] 조공하였다.

14년(404) 갑진 왜가 법도를 지키지 않고 대방지역에 침입하였다. … 석성(石城)[을 공격하고 …], 연선(連船; 水軍을 동원하였다는 뜻인 듯) … [이에 왕이 군대를 끌고] 평양을 […로 나아가] 서로 맞부딪치게 되었다. 왕의 군대가 적의 길을 끊고 막아 좌우로 공격하니, 왜구가 궤멸하였다. [왜구를] 참살한 것이 무수히 많았다.

17년(407) 정미에 왕의 명령으로 보군과 기병 도합 5만명을 파견하여 … 합전하여 모조리 살상하여 분쇄하였다. 노획한 [적병의] 갑옷이 만여 벌이며, 그밖에 군자(軍資)와 기계(器械)는 그 수를 헤아릴 수 없이 많았다. 또 '沙溝城 婁城 □住城 □城 □□□ □□□城'을 파하였다.

20년(410) 경술 동부여는 옛적에 추모왕의 속민이었는데, 중간에 배반하여 조공을 하지 않게 되었다. 왕이 친히 군대를 끌고 가 토벌하였다. 고구려군이 여성(餘城; 동부여의 왕성)에 도달하자, 동부여의 온 나라가 놀라 두려워하여 [투항하였다]. 왕의 은덕이 동부여의 모든 곳에 두루 미치게 되었다. 이에 개선을 하였다. 이 때에 왕의 교화를 사모하여 개선을 따라 함께 온 자는 '味仇城 鴨盧·卑斯麻鴨盧·□社婁鴨盧·肅斯舍鴨盧·□□□鴨盧'였다. 무릇 공파한 성이 64개, 촌이 1,400이었다.

요점
- 고구려의 집권지배체제 확립과 대외정책
- 5세기 삼국을 둘러싼 국제관계
- 고구려인의 사생관
- 광개토왕릉비문의 조작설과 임나일본부 문제

□ 中原高句麗碑文

● 5월에 고려태왕(高麗太王)의 조왕(祖王)이 영(令)을 내려 신라 매금(寐錦)과 세세토록 형제같이 상하(上下)가 서로 화합하기를 원하고 수천(守天)하기 위해 동쪽으로 왔다. 매금이 태자(太子) 공(共)과 전부(前部) 대사자(大使者) 다우(多亐), 환노(桓奴) 주부(主簿) 귀덕(貴德)을 두려워하여 … 安 … 가서 … 도지궤관(到至跪管). 태자 공이 전(壂)을 향하여 … 上共看 … 을 …하여 태곽추(太霍鄒)를 내리고 … 食 … 동이매금(東夷寐錦)의 의복과 건립처, 사용할 물건을 내리고, 隨 … 節 … 奴客人 … 제위(諸位)의 상하(上下)에게 의복을 내렸다. 동이매금이 늦게 돌아와 매금의 영토 내에 여러 중인(衆人)에게 節敎賜 … 했다. … 왕국토(王國土)의 대위(大位)·제위(諸位)의 상하(上下)에게 의복을 궤관(跪官)에서 내렸다. 12월 23일 갑인(甲寅)에 동이매금의 상하가 우벌성(于伐城)에 와서 교(敎)를 받았고, 전부(前部) 대사자(大使者) 다우(多于), 환노(桓奴) 주부(主簿) 귀덕(貴德)이 … 경내 … 에서 300명을 모았다. 신라 영토 내의 당주(幢主)인 하부(下部) 발위사자(拔位使者) 보노(補奴)와 … 소노(疏奴)가 … 하고, 흉귀(凶鬼) 개로(盖盧)가 공히 사람을 모으자 중인(衆人)들이 … 로 움직였다.

[中原高句麗碑]

요점
- 고구려의 남진정책
- 5세기 고구려와 신라의 복속관계

□ 溫達

● 양강왕[영양왕]이 왕위에 오르자 온달은 왕에게 아뢰었다.
"신라가 우리 한강 북쪽 땅을 뺏어 군·현으로 만들었으므로 백성들이 원통하여 언제나 부모의 나라를 잊지 않고 있습니다. 대왕께서는 불초한 신을 어리석게 여기지 마시고 군사를 주신다면 한 번 나가 싸워서 반드시 우리의 땅을 회복하겠습니다."
왕은 이를 허락했다.
떠날 때 온달은 맹세했다.
"계립현과 죽령의 서쪽 땅을 우리 땅으로 회복하지 못한다면 나는 돌아오지 않겠다."
드디어 떠나 신라 군사와 아단성 밑에서 싸우다가 적의 화살에 맞아 중로에서 죽었다. 장사를 지내려 하니 영구가 움직이지 않았다.
공주가 와서 관을 어루만지며 말했다.
"죽고 사는 것은 결정되었습니다. 아아 돌아갑시다."하자
비로소 관이 움직여 장사지냈다. 왕이 이 소식을 듣고 크게 슬퍼하며 통곡하였다.

[『三國史記』 卷45, 列傳5, 溫達]

□ 眞興王의 北漢山 巡狩

◉ [진흥]왕이 북한산을 순행하여 강역을 확정지었다. 11월에 북한산에서 돌아올 때, 지나는 주군의 조세부담을 1년간 면제해 주고, 죄인들을 심사하여 죽을 죄를 범한 사람들을 제외하고 모두 풀어주라는 교시를 내렸다.

[『三國史記』 卷4, 新羅本紀4, 眞興王 16年 10月]

□ 北漢山 眞興王巡狩碑文

◉ 眞興太王 및 衆臣들이 □□을 巡狩할 때의 기록이다.
… □言□令甲兵之□□□□□□霸主設□賞□□ …
… 之所用 高祀西□□□□ 서로 싸울 때 新羅의 太王이 □ …
… □德不□兵故□□□□□建文 크게 人民을 얻어 □□□ …
… 이리하여 管境을 巡狩하면서 민심을 □□하고 勞苦를 위로하고자 한다. 만일 충성과 신의와 정성이 있고 □ …
… 賞을 더하고 … 漢城을 지나는 길에 올라 □ …
… 道人이 石窟에 살고 있는 것을 보고 … 돌에 새겨 辭를 기록한다
… 尺干, 內夫智, 一尺干, 沙喙 武力智 迊干이다. 南川軍主는 沙喙 …夫智 及干, 末智 大奈□ □□□ 沙喙 屈丁次 奈이다.
… 谷□指□ 비고 그윽한 즉 水□□□□劫 처음에 세워 만든 바는 非□ …
… 巡狩하여 見□□□□□□□歲記井□□□

요점 ─신라의 집권적 지배체제 확립과 대외팽창
　　　─삼국의 한강유역 쟁탈전

□ 丹陽 赤城碑

◉ … (年) … 王이 大衆等인 喙部 출신의 伊史夫智 伊干支, (沙喙部 출신의?) 豆弥智 彼珎干支, 喙部 출신의 西夫叱智 大阿干支, □□夫智 大阿干支, 內礼夫智 大阿干支, 高頭林城에 있는 軍主들인 喙部 출신의 比次夫智 阿干支, 沙喙部 출신의 武力智 阿干支, 鄒文村 幢主인 沙喙部 출신의 導設智 及干支, 勿思伐(城 幢主)인 喙部 출신의 助黑夫智 及干支에게 敎하시었다.

이 때에 赤城 출신의 也尒次에게 敎하시기를 … 중에 옳은 일을 하는데 힘을 쓰다

가 죽게 되었으므로 이 가닭으로 이후 그의 妻인 三 … 에게는 … 利를 許하였다.

　四年 小女, 師文 … 公兄인 鄒文村 출신의 巴珎妻 下干支 … (前)者는 다시 赤城烟으로 가게 하고 後者 公兄은 … 異葉이건 國法에는 分與하지만 비록 그러하나 伊 … 子, 刀只 小女, 烏礼兮 撰干支 … 法을 赤城佃舍法으로 만들었다.

　별도로 官은 … 弗兮 女, 道豆只又悅利巴 小子, 刀羅兮 … 합하여 五人에게 …를 내렸다.

　별도로 敎하기를 이후로부터 나라 가운데에 也尒次와 같이 … 옳은 일을 하여 힘을 쓰고 남으로 하여금 일하게 한다면 만약 그가 아들을 낳건 딸을 낳건 나이가 적건(많건) … 兄弟이건 이와 같이 아뢰는 자가 大人인가 小人인가 …

　… 部 출신의 奈弗耽郝失利 大舍, 鄒文(村) … 勿思伐城幢主使人은 那利村 … 人은 勿支次 阿尺, 書人은 喙部 출신의 … 人石書立人은 非今皆里村 … 智 大烏이다.

□ 金庾信

◉ 건복 28년 신미(611)에 공이 나이 17살이었는데, 고구려, 백제, 말갈이 신라의 강토를 침범하여 노략질함을 보고 강개하여 외적을 평정할 뜻을 가져 홀로 중악의 석굴로 들어가서 재계하고는 하늘에 아뢰어 맹세했다.

　"적국이 무도하여 승냥이와 범이 되어 우리 강토를 침략하니, 거의 편안할 해가 없습니다. 저는 한낱 보잘 것 없는 신하입니다만, 재주와 힘을 헤아리지 않고 화란을 없애려고 마음먹고 있사오니, 오직 하느님은 [이를] 살피셔서 손을 제게 빌려 주옵소서"

　나흘을 지나서 문득 한 노인이 갈포옷을 입고 와서 말했다.

　"이곳에는 독한 벌레와 사나운 짐승이 많으므로 두려워할 곳인데, 귀한 소년이 와서 홀로 있으니 무슨 까닭인가?"

　유신은 대답했다.

　"장자께서는 어디로부터 오셨으며, 존명은 누구이시온지 알고 싶습니다."

　노인은 말했다.

　"나는 거주하는 곳도 없으며, 가고 머무를 인연에 따라한다. 이름은 난승이다."

　공이 이 말을 듣고 그가 비상한 사람임을 알고 두번 절하며 앞으로 나아가서 말했다.

　"저는 신라 사람입니다. 나라의 원수를 보고 마음이 상하고 머리가 아파서 이곳에 와서 만나는 분이 있기를 기다렸습니다. 삼가 원하옵니다. 장자께서는 제 정성을 불쌍히 여겨 방술을 가르쳐 주십시오."

　노인은 잠잠히 말이 없었으므로 공이 눈물을 흘리면서 간절히 청하며 그치지 않으니 6~7차에 이르자 노인이 그제야 말했다.

"그대는 나이는 어리면서 3국을 통일하려는 마음을 가졌으니 어찌 장하지 않으랴?"
이에 비법을 가르쳐 주며 말했다.

"[이 비법은] 조심할 것이며 함부로 [남에게] 전하지 말라, 만약 불의한 일에 이를 쓴다면 도리어 그 앙화를 받을 것이다."

말을 마치자, 작별하고 2리쯤 뒤따라가 보았으나 어디로 갔는지 보이지 않고 다만 산 위에 빛이 있는데 찬란하여 오색 광채와 같았다.

[『三國史記』 卷41, 列傳1, 金庾信 上]

□ 階伯

● 계백은 백제 사람으로 벼슬이 달솔(達率)에 이르렀다.

당나라 현경 5년 경신(660)에 고종이 소정방을 신구도 대총관(神丘道 大摠管)으로 삼아 군사를 거느리고 바다를 건너가 신라와 함께 백제를 치게 했다. 계백이 장군이 되어 죽음을 각오한 이 5천명을 뽑아서 이를 막으려고 하면서 말했다.

"한 나라의 사람으로 당나라와 신라의 많은 군사를 당해 내게 되었으니 나라가 보존될지 멸망될지 알 수 없겠다. 내 처자가 잡혀가서 노비가 될까 염려되니, 살아서 그들에게 욕보는 것보다는 죽는 것이 통쾌하다."

마침내 처자를 다 죽이고 말았다.

황산들에 이르러 3진영을 설치하고 신라 군사들을 만나 싸우려 하자 군사들에게 맹세했다.

"옛날에 구천(句踐)은 5천명의 군사로써 오나라 70만 군사를 쳐부쉈으니, 오늘날 마땅히 각기 기운을 내어 최후의 승부를 결정하여 나라의 은혜를 갚아야 할 것이다."

마침내 힘을 다하여 최후까지 싸웠으므로 한 사람이 천 사람을 당해 내지 않는 이가 없었으니 신라 군사들은 그제야 물러갔다.

이와 같이 서로 전진했다가 퇴각했다가 하기를 네번이나 했으나 [마침내] 힘이 다되어 전사했다.

[『三國史記』 卷47, 列傳7, 階伯]

3) 삼국의 대외관계

□ 七支刀銘

● <前面>

태화 4년 5월 16일 병오일의 한낮에 백번이나 단련한 철로 된 칠지도(七支刀)를 만들었다. [이 칼은] 모든 모든 병해를 물리칠 수 있고 후왕(侯王)에게 주기에 알맞다. □□□□가 만든 것이다.

<後面>

선세(先世) 이래 아직까지 이런 칼이 없었는데 백제 왕세자가 뜻하지 않게 성음(聖音)이 생긴 까닭에 왜왕을 위하여 정교하게 만들었으니 후세에 전하여 보이도록 할 것이다.

□ 隅田八幡畫像鏡

● 계미년 8월이라. 앞서 십대왕(十大王)의 재위시에, 남제왕(男弟王)이 의시사가궁(意柴沙加宮)에 있을 때, 사마(斯麻)가 長壽를 기념하여 개중비직(開中費直)과 예인(穢人)인 금주리(今州利) 2인을 파견했었습니다. [그러나 그 때에] 말씀하셨던 상동(上銅) 이백관(二百貫)은 없으니, 이 거울을 빙물(聘物)로 하여 문안드립니다.

□ 武寧王 誌石

● 영동대장군(寧東大將軍)인 백제 사마왕(斯麻王)은 나이가 62세가 되는 계묘년 5월 (병술일이 초하루인데) 임진일인 7일에 돌아가셨다. 을사년 8월 (계유일이 초하루인데) 갑신일인 12일에 안장하여 대묘(大墓)에 올려뫼시며, 기록하기를 이와같이 한다.

□ 百濟上魏主請伐高句麗表

● 운운 신은 동쪽 변방에 나라를 세웠는데 <시랑(豺狼)>이 길을 가로 막고 있사오니, 비록 대대로 신령한 교화를 입었사오나, 번직(藩職)을 받들 길이 없사옵기로, 멀리 대궐을 바라보며 망극한 정을 쏟을 뿐이옵니다. 서늘 바람이 살며시 이는 이 때에 황제 폐하께서 <천휴(天休)>에 협화(協和)하시온지, 우르르는 정회를 이길 수 없사옵니다. 삼가 사서(私署) 관군장군 부마도위 불사후 장사(冠軍將軍駙馬都尉弗斯侯長史) 여례(餘

禮)와 용양장군 대방태수 사마(龍驤將軍帶方太守司馬) 장무(張茂) 등을 보내어, 한 <바다(波阻)>에 배를 띄우고 아득한 <물가(玄津)>에서 길을 찾으며, 운명을 자연에 맡기고 만분의 일이나마 정성을 아뢰게 하오니, 바라옵건대, 신명이 감동하고 황령(皇靈)이 보호하사, 능히 조정에 도달하여 신의 뜻이 통하게 되오면, 비록 아침에 듣고 저녁에 죽을지라도 영원히 여한이 없겠사옵니다. 신은 고구려와 더불어 근원이 부여(扶餘)에서 나왔사옵기로 선조 때부터 옛정을 존중히 여겼사온데, 그 조상 교(釗)가 이웃의 의(義)를 가볍게 버려버리고, 친히 군사를 인솔하여 신의 국경을 침범하므로, 신의 조상 수(須)가 군사를 이끌고 번개같이 나가, 사기(事機)에 응하여 들이쳐 시석(矢石)이 잠깐 어울리자 교의 머리를 베게 되었던 것이옵니다. 그 후부터는 감히 남쪽을 침범하지 못하더니, 풍(馮)씨의 운수가 종말을 고하므로부터 남은 놈들이 도피해 들어가서 떼가 차츰 성해지자 드디어 다시 침략하여 원망이 맺히고 전화(戰禍)가 연첩되어 30여년을 지내고 보니, 재정은 고갈되고 힘도 다해져서 갈수록 군색하옵니다. 만약 천자께오서 가엾게 여기시고, 멀리 무외(無外)에 미치시와 빨리 한 장수를 보내어 신의 나라를 구원해 주시면, 마땅히 신의 딸을 바치어 후궁에서 <기추(箕箒)>를 잡게 하고, 아울러 자제들을 보내어 <외구(外廐)>에서 말을 먹이게 할 것이오며, 한 자의 땅과 한 사람의 백성도 감히 제 것으로 여기지 않겠사옵니다.

　지금 연(璉)이 죄가 있어, 나라는 스스로 어육(魚肉)이 되고 대신과 강족(疆族)들은 살육(殺戮)만을 일삼아 죄가 가득 차고 악이 쌓여서, 백성들이 흩어지고 있으니 이야말로 멸망할 때이오라, 손을 써서 처부술 기회가 왔다고 봅니다. 더구나, 마족(馬族)의 군사는 <조축(鳥畜)>의 그리움이 있고, 낙랑(樂浪)의 여러 고을은 <수구(首丘)>의 마음을 품었사오니, <천위(天威)>를 한번 떨치시면 토벌은 있을망정 싸움은 없을 것이오며, 신도 비록 불민하오나 있는 힘을 다하여 마땅히 군사를 통솔하고, 그 바람을 따라 향응할 생각이옵니다. 또 고구려는 불의와 역사(逆詐)가 하나 둘만이 아니여서, 밖으로 외효(隗囂)·번비(藩卑)의 언사를 사모하는 척하며, 안으로 흉화와 저돌(猪突)의 행동을 품고, 혹 남으로 유(劉)씨와 통하며, 혹 북으로 연연(蠕蠕)과 약속하고, 함께 서로 순치(脣齒)가 되어 왕정을 능멸하길 꾀하고 있사옵니다. 옛날 당요(唐堯)는 지극한 성인이오나 <자기 아들><단수(丹水)>에게 벌을 내렸고, 맹상군(孟嘗君)은 어진 이라 칭하되, 도리(塗詈)를 놓아주지 아니하였으니, 한방울이라도 새는 물은 마땅히 일찍 막아야 하오매, 지금 만약 탈취하지 아니하면 장차 후회를 끼칠 것입니다. 지난 경진년에 신의 나라 서쪽 경계인 소석산(小石山) 북국(北國) 바다 가운데에서 시체 10여구와 아울러 의복·기구(器具)·말·안장 등이 발견되었기로, 조사해 본 즉 고구려의 물건은 아니었사오며, 뒤에 듣자오니 바로 황제의 사신이 신의 나라에 오는데 그 <놈들(長蛇)>이 길을 가로막고 바다로 몰아넣었다는 것입니다. 비록 직접 당한 것은 아니오나 분함을 깊이 품고 있사옵니다. 옛날에 송(宋)이 신주(申舟)를 죽이매 초장왕(楚莊王)이 맨발 벗고 나섰으며, 매[鷹]가 챘다 놓친 비둘기를 신릉군(信陵君)은 먹지 아니하였사오니, 적을 이기고 이름을 세우는 것은, 미륭(美隆)이 다함이 없으니 무릇 구구한 편비(偏鄙)로도 오히려 만대의 신의를 사모하옵거늘, 하물며 폐하께서는 기운이 천지와 합하고 세력이 산하를 기울일 수 있사온데, 어찌 조그마한 아이가 상국의 통로를 막고 있는 것을 보시렵니까. 그 때에 주워서 보관해 두었던 안장을 올리어 실험해 보시도록 하옵소서.

[『東文選』 卷57]

□ 神功紀

● 황전별(荒田別)·녹아별(鹿我別)을 장군으로 삼았다. 구저(久氐)들과 같이 군사를 정돈하여 탁순국(卓淳國)에 건너가서 장차 신라를 치려고 하였다. 이때에 어떤 사람이 "군사가 적으면 신라를 깨칠 수 없다. 다시 사백(沙白)·개로(蓋盧)를 보내 군사를 증가할 것을 청하여라"라고 말하였다. 그래서 목라근자(木羅斤資)와 사사노궤(沙沙奴跪)[이 두 사람은 그 성을 알 수 없는 사람이다. 다만 목라근자만은 백제의 장군이다]에 명하여, 정병을 거느리고, 사백·개로와 같이 보냈다. 다 탁순국에 모여 신라를 격파하였다. 그리고 비자벌(比自伐)·남가라(南加羅)·탁국(喙國)·안라(安羅)·다라(多羅)·탁순(卓淳)·가라(加羅)의 7국을 평정하였다. 군사를 서쪽으로 옮겨 서쪽을 돌아 고해진(古奚津)에 가서, 남만(南蠻)의 침미다례(枕彌多禮)를 무찔러 백제에 주었다. 이에 그 왕인 초고(肖古)와 왕자 귀수(貴須)가 또한 군사를 이끌고 와서 모였다. 비리(比利)·벽중(辟中)·포미지(布彌支)·반고(半古)의 4읍은 스스로 항복하였다. 이리하여 백제왕 부자, 황전별·목라근자 등이 같이 의류촌(意流村)에서 만났다. 서로 보고 기뻐하였다. 예를 후하게 하여 보냈다. 다만 천웅장언(千熊長彦)과 백제왕은 백제국에 이르러 벽지산에 올라가 맹세하였다. 또 고사산(古沙山)에 올라, 같이 반석 위에 앉았다. 그 때 백제왕이 맹세하여, "만일 풀을 깔고 앉으면, 불에 탈 위험이 있다. 또 나무를 잡고 앉으면, 물에 흘러갈 위험이 있다. 고로 반석 위에서 맹세하면 영원히 썩지 않을 것이다. 금후 천주만세에 끊임없이 무궁할 것이다. 항상 서번(西蕃)이라 칭하며, 춘추에 조공하리다"라고 하였다. 천웅장언을 데리고, 도하(都下)에 이르러 후하게 예우를 더 하였다. 또 구저 등을 딸려서 보냈다.

[『日本書紀』 卷9, 神功皇后 49年 3月]

요점
- 백제와 倭의 관계
- 倭의 실체

2. 古代社會의 構造와 民의 生活

- 개요 -

삼국은 중앙집권적인 고대국가로 발전하는 과정에서 율령제와 신분제를 정비하여 나갔다. 신분제는 사회 전반에 영향을 미치고 있었는데 관등제 등 정치적 제약은 물론 복색과 주거에 이르기까지 세밀히 규정할 정도로 엄격히 운용되었다. 지배세력은 강약에 따라 새롭게 편제되었으며 평민들은 공민(公民)으로서 국가의 직접적인 통제를 받게 되었다. 피지배층인 농민들은 각종의 국역(國役)을 전담하고 있었다. 이들은 조세(租稅)와 공부(貢賦)를 납부하였을 뿐 아니라 군역(軍役)을 져야하고 역역(力役)에도 동원되었다. 국역은 법률로 규정되어 있으나 정복전쟁의 와중에 국가의 수취는 무한대로 증대하고 있었다. 특히 인정(人丁)의 징발이 빈번하여 노동력에 크게 의존하던 당시의 생산력 수준으로는 생계를 유지하기 조차 힘든 것이 민(民)의 일반적인 상황이었다. 따라서 흉년이 들면 농민들은 대규모로 유망하거나 노비로 전락하기 마련이었다.

1) 官等制와 身分制

□ 官制

◉ 관직은 모두 12등급이 있다. [가장 높은 것은] 대대로(大對盧)인데, 혹은 토졸(吐捽)이라고도 하며 국정을 총괄한다. 3년에 한번씩 바꾸는데 직책을 잘 수행하면 바꾸지 않기도 한다. 무릇 교체하는 날 불복(不服)하는 자가 있게 되면 서로 싸움을 한다. 왕은 궁문(宮門)을 닫고 지키다가 이긴 자를 인정하여 준다. 그 아래는 울절(鬱折)로, 호적과 문서를 관장한다. 다음은 태대사자(太大使者)이다. 다음은 조의두대형(皂衣頭大兄)으로서 이른바 조의(皂衣)라는 것은 선인(先人)을 말한다. 다음은 대사자(大使者)이다. 다음은 대형(大兄), 다음은 상위사자(上位使者), 다음은 제형(諸兄), 다음은 소사자(小使者), 다음은 과절(過節), 다음은 선인(先人), 다음은 고추대가(古鄒大加)이다.

60개의 주현(州縣)이 있으며, 큰 성에는 녹살(傉薩) 한명을 두는데, 도독(都督)과 비슷하다. 나머지 성에는 처려근지(處閭近支)를 두는데, 도사(道使)라고도 하며, 자사(刺史)와 비슷하다. 그리고 보좌하는 속료(屬僚)를 두어 일을 분담시킨다. 대모달(大模達)은 위장군(衛將軍)과 비슷하고, 말객(末客)은 중랑장(中郎將)과 비슷하다.

[『新唐書』 卷220, 列傳145, 東夷傳 高麗]

◉ 봄 정월에 내신좌평(內臣佐平)을 두어 왕명의 출납에 대한 일을 맡게 하고, 내두좌

평(內頭佐平)을 두어 물자·창고에 대한 일을 맡게 하고, 내법좌평(內法佐平)을 두어 예법·의식에 대한 일을 맡게 하고, 위사좌평(衛士佐平)을 두어 숙위 병사에 대한 일을 맡게 하고, 조정좌평(朝廷佐平)을 두어 형벌과 감옥에 대한 일을 맡게 하고, 병관좌평(兵官佐平)을 두어 지방의 군사에 대한 일을 맡게 하였으며, 또 달솔(達率), 은솔(恩率), 덕솔(德率), 한솔(扞率), 나솔(奈率) 및 장덕(將德), 시덕(施德), 고덕(固德), 계덕(季德), 대덕(對德), 문독(文督), 무독(武督), 좌군(佐軍), 진무(振武), 극우(克虞) 등을 두었다.

6개의 좌평은 모두 1품이요, 달솔은 2품이요, 은솔은 3품이요, 덕솔은 4품이요, 한솔은 5품이요, 나솔은 6품이요, 장덕은 7품이요, 시덕은 8품이요, 고덕은 9품이요, 계덕은 10품이요, 대덕은 11품이요, 문독은 12품이요, 무독은 13품이요, 좌군은 14품이요, 진무는 15품이요, 극우는 16품이었다.

2월에 명령을 내려 6품 이상은 자줏빛(紫) 옷을 입고 은으로 된 꽃으로 관(冠)을 장식하며, 11품 이상은 붉은 옷을 입으며, 16품 이상은 푸른 옷을 입게 하였다.

[『三國史記』 卷24, 百濟本紀2, 古爾王 27年]

□ 骨品制度

● 유리왕 9년(32)에 17관등을 설치했다. 1은 이벌찬(伊伐湌), 2는 이찬(伊湌), 3은 잡찬(迊湌), 4는 파진찬(波珍湌), 5는 대아찬(大阿湌)인데, 이로부터 이벌찬까지는 오직 진골만이 이를 받았으며 다른 종족이면 안되었다. 6은 아찬(阿湌)으로 중아찬(重阿湌)으로부터 4중아찬에 이른다. 7은 일길찬(一吉湌), 8은 사찬(沙湌), 9는 급찬(級湌), 10은 대내마(大奈麻)로 중내마(重奈麻)에서 9중내마에 이르며, 11은 내마(奈麻)로 중나마(重奈麻)에서 7중나마에 이른다. 12는 대사(大舍), 13은 사지(舍知), 14는 길사(吉士), 15는 대오(大烏), 16은 소오(小烏), 17은 조위(造位)이다.

[『三國史記』 卷38, 職官 上]

□ 屋舍

● 4두품에서 백성에 이르기까지는 방의 길이와 너비가 15척을 넘지 못한다. 느릅나무를 쓰지 못하고 조정(藻井)을 만들지 못하고, 당기와를 덮지 못하고, 수두(獸頭)·높은 처마·공아(栱牙)·현어(懸魚)를 두지 못하며, 금·은이나 유석(鍮石)이나 동랍(銅鑞)으로 장식하지 못한다. 섬돌로는 산의 돌을 쓰지 못한다. 담장은 6척을 넘지 못하고, 또 들보를 걸지 못하며, 석회를 칠하지 못한다. 대문과 사방문(四方門)을 만들지 못하고, 마굿간에는 말 두 마리를 둘 수 있게 하였다.

[『三國史記』 卷33, 雜志2, 屋舍]

□ 得難

● 성주산(聖住山)의 개조인 낭혜(朗慧)는 속성이 김씨(金氏)로 무열왕이 8대조이다. 조부 주천(周川)은 품(品)이 진골이고 위(位)가 한찬(韓粲)이었으며, 고증조(高曾祖)가 모두 나아가서는 장수가 되고 들어와서는 재상을 지냈으므로 사람들이 모두 알았다. 그러나 아버지인 범청(範淸)은 진골에서 강등되어 득난이 되었다.

[聖主寺 朗慧和尙碑]

요점 —고대적 신분질서의 엄격성

2) 民의 생활

□ 收取體制와 民의 부담

● 신해년 2월 26일에 南山新城을 만들 때, 법에 따라 만든 지 3년 이내에 무너져 파괴되면 罪로 다스릴 것이라는 사실을 널리 알려 誓約케 하였다.
　阿良邏頭인 沙喙(部)의 晉乃古 大舍, 奴舍道使인 沙喙(部)의 合親 大舍, 營沽道使인 沙喙(部)의 矢□□知 大舍, 郡上村主인 阿良村의 今知撰干, 柒吐□ □知尒利 上干, 匠尺인 阿良村의 末丁次 干, 奴舍村의 次□□祀 干, 文尺인 □文知 阿尺, 城使上인 阿良의 沒奈生 上□, □尺인 阿北ナ次 干, 文尺인 竹生次 一伐, 面捉上인 珎叩□, 門捉上인 知祀次, 㳄捉上인 首尒次, 小石捉上인 辱テ次□□11步 3尺 8寸을 받았다.

[慶州 南山新城碑]

● 세금은 명주·베 및 곡식을 그 사람이 가지고 있는 종류에 따라 빈부의 차등을 헤아려 받아들였다.

[『周書』異域列傳, 高句麗]

● 세금은 베·명주·삼베 및 쌀 등으로 그 해의 풍년과 흉년을 헤아려 차등있게 바치게 하였다.

[『周書』異域列傳, 百濟]

● 2월, 한수 북부 사람 가운데 나이 15세 이상된 자를 징발하여 위례성을 수리하였

다.

[『三國史記』卷23, 百濟本紀1, 溫祚王 41年]

◉ 8월 정월에 이찬(伊飡) 실죽(實竹)을 장군으로 삼고 일선(一善) 지방의 장정 3천명을 징발하여 삼년산성(三年山城)·굴산성(屈山城)을 개축했다.

[『三國史記』卷3, 新羅本紀3, 炤知麻立干 8年]

◉ 인세(人稅)는 베(布) 5필에 곡식 5석이다. 유인(遊人)은 3년에 한번을 내되, 열사람이 어울러서 세포(細布) 1필을 낸다. 조(租)는 호(戶)는 1석, 다음은 7두, 그 다음은 5두이다.

[『隋書』卷81, 列傳46, 東夷傳, 高麗]

◉ 건장한 남자는 모두 뽑아 군대에 편입시켜 봉수(烽燧)·변수(邊戍)·순라(巡邏)로 삼았으며, 둔영(屯營)마다 부오(部伍)가 조직되어 있다.

[『隋書』卷81, 列傳46, 東夷傳, 新羅]

◉ 설씨녀는 [신라의] 율리(栗里) 민가의 여자다. 비록 한미한 가문과 고단한 집단이었지만 안색이 단정하고 행실이 닦여져 있으므로 보는 사람마다 모두 부러워하고 사모했지만 감히 범하지는 못했다.

진평왕 때에 그 아버지가 나이가 많았는데 정곡(正谷)에 적을 방어하는 당번이 되었는데, 그녀는 아버지가 늙고 병든 때문에 차마 멀리 떠나보낼 수 없었으며, 또 한편 [자기는] 여자의 몸이어서 아버지를 모시고 갈 수도 없었으므로, 다만 스스로 수심 속에 싸여 있었다.

사량부(沙梁部)의 소년 가실(嘉實)은 비록 가난하고 볼 모양이 없었지만 그는 정신을 수양한 곧은 사내였다. 일찍부터 설씨를 좋아했으나 감히 말을 내지 못하고 있었는데, 설씨가 그의 아버지가 노인으로서 종군하게 됨을 근심하고 있다는 말을 듣고 마침내 설씨에게 자청하여 말했다. "나는 비록 한 나약한 사내지마는 일찍이 의지와 기개를 자부하고 있으니, 원컨대 불초한 몸으로써 그대 아버님의 병역을 대신하려 합니다."

설씨는 매우 기뻐하여 들어가서 아버지에게 알리니, 아버지는 그를 직접 대하여 보고 말했다. "듣건대 그대가 이 늙은 사람이 가는 일을 대신하고자 한다 하니 기쁘고 송구스러운 마음을 금할 수 없으므로, [그 은혜에] 보답하려고 하오, 만약 그대가 어리석고 누추하다고 해서 버리지 않는다면, 원컨대 어린 딸아이를 아내로 삼게 해주기 바라오."

이에 가실은 물러나와 혼인할 기일을 청하니 설씨는 말했다. "혼인은 사람의 큰 행사이니 창졸히 행할 수 없습니다. 제가 이미 마음으로 허락했으니 죽는 한이 있더라도 변하지는 않을 것입니다. 부디 당신이 방어하는 곳으로 갔다가 교대되어 돌아온 후에 날을 가려 혼례를 하게 해주십시오. [그래도] 늦지 않을 것입니다."

이에 거울을 꺼내어 절반을 나누어서 각각 한 조각씩 가지며, 이를 신표로 삼아 마땅히 합치기로 하자고 했다.

가실에게는 말이 한 필이 있었는데, 설씨에게 말했다. "이는 천하에서 드문 좋은 말이니, 후에 반드시 쓸 데가 있을 것이오. 지금 내가 간 다음에는, 이를 기를 사람이 없으니 이를 남겨두어 뒷날에 쓰게 하도록 바라오."하고 드디어 작별하였다.

마침 국가에서 사고가 있어 다른 사람을 보내어 교대시키지 않았으므로 가실은 6년 동안이나 머물고 오래 돌아오지 못했다.

[설씨의] 아버지는 딸에게 말하기를 "처음에 [가실이] 3년으로 기약했는데, 지금 이미 그 기일이 지났으니 다른 사람에게 시집을 가야 하겠다."하니 설씨녀는 말하기를 "전에 [제가] 아버지를 편안히 하려고 한 까닭으로 억지로 가실의 약속을 받았더니, 가실은 이를 믿기 때문에 종군하여 여러 해 동안 굶주림과 추위에 고생하고 있습니다. 더구나 적의 국경 가까이에 가서 손에 무기를 놓지 않고 호랑이의 입에 가까이 있으므로 항상 물릴까 염려되는 처지에 있는데 신의를 저버리고 언약을 실행하지 않는다면, [이것은] 어찌 사람의 정리이겠습니까? 끝내 아버지의 명령은 좇지 못하겠사오니 다시는 말씀하지 마십시오."하였다.

그의 아버지는 늙고 정신이 어두워졌는데, 그 딸이 장성한 데도 배필을 가지지 못했으므로 강제로 시집보내려고 하여, 몰래 마을 사람과 혼인하기를 약속하고 이미 날을 정하여 그 사람을 불러들였다. 설씨는 굳이 거절하고 비밀히 도망하려고 했으나 뜻대로 되지 않았으므로 외양간에 가서 가실이 남겨두고 간 말을 보고 한숨을 쉬며 눈물을 흘리었다.

이 때 가실이 왔는데, 겉모양이 말라 생기가 없고 옷이 남루했으므로 집안 사람들은 그를 알아보지 못하고 딴 사람이라고 말했다. 가실은 바로 앞으로 나와서 깨진 거울을 던지니 설씨는 이 거울을 받아들고 [감격하여] 소리를 내어 울었으며, 그 아버지와 집안 사람들도 심히 기뻐했다. 드디어 다른 날을 가려 서로 만나 그와 더불어 일생을 함께 늙을 것을 약속했다.

[『三國史記』 卷48, 列傳8, 薛氏女]

요점 −고대적 수탈의 양상
　　　 −정복전쟁과 수취

□ 農業生産力 발전

● 2월 나라 남쪽 주군(州郡)에 영을 내려 비로소 남쪽 습한 곳에 논을 만들게 하였다.
[『三國史記』 卷24, 百濟本紀2, 多婁王 6年]

● 2월에 담당 관리에게 명하여 제방을 수리하게 하고, 3월에 다시 명령을 내려 농사를 권장했다.
[『三國史記』 卷24, 百濟本紀2, 仇首王 9年]

● 2월 나라 사람들에게 명하여 남택(南澤)에다 논을 개간하게 하였다.
[『三國史記』 卷24, 百濟本紀2, 古爾王 9年]

● 비로소 벽골지를 만드니 둑의 길이가 1,800보였다.
[『三國史記』 卷2, 新羅本紀2, 訖解尼師今 21年]

● 땅이 매우 비옥하여 논 곡식과 밭 곡식을 모두 심을 수 있다. 오곡·과일·채소·새·짐승 등 산물은 대략 중국과 같다.
[『隋書』 東夷列傳, 新羅]

● 3월 각 주·군의 지방관에게 농사를 권할 것을 명하였는데 비로서 소를 이용하여 경작하였다.
[『三國史記』 卷4, 新羅本紀4, 智證麻立干 3年]

● 정원(貞元) 14년(798년) 4월 13일 청제(靑堤)를 수리하고 기록하노라. 저수지의 둑이 손상을 입어서 소내사(所內使)를 시켜 보수하게 하였는데, 길이가 35보(步), 제방의 높이가 6보 3척(尺), 제방의 넓이가 12보였다. 이같이 하기를 2월12일부터 4월 13일까지 하여 공사를 완료하였다. 모두 부척(斧尺)이 1백 36명, 법공부(法功夫)가 1만 4천1백40명, 절화(切火)·압량(押喙) 양군에서 인원을 동원하였다. 소내사로서 외위(外位)가 상간(上干)이고 경위(京位)가 내말(乃末)인 년, 경위가 대사(大舍)인 사수(史須), 그리고 가대수(加大守)로서는 수량(須喙) 출신의 내말이라는 경위를 가진 옥순(玉純)
[永川 靑堤碑]

요점
- 삼국의 권농정책
- 수리시설의 확대와 수전(水田)경작
- 우경(牛耕)의 실시

□ 救荒政策

● 겨울 10월에 왕이 질양(質陽)으로 사냥을 나갔다가 길거리에서 주저앉아 울고 있는 자를 보고 어째서 우는지 물으니 대답하기를 "신이 빈궁하여 어미를 봉양해 왔는데, 올해에는 흉년이 들어 품팔이 할 곳도 없어 한 줌의 양식도 얻지 못해서 웁니다"하였다. 왕이 말하기를 "아아, 내가 백성의 부모가 되어 백성들을 이 지경에까지 이르게 했으니 나의 죄이다"하고는 먹을 것과 입을 것을 주어 달래었다. … 관리에게 명하여 해마다 봄 3월부터 가을 7월까지 관곡을 내어 백성의 가구를 다소에 따라 진대(賑貸)함에 차등을 두고, 겨울 10월에 이르러 거둬들이게 함으로써 법규를 만드니 모든 사람이 크게 기뻐하였다.

[『三國史記』 卷16, 高句麗本紀4, 故國川王 16年]

● 봄, 흉년이 들어 사람들이 서로 잡아먹을 지경이므로 왕이 창고의 곡식을 꺼내어 나누어 주었다.

[『三國史記』 卷18, 高句麗本紀6, 故國原王 6年]

● 봄·여름이 가물었다. 겨울, 백성이 굶주리므로 창고의 곡식을 풀어 나누어 주고, 또 1년간의 납세를 면제해 주었다.

[『三國史記』 卷24, 百濟本紀2, 古爾王 15年]

● 경성에 가뭄이 들었다. 가을 7월, 누리(메뚜기떼)가 일어 백성이 굶주리므로 창고의 곡식을 풀어 구원하였다.

[『三國史記』 卷1, 新羅本紀1, 儒理尼師今 15年]

요점 －고대국가의 진휼정책

□ 社會 樣相

● 미천왕(美川王)의 이름은 을불(乙弗)이니 서천왕(西川王)의 아들 고추가(古鄒加) 돌고(咄固)의 아들이다. 처음에 봉상(烽上)왕이 아우 돌고가 딴마음을 가졌다고 의심하여 죽이니 그의 아들 을불이 자기에게 해가 미칠까 두려워 도망하였던 것이다.

처음에는 수실촌(水室村)사람 음모(陰牟)의 집으로 가서 머슴을 살았는데 음모는 을불이 어떠한 사람인지 알지 못하고 심한 고역을 시켰다. 그 집 옆에 있는 늪에서 개구리가 울었는데, 음모는 을불을 시켜 밤이면 돌멩이를 던져 개구리 소리를 금하게 하고, 낮이면 종일 나무를 하여 오라고 독촉하여 잠시도 쉬지 못하게 하므로 고생을 견디다 못하여 일 년만에 그 집을 떠나서 동촌(東村)사람 재모(再牟)와 함께 소금장사를 하였다.

 배를 타고 압록에 이르러 소금을 가지고 내려와 강 동쪽 사수촌(思收村) 사람의 집에 들렸다. 그 집 노파가 소금을 청하여 한 말 가량 주었더니 또 청하므로 주지 않았다. 노파가 원한을 품고 가만히 자기의 신을 소금짐 속에 묻어두었다. 을불은 이것을 알지 못하고 소금을 지고 길을 떠났는데 노파가 쫓아와서 신을 찾아 들고 신을 감추었다고 거짓말로써 압록성주에게 고발하였다. 성주는 신값으로 소금을 빼앗아 노파에게 주고 볼기를 때려 내놓았다. 이리하여 을불은 얼굴이 여위고 의복이 남루하게 되어 사람들이 보고 그가 왕손임을 알지 못하였다.

[『三國史記』 卷17, 高句麗本紀5, 美川王 1年]

● 그 나라의 대가(大家)들은 농사를 짓지 않으므로, 앉아서 먹는 인구가 만여명이나 되는데, 하호(下戶)들이 먼 곳에서 양식·고기·소금을 운반해다가 그들에게 공급한다. 그 백성들은 노래와 춤을 좋아하여, 나라 안의 촌락마다 밤이 되면 남녀가 떼지어 모여서 서로 노래하며 유희를 즐긴다. 큰 창고는 없고 집집마다 창고가 있으니, 그 이름을 부경(桴京)이라 한다. 그 나라 사람들은 깨끗한 것을 좋아하며, 술을 잘 빚는다. 무릎을 꿇고 절할 때에는 한쪽 다리를 펴니 부여와 같지 않으며, 길을 걸을 적에는 모두 달음박질하듯 빨리 간다.

[『三國志』, 魏志, 東夷傳, 高句麗]

● [동옥저]는 나라가 작고 큰 나라의 틈바구니에서 핍박을 받다가 결국 고구려에게 복속되었다. 고구려는 그 [지역 인물] 중에서 대인(大人)을 두고 사자(使者)로 삼아 토착 지배층과 함께 통치하게 하였다. 또한 대가로 하여금 맥·포·물고기·소금·해초류 등을 천리나 되는 거리에서 져나르게 하고, 또 옥저의 미인을 보내게 하여 종이나 첩으로 삼았으니, 그들[동옥저 사람]을 노복(奴僕)처럼 대우하였다.

[『三國志』, 魏志, 東夷傳, 沃沮]

● 3월 순장을 금지하는 영을 내렸다. 이전에는 국왕이 죽으면 남녀 각각 5명씩을 순장하였는데 이제와서 금지하게 된 것이다.

[『三國史記』 卷4, 新羅本紀4, 智證麻立干 3年]

 ● 그들은 살림집을 반드시 골짜기에 지었는데, 대부분 띠로 이엉을 엮어 지붕을 덮고, 오직 불사(佛寺)·신묘(神廟) 및 왕궁, 관부만이 기와를 쓴다. 가난한 사람이 많다.

겨울철에는 모두 구덩이를 길게 파서 밑에다 숯불을 지펴 방을 따뜻하게 하였다.

[『舊唐書』, 列傳149, 高句麗]

● 재상의 집에는 녹(祿)이 끊어지지 않으며, 노비가 3천이나 되고, 갑병(甲兵)과 소·말·돼지도 이에 맞먹는다. 가축은 해중(海中)의 산에 방목(放牧)을 하였다가 필요할 때 활로 쏘아서 잡는다. 곡식을 남에게 빌려 주어서 늘리는데, 기간 안에 다 갚지 못하면 노비로 삼아 일을 시킨다.

[『新唐書』, 東夷列傳, 新羅]

요점 - 고대국가의 계급과 생활실상

3. 佛敎의 受容

- 개요 -

> 고대국가가 성립하면서 이전의 신앙체계로는 국가적 통합을 유지하기 힘든 한계가 드러나고 있었다. 즉 샤머니즘이나 시조신(始祖神)은 대다수 농민(公民)을 공민으로 국가권력 아래 포섭하려는 중앙집권적 고대국가 체제에는 부합하지 않는 개별성을 지니고 있기 때문이었다. 불교는 전통신앙을 대체하여 새로운 국가이데올로기로서 기능할 수 있는 여러 요소들을 내포하고 있었는데 특히 보편적 세계관이야말로 새로운 사회조직 원리로 적합한 것이었다. 따라서 국왕을 중심으로 하는 집권추구세력은 적극적으로 불교를 수용하고자 하였는데 이 같은 현상은 삼국이 마찬가지였다. 다만 고유신앙이 뿌리깊고 부(部)의 전통이 강하게 남아있던 신라에서는 귀족세력의 강한 저항을 받게되었다. 삼국 특히 신라 불교의 성격은 호국불교 국가불교의 성격을 강하게 지니고 있었다. 왕즉불(王卽佛) 사상은 사실상 신화체계와 유사하였으며 승려의 대부분은 진골 출신이었다. 그러나 새로운 지배이념으로서 불교는 보편적 평등성과 인과론이라는 이론적 이중성에도 불구하고 제한적으로나마 하층계급의 위상을 강화시킨 의의를 갖는다.

1) 불교의 전래

□ 고구려

● 소수림왕 2년(372) 전진왕 부견(符堅)이 사신과 중 순도(順道)를 파견하여 불상과 경문(經文)을 보내왔다.
 소수림왕 5년(375) 초문사(肖門寺)를 창건하여 순도가 있게 하고 또한 이불란사(伊弗

蘭寺)를 창건하여 아도(阿道)가 있게 하니 이것이 해동불법의 시초가 되었다.

[『三國史記』卷18, 高句麗本紀6, 小獸林王]

□ 백제

● 침류왕 1년(384) 인도중 마라난타(摩羅難陁)가 동진(東晋)으로부터 이르매 왕이 궁중으로 맞아들여 예우하여 공경하니 불교가 이 때부터 시작되었다.
침류왕 2년(385) 한산에 절을 창건하고 중 10명에게 도첩을 주었다.

[『三國史記』卷24, 百濟本紀3, 枕流王]

□ 신라

● 아도는 고구려사람이다. 그 어머니는 고도령(高道寧)인데 정시년간(240~248)에 조씨 위나라 사람 아굴마(我堀摩)가 고구려에 사신으로 왔다가 사통하고 돌아갔는데, 이로 인하여 임신하게 되었다. 대사는 나이 5세에 어머니가 출가하게 하였다. 나이 16세에 위나라로 가서 아굴마를 만나고 현창(玄彰)화상의 문하에서 수업하였다. 나이 19세에 다시 어머니에게로 돌아왔다.

어머니가 이르기를 "이 나라가 아직은 불법을 알지 못하나 이후 3천여 달 뒤에는 계림에 성왕이 출현하시어 불교를 크게 일으킬 것이다. 그 서울 안에 일곱 군데의 절터가 있으니, 첫째는 금교(金橋) 동쪽의 천경림(天境林)이요[지금의 흥륜사(興輪寺)이다. 금교는 서천 다리를 말하는데 세속에서는 와전되어 솔다리라고도 한다. 절을 아도가 처음 기초를 닦고 나서부터 중간에 폐지되었다가 법흥왕 정미년(527)에 이르러 비로서 공사를 시작하여 을미년(535)에 크게 개창하였으며, 진흥왕이 공사를 끝마쳤다], 둘째는 물이 세 갈래로 갈라지는 곳이요[지금의 영흥사(永興寺)이니 흥륜사와 같은 시대에 개창되었다], 셋째는 용궁 남쪽이요[지금의 황룡사(黃龍寺)이니 진흥왕 계유년(553)에 처음 개창되었다], 넷째는 용궁 북쪽이요[지금의 분황사(芬皇寺)이니 선덕왕 갑오년(634)에 처음 개창되었다], 다섯째는 사천(沙川) 끝이요[지금의 영묘사(靈妙寺)이니 선덕왕 을미년(635)에 처음 개창되었다], 여섯째는 신유림(神遊林)이요[지금의 천왕사(天王寺)이니 문무왕 기묘년(679)에 개창되었다], 일곱째는 서청전(壻請田)이다[지금의 담엄사(曇嚴寺)이다]. 모두 전세의 부처님 시대의 가람터로서 불법이 길이 흐를 땅이니, 너는 거기로 돌아가 큰 가르침을 전파하고 떨치면 마땅히 불교의 개조(開祖)가 될 것이다."

아도가 어머니의 가르침을 받고 계림에 이르러 왕성(王城) 서쪽 마을에 머물렀으니, 지금의 엄장사(嚴莊寺)요, 때는 미추왕 즉위 2년 계미년(263)이다. 대궐에 나아가 불교를 시행할 것을 청하였는데, 세상사람들은 전에 보지 못하던 것이라 하여 꺼려 하였으며, 심지어 아도를 죽일려고 하는 사람까지 있었다. 이에 속림(續林)[지금의 일선현] 모록(毛祿; 祿은 禮와 모습이 비슷한 데서 생긴 잘못이다. 옛 기록에 이르기를 법사가 처음 모록의 집에 왔을 때 하늘과 땅이 놀라 진동하였으며, 당시 사람들은 승려라는 말을 알지 못하여 아두삼마(阿頭彡摩)라고 불렀다고 한다. 삼마란 신라말로 승려를 가리키는데, 사미란 말과 같다)의 집으로 도망가서 숨었다.

삼년되는 해에 성국공주(成國公主)가 병이 들었는데 무의(巫醫)가 효험이 없자 왕명으로 사자를 사방으로 보내어 의사를 구하였다. 대사가 문득 대궐로 나아가 그 병을 마침내 고쳤다. 왕이 크게 기뻐하여 그 소원을 물었다. 대답하기를, "빈도에게는 아무런 소원이 없고 다만 천경림에 사찰을 창건하여 크게 불교를 일으켜서 나라의 복을 비는 것을 바랄 따름입니다."라고 하였다. 왕이 그것을 허락하고 공사를 일으키도록 명령하였다. 풍속이 질박하고 검소하여 띠를 엮어서 집을 짓고 머무르며 강연하니, 때때로 간혹 하늘에서 꽃이 땅에 떨어졌다. 절이름을 흥륜사라고 하였다. 모록의 누이 사씨(史氏)가 대사에게 의탁하여 비구니가 되어 역시 물이 세 갈래로 갈라지는 곳[三川岐]에 절을 짓고 머물렀다. 절이름을 영흥사라고 하였다.

얼마 안되어 미추왕이 세상을 떠나자 나라사람들이 대사를 해치려 하였다. 대사는 모록의 집으로 돌아와 스스로 무덤을 판 다음 문을 닫고 자결하였으며, 마침내 다시는 나타나지 않았다. 이로 인하여 불교 또한 폐하여졌다.

제23대 법흥대왕이 양나라 천감(天監) 13년 갑오에 왕위에 올라 불교를 일으키기까지 미추왕 계미년으로부터 252년이나 떨어졌으니, 고도령(高道寧)이 말한 삼천여 개월이 징험되었다.

[『三國遺事』 卷3, 阿道基羅條]

● 법흥왕 15년(528)에 처음으로 불법(佛法)을 공행(公行)하였다. 처음에 눌지왕 때, 중 묵호자(墨胡子)가 고구려로부터 일선군에 이르니 [그] 고을 사람 모례(毛禮)는 집 안에 굴방을 만들어 그를 있게 했다. 그때 양나라에서 [신라에] 사신을 파견하여 의복과 향을 보내왔는데, 군신들은 그 향의 이름과 쓸 곳을 알지 못했다. [그래서] 사람을 시켜 향을 싸가지고 널리 나라 안을 돌아다니면서 묻게 했다. 묵호자가 이것을 보자 그 이름을 일러주며 말했다.

"이것은 태우면 향기가 매우 강렬합니다. 그런 까닭으로 정성을 신성(神聖)에게 통하게 합니다. 이른바 신성이란 삼보(三寶)보다 나은 것이 없습니다. 첫째는 불타(佛陀), 둘째는 달마(達磨; 불법), 세째는 승가(僧伽)라 합니다. 만약 이것을 불에 태워 발원(發願)하면 반드시 영검이 있습니다."

이때 왕녀가 병이 위독해서 왕이 묵호자에게 향을 피워 소원을 말하게 하였는데 왕녀의 병이 즉시 나았다. 왕이 매우 기뻐하여 예물을 후히 주었다. 묵호자가 나와서 모례를 보고 얻은 물건을 그에게 주며, "나는 이제 돌아 갈 곳이 있다"고 하면서 작별을 청하였는데 잠시 후에 그가 간 곳을 알 수 없었다.

비처왕(毗處王; 炤知王) 때에 와서 아도(阿道)란 이가 있었는데, 시종하는 사람 3명을 데리고 역시 모례의 집으로 왔는데, 모습이 묵호자와 비슷했다. [그는] 몇해 동안 [이곳에] 살다가 [아무런] 병도 없이 죽었다. 그의 시종하는 세 사람은 남아 있으면서 경율(經律)을 가르쳤는데, 갈수록 신봉하는 사람이 늘어갔다. 이때에 와서 왕이 또한 불교를 일으키려 했으나, 여러 신하들이 믿지 않고 수다스럽게 떠들기만 하니 왕이 어렵게 여겼다. 근신(近臣) 이차돈(異次頓)이 아뢰었다.

"청컨대 소신의 목을 베어 여러 사람들의 의논을 정하소서."

왕은 말했다.

"[내] 본디 불도를 일으키고자 함인데, 무죄한 사람을 죽이는 것은 잘못이다."

이차돈은 대답했다.

"만약 불도가 행해질 수 있다면 신은 비록 죽어도 유감이 없겠습니다."

왕이 이에 여러 신하들을 불러서 물어 보니 모두 말했다.

"지금 중들을 보니 깎은 머리에 이상한 옷으로 의논이 기괴하니 떳떳한 도리가 아닙니다. 이제 만약 그들을 그대로 둔다면 다만 후회가 있을 것입니다. 신들은 비록 중한 죄에 처해지더라도 감히 명령을 받들지 못하겠습니다."

[그러나] 이차돈은 홀로 말하기를

"지금 여러 신하들의 말은 잘못입니다. 대저 비상한 사람이 있은 후라야 비상한 사람이 있사옵니다. 이제 말을 들으니 불교는 [그 뜻이] 매우 깊다 하오니 믿지 않을 수 없습니다." 하였다.

왕은 말하기를

"여러 사람들의 말은 견고하니 깨뜨릴 수 없는데, 너 혼자만이 말을 달리 하니 두가지 의논을 다 좇을 수 없다." 하고 마침내 형리에게 내려 장차 죽이려 했다.

이차돈은 죽음에 임하여 말했다.

"나는 불법을 위하여 참형을 받는 것이니 부처님에게 만약 신령이 있다면 나의 죽음에 반드시 이상한 일이 있을 것이다."

목을 베자 피가 [목] 잘린 자리로부터 솟아 올랐는데 그 빛이 희기가 마치 젖과 같았다. 여러 사람들은 이를 괴이하게 여겨 다시는 불사(佛事)를 헐뜯어 말하지 않았다.

[『三國史記』卷4, 新羅本紀4, 法興王 15年]

요점 -신라의 불교수용과 공인에 따른 지배세력간의 갈등
-기존의 무격신앙과 불교의 대립
-巫佛交替

2) 불교의 융성

□ 百座講會

● 진흥왕 12년 신미(551)에 왕은 거칠부(居柒夫)와 대각간(大角干) 구진(仇珍), 각찬(角湌) 비태(比台), 잡찬(迊湌) 탐지(耽知), 잡찬 비서(非西), 파진찬(波珍湌) 노부(奴夫), 파진찬 서력부(西力夫), 대아찬(大阿湌) 비차부(比次夫), 아찬(阿湌) 미진부(未珍夫) 등 8명의 장군에게 명하여 백제와 더불어 고구려를 쳐 들어가게 했다. 백제 군사가 먼저 평양을 쳐서 부수니 거칠부 등이 이긴 기세를 타서 죽령 밖, 고현(高峴) 안의 10고을을 빼앗았다. 이때에 혜량(惠亮)법사가 그 무리를 거느리고 길위에 나오니, 거칠부는 말에서 내려 군대의 예절로써 절하며 그 앞으로 나아가서 말했다.

"옛날 고구려에서 배울 때에는 법사의 은혜를 입어 생명을 보존했는데, 지금 우연히 서로 만나게 되니 무엇으로 보답해야 될지 알지 못하겠습니다."

법사는 대답했다.

"지금 우리 나라는 정치가 어지러워 멸망할 날이 멀지 않으니 그대의 나라로 가기를 원한다."

이에 거칠부는 혜량법사를 데리고 신라로 돌아와서 왕에게 뵈니 그를 승통(僧統)으로 삼아 처음으로 백좌강회와 팔관법(八關法)을 설치했다.

[『三國史記』 卷44, 列傳4, 居柒夫]

□ 圓光

● 진평왕 30년(608) 왕은 고구려가 여러 번 국경을 침범함을 걱정하여 수나라 군사를 청하여 고구려를 치려고, 원광에게 명하여 군사를 청하는 글을 지으라 했다.

원광은 말하기를

"자기가 살기를 구해서 남을 멸망시키는 것은 사문(沙門)이 할일이 아니나, 빈도(貧道)는 대왕의 땅에 살면서 대왕의 물과 풀을 먹고 있사오니 감히 명령을 따르지 않겠습니까." 하고 곧 걸사표(乞師表)를 지어 바쳤다.

[『三國史記』 卷4, 新羅本紀4, 眞平王 30年]

요점 –삼국불교의 국가적 성격

□ 元曉

● 성사(聖師) 원효의 속성은 설씨(薛氏)다. 그의 할아버지는 잉피공(仍皮公)이다. 또한

적대공(赤大公)이라고도 한다. … 그의 아버지는 담날(談捺)내말(乃末)이다. [원효는] 처음에 압량군(押梁郡)의 남쪽 불지촌 북쪽 밤 나뭇골의 사라수(娑羅樹) 아래에서 탄생했다. … 이 때 요석궁(瑤石宮)에 과부 공주가 있었다. [왕은] 궁리(宮吏)를 시켜 원효를 찾아 [요석궁으로] 맞아 들이게 했다. 궁리가 칙명을 받들어 원효를 찾으려 하는데, 벌써 남산으로부터 내려와 문천교를 지나오므로 만나게 되었다. [원효는] 일부러 물 속에 떨어져 옷을 적시었다. 궁리는 성사를 요석궁으로 인도하여 옷을 말리게 하니 그 곳에서 머물러 있게 되었다. 공주는 과연 아기를 배더니 설총(薛聰)을 낳았는데, 설총은 나면서 총명하여 경서와 역사책을 널리 통달했다. … 원효는 이미 계를 범하고 설총을 낳은 후로는 속인의 옷을 바꾸어 입고, 스스로 소성거사(小姓居士)라 일컬었다. 우연히 광대들이 놀리는 큰 박을 얻었는데, 그 모양이 괴이했다. [성사는] 그 모양대로 도구를 만들어 화엄경의 "일체 무애인(無㝵人)은 한 길로 생사(生死)를 벗어난다"란 문구에서 따서 이름지어 무애라 하며 이내 노래를 지어 세상에 퍼뜨렸다. 일찍이 이것을 가지고 많은 촌락에서 노래하고 춤추며 교화하고 음영(吟詠)하여 돌아 왔으므로, 가난하고 무지몽매한 무리들까지도 모두 부처의 호를 알게 되었고, 다 나무아미타불을 부르게 되었으니 원효의 법화는 컸던 것이다.

[『三國遺事』 卷4, 義解5, 元曉]

◉ (마멸) 음리화(音里火) 삼천당주(三千幢主)인 급찬(級湌) 고금(高金)□가 새기다.

(마멸) 애초부터 가까이 하거나 멀리함이 없었다. 자비로운 석가모니는 마치 그림자가 형체를 따르듯 하였다. 이는 실로 능히 느낄 수 있는 마음에 말미암기 때문에 상응하는 이치가 반드시 그러한 것이니, 위대하도다. 설사 법계(法界)를 궁구하고 (마멸) □ 相印을 (마멸)하고 법공(法空)의 자리에 올라 전등(傳燈)의 □를 짓고 법륜(法輪)을 다시 구르게 할 사람, 누가 능히 그렇게 할 수 있겠는가. 곧 우리의 서당화상이 바로 그 사람이다.

속성은 (마멸) 불타(佛地)를 (마멸)하고 목숨을 고선(高仙)을 체득하였다. 여기에 근거하여 마을 이름을 '불지(佛地)'라 하였으니, □는 한 가지 길이다. 다른 사람이 불지(佛地)로 알았지만, 나는 구릉으로 보았으니, 왜냐하면 단지 (마멸). 어머니가 처음에 별이 떨어져 품속으로 들어오는 꿈을 꾸고서 문득 임신하였다. 달이 차기를 기다려 해산하려 할 때 갑자기 오색 구름이 특별히 어머니의 거처를 덮었다. (마멸) 문무대왕이 나라를 다스림에 일찍이 저절로 이루어짐에 응하여 나라가 평안하였으며, 은혜가 열리어 크게 이루어졌으니, 그 공은 능히 베풀 수가 없었다. 꿈틀대는 무리들이 하늘과 땅이 되고 백성들의 (마멸)이 되었다. (마멸) 홀로 기쁨을 (마멸).

대사의 덕은 전생에 심은 것이고 도는 실로 나면서부터 알았다. 마음으로 인하여 스스로 깨달았으며, 배움에 일정한 스승을 좇지 않았다. 성품은 고고하면서 크게 자애로

왔으며, 정은 (마멸) 어두운 거리를 (마멸). 괴로움을 뽑고 재난에서 구제하고자 이미 사홍서원을 발하였으며, 미세한 이치를 연구하고 분석하고자 일체의 지혜로운 자의 마음을 □□하였다.

왕성 서북쪽에서 작은 절이 하나 있는데, (마멸) 참기(讖記)와 □□外書 등 세상에서 배척당하는 것을 (마멸)하였다. 그 중에서도 십문화쟁론(十門和諍論)은, 석가여래가 세상에 계실 때 이미 원만한 소리에 의지하였으나, 중생들이 (마멸) 비처럼 흩뿌리고 쓸데없는 공론이 구름처럼 흩어졌다. 어떤 사람이 그렇지 않다 하여, 말이 한도 끝도 없게 되었다. 대사(마멸) 산을 □□하고 골짜기로 돌아간 것과 같고, 유(有)를 싫어하고 공(空)을 좋아함은 나무를 버리고 큰 숲으로 달려가는 것과 같다. 비유하자면 청색과 쪽풀은 본체가 같고 얼음과 물은 근원이 같은데, 거울이 수많은 형상을 받아들이고 물이 (천갈래로) 갈라지는 것과 같다. (마멸) 융통하여 서술하고는 그 이름을 '十門和諍論'이라 하였다. 무리들이 칭찬하지 않는 사람이 없어, 모두 이르기를, "좋다"라고 하였다. '화엄종요(華嚴宗要)'는 이치는 비록 하나를 으뜸으로 하지만, (마멸)에 따라서 (마멸) 찬탄하고 덩실 춤추었다. 범어로 번역하여 곧 사람들에게 부탁하였으니, 이것은 그 나라 심장이 보배로 귀중히 여긴 연유를 말한다.

산승이 술을 끌어다 (마멸) 토지의 신을 서서 기다리며 다시는 옮기지 않았으니, 이것은 본성의 게으름을 드러낸 것이다. 여인이 세번 절함에 천신(天神)이 그를 가로 막았으니, 또한 법의 집착에 들지 않음을 표현한 것이다. (마멸) 촌주(村主) (마멸) 마음의 법을 아직 일찍이 (마멸) 강의하다가, 문득 물병을 찾아서 서쪽으로 □□하면서 말하기를, "내가 보니 당나라 성선사(聖善寺)가 화재를 입었다(마멸)" 물을 부은 곳이 이로부터 못이 되었으니, 고선사의 대사가 있던 방 앞의 작은 못이 바로 이것이다. 남쪽으로 법을 강연하고 봉우리에 □하여 허공을 올랐다. (마멸) 대사의 혈사(穴寺)로 옮겼다. 인하여 신묘(神廟)가 멀지 않은 데다가 귀신이 기뻐하지 않음을 보고 어울리고자 하였다. 그래서 백일(白日) (마멸) 다른 세상을 교화하였다. 숙송 2년(686) 3월 30일 혈사에서 마치니, 나이 70이었다. 곧 절의 서쪽 봉우리에 임시로 감실을 만들었다. 여러 날이 지나지도 않아서 말탄 무리가 떼를 지어 장차 유골을 가져가려 하였다. (마멸) 만선화상(萬善和上)이 기록한 가운데 전하기를, "불법에 능한 사람이 9인이 있어 모두 대□를 칭하였다" 대사는 처음에는 아마도 불교를 도운 큰 장인이었을 것이다. 대사가 말하기를, "(마멸)"

대력(大曆)연간(766~780) 초에 대사의 후손인 한림(翰林) 자(字)는 중업(仲業)이 사행으로 바다를 건너 일본에 갔다. 그 나라 상재(上宰)가 인하여 얘기하다가 그가 대사의 어진 후손임을 알고서, 서로 매우 기뻐하였다. (마멸) 여러 사람들이 정토로 왕생할 것을 기약하며 대사의 영험스런 저술을 머리에 이고서 밤시라도 버리지 않았는데, 그 손자를 만나봄에 이르러 (마멸) 3일 밤이나 와서 칭송하는 글을 얻었다. 이미 12년이 흘러 비록 몸소 예를 펴고 친히 받들지는 않더라도 (마멸) 신이함을 아는 자에 □□가 있으며, 소리를 □□자에 봉덕사(奉德寺) 대덕법사(大德法師)인 삼장(三藏) 신장(神將)이 있어 □□□慈和와 더불어 마음이 공적(空寂)함을 알고 법의 무생(無生)을 보았다. 속인과 승려가 모두 칭송하기를 승려 가운데 용이요 법의 □라고 하고는 받들어 (마멸) 행함에 성인을 만나 깃발을 더위잡음에 단절이 없었는데, 추모함에 좇을 바가 없다. 더욱이 다른 사람의 송문(頌文)을 보건대 (마멸) 조짐을 깨달았으니, 어찌 (마멸) 다시 천숙(千叔)이 있으리오. 이번 정원년중(785~804)에 몸소 (마멸) 상심하여 이에 괴롭고 □□는 두배나 더하나, 곡 몸과 마음을 채찍질하고 진흙과 띠집을 (마멸) 대사의 거사 모습을 만들었는데, 3월에 이르러 (마멸) 산에 폭주하고 옆의 들로 구름처럼 달려가서 형상을 바라보고 진심으로 예를 하였다. 그건 뒤에야 강찬(講讚) (마멸) 각간 김언승께서는 바다와 산악의 정기를 타고 났고 하늘과 땅의 빼어남을 타고 나서 親□을 잇고 (마멸) 3천을 □□하고 마음은 6월을 뛰어넘었다. 덕과 뜻은 (마멸) 저 산속을 보니 대덕 奉□(마멸) 바야흐로 명을 (마멸) 마음과 목숨을 맡기고 뜻은 정성껏하며, 법을 높이고 사람을 중히 여겨(마멸) (대사?)의 영험스런 자취는 문자가 아니고서는 그 일을 진술할 수가 없고 기록이 아니고서 어찌 그 연유를 드러낼 수 있으리오. 그래서 스님으로 하여금 □□을 짓게하고(마멸) 스스로의 법도를 구하는 것은 무능하고 학문도 정도가 아니어서 마침내 사양하였으나 끝내 면하지 못하여 문득 (마멸). 티끌같이 많은 세월이 지나도 썩지 말고, 겨자씨만큼 무수한 세월에도 길이 존재하리라.

그 사(詞)에 이르되,

위대하구나 법의 본체여! 형체가 없는 곳이 없도다. 시방에 (마멸) 세 가지 신통함을 □□하였다. 고선대사(高仙大師)는 불지에서 태어나 일생동안의 □를 올바른 이치를 깊이 궁구하였다. 이 세상과 저 □□ (마멸) 붉은 화살이 그를 겨냥하고 수없이 많은 미친소리와 (마멸) 환속하여 거사가 되었다. 담백한 바다의 □와 해동의 상부에서 국가를 바로잡고 진실로 문무가 있었다. (마멸) 그 조부를 □하였다. (마멸) 이기지 못하여 춤을 추고 슬피 (마멸) 씩씩한 얘기는 성스러움에 □하고 상쾌한 연설은 신이함에 통하였다. 다시 혈사(穴寺)를 수선하여 (마멸) 길이 궁궐을 하직하고 □窟을 끊지 않았다. 일정한 장소를 거닐며 도를 즐겼다. (마멸) 행적과 저술을 남겨 모두 은혜를 입고 입었도다.

대사가 (마멸) 울음을 머금고 □月에 매번 □□에 이르러 펼쳐 읽으며 (마멸) 혈사(穴寺)의 법당 동쪽 가까운 산에 (마멸).

[高仙寺 誓幢和上碑]

요점
- 불교의 대중화운동
- 정토신앙

□ 義湘

● 법사 의상의 아버지는 한신(韓信)이며, [성은] 김씨다. 나이 29세에 서울 [경주] 황복사(皇福寺)에서 머리를 깎고 중이 되었다. 얼마 후 중국으로 가서 부처의 교화를 보려 하여 마침내 원효와 함께 요동(遼東)으로 갔다가, 변방 수라군의 정탐자에게 잡혀 있기 수십일에 간신히 빠져나와 돌아왔다.

영휘(永徽) 초년에, 마침 당나라의 사신으로 본국에 돌아가는 사람이 있었으므로 그 배에 실리어 중국으로 들어갔다. 처음에 양주에 머물렀더니, 주장(州將) 유지인(劉至仁)이 [의상을] 청해다가 그 관아 안에 머무르게 했는데, 접대가 매우 성대했다. 조금 뒤에 종남산(終南山) 지상사(至相寺)를 찾아가서 지엄(智儼)을 뵈었다.

지엄은 지난 밤 꿈에 하나의 큰나무가 해동에서 나서 잎이 널리 펴져 중국으로 와서 덮는데, 그 위에 봉황새의 보금자리가 있으므로, 올라가 보니 한 개의 마니보주(摩尼寶珠)가 있었으며 광명이 멀리 비치는 것이었다. 꿈을 깬 후 놀랍고 이상스러워 깨끗이 소제하고 기다렸더니 의상이 왔던 것이다. [지엄이] 특별한 예로 영접하고 조용히 이르되 "나의 어젯밤 꿈은 그대가 나에게 올 징조였구나."하였다.

[그리하여] 제자가 됨을 허락하니 [의상은] 화엄경의 미묘한 뜻을 은미(隱微)한 부분까지 분석했다. 지엄은 학문을 서로 질의할 만한 사람을 반가이 맞아 새로운 이치를 발명해내었으니, 심오하고 은미한 이치를 찾아내어서 남초(藍草)와 천초(茜草)가 그 본색을 잃은 것과 같다 하겠다.

이윽고 본국[신라]의 승상 김흠순(金欽純; 一本에는 金仁問), 낭도(良圖) 등은 당에 와 갇혀 있었는데 고종(高宗)이 장차 크게 군사를 일으켜 신라를 치려 하니 흠순 등이 몰래 의상을 권하여 먼저 돌아가도록 하므로 함형(咸亨) 원년 경오(670)에 본국으로 돌아왔다. 본국조정에 이 사실을 알리자 [조정에서는] 신인종(神印宗)의 고승 명랑(明朗)에게 명하여 밀단(密壇)을 가설하여 비법으로 기도하니, 국난을 벗어날 수 있었다.

위봉 원년(676)에 의상은 태백산으로 돌아가 조정의 명령을 받들어 부석사를 세우고, 대승의 교법을 포교하니 영감(靈感)이 많이 나타났다.

지엄의 문인 현수(賢首)는 수현소(搜玄疎)를 찬술하여 그 부본을 의상에게 보내고 아울러 은근한 서신을 보내 말하기를

"서경 숭복사(崇福寺) 중 법장(法藏)은 해동 신라 화엄법사의 시자(侍者)에게 글을 올립니다. 한번 작별한 지 20여 년, 사모하는 정성이 어찌 염두에서 떠나겠습니까? 더욱이 연운(烟雲)만리에 바다와 육지가 첩첩이 쌓였으므로 이 몸이 다시 뵙지 못할 것을 한스럽게 여기오니 회포연연하여 어찌 말로써 다할 수 있겠습니까? 전생에 인연을 같이했고 금세(今世)에 학업을 같이했으므로, 이 과보(果報)를 얻어 대경(大經)에 함께 목욕했으며, 특히 선사께 이 심오한 경전의 가르침을 입었습니다. 우러러 듣건대 상인(上人)께서는 고향에 돌아가신 후, 화엄경을 개연(開演)해서 법계(法界)의 끝없는 녹기

(綠起)를 선양하여, 겹겹의 제망(帝網)으로 불국(佛國)을 새롭게 하와 이익을 줌이 크고 넓습니다.

 이에 불타가 돌아가신 후에 불교를 빛내고 법륜(法輪)을 다시 굴러 불법을 오래 머물게 할 이는 오직 법사뿐임을 압니다. 법장(法藏)은 진취함에 이룸이 없고, 주선함에 도움이 적었으므로, 우러러 이 경전을 생각하니 선사(先師)께 부끄러워 분에 따라 공부하여 잠시도 놓지 않고 원하건대 이 업(業)에 의빙하여 내세의 인연을 맺고자 하나이다. 다만 스님의 미묘한 말씀과 신묘한 뜻을 기록하여 의기(義記)를 만들었습니다. 근일에 승전법사가 배껴서 고향에 돌아가 그것을 그 당에 전할 것이오니 상인은 그 잘못을 상세히 검토하셔서 가르쳐 주시면 감사하겠습니다.

 삼가 바라옵건대 마땅히 올 내세에서는 몸을 버리고 다시 태어나 노사나불(盧舍那佛)께 이와 같은 무진한 묘법을 청수(聽受)하고 이와 같은 무량[無量廣大]한 보현보살의 원행을 수행하기를 원하나이다. 혹 악업이 남아 일조에 지옥에 떨어지더라도 상인은 과거의 교분을 잊지 마시고 제취중(諸趣中)에서 정도를 가르쳐 주시기를 삼가 바라나이다. 인편이 있을 때마다 안부를 부탁하나이다. 이만 불비(不備)하나이다."

[『三國遺事』卷4, 義解5, 義湘傳敎]

요점 — 화엄사상

제3장 新羅의 三國統一과 渤海

1. 統一新羅의 支配體制整備

- 개요 -

> 7세기 중엽 진골출신의 방계 왕족인 김춘추는 신김씨(가야계)인 김유신세력의 지원을 받아 왕위에 올랐다. 이후 100여년간에 걸친 무열계 독점의 전제왕권지배체제가 구축되었다. 삼국통일과 당군축출에 성공한 신라는 신문왕대에 행정체계를 정비하고 중앙집권체제를 더욱 강화하면서 귀족세력을 숙청하여 내부통합을 이루어냈다. 중앙정치기구와 군사조직을 재편하였으며, 지방통치제도도 9주5소경 체제로 완비하였다. 또 새로운 통치이념으로 유학사상을 도입하여 국학을 세워 관료들을 양성하였다. 통일 이후 국가의 민에 대한 지배는 더욱 강화되었는데 성덕왕 때는 정전(丁田)을 지급하여 직접적인 통제의 토대를 마련하였으며 경덕왕 때에는 중앙관제와 지방 군현제도를 재정비하였다.

□ 神文王 卽位敎書

● [신문왕 즉위년 8월] 16일에 왕은 교서를 내리어 가로되, "유공자를 상주는 것은 옛 성인에 좋은 규정(規定)이요, 유죄자를 주(誅)하는 것은 선왕의 아름다운 법이다. 과인이 조그만 몸과 얇은 덕을 가지고 큰 기업(基業)을 승수(承守)하여, 식사도 폐하고 있으면서 또 일찍 일어나고 늦게 자면서 고굉(股肱)의 신하와 더불어 함께 국가를 편안케 하려 하는 바인데, 상중에 난이 서울에서 일어날 줄을 뉘 생각하였으랴? 적괴(賊魁)인 흠돌(欽突)·홍원(興元)·진공(眞功) 등은 그 벼슬이 재능으로 높아간 것도 아니요, 실상 왕은(王恩)으로 올라간 것이지만, 능히 시종(始終)을 삼가거나 부귀를 보전치 못하고 이에 불인(不仁)·불의(不義)로 위복(威福)을 작(作)하고, 관료를 모만(侮慢)하고 상하를 속이어 매일 그 무염(無厭)의 뜻을 나타내고 포악한 마음을 드러내어 흉사(凶邪)한 자를 불러들이고 근수(近竪; 闕內小臣)와 교결(交結)하여 화가 내외에 통하고 같은 악인들이 서로 도와 기일(期日)을 약정한 후 반역을 행하려 하였다. 과인이 위로 천지의 도움을 입고 아래로는 종묘(宗廟)의 영조(靈助)를 받아 악이 쌓이고 죄가 가득찬 흠돌 등의 꾀가 발로되니, 이는 곧 인(人)·신(神)이 공기(共棄)한 것이요, 천지에 용납지 못하게 된 것이다. 정의를 범하고 미풍을 상함이 이에서 더 심한 것이 없다. 이러므로 병중(兵衆)을 모아 그 무도한 자들을 없애려 하매 혹은 산곡으로 도망가고

혹은 궁궐에 와서 투항하였다. 그러나 그 여당(餘黨)을 탐색하여 모두 주살(誅殺)하고 3·4일 동안에 죄수가 탕진함은 마지 못해 한 일이었고, [이로 인하여] 사인(士人)을 경동케 하였으니, 근심스런 마음은 어찌 조석으로 잊을 수 있으랴. 지금은 이미 그 요사스러운 무리가 깨끗이 제거되어 원근에 우환(虞患)이 없으니 소집하였던 병마는 속히 돌아가게 하고 사방에 포고하여 이 뜻을 알게 하라"고 하였다.

[『三國史記』卷8, 新羅本紀8, 神文王 1年]

요점 －신라통일 이후 정치세력의 재편을 통한 왕권의 강화

□ 國學과 讀書三品科

● 국학은 예부(禮部)에 속한다. 신문왕 2년에 설치하였는데, 경덕왕이 대학감(大學監)으로 고쳤고, 혜공왕이 다시 이전대로 하였다. 경(卿)은 1인인데, 경덕왕이 사업(司業)으로 고쳤더니, 혜공왕이 다시 경으로 일컬었다. 관등은 다른 [부서의] 경과 같다. 박사(博士)·조교(助敎)가 있고, 대사(大舍)는 2인, 진덕왕 5년에 두었는데, 경덕왕이 주부(主簿)로 고쳤고, 혜공왕이 다시 대사로 일컬었다. 관등은 사지(舍知)에서 내마(奈麻)까지로 하였다. 사(史)는 2인, 혜공왕 원년에 2인을 더하였다. 교수하는 법은 『주역(周易)』·『상서(尙書)』·『모시(毛詩; 시경)』·『예기(禮記)』·『춘추좌씨전(春秋左氏傳)』·『문선(文選)』으로 나누어 학업을 닦게 하였는데, 박사나 조교 1인이, 혹은 『예기』·『주역』·『논어(論語)』·『효경(孝經)』을 가르치고, 혹은 『춘추좌전』·『모시』·『논어』·『효경』을, 혹은 『상서』·『논어』·『효경』·『문선』으로써 교수한다. 여러 학생의 독서는 삼품(三品)으로써 출신(出身)하게 하였는데 『춘추좌씨전』이나 『예기』나 『문선』을 읽어 그 뜻을 잘 통하고 『논어』·『효경』에도 밝은 자를 상(上)으로 하고, 『곡례(曲禮)』·『논어』·『효경』을 읽은 자를 중(中)으로 하고, 『곡례』·『효경』을 읽은 자를 하(下)로 하되, 만일 오경(五經)·삼서(三書)와 제자백가(諸子百家)의 서를 능히 겸통(兼通)하는 자가 있으면 등급을 뛰어넘어서 등용한다. 혹은 산학박사(算學博士)나 조교 1인을 명하여 『철경(綴經)』·『삼개(三開)』·『구장(九章)』을 교수케 하기도 한다. 모든 학생의 등위는 대사 이하로부터 등위가 없는 자에까지 으르며, 나이는 15세에서 30세까지 모두 학업에 종사케 한다. 9년을 기한으로 하되 만일 질박노둔(質朴魯鈍)하여 교화되지 못하는 자는 퇴학시키며, 만일 재주와 도량이 성취할 만하되 미숙한 자는 비록 9년을 넘어도 재학케 하며, 등위는 대나마(大奈麻)나 내마에 이른 다음 내보낸다.

[『三國史記』卷38, 雜志7, 職官上]

요점 －유교정치 사상의 도입
　　　　－유학·한문학의 교육 및 학문에 의한 인재 선발제도

□ 村落文書

● 이 고을의 사해점촌(沙害漸村)을 조사해 보았는데, 지형은 산과 평지로 이루어져 있으며 마을의 크기는 5,725보, 공연수(孔烟數)는 합하여 11호가 된다. 계연(計烟)은 4, 나머지는 3이다. 이 가운데 중하연(仲下烟)이 4호, 하상연(下上烟)이 2호, 하하연(下下烟)이 5호이다. 마을의 모든 사람을 합치면 147명이며, 이 중 전부터 계속 살아온 사람과 3년간에 태어난 자를 합하면 145명이 된다. 정(丁)이 29명[奴 1인 포함], 조자(助子)가 7명[奴 1인 포함], 추자(追子)가 12명, 소자(小子) 10명, 3년간에 태어난 소자(小子)가 5인, 제공(除公)은 1인이다. 여자의 경우 정녀(丁女) 42명[婢 5인 포함], 조여자(助女子) 9인, 소여자(小女子) 8인, 3년간에 태어난 소여자(小女子) 8인[婢 1인 포함], 제모(除母) 2인, 노모(老母) 1인 등이다.

3년간에 다른 마을에서 이사온 사람은 둘인데, 추자가 1명, 소자가 1명이었다. 가축으로는 말이 25마리가 있으며, 그 중 전부터 있던 것이 22마리, 3년간에 보충된 말이 3마리였다. 소는 22마리였고, 그 중 전부터 있던 소가 17마리, 3년간에 보충된 소가 5마리였다. 논을 합하면 102결(結) 2부(負) 4속(束)이며, 관모전(官模田)이 4결, 내시령답(內視令畓)이 4결, 연(烟)이 받은 것이 94결 2부 4속이며, 그 중 촌주(村州)가 그 직위로서 받은 논 19결 70부가 포함되어 있다. 밭은 합해서 62결 10부 5속이며, 모두 연이 받은 것이다. 마전(麻田)은 합하여 1결 9부이다.

뽕나무는 모두 100그루였으며, 3년간에 심은 것이 90그루, 그 전부터 있던 것이 914그루이다. 잣나무는 모두 120그루였으며, 3년간에 심은 것이 34그루, 그 전부터 있던 것이 86그루이다. 호도나무는 모두 112그루였으며, 3년간에 심은 것이 38그루, 그 전부터 있던 것이 74그루이다.

[正倉院所藏 新羅村落文書]

요점
- 통일신라의 촌락 경제구조
- 국가의 수취기반 파악

2. 渤海의 建國과 發展

- 개요 -

7세기 말 당의 혼란을 틈타 대조영이 고구려 유민과 말갈인을 이끌고 동모산(東牟山) 길림성(吉林省) 일대에 도읍을 정하고 발해의 시원인 진국(震國)을 세웠다. 발해는 건국 초에 이미 고구려 영토의 대부분을 회복하였는데 고구려의 계승을 표방하고 독자적인 연호를 사용하였다. 발해와 일본간의 외교문서는 발해가 고구려의 옛땅을 되찾았고 부여의 풍속을 이어 받았음을 강조하면서 고려 또는 고려국왕의 명칭을 사용하고 있다. 8세기 후반의 정혜공주묘를 비롯한 발굴조사 결과와 다양한 유물·유적에서도 고구려와의 연관성이 두드러짐이 밝혀지고 있다.

8세기초 무왕대에는 정복사업에 힘을 기울여 영토를 확대하고 대제국을 건설하였다. 이어 문왕대에는 당과 친선관계를 유지하면서 선진문물을 받아들이고 체제를 정비하면서 국력을 비축하였다. 9세기초 선왕대에는 요동지역까지 진출하여 최대 판도를 형성하면서 해동성국(海東盛國)이라는 별칭을 얻을 정도로 융성하였다. 그러나 10세기에 들어 지배세력 내부에 내분이 일어나고 거란이 발흥하여 세력을 확장함으로써 거란에 의해 멸망하였다. 발해 부흥운동이 좌절됨에 따라 우리 민족의 활동무대는 동북아 대륙에서 한반도로 축소되고 말았다.

□ 渤海

● 발해말갈의 대조영(大祚榮)은 본래 고[구]려의 별종이다. 고[구]려가 멸망하자 조영은 가속(家屬)을 이끌고 영주(營州)로 옮겨와 살았다.

만세통천(萬歲通天; 696) 연간에 거란의 이진충(李盡忠)이 반란을 일으키니, 조영은 말갈[추장] 걸사비우(乞四比羽)와 함께 각기 [그들의 무리를] 거느리고 동쪽으로 망명하여 요해지(要害地)를 차지하여 수비를 굳혔다. 진충이 죽자 측천(則天[武后])는 우옥검위대장군(右玉鈐衛大將軍) 이해고(李楷固)에게 명하여 군대를 거느리고 가서 그 잔당을 토벌케 하니, [해고는] 먼저 걸사비우를 무찔러 베고, 또 천문령(天門嶺)을 넘어 조영을 바짝 뒤쫓았다. 조영은 고[구]려와 말갈의 무리를 연합하여 해고(楷固)에게 항거하자, 왕사(王師)는 크게 패하고 해고만 탈출하여 돌아왔다. [이 때] 마침 거란과 해(奚)가 모두 돌궐에게 항복을 하므로 길이 막혀서 측천[무후]은 토벌할 수 없게 되었다. 조영은 마침내 그 무리를 거느리고 동으로 가서 계루(桂婁)의 옛 땅을 차지하고, 동모산(東牟山)을 웅거하여 성을 쌓고 거주하였다.

조영이 굳세고 용맹스러우며 용병하기를 잘하였으므로 말갈의 무리와 고[구]려의 남은 무리가 점차 그에게 귀복하였다. 성력(聖曆; 698~700) 연간에 스스로 진국왕(震國

王)에 올라 사신을 보내 돌궐과 통교하였다.

[『舊唐書』卷199 下, 列傳149, 北狄, 渤海靺鞨]

요점 - 발해의 건국과 종족문제

□ 貞惠公主墓誌

● 공주는 우리 대흥보력효감금륜성법대왕(大興寶曆孝感金輪聖法大王)의 둘째딸이다. 생각건대 고왕(高王)·무왕(武王)의 조상들과 아버지 문왕은 왕도(王道)를 일으키고 무공에서 커다란 업적을 남겼다고 능히 말할 수 있으니, 만일 이들이 때를 맞추어 정사를 처리하면 그 밝기가 일월(日月)이 내려 비치는 것과 같고, 기강을 세워 정권을 장악하면 그 어진 것이 천지가 만물을 포용하는 것과 같았다. 이들이야말로 우순(虞舜)과 짝할 만하고 하우(夏禹)와 닮았으며, 상탕왕(商湯王)과 같은 지혜를 배양하고 주문왕(周文王)과 같은 도략(韜略)을 갖추었다. 하늘에서 이들을 도와주니, 위엄을 베풀어 길하게 되었도다.

공주는 무산(武山)에서 영기(靈氣)를 이어받고, 낙수(洛水)에서 신선에 감응받았다. 그녀는 궁중에서 태어나 어려서부터 유순한 것으로 유명하였다. …

아아, 공주는 보력(寶曆) 4년(777) 여름 4월 14일 을미일에 외제(外第)에서 사망하니, 나이는 40세였다. 이에 시호를 정혜공주라 하였다. 보력 7년 겨울 11월 24일 갑신일에 진릉(珍陵)의 서쪽 언덕에 배장하였으니, 이것은 예의에 맞는 것이다.

황상(皇上)은 조회를 파하고 크게 슬퍼하여, 정침(正寢)에 들어가 자지 않고 음악도 중지시켰다. … 위대하고 빛나는 업적을 세운 조상들은 천하를 통일하였고, 상주는 것을 분명히 하고 벌내리는 것은 신중히 하여 그 인정(仁政)이 사방에 미쳤다. 부왕(父王)에 이르러서는 만수무강하여 3황5제와 짝하였고 주나라 성왕(成王), 강왕(康王)을 포괄하였다.

요점 - 발해의 발전

□ 咸和四年銘 佛像銘文

● 함화 4년(834) 윤5월 8일 과거 허왕부(許王府)의 참군 기도위(騎都尉)였던 조문휴의 어머니 이씨가 삼가 아미타불(阿彌陀佛)과 관음(觀音)·대세지(大勢至) 등의 보살존상(菩薩尊像)을 조성하였으니, 모든 불문의 권속들이 모두 6바라밀을 실천하고, 불가의 창생들이 함께 8정(正)을 뛰어넘기를 바라노라. 이에 기리는 글을 짓는다.

크도다, 불법의 진리여. 지극하도다, 올바른 깨달음이여. 4생(生)의 장애를 뚫고 지났으며, 5탁(濁)의 세계를 배 타고 건넜도다. 이는 더럽지도 않고 깨끗하지도 않으며, 사라지지도 않고 생겨나지도 않는 것이니, 자비로운 구름이 영원히 드리우고, 지혜로운 태양이 항상 밝으리라.

요점 - 발해의 불교사상(정토신앙)

□ 張建章 墓誌

● 1년이 지난 뒤, 발해국왕 대이진(大彛震)이 사빈경(司賓卿) 하수겸(賀守謙)으로 하여금 유주(幽州)를 방문하게 하였다. 이에 유주부(幽州府)에서는 답방(答訪)할 사람을 뽑아 안차현위(安次縣尉)로 있던 장건장을 대표로 삼았으니, 영주사마(瀛州司馬)란 임시 직책으로서 붉은 관복을 입고 사신으로 가도록 하였다. 이리하여 계축년(833) 가을에 두 척의 배를 타고 동족으로 만리의 바닷길을 건너갔다. 이듬해 9월에 발해 상경(上京)에 도달하였으니, 이 홀한주는 읍루의 옛 땅에 있다. 이에 왕은 크게 잔치를 열고, 많은 물품과 보기(寶器), 명마(名馬), 무늬가 있는 짐승 가죽 등을 주어 전송하였다. 태화(太和) 9년(835) 8월에 사명을 마치고 유주부로 돌아와 아뢰었으니, 무릇 이때 올린 전(箋), 계(啓)와 그가 지은 부(賦), 시(詩)가 책을 이루고도 남음이 있었다. 또한 『발해기(渤海記)』를 지었으니, 도이(島夷)의 풍속, 궁전, 관품을 두루 갖추어 당시대에 전하였다.

■ 발해외교문서

● 발해국 중대성(中臺省)이 일본국 태정관(太政官)에 첩(牒)을 올립니다.
　귀국(貴國)에 가서 알현할 사신 정당성(政堂省) 좌윤(左允) 하복연(賀福延)과 그 일행 105인을 마땅히 파견합니다.
　　使頭(大使) 1인, 政堂省 左允 賀福延
　　嗣使(副使) 1인, 王寶璋
　　判官 2인, 高文瑄, 烏孝愼
　　錄事 3인, 高文宣, 高平信, 安寬喜
　　譯語 2인, 李憲壽, 高應順
　　史生 2인, 王祿昇, 李朝淸
　　天文生 1인, 晉昇堂
　　大首領 65인
　　梢工 28인

첩(牒)을 보냅니다. 처분을 받고자 합니다. 일역(日域)은 동쪽으로 멀리 있고, 요양(遼陽)은 서쪽으로 막혀 있으니, 양국이 서로 떨어져 있는 거리가 만리나 되고도 남음이 있습니다. 남쪽의 큰 바닷물은 하늘을 넘칠 정도라서 바람과 구름을 예측하기 어렵다 하더라도, 태양이 동쪽에서 떠서 비추면 항해의 길이 혹시나 쉽게 드러날 수가 있습니다. 그런 까닭으로 과거와 같이 귀국과의 절친함을 두터이하고자 하려는 뜻을 삼가 알현하여 마땅히 아뢰고자 합니다. 항해할 때마다 미리 바람을 점치고 오랜 시간을 기다려 알현하였습니다. 비록 사신 파견의 연한이 12년으로 정해져 있지만 그 동안 사신의 행차는 여전히 통하여, 편지를 주어 사신을 파견하는 것이 지금까지에 이르렀습니다. 마땅히 옛 원칙을 지켜서 삼가 알현의 예를 닦고자 합니다. 이에 삼가 정당성 좌윤 하복연을 보내어 귀국에 가서 배알하도록 할 것입니다. 그리고 규칙에 따라 일본국 태정관에 첩을 올리는 것입니다. 삼가 기록하여 첩을 올립니다. 삼가 첩을 보냅니다.

　　咸和 11년(841) 윤9월 25일에 첩을 보냅니다.
　　　　吳秋大夫, 政堂省 春部卿, 上中郞將, 上柱將, 聞理縣擬開國男 賀守謙.
　　　　中臺親公, 大內相, 兼殿中令, 安豊顯開國公 大虔晃

[咸和 11年 中臺省牒 寫本]

◉ 依遣高麗使廻來天平寶字二年十月二十八日進二階敍

[日本 平城宮 出土 木簡]

요점 ─ 발해의 외교

□ 발해와 신라

◉ 하슬라주 장정 2천명을 징발해 북쪽 국경에 장성(長城)을 쌓았다.

[『三國史記』 卷8, 新羅本紀8, 聖德王 20年]

요점 ─ 신라와 발해의 대립

□ 실학파의 발해인식

◉ 나는 일찍이 압록도(鴨綠道) 애양을 넘어서 요양(遼陽)엘 갔었는데 그 거리는 5,6백리나 되었다. 대개는 다 대산심곡(大山深谷)이었고, 낭자산(狼子山)이 우뚝 솟았다. 끝없는 평원이 아찔할 정도로 아득히 펼쳐진 것이 보이기 시작하니, 들판 창공에는 해와 달, 나는 새들이 오르락 내리락 할 뿐이었다. 동북을 바라보니 산들이 하늘을 동그랗게 둘러싸고, 땅을 막고 있어 마치 한 폭의 그림 같았다. 대산심곡이라 칭한 곳을 향

해 갔더니, 그것이 바로 요동의 천리 밖의 경계였다. 나는 곧 '여기가 하늘의 끝이었구나. 요동은 천하의 일우(一隅)에 불과하구나'하고 한숨을 쉬며 탄복했다. 그런데도 영웅 제왕이 흥하였으니 여기보다 성한 곳이 없었고, 이 땅이 연제(燕齊)와 접하고 있음은 중국의 세력을 살펴보면 쉽게 알 수 있다. 발해 대씨(大氏)는 뿔뿔이 흩어져 망해 버린 유민들이라 산을 경계로 하여 그 바깥을 버렸으되, 오히려 세력이 있어 일방을 취하여 천하를 대항하여 겨루고 있었다. 고려 왕씨가 삼한을 통일하였으나, 결국 압록을 한 발자국도 넘지 못한 채, 산천을 할거·득실한 자취를 가히 알 만하도다. 무릇 아낙네의 눈으로도, 아이들이 용마루를 넘지 못하고 그 안에서 놀고 가까스로 문지방을 넘었으나 담장을 벗어났다고 말하기 어렵다는 것을 알고 있다. 선비들은 신라 구주(九州) 내에서 태어나서 눈을 땜질하고 귀를 막아 버렸으니, 한(漢), 당(唐), 송(宋), 명(明)의 흥망을 알지 못하였거늘 어찌 발해지사를 알았겠는가! 내 친구 유혜풍(柳惠風)은 학문도 넓게 쌓았고, 시도 공부하였으며 국가제도에 대해서도 익혔다. 그는 이미 국내에 대한 관(觀)을 상술하는 21수의 주를 달아 펴내었고, 또 이를 더 밀고 나가 발해고 한 권을 펴내었으니, 인물, 군현, 세차(世次), 연혁을 치밀하게 공들여 짜내었다. 그 얼키고 설킨 짜임새는 가히 기뻐할 만하다. 그는 탄식하여 말하기를, '왕씨는 고구려의 옛 강토를 회복하지 못하였으며, 또한 계림, 낙랑의 땅도 회복하지 못하였고, 오히려 흐리멍텅하여 스스로 천하와 절연되고 말았다.' 나는 이 대목에서 내가 일찍이 본 바와 서로 일치함을 알았다. 나는 유군의 천하의 세를 깊이 살피고, 그 왕조의 책략 등을 살피는 재능을 탄복할 따름이다. 이 고는 일국의 문헌으로 특별히 비치하여도 조금도 손색이 없을 것이다. 이로써 서(序)에 대하고자 한다.

上之九年 秋

고려가 발해사를 수찬(修撰)하지 못한 것을 보면 고려가 크게 떨치지 못했음을 안다. 옛날, 고씨(高氏)는 북쪽에 있어 고구려라 하였고 박(朴), 석(昔), 김(金)씨는 동남에 있어 신라라 하였고, 부여(扶餘)씨는 서남에 있어 백제라 하여 이를 삼국이라 하였으니 마땅히 삼국사가 있어야 하며, 고려는 이를 수찬했었다. 부여씨가 망하고 곧 고씨가 망하니 김씨는 남에 있었고, 대씨는 북에 있어 발해라 하였으니 이를 남북국이라 하는 바, 마땅히 남북국사가 있어야 하거늘, 고려는 이를 찬(撰)하지 않았다. 무릇 대씨는 어디 사람인고 하니 고구려 사람이요, 그들이 차지했던 땅은 어딘고 하니 고구려 땅이었다. 그 땅은 동서북으로 쳐부수어 대단히 컸다. 김씨도 망하고 곧 대씨도 망하매, 왕씨가 이 땅을 통일하여 고려라 했는데, 김씨 땅은 온전히 차지하였으나 북으로 대씨 땅은 온전히 차지하지 못하였다. 거기엔 여진도 들어오고, 거란도 들어왔다. 당연히 이때 고려를 위하여 꾀한다면 마땅히 발해사를 급히 찬했어야 할 것이다. 여진을 잡아 책할 때, '왜 우리 발해 땅에서 돌아가지 않는가? 발해 땅은 곧 고구려 땅이니,

한 장군을 시켜 거두어들일 것이며 압록 이서(以西)를 가질 것이다'고 할 것이다. 결국 발해사는 수찬되지 않았으니 토문(土門) 이북과 압록 이서가 누구의 땅인지 알지 못하였다. 여진을 책망하려도 할 말이 없고, 거란을 책망하려도 할 말이 없었으니, 오히려 고려는 약소국이 되고, 발해의 땅은 찾지 못하였다. 어찌 탄식하지 않으리오! 혹자는 '발해는 요(遼)가 멸한 바 되었으니, 고려는 그 역사를 무엇을 좇아 찬했겠는가?'하고 말한다. 이것은 그렇지 않은 것이다. 즉, 발해의 법은 중국을 본받았으니 필시 사관(史官)이 있었을 것이다. 홀오성(忽汙城)이 무너졌을 때, 세자 이하 고려로 도망온 자가 10여 만이나 되었으니, 사관은 없어도 필시 그 서(書)는 있었을 터인데 사관도 없고 그 서도 없었다. 그렇다 하더라도 세자에게 물어보면 알 수 있었을 것이요, 숨어 사는 종실에게 물어 보아도 그 예법은 알 수 있었을 것이며, 10여 만 생민(生民)에게 물어 보았어도 가히 모르는 것이 없었을 것이다. 장건장(張建章)은 당인(唐人)인데도 일찍이 발해국기를 지었는데 고려 사람으로서 어찌 발해사를 펴내지 못했단 말인고! 슬프도다! 문헌이 흩어져 없어진 지 몇 백년이 흘렀으니 펴내고 싶어도 구할 길이 없도다. 나는 내각(內閣)에 속하는 관리로서 비서(秘書)로 단편적이나마 읽고 발해사를 펴 내니, 군(君), 신(臣), 지리, 직관(職官), 의장(儀章), 물산, 국어, 속국 등 아홉 가지로 나누어 찬하였다. 이를 세가전지(世家傳志)라고는 말할 수 없고, 이 고(考)를 미완성된 역사라고는 말할 수 있을 것이다. 또한 이를 역사로서 그 위치를 인정받게 되는 것도 감히 받아들일 수가 없는 일이다.

갑진(甲辰) 윤(閏) 삼월 이십오일

[유득공의 『渤海考』 서문]

요점 -조선 후기 발해의 강역에 대한 관심

제4장 新羅支配體制의 動搖와 後三國

1. 新羅下代 支配體制의 動搖

- 개요 -

> 삼국 통합 이후 100여년간은 무열계의 전제왕권이 유지되면서 안정된 국가운영이 이루어지고 있었다. 그러나 혜공왕 때에 이르러서부터 진골귀족들은 각기 사병을 거느리고 권력투쟁을 벌이게 되었다. 이때부터 하대 약 150년 사이에 치열한 왕위쟁탈전이 계속되어 20여명의 왕이 교체되는 등 권력 공백상태가 초래되었다. 이에따라 지방에 대한 중앙정부의 통제력은 크게 약화될 수 밖에 없었다. 왕권이 약화된 원인은 여러 가지가 있었다. 사회발전과 유리된 골품제에 대한 개혁실패는 기득권층인 진골귀족과 소외세력이자 개혁세력인 6두품 계층의 반발을 동시에 불러일으켰다. 진골세력은 합종연횡을 되풀이하면서 왕권에 도전하였고 정치권력으로부터 배제된 진골이나 6두품 출신들은 지방으로 진출하여 독자적인 세력을 구축하게 되었다. 이러한 중앙정부의 통치력 약화는 귀족·사원·호족 등 대토지소유자들의 부세부담을 농민에게 전가시키는 결과를 빚고 있었으며 농민들은 전장(田庄)에 흡수되어 유리 도산하거나, 초적(草賊)이 되어 지배층에 저항하였다. 국가기반인 농민층이 와해됨에 따라 통일신라의 지배체제는 급속히 붕괴되어 갔으며 9세기말 진성여왕때의 실정으로 각처에서 농민항쟁이 일어나면서 중앙정부의 실질적인 통치는 경주지역에 한정되는 극한상황에 이르게 되었다.

□ 지배층의 동요

● [혜공왕 2년] 7월 3일 각간대공(角干大恭)의 적도(賊徒)가 일어나고 왕도(王都) 및 5도 주군(州郡)의 도합 96각간(角干)이 서로 싸워 크게 어지러워졌다. 각간대공의 집은 망하고, 그 집의 재산과 보백(寶帛)을 왕궁으로 옮겼다. 신성(新城)의 장창(長倉)이 불에 탔다. 역당(逆黨)의 보곡(寶穀)으로서 사량(沙梁)·모량(牟梁) 등의 리(里) 안에 있던 것을 또한 왕궁으로 실어 들였다. 난은 삼삭(三朔)에 그쳤다. 상을 받은 사람도 대단히 많고, 죽음을 당한 사람도 무수하였다.

[『三國遺事』 卷2, 紀異2, 惠恭王]

● 혜공왕 16년(780) 이찬 김지정(金志貞)은 배반하고, 무리를 모아서 궁궐을 포위하여 침범했다. 여름 4월에 상대등 김양상(金良相)은 이찬 경신(敬信)과 함께 군사를 일으켜

지정 등을 죽였는데, 왕과 왕비는 난병들에게 살해되었다.

[『三國史記』卷9, 新羅本紀9, 惠恭王 16年]

◉ 헌덕왕 14년(822) 3월 웅천주 도독 김헌창(金憲昌)은 그 아버지 주원(周元)이 왕이 되지 못한 이유로써 반란을 일으켜 나라 이름을 장안(長安)이라 하고, 연호를 세워 경운(慶雲) 원년이라 했다. 무진주, 완산주, 청주, 사벌주의 4주 도독과 국원경, 서원경, 금관경의 사신과 여러 군현의 수령들을 위협하여 자기의 소속으로 삼았다.

[『三國史記』卷10, 新羅本紀10, 憲德王 14年]

◉ 헌덕왕 17년(825) 1월 헌창의 아들 범문(梵文)이 고달산(高達山)의 도적 수신(壽神) 등 100여인과 더불어 함께 반란을 모의하고 평양에 도읍을 세우고자 하여 북한산주(北漢山州)를 공격하였다.

[『三國史記』卷10, 新羅本紀10, 憲德王 17年]

◉ 도적이 서·남쪽에서 일어나 붉은 바지를 입고 특이하게 굴어 사람들이 붉은 바지 도적(赤袴賊)이라 불렀다. 그들이 주·현을 무찌르고 서울 서부 모량리까지 와서 민가를 약탈하여 갔다.

[『三國史記』卷11, 新羅本紀11, 眞聖王 10年]

◉ 전국 각처에 초적이 일어나지 않은 곳이 없었다.

[흥녕사 증효대사 탑비]

요점 -지배세력 분열의 양상

□ **육두품세력의 이탈**

◉ 치원(致遠)은 어려서부터 정밀하고 민첩하여 학문을 좋아했다. 나이 12살에 배를 타고 당나라로 들어가 학문을 배우겠다고 하니 그 아버지는 그에게 말했다.
"10년이 되도록 과거에 오르지 못하면 내 아들이 아니다. 가서 학문에 힘써라."
치원은 당나라로 가서 스승을 따라 학문을 게을리하지 않았다.
건부(乾符) 원년 갑오(874)에 예부시랑 배찬(裵瓚)이 주관하는 과거에 한번 시험으로 급제하여 선주(宣州) 율수현위(溧水縣尉)에 임명되었고, 치적을 조사하여 승무랑시어사 내공봉(承務郎侍御史內共奉)으로 승진시키고 자금어대(紫金魚袋)를 내려 주었다.
이 때 황소(黃巢)가 반란을 일으키니, 고병(高騈)을 제도행영병마도통(諸道行營兵馬

都統)으로 삼아 황소를 토벌하게 했는데 [그는] 치원을 불러 종사관(從事官)으로 삼아 서기의 임무를 맡겼다. [그 때] 치원이 지은 표(表), 장(狀), 서(書), 계(啓) 등의 글은 지금까지 전한다.

나이 28살이 되었을 때, 치원이 본국으로 돌아와서 부모를 뵈려는 뜻을 가졌으므로 [당나라] 희종(僖宗)이 그 뜻을 알고, 광계(光啓) 원년(885)에 조서를 가지고 돌아가게 했다.

신라로 돌아와서 시독(侍讀) 겸 한림학사 수병부시랑(守兵部侍郎) 지서서감(知瑞書監)이 되었다.

치원은 당나라에 가서 배워 아는 것이 많았으므로 본국에 돌아와서는 자기 뜻을 행하려 했으나 세상이 말세가 되어 의심하고 꺼리는 사람이 많아 용납되지 못했으므로 외직으로 나가 대산군(大山郡) 태수가 되었다.

[『三國史記』 卷46, 列傳6, 崔致遠]

◉ 설계두(薛罽頭)도 또한 신라의 의관자손(衣冠子孫)이다. 일찍이 친우 네 사람과 더불어 함께 모여 연음(宴飮)하면서 각기 그 뜻을 말하였는데, 계두가 말하기를 "신라가 사람을 쓰는 데 골품을 논하니, 만일 그 족(族)이 아니면 비록 큰 재주와 뛰어난 공이 있더라도 [한계를] 넘을 수가 없다. 나는 서쪽으로 중화국(中華國)에 가서 세상에 드문 방략(方略)을 떨치고 비상한 공을 세워 스스로 영로(榮路)를 이루고 잠신(簪紳)과 검패(劍佩)를 갖추어 천자의 곁에 출입하면 만족이다"고 하였다. 무덕 4년 신사년에 몰래 배를 타고 당으로 갔다.

[『三國史記』 卷47, 列傳7, 薛罽頭]

요점 - 골품제의 모순
 - 육두품 계열의 반발

□ 草賊의 발생

◉ 원성왕 4년(788) 가을, 나라의 서쪽에 가뭄이 들고 황충의 폐가 있었다. 도적이 많이 일어나니 왕이 사신을 내어 이들을 안무하게 하였다.

[『三國史記』 卷10, 新羅本紀10, 元聖王 4年]

◉ 헌덕왕 7년(815) 8월 서쪽 변방의 주·군에 크게 흉년이 들었다. 도적이 벌떼처럼 일어나니 군사를 내어서 이들을 토벌하여 평정시켰다.

[『三國史記』 卷10, 新羅本紀10, 憲德王 7年]

● 헌덕왕 11년(819) 3월 좀도적들이 두루 일어나서 여러 주·군의 도독·태수에게 명하여 이들을 잡게 하였다.

[『三國史記』卷10, 新羅本紀10, 憲德王 11年]

요점 - 민중의 저항

2. 豪族의 成長과 後三國

- 개요 -

> 통일신라 말기 중앙정부의 혼란상과 과도한 수탈은 지방세력의 이탈을 촉진시키고 있었다. 사회모순이 심각해지면서 국가의 주요 기반인 농민층은 크게 동요하게 되었으며 지방의 호족들은 성주·장군 등을 칭하면서 이들을 규합, 독자적인 세력을 구축하여 중앙정부에 저항하게 되었다. 호족의 출신유형은 중앙권력에서 도태된 귀족·촌주·해상세력·군진세력·초적 등 다양하였으며 이들중 경제적·군사적 역량이 우월한 유력자는 점차 세력을 확대하여 국가체제를 갖추면서 왕조교체의 계기를 마련하여 나갔다. 각 지역에 대두한 호족들은 견훤의 후백제와 궁예의 후고구려로 통합되고 신라와 함께 후삼국 정립의 시대를 열게 되었다.
>
> 견훤은 신라의 무장 출신으로 완산주를 근거로 스스로 왕위에 올라 백제의 부흥을 표방하였다. 후백제의 주력은 농민반란군으로 후삼국 초기 가장 강력한 무력을 소유하고 있었다.
>
> 궁예는 신라왕실의 후예로 전해지며 중으로 지내다가 기훤, 양길 등의 농민반란군에서 활약하였다. 이후 궁예는 독자적인 세력을 구축하고 고구려 부흥을 기치로 후고구려를 건국하였다. 궁예는 신정정치에 가까운 전제 왕권을 행사하였으나 이에 반발한 해상세력을 주축으로 하는 호족연합세력의 저항에 의해 축출되었다.
>
> 송악 출신인 왕건은 당과의 무역을 통해 얻은 경제력을 기반으로 궁예에 귀부한 후 해상세력과 군진세력의 지지를 배경으로 궁예를 쫓아내고 고려를 건국하였다. 왕건은 우월한 경제력과 군사력을 바탕으로 탁월한 정치력을 발휘하여 각지에 할거한 호족들을 복속시키고 결국 후삼국을 통일, 고려왕조를 개창하게 되었다.

□ **호족세력의 등장**

● 장보고(張保皐)는 본국으로 돌아와서 대왕을 뵙고 아뢰었다. "중국을 널리 돌아다녀 보오니, 우리 나라 사람을 노비로 삼고 있었습니다. 제발 청해(淸海)를 지켜 적으로 하여금 사람을 잡아 중국으로 가지 못하게 해 주십시요." 청해는 신라 바닷길의 요충

으로 지금은 완도라고 부른다. 대왕은 장보고에게 군사 1만명을 주어 [지키게 했는데] 그 후로는 해상에서 우리 나라 사람을 매매하는 자가 없어졌다.

[『三國史記』 卷44, 列傳4, 張保皐]

◉ 문성왕 8년(846) 봄에, 청해진의 궁복은 왕이 [자기의] 딸을 [왕비로] 맞아들이지 않음을 원망하여 진(鎭)에 웅거하여 배반했다. … 13년(851) 봄 2월에 청해진을 없애고 그 사람들을 벽골군으로 옮겼다.

[『三國史記』 卷11, 新羅本紀11, 文聖王 8年]

◉ 진성왕 3년(889) 나라 안의 여러 주·군에서 공부(貢賦)를 나르지 않으니 부고(府庫)가 비어버리고 나라의 쓰임이 궁핍해졌다. 왕이 사신을 보내어 독촉하였지만, 이로 말미암아 처처에서 도적이 벌떼같이 일어났다. 이에 원종(元宗)·애노(哀奴) 등이 사벌주(沙伐州)에 의거하여 반란을 일으키니 왕이 내마(奈麻) 영기(令奇)에게 명하여 잡게 하였다. 영기가 적진을 쳐다보고는 두려워하여 나아가지 못하였다.

[『三國史記』 卷11, 新羅本紀11, 眞聖王 3年]

□ 禪宗의 대두

◉ 지원승통(智遠僧統)이 도의국사(道義國師)에게 물었다.

"화엄(華嚴)의 사종법계(四種法界) 밖에 다시 어떠한 법계가 있으며, 오십오 선지식(善知識)이 널리 편 법문(法門) 밖에 다시 어떤 법문이 있다는 것입니까? 그리고 이 교(敎) 밖에 따로 조사선(祖師禪)의 도(道)라 하는 것이 또 있다는 말입니까?"

도의가 대답했다.

"승통이 든 사종법계는 곧 조사문(祖師門) 아래에서는 정당한 [만유의] 이체(理體)를 바로 들어 일체(一切)의 정리(正理)를 빙소(氷消)키로 손바닥 안의 법계상(法界相)도 오히려 얻을 수 없는 것이며, 행지(行智)도 본래 없는 조사심선(祖師心禪) 가운데는 문수(文殊)나 보현(普賢)의 모습도 오히려 볼 수 없다. 오십오 선지식이 행한 법문도 물거품과 같을 따름이며, 사지보제(四智菩提) 등의 도(道)도 금(金)의 광(鑛)과 같을 뿐이다. 그것은 모든 교(敎) 안에서 어지러이 섞여 그것을 얻을 수 없기 때문이다. 당(唐)의 귀종화상(歸宗和尙)은 '일대장경(一大藏經)은 어떠한 것을 밝혔습니까?'라고 물은 데 대해 다만 주먹을 쳐들었었다."

지원이 또 물었다.

"그러면 교리행(敎理行)의 신해(信解)와 수증(修證)은 어떤 정(定)에 해당됩니까? 그리고 어떤 불과(佛果)를 이룰 수 있다는 것입니까?"

도의가 대답했다.

"생각함도 없고 닦을 것도 없는 이성(理性)이 신해(信解) 수증(修證)일 뿐이다. 조종(祖宗)이 법을 시현(示顯)하여 '부처도 중생(衆生)도 얻을 수는 없다. 도(道)의 본성(本性)이란 곧바로 나타날 뿐이다.'라고 했다. 그러므로 오교(五教) 이외에 따로 조사심인법(祖師心印法)을 전한 것이다. 부처의 형상(形像)을 나투는 까닭은 조사(祖師)의 정리(正理)를 알지 못하는 근기를 위해 짐짓 방편의몸을 빌어 나타낸 것에 불과한 것이다. 아무리 오랫동안 불결을 읽어도 그로 인해 심인경(心印經)을 증득(證得)하려 한다면 겁(劫)이 다하여도 끝내 얻기 어려울 것이다."

[『禪門寶藏錄』卷中, 海東七代錄]

● 도의(道義) 스님이 서방으로 건너가 서당지장(西堂智藏)으로부터 '심인(心印=自心卽佛)'을 읽혀 처음 선법(禪法)을 말하면서 원숭이처럼 조급한 마음에 사로잡혀 북쪽으로 치닫는 단점을 감싸주었지만, 메추라기가 제 날개를 자랑하며 붕(鵬)새가 남쪽 바다로 떠나는 높은 뜻을 비난하듯 하였다. 그들은 인습적인 염불에 흠뻑 젖어 있어서 도의스님의 말을 마귀의 말이라고 비웃었다.

이에 스님은 진리의 빛을 행랑채 아래에 거두고 항아리 속에 감추며, 동해의 동쪽에 대한 미련을 버리고 북산의 북쪽에 은둔하였다. … 그러나 겨울 산봉우리에 배어나고 정림(定林)에서도 꽃다우매 그 덕을 사모하여 모여드는 사람이 산에 가득하고, 매로 변화하듯 뛰어난 인물이 되어 깊은 골짜기로부터 나오게 되었다.

[智證大師碑文]

요점 – 선종 불교의 내용
– 선종과 호족과의 관련성

□ 後三國의 정립

● 선종은 어지러운 시기를 타서 무리를 모으면 뜻대로 될 것이라 생각하고 진성왕 5년인 대순 2년(891)에 죽주(竹州) 도적의 괴수 기훤에게 의탁했는데 기훤은 그를 업신여겨 예로써 대우하지 않았다. 선종은 수심에 쌓여 마음이 편치 않으므로 몰래 기훤의 부하인 원회, 신훤 등과 결탁하여 벗이 되어, 경복 원년 임자(892)에 북원의 도적 양길에게 의탁하니, 양길은 그를 잘 대우하고 중요한 일을 맡기고, 드디어 군사를 나누어 주어 동쪽으로 가서 땅을 빼앗게 하였다. … 건령 원년(894)에 명주에 들어가니 그 무리가 3천 5백명이나 되었다. 14대로 나누고 김대금, 모흔, 장귀평, 장일 등을 사상(舍上)으로 삼았다. 사졸들과 함께 즐거움과 괴로움을 같이하고, 직책을 주고 빼앗을 적에는 공평하며 사정이 없었다. 이로써 여러 사람의 마음이 그를 두려워하고 사랑하여 떠받들어 장군으로 삼았다. 이에 저족, 생천, 부악, 금성, 철원 등 여러 성을 쳐부수니 군

대의 명성과 위세가 심히 강성했으며, 패서의 도적이 와서 항복하는 자가 매우 많았다.

선종은 스스로 그 무리가 많고 세력이 큼으로써 나라를 세우고 임금을 일컬을 만하다고 여겨, 비로서 내외의 관직을 두었다. 우리 태조가 송악군으로부터 와서 의탁하니, 문득 철원군 태수로 임명했다. … 천복 원년 신유(901)에 선종이 스스로 왕이라 일컫고, 사람에게 [이렇게] 말했다. "예전에 신라는 당 나라에 군사를 청하여 고구려를 쳐부순 까닭으로 평양의 옛 도읍은 황폐해져 무성한 풀밭이 되었으니, 내가 반드시 그 원수를 갚을 것이다."

대개 자기가 낳을 때에 [신라 왕실]에 버림을 받은 것을 원망한 까닭으로 이런 말이 있었던 것이다. 일찌기 남쪽 지방으로 순행하여 홍주의 부석사에 이르러 벽화에 신라왕의 초상이 있는 것을 보고는, 칼을 빼어 이를 쳤는데, 그 칼로 쳤던 자취가 아직도 남아 있다.

천우 원년 갑자(904)에 나라를 세워 나라 이름을 마진(摩震)이라 하고, 연호를 무태(武泰)라고 했다. … 선종은 스스로 미륵불이라 일컫고 머리에는 금책(金幘)을 쓰고 몸에는 가사를 입었다. 맏아들을 청광보살(靑光菩薩)이라 하고 끝아들을 신광보살(神光菩薩)이라고 했다.

[『三國史記』卷50, 列傳10, 弓裔]

● 견훤은 상주 가은현 사람이다. 본디 성은 이씨였는데 후에 견씨(甄氏)라 했다. 그는 아버지 아자개(阿慈介)는 농업으로 생활했는데, 후에 가세를 일으켜 장군이 되었다.

처음에 견훤이 나서 젖먹이일 때에 그의 아버지는 밭을 갈고 있었는데, 어머니가 아버지에게 밥을 갖다 날랐다. 아이를 숲 아래에 두었는데, 범이 와서 젖을 먹여 주었다. 마을 사람들은 이 말을 듣고 이상히 여겼다. 장성하자 체구가 웅장 기이하고 지기가 크고 비범했다. 군인이 되어 서울에 들어갔다가 서남 해변에 가서 국경을 지킬 때, 군무에 전념하여 편안히 잠자지 못했다. 그 용기는 항상 사졸의 선두에 서 있었으며, 공로로 비장이 되었다. 당나라 소종 경복 원년은 신라 진성왕이 왕위에 있은 지 6년(892) 이었는데, 이 때 폐신이 임금 가까이 있어 국권을 마음대로 조종하여 강기가 문란해졌다. 게다가 흉년이 겹치니, 백성들이 이리저리 떠돌아 다니고 많은 도적들이 벌떼처럼 일어났다.

이어 견훤은 몰래 분수에 넘치는 마음을 먹고 무리를 모아 서울 서남쪽 주현을 쳤다. 이르는 곳마다 빨리 호응하여 한달 사이에 무리가 5천명에 이르렀다. … 견훤은 인심을 얻은 것을 기뻐하여 좌우 사람에게 말했다. "내가 삼국의 시초를 근본부터 살펴 보건대, 마한이 먼저 일어나고 그 후에 혁거세가 일어났던 것이다. 그런 까닭으로 진한 변한은 우리나라를 뒤따라 일어나게 된 것이다. 이에 백제는 금마산에서 나라를 세워 6백년을 내려왔는데, 총장 연간에 당나라 고종은 신라의 요청으로 장군 소정방을 보내어, 수군 13만명으로 바다를 건너 오고, 신라의 김유신은 있는 군사를 다거느리고 황산을 거쳐 사비에 이르러 당나라 군사와 합세하여 백제를 쳐서 멸망시켰다. 그러니, 이제 내가 완산에 수도를 세워 의자왕의 예전 원망을 씻어 주지 않으리오."

드디어 스스로 후백제왕이라 일컫고 관직을 설치했다. 이 때는 당나라의 광화 원년이요 신라의 효공왕 4년(900) 이었다.

[『三國史記』卷50, 列傳10, 甄萱]

요점 － 후삼국의 정립과 배경
　　　　－ 신라 말 농민항쟁의 성격 변화

제2편 中世社會

제1장 高麗時代

1. 高麗의 建國과 門閥貴族社會

- 개요 -

고려 건국의 주도세력은 신왕조의 안정을 위해 새로운 국가경영전략을 모색하게 되었다. 우선 나말여초 성장한 민의 역량을 반영하여 고대적 수탈을 지양하고 가능한한 농민의 재생산을 유지시키는 취민유도(取民有度)의 정책을 채택하였다. 또 호족에게 노비로 은닉되어 있는 양인들을 추쇄함으로써 국가운영의 토대를 튼튼히 하고자 하였다. 대외적으로는 북진정책을 추진하여 강역을 넓히고 고구려의 계승을 천명하였다. 호족세력에 대해서는 강·온 양면의 정책을 적용하여 중앙귀족으로 포섭해 나갔다. 개국공신과 호족들을 관료로 임용하였으며 육두품 출신을 비롯 신라계의 귀족도 중용하여 정통을 이어 받는 형식을 취하였다. 한편 본관제(本官制)에 입각하여 토성(土姓)을 분정(分定)하고 계서적(階序的) 지배질서를 확립함으로써 향촌사회를 통제하고 신분제의 안정을 도모하였다.

고려시대 역시 불교가 국교로 보호 받으면서 크게 융성하였으나 현실정치의 지배이념으로서 적절하지 못한 한계를 지니고 있었다. 유교사상은 이러한 점을 보완해 줄 수 있는 효율적인 사회규범이었다. 고려 유학의 수준은 아직 일천하였으나 적어도 관료사회를 움직이는 기본원리로는 작동할 수 있었다. 유교적 소양을 닦은 과거 출신의 문신세력들이 점차 핵심적인 정치적 지위를 확보해 나가면서 고려 국가는 집권적인 지배체제를 확립하여 갔다.

그러나 정치권력은 이미 소수에 의해 독점되고 있었다. 특권층은 관리임용제도인 음서(陰叙)와 과거를 활용하여 지위를 세습하고 있었다. 과거는 형식상 양인(良人)에게 문호가 개방되어 있었지만 실제 진출자들은 거의 양반출신에 국한하였다. 이들은 가격(家格)에 따라 상호혼인관계를 이루어 부와 권력을 세습하는 문벌귀족을 형성하게 되었다.

1) 高麗의 建國

□ 弓裔와 王建

● 세조[왕건의 아버지]는 송악군의 사찬(沙粲)이었는데, 그 고을을 거느리고 궁예에게 귀부하니, 궁예가 기뻐하며 즉시 그를 금성태수(金城太守)로 삼았다. 세조가 궁예를 달래며 아뢰기를, "대왕께서 만약 조선(朝鮮)·숙신(肅愼)·변한(弁韓) 땅의 왕이 되고자 하시면, 먼저 송악군에 성을 쌓고 나의 맏아들을 그 성주로 삼는 것이 가장 좋을 것입니다"하였다. 궁예는 그 말을 따라 태조(왕건)로 하여금 발어참성(勃禦塹城)을 쌓게 하고, 이어 성주로 삼으니 이때 태조의 나이 20세였다. 그후에 광주(廣州)·충주(忠州)·당성(唐城)·청주(淸州)·괴양(槐壤) 등의 고을을 쳐서 이를 평정하니, 그 공으로써 아찬(阿粲)을 임명받았다. 또 수군(水軍)을 거느리고 금성군(金城郡)을 쳐서 이를 함락하고 10여 고을을 쳐서 빼앗았으며, 인하여 금성을 고쳐서 나주(羅州)라 하였다. … 태조는 궁예의 교만하고 포악함을 보고 다시 외방(外方)에 장수로 나아갈 뜻을 가지게 되었는데, 마침 궁예가 나주의 일을 근심하여 드디어 태조로 하여금 가서 진압하게 하고 벼슬을 올려 한찬 해군대장군(韓粲海軍大將軍)을 삼았다.

[『高麗史節要』卷1, 太祖 元年 6月 丙辰]

요점 - 왕건의 세력기반

□ 王建의 政略結婚

● 신성왕태후 김씨는 신라 사람이니 잡간(匝干) 김억렴(億廉)의 딸이다. 신라왕 김부(金傅)가 사신을 고려에 보내어 항복할 뜻을 표시하였더니 태조가 후한 예로써 사신을 대접하여 보냈다. "이제 왕이 일국을 나에게 주니 큰 선물로 생각하노라 그러므로 그대의 종실(宗室)과 혼인을 맺어서 앞으로 영원히 장인 사위의 좋은 관계를 가지기를 원한다"라고 하였더니 김부가 회답하기를 "우리 백부 억렴의 딸이 있는데 덕성과 용모가 다 아름답습니다. 이 사람 밖에는 당신의 배필이 될 인물이 없습니다"라고 하였다. 그래서 태조는 드디어 그에게 장가 들어 안종(安宗)을 낳았다.

[『高麗史』卷88, 列傳1, 后妃1, 神成王太后金氏]

요점 - 결혼정책을 통한 정국안정화

□ 訓要十條

◉ 여름 4월에 왕이 내전(內殿)에 나가 앉아 대광(大匡) 박술희(朴述希)를 불러서 친히 훈요(訓要)를 주었는데 그 내용은 다음과 같다.

"내 들으니 순(舜)임금은 역산(歷山)에서 농사를 지었으나 마침내 요(堯)임금의 왕위를 받았으며 중국의 한 고제(漢高帝)는 패택(沛澤)에서 일어나 드디어 한 나라의 왕업을 성취하였다고 한다. 나도 역시 일개 외로운 평민으로서 그릇되게 여러 사람들의 추대를 받았다. 더위와 추위를 무릅쓰고 19년 동안 노심초사한 끝에 삼한을 통일하여 외람스럽게 왕위에 있은 지가 25년이나 되였고 몸도 벌써 늙었다. 후손들이 감정과 욕심에 사로잡혀 나라의 질서를 문란시킬듯 하니 이것이 크게 근심스럽다. 이에 훈계를 써서 후손들에게 전하노니 아침 저녁으로 펼쳐 보아 영구히 모범으로 삼게 하기를 바란다.

첫째, 우리 국가의 왕업은 반드시 모든 부처의 도움을 받아야 한다. 그러므로 불교 사원들을 창건하고 주지들을 파견하여 불도를 닦음으로써 각각 자기 직책을 다하도록 하는 것이다. 그런데 후세에 간신이 권력을 잡으면 승려들이 청촉을 받아 모든 사원을 서로 쟁탈하게 될 것이니 이런 일을 엄격히 금지하여야 한다.

둘째, 모든 사원들은 모두 도선(道詵)의 의견에 의하여 국내 산천의 좋고 나쁜 것을 가려서 창건한 것이다. 도선의 말에 의하여 자기가 선정한 이외에 함부로 사원을 짓는다면 지덕(地德)을 훼손시켜 국운이 길지 못할 것이라고 하였다. 내가 생각하건대 후세의 국왕, 공후, 왕비, 대관들이 각기 원당(願堂)이라는 명칭으로 더 많은 사원들을 증축할 것이니 이것이 크게 근심되는 바이다. 신라 말기에 사원들을 야단스럽게 세워서 지덕을 훼손시켰고 결국 나라가 멸망하였으니 어찌 경계할 일이 아니겠는가.

셋째, 적자에게 왕위를 계승시키는 것이 비록 떳떳한 법이라고 하지만 옛날 단주(丹朱)가 착하지 못하여 요(堯)가 순(舜)에게 나라를 양위한 것은 실로 공명정대한 마음에서 나온 것이다. 후세에 만일 국왕의 맏아들이 착하지 못 하거든 지차 아들에게 줄 것이며 다음 아들이 또한 착하지 못 하거든 그 형제 중에서 여러 사람들에게 신망이 있는 자로써 정통을 잇게 할 것이다.

넷째, 우리 동방은 오래 전부터 중국 풍습을 본받아 문물 예악 제도를 다 그대로 준수하여 왔다. 그러나 지역이 다르고 사람의 성품도 같지 않으니 구태여 억지로 맞출 필요는 없다. 그리고 거란은 우매한 나라로서 풍속과 언어가 다르니 그들의 의관 제도를 아예 본받지 말라.

다섯째, 내가 삼한 산천 신령의 도움을 받아 왕업을 이루었다. 서경은 수덕(水德)이 순조로워 우리 나라 지맥의 근본으로 되여 있으니 만대 왕업의 기지이다. 마땅히 춘하추동 사시절의 중간 달에 국왕은 거기에 가서 1백일 이상 체류함으로써 왕실의 안녕을 도모하게 할 것이다.

여섯째, 나의 지극한 관심은 연등(燃燈)과 팔관(八關)에 있다. 연등은 부처를 섬기는 것이고, 팔관은 하늘의 신령과 오악·명산·대천·용의 신을 섬기는 것이다. 함부로 증감하려는 후세 간신들의 건의를 절대로 금지할 것이다. 나도 당초에 이 모임을 국가 기일과 상치되지 않게 하고 임금과 신하가 함께 즐기기로 굳게 맹세하여 왔으니 마땅히 조심하여 이대로 시행할 것이다.

일곱째, 임금이 신하의 신망을 얻는 것이 가장 어려운 것이다. 그 신망을 얻으려면 무엇보다 간하는 말을 따르고 참소하는 자를 멀리 하여야 하는바 간하는 말을 좇고 현명하게 된다. 참소하는 말은 꿀처럼 달지마는 그것을 믿지 않으면 참소가 자연히 없어질 것이다. 또 백성들에게 일을 시키되 적당한 시기를 가리고 부역을 경하게 하며 조세를 적게하는 동시에 농사 짓는 것이 어려운 일이라는 것을 알게 되면 자연 백성들의 신망을 얻어 나라는 부강하고 백성은 편안하게 될 것이다. 옛 사람이 말하기를, 좋은 미끼 끝에는 반드시 큰 고기가 물리고 중한 상(賞)이 있는 곳에는 반드시 훌륭한 장수가 있으며 활을 겨누면 반드시 피하는 새가 있고 착한 정치를 하면 반드시 착한 백성이 있다고 하였다. 상과 벌이 적절하면 음양이 맞아 기후까지 순조로워지나니 그것을 명심하라.

여덟째, 차현(車峴) 이남 공주(公州)강 바깥은 산형과 지세가 모두 반대 방향으로 뻗었고 따라서 인심도 그러하니 그 아래의 주·군 사람들이 국사를 참여하거나 왕후, 국척들과 혼인을 하여 나라의 정권을 잡게 되면 혹은 국가에 변란을 일으킬 것이요, 혹은 백제를 통합한 원한을 품고 왕실을 침범하여 난을 일으킬 것이다. 뿐만 아니라 이 지방 사람들로서 일찌기 관가의 노비나 진(津), 역(驛)의 잡척(雜尺)에 속하였던 자들이 혹 세력가들에 투탁하여 자기 신분을 고치거나 혹은 왕후 궁중에 아부하여 간교한 말로써 정치를 어지럽게 하고 또 그리함으로써 재변을 초래하는 자가 반드시 있을 것이다. 그렇기 때문에 이 지방 사람들은 비록 양민일지라도 관직을 주어 정치에 참여시키는 일이 없도록 하라.

아홉째, 백관의 녹봉은 나라의 대소를 따라 일정한 제도를 마련할 것이니 현재의 것을 증감하지 말라. 또 옛 문헌에 이르기를 공로를 보아 녹봉을 규정하고 사사로운 관계로 관직을 주지 않는다고 하였으니 만일 공로가 없는 사람이나 친척이나 가까운 사람으로서 헛되이 녹봉을 받게 되면 아래 백성들이 원망하고 비방할 뿐 아니라 그 사람 자신도 역시 그 행복을 길이 누릴 수 없을 것이니 마땅히 엄격하게 이를 경계해야 한다. 또 우리는 강하고도 악한 나라[거란]가 이웃나라로 되어 있으니 평화 시기에도 위험을 잊어서는 안된다. 병졸들을 보호하고 돌보아 주어야 하며 부역을 면제하고 매년 가을에 무예가 특출한 자들을 검열하여 적당히 벼슬을 높혀 주라.

열째, 나라를 가진 자나 집을 가진 자는 항상 만일을 경계하며 경전과 사서를 널리 읽어 옛 일을 지금의 교훈으로 삼는 것이다. 주공(周公)은 큰 성인으로서 『무일(無逸)』한 편을 성왕(成王)에게 올려 그를 경계하였으니 마땅히 그 사실을 그림으로 그려 붙여 드나들 때에 항상 보고 자기를 반성하도록 하라."

이 열 가지 훈계 끝에 매번 '중심장지(中心藏之)'라는 네 글자를 붙여서 후대의 왕들이 전해 오면서 보배로 여기게 하였다.

[『高麗史』卷2, 世家2, 太祖 26年 4月]

요점 ― 고려 건국의 중심사상과 현실정책

2) 國家體制의 정비

□ 崔承老의 時務策

● "신(臣)은 초야에서 생장하여 성품이 우매하고 또 학술이 없사오나 다행히 밝은 때를 만나 오래 근시(近侍)의 직에 머물러, 여러 번 각별한 은총을 입었습니다. 비록 시대를 광정(匡正)할 수 있는 훌륭한 계책은 없을망정 오히려 일편단심이 있어 나라에 보답할 것을 기약합니다. … 우리 태조가 개국한 이래로 신이 알 수 있는 것은 모두 신의 마음에 외우고 있어 이제 삼가 5조[태조·혜종·정종·광종·경종]의 정화(政化)와 선악의 자취로써 가히 거울로 삼아 경계할 만한 것을 기록하여, 조목지어 상주(上奏)하여 아뢰겠습니다.

<儒教政治論>
  임금이 백성을 다스리는 것은 집에 이르러 날마다 보는 것이 아닙니다. 그러므로 수령을 나누어 보내어 가서 백성의 이해를 살피게 하는 것입니다. 우리 태조께서 나라를 통일한 뒤에 외관(外官)을 두고자 하였으나, 대개 초창기이므로 일이 번거로와 겨를이 없었습니다. 이제 가만히 보건대, 향호(鄕豪)가 매양 공무를 빙자하여 백성을 침해하여 횡포를 부리어, 백성이 견디어내지 못하니, 청컨대 외관을 두도록 하십시요. 비록 일시에 다 보내지 못한다 하더라도 먼저 십수주현(十數州縣)을 아울러 한 사람의 관헌을 두고, 관청에 각 각 두세 명의 관원을 두어 백성을 어루 만지는 일을 맡기소서.
  우리 태조께서는 뜻은 사대(事大)를 오로지 하는 것이었으나, 오히려 수년에 한 번씩 사신을 보내어 빙례(聘禮)를 닦았을 뿐인데, 지금은 비단 빙례를 위한 사신뿐만 아니라 무역으로 인하여 사자(使者)의 왕래가 빈번하오니, 중국이 천시할까 두렵고, 또한 왕래하다가 배가 난파되어 목숨을 잃는 자가 많사오니, 청컨대 지금부터는 조빙(朝聘)할 때의 사신편에 무역을 겸행케 하고 그 밖에 때에 어긋나는 매매(賣買)는 일체 금지하여 끊도록 하소서.
  중국의 제도는 좇지 않을 수 없지만, 사방의 습속은 각기 토질에 따르므로 다 변화시키기는 어려울 것 같습니다. 그 예악(禮樂)과 시서(詩書)의 가르침과 군신 부자의 도는 마땅히 중화(中華)를 본받아 비루한 것을 고치도록 하고, 그 밖의 차마(車馬), 의복의 제도는 가히 우리의 풍속을 따르게 하여 사치와 검소가 중용을 얻으면 될 것이니, 모든 것을 반드시 구차하게 중국과 같게 할 필요는 없습니다.

역경(易經)에 이르기를, '성인이 인심을 감동시키니 천하가 화평하다'고 하였고, 논어에 이르기를, '하염없이 다스리는 자는 순(舜) 임금이라 하였으니, 대저 무엇을 할 것이냐. 몸을 공손히 하여 바로 남면(南面)할 따름이다.'라고 하였습니다. 성인이 하늘과 사람을 감동시키는 까닭은 그 순일한 덕과 사사로움이 없는 마음이 있기 때문입니다. 만약 성상이 마음을 겸양하게 가지고 항상 경외(敬畏)하게 신하를 예우하시면, 누가 마음과 힘을 다하여 나아가서는 꾀를 구하고 물러가서는 바르게 보필하기를 생각하지 않겠습니까. 이것이 이른바 임금이 신하를 예로서 쓰고, 신하는 임금을 충으로 섬긴다는 것입니다. 바라건대, 성상은 날마다 하루를 삼가하여 스스로 교만하지 말고, 신하를 접함에 공손함을 생각하며, 설사 혹 죄있는 자가 있더라도 그 경중을 모두 법대로만 논하면, 태평의 대업을 가히 서서 기다릴 수 있을 것입니다.

우리나라의 양천(良賤)의 법은 그 유래가 오래입니다. 우리 태조께서 창업하신 처음에 그 군신들이 본래 노비를 가졌던 자 이외에도 기타 본래 없던 자는 혹은 종군하여 포로를 얻고 혹은 재화로 사서 노비로 삼았습니다. 태조께서 일찌기 포로들을 방면하여 양민으로 삼고자 하였으나, 공신의 뜻을 동요시킬까 염려하여 편의에 좇을 것을 허용하였던 것인데, 지금까지 60여 년이 되어도 공소(控訴)하는 자가 없었습니다. 광종 때에 이르러 비로소 노비를 안검하여 그 시비를 가리게 하니, 이에 공신들이 원망하지 않는 자가 없었으나 간하는 자가 없었습니다. 대목왕후(大穆王后; 광종의 왕비)가 간절히 간하여도 듣지 않아, 천예(賤隸)들이 뜻을 얻어 존귀한 이들을 업수이 여기고 다투어 거짓을 꾸며서 주인을 모함하는 자가 헤아릴 수 없게 되었습니다. 광종은 스스로 화근을 만들어 그것을 끊지 못하고, 말년에 이르러서는 무고하게 사람을 죽인 것이 매우 많으니, 실덕이 크다 하겠습니다. … 바라건대, 성상은 깊이 옛일을 거울 삼아 천인으로 귀관을 업수이 여기게 하지 말게 하고, 노비와 주인의 사이에 있어서 중용을 잡도록 하소서.

<佛敎 批判>

무릇 불보(佛寶)의 전곡(錢穀)은 여러 사찰의 중들이 각기 그 주군에 사람을 보내어 관리해서 해마다 이식을 늘려 백성을 괴롭히고 시끄럽게 하니, 청컨대 이를 모두 금지시키고, 그 전곡은 사찰의 전장(田莊)에 옮겨 두되, 만약 그 주전(主典)에 전정(田丁)이 있으면 아울러 취하여 사찰의 장소(莊所)에 속하게 하면 민폐가 조금 덜어질 것입니다.

우리나라는 봄에 연등(燃燈)을 베풀고 겨울에 팔관(八關)을 열어서 널리 사람들을 징발하므로 노역이 매우 번거로우니, 바라건대 줄이고 덜어서 민력을 펴게 해 주소서. 또 여러 종류의 허수아비를 만드느라 공사 비용이 매우 많이 드는데, 한번 진상한 뒤에는 문득 헐어버리니 매우 무의미한 것입니다. 또한, 허수아비는 흉례(凶禮)가 아니면 쓰지 않으니 거란의 사신이 일찌기 와서 보고 상서롭지 못한 것이라 하여 얼굴을 가리고 지나간 일이 있으니, 바라건데 허수아비 쓰는 것을 허락하지 마소서.

세속에서는 선(善)을 심는다는 명목으로써 각기 소원을 따라 절을 지으니 그 수가 매우 많고 또 내외의 승려들이 사사로이 살 곳을 삼고자 하여 다투어 절을 지어, 널리 주군의 향리를 권하여 백성을 역사에 징발함이 공역보다 급하므로 백성들이 매우 괴로워 합니다. 바라건데, 엄하게 금단하여 백성의 수고를 들게 하소서.

불법을 숭신(崇信)함은 비록 선이 아님은 아니지만, 제왕(帝王)과 일반 백성이 공덕으로 삼는 데에는 사실이 같지 않습니다. 일반 백성은 수고하는 바가 자기 자신의 힘이요, 비용(費用)하는 바가 자기 자신의 재물로서 그 피해가 다른 사람에게 미치지 않으나, 제왕의 경우는 백성의 힘을 수고롭게 하고, 백성의 재물을 낭비하는 것입니다. 옛날 양무제(梁武帝)가 천자(天子)의 존귀함으로써 필부의 선을 닦으니 사람들이 잘못이라고 한 것은 이 까닭입니다. 이러므로 제왕은 깊이 그러한 이유를 생각하여, 일들에 모두 중용을 참작하면 폐가 신하와 백성에게 미치지 않을 것입니다. 신이 듣건대, 사람의 화복과 귀천은 모두 날 때부터 타고난 것이라 하오니, 마땅히 순수하게 받아야 할 것입니다. 하물며, 불교를 숭상하는 것은 다만 내생(來生)의 인과(因果)를 심을 뿐, 금생(今生)의 과보(果報)를 받는 데에는 이익됨이 적다고 하니, 나라를 다스리는 요체는 아마도 여기에 있지 않는것 같습니다. 또한, 삼교(三敎; 유교·불교·도교)는 각기 전업하는 바가 있어 이를 봉행하는 자는 가히 혼동하여 하나로 하지 말아야 할 것입니다. 불교를 봉행함은 수신의 근본이요, 유교를 봉행함은 치국의 근원이니, 수신은 내생의 자(資)요 치국은 곧 금일의 요무입니다. 금일은 지극히 가깝고 내생은 지극히 머니 가까움을 버리고 먼 것을 구함은 또한 그릇된 것이 아니겠습니까. 임금은 오직 마땅히 한결같은 마음으로 사사로움이 없음으로 해서 널리 만물을 구제할 것이온데, 어찌 원하지 않는 사람을 역사하고 창고의 저축을 비용하여 반드시 얻지 못할 이익을 구하려 하겠습니까."

[『高麗史』 卷93, 列傳6, 崔承老]

요점 −이원적 지배이념; 유교원리의 도입
　　　−고대적 전통유산의 처리방향

□ 守令奉行六條

● 첫째는 백성이 근심하고 괴로워하는 것을 살필 것이며, 둘째는 향리의 능력이 있고 없음을 살필 것이며, 세째는 도둑과 간사하고 교활한 자를 살필 것이며, 네째는 백성이

법령을 위반하는 것을 살필 것이며, 다섯째는 백성이 효성스럽고 우애 있음과 청렴하고 결백함을 살필 것이며, 여섯째는 향리가 부세와 재정을 흩어뜨려 잃어버리는 것을 살필 것이다.

[『高麗史』 卷75, 選擧3, 顯宗 9年]

요점 - 지방관이 수행해야 할 의무, 수령 考課

□ 科擧制

● 삼국 이전에는 과거(科擧)법이 없었고 고려 태조가 처음으로 학교를 세웠으나 과거로 인재를 뽑는 데까지는 이르지 못하였다. 광종이 쌍기(雙冀)의 의견을 채용하여 과거로 인재를 뽑게 하였으며 이 때로부터 문풍(文風)이 일어나기 시작하였다. 그 법은 대체로 당 나라 제도를 많이 채용한 것이다. 학교로는 국자(國子)·태학(太學)·사문학(四文)이 있었고 또 구재(九齋), 학당(學堂)이 있었는 바 율학(律學)·서학(書學)·산학(算學)은 다 국자에 속하였다. 과거에는 제술(製述)·명경(明經) 두 과가 있었고 의복(醫卜)·지리(地理)·율학·서학·산학·삼례(三禮)·삼전(三傳)·하론(何論) 등 잡과가 있었는데 각기 그 전문 과목에 대하여 시험치고 출신(出身)을 주었다. 국자에서 보인 승보시(升補試; 생원을 뽑는 시험)는 또한 후진을 격려하기 위한 것이었다. 비록 이름있는 경대부라 할지라도 과거 시험을 치지 않으면 벼슬에 나아갈 수 없었다. 그러나 과거를 보는 외에도 유일(遺逸)의 추천, 문음(門蔭)의 서용(敍用), 성중애마(成衆愛馬)의 선발 배치, 남반(南班)의 여러 가지 등용 등이 있어서 벼슬에 나가는 길은 과거보는 길 한 가지만이 아니었다. 원래 그 법을 제정한 시초를 살펴보면 양성하는 방식과 뽑는 제도, 임명하는 방법이 정연하게 질서가 잡혀있어 대대로 자손들이 거기에 의거하면서 그 제도를 유지하여 왔으므로 우리 나라 문물이 중국에 비할 만큼 융성하였다. 그러나 권신(權臣)들이 사사로이 정방(政房)을 설치하면서부터 정사는 모두 뇌물로 이루어지고 인물 심사법이 문란해졌을 뿐만 아니라 과거로 인재를 뽑는 제도 역시 어지러워졌다. 이로부터 흑책(黑冊) 정사라는 비방과 분홍(粉紅) 급제라는 비난이 한동안 전파되었으며 고려의 왕업도 마침내 쇠잔하여졌다.

[『高麗史』 卷73, 選擧1]

요점 - 새로운 관료충원 방식의 채택

□ 學校

● 성종 11년 12월에 유사(有司)에게 명하기를 "경치 좋은 장소를 택하여 서재(書齋)와

학교를 크게 세우고 적당한 토지를 주어서 학교의 식량을 해결하며 또 국자감을 창설하라"고 하였다.

[『高麗史』 卷74, 選擧2, 學校]

◉ 예종 4년(1109) 7월 국학에 일곱 서재(書齋)를 두었는데 즉 주역과(周易科)는 여택(麗澤), 상서과(尙書科)는 대빙(待聘), 모시과(毛詩科)는 경덕(經德), 주례과(周禮科)는 구인(求仁), 대례과(戴禮科)는 복응(服膺), 춘추과(春秋科)는 양정(養正), 무학과(武學科)는 강예(講藝)가 이것이다.

[『高麗史』 卷74, 選擧2, 學校]

◉ 문종 때에 태사 중서령(太師中書令)인 최충(崔冲)이 후대들을 모아 열성으로 교육하였는데 선비(靑衿)와 평민의 자제가 그의 집과 마을에 차고 넘치게 되었다. 그리하여 마침내 구재(九齋)로 나누었는데 곧 악성(樂聖), 대중(大中), 성명(誠明), 경업(敬業), 조도(造道), 솔성(率性), 진덕(進德), 대화(大和), 대빙(待聘)이었으며 이를 시중 최공도(侍中崔公徒)라고 불렀다. 양반의 자제(衣冠子弟)들로서 과거에 응시하려는 자들은 반드시 먼저 도중(徒中)에 속하여 공부하였다. 해마다 여름철에는 절간을 얻어서 하기 학습을 하고 도중에서 급제하고 학업이 우수하며 재능이 많으나 아직 벼슬하지 못한 사람을 택하여 교도(敎導)로 삼았다. 그들이 배우는 것은 구경(九經; 주역, 상서, 시전, 주례, 예기, 춘추, 좌씨전, 공양전, 곡량전)과 삼사(三史; 사기, 한서, 후한서)이며 간혹 선배가 왔을 때 촛불(燈燭)에 금을 그어 시 짓기 내기를 한다. 아이들과 어른들이 좌우로 벌려 있고 술상을 받들고 오고 가는데 예의가 있으며 장유(長幼) 질서가 있고 종일토록 시 읊기를 서로 주고 받으니 보는 사람들이 다 아름답게 생각하고 감탄하지 않는 이가 없었다. 그 후부터는 과거에 응시하는 사람들이면 다 구재(九齋)에 적을 둔 사람이었는데 이를 최 문헌공도(崔文憲公徒)라고 불렀다. 또 이 밖에도 문관들로서 도(徒)를 세운 자가 있으니, 홍문공도(弘文公徒)는 시중 정배걸(鄭倍傑)이 세운 것인데 다른 명칭으로 웅천도(熊川徒)라고도 한다. 또한 광헌공도(匡憲公徒)는 참정(參政) 노단(盧旦)이 세운 것이요, 남산도(南山徒)는 좨주(祭酒) 김상빈(金尙賓)이 세운 것이요, 서원도(西園徒)는 복야(僕射) 김무체(金無滯)가 세운 것이요, 문충공도(文忠公徒)는 시중 은정(殷鼎)이 세운 것이요, 양신공도(良愼公徒)는 평장(平章) 김의진(金義珍)이 세운 것이라고도 하고 혹은 낭중 박명보(朴明保)가 세운 것이라고도 하며, 정경공도(貞敬公徒)는 평장 황영(黃瑩)이 세운 것이요, 충평공도(忠平公徒)는 유감(柳監)이 세운 것이요, 정헌공도(貞憲公徒)는 시중 문정(文正)이 세운 것이요, 서시낭도(徐侍郎徒)는 서석(徐碩)이 세운 것이요, 구산도(龜山徒)는 누가 세운 것인지 자세하지 않다. 이에 문헌공 최충도를 합하여 세상에서 12도라고 일컬었는데 그중에서도 문헌공 최충도가 가장 흥성하였다.

[『高麗史』 卷74, 選擧2, 學校]

요점 －고려의 교육제도(유교와 사학)

□ 田制

◉ 태조 23년(940)에 처음으로 역분전(役分田)을 정하였는데 [삼한을] 통합할 때 조정 신료와 군사들의 관계(官階)의 높고 낮음을 논하지 않고 인성과 선악의 행함, 공로의 대소를 참작하여 차등있게 지급하였다.

[『高麗史節要』卷78, 食貨1, 經理, 田柴科]

◉ 비로소 직관(職官)·산관(散官)에게 각품의 전시과(田柴科)를 정했는데, 관품(官品)의 높고 낮은 것은 논하지 않고, 다만 인품으로써 이를 정하였다. 자삼(紫衫) 이상으로써 18품을 만들어 1품에는 전지(田地)·시지(柴地) 각 110결을 주고 차례로 낮추었다. 문반(文班)은 단삼(丹衫) 이상은 10품으로 만들었고, 비삼(緋衫)은 8품으로 만들고, 녹삼(綠衫)은 10품으로 만들었다. 무반(武班)은 단삼 이상은 5품으로 만들고 잡업(雜業)은 단삼 이상은 5품으로, 비삼 이상은 8품으로, 녹삼 이상은 10품으로 만들어 모두 전지와 시지를 차등있게 주었다.

[『高麗史節要』卷2, 景宗 元年]

◉ 무릇 전품(田品)은 불역지지(不易之地)를 상으로 하고, 일역지지(一易之地)를 중으로 하며 재역지지(再易之地)를 하로 한다. 그 불역산전(不易山田) 1결은 평전(平田) 1결에 준하고, 일역전 2결은 평전 1결에 준하며, 재역전 3결은 평전 1결에 준한다.

[『高麗史』卷78, 食貨1, 經理, 文宗 8年 3月 判]

요점 －전시과체제의 변화과정
　　　－휴한농법의 실상

□ 賦稅制度

◉ 해당 관청에 일러 말하기를, "태봉(泰封)의 주(主)가 백성을 마음대로 하여 오직 취렴(取斂)을 일삼고 옛 제도를 좇지 아니하여 1경(頃)의 전(田)에서 조세가 6석이나 되었고 관역(管驛)의 호에서 거두는 사(絲)가 3속이 되어서 백성들이 밭갈고 길쌈하는 일을 그만두고 서로 이어 유망하였다. 이제부터는 조세와 부역은 마땅히 옛법을 써서 하라"고 하였다.

[『高麗史』卷78, 食貨1, 租稅, 太祖 元年 7月]

◉ 태조가 즉위하여 34일만에 … 말하기를 "… 이제부터는 마땅히 십일세법(什一稅法)에 의거하여 전(田) 1부(負)에 조 3승(升)을 내게 하라"고 하였다. 드디어 민간에게 3년동안 조세를 면제하여 주었다. 이 때를 당하여 삼국이 정립하여 군웅이 서로 다투므로 재화의 쓰임이 바야흐로 급하였으나 우리 태조는 전쟁에서의 공을 뒤로 돌리고 백성의 진휼을 먼저 하였다.

[『高麗史』 卷78, 食貨1, 田制, 恭讓王 3年 7月]

◉ 진전(陳田)을 개간해 경작하는 자는, 사전(私田)은 첫해에 수확의 전부를 주고 2년째부터는 전주(田主)와 반씩 나누어 가진다. 공전(公田)은 3년을 한하여 수확의 전부를 주고 4년째 비로서 법에 따라 수조(收租)한다.

[『高麗史』 卷78 食貨1, 田制, 光宗 24年 12月]

◉ 공전의 조(租)는 4분의 1로 하되, 논은 상등 1결에 조 3석 11두, 중등 1결에 조 2석 11두, 하등 1결에 조 1석 11두로 하고, 밭은 1결에 조 1석 12두, 중등 1결에 조 1석 10두이며, 하등은 기록이 남아 있지 않다.

[『高麗史』 卷78, 食貨1, 田制. 租稅, 成宗 11年]

◉ 나라의 제도에 백성의 나이 16이면 장정(丁)이 되어 비로소 국역을 부담시키고, 60이면 늙은이(老)가 되어 역을 면제한다. 주·군에서는 해마다 호구를 헤아려 호적을 정리하고 이를 호부에 올려 보낸다. 징병과 부역의 동원은 호적에 의거하여 뽑는다.

[『高麗史』 卷79, 食貨2, 戶口]

◉ 왕이 명을 내리기를, "경기의 주·현들에서는 상공(常貢)외에도 요역(徭役)이 많고 무거워 백성들이 이에 고통을 받아 나날이 점점 더 도망하여 떠돌아다니고 있으니, 주관하는 관청에서는 계수관(界首官)에 물어 보고, 그들의 공물과 역의 많고 적음을 참작하여 결정하고 시행하라. 구리, 철, 자기, 종이, 먹 등 여러 소(所)에서 별공(別貢)으로 바치는 물건들을 너무 함부로 징수해 장인들이 살기가 어려워 도망하고 있다. 해당 기관에 연락하여 각 소에서 별공과 상공으로 내는 물건의 많고 적음을 결정한 다음, 왕에게 아뢰어 재가를 받도록 하라."

[『高麗史』 卷78, 食貨1, 貢賦. 睿宗 3年 2月]

◉ 지금 제도(諸道)·주군(州郡)의 사목(司牧) 가운데 청렴우휼(淸廉憂恤)하는 자는 열에 한두 명도 없어, 이익을 쫓고 명성을 얻고자만 해 대체(大體)를 상하게 하고 있으며, 뇌물을 좋아하고 사리(私利)를 도모하여 생민(生民)을 잔해(殘害)하므로 유망(流亡)

이 연이어 열 집 가운데 아홉 집이 비었으니 짐은 심히 가슴 아프다.

[『高麗史』 卷12, 世家12, 睿宗 1年 12月]

요점 -수취체제의 확립과 수탈의 가중

□ 불교계의 변화

● 대각국사(大覺國師) 후(煦)는 자가 의천(義天)인데 송 철종의 휘(諱)를 피하여 자(字)로서 행하였다. 문종이 어느날 제자(諸子)에게 말하기를 "누가 능히 중이 되어 복전이익(福田利益)을 짓겠느냐"고 하니 후가 일어난 말하기를 "신이 출가할 뜻이 있사오니 오직 부왕의 어명하시는 대로 하겠나이다"고 하니 왕이 "착하도다"라고 하므로 드디어 스승을 따라 영통사(靈通寺)에 출가하였다. 후는 천성이 총혜하고 학문을 좋아하여 처음 『화엄경』을 읽어 문득 오교(五敎)에 통하고 널리 유술(儒術)을 견문하여 정통하지 않음이 없었고 호를 우세승통(祐世僧統)이라 하였다.

후가 송에 가서 법을 구하고자 하니 왕이 불허하였고 선종 때에 이르러 자주 청하였으나 재신(宰臣)·간관(諫官)이 극히 불가하다 하므로 2년 4월에 후가 가만히 제자 2인과 더불어 송나라 상인 임령(林寧)의 배를 따라 [송으로] 가거늘 왕이 어사 위계정(魏繼廷) 등에게 명하여 길을 나누어 배를 타고 이를 좇아가게 하였으니 미치지 못하고 예빈승 정근(鄭僅) 등을 보내어 항해의 안부를 물었다.

후가 송에 이르니 황제가 수공전(垂拱殿)에서 인견하고 객례로서 대우하여 사랑함이 지극하였다. 후가 사방을 주유하여 법 묻기를 청하니 조(詔)하여 주객원외(主客員外) 양걸(楊傑)로 관반(館伴)을 삼아 오중(吳中)의 제사(諸寺)에 이르매 모두 맞이하고 전송하기를 왕신(王臣)과 같이하였다. 왕이 상표(上表)하여 환국케 하기를 청하니 조서로써 동환(東還)함을 허하였다. 후가 예성강에 이르니 왕이 태후를 모시고 봉은사(奉恩寺)에 나가 기다리다가 그 맞아들이는 위의가 심히 성하였다. 후가 석전(釋典) 및 경서 1천권을 바치고 또 흥왕사에 교장도감(敎藏都監)을 둘 것을 주하여 서적을 요와 송에서 사오게 하여 많기가 4천권에 이르니 모두 간행하였다. 비로소 천태종(天台宗)을 창시하여 국청사(國淸寺)에 두었다. 그 후에 남유(南遊)하여 명산을 편력하고 후에 해인사에 퇴거하였다.

숙종이 즉위함에 미쳐 사신을 보내어 맞아와서 흥왕사에 주지케 하였다. 요사(遼使) 왕악(王萼)이 흥왕사의 소종(小鐘)을 보고 탄미하여 말하기를 "우리나라에는 없는 것이라"하니 후가 악에게 말하기를 "내가 들으니 황제가 불교를 숭신한다 하니 청컨대 이 종을 가져다 바치시오"하니 악이 "좋다"하므로 후가 금종(金鐘) 2허(虛; 틀)를 주조할 것을 청하여 장차 요제(遼帝)에게 바치고자 하여 드디어 회사사(回謝使) 공목관(孔

目官) 이복(李復)에게 부탁하여 먼저 그 뜻을 아뢰니 요제가 악이 사신으로서 망령되이 구색(求索)함이 있었다 하여 준형(峻刑)을 가하고 바치지 못하게 하는지라 복이 돌아옴에 미쳐 형부(刑部)가 상주하여 그 죄를 다스리게 하였다.

후가 병들매 왕이 총지사(摠持寺)에 행차하여 문병하였는데 얼마 후에 왕이 대각(大覺)으로 시(諡)하고자 하니 중서문하성이 상주하기를 "대각은 불(佛)이오니 불호(佛號)를 참칭함은 후의 뜻이 아닐 것입니다"라고 하였으나 왕이 들어주지 않았다. 정당문학(政堂文學) 이오(李䫨)가 말하기를 "후가 상감에게 비록 주친(周[至]親)이나 예(禮)를 상고하건대 출가하면 복(服)이 없습니다. 그러나 후는 재행이 함께 우수하여 이름이 요와 송에 중히 여겨졌으므로 국사(國師)를 추증코자 하니 복을 입지 아니치 못할 것입니다"고 하므로 이에 왕이 군신으로 더불어 현관(玄冠) 소복(素服)하고 3일간 철조(輟朝)하고 부의(賻儀)를 심히 후하게 하였으며 드디어 책명(冊命)을 내려 대각국사로 추증하고 또 교서를 내려 문도(門徒)에게 조위(弔慰)하였다.

[『高麗史』 卷90, 列傳3, 宗室1]

● 우리들이 아침 저녁으로 하는 행적이 돌이켜 본 즉, 불법을 빙자하여 자기를 꾸며서 남과 구별하고는 구차스럽게 이양(利養)의 길을 도모하고 풍진(風塵)의 세사(世事)에 골몰하여 도덕을 닦지 않고 의식(衣食)만 허비하니 비록 출가하였다 하나 무슨 덕이 있겠는가. 아! 무릇 삼계(三界)를 떠나려 하면서도 속세와 끊으려는 수행이 없으므로 한갓 남자의 몸이 되었을 뿐 장부의 뜻은 없도다. 위로는 도를 넓히는데 어긋나고, 아래로는 중생을 이롭게 하지 못하며, 중간으로는 사은(師恩)을 저버렸으니 부끄럽다. 지눌(知訥)은 이를 크게 탄식해 온 지가 오래 되었다. …

이 모임이 파한 연후에 마땅히 명예와 이익을 버리고 산림에 은둔하여 동사(同社)를 결성하고 항상 선정(禪定)을 익히고 지혜를 고루하기에 힘쓰며, 예불(禮佛)과 독경(讀經)을 하고 나아가서는 노동(勞動)하기에도 힘을 쏟자. [그리하여] 각기 소임에 따라 경영하고 인연에 따라 심성(心性)을 수양하여 한평생을 자유롭게 지내며, 멀리로는 달사(達士)와 진인(眞人)의 고행(高行)을 쫓는다면 어찌 쾌하지 않으리오.

[『韓國佛敎全書』 卷4, 勸修定慧結社文]

요점 - 천태종과 의천의 활동
- 조계종의 대두와 지눌

3) 對外關係

□ 宋

◉ 내사문하성(內史門下省)이 상언(上言)하기를 국가가 북조(北朝; 거란)와 우호를 맺어, 변방에 급한 경보가 없고, 백성은 그 생업을 즐기니, 이로써 나라를 보전함이 상책이옵니다. 일찍이 경술년(1010)에 거란의 문죄하는 글에 이르기를 "동으로 여진과 결탁하고, 서로 송나라에 왕래하니, 이것은 무슨 꾀를 쓰고자 함인가?"라 하였고, 또 상서(尙書) 유참(柳參)이 사신으로 갔을 때 동경유수(東京留守)가 남조(南朝; 宋)와 통사(通使)한 일을 물었던 만큼, 의심하고 시기함이 있는 듯하오니, 만약 이 일이 누설되면 반드시 틈이 생길 것입니다. 또 탐라는 땅이 척박하고 백성이 빈곤하여, 오직 해산물과 배타는 일로써 생계를 도모하는 바, 작년 가을에 재목을 베어 바다를 거쳐 날라다가 불사를 새로 짓느라고 피로가 이미 많거늘, 지금 또 이 일로써 거듭 괴롭히게 되면, 다른 변이 생길까 두려워합니다. 더구나 우리나라는 문물예악이 흥행된 지 이미 오래며, 상선이 끊임없이 왕래하여 진귀한 물건들이 날로 들어오니, 중국에 대해서는 진실로 의지할 것이 없습니다. 만일 거란과 국교를 영원히 끊으려는 것이 아니라면, 송에 통사함은 마땅치 않습니다.

[『高麗史』卷8, 世家8, 文宗 12年 8月]

□ 契丹

◉ 거란 사신이 낙타 50필을 보내왔다. 왕이 거란은 일찍이 발해와 동맹을 맺고 있다가 갑자기 의심을 품어 맹약을 배반하고 그 나라를 멸망시켰으니 이는 심히 무도한 나라로서 친선관계를 맺을 나위가 못된다고 생각하여 드디어 국교를 단절하고 그 사신 30명은 섬으로 귀양을 보냈으며 낙타는 만부교(萬夫橋) 아래 매어 두었더니 모두 굶어 죽었다.

[『高麗史』卷2, 世家2, 太祖 25年 10月]

◉ 성종이 여러 신하를 모으고 "누구가 거란 영문(營門)으로 가서 언변으로써 적병을 물리치고 만대의 공을 세울사람은 없는가"라고 물었으나 아무도 응답하고 나서는 자가 없고 오직 서희(徐熙)가 일어나서 말하기를 "제가 비록 불민하나 감히 왕명을 받들지 않겠습니까"하고 자원했다. 그래서 왕이 강가에까지 나가서 그의 손을 잡고 위로하면서 전송하였다. 서희가 국서를 가지고 소손녕(蕭遜寧)의 영문으로 가서 통역을 시켜 회견하는 절차를 문의한즉 소손녕이 말하기를 "나는 대국의 귀인이니 그대가 나에게 대하여 뜰에서 절하여야 한다"고 주장했다. 서희가 대답하기를 "신하가 임금에게 대할 때

당하에서 절하는 것은 예법에 있는 일이나 양국의 대신들이 대면하는 좌석에서 어찌 그럴 수 있겠는가"고 반대했다. 재삼 왕복하면서 교섭하였으나 소손녕이 고집하므로 서희가 노하여 숙소로 돌아와서 움직이지 아니하니 소손녕이 내심으로 그의 인품이 비범함을 생각하고 마침내 당상에서 대등하게 대면하는 예식 절차를 승낙하였다. 이리하여 소손녕과 뜰에서 마주쳐서 읍한 후에 마루로 올라가서 동편과 서편으로 마주 대해 앉아서 담판을 시작했다. 소손녕이 서희에게 말하기를 "당신의 나라는 옛 신라 땅에서 건국하였고 고구려의 옛땅은 우리나라에 소속되었는데 어째서 당신들이 침범하였는가? 또 우리나라와는 국경이 인접되어 있으면서 바다를 건너 송나라를 섬기고 있는 까닭에 이번에 징벌하게 된 것이다. 만일 땅을 떼어 바치고 국교를 회복한다면 무사하리라"고 하니 서희가 말하기를 "그렇지 않다. 우리나라는 바로 고구려의 후계자이다. 그러므로 나라 이름을 고려라고 부르고 평양을 국도로 정하였다. 그리고 경계를 가지고 말하면 귀국의 동경(東京)이 우리 국토 안에 들어와야 하겠는데 당신이 어떻게 침범했다는 말을 할 수 있겠는가? 또 압록강 안팎이 역시 우리 경내인데 이제 여진(女眞)이 그 중간을 강점하고 있으면서 완악한 행위와 간사스러운 태도로서 교통을 차단했으므로 바다를 건너기 보다도 왕래하기 곤란한 형편이니 국교가 통하지 못 함은 여진의 탓이라 만일 여진을 구축하고 우리의 옛땅을 회복하여 거기에 성들과 보들을 쌓고 길을 통하게 된다면 어찌 국교를 통하지 않겠는가? 장군이 만약 나의 의견을 귀국 임금에게 전달하기만 한다면 어찌 접수하지 않으시겠느냐"라고 격앙한 기색으로 당당하게 논박하였다. 그래서 소손녕도 강요하지 못할 것을 알고 드디어 담판한 내용을 자기 나라에 보고하였더니 거란 임금으로부터 고려가 이미 화의를 요청하였으니 그만 정전하라는 회답을 받게 되었다. 소손녕이 서희를 위하여 위로연을 베풀고저 하니 서희가 "이번에 비록 우리나라에서 잘못한 일은 없었다 할지라도 귀국에서 대군이 동원되어 왔으므로 지금 우리나라에서는 상하없이 모두가 황급히 무기를 손에 잡고 전선에 나선지도 여러 날이 되었는데 어찌 차마 잔치하고 즐기겠는가"라고 사양하였더니 소손녕이 말하기를 "두나라 대신이 서로 만났는데 어찌 친목하는 예식이 없을 수 있겠는가"라고 굳이 요청하므로 이를 수락하고 매우 즐겁게 놀았다. 서희가 거란 땅에서 7일간이나 체류하고 돌아올 무렵에 소손녕이 낙타 10두, 말 100필, 양 1000마리와 비단 500필을 예물로 주었다. 성종은 나가서 맞아 주었으며 즉시로 박양유를 예폐사(禮幣使)로 삼아 거란에 파송하여 친선의 뜻을 표시하기로 결정하였는데 이 때 서희가 다시 왕에게 아뢰기를 "제가 소손녕과 약속하기를 여진을 소탕하고 옛땅을 회복한 연후에 국교를 통하기로 하였는데 지금은 겨우 강 이쪽 땅을 회복했을 뿐이므로 금후 강 저편의 땅까지 회수될 때를 기다려서 국교를 통하여도 늦지 않다"고 말했으나 성종은 말하기를 "오래 동안 왕래가 없으면 또 무슨 후환이라도 생길가 염려해서 파송하는 것이다"라고 하면서 드디어 사신을 보냈다.

[『高麗史』卷94, 列傳7, 徐熙]

◉ 이듬해 정월에 강감찬은 거란군이 수도 가까이 침입한다 하여 병마판관(兵馬判官) 김종현(金宗鉉)에게 군대 1만명을 인솔시켜 밤낮으로 행군하여 수도를 보위하게 하였으며 동북면병마사도 또한 3300명의 구원병을 보내왔다. 이렇게 되매 거란군은 방향을 전환하여 연위주(漣渭州)에까지 이르렀을 무렵에 강감찬 등이 습격하여 적병 500여명을 살해하였다. 2월에 거란군이 귀주(龜州)를 통과할 때에 강감찬 등이 동녘 교외에서 적들을 맞아 나가서 싸웠는데 승부를 보지 못한 채 양군이 서로 대치하고 있었다. 이 때 김종현의 부대가 도착하였는데 때마침 비바람이 남녘으로부터 갑자기 휩쓸려와서 깃발이 북으로 나부끼어 아군이 이 기세를 타서 맹렬히 공격하니 용기가 스스로 배나 더해졌으며 거란군은 북으로 도망치기 시작했다. 기회를 놓치지 않고 추격하여 석천(石川)을 건너 반령(盤嶺)에 이르는 어간에 적들의 시체가 들에 널렸고 생포한 인원과 노획한 말, 갑옷과 투구며 병기 등은 이루 헤아릴 수 없을 정도였고, 적병으로서 살아 돌아간 자는 겨우 수천명에 불과하였다. 거란군은 지금까지 이렇게 참패를 당해본 예가 없었다.

[『高麗史』 卷94, 列傳7, 姜邯贊]

□ 金

◉ 금(金)이 새로 요(遼)를 격파하고, 사신을 보내어 형제 맺기를 청하니, 대신들이 불가하다고 극언하여, 그 사신을 목베어 죽이자고 하는 사람도 있었다. [그런데] 김부의가 홀로 상소하여 다음과 같이 말하였다. "신이 그윽이 보건대, 한나라가 흉노에게 대하여, 당나라가 돌궐에게 대하여, 혹은 더불어 신이라 일컫고, 혹은 공주를 내려 시집보내어, 무릇 화친할 만한 것은 하지 않음이 없었습니다. 지금 대송(大宋)도 거란으로 더불어 서로 백숙형제(伯叔兄弟)가 되어 대대로 화친하여 서로 통하니, 천자의 높음은 천하에 대적이 없거늘 오랑캐 나라에 굴복하여 섬김은 곧 이른바 '성인의 권의(權宜)로써 도(道)를 이룬다'고 하는 것으로서, 국가를 보전하는 양책인 것입니다. 일찍이 성종 때에 변방을 지키는 데 실책하여서 요인(遼人)의 입구(入寇)를 빠르게 하였으니, 진실로 장구지책(長久之策)을 생각해서, 국가를 보존하여 후회함이 없게 하십시오." [이에] 재추(宰樞)들이 모두 다 비웃고 또한 배척하여 드디어 회보하지 않았다.

[『高麗史』 卷97, 列傳10, 金富佾]

요점 －고려의 대외정책과 영역확대

4) 貴族社會의 動搖

□ 李資謙의 亂

◉ 이자겸은 중서령(中書令) 이자연(李子淵)의 손자요, 경원백(慶源伯) 이호(李顥)의 아들인 바 음관(蔭官)으로 합문지후(閤門祗候)가 되었다.

이자겸의 여동생은 순종의 비였는데 순종이 죽은 후 궁노(宮奴)와 간통했다. 그 사건에 이자겸도 연좌되어 면직되었다. 그 후 예종이 이자겸의 둘째 딸을 비로 삼은 후부터 급속히 벼슬이 올라가서 참지정사 상서좌복야 주국 진개부의동삼사수사 도중서시랑 동중서문하평장사로 되었으며 얼마 지나지 않아서 수태위로 승진하고 익성공신 칭호를 수여받았다. 또 그 모친 김씨를 통의국대부인으로 봉하고 그의 처 최씨는 조선국대부인으로 봉했다. 이렇듯 하루 동안에 그 집에 칙명이 세 차례나 내렸다. … 왕이 추밀원사 박승중(朴昇中)을 보내어 이자겸에게 이르기를, "임금이 신하에 대하여 이름을 부르지 않는 것은 공덕을 표창하고 친족의 어진 사람을 우대하는 예의인 바 성왕의 주공 단(旦)에 대한 예의와 장제의 동평왕에 대한 예의가 그것이다. 그리고 우리 역대 임금들은 이것을 전례로 보았다. 하물며 공은 선왕이 부탁한 사람이며 어린 내가 존경하는 사람인데 친히 큰 직책을 맡고 있다. 그의 공덕은 높아서 여러 신하들과 동일하게 이름부르는 것은 심히 불가하다. 그러므로 금후 내리는 조서에는 이름을 부르지 않고 경이라 부르지 않는다. 이것은 비록 비례이기는 하나 역시 옛법을 적용한 것이다. 속히 상복을 벗고 조정으로 오라"라고 하고 의복·띠·말안장·금은폐백을 대단히 많이 보냈다.

… 이자겸의 권세와 총애는 나날이 성해졌으며 자기에게 아부치 않는 자는 중상했는바 왕의 아우 대방공 보(俌)를 경산부로 추방했고 평장사 한안인(韓安仁)을 섬으로 귀양보냈다가 죽였다. 또 최홍재(崔弘宰)·문공미(文公美)·이영(李永)·정극영(鄭克永) 등 50여 명을 귀양보냈다. 자기의 족속을 요직에 배치하고 매관매작하여 자기의 도당을 부식했으며 국공(國公)으로 자인하면서 자기의 예의상 등급을 왕태자와 대등하게 보고 생일을 인수절(人壽節)이라 불렀으며 전국에서 온 축하문을 전(箋)이라 하였다. … 왕이 어느날 홀로 북편 담으로 가서 보고 한참 동안 앙천통곡하였다. 이자겸의 십팔자가 왕이 된다는 비기(秘記)가 원인이 되어 왕위를 찬탈하려고 독약을 떡에 넣어 왕에게 드렸던바 왕비가 은밀히 왕에게 알리고 그 떡을 까마귀에게 던져주었더니 그 까마귀가 그 자리에서 죽었다. 또 독약을 보내고 왕비더러 왕에게 드리게 하였으므로 왕비는 들고 걸려서 넘어진 체하면서 그것을 엎질러버렸다. 그 왕비는 이자겸의 넷째 딸이다.

[『高麗史』卷127, 列傳40, 叛逆1, 李資謙]

요점 - 귀족세력의 분열과 정치질서의 동요

□ 妙淸의 亂

● 묘청은 서경 중이고 후에 정심(淨心)으로 개명했다. 인종(仁宗) 6년에 일관(日官) 백수한(白壽翰)이 검교소감(檢校少監)으로서 서경분사(西京分司)를 책임지고 있으면서 묘청을 스승이라 부르고 두 사람이 음양비술(陰陽秘術)을 가지고 여러 사람을 무혹(誣惑)했다. 그리고 정지상(鄭知常)도 서경 사람인데 그들의 말을 깊이 믿고 상경(上京; 송도)은 기업(基業)이 이미 쇠진하였으며 궁궐이 다 타 없어졌고 서경은 왕기(王氣)가 있으므로 왕이 옮겨 앉아서 이곳을 상경으로 하여야 한다고 하였다 … 이때 묘청 등이 왕에게 건의하기를 "우리들이 보건대 서경 임원역(林原驛)의 땅은 음양가들이 말하는 대화세(大華勢)인데 만약 이곳에 궁궐을 건축하고 옮겨 앉으면 천하를 아우를 수 있으며 금(金)나라가 방물을 바치고 스스로 항복할 것이며 26개 나라들이 모두 조공하게 될 것이다"라고 하였다.

왕이 드디어 서경으로 가서 수행한 재상 재추(宰樞)들에게 명령하여 묘청과 백수한을 데리고 임원역으로 가서 지세를 보게 하고 김안을 시켜 궁궐을 신축케 하였는데 공사 독촉이 심히 급하였다. 때는 엄동설한이라 주민들의 원성이 자자했다.

7년에 새 궁궐이 낙성되니 왕이 또 서경으로 갔는데 묘청의 도당 중에 어떤 자는 표문(表文)을 올려서 왕에게 칭제(稱帝) 건원(建元)을 권하였으며 또 어떤 자는 유제(劉帝)와 약속하고 금나라를 협공(挾攻)해서 멸망시킬 것을 청하였으나 식자(識者)들은 모두 불가하다 하였다. 묘청의 무리들이 별의별 말을 계속하였으나 왕은 끝내 듣지 않았다. …

[묘청은] 국호를 대위(大爲)라 하고 연호는 천개(天開)로 제정하였으며 그 군대를 천견충의군(天遣忠義軍)이라 하였다. 그리고 관속을 배치하였는데 양부(兩府)로부터 각 주군의 수령에 이르기까지 모두 서인(西人)으로 임명했다 … 그리고 묘청은 조광 등과 함께 성중에 있는 문무 인원을 인솔하고 관풍전(觀風殿)에서 회의 한 후 군사들을 여러 길로 나누어서 곧바로 서울을 향해 진공하려고 하였다.

[『高麗史』 卷127, 列傳40, 叛逆1, 妙淸]

● 신(臣) 부식(富軾) 등은 아뢰옵니다. 지난 을묘년 봄 정월에 서경(西京)이 반역을 계획하므로, 신 등은 엎드려 제명을 받들고 출정하였사오나, 지리가 험하고 성이 견고하여 오래토록 평정하지 못하였습니다. 그래서 겨울 10월부터 그 성 서남쪽 모퉁이에다 흙과 나무를 쌓아 올려 산을 만들어, 포차(砲車)를 그 위에 설치하고서 큰 돌을 날려 부딪치는 곳은 다 무너지자 따라서 크게 공격하여, 성문과 비옥이 모두 부서졌으며, 금

년 2월 19일 새벽을 기하여 몰래 군사를 출동시켜 쳐들어가니, 적이 무너져 항거하지 못하고, 위칭하는 소위 원수 최영과 부원수 조광의 시체를 묶어가지고 나와 항복하므로, 신 등은 성안에 들어가서 성궐을 청소하고, 군·민을 위안시켰던 것이옵니다. 왕자의 군사는 성토는 있으되 싸움은 없사옵고, 천위가 미치는 곳에는 그 날로 누그러지는 것입니다.

신은 듣자오니, 한광무가 외효를 쳐서 3년만에 이겼었고, 당 덕종이 이희열을 토벌하여, 4년만에 평정하였거늘, 무지한 간흉이 우리 성지를 점령하여 죄는 이미 효경보다 더하고, 악은 역시 구산(丘山)만큼 쌓였던 것이온데, 오직 성산(聖算)이 실수가 없으시와, 만 1년만에 이처럼 이기셨습니다. …

이에 회서(淮西)에 들어가 성상의 뜻을 선포하매, 거꾸로 매달렸다 풀린 것 같이 되었고, 장안을 회복하여 유민들을 위로하니, 대개 "돌아와 머물러야겠다" 하였으니, 어찌 시전(市廛)만이 변하지 아니했으리요. 우뚝히 성궐도 그대로 보존되었으며, 해독은 이미 제거되고, 피비린내도 쾌히 씻어졌기로, 드디어 이궁(離宮)의 먼지를 청소하고, [원묘(原廟)]의 의관(衣冠)을 우러러 보니 [보좌(補座)]는 완연하고 잉궤(仍几)도 여전하오며, 부로(父老)·사녀(士女)와 어초(漁樵) [추요(芻蕘)]가 춤추고 뛰놀며 앞을 다투고, 웃음과 노래로 서로 어울리며, 이르기를, "생각지 않은 오늘에, 다시 왕인(王人)이 되게 되었다" 하옵니다.

이는 마침내 성상폐하께옵서 천지의 항상 살게 하는 것을 체받으시고, 신무(神武)를 써서 죽이지 아니하시므로, 삼령(三靈)이 복을 내리고, 사해가 정성을 바쳐, 번개처럼 치고 바람같이 달려 [일융(一戎)]의 평정을 얻었고, 내가 흐르고 산이 솟아서 진실로 만세의 안녕을 열은 것이옵니다.

신 등은 친히 예모(睿謀)를 받들어, 나가 군기(軍紀)를 관장하오매, 성신(聖神)의 홍조(洪造)를 힘입어 오직 결단하였을 뿐이옵고, 장수의 재목이 아니오라 졸속(拙速)이 없어 부끄럽사오며, 춤추고 기뻐하는 마음은 보통보다 만배나 더하옵니다.

[『東文選』 卷59, 平西京獻捷表]

요점
- 개경세력과 서경세력의 대립과 그 성격
- 서경천도운동
- 개경세력 승리의 의미

2. 武臣政權과 對蒙抗爭

- 개요 -

　12세기 고려사회는 전환기를 맞이하고 있었다. 농업생산력의 발전은 상업·수공업의 발달을 촉진시켰으며 국제무역도 활발히 이루어지고 있었다. 사회적 부의 축적은 이를 둘러싼 계층간의 갈등을 심화시키고 있었는데 권세가의 대규모 토지 탈점과 수탈에 따른 농민층의 분화는 국가의 기본토대를 동요시키게 되었다. 한편 문벌귀족들 사이에서도 권력투쟁이 격화되어 지배계층 내부에서 분열이 일어나고 있었다. 거듭된 정쟁과 반란으로 국가의 기강은 와해되었으며 결국 동요하던 귀족사회는 무신정변에 의해 붕괴되고 새로이 무신정권이 수립되었다. 그러나 무신지배체제의 구축은 개혁과 무관한 한갖 권력교체에 지나지 않는 변화였다. 무신들은 사병을 동원하여 자체내의 권력투쟁을 거듭하였으며 이를 위하여 대토지를 겸병하고 수탈을 강화하였다. 사회모순이 심화함에 따라 농민들의 봉기가 전국적으로 잇따라 일어났다. 최씨 정권이 성립하면서 정국은 안정되어 갔으나 대몽전쟁기까지 민중들의 항쟁은 그치지 않았다.

　13세기에 들어서면서 몽고와 직접 대결하게 된 고려는 대몽전쟁기간 동안 여섯차례의 침략을 받고 전국토가 유린되었다. 몽고의 살륙과 약탈이 자행되자 지배계층에 저항하고 있던 민중들이 대몽항전의 선봉에 나서게 되었다. 무신정권은 도성을 강화도로 옮기고 항전을 결의하였으나 이는 오히려 정권유지를 위한 소극적 방어책에 지나지 않는 것이었다. 무신정권은 전란 속에서도 여전히 과도한 사치와 수탈을 계속하였으며 민들은 이중의 고통을 겪고 있었다. 전쟁이 장기화되자 지배층의 대몽항쟁노선에 균열이 일어났으며 결국 국왕과 문신 관료들은 강화를 통해 왕정복고를 추구하게 되었다. 무신정권이 무너지자 무신정권의 주요 무력기반이었던 삼별초는 강화를 거부하고 반란을 일으켰으며 민들도 이에 호응 4년동안 저항을 계속하였다. 몽고침략에 30년간에 걸쳐 항전한 것은 세계적으로도 유례가 없는 사실로 농민·천민 등 민중의 활약이 있었기에 가능하였다.

1) 武臣政權의 성립

□ 武臣政變

● 의종 24년(1170) 7월 정축일에 왕이 장차 보현원에 행차코자 하여 오문(五門) 앞에 이르러 배종하는 신하를 불러 술을 나누었다. 술이 한참이 되자 좌우를 돌아보고 말하기를 "장하도다. 이 곳이여, 가히 병법을 연습할 만한 곳이로다"라 하고 무신에게 명하여 오병수박희(五兵手博戲)를 하였다. 어두워져 어가가 보현원 가까이 왔을 때 이고(李高)가 이의방(李義方)과 더불어 앞서 가서 거짓 왕명을 꾸며 순검군을 집합시키고는 왕

이 겨우 보현원 문에 들어서고 신하들이 곧 뒤로 물러나려고 할 무렵에 이고 등은 [왕의 심복이었던] 임종식(林宗植)·이복기(李復起)·한뢰(韓賴) 등을 죽이니 무릇 문관·대소신료·환관 등이 모두 해를 당하였다. 또 서울에 있는 문신 50여 인을 죽이고 정중부(鄭仲夫) 등이 왕을 환궁시켰다.

9월 무인(戊寅) 초하루 포시(哺時)에 왕을 따라간 내시 10여 인과 환관 10여 인을 색출하여 죽였다. 왕이 수분전에 자리잡고 술 마시기를 태연히 하며, 악기를 연주케 하고는 밤중이 되어서야 자리에 들었다. 이고·채원(蔡元)이 왕을 죽이고자 하였으나, 양숙(梁淑)이 이를 말렸다. 순검군이 창으로 벽을 뚫어 파하고 내탕(內帑)의 보물을 훔쳤다. 정중부가 왕을 핍박하여 군기감으로 옮기고 태자는 영은관으로 옮겼다. 기묘일에 왕은 홀로 거제현에 옮겨지고 태자는 진도현에 보내졌다. 이 날 중부·의방·고 등은 군사를 거느리고 왕제 익양공 호(晧)를 맞이하여 즉위시켰다. 명종 3년 8월에 김보당(金甫當)이 사람을 보내어 왕을 받들어 계림에 나와 살게 하더니 10월 경신(庚申)에 이의민(李義旼)이 왕을 곤원사(坤元寺) 북쪽 연못가에서 살해하였다. 나이 47세요, 재위 25년 간이었다.

[『高麗史』卷19, 世家19, 毅宗]

요점 ― 귀족세력의 부패와 무신정권의 성립

□ 崔忠獻의 封事十條

● 엎드려 보옵건대 적신 의민이 성품이 사납고 잔인하여 윗사람을 업신여기고 아랫사람을 능멸하여 신기(神器)를 동요시키기를 꾀하니 화(禍)의 불길이 성하여 백성이 살 수 없으므로 신 등이 계하의 위령을 힘입어 일거에 탕멸하였사오니 원컨대 폐하께서는 구정(舊政)을 개혁하고 신정(新政)을 도모하사 태조의 바른 법을 한결같이 준행(遵行)하여 빛나게 중흥을 여소서. 삼가 열가지 일을 조목으로써 아뢰나이다.

옛날에 태조께서 삼한을 통일하고 신경(神京)을 송악군에 정하고 명당자리에 궁궐을 지어 자손 군왕이 만세토록 군림하게 하였습니다. 지난번에 궁실이 불탔으므로 또 좇아 이를 새로 지었으니 모두 얼마나 웅장하고 화려하온데도 구기(拘忌)의 말을 믿고 오랫동안 임어(臨御)하지 않으시니 어찌 음양에 위배됨이 있는지 알겠습니까. 오직 폐하께서는 길일(吉日)로써 입어(入御)하시어 천명을 받들어 길이 할 것입니다.

본조(本朝)의 관제는 녹봉의 수량으로써 헤아린 것인데 요즈음 이에 어긋나게 양부(兩府) 및 여러 관위(官位)에 간혹 초과하여 설치한 것이 있어 늠록(廩祿)이 부족하게 되니 폐가 됨이 심히 큽니다. 오직 폐하께서는 고제(古制)에 준하여 멸하여 줄이고 적당하게 제수하소서.

선왕이 토전(土田)을 제정하매 공전(公田)을 제외하고는 그 신민(臣民)에게 내려준 것이 각각 차등이 있었는데 관직에 있는 자가 탐비(貪鄙)하여 공사전(公私田)을 빼앗아 이를 겸유하였습니다. 일가의 비옥한 토전이 주(州)에 차고 군(郡)에 넘치므로 나라의 부세(賦稅)가 삭멸되고 군사(軍士)의 것이 결핍하게 되었으니 오직 폐하께서는 유사(有司)에게 명하여 공문서를 모아 징험(證驗)하여 무릇 빼앗긴 것은 모두 본주인에게 돌려 주게 하소서.

 공사전의 조부(租賦)는 다 백성에게서 나오는 것인데 백성이 곤갈(困竭)하면 돌아보건대 어느 곳에서 족하게 취하겠습니까. 이속(吏屬)이 혹시 불량하여 오직 이익만을 쫓아 움직이면 곧 침손(侵損)하고 또 세가(勢家)의 노복이 다투어 전조(田租)를 징수하므로 백성이 모두 수근거리며 근심하오니 오직 폐하께서는 어질고 능한 이를 가려 외직(外職)에 보임하여 세가로 하여금 민산(民産)을 파탄시키지 못하게 하소서.

 국가에서 사신을 분견(分遣)하여 [양계(兩界)]를 도통하고 5도를 안찰한 것은 이속(吏屬)의 간사함을 억제하고 백성의 괴로움을 막고자 하는 것 뿐입니다. 지금 여러 도의 안찰사 등이 응당 살펴야 할 일을 살피지 않고 다만 주구(誅求)하여 공진(供進)한다는 명목으로 역우(驛郵)를 노역시켜 수송하여서는 혹은 사비(私費)에 충당합니다. 오직 폐하께서는 제도(諸道) 안찰사에게 공진함을 금지시키고 오로지 핵문(覈問)하는 것으로써 직책을 삼게 하소서.

 지금 한둘의 중은 산인(山人)이면서 항상 왕궁에 배회하고 와내(臥內; 침실)에 들어가도 폐하께서 불교에 미혹하여 매양 이를 너그럽게 용납하시니 중이 이미 총애를 입어 매양 일로써 간구하여 성덕(聖德)을 더럽혔는데도 폐하께서는 내신(內臣)에게 시켜 삼보(三寶)를 관장하게하여 곡식으로써 백성에게 이식을 취하게 하니 그 폐해가 적지 않습니다. 오직 폐하께서는 뭇 중들을 물리쳐 궁궐에 발자취를 못하게 하고 곡식으로 이식을 받지 못하게 하소서.

 요사이 듣건대 군현의 이속(吏屬)이 탐욕을 부리는 자가 많아 염치의 도(道)가 없어졌는데도 제도(諸道)의 안찰사가 내버려 두고 이를 묻지 않으며 설혹 어질고 청백(淸白)한 자가 있어도 역시 이를 알지 못하여 그 악을 방자히 하게 하고 청백함이 무익하게 되었으니 경계하고 권장함에 어떠하오리까. 오직 폐하께서는 양계(兩界) 도통(都統)과 5도 안찰사에게 신칙(申飭)하여 이속의 능부(能否)를 조사하여 갖추어 장계(狀啓)로 주문하게 하여 능한 자는 이를 발탁하고 그렇지 못한 자는 이를 징계하소서. 지금 조정 신하들은 모두 절검하지 않아 제택(第宅)을 수리하고 의복 완구를 진보(珍寶)로서 장식하여 기이한 것을 자랑하니 풍속이 상패(傷敗)하여 망할 날이 멀지 않았습니다. 오직 폐하께서는 백료(百僚)에게 갖추어 훈계하여 사치를 금하고 검소함을 숭상케 하소서.

 태조의 시대에는 반드시 산천의 순역(順逆)으로써 사찰을 세워 지리에 따라 편안케 하였는데 후대에는 장상(將相)·군신(群臣)과 무뢰한 승니 등이 산천의 길흉을 불문하고 불우(佛宇)를 세워 원당(願堂)이라 이름하여 지맥(地脉)을 손상시켜 재변이 자주 일어났습니다. 오직 폐하께서는 음양관으로 하여금 검토케 하여 무릇 비보사사(裨補寺社) 이외에는 모두 남김없이 철거하십시오.

[『高麗史』 卷129, 列傳42, 叛逆3, 崔忠獻]

요점 ─무신정권 교체에 따른 사회적 혼란수습책
　　　─독자적인 지배기구 구축(도방·교정도감·정방·서방)

□ 王政復古운동

● 명종 3년(1173) 8월에 동북면 병마사 김보당(金甫當)이 동계(東界)에서 군사를 일으켜 정중부·이의방을 치고 전왕(前王)을 복위시키고자 하는데 동북면 지병마사 한언국(韓彦國)도 군사를 일으켜 이에 호응하고 장순석(張純錫) 등을 보내어 거제의 전왕을 받들고 계림에 나와 살게 하였으나, 9월에 한언국은 잡혀 죽고 또 조금 뒤에 안북도호부에서 김보당을 잡아 보내니 이의방이 이를 저자에서 죽이고 무릇 문신은 모두 살해하였다. … "3경·4도호·8목에서 군·현·관·역의 관리에 이르기까지 모두 무인을 쓰라"고 하였다.

9월에 서경유수 조위총(趙位寵)이 병을 일으켜 정중부·이의방을 치고자 도모하고 격문으로 동북 양계의 여러 성을 소집하였다. 동 10월 기미에 중서시랑평장사 윤인첨(尹鱗瞻)이 3군을 거느리고 조위총을 치려고 했으나 오히려 병사들이 패하여 돌아왔다. 11월에 다시 윤인첨을 다시 원수로 명하여 3군을 거느리고 서경을 공격케 하였다. 12월에 조(詔)하기를 "짐이 덕이 박하고 슬기가 적은 몸으로 그릇되게 조종(祖宗)의 대기(大器)를 이어받아 삼한에 군림한 지 이제 5년이 되었으나 능히 위로 하늘의 뜻에 보답치 못하고 아래로 민심을 다스리지 못하여 재변이 쉬지 않으니 두려움에 편하기 어렵도다. 너그럽게 용서하는 은택을 중외에 입히고자 생각하니 가히 참(斬)·교(絞) 이죄(二罪) 이하는 형을 면죄하고 경인·계사에 이미 유배된 자는 모두 사면하여 상경토록 하고 아울러 서경정벌군에게는 쌀 한 섬씩 줄 것이다"하였다.

[『高麗史』 卷19, 世家19, 明宗]

요점 ─무신정권에 대한 반발

□ 武臣政權의 민중수탈

● 명종 18년(1188) 3월에 제(制)를 내리기를 "무릇 주현에는 각기 경외(京外) 양반·군인의 가전(家田)·영업전(永業田)이 있는데, 이에 간사한 이민(吏民)이 권요(權要)에 의탁하고자 하여 거짓으로 한지(閑地)라 칭하고는 그 집 앞으로 기록을 올리고, 권세자도 또한 아가전(我家田)이라 칭하며 공첩(公牒)을 요구·취득하고는 즉시 사환을 보내

서신을 통하여 촉탁하면 그 주의 원료(員僚)들도 간청을 피하지 못하고 사람을 파견하여 징취(徵取)하므로 일전(一田)에서의 징수가 이에 두세번에 이르러, 백성들이 고통을 견디기 어렵고 나아가 호소할 곳도 없기 때문에 원한과 분노가 하늘을 찌를 듯한 형편이다 …"하였다.

[『高麗史』 卷78, 食貨1, 田制, 田柴科]

● [정중부가] 시중에 임명됨에 미쳐 전원을 광식(廣殖)하고 가동·문객들도 그 세력에 의지하여 횡자(橫恣)했으므로 중외(中外)가 괴로워하였다.

[『高麗史節要』 卷12, 明宗 4年 12月]

● [명종] 18년 3월에 제(制)하여 말하기를 "경인(京人)으로 향읍에다가 농장을 크게 설치하고 작폐하는 자는 농장을 파취(破取)하고 법에 따라 환경(還京)케 할 것이며 도문(道門)의 승인(僧人)들이 제처(諸處)의 농사(農舍)에서 함부로 공호(貢戶) 양인(良人)들을 사역시키고 또 저질의 종이와 베를 빈민들에게 억지로 나눠주고 이익을 취하니 모두 금지시키도록 하라"하였다.

[『高麗史』 卷85, 刑法2, 禁令]

● [문극겸은] 복종(僕從)들을 분견하여 전원을 광식하였으므로 당시의 의논이 애석해 하였다.

[『高麗史節要』 卷13, 明宗 19年 9月]

요점 －무신정권의 본질, 부패양상

2) 武臣政權期의 民衆抗爭

□ 農民·賤民 抗爭

● 남적이 봉기하였다. 그 가운데 가장 강력한 무리인 김사미는 운문에 자리 잡았고, 효심은 초전에 자리잡고 있었다. 떠돌아 다니는 사람들을 불러 모아서 주·현들을 약탈하고 다니니, 왕이 이를 듣고 근심이 되어 병자일에 대장군 전존걸을 파견하여 장군 이지저·이공정·김척후·김경부·노식 등을 거느리고 토벌하였다.

[『高麗史』 卷20, 世家, 明宗 23年 7月]

● 여러 노비들이 나무를 한다고 하면서 대오를 편성하여 동쪽 교외에서 전투연습을 하였다. 최충헌이 사람을 보내어 잡으려 하니 모두 달아났다. 겨우 50여 명만 붙들어

강물에 던져 죽였다.

[『高麗史節要』 卷14, 神宗 6年 4月]

□ 亡伊·亡所伊의 亂

◉ 기사일, 공주 명학소의 백성 망이·망소이 등이 패거리를 불러모아 가지고 산행병마사(山行兵馬使)라고 칭하고 공주를 공격하여 함락시켰다.

[『高麗史』 卷19, 世家, 明宗 6年 正月]

◉ 망이 등이 홍경원(弘慶院)을 불지르고 그곳에 있는 중 10여 인을 죽였다. 주지승을 핍박하여 그로 하여금 편지를 가지고 개경으로 가게 하였는데, 대략 다음과 같이 씌여져 있었다. "이미 우리 고향을 현으로 승격시키고 또 수령을 두어 무마하게 하고 나서 그 길로 군대를 내어와서 토벌하고 내 어머니와 처를 잡아 가두니 그 뜻이 어디에 있는가. 차라리 칼날 아래 죽을지언정 결코 항복하여 포로가 되지 않을 것이며 반드시 개경에 이르러 복수한 뒤에야 그치겠다."

[『高麗史』 卷19, 世家, 明宗 7年 3月]

□ 萬積의 謀亂

◉ 사동 만적(萬積)·미조이(味助伊)·연복(延福)·성복(成福)·소삼(小三)·효삼(孝三) 등 6명이 북산(北山)에서 나무하다가, 공사(公私)의 노예를 불러 모아 모의하기를, "국가에서 경인년·계사년 이후로 높은 벼슬이 천한 노예에게서 많이 나왔으니, 장수(將帥)와 정승이 어찌 종자가 있으랴. 시기가 오면 누구나 할 수 있는 것이다. 우리들은 어찌 육체를 노고(勞苦)하면서 채찍 밑에 곤욕(困辱)을 당할 수 있느냐"라고 하니, 여러 종들이 모두 그렇게 여겼다. 이에 누른 빛깔의 종이 수천 장을 오려서 정(丁)자를 만들어 표지(標識)로 삼고 약속하기를, "갑인일(甲寅日)에 흥국사(興國寺)에 모여 일제히 북을 치고 소리치면서 구정(毬庭)으로 몰려가서 난을 일으켜, 안과 밖에서 서로 호응하여 최충헌 등을 먼저 죽이고는, 인하여 각기 그 주인을 쳐서 죽이고 천인(賤人)의 문적(文籍)을 불살라 버리면, 공경(公卿) 장상(將相)을 모두 할 수 있을 것이다"라고 하였다. 약속한 기일(期日)에 모두 모였으나, 수백 명도 되지 않으므로 일이 성공하지 못할까 염려하여 다시 무오일에 보제사(普濟寺)에 모이기로 약속하고 영(令)을 내리기를, "일이 주밀(周密)하지 못하면 성공하지 못하니 절대로 누설하지 말라"라고 하였다. 율학박사(律學博士) 한충유(韓忠愈)의 종 순정(順貞)이 충유에게 고발하니, 충유가 충헌에게 알렸다. 드디어 만적 등 100여 명을 잡아 강물에 던져 죽이고, 충유를 합문지후(閤門祇候)에 임명하였으며, 순정(順貞)에게 백금 80냥을 주고 천인(賤人)을 면해 주어 양

민이 되게 하였다. 그 나머지 무리들은 모두 목베일 수 없으므로, 명하여 놓아 두고 [그 죄를] 묻지 않았다.

[『高麗史節要』 卷14, 神宗 元年 5月]

요점 ─ 농민과 천민항쟁의 원인과 의의
　　　　─ 신분해방운동, 신분질서의 변화

3) 對蒙抗爭

□ 金允侯

◉ 김윤후는 고종때 사람으로서 일찍이 승려로 되어 백현원(白峴院)에 있었는데, 몽고병이 오자 처인성(處仁城)으로 피난갔었다. 몽고 원수 살례탑이 그곳을 공격하여 왔을 때에 김윤후가 그를 격살하였다. 왕이 그의 공을 기특하게 여겨 상장군의 직을 수여하였더니, 김윤후가 그 공을 다른 사람에게 사양하면서 말하기를, "전투할 때에 나는 활이나 화살도 갖지 않았는데 어찌 감히 귀중한 상(賞)만 받겠느냐"라고 하며 굳이 받지 않으므로 다시 섭랑장(攝郞將) 벼슬로 고쳐 주었다.

[『高麗史』 卷103, 列傳16, 金允侯]

□ 三別抄의 抗戰

◉ 처음에 최우(崔瑀)가 국중(國中)에 도적이 많은 것을 근심하여 용사를 모아 매일밤 순행(巡行)하며 폭행을 막게 했으며 인하여 야별초(夜別抄)라 이름하였는데, 도적이 제도(諸道)에서 일어남에 미쳐 별초를 분견(分遣)하여 잡게 하였던바, 그 군사가 심히 많아져서 드디어 나누어 좌·우[별초]로 삼았다. 또 국인으로서 몽고로부터 도망하여 온 자를 일부(一部)로 삼아 신의(神義)라 불렀으니, 이것이 』이다.

[『高麗史』 卷81, 兵志1, 兵制, 元宗 11年 5月]

◉ 배중손(裵仲孫)은 원종(元宗) 때에 여러 관직을 거쳐 장군에 이르렀다.
11년에 국도를 개경으로 다시 옮기면서 방(榜)을 써 붙이여 일정한 기일 내에 모두 돌아 가라고 독촉하였던 바 』가 딴 생각을 가지고 복종하지 않았다.
　그 때 왕이 장군 김지저(金之氐)를 강화로 보내서 』를 해산하고 그 명단을 작성해 가지고 돌아오게 하였더니 』성원들은 그 명단이 몽고에 보고되었을 것으로 우려하고 나라를 배반할 마음이 더욱 굳어졌다. 이런 기회를 이용해서 배중손은 야별초 지유(指諭) 노영희(盧永禧) 등과 반란을 일으키고 사람들을 시켜 국중(國中)에 "몽고의 대병이 침입하여 백성을 살륙하니 나라를 도우려는 사람들은 모두 수정(毬庭)으로 모이라"고 외치게 하였으므로 순식간에 나라 사람들이 크게 모여 들었다. 혹은 사방으로 흩어져 달아나서 앞을 다투어 배를 잡아 타고 물을 건너다가 빠져 죽은 사람도 많았다. 이어 삼별초는 사람들의 출입을 금지하고 강을 순시하면서 크게 외치기를 "양반으로서 배에서 내려 오지 않는 자는 모조리 벨 것이다"라고 하니 듣는 사람이 모두 무서워서 배에서 내렸다. 그 중에는 배를 띄워서 개경으로 향하려는 자가 있었으나 적이 작은 배를 타고 추격하며 활을 쏘았으므로 모두 감히 움직이지 못했다. 성중 사람들은 놀라서 숲과 덤불 속으로 흩어져 숨었으며 어린이와 부녀들의 곡성이 낭자했다. 삼별초는 금강고(金剛庫)의 병기를 꺼내서 군졸들에게 나누어 주고 성에 의거하여 수비를 공고히 했다.

배중손과 노영희는 삼별초를 데리고 시랑(市廊)에 모여서 승화후 온(溫)을 협박하여 왕으로 삼고 관부(官府)를 설치했는데 대장군 유존혁(劉存奕) 상서좌승 이신손(李信孫)을 좌우승선으로 임명하였다.

당초에 적이 반란을 꾸밀 때에 장군 이백기(李白起)가 불응했으므로 이때 이백기를 몽고에서 파견해 온 회회(回回) 사람들과 함께 거리에서 베어 죽였고 장군 현문혁(玄文奕)의 처와 직학(直學) 정문감(鄭文鑑)과 그 처도 모두 이 통에 죽었다.

참지정사 채정(蔡楨), 추밀부사 김련(金鍊), 도병마록사 강지소(康之紹)는 난을 피해서 교포(橋浦)로 나갔는데 적의 기병이 추격했으나 따라잡지 못했다.

강화를 수비하던 병졸들이 대부분 도망하여 출륙하였으므로 적들도 수비할 수 없음을 자각하고 강화에 있는 배들을 전부 모아서 그 배에 공사(公私)의 재물이며 자녀들을 싣고 남녘으로 내려 갔는데 구포(仇浦)로부터 항파강(缸破江)에 이르는 어간에 무려 1천여 척의 배가 서로 꼬리를 물게 되었다.

당시 조정의 백관들은 모두 왕을 맞으려 나가고 그의 처자 권속들은 모두 적에게 노략질을 당하여 통곡소리가 천지를 진동하였다.

전 중서사인 이숙진(李淑眞)과 낭장 윤길보(尹吉甫)는 노예를 모아서 나머지 적을 추격해서 구포(仇浦)에서 5명을 죽이고 부락산(浮落山)에 이르러 해면을 향하여 시위를 했더니 적들이 바라 보고 공포에 싸였다. 적들은 몽고병이 온 것으로 추측하고 드디어 먼 곳으로 도망쳤다. 이에 이숙진은 낭중 전문윤(田文胤) 등과 함께 부고(府庫)를 봉인하고 사람을 시켜 경비케 하였으므로 무뢰한들이 감히 도적질하지 못 했다.

적들이 진도(珍島)로 들어 가서 근거지로 삼고 인근 고을들을 노략질하였으므로 왕이 김방경(金方慶)에게 명령하여 토벌했는데 이듬해에 김방경은 몽고 원수 흔도(忻都) 등과 함께 3군을 통솔하고 적을 격파했던바 적은 모두 처자를 버리고 멀리 도망쳤으며 적장 김통정(金通精)이 패잔병을 거느리고 탐라에 들어갔다.

당초에 수사공으로 치사한 이보(李甫), 판태사국사 안방열(安邦悅), 상장군 지계방(池桂芳), 대장군 강위보(姜渭輔), 장군 김지숙(金之淑), 대장군으로 치사한 송숙(宋䎘), 소경 임굉(任宏)이 모두 적에게 잡혀 있었는데 적이 패배하자 이보와 지계방은 살해당했고 강위보, 김지숙, 송숙, 임굉은 죽음을 면하고 조정으로 돌아왔다.

　안방열은 국도를 옮길 때에 봉은사의 태조(太祖)의 화상(眞影)에 앞에서 점을 쳐 보았는데 '반은 생존하고 반은 멸망'할 것이라는 점괘를 얻었었다. 그는 멸망할 자는 출륙하는 자요 생존할 자는 삼별초를 따라서 바다 섬으로 들어가는 자라고 생각하고 적을 따라서 남녘으로 내려가면서 적들에게 권하여 말하기를 "용손(龍孫)은 12대에서 끝나고 남녘으로 향해 가서 새로 국도를 건설한다는 예언이 지금 여기서 실현되고 있다"라고 하면서 드디어 주모자가 되었다가 적이 패배하자 몸을 빼어 장차 김방경을 찾아 가려 하였으므로 병사들이 때려 죽였다.

　유존혁은 남해현에 근거를 두고 연해지방을 노략질하다가 적들이 탐라로 도망갔다는 소식을 듣고 또한 80여척의 배를 영솔하고 따라갔다.

　적들이 탐라로 들어 간 후는 안밖으로 성을 쌓고 때때로 나와서 노략질하면서 고을들을 횡행하고 고을 수령을 살해하니 연해 지방에 인연이 드물어졌다. 그래서 왕이 김통정의 조카 김찬(金贊)과 오인절(吳仁節) 등 6명을 보내서 귀순하라고 권유했더니 김통정이 김찬 만을 남겨두고 그 외는 모두 죽였다.

　14년에 왕이 김방경에게 토벌을 명령하니 김방경이 흔도 등과 함께 탐라로 진공해서 적을 섬멸했는데 이 때 김통정은 70여 명의 수하를 데리고 산 속으로 도망해 들어 가서 목매여 자살했다. 이리하여 탐라도 평정되었다.

[『高麗史』 卷130, 列傳130, 叛逆4, 裵仲孫]

요점 －몽고의 침입과 대몽고전쟁
　　　－삼별초의 항쟁의 자주성

□ 大藏經 雕板

● 국왕 휘(諱)는 삼가 태자·공후백·재추·문무백료 등과 함께 목욕재계하고 끝없는 허공계 시방(虛空界十方)의 수없는 제불보살(諸佛菩薩)과 천제석(天帝釋)을 위시하여 삼십삼천의 일체 호법영관(護法靈官)에게 기고(祈告)합니다. … 옛적 현종 2년에 거란 주가 크게 군사를 일으켜 쳐들어오자 현종은 남쪽으로 피난을 떠났는데, 거란병은 오히려 송악성에 머물러 물러가지 않았습니다. 이에 [왕은] 군신과 더불어 더할 수 없는 대원(大願)을 발하여 대장경판본(大藏經板本)의 각성(刻成)을 서약한 즉 그 후에 거란병은 스스로 물러갔습니다. 그렇다면 대장경도 한가지이고, 전란 후의 조판(雕板)도 한가지이며, 군신과 함께 서원(誓願)한 것도 또한 한가지인데, 어찌 유독 그 때에만 거란병이 스스로 물러가고 지금의 달단(達旦; 몽고)은 그렇지 않겠습니까. 다만 제불다천(諸佛多天)이 돌보아주시는 여하에 달려 있을 뿐입니다.

[『東國李相國全集』 卷25, 記·傍文 大藏刻板君臣祈告文]

● 임오(壬午)에 [왕이] 성의 서문 밖 대장경판당(大藏經板堂)에 행차하여, 백관을 거느리고 행향(行香)하였다. 현종 때의 판본이 임진의 몽병(蒙兵)에 의해 불탔으므로 왕과 군신이 발원하여 도감(都監)을 세우고, 16년이 되어 마친 것이다.

[『高麗史』 卷24, 世家24, 高宗]

요점 －불력에 의한 외세퇴치, 민심수습책

□ 元의 日本遠征

● 겨울 10월 기사일, 도독사 김방경으로 하여금 중군을 통솔하게 하고 박지량(朴之亮)·김흔(金忻)을 지병마사로, 임개(任愷)를 부사로 임명하고 김신(金侁)을 좌군사로, 위득유(韋得儒)를 지병마사로, 손세정(孫世貞)을 부사로 임명하고 김문비(金文庇)를 우군사로, 나유(羅裕)·박보(朴保)를 지병마사로, 반부(潘阜)를 부사로 임명한 후 전체를 삼익군이라 총칭하였다. 원나라 도원수 홀돈(忽敦), 우부원수 홍다구(洪茶丘), 좌부원수 유복형(劉復亨)과 더불어 몽한군(蒙漢軍) 2만 5천명과 아군 3천명, 초공(梢工)·인해(引海)·수수(水手) 6,700명과 전함 900여 척으로 일본을 정벌하려 출발하였는 바 일기도(一岐島)에 이르러 1천여 명의 적을 죽이고 길을 나누어 진격하니 왜인이 퇴각하여 도주하였는데 죽어 넘어진 시체가 삼대 쓰러진 것처럼 많았으니 날이 저물 무렵에 포위를 해제하였다. 그런데 때마침 밤중에 폭풍우가 일어나서 전함들이 바위와 언덕에 부딪치어 많이 파손·침몰되었고 김선은 물에 빠져 죽었다.

[『高麗史』 卷28, 世家28, 忠烈王1]

요점 －원의 내정간섭 심화

3. 權門世族과 新興士大夫의 進出

- 개요 -

고려 국왕과 지배층의 주도하에 강화가 이루어지자 원(元)은 잠시 직접적인 간섭을 시도하였으나 오래지 않아 병력과 다루가치를 철수하고 부원세력(附元勢力)에 의한 내정간여로 지배방식을 전환시켰다. 고려의 왕권은 원의 후원없이는 존재할 수 없게 되었고 지배층은 친원파 일색으로 이루어지게 되었다. 이들을 권문세족이라 지칭하는데 그 유형은 응방(鷹坊)을 중심으로 하는 친원파, 원과의 강화를 추진하였던 문신관료, 왕과 원의 공주인 왕비의 측근세력, 잔존 무신 족벌 등이었다. 권문세족은 탈점·고리대·개간 등 갖가지 수단을 동원하여 대규모로 토지를 겸병하였는데 이로 인해 수많은 농민들이 유리하거나 농장의 노비나 전호로 전락하여 갔다.

한편 최씨 집권기에 등장하기 시작한 능문능리(能文能吏)의 신진관료들은 주로 재지(在地)의 중소지주이자 향리출신이었다. 실무능력과 학문적 소양을 겸비한 신진사대부들은 과거를 통해 등용된 실력자군이었지만 정치적 성장에 한계가 있을 수 밖에 없었다. 그러나 충선왕과 공민왕 때에 개혁이 시도되고 원·명 교체기에 정세가 변화함에 따라 신흥사대부가 새로운 정치세력으로 입지를 확보하게 되었다. 이제 신흥사대부들은 신진의 무인세력과 결합하여 독자적인 세력을 구축하고 권문세족과 대결구도를 형성하였다. 신흥세력들은 성리학을 사회 지도원리로 받아들이고 불교를 배척하였으며 유교교육을 강화하여 나갔다. 또 경제적 토대를 마련하기 위해 사전의 혁파를 비롯한 토지개혁을 주창하였으며 결국 신진세력 내부의 투쟁에서 급진개혁파가 승리함으로써 조선 건국의 주도세력으로 전화하였다.

1) 權門世族의 擡頭

□ 權門勢族

● 지금부터 만약에 종친으로서 동성과 혼인하는 자는 [원 세조의] 성지(聖旨)를 어긴 것으로 논죄할 터인 즉, 마땅히 [종친은] 누세(累世) 재상을 지낸 집안의 딸을 아내로 맞고, 재상집안의 아들은 종실의 딸에게 장가들 것이다. [그러나] 만약에 가세(家世)가 비미(卑微)한 자는 이 제한에 구애받지 않는다. 신라의 왕손인 김혼(金琿)일가는 역시 순경태후(順敬太后)의 숙백(叔伯)집안이며, 언양김씨(彦陽金氏) 일종(一宗)과 정안김태후(定安金太后) 일종, [그리고] 경원이태후(慶源李太后)와 안산김태후(安山金太后) 및 철원최씨·해주최씨·공암허씨·평강채씨·청주이씨·당성홍씨·황려민씨·횡천조씨·파평윤씨·평양조씨는 모두 누대공신이요, 재상지종(宰相之宗)이니 가히 세세로 혼인을

하여, 이들은 종실의 여자에게 장가를 들고 딸은 비로 삼을 만하다. 문무양반가도 동성 간에는 결혼하지 못하나 외가 4촌 간은 구혼을 허한다.

[『高麗史』 卷33, 世家33, 忠宣王 1年 11月]

요점 - 원의 영향력증대와 권문세족의 성장

□ 권문세족의 침탈

● 기사(己巳)에 첨의부(僉議府)에서 말하기를 "공주의 겁령구(怯怜口)와 내료(內僚)들도 양전(量田)을 광점(廣占)하여 산천으로 표(標)를 하고는 많은 사람들이 사패(賜牌)를 받아 조세를 납부치 않고 있으니 청컨대 사패를 반환케 하소서"라 하였으나 들어주지 않았다.

[『高麗史』 卷28, 世家28, 忠烈王 3年 2月]

● 처간(處干)은 다른 사람의 토지를 경작하는데, 조(租)는 그 토지의 주인에게 내고 용(庸)과 조(調)는 국가에 내니, 이가 곧 전호(佃戶)이다.

[『高麗史』 卷28, 忠烈王 4年 7月]

● 이때 권문세가에서 백성의 토지를 침범해 빼앗으니 간사한 백성 중에서는 권세가에 붙어서 부역을 면하는 자가 많았다. 그리하여 징발을 당하고 재물을 빼앗기는 나머지 평민들은 모두 고통이 더하였다.

[『高麗史節要』 卷20, 忠烈王 11年 正月]

● 당시의 환관 및 권귀들이 모두 사전(賜田)을 받아 많은 것은 2~3천결에 이르렀는데, 각기 양전(良田)을 점유하고도 모두 부역(賦役)은 내지 않았다.

[『高麗史』 卷30, 世家30, 忠烈王 15年 9月]

● 대장군 김자정(金子廷)과 함께 사패를 사칭하고 민전(民田)을 많이 점탈했는데 일이 발각되어 그 전토를 신흥창(新興倉)에 몰수하였다.

[『高麗史』 卷123, 列傳36, 嬖幸1, 康允紹]

● 충렬왕 11년(1285) 3월에 하지(下旨)하기를 "제왕·재추 및 호종신료(扈從臣僚)와 제궁원(諸宮院)·사사(寺社)가 한전(閑田)을 망점(望占)하여 … 그 폐가 적지 않다"하였다.

[『高麗史』 卷78, 食貨1, 田制, 經理]

요점 ─ 농장의 확대와 부역 불균

□ 신분제의 동요

◉ 고종 45년(1258) 2월에 최의(崔竩)가 가노인 이공주(李公柱)를 낭장으로 삼았다. 옛 법제에 노비는 비록 대공(大功)이 있다 하더라도 전백(錢帛)으로 상을 주었을 뿐 관작을 제수하지는 않게 되어 있었다. [그런데] 최항(崔沆)이 집정해서는 인심을 얻고자 처음으로 그 가의 전전(殿前)인 공주(公柱)와 최양백(崔良伯)·김인준(金仁俊)을 별장으로 삼고, 섭장수(聶長壽)는 교위(校尉)로 삼았으며, 김승준(金承俊)은 대정(隊正)으로 삼았는데, 이 때에 이르러 노(奴) 등이 말하기를, "공주는 그 자신 3세를 섬겨 나이가 많고 공도 있으니 청컨대 참직(參職)을 더해 주십시오"라고 하였다. 노예에게 참직을 제배(除拜)하는 것은 여기에서 비롯되었다.

[『高麗史』 卷75, 選擧3, 凡限職]

◉ 충렬왕 2년(1276) 윤3월에 첨의부(僉議府)가 상언하기를, "근자에 내수(內竪)·미천자(微賤者)들이 수종(隨從)한 공로로 사로(仕路)에 허통(許通)되어 조정의 반열에 섞이게 되었으므로 조종의 법제에 어긋남이 있으니 청컨대 성명(成命)을 거두십시오"하였으나 윤허하지 않았다. 나라의 제도에 내료직(內僚職)은 남반(南班) 7품에 한정시키고 이를 일러 상식(常式)이라 하였다. 7품으로서 만약에 큰 공로와 특이한 능력이 있다 하더라도 다만 상사(賞賜)를 가할 뿐이어서 5~6품에 이르는 사람은 없었다. 원종조에 그 길을 터놓았으나, 낭군·낭장에 임명된 자가 한둘에 지나지 않았었는데, 충렬왕이 즉위함에 미쳐 내인 무공자(內人無功者)들이 고관대작에 올라 허리에는 누런 가죽띠를 띠었고, 자손에 이르러서는 대성(臺省)·정조(政曹)에 허통된 자도 심히 많았으며, 별장·산원(散員) 같은 것은 이루 다 헤아릴 수가 없었다.

[『高麗史』 卷75, 選擧3, 凡限職]

◉ 충렬왕 원년 12월에 도병마사가 국용(國用)이 부족하므로 사람들로 하여금 은(銀)을 바치게 하고 벼슬에 임명하였는데, 백신(白身)으로 초사(初仕)를 바라는 자는 백은(白銀) 3근, 초사를 거치지 않고 권무(權務)를 바라는 자는 5근이며, 초사를 거친 자는 2근, 권무·9품으로 8품을 바라는 자는 3근, 8품으로 7품을 바라는 자는 2근, 7품으로 참직을 바라는 자는 6근이며, 군인으로 대정을 바라는 자와 대정(隊正)으로 교위(校尉)를 바라는 자는 3근, 교위로 산원을 바라는 자는 4근, 산원으로 별장을 바라는 자는 2근, 별장으로 낭장을 바라는 자는 4근으로 하였다.

[『高麗史』 卷80, 食貨3, 納粟補官之制]

◉ 옛적에 우리 시조가 뒤에 왕위를 이을 자손들에게 훈계를 내리시어 이르기를, "무릇 이 천류(賤類)는 그 종자가 별다르니 삼가 이 천류로 하여금 종량(從良)케 하지 말라. 만약에 종량을 허락하면, 뒤에 반드시 관직에 나아가게 될 것이고, 차차 요직을 구하여 국가를 모란할 것이다. 만약 이 훈계를 어기면, 사직이 위태할 것이다"라고 하시었습니다. 이로 말미암아 저희 나라의 법은 그 팔세호적(八世戶籍)이 천류에 관계되지 않은 다음에야 비로소 관직을 얻을 수 있습니다. 무릇 천류가 된 자는 아비나 어미 한 편이 천류면 천인이 되는 것이며, 비록 그 본주인이 놓아 주어 양민이 되더라도 그가 낳은 자손은 도로 천인이 되고, 또 그 본주인의 후사가 끊어지더라도 또한 동종(同宗)에 속하게 되는 것이니, 그렇게 하는 까닭은 그로 하여금 끝끝내 양민이 되지 못하게 하려는 것입니다.

[『高麗史』 卷85, 刑法2, 奴婢, 忠烈王 26年 10月]

요점 -신분질서의 문란, 관직제수의 남발

2) 新興士大夫의 성장

□ 新興士類의 등장

◉ 만년에는 항상 회암선생(晦庵先生; 주자)의 진영(眞影)을 걸어놓고 경모(景慕)하여 드디어 [자기의] 호를 회헌(晦軒)이라 하였다.

[『高麗史』 卷105, 列傳18, 安珦]

◉ 그 때에 정주학(程朱學)이 처음으로 중국에서 행하여졌으나 동방에는 미치지 못하였는데, 이정(頤正)이 원에서 머물면서 그것을 배워가지고 돌아오니 이제현(李齊賢)·박충좌(朴忠佐)가 제일 먼저 사수(師受)하였다.

[『高麗史』 卷106, 列傳19, 白文節 附 白頤正]

◉ 최우는 일찍이 관리를 등용함에 있어서 문학(文學)에 능하고 행정실무(行政實務)에 능한 사람을 첫째로, 문학에는 능하나 행정실무에 늘하지 못한 사람을 또 그 다음으로, 문학도 행정실무도 능하지 못한 사람을 최하로 하여 고과(考課)의 기준으로 적용하였다.

[『高麗史節要』 卷18, 元宗 元年 7月 癸酉]

◉ 고종 12년(1225) 최우가 정방(政房)을 사제에 설치하고 백관의 전주(銓注)를 의망하였는데 문사(文士)를 선발하여 [여기에] 소속시키고 필자치(必者赤)라 불렀다.

[『高麗史』 卷75, 選擧 3, 銓注]

◉ 향리(鄕吏)는 삼정일자(三丁一子)에 한하여 과시(科試)에 응한다.

[『高麗史』 卷75, 選擧 3, 鄕職]

요점
- 향리출신 신흥사대부의 진출
- 성리학의 보급

□ 排佛思想

◉ 유자(儒者)의 도는 모두 일용(日用)·평상(平常)의 일이니, 음식이나 남녀관계는 사람이면 모두가 같은 바로서 지극한 이(理)가 그 속에 있습니다. 요순의 도 역시 이를 벗어나는 것이 아니어서 동정어묵(動靜語默)이 그 바름을 얻으면 곧 그것이 요순의 도이지 처음부터 심히 높아 행하기 어려운게 아닙니다. 저 불씨(佛氏)는 그렇지 않은 즉 친척을 떠나고 남녀관계를 끊으며, 홀로 바위굴에 앉아 초의목식(草衣木食)하면서 관공적멸(觀空寂滅)하는 것으로 종(宗)을 삼으니 이 어찌 평상의 도라 하겠습니까.

[『高麗史』 卷117, 列傳, 鄭夢周]

◉ 석씨(釋氏)가 자기 몸만 깨끗이 하여 인륜을 어지럽히면서까지 산림으로 도망해 들어가는 것은 역시 하나의 도라고 하겠으나, 그러나 그 화복의 설은 요망함이 아주 심합니다. 저들은 말하기를 "장황한 범패(梵唄)·불사(佛事)가 능히 요이(妖異)를 진압한다"하므로 [그를 위해] 향을 내려줌이 잇달았고, 비용도 많이 들었지만 아직 천재와 지괴(地怪)가 소멸되는 것을 보지 못하였습니다. … 신은 미리 바라옵건대 전하께서는 마음을 돌이켜 결단하시어 출가한 무리들을 몰아 본업으로 되돌아가게 하고, 오교·양종을 혁파하여 군사를 보충하여, 서울과 지방의 사사(寺社)는 그곳의 관사(官司)에 나누어 소속시키고, 노비와 재용(財用)도 또한 그렇게 하며 … 엄한 금령을 세워 머리를 깎는 자는 죽여서 용서치 말아야 할 것입니다.

[『高麗史節要』 卷35, 恭讓王 3年 5月]

◉ 신 등이 삼가 보오니, 3월 18일 궁전 안에서 문수회(文殊會)가 열렸을 때에 영도첨의 신돈(辛旽)이 재상의 반열에 앉아 있지 않고 감히 전하와 더불어 나란히 앉아 그 거리가 몇 자에 지나지 않으므로, 온나라 사람이 놀라 뛰어 흉흉하지 않는 이가 없사오니, 대체 예란 상하의 계급을 구별하여 백성의 뜻을 안정시키는 것이온데, 진실로 예법이 없다면 무엇으로 군신이 되며, 무엇으로 부자가 되며, 무엇으로 국가를 다스리겠습니까. 성인이 예법을 마련하였음은 상하의 명분을 엄격하게 하여 그 꾀가 깊고 그 생각이 먼 것이었습니다.

저으기 살피건대 신돈은 임금의 은혜를 지나치게 입어 나라의 정사를 제멋대로 하여 임금을 없애버릴 마음이 있으니, 애당초에 영도첨의로서 감찰을 맡았을 제, 명열이 내리던 날에 예법으로서는 의당히 조복을 차리고 나아가 은혜를 사례하여야 함에도 불구하고, 반월이 되었어도 나오지 않더니, 급기야 궐정에 들어오니, 그 무릎을 조금도 굽히지 않은 채 늘 말을 타고 홍문(紅門)을 출입하여 전하와 함께 호상(胡床)을 웅거하였고, 그 집에 있을 때는 재상들은 그 뜨락 밑에서 절을 하였으나, 모두 앉아서 접대하였으니, 이것은 비록 최항(崔沆)·김인준(金仁俊)·임연(林衍)의 소위로도 역시 이러한 일은 없었던 것입니다. 그가 전에 중인 만큼 의당히 도외(度外)에 두어서 그 무례함을 책망할 것은 없었지마는, 이젠 재상이 되어 명분과 지위가 이미 정해졌으니, 감히 예법을 잃고 윤리를 허물기를 이와같이 하겠습니까. 그 원유를 따진다면 반드시 사부(師傅)라는 이름을 의탁하겠지마는 유승단(兪升旦)은 고왕(高王)의 스승이요, 정가신(鄭可臣)은 덕능(德陵)의 스승이었으나, 신 등은 그 두 사람이 감히 이런 일을 하였다는 말을 듣지 못하였습니다. 그리고 이자겸은 인왕(仁王)의 외조부였으므로 인왕께서 겸양하여 조손의 예로써 서로 만나려 하였으나, 공론이 두려워서 감히 못하였으니, 대개 군신의 명분이란 본디부터 정한 것이 있었기 때문입니다. 이 예법이란 군신이 생긴 이래로 만고를 지나도 바꾸어지지 못하는 것이니, 신돈과 전하께옵서 사사로이 고칠 바는 아니라 생각되옵니다. 신돈이 어떠한 사람이건대, 감히 스스로 높이기를 이와같이 하겠습니까.

홍범(弘範)에 이르기를 "오직 임금이라야 복을 짓고, 오직 임금이라야 위엄을 지으며, 오직 임금이라야 옥식(玉食)을 할 수 있는 것인데, 신하로서 복을 짓거나, 위엄을 짓거나, 옥식을 하는 자 있다면 반드시 그 집을 해치고 나라를 해쳐서 백성은 참람해질 것이다"하였으니, 이것은 신하로서 임금의 권력을 참람하여 쓴다면 모든 관원이 그 분수에 편안하지 않을 뿐 아니라, 세민들 역시 이에 따라 분수에 넘는 일을 할 것입니다. 그런데 신돈은 능히 복을 지으며 위세를 짓고, 또 전하와 더불어 한자리에 앉았으니, 이는 나라에 두 임금이 있는 것입니다. 그 참람함이 극도에 달하여 교만이 습관으로 되었으므로, 백관들이 그 분수를 지키지 않고 세민이 분수에 넘는 일을 하게 되었으니, 어찌 두렵지 않겠습니까.

송나라 사마광은 말하기를 "기강이 서지 않아 간웅(奸雄)이 망측한 마음을 품는다면 예법은 엄하지 않을 수 없을 것이요, 습관은 삼가지 않을 수 없는 것이다"하였으니, 만일 전하께서 반드시 이 사람을 공경하여서 만백성에게 재해가 사라진다면 그의 머리를 깎고 그의 옷을 물들이고 그의 벼슬을 삭탈하여 사원에다 두고서 공경할 것이요, 반드시 이 사람을 써야만 국가가 평안하겠다면 그 권력을 제재하여 상하의 예법을 엄하게 한 뒤에 부리게 되어야만 백성의 마음이 정해질 것이요, 나라의 어려움도 펴질 것입니다.

또 전하께서 신돈을 어진 이라 한다면 신돈이 일을 맡은 이래로 음양이 절후를 잃어서 겨울철에 우레가 일고 누른 안개가 사방을 메이는 듯하여, 열흘이 넘도록 해가 검고 밤중에 붉은 기운이 돌고 천구성(天狗星)이 땅에 떨어졌으며, 나무의 고드름이 지나치게 심하고, 청명이 지난 뒤에도 우박과 찬바람이 일어 하늘의 기후가 여러 차례 변하고, 산새와 들짐승들이 백주에 성중으로 날아들어 달리니, 신돈에게 내린 논도섭리공신의 호가 과연 천지와 조종(祖宗)의 뜻에 합하는 것입니까.

신 등은 직이 사간원에 있으므로, 전하를 돕는 이로 그 자격이 못되어 장차 사방에 웃음거리가 되며, 만세에 기록의 대상이 될까 보아서 침묵을 지키고 말을 하지 않는다는 책망을 면하려 하옵니다. 이미 말씀을 드렸는지라 대답하심이 있기를 삼가 기다리겠습니다.

[『東文選』 卷53, 論辛旽疏]

요점
- 성리학의 수용과 불교배척
- 공민왕의 개혁정치
- 신진사대부 세력의 성장

□ 田制改革

● … 안으로 판도사(版圖[司])와 전법사(典法[司])와 밖으로 수령과 염사(廉使)가 그 본직을 폐하고 날마다 전송(田訟)을 들으며 추위와 더위를 피하지 못하고 땀을 씻어가며 붓 든 손을 불며 문권(文券)을 상고하고 증거를 조사하여 전호(佃戶)를 심문하고 고로(故老)에게 물어 무릇 그 공사(供辭)에 연루된 자가 옥(獄)에 차고 뜰에 가득하여 농사를 폐하고 판결을 기다리니 수개월의 안건이 구산(丘山)과 같이 쌓이고 1묘의 쟁송이 수십년을 끌어 침식을 잊고 폐하여도 부결하여 주지 못하는 것은 사전으로써 쟁단을 삼아 소송이 번거롭기 때문입니다.

자식이 부모에게 1묘의 전토(田土)를 요구하였다가 혹 여의치 못하면 도리어 원한을 품어 노인(路人) 보듯이 하여 심한 자는 겨우 상복을 벗으면 시병(侍病)하던 노비를 채찍질하여 그 모전(某田)의 공문을 요구하게 되니 지친에게 이러하거늘 하물며 형제간이리요, 이것은 사전으로써 인륜을 금수에 떨어뜨리는 것입니다.

조정의 사대부들이 겉으로는 서로 좋은 것 같으나 마음으로는 서로 시기하여 가만히 중상함에 까지 이르니 이것은 사전(私田)으로 함정(檻穽)을 만든 것입니다.

근년에 이르러 겸병이 더욱 심하여 간흉의 무리가 주(州)에 걸치고 군(郡)을 포함하여 산천으로 표를 삼아 모두 이를 가르켜 조업전(祖業田)이라 하여 서로 밀치고 서로 빼앗아 1묘의 주인이 5~6명을 넘으며 일년의 조(租)를 8~9차 거두게 되었읍니다.

위로는 어분전(御分田)으로부터 종실·공신·시조(侍朝)하는 문무[관료]의 전지(田地)에 이르고 외역(外役)·진(津)·역(驛)·원(院)·관(館)의 전토와 무릇 사람들이 누세(累世) 심은 뽕나무와 지은 바 집에 이르기까지 모두 빼앗아 가지매 슬프게도 우리 무고한 백성들이 유리사산(流離四散)하여 구학(溝壑)에 빠집니다.

조종(祖宗)이 전토를 나눔은 후하게 하고자 함인데 오히려 신민을 해하는 것이 되니 이것은 사전으로써 난(亂)의 으뜸이 되게 함입니다. 겸병하는 집과 수조(收租)하는 무리가 병마사, 부사, 판관을 칭하고 혹은 별좌를 칭하여 종자 수십인이 말 수십필을 타고 수령을 업신여기고 염사(廉使)를 겪고 음식을 물같이 하여 주막에서 낭비하고 가을부터 여름까지 떼를 지어 횡행하여 횡포하고 침략함이 도적보다 배나 되매 외방(外方)이 말미암아 조폐(凋弊)하여졌습니다.

그 전호(佃戶)에 들어감에 미쳐서는 사람은 주식에 싫증나도록 먹고 마시며, 말은 곡속(穀粟)을 싫증나도록 먹으며 햅쌀을 먼저 바치게 하고, 무명·삼베·각전(脚錢; 여비)와 개암·밤·대추, 말린 고기를 내게 하며, 심지어 억매(抑賣)하여 수렴함이 그 조의 십배에 이르므로 조를 아직 바치지 않았는데 재산은 이미 다 없어집니다.

그 전묘를 밟을 무렵에 미쳐서는 부결(負結)의 고하를 그 뜻에 따라 내매 1결의 전지를 3~4결로 정하고 큰 말[斗]로 수조(收租)하며 1석의 수조를 2석으로써 그 수량을 충당합니다. 조종(祖宗)이 백성으로부터 취하는 것은 10분의 1에 그칠 뿐이었는데 지금 사가(私家)에서 백성으로부터 취하는 것은 천에 이르니 그 조종재천(祖宗在天)의 영(靈)을 어찌하오며 그 국가의 인정(仁政)에 어찌하오리까. 토지는 백성을 기르는 것인데 도리어 백성을 해하니 어찌 슬프지 않습니까.

백성이 사전(私田)의 조를 냄에 남에게 빌려서도 능히 충당하지 못하며 그 빌린 것은 처를 팔고 자식을 팔아도 이를 능히 갚을 수 없고, 부모가 굶고 떨어도 봉양할 수 없으니 원통하게 부르짖는 소리가 위로 하늘에 사무쳐 화기(和氣)를 손상하여 수재와 한재를 소치(召致)하니 호구(戶口)는 이로 말미암아 텅 비게 되었으며 왜노(倭奴)는 이로써 깊이 들어와 천리에 시신(屍身)이 널려 있어도 막을 자가 없습니다.

… 신 등(臣等)은 원컨대 성조(聖祖; 太祖)의 지공(至公)한 분수(分授)의 법을 준수하여 후인이 화수(和授)하여 겸병하는 폐단을 개혁하여 선비가 아니고 군사가 아니고 국역(國役)을 맡은 자가 아니면 전지를 주지 말 것이며 죽을 때까지 사사로이 서로 주고 받지 못하게 엄격한 금한(禁限)을 세워 백성으로 더불어 새로 출발하여 국용(國用)을 풍족하게 하고 민생을 후하게 하며 조신(朝臣)을 우대하고 군사를 넉넉하게 하면 비로소 나라가 부(富)하고 군사가 강하게 될 것입니다. 예의가 일어나고 염치가 행하여지고 인륜이 밝아지면 사송(詞訟)은 그치고 사직의 기초는 반석과 같이 안정되고 태산과 같이 장대하게 될 것이며 국가의 위엄이 천둥같이 진동하고 불꽃같이 치성(熾盛)하여 비록 외모(外侮)가 있더라도 장차 스스로 타 버리고 스스로 패할 것입니다.

옛사람이 말하기를 나라에 3년의 저축이 없으면 나라가 그 사람답지 못하다고 하였는데 근자에 서북행이 겨우 수개월 간이있는데도 오히려 또 공사가 지탱하지 못하고 상하가 함께 곤하니 만약 2~3년의 수재(水災)와 한재(旱災)가 있으면 그 무엇으로써 이를 진휼(賑恤)할 것이며 천만군사의 군사 비용을 그 무엇으로써 감당하겠습니까. 항차 지금 중앙과 지방의 창고들이 한꺼번에 다 비어 군국(軍國)의 수용(需用)이 나올 곳이 없는데 변경(邊警)의 근심을 예측할 수 없으니 만약 창졸에 변이 있으면 호로부터 거두기가 어렵습니다. 지금 양전(量田)의 때를 당하여 수를 정하여 급전(給田)하기 전에 3년을 기한하여 임시로 공수(公收)를 행하면 가히 군국의 수용을 충당할 수 있으며 관원의 봉록을 지급할 수 있을 것입니다. 그 전제를 바르게 하는 조목을 다음에 갖춥니다.

一. 녹과전시(祿科田柴) ; 시중(侍中)으로부터 서인에 이르기까지 관에 있는 자는 각각 그 품(品)에 따라 전지를 계량하여 절급(折給)하되 아문(衙門)에 소속시켜 직(職)에 당하여 이를 먹게 한다.

一. 구분전(口分田) ; 대궐 안에 있는 제군(諸君) 및 1품에서부터 9품에 이르기까지의 시(時)·산(散)을 물론하고 품계에 따라 이를 지급하고 그 첨설직(添設職)을 받은 자는 그 실직(實職)을 상고하여 이를 지급하되 모두 종신토록 하고 그 처가 수절하면 또한 종신토록 허한다. 직재 외의 전함(前銜)과 첨설[직]으로 수전한 자는 모두 오군(五軍)에 속하게 하고 그 외방에 있는 자는 단지 군전을 지급하여 충역(充役)하게 한다. 무릇 수전자(受田者)로서 죄가 있으면 이를 공(公)에 반납하고 승급하면 차제(次第)로 가급(加給)한다.

一. 군전(軍田) ; 그 재예(才藝)를 시험하여 20세가 되면 받고 60이 되면 환납한다.

一. 투화전(投化田) ; 나라에 귀화한 사람이 종신토록 먹게하고 죽으면 공(公)에 돌리게 하되 관직을 받아 구분전 있는 자는 허하지 않는다.

一. 외역전(外役田) ; 유수(留守)와 주(州)·부(府)·군(郡)·현(縣)의 이(吏)와 진(津)·향(鄕)·소(所)·부곡(部曲)·장(庄)·처(處)의 이(吏)와 원(院)·관(館)의 직(直)에게는 구분전을 전례에 따라 절급하되 모두 종신토록 한다.

一. 위전(位田) ; 성황(城隍)·향교(鄕校)·지장(紙匠)·묵척(墨尺)·수급(水汲)·역척(力尺) 등의 위전은 전례대로 절급한다.

一. 백정(白丁)의 대전(代田);백성으로 부적(付籍)하여 차역(差役)을 담당한 자에게 호당 전(田) 1결을 지급하되 조(租)를 납부하는 것은 허하지 아니하며 그 공사천인(公私賤人)으로 차역(差役)을 담당한 자도 또한 이를 지급함을 허하되 명백히 적(籍)에 기록한다.

一. 사사전(寺社田) ; 태조 이래 오대사(五大寺)·십대사(十大寺) 등 국가를 비보(裨補)하는 곳은 경성에 있는 것은 그 비용을 국가창고에서 주고 그 지방에 있는 것은 시지(柴地)를 지급하며, 도선밀기(道詵密記) 이외에 신라·백제·고구려에서 세운 사사(寺社) 및 새로 지은 사사는 지급하지 않는다.

一. 역전(驛田) ; 마위(馬位)·구분전은 전례대로 절급하되 모두 종신토록 한다.

一. 외록전(外祿田) ; 유수(留守)·목(牧)·도호(都護)로부터 지관(知官)·감무(監務)에 이르기까지 품계에 따라 정하되 인구수를 좇아 계구(計口)하여 녹과전(祿科田)을 지급한다.

一. 공해전(公廨田) ; 각사(各司)의 품질(品秩)의 고하와 이원(吏員)의 다소를 보아 이를 지급한다.

一. 무릇 공사전(公私田)에 정(丁)을 세우는 것은 일체 혁거(革去)하고 혹은 20결로 혹은 15결로 혹은 10결로써 매원(每員)의 정호(丁號)는 천자문으로써 표시하고 사람의 성명을 관계시키지 말아 후인이 함부로 조업전(祖業田)이라고 칭하는 폐단을 끊고 양전(量田)이 이미 정하여진 연후에 법으로써 이를 분수(分受)하고 공사의 수조는 매 1결에 미(米) 20두로 하여 민생을 후히 한다.

一. 주장관(主掌官)으로 수전(授田)함에 1결을 더 지급한 자나 1결을 더 받은 자나 수전(收田)에 1결을 빠뜨린 자나 환전(還田)함에 1결을 숨긴 자나 부자가 관에 고하지 아니하고 사사로이 서로 주고 받은 자나 부가 죽음에 그 아들이 아비의 먹던바 전토를 반환하지 아니한 자나 남의 전토, 1결 이상 빼앗은 자나 공전(公田) 1결을 숨긴 자는 모두 사형에 처하고 대전(代田)을 받은 백정으로써 방전(傍田) 1결을 숨긴 자, 조를 거두는 노(奴)로 관첩(官牒)을 받지 않고, 관두(官斗)와 비교하지 않는 자는 장 100에 처한다. 조를 거두는 노로 1두 이상을 증수(增收)한 자는 장 80하고, 식전자(食田者)로 노가 전조(田租)를 과잉으로 취한 것을 알면서 고하지 아니한 자는 장 70하며, 양전시(量田時)에 10보(卜) 이상을 숨긴 자는 사형에 처하고 전(田)을 빠뜨린 자도 동일하며 조를 거두는 노는 2명으로 하고 말은 1필로 하여 어긴 자는 주·노(主奴)를 장 70하여 무릇 전금(田禁)을 범한 자는 사(赦)함을 거쳐도 용서하지 말고 판도(版圖) 및 헌부(憲府)에 이름을 등록하여 그 자손에게는 대성(臺省)과 정조(政曹)의 벼슬을 허하지 마소서 …

[『高麗史』 卷78, 食貨1, 田制]

요점 ─개혁세력의 경제적 기반확보
─국가운영의 토대구축

□ 四不可論

● 처음에 명나라 황제가 말하기를 "철령(鐵嶺)의 북쪽과 동쪽과 서쪽은 원래 개원로(開元路)의 관할에 소속되었으니, 군민(軍民)의 한인(漢人)·여진인(女眞人)·달달인(達達人)·고려인(高麗人)을 그대로 요동에 소속시켜야 한다"고 하였다.

최영(崔瑩)은 백관들을 모아놓고 이 일을 의논하니, 모두 말하기를 "명(明)나라에 줄 수 없습니다"하였다. 우왕(禑王)이 최영과 요동공격할 것을 비밀리 의논하자, 공산부원군(公山府院君) 이자송(李子松)은 최영의 집에 찾아가 불가함을 역설하였다. 최영은 이자송이 임견미(林堅味)에게 붙었다고 평계하여, 곤장을 쳐서 전라도 내상(內廂)으로 유배시키고는 얼마 후 그를 살해하였다. 우왕은 서북면도안무사(西北面都安撫使)의 장계에 "요동의 군대가 강계(江界)에 이르러 장차 철령위(鐵嶺衛)를 세우려 한다"는 보고를 받고 울면서 말하기를 "군신들이 요동을 공격하려는 나의 계책을 듣지 않았으므로 이 지경에 이르렀다"고 했다. 명나라에서 다시 요동백호(遼東百戶) 왕득명(王得明)을 보내 철령위를 세운다는 것을 알려왔다.

3월에 우왕에 최영과 함께 요동을 공격할 계책을 결정하였으나 감히 드러내어 말하지는 못하고 사냥간다 핑계하고는 서쪽으로 해주(海州)에 행차하였다.

4월에 봉주(鳳州)에 머물러 태조에게 말하기를 "내가 요동을 공격하고자 하니, 경(卿) 등은 마땅히 힘을 다하라"하였다. 태조는 대답하기를 "지금 정벌하는 것이 네 가지 불가한 점이 있습니다. 소(小)로써 대(大)를 거역하는 것이 첫째 불가한 것이고, 지금은 여름철이라서 비가 자주 내리므로 아교가 녹아 활이 눅고, 군사들은 질병을 앓을 것이니 넷째 불가한 것입니다"라고 하니, 우왕은 그 말을 옳다고 여겼다. 태조가 이미 물러나와 최영에게 말하기를 "내일에 이 말씀을 다시 왕에게 계달(啓達)하십시오"라고 하니 최영은 "그러하겠다"고 하였다. 밤에 최영은 들어가 우왕을 뵙고 아뢰기를 "원하옵건대 딴 말은 듣지 마옵소서"하였다.

다음날 우왕이 태조에게 말하기를 "이미 군대를 동원했으니 중지할 수가 없다"하니, 태조는 대답하기를 "전하께서 반드시 큰 계획을 성공하시려면, 어가(御駕)를 서경(西京)에 머무르셨다가 가을에 정벌하면 곡식이 들판에 풍성하여 많은 군대의 식량이 넉넉할 것이니, 북을 치면서 진격할 수가 있을 것입니다. 지금은 전쟁할 시기가 아니니, 비록 요동의 한 성(城)을 함락시킨다 하더라도 비가 많이 내리므로 군대가 전진할 수도 후퇴할 수도 없으며, 군사들이 지치고 군량이 떨어지면 다만 화를 초래할 뿐입니다"라고 하였다. 우왕은 말하기를 "경은 이자송을 보지 못했는가"라고 하니, 태조께서 대답하기를 "이자송은 비록 죽었으나 훌륭한 명성이 후세에 전하겠지만, 신 등은 비록 살아 있으나 이미 계획이 잘못되었으니 무슨 소용이 있습니까"라고 하였으나 우왕은 끝내 듣지 않았다.

태조가 물러나와 눈물을 흘리니, 휘하의 군사가 말하기를 "공은 어찌 이다지 애통해 하십니까?"하였다. 태조는 대답하기를 "백성의 화(禍)는 이제부터 시작될 것이다"라고 하였다.

[『太祖實錄』卷1, 總說]

요점 -여말 집권세력내의 대외정책을 둘러싼 갈등구조
-사불가론의 현실적 배경
-신흥 무인세력과 신흥 사대부세력연합의 계기

제2장 朝鮮前期

1. 治國理念

- 개요 -

성리학은 고려시대의 도입과정을 거쳐 조선사회에서는 국가의 통치이념이자 사회전반을 관통하는 지배원리로서 기능하게 되었다. 조선왕조는 일관되게 숭유억불정책을 추구하였으며 유교윤리의 보급을 위해 노력하였다. 성리학은 국가체제와 사회질서를 유지하는 이데올로기로서 적용되었다. 주자학적 성리학은 불교나 전통유교에 비해 한층 더 배타적 속성을 가지고 있었으며 특히 왕권의 전제성을 강조하는 이론체계를 가지고 있었다. 왕권은 '대천리물(代天理物)'하는 전제권력이자 자애로운 가부장적 면모를 함께 지니는 존재로 현시되었다. 명분론(名分論)은 상하주종의 관계를, 분수론(分殊論)은 지주전호관계를 합리화하는데 동원되었다. 『삼강행실도』는 유교적 규범을 촌민에 이르기까지 확산시키는데 활용되었다.

한편 개별적 주체로서 자국 또는 자국사에 대한 인식도 깊어져 갔다. 단군은 개국시조로서 처음으로 국가의 사전(祀典)에 올라 치제(致祭)의 대상이 되었으며 정사(正史)에도 기록되기에 이르렀다. 훈민정음의 창제 역시 이같은 관점에서 이루어졌다. 국가가 보편적 농민층을 직접 상대할 수 있는 교화수단이 확보되었으며 민족문화의 정체성이 확립되는 계기가 마련되었다.

□ 國號

● 해동(海東)은 그 국호가 일정하지 않았다. 조선(朝鮮)이라고 일컬은 이가 셋이 있었으니, 단군(檀君)·기자(箕子)·위만(衛滿)이 바로 그들이다. 박씨(朴氏)·석씨(昔氏)·김씨(金氏)가 서로 이어 신라(新羅)라고 일컬으며, 온조(溫祚)는 앞서 백제(百濟)라고 일컫고, 견훤(甄萱)은 뒤에 후백제(後百濟)라고 일컬었다. 또 고주몽(高朱蒙)은 고구려(高句麗)라고 일컫고, 궁예(弓裔)는 후고구려(後高句麗)하고 일컬었으며, 왕씨(王氏)는 궁예(弓裔)를 대신하여 고려(高麗)라는 국호를 그대로 사용하였다.

이들은 모두 한 지역을 몰래 차지하여 중국의 명령을 받지 않고서 스스로 명호를 세우고 서로를 침탈하였으니 비록 호칭한 것이 있다손치더라도 무슨 취할 게 있겠는가? 단 기자(箕子)만은 주 무왕(周武王)의 명령을 받아 조선후(朝鮮候)에 봉해졌다.

지금 천자(天子)가, "오직 조선이란 칭호가 아름다울 뿐 아니라, 그 유래가 구원하다. 이 이름을 그대로 사용하고 체천(體天)하여 백성을 다스리면, 후손이 길이 창성하리라."고 명하였는데, 아마 주 무왕이 기자에게 명하던 것으로 전하에게 명한 것이리니, 이름이 이미 바르고 말이 이미 순조롭게 된 것이다.

　기자가 무왕에게 홍범(洪範)을 설명하고 홍범의 뜻을 부연하여 8조의 교(教)를 지어서 국중에 실시하니, 정치와 교화가 성하게 행해지고 풍속이 지극히 아름다웠다. 그러므로 조선이란 이름이 천하 후세에 이처럼 알려지게 된 것이다.

　이제 조선이라는 아름다운 국호를 그대로 사용하게 되었으니, 기자의 선정(善政) 또한 당연히 강구해야 할 것이다. 아! 명 천자의 덕도 주 무왕에게 부끄러울 게 없거니와, 전하의 덕 또한 어찌 기자에게 부끄러울 게 있겠는가? 장차 홍범의 학(學)과 8조의 교(敎)가 금일에 다시 시행되는 것을 보게 되리라. 공자가, "나는 동주(東周)를 만들겠다."라고 하였으니, 공자가 어찌 나를 속이겠는가?

[『三峯集』卷7, 朝鮮經國典 上]

요점　－유교적 정치이념의 도입
　　　　－정통성확보를 위한 사대외교

□ 國祖

● 사온서 주부(司醞署主簿) 정척(鄭陟)이 글을 올리기를 "…평양에 들려서 기자사당(箕子祠堂)을 배알하였습니다. 그런데, 기자신위는 북쪽에서 남쪽을 향해 있고, 단군신위는 동쪽에서 서쪽을 향해 있었습니다. 신이 평양부의 교수관(教授官) 이간(李簡)에게 물으니, 그가 말하기를 '예전에 중국 사신이 평양에 와서 기자의 사당과 후손이 있고 없음을 묻고 기자의 묘소에 가서 배알하였는데, 그 뒤에 나라에서 기자사당을 문묘(文廟) 동편에 세우라고 명하였고, 또 단군으로 배향하라는 영이 있었으므로, 지금까지 이와같이 하여 제향한다'는 것이었습니다. 신의 어리석은 소견으로 단군은 당(唐)나라 요(堯)임금과 같은 시대에 나라를 세워 스스로 국호를 조선이라고 하신 분이고, 기자는 주나라 무왕의 명을 받아 조선에 봉하게 된 분이니, 역사의 햇수를 따지면 요임금에서 무왕까지가 무려 1,230여 년입니다. 그러니, 기자의 신위를 북쪽에 모시고, 단군의 신위를 동쪽에 배향하게 한 것도, 실로 나라를 세워 후세에 전한 일의 선후에 어긋남이 있다고 생각합니다. 신이 감히 어리석은 생각을 가지고 위에 아뢰고자 하였으나. 마침 아비의 상을 만나 미처 말씀을 올리지 못하였삽더니, 이제 신을 사온서 주부로 제수하시고 이어 의례상정별감(儀禮詳定別監)으로 임명하시었기에, 신이 이에 공경히 삼가 본조의 여러 제사의식을 상고하오니, 향단군진설도(享檀君陳設圖)에 '신위는 방의 중앙에서 남쪽을 향한다'고 하였습니다. 신이 전일에 뵈온 서향 좌차(左次)는 이 도식(圖式)과 합치되지 않사오니, 만약 단군과 기자가 같은 남향으로서, 단군이 위가 되고, 기자가 다음이 되게 한다면, 나라를 세운 선후가 어긋나지 않을 듯하오나, 기자는 무왕을 위해서

홍범(洪範)을 진술하고 조선에 와서 여덟 조목을 만들어서 정치와 교화가 성행하고 풍속이 아름다워져서 조선이라는 명칭이 천하 후세에 드러나게 되었고, 그러기 때문에 우리 태조 강헌대왕(康獻大王)께서 명나라 태조 고황제에게 국호를 정하는 일을 청했을 때, 태조 고황제는 조선이라는 명칭을 이어받기를 명하였던 것이고, 그런즉 명칭은 기자사당으로 되어 있는데, 단군신위를 모시는 것은 진실로 미편한 일입니다. 신이 또 들으니, 기자사당에는 제전(祭田)이 있고 단군을 위해서는 없기 때문에, 기자에게는 매달 초하루와 보름마다 제물을 올리되, 단군에게는 봄·가을에만 제사한다 하옵니다. 현재 단군신위를 기자사당에 배향하게 되어서 한 방에 함께 계신데 홀로 단군신위를 초하루·보름 제물을 올리지 아니한다는 것은 또한 미안하지 않을까 합니다. 신의 생각에는 단군의 사당을 별도로 세우고, 신위를 남향하도록 하여 제사를 받들면 거의 제사 의식에 합당할까 합니다"하니, 이 글을 예조에 내리어 그대로 이행하도록 명하다.

[『世宗實錄』 卷29, 7年 9月]

요점 – 고조선계승 의식
– 민족의식·독자성에 대한 자각

□ 性理學

● 사람이 태어날 때 천지의 리(理)를 받아 성(性)이 되었고, 그 형체[形]를 이룬 바는 기(氣)이고, 리와 기를 합하여 능히 신명(神明)한 것은 심(心)이다. 유가(儒家)에서는 리를 주(主)로 하여 심과 기를 다스리니, 그 하나를 근본으로 하여 그 둘을 기르는 것이요, 노씨(老氏)는 기를 주로 하여 양생(養生)으로써 도를 삼고, 석씨(釋氏)는 심을 주로 하여 부동(不動)으로써 종(宗)을 삼아, 각기 그 하나를 지키고 그 둘을 버린 것이다. 노씨는 무위(無爲)를 원하여 일의 옳고 그른 것을 다지지 않고 모두 제거한다. 리는 그 몸의 수고로움 때문에 그 기를 해칠까[어떤 본(本)에는 폐(蔽)라 썼다] 두려워함이니, 기가 잘 길러진다면 정신이 안정되어 비록 하는 일이 있어도 나의 삶을 해하지 못한다는 것이다.

석씨의 무념(無念)을 원하여 생각의 선악을 막론하고 모두 버린다. 리는 그 정신의 수고로움 때문에 그 마음이 움직일까 두려워함이니, 마음이 잘 안정되면 본체가 항상 공적(空寂)하여 비록 일의 변화에 응하더라도 나의 마음을 어지럽게 못한다는 것이다. 그러므로 처음에는 모두 하지 않는 바가 있다가 마침내는 모두 하지 않는 바가 없게 된다.

대개 그 하지 않는 바가 있을 때에는 이치[理]에 당연한 바도 또한 끊어버리고, 그 하지 않는 바가 없을 때에는 비록 이치에 마땅히 해서는 안될 바도 또한 한다. 따라서 2가(二家)의 학설은 고고(枯稿)하고 적멸(寂滅)한데 빠지지 않으면 반드시 멸절(滅絶)하여 성문(聖門) 대중(大中; 지극히 中正한 道)의 가르침에 죄를 얻는 것은 마찬가지다.

우리 유도(儒道)는 그렇지 않으니, 하늘이 명한 성품(性稟)이 혼연(渾然)한 일리(一理)로서 1만 가지 선(善)이 모두 갖추어졌는지라 군자가 이에 항상 경외하고 반드시 성찰을 더하여 마음에 싹트는 것이 리(理)에 본원한 것이면 확충하고, 욕심에서 생겼으면 막고 끊어버리며, 기에서 움직이는 것의 의리에 합하고 곧으면 용맹스럽게 나아가 하고, 곧지 않으면 겁내어 물러간다.

그 심을 길러 의리를 보존하고, 그 기를 길러 도의(道義)에 합하므로 무릇 생각하는 바가 의리에 당연하지 않음이 없고, 무릇 동작하는 바가 자연 비벽(非僻)의 간여가 없어 그 마음의 영(靈)이 사물의 리(理)를 주관하고, 그 기의 큰 것이 천지 사이에 가득하나 모두 의리가 주인이 되어 마음과 기가 매양 명령을 듣는다.

[『三峯集』 卷6, 心氣理編]

● 사람으로서 마음을 가진 것은 만물의 영장이 되어 삼재(三才; 天·地·人)에 참여하여 모든 이치를 갖추어 만사에 응하게 되는 것이다. 그 선한 면을 확충하면 성현과 더불어 함께 돌아가고, 그 욕망을 따르면 금수와 다른 점도 없게 되는데, 그 기틀은 다만 한 생각의 차이가 있는 것뿐이다. 맹자가 말하기를 "마음을 기르는 것은 욕심을 적게 하는 것보다 더 좋음이 없다"고 하였다. 대저, 욕심을 적게 할 수 있다면 그 마음이 자연 맑아지는 것이요, 그 마음이 맑아지면 모든 선(善)이 거기에서 나는 것이며, 맑게 하기를 지극히 하면 가슴 속[方寸]이 환하게 트여서 인욕이 맑아지고, 천리(天理)가 행하여 성현의 덕을 따를 수 있는 것이다. 그러나 한 생각의 불선한 것이 마음에서 움돋으면 음운(陰雲)이 공중에 가리운 것 같고 진흙물이 청류(淸流)를 흐리는 것 같은지라, 눈은 빛을 마음대로 하려 하며 입은 맛을 마음대로 하려 하고, 내 마음의 원래 밝은 것이 날마다 더욱더 어두워지고 허물어져 가며, 정욕(情慾)·이해(利害)의 사사로움이 어지럽게 일어나고 마구 자라서 금수보다 다름이 거의 드물게 될 것이다. 그렇다면 욕심을 적게 하는 것이 어찌 마음을 맑게 하는 요결(要訣)이 되지 않을 것이랴.

[『退溪集』 書3]

● **答奇明彦**

고봉(高峰; 奇大升)의 질문; 맹자가 사단의 정(情)만 가려내어 리(理)의 측면만을 위주로 할 때라면 진실로 주리(主理)로 말한다고 할 수 있습니다만, 만일 자사(子思)가 사단과 칠정을 리·기를 겸한 것으로 통틀어 말할 때에도 또한 "주기(主氣)로 말한다"고 할 수 있겠습니까? 이것이 실로 대승(大升)이 알 수 없는 점입니다. 다시 한번 가르쳐주시면 어떨는지요? 삼가 바라올 뿐입니다.

퇴계의 답변; 이미 "통틀어 말하면 …"이라 하였으니, 어찌 "이를 주로 하고 기를 주로 하는 분별[主理主氣之分]"이 있겠습니까? 바로 대조적으로 분별하여 말할 때[對擧分別言時] 이러한 분별이 있게 됩니다. 이것은 역시 주자가 "성(性)이란 가장 말하기 어려운 것이어서, 같다 하여도 되고 다르다 하여도 된다"고 말한 것과 같고, 또 "온전하다 하여도 괜찮고 치우쳤다 하여도 괜찮다"고 말한 것과 같은 것입니다.

고봉의 질문; 주자가 "천지의 성은 태극 본연의 묘(妙)이니 만물의 한 근본이고, 기질의 성은 두 기[二氣]가 서로 사귀어 운행하여 생긴 것이니 하나의 근본과 1만 가지 특수한 것들과의 관계이다"고 하였으니, 기질의 성은 바로 이 리(理)가 기질 가운데 떨어져 있는 것일 뿐, 특별하게 따로 있는 하나의 성이 아닙니다.

퇴계의 답변; 지난번의 글에서 성을 인용하여 말한 것은 다만 성의 경우에도 리(理)와 기(氣)를 겸하여 말할 수 있다는 것으로, 정(情)의 경우에 어찌 리와 기를 나눌 수 없겠는가 하는 뜻을 밝히기 위한 것이었을 뿐입니다. 그것은 성을 논하기 위하여 한 것이 아닙니다. "리(理)가 기질에 떨어진 이후의 일"이야말로 진실로 그러한 것으로서 '기질의 성'에 입각하여 논의되어야 할 것입니다.

고봉의 질문; 천지의 성(性)은 비유하면 하늘의 달이고, 기질의 성은 물 속의 달에 비유됩니다. 달이 비록 하늘에 있고 물 속에 있어 서로 다른 듯하지만, 그것이 달인 점에서는 한가지입니다. 이제 "하늘의 달은 달이지만 물 속의 달은 물이다"하면, 어찌 이른바 "막힘이 없을 수 없는 것"이 아니겠습니까? 더구나 사단칠정이라는 것은 리(理)가 기질에 떨어진 이후의 일이므로 마치 물 속의 달빛과 같습니다. 그 빛으로 말하면, 칠정은 밝고 흐림이 있는 것이며 사단은 특히 밝음만 있는 것입니다. 그런데 칠정의 밝고 흐림은 물의 청탁(淸濁) 때문이지만, 사단의 부중절(不中絶)은 비록 빛은 밝지만 물결의 움직임을 면할 수 없기 때문입니다. 바라옵건대 이 도리로써 다시 생각하여 보심이 어떠하실지.

퇴계의 답변; 달이 여러 시냇물에 비치매 곳곳마다 둥근달이 있다는 설은 일찍이 선유(先儒)가 그 옳지 않음을 논한 것이 있음을 보았는데, 지금 그것을 기억하지 못하겠습니다. 다만 보내온 글에 따라 논한다면, 하늘이든 물 속이든 비록 같은 하나의 달이라 하더라도 하늘의 것은 '진짜[眞形]'이지만 물 속의 것은 특히 '빛 그림자[光影]'일 뿐입니다. 그러므로 하늘의 달을 가리키면 실상을 얻지만, 물 속의 달을 잡으면 얻지 못합니다. 참으로 성으로 하여금 기 가운데 있게 하는 것은 마치 물 속의 달 그림자[月影]를 잡다가 얻지[잡지] 못하는 것과 같으니, 어떻게 선(善)을 밝힐 수 있으며 몸을 참되게 하여 본성의 시초를 회복할 수 있겠습니까? 그러나 이것은 성에 대하여 비유한 것이라 그래도 근사하다 할 수 있습니다. 만일 정(情)에 비유한다면 더욱 그렇지 않은 점이 있습니다. 대체로 물에 있는 달은 물이 고요하면 달도 고요하고, 물이 움직이면 달도 움직입니다. 그 움직일 때만 하더라도 그렇습니다. 고요히 흐르는 물, 광경이 또

렷이 드러날 정도로 맑은 물에서는 그 달의 움직임은 아무 방해도 받지 않습니다. 그러나 물이 아래로 급히 흐르는데 바람이 불어 물결을 일으키기도 하고 돌에 부딪쳐 물을 튕기게 되면 달은 부서져 이리저리 번득이다가 심하면 마침내 없어지게 됩니다. 이와 같으니 어찌 "물 속의 달이 밝고 흐린 것은 모두 달 때문이지 물의 간섭 때문이 아니다" 할 수 있습니까? 그러므로 이 사람은 말하겠습니다. "달의 광경이 고요히 맑게 흐르는 물에 비친 경우라면, 비록 달을 가리키며 달의 움직임을 말하더라도 물의 움직임이 그 [말] 속에 있다" 그리고 "만약 물이 바람과 돌로 말미암아 달을 부침(浮沈)시키다가 없애버리는 경우라면, 마땅히 물을 가리키며 그 [물의] 움직임을 말하더라도 그 달의 밝고 어둠의 유무는 물의 움직임의 크고 작음에 달려 있다"고 하겠습니다.

고봉의 질문; 감히 묻겠습니다. 희·노·애·락이 발하여 조건에 들어 맞은 것은 리(理)에서 발한 것입니까, 기에서 발한 것입니까? 그리고 발하여 조건에 들어맞아 선하지 않음이 없다는 선과 사단의 선은 같은지 다른지 알고자 합니다.

퇴계의 답변; 그것은 비록 기(氣)에서 발한 것이지만, 리(理)가 타고 주(主)가 되는 까닭에 그 선함은 같습니다.

고봉의 질문; 그리고 "사단은 (理)가 발하매 기(氣)가 따르고, 칠정은 기가 발하매 리가 탄다[四則理發而氣隨之 七則氣發而理乘之]"는 두 구절은 또한 매우 정밀합니다. 그러나 저의 못난 생각으로는 이 두 가지[四·七]의 뜻은, 칠정에는 '리'와 '기'가 다 있지만 사단에는 다만 '이발(理發)'의 측면만 있는 것이라 하겠습니다. 그러므로 대승(大升)은 이것을 개정하였으면 합니다. "정이 발할 때는 혹은 리가 동(動)하매 기가 함께 하고 혹은 기가 감(感)하매 리가 탄다." 이렇게 말하면 선생님의 뜻에는 어떠 하올지 모르겠습니다. 기가 리에 따라 발하면서 조금도 방해받지 않은 것이 곧 '리의 발(發)'입니다. 만약 이 뜻을 외면하고 다시 '리의 발'이라는 뜻을 구하시려면 저로서는 그 추측과 모색이 깊어지면 깊어질수록 더욱 얻기 어려워지지 않을까 염려되옵니다. 이것이 바로 지나치게 리와 기를 나누어 말하는 폐단이겠습니다. 지난번에도 말씀드렸으면서도 거듭 운운하옵는데 진실로 그렇지 않다 하신다면, 주자가 말한 "음행·오행이 뒤섞이면서도 단서를 잃지 않는 것이 곧 리(理)다"한 것도 따를 수가 없다는 것이겠습니다.

퇴계의 답변; "도(道)가 곧 기(器)이고, 기가 곧 도이다"한 것이라든가 "충막(沖漠)한 가운데 만상(萬象)이 이미 갖추어져 있다[沖漠之中萬象已具]"고 한 말은 도(道)가 실제로 기(器)라는 뜻이 아닙니다. "물(物)에 즉(卽)하되 리는 물(物) 이외에 있지 않다"하는 것은 실제로 물(物)이 리(理)라는 뜻이 아닙니다.

고봉의 질문; 대승이 "대체로 말한다면[泛論] 무방하다"고 말씀드린 것은 '인설(因設)'로 말하기 때문이며, "도(圖)를 그린 것으로 말한다면 불충분하다"고 말씀드린 것은 대설(對設)로 말하기 때문입니다. 만약 반드시 대설로 말한다면, 비록 주자의 본설을 사용하더라도 오인[錯認]한 병통을 벗어날 수 없지 않을까 합니다.

퇴계의 답변; 기가 리(理)에 따라 발한 것을 '리의 발'이라 한다면, 이것은 기를 리로 인정하는 병통을 면하지 못하는 것입니다. 만약 그렇지 않다면 위에서 어찌하여 운운 하였겠습니까?

[『退溪集』書3]

요점
- 성리학의 통치이론적 기능
- 중기 이후 理·氣논쟁의 사변적 전개

□ 崇儒抑佛

● 사헌부 대사헌 유관(柳觀) 등이 상소하여 승도(僧徒)를 태거하고, 오교(五敎)·양종(兩宗)을 파하기를 청하였다. 그 소는 이러하였다. "천지의 조화는 가는 자는 가게 하고, 오는 자는 오게 하여, 낳고 낳는 이치(生生之理)가 무궁하니, 어찌 사람이 죽어서 정신이 없어지지 않고, 따라서 다시 형상을 받을 이치가 있겠습니까? 저 부처[佛者]라는 것은 서쪽 오랑캐의 한 법인데, 중국에 들어온 것은 한나라 명제(明帝) 때부터 시작되었습니다. 그 도가 청정적멸(淸淨寂滅)로 종지를 삼고, 자비하여 죽이지 않는 것을 귀하게 여기어 말하기를 '사람이 여기서 죽으면 반드시 저기서 태어나고, 이 세상 사람이 되었다가 뒷세상에 다른 물건이 되고, 음양의 사이에서 원통함을 지면 유음(幽陰)의 부(府)에서 보상을 받아, 생시에 행한 선악이 모두 보응이 있다'하여, 한세상 한세상 내려갈수록 괴탄허무(怪誕虛無)한 말이 천하에 가득하여, 인심이 간사한 것에 혹하기 쉽게 된 것입니다. … 생각컨대, 주상 전하께서는 천성이 총명하시어 선한 것을 행하기를 즐겁게 여기어, 날마다 경연(經筵)에 납시어서, 매양 요순(堯舜)의 정치와 공맹(孔孟)의 학문으로 앞에선 강론하고, 석씨(釋氏)를 배척하고 성도(聖道)를 호위하는 의논에 이르러서는 홀로 미치지 않으시니, 신 등은 의심합니다. 근일에 유사(攸司)에 명하여 기은(祈恩)·양재(禳災) 등의 도량(道場)을 제거하게 하였으나, 이것은 말단(末端)입니다. 만일 행한 지가 이미 오래서 갑자기 폐하기가 어렵다고 한다면, 왜 그 다음 방책을 행하지 않습니까? 신 등은 생각컨대, 전조(前朝)에서 신라의 숭불의 여폐(餘弊)를 이어받아, 지겸(地鉗)을 믿어 절을 세우고 탑을 지은 것이 한두 곳이 아니어서, 오교·양종을 설치하여 분장(分掌)하게 하고, 전민(田民)을 많이 붙이어 부처의 공양과 중들의 재계(齋戒)의 비용으로 삼게 하여, 복을 구하고 화를 면하기를 바랐는데, 그 무리들이 이 뜻을 인식하지 못하고, 그 전세(田稅)를 거두고 그 공가(貢價)를 취포황음(醉飽荒淫)의 밑천으로 삼았으니, 국가를 저버리고 스승의 가르침을 배반함이 또한 심합니다. 쇠퇴한 말년에 이르러서는 상하가 동화되어, 복을 구하고 죄를 두려워하여, 초제(招提)와 난야(蘭若;절의 異名)가 높고 큼직하게 서로 바라보고, 모난 도포(方袍)와 깎은 머리[圓頂]가 중외에 가득하여, 재물을 허비하고 곡식을 소모함이 이처럼 극진함에 이르렀습니다. 받

들기를 더욱 부지런히 하여도, 어지럽고 망하는 것은 구제하지 못하였으니, 이것은 바로 전하께서 친히 보신 바입니다. 신 등은 망령되게 생각건대, 불씨의 교는 윤리를 어지럽혀 해가 있고, 재물만을 허비하고 도움이 없으니, 원컨대 오교·양종을 파하고, 그 승도들은 법을 알고 계(戒)를 지키는 자만 남기고, 나머지는 모두 강제로 환속시켜 각각 본업으로 돌아가게 하고, 전지는 모두 군수(軍需)에 붙이고, 노비는 관부에 나누어 예속시키소서. 그리고 그 나머지 소위 도중(道衆)이라는 것도 또한 사태(沙汰)시키고, 계행을 지키는 자만을 취하여 앞의 승도와 함께 모두 유심(幽深)하고 절원(節遠)한 곳에 두어서, 그 스승의 청정과욕(淸淨寡慾)의 가르침을 따르게 하고, 따라서 궁액(宮掖) 가운데에 출입하고 부시(婦寺; 부녀와 환관)의 집에 붙어 다니는 것을 금하고, 또 중외로 하여금 사사로 머리를 깎고 부역[征役]을 피하지 못하게 하여, 10년만 지속하여 확고하게 변경하지 않으면, 세속이 모두 그 허탄함을 알 것입니다. 이와같이 한 뒤에 성현의 도로 타일러서 오랜 세월의 미혹된 것을 없애면, 사람들이 쉽게 따르고 교화가 쉽게 행하여져서, 공효(功效)가 반드시 전보다 배가되고, 또 영세(永世)에 말이 있을 것입니다. 엎드려 바라옵건대, 전하께서 굽어살피시어 만일 혹시라도 채납(採納)할 만하면 조정에 내리시어 성부(省府)·육조(六曹)·삼관(三館)과 더불어 다시 구처(區處)할 방도를 의논하게 하여, 영구히 사탄(邪誕)의 방술을 근절시키시면 국가가 심히 다행하겠습니다.

[『太宗實錄』 卷1, 元年 閏3月]

요점 ―억불정책을 통한 지배이념의 관철
　　　―사원경제의 해체; 국가 수취기반의 확대

□ 禮教

● 가묘(家廟)의 법은 엄하게 하지 않을 수 없습니다. 옛날 부모를 섬기는 자들은 살아계실 때에는 효성을 극진히 하고 별세하면 생전에 봉양할 때보다 더 후하게 하여, 섬기기를 생존했을 때와 같이하되 종신토록 게을리 하지 않았으니, 이는 그 부모를 별세하지 않은 것으로 여기는 뜻입니다.

그런데 불가(佛家)의 속화한다는 말이 성행하면서부터 자식된 자들이 사설(邪說)에 혹하여 부모가 죽으면 부처에 빌어 천당에 가기를 구하고 상을 마친 다음에는 아무것도 없다 하여 다시는 사당을 세워 받들지 않습니다. 그러므로 국가에서는 풍속이 날마다 박해지는 것을 명하여 백성의 덕(德)이 후한 데로 돌아가게 하려고 한 지가 이미 여러 해입니다. 그러나 즐겨 행하는 자가 없으니 아마도 이단의 사설(邪說)이 굳어서 깨뜨릴 수 없고 또한 시행하는 방법을 알지 못하기 때문인 듯합니다.

저희들은 삼가 생각하옵건대, 서울은 풍속을 순화시키는 근원이며 좋은 정치를 하는 표본입니다. 사대부의 가정으로 하여금 솔선시행 하게 한 다음 백성들에게 미치게 한다면 어찌 시행되지 못하겠습니까.

또한 도성 안은 집이 협착하여 사당을 세우기 어려우니, 한 개의 궤를 만들어 신주를 모시고 깨끗한 방에 모시게 하여 간편한 것을 따르게 하고 지방에는 각각 주·부·군·현의 관아 동쪽에 사당을 임시로 세우고는 명령을 받고 수령으로 부임하는 자가 만일 장자(長子)라면 신주를 받들고 임소(任所)로 가고 장자가 아니라 하더라도 역시 주현의 사당에 지방(紙榜)을 사용하여 행례(行禮)하게 하며, 조정에 있거나 지방관으로 있거나 모두 사당의 제사를 주관하는 자는 매일 새벽에 일어나서 분향재배하고 출입할 때에 반드시 사당에 고하여 모두 제례는 한결같이 주자가례를 따르게 하여 아래 백성에게 시범이 되게 하면 근면하지 않아도 자연히 교화가 백성에게 미치게 될 것입니다. 이렇게 되면 비록 본래부터 사당을 세우지 않은 자라 하더라도 반드시 이제부터는 흥기하게 될 것이오니, 서울은 내년 정월부터 시작하고 지방은 2월부터 시작하여 거행하게 하고는 따르지 않는 자는 헌사(憲司)에서 다스려 파직시킨 다음 계문(啓聞)하게 하소서.

[『太宗實錄』卷2, 元年 12月]

◉ 충청도 도관찰사 허지(許遲)가 이사(里社)의 법을 행하도록 청하였다. 글은 이러하였다.

"조정에서 반강(頒降)한 예제(禮制)에 주·부·군·현에서 모두 사를 세우고, 또 향촌에 이사가 있습니다. 이제 가도의 주군이 모두 사를 세우고 수령이 때때로 제사를 지내나, 오로지 이사의 법은 폐하고 있습니다. 삼가 이사의 제도를 살펴보면, '무릇 각처 향촌의 인민은 리마다 1백호 안에 단(壇) 한 곳을 세우고 오토(五土)·오곡(五穀)의 신에게 제사지내고, 우양(雨陽; 비오거나 햇빛이 남)을 기도한다. 시절이 만약 오곡이 풍등(豊登)하면 해마다 한 사람씩 번갈아 회수(會首)가 되어 항상 단장(壇場)을 정결하게 하고, 춘·추 두 사일(社日)에 이르러 약속대로 모여서 제사지낸다. 그 제사에는 양 한 마리, 돼지 한 마리와 주과(酒果)·향촉(香燭)·종이를 사용한다. 제사가 끝나면 곧 회음(會飮)을 행하는데, 회중에서 먼저 한 사람을 시켜 서사(誓詞)를 읽게 한다. 그 서사에 이르기를 무릇 우리 동리의 사람은 각각 예법을 존중하고, 힘을 믿고 남을 능욕하지 않는다. 위반하는 자는 먼저 함께 다스린 뒤에 관에 넘긴다. 혹은 가난하여 도와준 이가 없으면 그 집을 두루 도와주되, 3년에 자립하지 않으면 모임에 참여하지 못하도록 한다. 그 혼인이나 상장(喪狀)에 궁핍함이 있으면 능력에 따라 서로 돕는다. 만약 중의(衆意)에 따르지 않거나 사위(詐僞)를 범간(犯奸)하면, 일체 비위(非僞)하는 사람은 아울러 모임에 들어오는 것을 허락하지 아니한다고 하여, 서사를 읽기를 끝마치면 장유(長幼)의 차례대로 자리에 나아가서 극진히 즐거워하다가 물러간다'고 하였습니다. 힘써 서로 공경하고 신명(神明)이 화목하고 향리가 풍속을 후(厚)하게 하고 인심을 권

(勸)하는 좋은 법입니다. 청컨대, 이 법에 의하여 각각 향촌에서 민호의 많고 적음을 헤아리고 지경(地境)의 멀고 가까움에 헤아려서 혹은 40호, 혹은 50호에 각각 1사를 세워서 제사지내게 하소서. 이제부터 무릇 향리(鄕里)의 백성이 규정된 법령을 존중하지 않고 음사(淫祀)를 행하여 '신당(神堂)'이라 칭하고 따로 이중(里中)에 세운 것은 일체 모두 불태워 없애버리고 엄격히 다스리소서."

임금이 의정부에 내려서 의논하여 아뢰고 시행하게 하였다.

[『太宗實錄』 卷27, 14年 1月]

◉ 집현전(集賢殿)에서 새로『삼강행실(三綱行實)』을 편찬하여 올리다. 그 서문에 이르기를 "천하의 떳떳한 도가 다섯 가지 있는데 삼강이 그 수위에 있으니, 실로 삼강은 경륜(經綸)의 큰 법이요, 일만 가지 교화(敎化)의 근원이며 원천입니다. … 선덕 신해년에 우리 주상전하께서 측근의 신하에게 이렇게 명령하셨습니다. '삼대(三代; 夏·殷·周)의 정치가 훌륭하였던 것은 다 인륜을 밝혔기 때문이다. 후세에서는 교화가 점점 쇠퇴하여져서, 백성들이 군신·부자·부부의 큰 인륜에 친숙하지 아니하고, 거의 다 타고난 천성(天性)에 어두워서 항상 각박한 데에 빠졌다. 간혹 훌륭한 행실과 높은 절개가 있어도 풍속·습관에 옮겨져서 사람의 보고 듣는 자의 마음을 흥기시키지 못하는 일도 또한 많다. 내가 그 가운데 특별히 남달리 뛰어난 것을 뽑아서 그림과 찬(讚)을 만들어 중앙과 지방에 나누어주고 우매한 남녀들까지 다 쉽게 보고 느껴서 분발하게 되기를 바란다. 그렇게 하면, 또한 백성을 교화하여 풍속을 이루는 한 길이 될 것이다'고 하시고, 드디어 집현전 부제학 신 설순(偰循)에게 명하여 편찬하는 일을 맡게 하였습니다. 여기에서, 중국에서부터 우리나라에 이르기까지 동방·고금의 서적에 기록되어 있는 것을 모아 열람하지 않은 것이 없습니다. 그 가운데 효자·충신·열녀로서 우뚝히 높아서 기술할 만한 자를 각각 1백10인을 찾아내어, 앞에는 형용을 그림으로 그리고 뒤에는 사실을 기록하였으며, 모두 시를 붙였습니다. 효자에 대하여는, 삼가 명나라의 태종문황제(太宗文皇帝)가 내린 효순(孝順)의 사실을 읊은 시를 기록하고, 겸하여 신의 고조(高祖)인 신 부(溥)가 찬술한『효행록』중에서, 명유(名儒) 이제현의 찬을 실었습니다. 그 나머지는 보신(輔臣)들로 하여금 나누어 충신·열녀의 시를 뽑아서 싣고, 또한 문신들로 하여금 나누어 제술하게 하였습니다. 편찬을 마치니『삼강행실도』라고 이름을 하사하시고, 주자소(鑄字所)로 하여금 인쇄하여 길이 전하게 하였습니다.

[『世宗實錄』 卷56, 14年 6月]

요점 − 향촌사회의 유교적 재편성
− 민에 대한 교화수단으로서 유교윤리 보급

□ 國王

● 인군(人君)의 직은 대천리물(代天理物)하는 것이다. 다른 사물이 제자리를 얻지 못하더라도 오히려 마음이 아프거늘, 하물며 사람의 경우이겠느냐. 인군이 다스림에 있어서는 실로 당연히 한가지로 대하여야 하는 것이다. 어찌 양(良)이니 천(賤)이니 하여 차이를 둘 것인가.

[『世宗實錄』 卷37, 9年 9月]

국왕은 체천(體天)하여 8도 군민(軍民)에게 이르노니, 나는 너희의 부모라…. 만약 수령의 침학을 받는 일이 있거든 직접 나에게 와서 알려도 좋다.

[『世祖實錄』 卷5, 2年 11月]

요점 ─초월적 왕권의 절대성
　　　─왕권의 가부장적 면모

□ 臣僚

● 성석린이 대답하기를 "나라란 것은 한 사람의 사유물이 아닙니다. 신료(臣僚)의 말을 어찌 거절하고 받아들이지 않을 수 있습니까?"하였다. … "옛날부터 지금까지 국가를 유지하는 것은 충과 효 때문입니다. 만일 충과 효가 없다면 어찌 인군과 아비가 있겠습니까?"

[『太宗實錄』 卷19, 19年 3月]

요점 ─일방적 왕권의 전제성 견제
　　　─왕권·신료권의 상보적 관계

□ 六典體制

● 예로부터 제왕들이 천하와 국가를 소유함에, 창업한 임금은 초창기에 경륜하느라 전고를 돌볼 겨를이 없고, 수성하는 임금은 옛법을 준수하기 때문에 또 제작하는 것을 일삼지 않는다. …

공손히 생각하건대, 세조(世祖)께서 서부(瑞符)를 잡고 중흥하시니, 공(功)이 창업과 수성(守成)을 겸하시어 무(武)로 정하였으며, 예(禮)가 갖추어지고 악(樂)이 일어났는 데도 오히려 부지런히 선치(善治)를 꾀하시고 제작(制作)을 넓히시어, 일찍이 신하들에게 말씀하시기를 "우리 조종의 심후(深厚)하신 인덕과 크고 아름다운 규범이 훌륭한 전장(典章)에 펴져 있으니, 이는 『경국대전(經國大典)』의 원전(元典), 『속전(續典)』과 『등록

(謄錄)』이며, 또 여러번 내리신 교지가 있어, 법(法)이 아름답지 않은 것이 아니지만, 관리들이 용렬하고 어리석어 제대로 받들어 행하지 못한다. 이는 진실로 법의 과목이 너무 호민하고 앞뒤가 서로 모순되어 하나로 크게 정해지지 않은 때문이다. 이제 짐작 손일(斟酌損益)하고 산정회통(刪定會通)하여 만대의 성법(成法)을 만들고자 한다" … 책이 완성되자 나누어 육권(六卷)으로 만들어 바치니, 『경국대전』이라 사명(賜名)하시었다. 형전과 호전은 이미 반포하여 시행되었으나 나머지 4전(四典)은 미처 교정을 못했었는데 갑자기 승하하시니, 성상께서 선왕의 뜻을 이어 받들어 마침내 하던 일을 끝마치게 하시어 중외에 반포하셨다.

신은 가만히 생각하건대, 천지가 넓고 크매 만물이 덮여 있고 실려 있지 않은 것이 없으며, 춘·하·추·동 사시(四時)가 끊임없이 운행하매 만물이 생육(生育)되지 않는 것이 없으며, 성인이 제작하매 만물이 기꺼이 보지 않는 것이 없으니, 진실로 성인의 제작은 천지(天地)·사시(四時)와 똑같은 것이다.

예로부터 제작(製作)의 융성함이 주나라만 한 것이 없는데, 『주관(周官)』에서는 육경(六卿)을 나누어 천지·사시에 짝하였으니, 육경의 직책은 하나만 없어도 안된다. … 이른바 6전(六典)이란 곧 주나라의 육경(六卿)이며, 그 좋은 법과 아름다운 뜻은 곧 주나라의 '관저(關雎)'·'인지(麟趾)'로서 문(文)과 질(質)을 알맞게 손익 하여 찬란하게 빛나니, 누가 우리 『경국대전』의 제작이 『주관(周官)』·『주례(周禮)』와 함께 서로 표리가 되지 않는다고 말하겠는가.

천지·사시에 맞춰도 어그러지지 않고 전성(前聖)에 고증하여도 틀리지 않으며 백세(百世) 이후 성인이 다시 나온다 하여도 자신이 있음을 알 수 있다. 지금으로부터 성자(聖子)·신손(神孫)이 모두 이룩된 헌장(憲章)을 따라, 그르치지 않고 잊지 않는다면 곧 우리 국가의 문명한 다스림이 어찌 한갓 주나라의 융성함에만 비할 뿐이겠는가. 억만년 무궁한 왕업(王業)이 마땅히 더욱 유구하고 장원(長遠)해질 것이다.

성화 5년 9월 하순에 정헌대부 호조판서 겸 예문관 대제학 동지경연사 신 서거정은 머리를 조아려 절하고 삼가 서문을 쓴다.

[『經國大典』序]

요점 – 법제적 지배의 정착
– 왕도정치의 실질적 구현

□ 한글創制

◉ 천지·자연의 성음(聲音)이 있으면 반드시 천지·자연의 문자가 있다. 그리하여 옛 사람이 성음을 바탕으로 하여 문자를 만들어 만물의 정(情)을 통하게 하고 삼재(三才)의 도(道)를 실었으므로, 후세에서 변경할 수 없는 것이다.

그러나 사방(四方) 각국의 풍토가 다르고 성음 역시 이에 따라 다르게 마련이다. 중국 이외의 외국말은 성음만 있고 문자가 없으므로 중국의 문자를 빌어서 사용하고 있는데, 이것은 마치 둥근 구멍에 모난 자루를 끼워 맞추는 것과 같아 서로 맞지 않으니, 어찌 잘 통하여 막힘이 없겠는가. 요는 모두 각각 그 곳에 따라 편리하게 할 뿐, 억지로 똑같게 할 수는 없는 것이다.

우리나라는 예악(禮樂)과 문물이 중국과 대등한데 다만 방언과 풍속의 말이 같지 않다. 이 때문에 글을 배우는 자는 뜻을 깨닫기 어려움을 근심하고 옥사(獄事)를 다스리는 관리는 곡절(曲折)을 통하기 어려움을 괴롭게 여겼다.

옛날 신라의 설총(薛聰)이 처음 이두(吏讀)를 만들어 오늘에 이르기까지 관부(官府)와 민간에서 사용하고 있지만 모두 한자를 빌어쓰는 것이어서, 혹은 난잡하고 혹은 막히어, 비루(鄙陋)하고 고거(考據)가 없을 뿐만 아니라 언어의 사이에 있어서는 그 만분의 일도 제대로 전달되지 못한다.

계해년 겨울에 우리 전하께서 스물여덟 자를 창제하신 다음 간략하게 예의(例義)을 들어 보이시고는 이름하여 '훈민정음(訓民正音)'이라 하셨다. 이 글자는 물건의 형상을 본떠 만들어서 글자모양이 고전(古篆)과 같고 소리를 따라 음이 칠조(七調)에 맞으니 삼극(三極)의 의(義)와 이기(二氣)의 묘(妙)가 모두 포함되지 않는 것이 없다.

정음 스물여덟 자를 가지고 전환이 무궁하여, 간략하면서도 요긴하고 정밀하면서도 두루 통한다. 그러므로 지혜로운 사람은 하루 아침을 마치기도 전에 깨칠 수 있고, 어리석은 사람이라도 열흘 동안이면 배울 수 있다. 이것으로 글[한문]을 풀이하면 그 뜻을 충분히 알 수 있고 이것으로 옥사를 다스리면 그 정상을 잘 파악할 수 있다.

자운(字韻)은 청·탁이 잘 구별되고 악가(樂歌)는 율려(律呂)가 잘 맞으며, 쓰는 데마다 갖추어지지 않은 것이 없고 가는 데마다 통하지 않는 것이 없어, 비록 바람소리와 학(鶴)의 울음소리, 닭울음이나 개짖는 소리라도 모두 기록할 수 있다.

마침내 우리들에게 "자세히 해석을 가하여 모든 사람에게 알려주라"명시하므로 나는 집현전 응교 최항(崔恒), 부교리 박팽년(朴彭年)·신숙주(申叔舟), 수찬 성삼문(成三文), 돈녕부 주부 강희안(姜希顔), 행집현전 부수찬 이개(李塏)·이선로(李善老) 등과 함께 삼가 여러 가지 해설과 범례를 만들어 그 내용을 서술하여 보는 이로 하여금 스승이 없이도 스스로 깨닫게 하였다. 그러나 그 깊은 근원과 정밀한 뜻의 묘한 것에 대해서는 우리들이 발휘한 바가 아니다.

공손히 생각하옵건대, 우리 전하께서는 하늘이 내신 성인으로서 제도와 시책이 모든 임금을 초월하시니, 정유을 창제하신 것도 조술(祖述)한 바가 없이 자연으로 이루신 것이다. 어찌 그 지극한 이치가 있지 않은 데가 없으니 인위(人爲)의 사(私)가 아님이 아니겠는가. 대저 이 땅에 국가가 선지 오래 되었으나 개물성무(開物成務)의 큰 지혜는 대개 오늘을 기다린 것일 것이다.

[『訓民正音解例』後序]

요점
- 便民의식과 통치수단으로서의 교화적 측면
- 고유성에 대한 인식

2. 集權的 官僚制

- 개요 -

> 조선왕조는 중앙집권적 관료제 국가였다. 귀족적·호족 할거적 지배는 지양되고 전시기에 비하여 왕권이 한층 강화되었다. 왕권은 행정체계와 관료기구로 뒷받침 되었으며 법제적 지배로써 구현되었다. 먼저 사병(私兵)이 혁파됨으로써 공신들의 무력기반은 와해되고 군권이 일원화되었다. 재상권은 현저히 축소되었으며 다수의 속아문을 거느리는 육조(六曹)의 직계제가 확립됨으로써 정책 결정권은 국왕에게로 집중되었다. 이른바 육전체제는 군국의 기무가 모두 국왕의 재결하에 놓이게 되었음을 의미하였다. 나아가 정책결정구조에 참여하는 지배층의 범위도 확대되었다. 삼사(三司)의 간쟁·언론 기능이 완전히 정착하였으며 말단의 관인, 지방의 유생에 이르기까지 언로(言路)가 개방되어 공론(公論)정치가 활성화되었다. 국왕은 전통적인 관인세력 외에 신진사류 또는 재야 사류의 정치참여를 일정 부분 수용함으로써 견제와 균형을 취하는 조정자의 입지를 확보할 수 있게 되었다. 지방행정도 일원적 지배체제를 관철할 수 있도록 정비되었다. 전국은 8도로 나누어졌으며 각도에는 관찰사가 파견되었다. 고려시대의 속현·향(鄕)·소(所)·부곡(部曲)·장(莊)·처(處) 등 임내(任內)지역은 군현체계로 재편성되었으며 수령이 왕권을 대행하여 통치하였다. 군현 아래에는 면리제(面里制)가 시행되어 면(面)에는 권농(勸農), 리(里)에는 이장(里長) 혹은 이정(里正)이 말단 행정 실무자로서 중앙의 명령을 시달하고 수취에 협조하는 기능을 맡았다. 이제 왕권이 수령(守令)·방백(方伯)을 경유하여 직접 농민에게 전달되는 지배구조가 정착하게 된 것이다.

□ 私兵革罷

◉ 사병을 혁파하였다. 사헌부 겸 대사헌(大司憲) 권근(權近)과 문하부 좌산기(左散騎) 김약채(金若采) 등이 교장(交章)하여 상소하였다.

"병권(兵權)은 국가의 큰 권세이니, 마땅히 통속(統屬)함이 있어야 하고, 흩어서 주장할 수 없는 것입니다. 흩어서 주장하고 통속함이 없으면, 이것은 태아(太阿; 옛날 중국의 보검의 하나)를 거꾸로 쥐고 남에게 자루를 주는 것과 같이 제어하기 어려운 것입니다. 그러므로, 그 형세가 반드시 나뉘어져서 서로서로 시기하고 의심하여 화란을 이루게 됩니다. 동기간에 서로 해치고 공신(功臣)이 보전하지 못하는 것이 항상 여기에서 비롯되니, 이것이 고금의 공통된 근심입니다. … 우리 태상왕(太上王)께서 개국하던 처음에 특별히 의흥삼군부(義興三軍府)를 설치하여 오로지 병권을 맡게 하니, 규모가 굉원(宏遠)하였습니다. 그 때에 의논하는 자들이 말하기를 '혁명하는 초기에 인심이 정하여지지 않았으니, 마땅히 불우(不虞)의 변을 방비해야 합니다. 훈신·종친으로 하여금 각각 사병을 맡게 하여 창졸(倉卒)의 일에 대응하여야 합니다'하였습니다. 이 때문에 사병을 다 없애지 못하였는데, 군사를 맡은 자가 도리어 난을 선동하기를 꾀하여 화가 불측한 지경에 있었으나, 다행히 하늘이 전하를 인도하고 도와주어 난을 평정하고 사직을 안정시켰습니다. 오늘날에 이르러서도 사병을 두는 것을 오히려 전과 같이 하고 인순(因循)하여 해제하지 않으므로, 대간(臺諫)이 이미 일찍이 글장을 올려 파하기를 청하였습니다. 전하께서는 종친과 훈신은 다른 마음이 없는 것을 보증할 수 있다 하여, 다시 군사를 맡기게 하였는데, 얼마 되지 않아서 소장(蕭墻)의 화가 지친(至親)에서 발생하였습니다. 이것으로 본다면, 사병을 두는 것은 한갓 난만 일으키고 그 이익은 보지 못하는 것이니, 대간의 말이 이제 이미 들어 맞았습니다. 그러나, 사문(私門)의 군사를 지금도 역시 파하지 않으니, 장래의 화를 참으로 생각하지 않을 수 없습니다. 또 더구나 외방 각도의 군마를 여러 절제사(節制使)에게 나누어 소속시켜, 혹은 시위(侍衛)라 칭하고, 혹은 별패(別牌)·사사반당(私私伴儻)이라 칭하여, 번거롭게 번상(番上)하고 소란하게 징발해서 그 폐단이 심히 많으며, 배종(陪從)이 많고 전렵이 잦아서 그 수고로움이 또한 지극합니다. 사람은 굶주리고 말은 지쳤으며, 비와 눈을 마구 맞아가며 사문에 숙직하므로, 군중의 마음이 원망하고 탄식하니, 심히 민망한 일입니다. 지금의 큰 폐단이 이것보다 더 심한 것이 없습니다. 원하건대, 이제부터 각도의 서울에 머물러 있는 여러 절제사를 모조리 혁파하고, 서울과 외방의 군마를 모두 삼군부(三軍府)에 붙이어 공가(公家)의 군사를 삼아서, 체통을 세우고 국권을 무겁게 하고, 인심을 편안케 할 것입니다. 양전(兩殿)의 숙위를 제외하고는, 사문의 숙직은 일절 모두 금단(禁斷)하고, 조회하는 길에도 사사반당으로 하여금 병기를 가지고 근수(根隨)하는 일이 없게 하여, 예전의 집에 병기를 감추지 않는다는 뜻에 응하고, 후일에 서로 의심하여 난을 꾸미는 폐단을 막으면, 국가에 심히 다행이겠습니다."

소(疏)가 올라가니, 임금이 세자와 더불어 의논하고, 곧 시행하게 하였다. 이 날 여러 절제사가 거느리던 군마를 해산하여 모두 그 집으로 돌아가게 하였다. 이저(李佇)가 평주(平州)에서 사냥하다가 아직 돌아오지 않으니, 삼군부에서 이저에게 사람을 보내어 빨리 돌아오게 하였다. 이거이(李居易) 부자와 병권을 잃은 자들은 모두 앙앙(怏怏)하여, 밤낮으로 같이 모여서 격분하고 원망함이 많았다.

[『定宗實錄』 卷4, 2年 4月]

요점
- 군권의 정비
- 군제의 일원화

□ 六曹直啓制

● 비로소 의정부의 서무(庶務)를 육조로 돌리었다. 좌정승 성석린(成石璘) 등이 상언하기를 "삼가 송나라 상관균(上官均)·사마광(司馬光)의 주의(奏議)를 상고하건대, 그 대략에 이르기를 '재상은 자질구레한 사무를 관계할 것이 아닙니다. 대개 벼슬이 낮고 높은 것이 있으면 일이 번거롭고 간단한 것이 있고, 일이 번거롭고 간단한 것이 있으면 마음이 수고롭고 편안한 것이 있습니다. 벼슬이 높은 자는 마땅히 수고로워야 하니, 수고롭지 않으면 천하의 대무(大務)를 꾀할 수 없고, 벼슬이 낮은 자는 마땅히 수고로워야 하니, 수고롭지 않으면 천하의 서무를 처리할 수 없습니다. 대저 재상의 직책은 인주(人主)를 보필 협조[弼諧]하고 추극(樞極; 국가의 중추가 되는 긴요한 마음)을 운행 알선[運旋]하니, 백관에 비교하면 지위가 높고 책임이 중하여 천하의 일을 총할(摠轄)하지 않은 것이 없습니다. 그러나 겸하는 것이 많으면 힘이 미치지 못하는 바가 있고, 작은 일에 자세하게 하려면 큰 일에는 미치지 못하는 것이 있으니 이것은 형세의 필연한 것입니다. 지금의 육부상서가 열부(列部)를 나누어 관령(管領)하니, 위탁하고 선임한 것이 중하지 않은 것이 아닙니다. 빌건대, 성중(省中)의 사무를 경하고 중한 것을 종류별로 나누어, 전부터 조례가 있고 일이 큰 것이 아닌 것은 아울러 육부장관에게 위임하여, 응당 주상(奏上)할 것은 주상하고 응당 행하(行下)할 것은 행하하고, 혹시 조관(條貫)을 고치거나 일이 대체에 관계되어 육부에서 전결(專決)할 수 없는 것이 있으면, 곧 도성(都省)에 신정(申呈)하고, 만일 육부상서의 판단이 부당하거나 지체(遲滯)되어 판결하지 못하는 것은 따로 관계되지 않는 관원에게 위촉하여 시비를 결정[定奪]하소서, 귀하게 여기는 것은 상하가 서로 이어받아 각각 직분이 있는 것이니, 이와같이 하면 지위가 더욱 높은 자는 책임이 더욱 크고, 책임이 더욱 큰 자는 일이 더욱 간단하니, 일이 간단하고 마음이 편하면 천하의 대무를 깊이 생각하고 자세히 연구할 수 있으니, 장구한 계책[長策]과 원대한 절제[遠馭]로 만세의 기업(基業)을 세우는 것이, 소첩(訴牒)을 살펴보고 세무(細務)에 마음을 쓰는 것에 비교하면, 이익이 크고 작은 것이 진실로 상원(相遠)합니다'하였습니다. 우리 조정의 의정부와 육조의 설치는 송나라 조정과 제도가 같고, 그 의론이 또한 지금의 폐단에 적절하게 맞습니다. 지금 육조판서를 모두 질(秩)을 높여서 일찍이 양부를 역임한 자로 임명하고, 그 위임한 것이 각각 맡은 바가 있고, 또 그 소속이 있습니다. 본부(本府)는 총할하지 않는 것이 없어서 그 대체를 가지는 것인데, 지금 번거롭고 자질구레한 세무에 수고로워서 도리어 육조에 소속된 것 같으니, 관아를 베풀고 직책을 나눈 체통을 크게 잃었습니다. 이제부터 범사가 전례가 있는 것은 모두 각 조에 맡기도록 하고, [각 조에서] 별례(別例)가 있은 연후에 본부에 정보(呈報)하면, 본부에서 경중을 참작하여 계문(啓聞)할 것은 계문하고, 행이(行移)할 것은 행이하며, 각 조에서 한 것이 만일 착오와 정체된 것이 있으면, 본부에서 근만(勤慢)을 고찰하여 시비를 결정[定奪]하게 하소서. 이와같이 하면 크고 작은 것

이 서로 유지되고, 번잡하고 간단한 것이 서로 이루어져서 재상은 세무에 시달리지 않고 서관은 직무를 폐하는 데에 이르지 아니하여, 강목(綱目)이 거행되고 베풀어져서 치도(治道)가 거의 체통을 이루게 될 것입니다"하여, 그대로 따랐다.

[『太宗實錄』 卷15, 8年 1月]

● 정부의 모든 일을 나누어서 육조(六曹)에 돌렸다. 처음에 하륜(河崙)이 알현하여 청하여 아뢰었다. "마땅히 정부를 개혁하여 육조로 하여금 계사(啓事)하게 하여야 합니다."

한참만에 임금이 예조판서 설미수(偰眉壽)를 불러서 "지난번에 정부를 개혁하자는 의논은 나의 마음에서 나온 것이다. 지난 겨울에 대간(臺諫)에서 조그마한 실수로 인하여 이를 개혁하자고 청하였으나 내가 곧 따르지 않았다. 이제 좌정승(左政丞)이 나에게 고하여 이르기를 '아조(我朝)의 제도는 모두 중조(中朝)의 모방이니, 마땅히 정부의 일을 육조에 분속시켜 육부의 예를 본받자'고 하였다. 경 등이 참고하여 정하여 아뢰도록 하라"

이 때에 예조에서 계목(啓目)을 올리었다.

"삼가 『문헌통고(文獻通考)』를 상고하니, 우·하·상에서는 삼공(三公)·사보(四輔)를 두어서 천자의 정사를 도왔고, 주나라에서는 삼공·삼고(三孤)를 세워서 도(道)를 논하고 나라를 경영하여 천지의 임무를 정성을 다하였고, 6경(六卿)으로 하여금 직사를 나누어 천관경(天官卿)을 총재(總宰)로 삼아서 왕을 돕고 나라를 평안하게 하였고, 한라에서는 초엽에 승상(丞相)을 두었고, 성제(成帝) 때 삼공을 두었는데 승상과 같았으며, 당나라에서는 삼성(三省)의 장관을 재상으로 삼았고, 송(宋)나라에서는 동평장사(同平章事)를 재상으로 삼았습니다. 지금 조정(朝廷; 명나라)에서는 중서성(中書省)을 피하여 육부로 하여금 직사를 나누어 맡는데, 이는 바로 성주(成周)의 남긴 뜻입니다. 그러나 총재를 두지 않고 육부에서 각각 직사(職事)를 바로 아뢰고(直奏) 칙지(勅旨)를 받들어 시행하고, 의논할 일이 있으면 육부장관이 주의부(主議部)에 모여서 같이 의논하여 아룁니다. 빌건대, 육조로 하여금 각각 직사를 바로 아뢰게 하고 왕지(王旨)를 받들어 시행하게 하며 의논할 일이 있으면, 육조장관이 같이 의논하여 아뢰게 하소서. 나이와 덕망이 아울러 높고 정치의 대체에 통달한 자를 의정부에 두어서 군국의 중요한 일을 의논하여 아뢰도록 하소서."

임금이 성산부원군 이직(李稷), 호조판서 박신(朴信), 총제 이현(李玄)을 인견(引見)하여 의논하였다. 임금이 말하였다.

"내가 일찍이 송도에 있을 때 정부를 파하자는 의논이 있었으나 지금까지 겨를이 없었다. 지난 겨울에 대간에서 작은 허물로 인하여 정부를 없앨 것을 청하였던 까닭에 윤허하지 않았었다. 지난번에 좌정승이 말하기를 '중조(中朝)에도 또한 승상부가 없으니, 마땅히 정부를 혁파해야 한다'고 하였다. 내가 골똘히 생각해 보니, 모든 일이 내한 몸에 모이면 진실로 재결(裁決)하기가 어렵겠으나, 그러나 이미 나라의 임금이 되어서 어찌 노고스러움을 피하겠느냐?"

이직(李稷) 등이 "진실로 성상의 말씀과 같습니다"하니, 임금이 "공신이 세월이 오래되고 나이가 많으면 마땅히 부원군이 되어야 한다. 그러나, 나이와 덕망이 고매한 자가 많으나 육조의 자리는 적으니, 그대로 정부에 두고서 처우하는 것이 마땅하다"하고, 이에 영의정부사 성석린(成石璘), 좌정승 하륜(河崙), 우정승 남재(南在), 찬성사 이숙번(李叔蕃), 예조판서 설미수 등을 불러서 의논하니, 모두 옳다고 하므로 임금이 그대로 따랐다. 육조로 하여금 서무를 분장하도록 하고 의정부에 영부사 1인, 판부사 2인, 동판부사 2인, 사인(舍人)을 그대로 두고, 참찬 1인, 지부사(知府事) 2인, 참지부사(參知府事) 2인을 파(罷)하였다. 검상조례사(檢詳條例司)를 파하여 예조에 병합하였다.

[『太宗實錄』 卷27, 14年 4月]

요점 — 정책의결과 집행의 분리
— 王權强化

□ 六曹職事

● 예조에서 육조의 직무분담과 소속을 상정하여 계문(啓聞)했다.

"이조는 문선(文選)·훈봉(勳封)·고과(考課)의 정사를 맡아 덕행(德行)·재용(才用)·노효(勞效) 등으로써 그 우열을 비교하여 그 유임과 방출을 정하고 주의(注擬) 등의 일을 하는데, 그 소속이 셋이 있으니, 첫째는 문선사(文選司), 둘째는 고훈사(考勳司), 셋째는 고공사(考功司)이다. 문선사는 문관의 계품(階品)·고신(告身)·녹사(祿賜) 등의 일을 맡고, 정랑(正郎)이 한 사람, 좌랑(佐郎)이 한 사람이다. 고훈사는 종친·관리의 훈봉과 내외명부의 고신 및 봉증(封贈)의 일을 맡고, 정랑이 한 사람, 좌랑이 한 사람이다. 고공사는 내외 문무관의 공과와 선악의 고과 및 명시(名諡)와 비갈(碑碣)의 일을 맡고, 정랑이 한 사람, 좌랑이 한 사람이다. 병조는 무선(武選)·부위(府衛)·조견(調遣)·직방(職方)·병갑(兵甲)·출정(出征)·고첩(告捷)·강무(講武) 등의 일을 맡는데, 그 소속이 셋이 있으니, 첫째는 무선사(武選司), 둘째는 승여사(乘輿司), 셋째는 무비사(無備司)이다. 무선사는 무관의 계품(階品)·고신·무거(武擧)·부위(府衛)·군융(軍戎)의 일을 맡고, 정랑이 한 사람, 좌랑이 한 사람이다. 승여사는 노부(鹵簿)·여연(輿輦)·유악(帷幄)·구목(廐牧)·정역(程驛)의 일을 맡고, 정랑이 한 사람, 좌랑이 한 사람이다. 무비사는 중외 갑병(甲兵)의 수목(數目)과 무예의 훈련, 지도(地圖)의 고열(考閱), 진융(鎭戎)·성보(城堡)와 변경요해(邊境要害)의 주지(周知), 봉화·출정(出征)·고첩(告捷) 등의 일을 맡고, 정랑이 한 사람, 좌랑이 한 사람이다. 호조는 호구(戶口)·전토·전곡(錢穀)·식화(食貨) 등의 정사와 공부차등(貢賦差等)의 일을 맡는데, 그 소속이 셋이 있으니, 첫째 판적사(版籍司), 둘째는 회계사(會計司), 셋째는 급전사(給田司)이다. 판적사는 호구·전토·부역·공헌(貢獻)과 농상(農桑)의 권과(權課), 흉풍·수한(水旱)의 고험(考驗)과 의창(義倉)·진제(賑濟) 등의 일을 맡고, 정랑이 한 사람, 좌랑이 한 사람이다. 회계사는 조부(租賦)·세계(歲計)·권형(權衡)·도량(度量)과 경외(京外)의 저축(儲備)·지출 등의 일을 맡고, 정랑이 한 사람, 좌랑이 한 사람이다. 급전사는 영업전·구분전·원택·문무직전과 여러 공해전의 일을 맡고, 그 소속이 셋이 있으니, 첫째는 고율사(考律司), 둘째는 장금사(掌禁司), 셋째는 도관사(都官司)이다. 고율사는 율령의 안핵(按覈)과 형옥을 판결하는 일을 맡고, 정랑이 한 사람, 좌랑이 한 사람이다. 장금사는 문관(門關)·진량(津梁)·도로(道路)·금령(禁令) 등의 일을 맡고, 정랑이 한 사람, 좌랑이 한 사람이다. 도관사는 공사노예(公私奴隷)의 부적(簿籍)과 부수(俘囚;포로) 등의 일을 맡고, 정랑이 한 사람, 좌랑이 한 사람이다. 예조는 예악·제사·연향(燕享)·공거(貢擧)·복축(卜祝) 등의 일을 맡고, 그 소속이 셋이 있으니, 첫째는 계제사(稽制司), 둘째는 전향사(典享司), 셋째는 전객사(典客司)이다. 계제사는 의식·제도·조회·경연·사관(史館)·학교·공거·도서·상서(祥瑞)·패인(牌印)·표소(表疏)·책명(冊命)·천문·누각(漏刻)·국기(國忌)·묘휘(廟諱)·상장(喪葬) 등의 일을 맡고, 정랑이 한 사람, 좌랑이 한 사람이다. 전향사는 연향(燕享)·사기(祀忌)·생두(牲豆)·음선(飮饍)·의약 등의 일을 맡고, 정랑이 한 사람, 좌랑이 한 사람이다. 전객사는 사신영접·외방조공과 연설(燕設)·사여(賜與) 등의 일을 맡고, 정랑이 한 사람, 좌랑이 한 사람이다. 공조는 산택(山澤)·공장(工匠)·토목·영선(營繕)·둔전(屯田)·염장(鹽場)·도야(陶冶) 등의 일을 맡고, 그 소속이 셋이 있으니, 첫째는 영조사(營造司), 둘째는 공치사(攻治司), 셋째는 산택사(山澤司)이다. 영조사는 궁실·성지(城池)·공해·옥우(屋宇)·토목·공역(工役) 등의 일을 맡고, 정랑이 한 사람, 좌랑이 한 사람이다. 공치사는 백공(百工)의 제작·선야(繕冶)·도주(陶鑄) 등의 일을 맡고, 정랑이 한 사람, 좌랑이 한 사람이다. 산택사는 산택·진량(津梁)·원유(苑囿)와 초목의 종식(種植), 시탄(柴炭)·목석의 취벌(取伐), 가항(街巷)·제언(堤堰)·선즙(船楫)·표애(磻磑)·둔전·어염 등의 일을 맡고, 정랑이 한 사람, 좌랑이 한 사람이다. 이조에 속한 것은 승녕부(承寧府)·공안부(恭安府)·종부시(宗簿寺)·인령부(仁寧府)·상서사(尙瑞司)·사선서(司膳署)·내시부(內侍府)·공신도감(功臣都監)·내시원(內侍院)·다방(茶房)·사옹방(司饔房) 등이고, 병조에 속한 것은 중군·좌군·우군·십사(十司)·훈련관(訓鍊觀)·사복시(司僕寺)·군기감(軍器監)·의용순금사(義勇巡禁司)·충군호위사(忠君扈衛司)·별시위(別侍衛)·응양위(鷹揚衛)·인가방(引駕房), 각전(各殿)의 행수(行首)·견룡(牽龍) 등이고, 호조에 속한 것은 전농시(典農寺)·내자시(內資寺)·내섬시(內贍寺)·군자감(軍資監)·풍저창(豊儲倉)·광흥창(廣興倉)·공정고(供正庫)·제용고(濟用庫)·경시서(京市署)·의영고(義盈庫)·장흥고(長興庫)·양현고(養賢庫)·각도창고·동부·남부·서부·북부·중부 등이고, 형조에 속한 것은 분도관(分都官)·전옥서(典獄署)·율학(律學)·각도형옥(各道刑獄) 등이고, 예조에 속한 것은 예문관·춘추관·경연·서연·성균관·통례문(通禮門)·봉상시(奉尙寺)·예빈시(禮賓寺)·전의감(典醫監)·사역원(司譯院)·서운관(書雲觀)·교서관(校書館)·문서응봉사(文書應奉司)·종묘서(宗廟署)·사온서(司醞署)·제생원(濟生院)·혜민국(惠民局)·아악서(雅樂署)·전악서(典樂署)·사련소(司臠所)·선관서(膳官署)·도류방(道流房)·복흥고(福興庫)와 동서대비원(東西大悲院)·빙고(氷庫)·종약색(種藥色)·대청관(大淸觀)·소격전(昭格殿)·도화원(圖畵院)·가각고(架閣庫)·전구서(典廐署)·사직단(社稷壇)·관습도감(慣習都監)·승록사(僧錄司)·각도학교·의학 등이고, 공조에 속한 것은 선공감(繕工監)·사재감(司宰監)·공조서(供造署)·도염서(都染署)·침장고(沈藏庫)·별안색(別鞍色)·상의원(尙衣院)·상림원(上林園)과 동서요(東西窯), 각도의 염장·둔전이다.

[『太宗實錄』卷9, 5年 3月]

요점 - 속아문(屬衙門)제도의 확립

□ 諫爭言路

● 들어오면 임금이 모습을 단정히 하고 나가면 배관이 두려워하고 조심하며, 간사한 자가 곁눈질하여 감히 나쁜짓을 하지 못하는 것은 간관(諫官)의 말을 두려워하기 때문입니다.

[『太宗實錄』卷2, 元年 7月]

● 사간원과 사헌부에서 상언(上言)하였다. … 신 등의 직책이 이 간쟁을 맡았으므로 감히 함묵할 수 없어 삼가 죽음을 무릅쓰고 상언합니다.

[『太宗實錄』卷12, 6年 8月]

● 언관(言官)은 언사(言事)의 직이다. 그가 불언(不言)하면 이는 그 직을 불경(不敬)한 것이다.

[『太宗實錄』卷16, 8年 10月]

● 우리나라는 관직…양사(兩司)를 삼사(三司)라 칭하고 언의(言議)의 책임을 부여하였다.

[『迂書』卷4, 論三司責任事宜]

● 사헌부는 시정(時政)을 논평하고, 모든 관원을 감찰하며, 풍속을 바로잡고, 원억(冤抑)한 일을 밝히며, 외람된 행위와 허위의 언동을 금지하는 등의 일을 관장한다.

사간원은 임금에게 간언하고 정사의 잘못을 논박하는 직무를 관장한다. 모두 문관을 임용한다.

　홍문관(弘文館)은 궁내의 경적(經籍)을 관리하고 문서를 처리하며 왕의 자문에 대비하는 임무를 관장한다. 모두 문관을 임용한다. 제학(提學) 이상은 타관사(他官司)의 관원이 겸임한다.

[『經國大典』 卷1, 吏典, 京官職]

● 원억(冤抑)한 일을 고소(告訴)하고자 하는 자는 소장(訴狀)을 중앙이면 주장(主掌)하는 관원(官員)에 제출하고, 지방이면 관찰사(觀察使)에게 제출한다. 그러고도 오히려 원억(冤抑)한 일이 있으면 사헌부(司憲府)에 고소(告訴)하고 또 원억(冤抑)한 일이 있으면 신문고(申聞鼓)를 친다.[신문고(申聞鼓)는 의금부(義禁府)의 당직청(當直廳)에 있다. 모든 상언(上言)은 당직원(當直員)이 사헌부(司憲府)의 퇴장(退狀)을 상고하여 보고 수리(受理)하여 계문(啓聞)한다. 의금부(義禁府)·사헌부(司憲府)가 처리(處理)한 것은 퇴장(退狀)을 상고하지 아니한다. 모든 상언(上言)은 계하(啓下)가 있은 후 5일내에 회계(回啓)하여야 한다. 만일 기한(期限)을 경과(經過)하게 되면 즉시 회계(回啓)하지 못한 이유를 갖추어 계문(啓聞)하여야 한다.] 종사(宗社)에 관계되는 사건과 불법살인(不法殺人)한 사건 이외에 이전(吏典)이나 복예(僕隸)가 그가 소속된 관사(官司)의 관원(官員)을 고소(告訴)한 자와, 품관(品官)·리(吏)·민(民)이 그들의 관찰사(觀察使)나 수령(守令)을 고소(告訴)한 자는 모두 수리(受理)하지 아니하고 장일백(杖一百)·도삼년(徒三年)의 형(刑)에 처한다.

[『經國大典』 卷1, 刑典, 訴冤]

요점 －왕권견제
　　　－관료체제의 균형과 안정
　　　－공론정치 구현
　　　－言路의 개방; 上訴·告訴

□ 守令·方伯

● 첫째, 감사(監司)는 마땅히 사람됨을 가려서 선발하여야 한다. 감사는 반드시 마음이 굳세고 바르며 강어(强禦)를 두려워하지 않는 자라야 그 직분을 맡길 것이요, 풍채가 좋아 그 권위를 떨칠 수 있어야 하며, 청렴하고 곧으며 치우치지 않고 바른 자라야 천거할 수 있으며, 지나치게 꼼꼼하며 과격한 자는 적임자가 아니다.

　둘째, 감사는 마땅히 그 직분을 다하여야 한다.

　셋째, 감사는 마땅히 모두 들추어 탄핵하여야 한다. 감사가 군현에 두려워하는 바가 있어 감히 들추어 탄핵하지 못하는 것은, 어느 군수는 일찍이 시종(侍從)을 지낸 적이 있으니 그가 요행히 다시 시종이 되면 구할 바가 있을 것이요. 일찍이 대간(臺諫)을 지낸 사람이면 그가 다시 대간이 되고서 탄핵당할까 보아 두려워하니, 결국 곤궁한 백성들은 수령이나 호리(豪吏)에게 침해만 당하여 분한 마음을 참을 길 없어 감사에게 호소하지만, 감사는 이를 불문에 붙이거나 소장(訴狀)을 봉쇄해 버리고 마는 실정이다.

  넷째, 감사는 지나치게 관후(寬厚)해서는 안된다. 안핵(按覈)할 때를 당하여 "아무개는 누구의 자제요, 아무개는 누구의 친고(親故)요, 아무개는 누구의 청탁한 바가 있는데 내 어찌 차마 안핵 할 수 있겠는가"하여 지나치게 관대해서는 안된다.

  다섯째, 감사는 마땅히 몸소 먼 곳을 순시하여야 한다. 백성들은 궁벽한 시골이나 먼 고장에 살고 있는데, 강역이 광막하고 멀어 안찰(按察)이 드물게 이루어지고, 궁궐은 만리나 떨어져 있어 하소연을 하려 해도 미치지 못하니 탐오한 수령을 알아내고 민생의 억울함을 펴주기 위해서라도 감사가 한번이라도 찾아와서 그 억울함을 살펴주시기만을 고대하고 있으니, 감사된 자가 어찌 그 땅이 넓고 멀다고 하여 이르러 보지 않겠는가.

[『經濟文鑑』 監司]

◉ 수령칠사(守令七事)

  첫째, 농사(農事)철에 알맞게 맞추어 씨를 뿌릴 것(農桑盛).

  둘째, 유생(儒生)을 모아 경전의 뜻을 가르치고 제술(製述)을 시험하여 유학(儒學) 및 문학(文學)에 정진하도록 할 것(學校興).

  셋째, 法을 잘 지키어 民에게 올바름을 보여 줄 것(詞訟簡).

  넷째, 용모를 잘 관찰하여 간사스럽고 교활한 사람을 찾아내어 이를 없앨 것(奸猾息).

  다섯째, 때에 맞추어 군사 훈련을 실시하고 군기(軍紀)를 엄히 밝힐 것(軍政修).

  여섯째, 백성들을 편안하게 일하면서 살 수 있게 함으로써 스스로 사람들이 모여들게 할 것(戶口增).

  일곱째, 부역을 시키는 데에는 차별하지 말고 공평·균등하게 부과할 것(賦役均)

[『成宗實錄』 卷158, 14年 9月]

◉ 예조판서 허조(許調) 등이 계(啓)하기를 …"부사서도(府史胥徒)가 그 관리를 고소하거나, 품관(品官) 이민(吏民)이 그 수령 및 감사를 고소하는 일이 있으면, 사실이더라도 종사안위(宗社安危)에 관계없거나 비법살인(非法殺人)의 일이 아니면 재상자(在上者)의 죄는 논하지 않으며, 만약 사실이 아닐 경우 재하자(在下者)는 가범지좌(加凡之坐 ; 가중처벌)로서 논죄하소서"하니 상이 이를 따랐다.

[『世宗實錄』 卷9, 2年 9月]

요점 －왕권의 民人에 대한 직접적 지배관철

― 일원적 행정체계의 완비

□ **鄕吏規制**

◉ 제주(諸州)의 향리는 등과(登科)나 입공(立功) 이외에 본조(本朝)의 통정(通政; 정3품 당상관) 이하 전조(前朝)의 봉익(奉翊;정2품) 이하는 모두 본역(本役)으로 돌린다.

[『太祖實錄』 卷2, 元年 9月]

◉ 품관(品官)·향리(鄕吏)들은 토지를 넓게 점유하고 그곳에 유망민(流亡民)을 불러들여서 병작(並作)하여 그 반(半)을 거두고 있으니, 폐단이 대단하다.… 유이민(流移民)들은 이것을 이용하여 역(役)을 피하고 용은(容隱)을 받고 있어 나라의 부역(賦役)이 실로 고르지 못하게 된다.

[『太宗實錄』 卷12, 6年 11月]

◉ 형조에서 아뢰기를 "이제부터 향리로서 영세민을 침해하여 도죄(徒罪)를 범한 자는 청하건대, 장형(杖刑)을 집행한 뒤에 영구히 그 도의 잔폐한 역의 역리(驛吏)로 귀속시키고, 유죄(流罪)를 범한 자는 장형을 집행한 뒤에 영구히 다른 도의 잔폐 역의 역리로 귀속시키며, 그 백성을 침해한 향리를 사람들로 하여금 고발하게 하고, 다시 심리하지 않는 관리도 아울러 율문에 의하여 죄를 결단하도록 하소서"하니 그대로 따르다.

[『世宗實錄』 卷46, 11年 12月]

◉ 원악향리(元惡鄕吏) 즉 수령을 조롱하고 전권(專權)하여 폐단을 일으킨 자, 뇌물을 받고 차역(差役)을 고르지 않게 한 자, 수세(收稅)할 때 부정하게 거두어 남용한 자, 양민을 모점(冒占)하여 몰래 감추어 역사(役使)한 자, 전장(田庄)을 광치(廣置)하고 민인(民人)을 부려 경종(耕種)한 자, 동리(里閭)에 횡행하여 침해하고 사리(私利)를 도모한 자, 귀세가(貴勢家)에 추부(趨附)하여 본역(本役)을 피하려는 자, 본역을 피하고 촌락에 몰래 숨어 지내는 자, 관위(官威)를 가장하여 인민을 침학(侵虐)한 자, 양가녀나 관비를 첩으로 삼은 자는 … 죄를 처단하되 범도자(犯徒者)는 본도(本道) 작은 역리에, 범류자(犯流者)는 타도 작은 역리에 영속(永屬)한다.

[『經國大典』 卷5, 刑典, 元惡鄕吏]

◉ 종묘사직과 관련된 문제나 불법적인 살인사건을 제외하고는 아전이나 하인이 자기 관청의 관리를 고발하거나 품관·아전·백성이 관찰사나 고을 수령을 고발하는 경우는 모두 받아들이지 않고 장 1백 대에 징역 3년에 처한다.

[『經國大典』 卷5, 刑典, 訴冤]

요점
- 재지 토착세력의 중간농단 방지
- 향리(鄕吏)신분의 말단 직역화(職役化)

□ 銓選

● 이조판서 이직(李稷)이 상소하여 전선법을 논하였는데, 상소에서 대략 말하기를 "본조는 전선의 임무를 맡았으니 마땅히 사방의 재간있는 선비를 널리 구하여 중외에 포열(布列)시켜 사림이 그 재주를 다하지 못하는 원망이 없게 하고 서적(庶績)이 빛나고 풍속이 아름다워지면, 이는 바로 전하께서 신하에게 기대하는 바이며 신하로서 마땅히 마음을 다해야 할 바입니다" 하였다.

[『太祖實錄』 卷9, 5年 2月]

● [천거(薦擧)] 서울과 지방의 동반(東班)과 서반(西班)의 2품 이상은 봄의 첫달에 각기 3인을 추천한다. 매년 봄의 첫달에 동반 3품 이상, 서반 2품 이상 각기 수령(守令)이나 만호(萬戶)의 직책을 감당할 수 있는 자를 추천하되 모두 3인을 넘지 못한다. 만약 추천된 자가 장오(贓汚)·패상(敗常)의 죄를 범하면 천거한 장본인도 함께 그 죄에 연좌한다. 매년 봄의 첫달에 의정부(議政府)·육조(六曹)의 당상관(堂上官) 및 사헌부(司憲府)·사간원(司諫院)의 관원은 각기 관찰사(觀察使)나 절도사(節度使)의 직책을 감당할 수 있는 자를 추천하고, 충훈부(忠勳府)는 공신의 자손으로서 재능이 이임(吏任)을 감당할 만한 자를 추천한다. ○무릇 추천된 자는 일찍이 시재(試才)를 거쳤거나 이미 6품 이상의 현관(顯官)을 지낸 자 이외에는 사서(四書)중의 일서(一書)와 오경(五經)중의 일경(一經)을 자원(自願)에 따라 시험하여 뽑는다. ○무릇 고신(告身)을 회수당하거나 파직당한 자는 매년 겨울·여름의 끝달에 그 죄명을 갖추어 보고한다.

[제과(諸科)] 문과에서 갑과(甲科) 제1인은 종6품을 주고 나머지는 정7품을 주며, 을과(乙科)는 정8품계를, 병과(丙科)는 정9품계를 준다. ○역과(譯科) 1등은 종7품을 주고, 2등은 종8품계를, 3등은 종9품계를 준다. 음양과(陰陽科)·의과(醫科)·율과(律科)의 1등은 모두 종8품을, 2등은 정9품계를 준다.

[제수(除授)] 연변지역(沿邊地域)의 수령은 병조(兵曹)와 같이 상의하여 직을 준다.

[한품서용(限品敍用)] 문·무관 2품 이상의 양첩자손(良妾子孫)은 정3품에 한하고 천첩자손(賤妾子孫)은 정6품에 한한다. 7품 이하로부터 관직이 없는 사람에 이르기까지의 양첩자손(良妾子孫)은 정5품에 한하고, 천첩자손 및 천인으로서 양인이 된자는 정7품에 한하고, 양첩자(良妾子)의 천첩자손은 정8품에 한한다.

[『經國大典』 卷1, 吏典]

요점
- 관료충원의 제도화
- 신진 관인신분층의 형성; 음서제(蔭敍制)의 축소

3. 國家와 民

- 개요 -

조선 왕조 국가운영의 기축은 소농민경영(小農民經營)이었다. 상경연작(常耕連作)의 정착 등 농업생산력 발전에 힘입어 소농민경영의 안정성이 크게 강화되었으며 이들의 사회경제적 지위도 향상되었다. 국가는 이들을 국역(國役) 담당층으로 파악하고 이를 재편성하고자 하였다.

신분제는 기본적으로 양천제(良賤制)를 취하고 있었다. 양인(良人)은 원칙적으로 모두 국역을 지는 의무가 있었으며 동시에 관인으로 진출할 수 있는 기회도 보장되었다. 그러나 이는 형식상의 논리였으며 양인 내부에도 반상(班常)이라는 엄격한 차등이 존재하였다. 국가는 전국의 농민을 통제하고 토지에 긴박시키기 위해 호구(戶口)를 세밀히 파악하고자 하였다. 호패법(號牌法)이나 오가작통법(五家作統法)의 시도가 그것이다. 토지는 5결 단위로 묶어 자정(字丁)으로 파악하였다. 전세와 요역은 토지를 기준으로, 공물은 토지와 호구, 군역은 호적을 토대로 작성한 군적을 기준으로 부과하였다. 수취방식은 전결(田結) 중심의 계전제(計田制)가 보편화하여 모든 부세가 토지에 집중되어가는 경향을 보이게 된다. 요역이나 공물에서 작부(作夫)수취가 관행화하는 것이 그 사례이다.

한편 국가는 국가운영의 토대인 양인농민층을 보호하기 위한 다양한 정책을 수행하였다. 대부분의 수취가 이들에게 집중되고 있었으며 빈번한 자연적·사회적 재난은 이들의 재생산을 어렵게 만들고 있었다. 국가는 아직도 반자립적 상태에 놓여있는 이들 취약한 소농민경영을 보족하기 위해 각종의 권농정책과 함께 종자·농량을 대여해주는 환자제(還上制)를 운영하고 있었다. 국가가 농민경영에 직접 개입하는 적극적인 병경책(並耕策)을 시행하였던 것이다.

□ 身分制

● 정부에서 계본(啓本)을 올렸다.

"노비의 쟁송(爭訟)은 여러 해가 되도록 끝매듭짓지 못하여 골육상잔하고 풍속이 불미한데까지 이르렀습니다. 이제 9월 초하루 이전에 중외에서 소송하던 양쪽에 중분(中分)하여 결급(決給)하고, 만약 소송한 자 가운데 한쪽의 수가 많고 다른 한쪽의 수가 적은 경우이면 사람 수에 따라 나누어 주며, 노비의 수가 적어 중분할 수 없는 경우에는 뒤에 태어나는 노비로 충당하여 주고, 강장(强壯)하고 노약한 것을 두루 합하여 제비로 뽑아 중분하여, 경중(京中)은 10월까지를 한하며, 외방(外方)은 12월까지를 한하여 나누어 주기를 끝마치도록 하소서."

임금이 그대로 따랐다.

[『太宗實錄』 卷26, 13年 9月]

● 1. 국조(國朝)에서 공사(公私)의 노비를 역사시키는 법이 모두 고려의 구적(舊籍)을 그대로 사용하는 때문에, 세월이 오래되어 진위(眞僞)가 뒤섞여서 쟁송(爭訟)이 날로 심했는데, 이제 교지를 받으니 중외(中外)의 쟁송을 날짜를 정해 놓고 해결하라 하셨습니다. 바라옵건대, 주장관(主掌官)으로 하여금 금년 10월 초1일부터 시작해서, 공사의 천적(賤籍)과 각기 거주하는 경중(京中) 각부와 외방 각관(各官)의 화명(花名)을 정보(呈報)하게 하여, 모두 관에 수납하여 확실히 대조한 다음 다시 신적(新籍)을 만들어 나누어 주고 구적은 모두 불태우도록 하소서. 만일 공처(公處)의 노비와 타인의 노비, 또는 양인의 자녀를 아울러 기록하여 관에 바쳐 불법으로 성적(成籍)을 받은 자나, 구적을 숨기는 자가 있으면, 사람들에게 고발하도록 허락하여 제서(制書)를 어긴 형률로 논죄하고, 부리는 노비를 아울러 조사해서 반은 고발한 자에게 상으로 주고 반은 관에 귀속시키는 것이 어떻겠습니까?

1. 지난번 교지에 양천을 쟁송하는 데 문서가 아직 발견되지 못한 경우도 아울러 분별해서 해결하라 하셨는데, 신 등이 의논한 결과, 양천이 서로 쟁송함에 있어 문서를 아직 발견하지 못했다 하더라도 장부를 바친 것이 명백하고 3~4촌에 양인족속이 현존하며 천적이 분명하지 못한 자는 종량(從良)하도록 판결하고, 비록 장부를 바쳤다 하더라도 양인족속이 현존하지 못하면 천적이 분명하지 못한 자는 사재감(司宰監)에 귀속시키고, 천적이 명백하며 역사한 지가 이미 오래된 자는 종천(從賤)하도록 판결하는 것이 어떻겠습니까?

1. 교지를 받들어 하달하기를 각사(各司)는 양 피고가 갖추어진 것은 판결하라 하였는데, 각사의 관원들이 네 차례나 기한을 경과했지만 오늘에 이르기까지 아직도 완전히 판결하지 못한 자가 있으니, 그 교지를 따르지 않은 죄는 진실로 크게 응징하여야 마땅합니다. 헌사(憲司)로 하여금 각사에 아직까지 판결을 완전히 끝마치지 못한 것을 상고케 하여 방장(房掌)·행수(行首)부터 제서(制書)를 어긴 형률로 논죄하게 하소서.

1. 판결한 뒤에도 노비를 그대로 부리고 있는 자는 형조로 하여금 조사하게 하여, 3품 이상은 그의 아들이나 사위를 가두고, 4품 이하는 바로 당사자를 가두고는 교지를 따르지 않은 형률로 논죄하소서. 또 기한이 지났는데 일을 다시 올리는 자가 있으면 이 달 15일부터 시작해서 또한 주장관으로 하여금 다스리도록 하는 것이 어떻겠습니까?

[『太宗實錄』 卷27, 14年 4月]

● 지금 양민(良民)이라고 칭하는 자들의 등급은 일정하지 않다. 비록 의관벌열(衣冠閥閱)의 후손은 아니지만 상하(上下)·내외(內外)의 별(別)을 가진 자가 있으며, 비록 상하·내외의 별을 갖지는 않았지만 대대로 평민인 자가 있으며, 비록 신분이 천민은 아닐지라도 천민과 다름없는 자도 있다.

[『世宗實錄』 卷64, 16年 4月, 壬戌]

● 천민의 계보는 어머니의 역(役)을 따르는데, 천민이 양인 아내를 맞이하여 낳은 자식은 아버지의 역을 따른다.

[『經國大典』, 刑典, 公賤]

● 『좌전(左傳)』에서 천한 사람이 귀한 사람을 방해하고, 연소자가 연장자를 능멸하는 것을 육역(六逆)의 으뜸으로 삼았는데, 이른바 귀천이란 곧 적서(嫡庶)요, 소장(少長)이란 곧 존비(尊卑)를 말한 것으로서 그 분별이 매우 엄합니다. 우리나라 적서의 분별은 더욱 엄하여서 향당(鄕黨)의 서차(序次)와 조정의 작위(爵位)에서 서얼의 붙이는 적자(嫡子) 축에 들지도 못하는데, 강포(强暴)하게 능범(陵犯)까지 하는 것을 장유(長幼)의 법으로써 논단하는 것은 매우 정리에 어긋납니다. 이제부터는 서얼이 적자를 능멸하는 자는 「양천상구율(良賤相毆律)」에 견주어 시행하도록 하소서.

[『成宗實錄』 卷94, 9年 7月]

● 우리나라의 노비제도는 죄가 있고 없고를 따지지 않고 오직 그 계보를 따져 대대로 노비가 된다.

[柳馨遠, 『磻溪隧錄』 續編 下]

요점
- 양·천설과 양반 지배신분설
- 양인확보 정책; 노비종량법(奴婢從良法)
- 서얼차대, 양천차별 등 신분제의 관철

□ 戶口法

● 군민(軍民)의 무리에게 모두 호패(號牌)를 주었습니다. 이 때문에 백성들이 유망(流亡)할 마음을 근절하여 호구가 증감하는 폐단이 없어졌습니다. 이는 세상의 변함에 따라서 법을 바루는 방법입니다. 삼가 생각하건대, 국가에서 법을 세우고 제도를 마련하는 것은 일체 중화(中華)의 제도에 따라 모조리 갖추었는데, 오로지 호패만은 미치지 못하여 유망하는 것이 서로 잇따르고, 호구가 날마다 줄어듭니다. 감사와 수령이 비록 찾아서 잡는데 정성을 다하나 그 효과를 보지 못하는 것은 진실로 호패로 식별함이 없어서 많은 사람에게 섞이기 쉽기 때문입니다. 원하건대, 향장(鄕長)·사장(舍長)·이장(里長)의 법을 세워서 1백호에 향장을 두고, 50호에 사장을 두고, 10호에 이장을 두어, 양민과 천예(賤隷)의 액수를 두루 알지 않음이 없게 하고, 중국의 제도에 의하여 모두 호패를 주어 출입할 때에 차고 다니게 할 것입니다. 이 법이 한번 세워지면, 사람들이

모두 토착이 되어 정한 직업이 있을 뿐 아니라 일정한 마음이 있게 될 것입니다. 실로 군사를 강하게 하고 나라를 굳건히 하는 데 한 가지 도움이 될 것입니다.
　의정부에 내려서 의논하여 시행하게 하였다.

[『太宗實錄』卷11, 6年 3月]

● 전 인녕부 사윤(仁寧府司尹) 황자후(黃子厚)가 호패의 법을 행하도록 청하였다. 상언하기를 "국가에서 비록 재인(才人)이나 화척(禾尺)의 무리들로 하여금 유이(流移)하지 못하도록 하더라도 호패가 있지 않은 까닭으로 이사하는 것이 무상하고 농업을 일삼지 않습니다. 원컨대, 이제부터 비단 이러한 무리뿐만 아니라, 또 모든 백성들에게 모두 호패를 지급하소서"하니 임금이 말하였다.
　"이 앞서 호패를 말하는 자가 또한 많았다. 나 또한 항상 이를 행하고자 하였다. 그 시산(時散) 양부(兩府)와 각사(各司)로 하여금 그 가부를 의논하여 아뢰어라."
　정부에서 제군(諸君)·기로(耆老)·문무백관을 모아서 호패의 법을 의논하니, 행할 만하다는 자가 많았기 때문에 많은 쪽을 따라서 시행하라고 명하였다. 여러 신하에게 이르기를 "호패의 법은 지난해에 시행하기를 청하는 자가 많았으나 내가 곧 중지시켰다. 이제 시행하고자 하여 백사(百司)로 하여금 가부를 의논하게 하니, 가하다고 하는 자가 많이 있다. 또 호패의 설치는 백성에게 해가 없고 나라에 유익하며, 또 초법(鈔法)의 시행이 이로 말미암아 쉽게 행해질 수도 있을 것이다"하니, 여러 신하들이 모두 "예예"하였다.

[『太宗實錄』卷26, 13年 12月]

● 남자 장정으로서 16세 이상이면 호패(號牌)를 패용한다. (동반(東班)·서반(西班) 및 내관(內官) 2품 이상인 자는 아패(牙牌)를 패용하고 3품이하 및 삼의사(三醫司)로서 잡과(雜科)에 등과(登科)한 자는 각패(角牌)를 패용(佩用)하며, 생원 및 진사는 황양목패(黃揚木牌), 유품(流品)·잡직(雜職)·사(士)·서인(庶人)·서리(書吏)·향리(鄕吏)는 소목방패(小木方牌), 공사천민(公私賤民)·가리(假吏)는 대목방패(大木方牌)를 패용한다. 서울에서는 한성부, 지방에서는 각해당관인(各該當官人)이 낙인(烙印)하여 이를 발급한다.)

[『經國大典』, 戶典, 戶籍]

● 의정부에서 호구의 법을 거듭 밝히기를 청하였다.
　"인물의 다소와 생산(生産)·물고(物故)된 것을 두루 알지 않음이 없는 것이 나라를 가진 상사(常事)입니다. 인보(隣保)의 법은 이미 일찍이 판지(判旨)를 받아 행이(行移)하였사온데, 각도의 감사·수령관과 각관(各官)의 수령 등이 마음을 써서 거행하지 않습니다. 그러므로, 대소 인민들이 각각 숨기기를 힘써 하나하나 호적에 붙이려고 하지 않아서, 양민과 천인이 서로 섞이고, 유리(遊離)하여 도망하는 자가 끊이지 않사오니, 다시 판지(判旨)의 조령(條令)에 의하여 하나하나 거듭 밝혀 거행하고, 또 대소 호주로 하여금 내외의 사조(四祖)중에 각각 아는 바를 갖춰 기록하게 하고, 자손·노비와 협호(挾戶)살이 하는 사람을 모두 남녀를 물론하고 모조리 써서 납장(納狀)케 하여 일체 모두 부적(付籍)하고, 그 중에 출생한 자, 물고한 자, 새로 도착한 자를 각기 호주와 이정(里正)·이장이 즉시 관에 고하게 하되, 만일 즉시 관에 고하지 않는 자가 있으면, 다른 사람이 진고하는 것을 허락하여 장(杖) 70대를 때리고, 그 가재(家財) 절반을 진고한 사람에게 상으로 주고, 물고한 자를 고하지 않는 사람은 3등을 감하여 다만 볼기만 치[決笞]는 것으로 항식을 삼으소서. 그리고, 여전히 마음을 써서 고찰하지 않는 각도의 감사·수령관과 즉시 봉행하지 않는 각관의 수령 등은 '왕지(王旨)를 따르지 않는 것'으로 논하소서. 경성(京城)은 인물이 더욱 많은데 호구의 법이 오래 폐하고 행해지지 않으니, 작은 사고가 아닙니다. 한성부(漢城府)와 5부(五部)로 하여금 상항(上項)의 예에 따라 전장(專掌)해 시행하게 하소서."하니 그대로 따랐다. 정부에서 이것에 의하여 각도 도관찰사에게 이첩(移牒)하였다.

"도내의 호수와 인구를 자세히 추고하여 누락됨이 없이 일일이 성적(成籍)할 것. 각 관의 대소인민들이 가산을 배치(排置)하고 의식(衣食)을 각비(各備)하며 인수(人數)를 많이 거느리고 살면서 한 호(戶)라고 칭하는 자는 덜어내지 말고 전과 같이 완접(完接)하게 할 것. 다만 의식을 각별하는 사람들은 호구와 자지(子枝)를 써서 분간·시행하여 성적해 올려보낼 것. 그중에 생산하였거나 물고하였거나 신도(新到)한 자 등의 소명(小名)은 살고 있는 주명(州名)과 이호(里號) 및 호주의 이름을 자세히 조사하여 시행할 것. 매년 연말에 항식으로 정보(呈報)할 것."

[『太宗實錄』 卷16, 8年 11月]

● 강원도 감사가 아뢰기를 "이제 여러 도의 호적을 정하되, 50결 이상은 대호(大戶)로, 20결 이상은 중호(中戶)로, 10결 이상은 소호(小戶), 5결 이상은 잔호(殘戶), 5결 이하는 잔잔호(殘殘戶)로 삼아 이를 정식으로 삼았습니다. 이 도는 26고을의 민호의 합계가 1만1천5백38호인데, 그 중에서 대호가 10호, 중호가 76호, 소호가 1천6백41호, 잔호가 2천43호, 잔잔호가 7천7백73호로, 땅은 좁고 전지는 적사온데, 영서지방은 산전(山田)에서 생산물이 정전(正田)보다 배나 되고, 영외(嶺外)에는 또 어업과 소금의 이익이 있사온즉, 만약 다른 도의 만든 호적의 기준에 의거하여 호역(戶役)을 나누어 배정한다면 다만 구실을 배정하기가 어려울 뿐 아니라, 노고와 안일도 균등하지 못할 것입니다. 이제부터 뒤로는 도내의 호적을 정리하되 20결 이하와 10결 이상으로써 중호로 삼고, 6

결 이상으로써 소호로 삼고, 4결 이상으로써 잔호로 삼고, 3결 이하로써 잔잔호로 삼게 하소서"하니 그대로 따르다.

[『世宗實錄』卷74, 18年 7月]

● 3년에 한번씩 호적을 개편하여 본조(本曹)·한성부(漢城府)·본도(本道)·본읍(本邑)에 비장(備藏)하여 둔다. 서울과 지방은 5호로써 1통(統)을 삼으며 통주(統主)가 있다. 지방에는 5통마다 이정이 있고 1면마다 권농관(勸農官)이 있다. 서울에는 일방(一坊)마다 관령(管領)이 있다. 사대부 서민은 모두 그 가호의 위치에 따라 통을 작성한다. 입적자에게는 호구등본(戶口謄本)을 작성하여 급부한다.

[『經國大典』卷2, 戶典, 戶籍]

● 호모부모방제기리[戶某部某坊第幾里; 외방(外方)이면 某面某里라 칭한다] 주(住), 모직(某職), 성명(姓名), 년갑(年甲), 본관(本貫), 사조(四祖), 처모씨(妻某氏), 년갑(年甲), 사조(四祖)종친(宗親)은 자기(自己)의 직함(職銜)과 처(妻)의 사조(四祖)를 기록하고 의빈(儀賓)은 자기의 직함·사조(四祖)와 모공주(某公主)·옹주(翁主)에게 장가간 것을 기록하고 서인(庶人)은 자기와 처의 사조(四祖)를 기록하고, 서인(庶人)으로 사조(四祖)를 알지 못하는 자는 모두 기록하지 아니한다 솔거자녀 모모년갑(率居子女 某某年甲)[여서(女壻)면 아울러 본관(本貫)을 기록한다] 노비·고공 모모년갑(奴婢·雇工 某某年甲)

[『經國大典』, 禮典, 戶口式]

● 호적에는 호주의 거주지·관직이나 신분·성명·나이·본관(本貫), 4대조 및 처의 성씨·나이·4대조 및 거느리고 있는 자녀의 이름·나이를 기록한다(사위의 경우는 본관도 같이 기록한다). 그리고 노비와 머슴의 이름, 나이 등도 기록한다.

[『經國大典』, 禮典, 戶口式]

요점
- 호패법(號牌法)·인보법(隣保法)의 실시
- 호구 파악방식의 변화
- 민인(民人)의 토지긴박

□ 田制·田稅

● 호조에서 계하기를 "전일에 각품 과전(科田)·별사전(別賜田)은 그 3분의 1을 덜어 군자(軍資)에 붙여 하삼도(下三道)에 옮겨줄 때에, 본궁과전(本宮科田)과 별사전도 역시 하삼도에 옮겨주었사오나, 상왕전 본궁의 예에 의하여 다시 전대로 하기를 청하나이다" 하니, 그리하라고 하다.

[『世宗實錄』卷1, 卽位年 9月]

◉ 이제 6등전을 동과수조(同科收租)함에 있어서는 전지의 소출을 다소를 기준으로 하여 각 등전(等田)의 실적(實積)을 정해야 할 것이다. 가령 구하전척(舊下田尺)으로 양전(量田)한 1결의 전지가, 상상(上上)의 고옥지(膏沃地)인 경우 상상년의 소출은 한전(旱田)이 몇 석이고 수전(水田)은 몇 석이며, 하하년의 소출은 한전이 몇 석이고 수전이 몇 석인지를 의정부·6조와 문·무관 및 본소[田制詳定所]의 별감 등이 논의하여 마감토록 한다.

[『世宗實錄』卷104, 26年 6月]

◉ 각도의 수전·한전의 소출 다소를 자세히 알 수가 없으니, 공법(貢法)에서의 수세액(收稅額)을 규정하기가 어렵다. 종래의 하등전 1결의 실적을 기준으로 할 때 상상(上上)의 수전에서는 몇 석을 파종하고 한전에서는 무슨 곡식 몇 두를 파종하여, 상상년에는 수전은 몇 석, 하전은 몇 석을 수확하며, 하하년에는 수전은 몇 석, 한전은 몇 석을 수확하는지, 하하(下下)의 수전에서는 역시 몇 두를 파종하고 한전에서는 무슨 곡종 몇 두를 파종하여 상상년에는 수·한전 각기의 수확이 얼마며 하하년에는 수·한전 각기의 수확이 얼마인지를 각 관의 관둔전(官屯田)에 대해서도 과거 5년간의 파종 및 수확의 다소를 위와 같이 조사하여 보고토록 한다.

[『世宗實錄』卷104, 26年 7月]

◉ 과전(科田)을 폐하고 직전(職田)을 설치하였다.

[『世祖實錄』卷39, 12年 8月]

◉ 수신(守信)·휼양전(恤養田)이 폐지되어 직전이 되었다.

[『成宗實錄』卷249, 22年 正月]

◉ 직전(職田)·사전(賜田)의 세와 초가(草價)는 경창(京倉)에 납부하며[기한은 다음해 3월 초10일까지이다] 군자감(軍資監)의 미두(米豆)로 바꾸어 지급한다.[초(草) 1속(束)을 미(米) 2승(升;되)으로 계산한다. 직전·사전(寺田)에서는 1결마다 2두씩을 관에서 징수한다]

[『經國大典』卷2, 戶口, 職田]

요점
- 수조권적(收租權的) 토지 지배방식의 변화와 소멸
- 납조(納租)·경작자(耕作者)의 소유권 강화
- 전품(田品)의 세분화; 농업기술상의 성과

□ 量田法

● 호조 급전사(給田司)에서 상언하였다.

"고려왕조의 말기에 기강이 문란하여 전제가 먼저 무너지니, 호강(豪强)이 다른 사람의 소유를 빼앗아 합치고, 부자형제의 사이가 서로 송사(訟事)하여 국가와 민간이 모두 곤궁하게 되었습니다. 그런 까닭으로, 기사년(1389) 무렵에 경기와 5도의 전지를 모두 타산(打算)하여 정(丁; 필(筆))을 만들게 하였습니다. 그러나 그 당시에 계산하는 기술이 익숙하지 못하여 시기를 한정하여 일을 마치게 되매, 경중(輕重)이 적중하지 못하고 혹은 빠뜨린 것도 있게 되며, 바다 가까운 땅은 미처 계량하지도 못하였으니, 원컨대 조관(朝官)을 나누어 보내어 여러 고을 수령들과 더불어 답험(踏驗)하고 관찰사로 하여금 고찰하여 천자문의 자호(字號)로써 정(丁)을 만들어 그 세를 거두게 하고, 동서 양계의 전지는 도순문사(都巡問使)가 또한 소 하루갈이의 많고 적은 것으로써 고쳐 계량하게 하되, 그 수령과 사무를 맡은 관원이 마음을 써서 답험하기를 즐겨하지 않는 사람은 호율(戶律)에 의거하여 죄를 결정하고 관직을 파면시켜 서용(敍用)하지 않게 하며, 도관찰사(道觀察使)와 도순문사(都巡問使)로 각찰(覺察)하지 않는 사람은 신문하여 논죄하게 하소서."

임금이 그대로 윤허하였다.

[『太祖實錄』卷14, 7年 7月]

● 의정부에서 전지를 측량할 사목(事目)을 올렸는데, 그대로 따랐다.

"인정(仁政)은 반드시 경계(經界)로부터 시작됩니다. 지난달에 각도에서 전지를 측량한 바가 경(輕)하고 중(重)한 것이 고르지 못하여, 혹은 원망하기에 이르고, 바닷가에 있는 땅에 이르러서는 곧 측량을 하지 않았고, 또 그 결실되고 결실되지 못한 것을 공평하게 답험치 못하여, 결실된 것은 조세(租稅)를 면하고, 결실되지 않은 것은 도리어 조세를 바치니, 그 폐단이 적지 않습니다. 원컨대 각 도에 도장(道掌)을 세분하여 경차관(敬差官)을 나누어 보내서 그 결실되지 못한 것을 조사하고, 그 중에 답험을 공정하게 하지 않은 자는 『육전』에 의하여, 3품 이상은 보고하여 논죄하고, 4품 이하는 직접 결단하게 하소서. 각 도의 전지를 모두 다 측량하여 묵은 땅과 개간된 땅을 물론하고 문부(文簿)를 만들어서 비로소 조세를 거두게 하소서. 만일 전지는 많고 사람은 적어서 쉽게 측량할 수 없거든, 감사에게 통보하여 각관의 수령 및 산관(散官)의 공정하고 청렴한 자를 시켜서 도(道)를 나누어 측량하여 끝내어 민생을 편케 하고, 그 중에 공평하게 측량하지 않아서 후일의 이익을 도모하는 자는 경차관이 육전에 의하여 논죄하고, 경차관이 고찰을 공평하게 하지 못하는 자는 감사가 고찰하여 신문해서 출척(黜陟)하게 하소서."

[『太宗實錄』卷10, 5年 9月]

● 모든 토지는 6등급으로 나누며, 20년마다 한 번씩 토지를 다시 측량하여 양안(量案)을 만들고, 호조(戶曹)·본도(本道)·본읍(本邑)에 갖추어 둔다.(1등전의 척(尺)은 주척(周尺)에 준하여 4尺7寸7分5釐이고…6등전의 척(尺)은 9尺5寸5分이다. 실면적 즉 사방(四方) 일척(一尺)을 파(把)라 하고, 10파(把)를 속(束)이라 하며, 10속(束)을 부(負)라 하며 100부(負)를 결(結)이라 한다. 1등전 1결은 38묘(畝)준하고…6등전은 152묘(畝)에 준한다.…항상 계속하여 경작되고 있는 토지는 정전(正田)이라 칭하고 때로는 경작하고 때로는 휴경(休耕)하는 토지는 속전(續田)이라 칭한다. 정전(正田)으로 기록되었으나 토질이 좋지 못하여 곡량이 잘되지 않는 토지라든가 혹은 속전(續田)으로 기록되어도 지질이 비옥하여 소출이 많은 경우에는 수령(守令)이 이를 장적(帳籍)에 적어 두고 관찰사(觀察使)에 보고하여 다음 식년(式年)에 이를 개정한다.

[『經國大典』卷2, 戶典, 量田]

요점 －토지파악; 수취의 원천, 국가질서 유지

□ 徭役

● 민정(民丁)은 16세로부터 60세에 이르기까지 역을 맡게 하는데, 10정(丁) 이상이면 대호(大戶)가 되고 5정 이상이면 중호(中戶)가 되고, 4정 이하이면 소호(小戶)가 되게 하여 정을 계산하여 백성을 등록시키고, 만약 요역이 있으면, 대호는 1명을 내고 중호는 둘을 합하여 1명을 내고 소호는 셋을 합하여 1명을 내어 그 역을 고르게 할 것이며, 만약 유망(流亡)하는 사람이 있으면, 그 이유를 묻고 더욱 불쌍히 여겨 구휼(救恤)을 가하여 완취(完聚)하게 할 것.

[『太祖實錄』卷2, 元年 9月]

● 역민(役民)하는 방법을 호조에 하달하기를 "일체 수조해야 할 전지는 매 8결에서 1부(夫)를 내게 하되, 관찰사가 공역의 다소를 헤아려 돌려가면서 조발(調發)하게 하며, 만약 일이 커서 부득이 조발하기를 더하는 경우에는 6결에서 1부를 내게 하고, 모름지기 계문(啓聞)하고서 시행하라. 그리고 서울에서 얼음을 저장하는 일이나, 금을 캐거나, 참(站)·관(館)을 수리하거나, 목장을 쌓거나, 공탄(貢炭)을 땅에 묻거나, 교량을 만들거나, 교초(郊草)를 베거나, 철물을 취련(吹鍊)하거나, 목장에서 말을 몰거나, 예장(禮葬)에서 무덤을 만드는 일에는 상례대로 조발하라. 성을 쌓거나, 미곡을 운반하거나, 중국 사신의 교부(轎夫)나, 목장을 새로 쌓거나, 파오달(波吾達)이나 염초나 목석을 수송하거

나, 제언을 쌓거나, 산대나 갈(葛)을 채취하거나, 석회를 구워내는 일에는 별례로써 조발하라"하였다.

[『成宗實錄』 卷9, 2年 3月]

◉ 모든 전지는 8결마다 1부(夫)를 출역(出役)하게 한다. 기한은 1년에 6일을 초과할 수 없다. 만일 노정이 멀어서 6일 이상 걸리면, 다음해의 요역 일수를 이에 준해서 감하여 준다. … [경성(京城) 부근 10리 이내에 거주하는 자는 모두 경역(京役)에 조발(調發)된다]

[『經國大典』 卷2, 戶典, 徭役]

요점 - 요역부과 기준의 변동
- 역역(力役)부담의 내용

□ 貢物

◉ 군현의 공물은 그 토산(土産)에 따라서 다시 그 액수(額數)를 정하고 불산지물(不産之物)은 수납을 면제하게 할 것이다.

[『太祖實錄』 卷15, 7年 9月]

◉ 도내(道內) 제읍(諸邑)의 공물은 그 토산에 따라 수량을 헤아려 분정(分定)하고 안(案)을 작성하여 하송(下送)하라

[『成宗實錄』 卷10, 2年 4月]

◉ 동지중추원사(同知中樞院事) 양성지(梁誠之)가 상소하기를 … "본조에서 백성들에게 세금을 거두는 것은 1가의 전세와 같은 경우에는 소출의 10분의 4인데, 잡세(雜稅)가 그 가운데 10분의 6을 차지합니다. 이른바 잡세라는 것은 바로 여러 가지 종류의 공물을 대납(代納)하는 것입니다. 지금 호조에서 일국의 재부를 맡아보는데, 어느 주의 어떤 물건의 대납인지를 살피지 아니하고, 또 대납하면서 이익으로 거두는 것이 모두 몇 석인지를 살피지 아니하고, 모두 부상(富商)에게 허가하여 이 일을 하게 하고, 그 세금을 거두는 것이 정해진 제도보다 지나치는 경우가 많으며, 또 일을 맡아보는 사람들이 재화를 쓰더라도 전혀 절제하지 않습니다. 신이 되풀이하여 생각해 보건대, 백성들에게 세금을 거두는 제도는 가볍게 볼 수가 없으며, 나라의 재정을 풍족하게 하는 방술을 늦출 수가 없습니다. 일국의 재부의 반을 들어서 상고(商賈)의 손에 맡기고도, 이미 징수하여 거두는 것을 고찰하지 아니하고, 그 용도를 고찰하지 않는 것이 옳겠습니까?

[『世祖實錄』 卷33, 10年 5月]

요점 — 공물부과의 기준
　　　 — 대납(代納)의 폐단

□ 軍役

● 경성(京城)과 지방의 군정(軍丁)은 6년마다 병적(兵籍)을 작성하여 [경성은 5부(部)에서, 지방은 절도사(節度使)가, 제주(濟州) 3읍(邑)은 절제사(節制使)가 작성한다] 병조(兵曹)에 보내어 보관하고[관찰사가 있는 도(道)와 주진(主鎭)·거진(巨鎭)·제진(諸鎭)에서도 또한 1부씩 보관한다] 병조(兵曹)는 그 총액수를 상신(上申)한다.

[『經國大典』 卷4, 兵典, 成籍]

● 정병(正兵) 등이 모두 타인으로써 대립하는데, 그 대립자는 역이 고되어서 값을 많이 받는다. 2개월에 면포(綿布) 17,8필에 이른다.

[『成宗實錄』 卷277, 24年 5月]

● 공조판서 양성지(梁誠之)가 상서하였다. "… 신이 그윽이 보건대 군사는 정예(精銳)한 것이 귀하지, 많은 것이 귀하지 않습니다. 일찍이 역대의 제도를 고찰하건대, 백성의 인구가 30만이면 호수(戶數)가 10만이고, 호수가 10만이면 군사는 3,4만으로, 으레 3정(丁)을 1호(戶)로 하여 3호에서 한 군사를 양병하였습니다. 전일에는 사람 2정을 1보(保)로 하거나 전지 5결을 또한 1보로 하여 이로써 보를 만들어 군적(軍籍)을 기록하였습니다. 신이 생각하건대, 보는 곧 호인데 3정을 1보로 하면 1인은 호수(戶首)가 되어 군사를 다스리고, 1인은 솔정(率丁)이 되어 농사를 다스리고, 1인은 여정(餘丁)이 되어 평상시에는 부역(賦役)에 이바지하고 행군할 때에는 치중(輜重; 군수품)을 가지게 되니, 1보가 충실하게 됩니다. 지금은 2정을 1보로 하여 1인이 군사를 다스리고 1인을 농사를 다스리면서 또 부역에 이바지하게 되니, 이렇게 하면 보가 충실하지 못합니다. 4약호(弱戶)로써 1기병(騎兵)을 기르는 것은 3부호(富戶)로써 한 군사를 기르는 것만 같지 못한데, 하물며 평상시 차역(差役)할 때에는 전지의 많고 적은 것으로 역의 가볍고 중한 것을 삼아서 부역을 고르게 하니, 어찌 우리나라 백만의 무리를 가지고 전지 5결로써 사람 1정에 준할 수 있겠습니까?

빌건대, 전지에 의거하는 법을 파하고 사람 3정을 1보로 삼되 갑사(甲士)·별시위(別侍衛)는 3보로써 한 군사를 기르고, 정병(正兵)과 선군(船軍)은 2보로써 한 군사를 기르고, 팽배(彭排)와 대졸(隊卒)은 1보로써 한 군사를 기르고, 연호(煙戶)·잡색(雜色)·수성(守城) 등의 호는 또한 각기 스스로 1보로 하게 하소서. 이렇게 하면 혹은 더하고 혹은 감하여 군액(軍額)이 옛날과 같이 되고, 군사가 모두 부실(富實)하게 되며, 백성도 부족함이 없게 될 것입니다.

[『睿宗實錄』 卷6, 元年 6月]

요점
- 군역부과 방식의 변화
- 군역의 역역화(力役化)
- 대립(代立)의 폐단

□ 還上·賑濟

● 의창(義倉)을 설립한 것은 본래 궁핍함을 진휼(賑恤)하기 위해서이다. 매년 농월(農月)에 먼저 궁민(窮民)에게 식량과 종자를 분급하되 반드시 두량(斗量)하고 가을이 되면 단지 본수(本數)만을 납부한다. 그 출납한 수량을 매년 마지막 달에 삼사(三司)에 보고하고 수령이 두량을 행하지 않거나 아울러 부강자에 분급한 자는 논죄한다.

[『太祖實錄』 卷1, 元年 9月]

● 각 고을의 종자와 구식(口食)이 없는 인민에게는 환자(還上)를 분급한다.

[『世宗實錄』 卷31, 8年 1月]

● 호조가 계(啓)하기를 "지금 농월이 되었으니 역농(力農)할 수 있는 건장한 남녀에게는 모두 환자를 분급하고 소경전(所耕田)이 없는 환과고독(鰥寡孤獨)과 잔약 폐질이나 구걸하는 자에게 진제(賑濟)를 분급하소서"하니 윤허하였다.

[『太宗實錄』 卷33, 17年 4月]

● 토전(土田)이 있거나 족친(族親)이 있는 자는 마땅히 환자를 받는다.

[『世宗實錄』 卷21, 5年 7月]

요점
- 환자(還上)의 병경적(竝耕的) 면모; 국가의 농민보족책
- 진휼(賑恤)과 환자의 차별성

□ 收取의 紊亂

● 판중추원사(判中樞院事) 안순(安純)이 상서하기를 "… 이제 국가에서 답험(踏驗)하는 법은 관과 민을 편하게 하고자 한 것이오니, 근년 이래로 답험이 중도를 잃어서 용도가 넉넉하지 못합니다. 하늘과 땅이 재물을 내리므로, 관에 있지 아니하면 민에 있음은 이세(理勢)의 필연한 것인데, 어찌하여 한번의 장마나 가뭄을 지나오면 백성이 우선 먹기에 곤란합니까. 그 연유를 연구하면, 근본인 농삿일을 버리고 말엽인 장삿일을 좇

되, 백성의 재물을 갈취하는 자가 한가지만이 아니니, 알기 쉬운 것으로 말하면 공·상인의 무리가 초립·유기·피혜 같은 물건을 여러 방법으로 허식(虛飾)하여 가지고, 혹은 지고 혹은 싣고서 여러모로 횡행하면서 다투어가며 값을 받고 파는데, 여염과 동리로 출입하면서 어리석은 백성을 속이고 꾀여 물건 값을 올려받으므로 백성이 제대로 살지 못하니, 그 폐해가 첫째요, 경외의 인민이 각 관청에 기인(其人)이나 보충군 같은 것으로 들어가든가, 도부외·조례(皂隷)·선상노자(選上奴子)·선군(船軍)으로 입번(立番)할 때에는 다투어서 대립(代立)시키는데, 양반의 집에서도 역시 본떠서 합니다. 한 장정의 한 달의 대가(代價)가 면포로 3필이니, 1년의 대가는 거의 30여필이나 됩니다. 혹시 처음에 대가를 받지 못한 자가 구실을 마치고는 증명서를 받아가지고 가서 독촉하여 대가를 받게하면, 몹시 독촉하는 데에 몰려서 혹은 전토를 팔고 혹은 우마를 팔아서 경가파산(傾家破産)하게 됩니다. 그 대립으로 징납(徵納)하는 숫자는 자기가 서고서 들인 비용의 수와 비교하면, 갑절 이상 댓갑절 가량이나 되는데, 고향땅을 생각하는 것은 사람의 상정이므로 우선 한때의 편한 것만 생각하고 후일의 폐해는 생각하지 아니하여, 다투어가며 대립시켜 그것이 풍속이 되었는데, 그 폐단을 장차 금하기 어렵게 되었으니 그 폐해가 둘째입니다. 각 고을의 공물은 방납하는 것을 금한다는 법령이 분명히 있으나, 백성의 힘되는 것을 염려하여 선공감(繕工監)에서 목탄을 바치고, 와요(瓦窰)에서 토목을 바쳐서 방납(防納)하는 것을 허락하셨으므로, 이것을 인연하여 기타의 잡공(雜貢)도 수령과 통하여 대납하지 아니하는 것이 없고, 값을 민호에서 거두는 데 심한 자는 백성을 시켜서 값을 경중으로 운반하게 하여 물주에게 주게 하고, 각 참(站), 각 나루에 이르기까지 한 배의 값을 대납하게 하는 것이 1백여석에 이르니 1년 동안 근고한 생업을 소비해 쓰는 데 모래같이 하니 그 폐해가 셋째입니다. 그것뿐만 아니라, 경작하는 것의 다소로써 백성에게서 거두는 것이 한 가지 물건만이 아니므로 재산을 기울여 사들이느라고 그로 인하여 있는 재산을 잃어버린 자도 한 사람만이 아니다, 다만 부민고소(部民告訴) 금령(禁令)이 두려워서 감히 입에 내지 못하고 머리를 늘어뜨리고 날을 보내는 자도 많습니다. 이 폐해를 구하지 아니하고 한갓 의창(義倉)의 수효만을 증설한다는 것은 바로 한 사람이 갈고 길쌈하는데 1백 사람이 먹고 입는 것 같아서, 손을 놀리고 먹는 자가 열에 7,8이 되니, 어찌 백성이 곤궁하지 않겠으며, 또 도적질하지 않겠습니까. 이것이 이른바 그 근본은 고르게 하지 아니하고, 그 끝만을 가지런히 한다는 것입니다. 생재(生財)하는 방법은 근본을 두텁게 하는데 있으며 식량을 충족시키는 요체는 말단을 억제하는데 있습니다. 옛사람이 이르기를 "생산하는 자가 많고 쓰는 자가 적으면 상하가 다 넉넉하다."하였습니다. 이제 백성이 한이 있는 재물을 가지고 한이 없는 소비를 메워서, 처음부터 아끼지 아니하고 경쟁으로 저축한 것을 소비하되 저희끼리 말하기를 "명년의 종자와 식구가 먹을 것은 환자(還上)가 있다."하니 전적으로 조대(糶貸)만 바라본다는 뜻이 언외(言外)로 드러납니다. 혹 해마다 가뭄을 만나든가 전쟁이라도 일어나 갈고 심는 것의 시기를 놓쳐 수확이 기대에 어긋나면 그것을 어찌 하겠습니까" 하였다.

[『世宗實錄』 卷87, 21年 11月]

요점 －수취체계의 이완; 답험(踏驗)·대립(代立)·방납(防納) 등

□ 三覆法

● 순금사겸판사(巡禁司兼判事) 박은(朴訔)이 사형[大辟]의 삼복법을 청하니 그대로 따랐다. 계문(啓聞)은 이러하였다. "신이 『경제육전(經濟六典)』을 상고하니, 사죄(死罪)에는 삼복한다고 하였으나, 이제 형조·순금사에서 일찍이 시행하지 않았습니다. 청컨대 『육전』에 의하소서"
　임금이 말하였다. "그렇다. 이제부터 형관(刑官)이 의당 거행하도록 하라."

[『太宗實錄』 卷26, 13年 8月]

요점 －형률의 자의적 적용배제

□ 興學

● 육학(六學)을 세워 양가(良家)의 자제가 공부하게 하였다. 一.병학(兵學), 二.율학(律學), 三.자학(字學), 四.역학(譯學), 五.의학(醫學), 六.산학(算學)이다.

[『太祖實錄』 卷4, 2年 10月]

● 십학(十學)을 설치하였다. 좌정승 하륜(河崙)의 건의에 의한 것이다. 一.유학(儒學), 二.무학(武學), 三.이학(吏學), 四.역학(譯學), 五.음양풍수학(陰陽風水學), 六.의학(醫學), 七.자학(字學), 八.율학(律學), 九.산학(算學), 十.악학(樂學)이다. 각 학은 각각 제조관(提調官)을 둔다. 유학은 단지 시현(試見)으로 삼관(三館)의 7품 이하관을 시험하여 맡기고, 나머지 9학은 시산(時散)을 논할 것없이 모두 4품 이하부터 시작하여 4중월(仲月)마다 고시하여 그 고하를 등제(登第)하여 출척의 근거로 삼는다.

[『太宗實錄』 卷12, 6年 11月]

● 서울 호세가(豪勢家)의 자제들은 요행 생원시(生員試)에 합격하여 성균관에 있게 되나 얼마 있지 않아서 음식이 맞지 않으므로 부형의 음덕을 이용하여 모두 벼슬하기를 희망한다. 그리고 지방에 있는 선비들이 혹 학문에 뜻을 두어 성균관에 있으면 왕왕 풍습병에 걸리어, 많은 선비들이 성균관에 있기를 싫어하여 늘 성균관에 있는 학생은

30~40명 미만이었다.

[『太宗實錄』 卷33, 17年 閏5月]

● 인재를 가르치고 기르는 것은 학교에 있는 것이므로, 본조(本朝)는 주·부에는 교수관(敎授官)을 보내고 군·현에 학장(學長)을 두었다. 그런데 학장이 되는 자들이 혹 임지에 부임하지도 않고 또 효력도 없어 마침내 군현에 있어서는 다만 학교이름만 있고 실효는 없다.

[『太宗實錄』 卷27, 14年 6月]

● 학교는 인재가 육성되는 것이고 풍화(風化)가 먼저 이루어지는 곳입니다.…단 외방(外方)의 훈도(訓導)되는 자들이 모두 불학용렬(不學庸劣)하여 교회(敎誨)할 바를 모르고 교생(校生)이 되는 자들 또한 모두 피역(避役) 무뢰한들이기 때문에 학교가 텅 비었습니다. 신(臣)의 생각으로는 각 읍의 사족자제(士族子弟)들을 뽑아 향교에 다니도록 하고, 문리(文理)에 능통한 자로 훈도(訓導)를 삼을 것 같으면 가르침에 효과가 있겠습니다.

[『明宗實錄』 卷8, 3年 9月]

요점 -잡학; 기술관료층(中人)의 형성
-관학교육의 허구화

□ 鄕藥普及

● 우리나라는 중국과 멀어서, 이 땅에서 나지 않는 약종이 누구나 구득하기 어려운 것이 실로 걱정이었다. 그러나 나라 풍속이 가끔 한 가지 약초를 가지고 한 가지 병을 치료하되 그 효험이 매우 신통했었다. 일찍이 삼화자(三和子)의 『향약방(鄕藥方)』이 있었는데, 이는 자못 간단하게 요령만 뽑아놓아, 논병(論病)하는 사람들이 오히려 너무 간략함을 결점으로 여겼더니, 요컨대 지금의 판문하 권공 중화(權公仲和)가 서찬(徐贊)이란 사람을 시켜 거기에다 수집을 더하여 『간이방(簡易方)』을 편저하였다. 그러나 그 책은 아직도 세상에 널리 퍼지지 못했었다.

삼가 생각하건대, 우리 주상전하께서 인성(仁聖)한 자품으로 천명을 받아 나라를 세우시고, 널리 은혜를 베풀어 많은 사람을 구제하려는 생각을 미치지 않는 데가 없이 하였으나, 매양 가난한 백성이 병이 나도 치료할 수 없음을 염려하여 몹시 측은하게 여겼었다. 좌정승 평양백(平壤伯) 조공 준(趙公浚)과 우정승 상락백(上洛伯) 김공 사형(金公士衡)이 위로 성상의 마음을 체득하고 "서울에 제생원(濟生院)을 설치하고 노비를 지급하여 향약(鄕藥)을 채취시켜서, 약을 만들어 널리 펴서 백성이 편히 쓸 수 있게 하기"를 주청하매, 중추(中樞) 김공 희선(金公希善)이 그 일을 도맡았었다.

가도에도 또한 의학원을 설치하고 교수를 나누어 보내어 이와같이 약을 쓰게 하여 영구히 그 혜택을 입게 하였다. 또 방문에 미비한 것이 있을까 염려하여, 특명관 권공(權公), 약국관(藥局官)과 함께 모든 방문을 다시 상고하고, 또 우리나라 사람들이 경험한 방문을 채집하여 부문으로 편집한『향약제생집성방(鄕藥濟生集成方)』이라 이름하고,『우마의방(牛馬醫方)』을 부록하였는데, 김중추(金中樞)가 강원도 관찰사로 있을 때 공장(工匠)을 모아 인쇄하여 널리 전파하니, 모두 구득하기 쉬운 약물이요, 이미 증험방문들이다. 이 방문에만 정통(精通)하다면 한 병에 한 약물만 쓰면 되니, 무엇 때문에 이 땅에서 나지 않는 구하기 어려운 것을 바라겠는가?

또 오방(五方)이 모두 성질이 다르고, 천리면 풍속이 같지 않아, 평상시의 좋아하는 음식의 시고 짬과 차고 더움이 각각 다른 것이니, 병에 대한 약도 마땅히 방문을 달리해야 하며 구차하게 중국과 같이할 것이 없는 것이다. 더구나 먼 지역의 물건을 구하려다 구하기도 전에 병만 이미 깊어지거나, 혹은 많은 값을 주고 구하더라도 묵어서 썩고 좀이 파먹어 약기운이 다 나가버린다면, 토산약재가 기운이 완전하여 좋은 것만 같지 못한 것이다. 그러므로 향약을 써서 병을 고친다면 반드시 힘이 덜 들고 효험은 빠를 것이니, 이『향약제생집성방』이 이루어진 것이 얼마나 백성에게 혜택을 주는 것인가!

[『陽村集』 卷17, 序, 鄕藥濟生集成方 序]

요점 − 의약연구의 진흥; 고유약재의 개발
− 인구증가와의 관계

□ 勸農政策

● 전 판원주목사(判原州牧使) 우희열(禹希烈)이 상서(上書)하여 제언(堤堰)을 쌓도록 청하였다.

1. 만약 크게 가무는 해에 다만 비가 오기만을 바라고, 저수의 준비가 없이 가만히 앉아서 논밭이 말라 들어가는 것을 보다가 농사를 실패한다면, 매우 옳지 못한 일입니다. 엎드려 바라건대, 적당한 곳을 골라 제언을 많이 쌓아서 관개(灌漑)에 이바지하고, 겸하여 고기를 길러서 국용(國用)에 대비하게 하소서.

1. 구경(舊京)과 승천부(昇天府) 등처의 제언은 중방(重房)에서 매년 춘추로 수축하였으니, 엎드려 바라건대, 이 예에 의하여 삼군으로 하여금 각각 저수지 하나씩을 쌓게 하면, 반드시 모두 앞을 다투어 공사에 나아가서 며칠이 안되어 이룩될 것입니다.

1. 중군과 사재감(司宰監)에서 저수지 하나를 쌓아서 고기를 길러서 공상(供上)에 이바지하고, 좌군과 전농시(典農寺)에서 저수지 하나를 쌓아서 고기를 길러서 제사에 이바지하게 하고, 우군과 예빈시(禮賓寺)에서 저수지 하나를 쌓아서 고기를 길러서 빈객을 대접하게 하소서.

1. 저수지를 만드는 데에는 반드시 길하고 흉한 곳이 있으니 빌건대 서운관(書雲觀)에 명하여 자리를 보아 땅을 파서 둑을 쌓게 하소서.

1. 제언을 쌓는 것은 한재(旱災)를 대비하기 위한 것이니, 중하게 여기지 않을 수 없습니다. 엎드려 바라건대, 도감(都監)을 세워 땅을 파서 둑을 쌓게 하고, 겸하여 고기를 길러서 빈객의 때아닌 수요에 대비하게 하여 민폐를 없애도록 하소서.

엎드려 바라건대, 백성이 전지를 경작하는 시기가 이르기 전에 세 곳을 쌓게 하여 만약 마치지 못하면, 또 추수하기를 기다려서 다시 쌓게 하소서. 그 도감은 비록 역사가 끝나더라도 혁파하지 말고, 봄·가을로 돌아다니면서 수축하게 하는 것이 어떠하겠습니까?

상이 그대로 따랐다. 서운관에 명하여 땅을 골라서 아뢰게 하고, 우희열을 제조(提調)로 삼도록 명하였다.

[『太宗實錄』 卷17, 9年 3月]

● 『경제육전(經濟六典)』에 "국초에 종상법(種桑法)을 제정하여, 대호(大戶)는 3백본(本), 중호(中戶)는 2백본, 하호(下戶)는 1백본으로 하며, 뽕나무를 심지 않는 자가 있으면 수령을 파직으로 논하였다. 김숙자(金淑滋)가 현을 다스릴 적에 반드시 관청의 빈 땅에 뽕나무를 심어서 백성으로 하여금 와서 종자를 취하게 하였다"고 하였다.

[『增補文獻備考』 卷147, 務農]

● 세조 을해년(乙亥年; 1455)에 뽕나무 심는 법을 거듭 밝혔는데, 호조의 청을 따른 것이었다. 대호는 3백 주(株), 중호는 2백 주, 소호는 1백 주, 잔호(殘戶)는 50주이며, 나무를 베는 자는 죄를 주었다.

[『增補文獻備考』 卷147, 務農]

● 총제(摠制) 정초(鄭招) 등에게 명하여 『농사직설(農事直設)』을 찬술하게 하였는데, 그 서문에 "농사는 천하의 대본이다. 예로부터 성왕(聖王)이 이를 힘쓰지 아니한 사람이 없었다. 순제(舜帝)가 9관(官)과 12목(牧)에게 명하실 적에 맨먼저 '먹는 것은 농사 시기에 달렸다'하였으니, 진실로 자성(粢盛)의 용도와 생양(生養)의 자료도 이것을 떠나서는 될 수 없기 때문이다. 삼가 생각하건대, 태종공정대왕께서 일찍이 유신(儒臣)에게 명하시어 옛날 농서(農書)로서 진실히 쓰이는 말들을 뽑아서 향언(鄕言; 국어)으로 주를 붙여 판각·반포하게 하여, 백성을 가르쳐서 농사를 힘쓰게 하셨다. 우리 주상전하께서는 명군을 계승하여 정사에 힘을 써 더욱 민사(民事)에 마음을 두셨다. 오방(五方)의 풍토가 같지 아니하여 곡식을 심고 가꾸는 법이 각기 적성(適性)이 있어, 옛글과 다 같을 수 없다 하여, 여러 도의 감사에게 명하여 주현의 노농(老農)들을 방문하게 하여, 농토의 이미 시험한 증험에 따라 갖추어 아뢰게 하시고, 또 신 초(招)에게 명하여 전차

(詮次)를 더하게 하셨으므로, 신은 종부소윤(宗簿小尹) 신 변효문(卞孝文)과 더불어 피열(披閱)·참고하여 그 중복된 것을 버리고 그 절요(切要)한 것만 뽑아서 찬집하여 한 편(編)을 만들고 제목을 『농사직설』이라고 하였다. 농사 이외에는 다른 설(說)은 섞지 아니하고 간략하고 바른 것에 힘을 써서, 산야의 백성들에게도 환히 쉽사리 알도록 하였다. 이미 위에 바쳐 주자소에 내려서 약간 본(本)을 인쇄하여 장차 중외에 반포하여 백성을 인도하여 살림을 넉넉하게 해서, 집집마다 넉넉하고 사람마다 풍족하는 데 이르도록 한 것이다. 신이 주나라 시(詩)를 보건대, 주가(周家)에서는 농사로써 나라를 다스려 8백여 년의 오랜 세월에 이르렀는데, 지금 우리 전하께서도 이 나라 백성을 잘 기르고 나라를 위하여 길이 염려하시니, 어찌 후직(后稷)과 성왕(成王)과 규범(揆範)을 같이하지 않으랴. 이 책이 비록 작더라도 그 이익됨은 이루 말할 수 있겠는가"하다.

[『世宗實錄』 卷44, 11年 5月]

요점 — 권농정책의 국가적 추진; 천문(天文)·역법(曆法)·수리(水利)·농상(農桑)

4. 社會와 經濟現實

- 개요 -

여말선초의 농업생산력의 발전은 사회변화의 원동력이 되고 있었다. 상경연작(常耕連作)은 보편화 하였으며 한전(旱田)에서의 윤작체계(輪作體系)의 확립과 수전(水田)농업의 지역적 확대는 소농민경영과 이를 기반으로 하는 조선국가체제의 안정성을 높여주고 있었다.

특히 근경법(根耕法)·간종법(間種法) 등 전소자(田少者)들에 의해 행해지는 토지의 집약적 이용은 소농민들의 자립성을 한층 강화시키고 있었다. 그러나 소농민경영의 재생산기반은 여전히 취약하였으며 이들 중 다수는 양반·토호들의 토지겸병·고리대·각종 부세부담에 의해 무전농민(無田農民)으로 전락하여 갔다. 반면 지주전호제(地主佃戶制)는 당시의 생산력수준을 반영하여 확대되고 있었는데 병작반수(並作半收)의 지주전호제는 재지사족들의 경제현실과 이해가 일치하고 있었다. 훈구계열의 중앙관인들이 농장을 경영하면서 양인농민들을 지주경영에 흡수해 나간 반면 재지 중소지주 출신의 사림들이 비교적 소농경영의 안정을 도모하게 된 것도 경제적 지반의 차이에서 비롯된 것이었다. 재지사족들은 선진농업을 도입하여 생산력을 증대시키는 한편 향촌사회를 통제하기 위해 유향소(留鄕所)를 운영하고 향약(鄕約)을 시행하는 등 농민에 대한 지배를 강화하였다. 향약은 성리학적 지배질서를 향촌사회에서 실현하고자 하는 사족층의 자치규약으로 등장한 것이지만 모든 거민(居民)을 포괄하는 향촌사회 운영원리로 전화해 갔다. 그것은 비단 도덕윤리에 국한하는 것이 아니라 정치·경제를 포함하는 전반적인 사회규범이었던 것이다.

□ 農法

◉ 황해도 감사가 계하기를 "옹진현의 선군(船軍)이 이철지(李哲之)의 밭에 한 껍질에 두 알이 든 기장이 있으므로 그 유래를 물으니, 대답하기를 '일찍이 신축년에 채전(菜田) 가운데 한 개의 기장이 났으므로, 이를 길러 이삭을 피게 하였더니, 실제로 한 껍질에 두 알이 들었습니다. 이를 이상히 여겨 종자를 받아 해마다 심었습니다. 금년에 와서 작은 밭에 심어서 지금 20이삭을 위에 바칩니다'고 하였습니다."고 하다. 호조에 명하여 그 고을관원으로 하여금 창고 쌀로서 바꾸어 보내게 하여, 이를 적전(籍田)에 심었다. 이로 말미암아 검은 기장의 종자가 나라안에 널리 퍼졌다.

[『世宗實錄』卷21, 5年 7月]

◉ 이 법[移秧]은 제초에 편하나 만일 한번만 큰 가뭄을 만나면 실수하니 농가의 위험한 일이다.

[『農事直說』種稻]

◉ 물이 있는 곳을 택하여 미리 묘종(苗種)을 기르고 4월을 기다려 옮겨 심는데 그 유래가 오래되었다. … 경상·강원도의 인민들이 묘종하는 것을 금지하는 법이 『육전(六典)』에 실려 있다.

[『世宗實錄』卷68, 17年 4月]

◉ 농부가 말하기를 "마을에 일백 집이 있으나 소를 가진 것은 겨우 십여 집이다. 그나마 소를 가진 집도 1~2마리를 넘지 못하고 암소와 송아지를 제외하면 일을 시킬 수 있는 것은 겨우 몇 마리이다. 백 가호의 전지를 소 몇 마리로 가는 것도 오히려 부족한 데 하물며 도둑의 무리가 소를 잡아먹거나 재난이 없는 마을이라도 한 달에 8~9차례 초상이 있으면 몇 안되는 머슴이 쟁기를 끈다. 아홉 사람의 힘이 소 한 마리에 못미치니 내가 어찌 깊게 갈 수 있겠는가."

[『衿陽雜錄』農談2]

요점
- 상경연작농법(常耕連作農法)의 정착
- 수전농법(水田農法)의 발달
- 종자개량
- 『농사직설』과 『금양잡록(衿陽雜錄)』 농법의 차이 ; 대농·소농

□ 水利

● 호조에서 수리를 일으킬 사의(事宜)를 아뢰었는데 계문(啓聞)은 이러하였다. "각 도 안에 수리를 일으켜서, 양전(良田)을 만들 수 있는 땅과 옛 제언을 수축해서 경작할 수 있는 곳을 자세히 찾아 물어서 결복수(結卜數)를 일일이 갖추어 아뢰고, 각 도에 이문(移文)하는 것이 어떠하겠습니까?"

상이 그대로 따랐다.…

전 인녕부윤(仁寧府尹) 이은(李殷)이 상서하였다.

"대개 듣건대 탕(湯)임금 때 7년간 가물어서 이윤(李尹)이 구전(區田)을 만들고 백성들에게 물을 져다가 곡식에 뿌려 가뭄을 대비하는 도리를 가르쳤다고 합니다. 옛날부터 이런 일이 있었으니, 염려하지 않을 수 없습니다. 지난번 경신년간에는 매양 큰 가뭄으로 인하여 백성들이 굶주렸을 때 시중 배극렴(裵克廉)이 계림부윤(雞林府尹)이 되어서 진제장(賑濟場)을 설치하여 먹였으나, 각 고을에는 저축한 것이 없어서 끝내는 식량을 공급하지 못하였습니다. 이리하여 백성에게 제언을 쌓아서 가뭄과 장마에 대비하도록 가르쳐서 그 후에는 비록 큰 가뭄이 있어도 백성은 실농(失農)하지 않았습니다. 그러나 한번 쌓고는 다신 수축하지 않고, 또 가을과 겨울에 열고 닫지 않고, 봄과 가을에는 절용하지 않는다면, 마침내 가뭄에 대비할 수가 없을 것입니다. 그 수축하는 규모와 방통(防通)하는 절목(節目)은 말로써 형용할 수 없습니다. 엎드려 바라건대 모화루(慕華樓)의 연못 가운데 구멍이 뚫린 기둥을 세우고, 연통(連桶)을 묻어서, 혹은 그치게 하고 혹은 흐르게도 하니, 수령으로 부임하는 자로 하여금 모두 이것을 보고 법을 취하게 하여, 그 주현의 경내에 혹은 새것을 쌓거나, 혹은 옛 것을 수축하게 한다면, 비록 크게 가물더라도 염려할 것이 없습니다. 무릇 먹는다는 것은 생민의 목숨을 맡은 것입니다. 금년에 가뭄은 작년보다 심하니, 명년(明年)의 일이 또한 두렵습니다. 옛말에 준비가 있으면 걱정이 없다고 하였고, 또 '군자는 우환을 생각하여 그것을 예방한다'고 하였습니다. 엎드려 바라건대 재택(裁擇)하소서.

임금이 좋다고 하고 호조로 하여금 말한 바와 같이 그것을 시험하도록 하였다.

임금이 말하였다. 내가 들으니, 경상도의 백성은 여름철을 당하여 모를 옮겨 심는다고 하는데, 만약 가뭄을 만나면 모두 농사를 망칠 것이니 명년부터는 일체 금지하라.

[『太宗實錄』 卷27, 14年 6月]

● 문종 원년(1451)에 하교하기를 "우리나라는 예로부터 내려오면서 내를 막아 물을 담아서 관개를 돕게 하였으나 이용을 빠뜨린 곳이 많아서 지금 수해와 한재를 만나면 백성이 그 해를 받게 된다. 내가 북도(北道) 백성의 생계가 어려움을 생각하여 낮과 밤으로 백성을 구제하는 계책을 생각하는데 내를 막아 관개하는 것으로 급함을 삼는

□ 利息

◉ 공사(公私)의 전물(錢物) 가운데 자모전(子母錢)은 이식을 정지하게 하도록 이미 일정한 제도가 있는데, 무식한 무리들이 이자중에다 이자를 붙이니 매우 도리에 어긋납니다. 지금부터 연월(年月)이 비록 많더라도 1전의 본전에 1전의 이자[一本一利]를 더 받지 못하게 할 것.

[『太宗實錄』 卷2, 元年 9月]

◉ 상정소(詳定所)에서 아뢰기를 … "또 공사(公私)의 대차(貸借)한 월리(月利)는 율문(律文)의 규정에 의거하여 연 10푼을 최고의 율로 정하고, 매월의 이자는 3푼을 초과할 수 없으며, 연월이 비록 경과하였더라도 다만 일본일리(一本一利)만 받게 하소서. 월리로 이식을 취득하는 법을 만약 금단(禁斷)시킨다면, 가난하고 약한 자는 빌려 쓸 곳이 없을 것이므로 진실로 폐지시킬 수 없습니다. 다만 한성부에 내린 수교내에 1백일이면 배로 결정한다는 법은 과중한 것 같으니 준행할 수 없겠습니다. 지금부터는 월리를 연 10푼을 율로 정하고 매월 1푼을 받는 것을 허가하소서. 또 공처(公處)의 대여에 대한 월리를 폐지할 수 없습니다. 또 사채(私債)의 예에 좇는 것도 옳지 않으니, 우선 옛 제도에 따라 백푼을 최고율로 하고 매월 2푼의 이자를 받도록 허가하시며, 공사의 월리 차대(月利借貸)는 경과연월이 비록 많더라도 다만 일본일리만을 받게 하소서"하니, 그대로 따랐다.

[『世宗實錄』 卷55, 14年 3月]

◉ 지금 고관으로서 녹을 많이 받는 자는 모두 장리(長利)를 행하여 그 부를 더하고 토지가 산야에 걸쳐 있어 주·현의 크기에 이르고 있다. 이렇게 가난한 백성을 침탈하고 있으니 어찌 백성들의 생활이 어려워지지 않겠는가.

[『成宗實錄』 卷44, 5年 閏6月]

◉ 명하여 내수사의 장리소(長利所) 325개소를 혁파하게 하였는데 남은 곳이 237개소이다.

[『成宗實錄』 卷14, 3年 12月]

◉ 주강(晝講)에 나아갔다. 강하기를 마치자, 검토관 안윤손(安潤孫)이 아뢰기를 "전자에 이미 내수사의 장리(長利)를 없앴는데 이제 다시 또 세우니, 신은 그 이유를 알지 못하겠습니다."하자, 임금이 말하기를 "대왕대비의 하교에 이르기를 '세종조에 내수사의

장리를 혁파하였는데 얼마 있다가 다시 세웠으니 역시 부득이한 데에서 나온 것이다. 이제 왕의 자녀가 많은데 어찌 국고의 재물로써 일일이 나누어 주겠는가? 다시 세우는 것이 가하다'고 하셨는데, 나도 생각하기를 나의 자녀는 그만두더라도 삼전(三殿)의 수용(需用)을 매양 국고에 의뢰하면 삼전의 마음에 미안한 바가 있기 때문에 호조와 의논하여 회복하게 한 것이다"하였다.

[『成宗實錄』卷148, 13年 11月]

요점
- 고리대(高利貸)에 대한 규제
- 농민자립도의 취약성

□ 賦役不均, 並作

● 품관(品官)·향리들은 토지를 넓게 점유하고 그 곳에 유망민을 불러 들여서 병작(並作)하여 그 반을 거두고 있으니, 폐단이 대단하다.… 유이민들은 이것을 이용하여 역을 피하고 용은(容隱)을 받고 있어 나라의 부역이 실로 고르지 못하게 된다.

[『太宗實錄』卷12, 6年 11月]

● 사헌부 지평 이자건(李自健)과 사간원 정언 장순손(張順孫)이 와서 아뢰기를 "지금 영응대군 집안의 노비에게 잡역(雜役)을 덜어주도록 명하셨는데 이 집안의 노비는 거의 만구(萬口)에 이릅니다. 모두 요역을 덜게 한다면 가난한 백성들만 그 폐혜를 다하게 되니, 청컨대 덜어주지 말게 하소서"하였다.

[『成宗實錄』卷251, 22年 3月]

● 일반 백성으로 농지를 가진 자가 없고 농지를 가진 자는 오직 부상대고 및 사족(士族)의 집뿐이다.

[『中宗實錄』卷75, 28年 7月 乙卯]

● 토지겸병의 폐단이 심하여 부자의 땅은 밭두둑이 연이어 있는데 가난한 사람은 송곳 꽂을 땅도 없다.

[『明宗實錄』卷7, 3年 3月 癸卯]

● 평시에(임진왜란 이전) 단지 사족들만 토지·농장을 소유하고 백성들은 가지지 못하여 모두 병작으로 먹고 살았다.

[『宣祖實錄』卷140, 34年 8月 戊寅]

요점 ─토지광점·병작반수의 폐단
　　　─부세(賦稅)부담의 전가

□ 鄕村社會

● 주·부·현에 각각 수령이 있는데, 향원(鄕愿) 가운데 일을 좋아하는 무리들이 유향소(留鄕所)를 설치하고, 때없이 무리지어 모여서 수령을 헐뜯고 사람을 올리고 내치고, 백성들을 침핍(侵逼)하는 것이 활리(猾吏)보다 심합니다. 원하건대, 모두 혁거(革去)하여 오랜 폐단을 없애소서.

[『太宗實錄』 卷11, 6年 6月]

● 영남은 원래 60여 주였는데, 고려가 삼국을 통일한 뒤로부터 합하여 한 도(道)를 설치했으며, 아조(我朝)에서는 그대로 따랐는데, 크게 인재와 물산이 생산되는 부고(府庫)가 된바, 우리 예천도 그 중의 하나이다.

그러나 예천은 본래 신라의 수주현(水酒縣)이다. 신라시대로부터 지금에 이르기까지 전후 수천년에 걸쳐, 고을의 수령은 몇 사람이었으며 향대부(鄕大夫)는 몇 사람이나 되었는가. 이 중에서 고도(古道)에 뜻을 두고 고례(古禮)를 회복하여 백성을 예의의 풍속으로 인도한 사람이 몇 명이나 있었는지 모르겠다. 고을의 수령들은 장부의 처리와 세금을 받아들이는 일에 바빠서 미처 시설할 겨를이 없었으며, 향대부(鄕大夫)들은 비록 세속을 교화시킬 방법이 있었으나 한 고을에 대해서 관리하는 바가 없었다. 이는 소위 "비록 훌륭하나 지위가 높지 못하다. 지위가 높지 못하기 때문에 사람들이 믿어주지 않는다"는 것으로 식자들은 이것을 안타깝게 여겼다.

우리 전하께서 위(位)에 계신 무신년(戊申年; 성종 19년) 읍소재지에 다시 유향소(留鄕所)를 세우고 좌수(座首)와 별감을 두었는데, 나이가 많고 덕망이 높은 자를 추대하여 좌수라 일컫고 그 다음을 별감(別監)이라 하며, 이들이 한 고을을 규찰하고 관리하게 하였다. 유향소의 인원은 부는 4명, 군은 3명, 현은 2명인데, 우리 고을은 군이다. 윤후(尹侯) 계은(季殷)과 권후(權侯) 추(推)가 별감이 되고 나의 부친이 좌수가 되었다. 계은씨는 바로 제학을 지낸 윤상(尹祥)의 아들로, 집안에 내려오는 문헌에 백성을 예의의 풍속으로 인도하는 것을 생각함이 있었으니, 이것이 바로 이 향사당(鄕射堂)을 짓게 된 유래이다.…

윤후가 나에게 「기(記)」를 요청하므로 나는 사양하였으나 되지 못하였다. 그러므로 다음과 같이 말하였다. "당(堂)을 만든 것이 어찌 깊은 뜻이 없겠는가. 옛날 성명(聖明)한 제왕들이 몸소 인의를 행하여 백성을 인후하게 인도하였다. 그런데도 오히려 부족하다고 생각하여 다시 향관을 두어 백성을 가르치게 하였으니, 오히려 부족하다고 생각하여 다시 향관을 두어 백성을 가르치게 하였으니, 여서(閭胥)·족사(族師)·비장(比長)·당정(黨正)과 같은 등속이 있어서, 각기 교령(敎令)·정사(政事)와 백성을 모으고 법령을 읽혀주는 일 등을 맡았으며, 봄가을에는 예로써 모여서 고을의 학교에서 술을 마시고 활을 쏘게 하고, 그 덕행과 도예(道藝)를 기록하며 그 과악(過惡)을 규찰하여 권장하고 징계하였다. 그리하여 풍속이 순후해지고 아름다워져서 한세상을 인의의 지경으로 올려놓았던 것이다.

지금의 유향소는 바로 옛날 있었던 당정의 유의(遺意)이다. 고을에 완악하고 간특하여 제멋대로 하여 부모에 불효하는 자, 형에게 불경하는 자, 친족간에 불목하는 자, 인척간에 불화하는 자, 남에게 신의가 없거나 남을 구휼해 주지 않는 자가 있으면 이 당(堂)에서 그에 대한 징계를 의논할 수 있으며, 아전으로 간특한 마음을 남몰래 품고서 성사(城社)를 의지하고 백성의 재물을 침탈하는 자가 있으면 이 당에서 그에 대한 징계를 의논할 수 있는 것이다.

『주관(周官)』에 있는 향삼물(鄕三物)의 가르침을 미루어 행하고 여남(汝南)의 월단평(月旦評)을 실시하여 한 고을의 풍속을 격려하는 것도 모두 이 당에서 한다. 그렇다면 이 당에 간직돼 있는 뜻이 매우 넓은 데 유독 사(射)로써 편액(扁額)한 것은 무슨 까닭인가.

향사(鄕射)의 예는 매우 오래 되었다. 공자는 확상(矍相)의 포전(圃田)에서 활을 쏘니, 구경하는 자들이 담처럼 둘러 있었다. 공자는 벌주(罰酒)잔을 들고 말하기를 "어릴 때와 장년시절에는 부형에게 효제하였고 늙어서는 예를 좋아하여 풍속을 따르지 않으며 몸을 수행하면서 여생을 마치려는 자가 계십니까? 이런 분만이 이 자리에 계십시오"하니, 가는 자가 반쯤 되고 남아 있는 자가 반쯤 되었다. 공자는 다시 벌주잔을 들고 말하기를 "학문을 좋아하여 나태하지 않으며 예를 좋아하여 어지럽지 않으며, 노년이 되어서는 도(道)를 따르고 변하지 않는 분이 계십니까? 이런 분만이 이 자리에 계십시오"하니, 남아 있는 자가 겨우 한 명 밖에 되지 않았다 한다.

술잔을 드는 사이에 그 착한 자를 골라서 머무르게 하면, 여기에 해당되지 않는 사람은 스스로 물러가는 것이다. 이것은 『시경(詩經)』에서 말한 소위 "손님의 차례를 현(賢)에 따르고 또 업신여기지 않는 것으로 한다"는 것이며, 부자(夫子)께서 말씀하신 "향음주(鄕飮酒)를 보고서 왕도(王道)를 행하기가 매우 쉬움을 알게 되었다"는 것이다.

지금 국가에서 옛 법을 좇아 예교(禮敎)를 숭상하여 향사의 예를 마련하였다. 아, 활을 쏘는 것은 한 가지 기예에 불과하다. 그러나 손님의 차례를 정하고 벌주를 드는 예가 이 예식에서 거행된다. 그리하여 한 고을의 선과 악을 구별할 수 있게 된다. 이는 이 고을의 부로(父老)들이 명칭은 비록 향사당이라고 하였지만 권장하고 징계하는 깊은 뜻이 실로 이 속에 포함되어 있는 것이다.

그렇다면 활을 쏘는 것은 마땅히 단(壇)에서 해야 한다는 것인데, 이제 당이라 이름한 것은 무슨 까닭인가. 활을 쏘는 것은 단에서 하고 향빈(鄕賓)을 미리 재계(齋戒)하는 것은 당에서 하는 것이다. 옛날 향당(鄕黨)의 선생들은 살아서는 사(社)에 모이고 죽어서는 사에 제사하였다. 아! 이 당은 그 사와 같은 것이다. 오복(五福)은 다른 날에 벼슬에서 물러나와 이 당에서 결사(結社)하여 봄·가을의 좋은 날에 닭·돼지의 안주를 가지고 한가하게 부로들을 따라 다시 술을 마시고 활을 쏘는 예를 강(講)하려 한다.

[『禮泉鄕射堂記』]

● 남원·함양은 모두 신의 본관이기 때문에 신이 친히 본바인데, 생원·진사들은 따로 1소를 세워 사마(司馬)라 이름하여 사사로이 서로 모여 군음횡의(群飮橫議)하고 인리(人吏)에게 조금만 마음에 들지 않는 일이 있으면 문득 채찍질하는 반면, 유향품관(留鄕品官)은 대부분이 노열(老劣)하여 일읍의 인리는 유향소를 멸시하고 사마소(司馬所)에 붙으니 그 폐단이 감당할 수 없으며, 수령된 자는 능히 금하지도 못할 뿐더러 도리어 노비를 주어 곡화(穀貨)를 늘리는 바탕으로 삼게 하니 국가가 세운 유향소 이외에 또 이러한 무리들이 1소를 사립(私立)함은 심히 옳지 못합니다.

[『燕山君日記』 卷31, 4年 8月]

● 이탁(李鐸)이 왕에게 상소하기를 "『여씨향약(呂氏鄕約)』은 백성을 교화시키고 풍속을 옳게 하는데 적절합니다. 신의 생각은 이 『여씨향약』의 책을 많이 인출(印出)하여 서울과 지방에 배포하되, 중앙에는 집안에서 아동학습용로, 지방에는 향교나 촌락의 학장(學長)들에게 활용하도록 배부하는 것이 좋겠으며, 학자들이 여가를 이용하여 읽을 수 있도록 하면 스스로 향약을 닦는 길을 알 것이며, 풍속습(風俗習)도 변하게 될 것입니다.

[『宣祖實錄』 卷6, 5年 10月]

요점
- 향촌사회 지배세력의 변화
- 풍속교화성리학적 예속(禮俗)의 실행을 통한 사족층(士族層)의 이민(吏民)지배
- 생산력발전에 따른 재지 중소지주층의 향촌사회 안정추구

□ 群盜의 발생

● 의금부의 담당관리 한치형이 보고하기를, "강도 홍길동이 옥정자와 홍대 차림으로 스스로 첨지라 칭하며 대낮에 떼를 지어 관청에 드나들면서 거리낌없는 행동을 자행하였는데도 권농관·이정·유향소 품관들이 몰랐을 리가 없습니다. 그런데도 보고한다든지 하지 않았으니 징계하지 않을 수 없습니다. 이들을 모두 변방으로 옮겨야 합니다." 하였다.

[『燕山君日記』 卷39, 6年 12月]

● 한 도의 인민이 다만 도적이 있다는 것만 알 뿐 나라가 있다는 것을 알지 못하니 기강이 이에 이르러 통분할 따름이다. 지금 도적의 위세가 매우 강성하여 흡사 도적의 나라가 있는 것과 같으니, 지금 만약 온 힘을 쏟아 이를 다스리지 못하면, 여러 도의 백성이 도적의 손에 맡겨지게 되어 후환은 이루 말할 수 없게 될 것이다.

[『明宗實錄』 卷27, 16年 10月]

요점 -민중의 저항

5. 外侵과 克服

- 개요 -

> 16세기말 17세기 초엽에 걸쳐 조선사회는 연이어 외침을 받으면서 국가적 위기에 봉착하였다. 임진왜란은 전국(戰國)시대의 종결에 따라 할거적인 대명(大名)들의 무력을 외부로 분출시키려는 토요토미의 의도와 동아시아의 무역불균형, 대제국 건설 야욕 등이 작용하여 일어난 일본의 침략전쟁이었다. 당시 왕실을 비롯한 조선의 지배층은 부패와 분열상이 극도에 달해 있었으며 민심이반 현상이 도처에 나타나고 있었다. 개전 초기 왜군이 승전을 거듭하며 급속히 북상할 수 있었던 가장 큰 원인이 여기에 있었다. 그러나 왜군의 무차별 살륙과 약탈이 자행되면서, 향촌의 사족이 주도하고 농민이 주축이 되는 의병이 전국적으로 기병하여 적의 후방을 위협하게 되었다. 의병들은 관군과 더불어 주력군으로 활약하거나 유격전을 펼침으로써 적에게 심대한 타격을 가하였다. 전통적으로 우수한 성능을 자랑하던 조선 수군력도 왜군을 격파하는 데 큰 힘이 되었다. 이순신이 이끄는 조선 수군은 각종의 총통으로 무장한 대형 판옥선과 거북선 등 우월한 무력과 탁월한 전술로 왜의 수군을 연파하여 적의 보급로를 끊고 서해를 따라 북상하려는 적의 기도를 저지할 수 있었다. 의병과 수군의 활약에 힘입어 곡창인 호남이 보전됨으로써 전세가 역전될 수 있는 계기가 마련되었던 것이다. 초기 평양성 탈환에 기여하였던 명군(明軍)은 왜와 화친을 도모하면서 오히려 조선 민중에게 횡포를 자행하여 커다란 민폐를 끼치기도 하였다.

☐ 壬辰倭亂

● 우리 조정에서는 왜(倭)의 동태를 걱정하여 변사(邊事)에 밝은 재신(宰臣)을 뽑아서 하삼도(下三道)를 순찰하여 방비하게 했다. 김수(金睟)를 경상감사로 삼고, 이광(李洸)을 전라감사로 삼고, 윤선각(尹先覺)을 충청감사로 삼아서 병기를 준비하고 성지(城池)를 수축케 했는데 그 중에서도 경상도에는 성(城)을 쌓은 것이 더욱 많았으니 영천·

청도·삼가·대구·성주·부산·동래·진주·안동·상주의 좌우병영(左右兵營)을 혹은 새로 쌓고 혹은 더 늘리어 수축하게 했다.

　이 때 태평이 오랫동안 계속됨에 중앙과 지방이 편안에 젖어서 백성들의 노역을 꺼리어 원망하는 소리가 길거리에 자자했다. 나의 동년친구 합천사람 전 전적(典籍) 이노(李魯)는 나에게 서신을 보내어 말하되 "성을 쌓는 것이 좋은 계책은 아니라"하고 말하기를 "삼가(三嘉)고을은 정암(鼎巖)나루가 앞에 막혔으니 왜적이 어찌 날아서 건너겠는가? 무엇 때문에 공연히 성을 쌓느라고 백성을 괴롭힐 것인가"라고 했다. 대체 만리(萬里)나 되는 큰 바다로서도 오히려 왜적을 막아내지 못하면서 한 줄기의 작은 냇물로써 왜적이 능히 건너오지 못할 것이라고 단정하니 그 사람의 계획이 소루(疏漏)한 것은 물론 그 당시의 다른 사람 의논도 이와 같았다.

　홍문관(弘文館)에서도 또한 차자(箚子)를 올려 이 일을 의논했다. 그러나 경상도와 전라도의 수축한 성은 모두 지세를 갖추지 못했고 또 넓고 크게 만들어서 많은 사람을 수용하도록 했다. 진주성은 본래는 험한 곳에 웅거하여 수비할 수 있었는데 이 때에 와서 이것을 작다고 하여 동면(東面)의 평지에 쌓았으니 그 후에 적이 이로 말미암아 성에 들어와서 마침내 성을 지키지 못했던 것이다. 대저 성은 튼튼하고 작은 것을 위주로 하는 것인데도 오히려 그것이 넓지 않을까 염려했으니 또한 그 당시의 의논이 그렇게 된 것이다. 군정(軍政)의 근본이라든지, 장수를 뽑는 요목(要目)이라든지, 군사를 훈련하는 방법 같은 것은 백가지 중에 한 가지도 정돈되지 않았던 까닭에 결국 전쟁은 패하고 말았던 것이다.

[『懲毖錄』 卷1]

● 제도(諸道)에서 의병(義兵)이 일어났다. 3도(충청, 전라, 경상) 병사(兵使)들은 모두 인심을 잃고 있었다. 때문에 왜란이 일어난 뒤에 병량(兵糧)을 독촉하니 사람들은 모두 질시하여 왜적을 만나면 흩어졌다. 마침내 도내의 거족(巨族)으로 명망있는 사람과 유생 등이 조정(朝廷)의 명(命)을 받들어 의(義)를 부르짖고 일어나니 소문을 들은 자는 격동하여 이에 응모하였다.……인심과 국명(國命)은 이에 힘입어 유지되었다.

[『宣祖修正實錄』 卷26, 25年 6月]

● 통제사 이순신(李舜臣), 임진년에 주사(舟師)를 독솔(督率)하여 해중(海中)을 차절(遮截)하고, 왜선을 누파(累破)하여 금참(擒斬)함이 셀 수 없이 많다. 적(賊), 이를 두려워하여 다시는 수로에 의하여 서(西)하는 것 감히 하지 못하다. 양조(兩朝)를 완수하고 회복시킨 것은 모두 그 힘이다.

[『芝峯類說』 卷15, 人物部, 節義]

◉ 임진왜란에 국왕이 서방으로 피난하고 나서, 국내가 공허하여져 적병이 충만하고 호령이 행하여지지 아니하여 무정부상태가 거의 달을 넘기다. 그런데 영남의 곽재우(郭再祐)·김오(金沔), 호남의 김천일(金千鎰)·고경명(高敬命), 호서의 조헌(趙憲) 등이 의병을 창기하고, 원근에 격문을 전하여, 이때부터 민중이 비로소 향국지심(向國之心)을 일으키고, 주군의 인사들 도처에선 소모(召募)하여, 의병장이라 칭하는 자 무려 백수(百數), 그로 해서 왜적을 제거하기에 이르다. 국가를 회복한 것은 다름아닌 의병의 힘이다.

[『芝峯類說』 卷3, 君道部, 賞功]

요점 －개전 초기 패전의 원인과 전세역전의 계기
－승전의 요인

제3장 朝鮮後期

1. 收取制度의 改編

- 개요 -

양란 이후 조선 국가의 최대 과제는 농업 생산의 복구였다. 국가는 이를 위하여 진전(陳田) 개간을 적극 추진하고 농서를 간행 보급하여 농법개량에 힘쓰는 등 수취기반을 확보하기 위해 노력을 기울였다. 농업생산력이 회복되면서 수취제도에도 성장하는 농민층의 요구가 반영되기에 이르렀는데 부세의 균평화 추세는 17세기 이후 영정법(永定法)·대동법(大同法)·균역법(均役法) 등 통일적인 수취체제의 정립으로 나타났다. 전결세(田結稅)는 크게 전세·대동세·삼수미세(三手米稅) 등으로 정리되었다. 전세는 연분법(年分法)이 혁파되고 영정법에 의한 정액세제가 실시되었다. 이어 18세기 중엽에는 전결세 수취방식이 비총제(比摠制)로 바뀌어 결총제(結摠制)에 의한 공동납(共同納) 방식으로 전환하게 되었다. 대동법은 조선중기 이래의 공납의 전결세화 추세를 법제화한 것이었다. 대동법은 공물 수취의 자의성을 배제함으로써 농민경영의 안정에 크게 기여하였다. 균역세는 가장 봉건적인 수취 방식으로 그 성격을 유지하고 있었는데 신분제에 기초한 인두세적 군포징수로 군사 및 일반 재정에 충당하고 있었다. 균역세도 군총제로 운영되었다. 18세기 중엽 실시된 균역법은 봉건적 군역체제를 개혁한 것은 아니었다. 모든 부세가 전결로 집중되고 있었던 데 비해 균역법은 군포를 줄여주는 편법에 그치고 있었던 것이다. 조선전기 국가의 소농민보족정책으로 운영되었던 환곡은 양란 이후 부족한 국가재정을 메우기 위해 부세화(賦稅化)하고 있었다. 16세기 말까지 환곡은 기본적으로 국가의 병경책(並耕策)으로서 기능하고 있었다. 그러나 17세기 모곡회록(耗穀會錄)이 시작되어 중앙재정화하면서 수령의 용도 즉 지방재정이 고갈하게 되었다. 또 환곡의 총량과 관장하는 아문이 늘어남에 따라 각양각색의 강제적인 분급과 수납이 자행되고 있었다. 수령·감사도 이에 편승하여 18세기 중반부터는 고리대화의 경향마저 보이는 최대의 폐단으로 등장하게 되었다.

전반적으로 보아 조선 후기의 수취체제는 군현단위의 총액제적 수취로 규정할 수 있다.

□ 量田

● 양전은 나라의 대사이니 유사(有司)가 된 자는 급급히 거행하여야 하는 것입니다. 다만 전란을 겪은 후로 전야(田野)가 개간되지 않아 잡초와 수목이 무성하여 전답의 두둑을 분간할 수 없습니다. 지금 유사에게 십분 자세히 타량(打量)하게 한다 하더라도 어떻게 기름지고 척박함을 분변하여 등급을 나누어 결수(結數)를 정할 수 있겠습니까. 끝내 국가에는 아무런 보탬이 없을 것이고 관리들이 이를 인연하여 침탈함으로 인

해 백성들이 받는 폐해가 이루 말할 수 없게 될 것입니다.

[『宣祖實錄』 卷159, 36年 2月]

◉ 광해군 3년(1611)에 호조판서 황신(黃愼)이 아뢰기를 "… 신이 시험삼아 평시의 각 도 전결(田結)의 수량을 가지고 오늘 현재에 비교하여 본다면, 전라도는 44만여결이 지금은 11만여결이 되고, 경상도는 43만여결이 지금은 7만여결이 되고, 충청도는 26만여결이 지금은 11만여결이 되고, 황해도는 11만여결이 지금은 6만1천여결이 되고, 강원도는 2만8천여결이 지금은 1만1천여결이 되고, 경기는 15만여결이 지금은 3만9천여결이 되고, 함경도는 12만여결이 지금은 4만7천여결이 되고, 평안도는 17만여결이 지금은 9만4천여결이 되니 8도를 통틀어 현재의 전결은 겨우 평시의 전라도 전결의 수량을 넘는 데 그칩니다. 비록 병화의 뒤가 되어 인민이 적다고는 하지만, 버려두어 황무지가 된 수량이 어찌 대단히 많은 지경에 이른단 말입니까? 이에 잠시 하삼도로써 말한다면, 전라도·충청도의 현재의 기경(起耕)된 전지가 마땅히 10분의 7,8에 내려가지 않을 것이니, 설령 3분의 1이 진황(陳荒)되었을지라도 전라도의 현재 기경된 전지가 30만결을 얻을 수 있을 것이고 충청도는 15~6만결을 얻을 수 있으며, 경상도 한 도가 더욱 심하게 병화를 입어 반드시 평시의 반에 미치지 못한다 하더라도 오히려 16~7만결을 얻을 수 있으니, 현재를 가지고 서로 비교하더라도 그 수량이 갑절을 넘습니다. 삼가 원하건대, 사목(事目)을 엄중히 밝히시어 전결을 개량하여 간민으로 하여금 부역을 도피하는 폐단이 없게 하고, 곤궁한 백성으로 하여금 괴로움을 남보다 더 많이 받는 근심이 없게 한다면, 전제가 바르게 되고 부역이 고르게 될 것입니다.

[『增補文獻備考』 卷148, 租稅1]

◉ 우리나라의 전제(田制)가 처음에는 대단히 소략하였다. 구제(舊制)의 전품(田品)은 상·중·하의 3등급만이 있었고, 타량(打量)하는 척수(尺數)가 각각 꼭같지 않았다. 상등전의 척도는 20지(指), 중등전의 척도는 25지, 하등전의 척도는 30지로 등급에 따라서 타량하였으나, 8도의 전품은 이 세등급으로써 다 된다고 할 수 없다. 세종 갑자년(1444)에 전제소(田制所)를 설치하고 결법(結法)을 경정(更定)하여 전(田)을 6등급으로 나누어서, 1등전은 척수를 주척으로 4척 7촌 7푼 5리에 준하고, 2등전 이하는 모두 차등있게 하여 6등전에 이르러서는 9척 5촌 5푼에 준하였는데, 역시 각 등급에 따라 타량(打量)하였으므로 비단 번잡하여 서로 혼동되기 쉬울 뿐만 아니라, 인승자(引繩者)의 간폐(奸弊)가 점차로 심하여져서 전제가 날로 문란하게 되고 부역이 균등하지 못하게 되었다. 효종 계사년(1653)에 구제(舊制)의 등급에 따라 척수를 달리한 법을 혁파하고, 주척(周尺)의 4척 7촌 7푼 5리를 가지고 양척(量尺)으로 정하고, 등급의 높낮이는 논할 것없이 통틀어 해부(解負)하여, 전의 1척을 파(把)로, 10파를 속(束)으로, 10속을 부(負)

로, 100부를 1결(結)로 하고, 계산하여 1만척이 되는 전지에 대하여 1등전은 1결, 2등전은 85부, 3등전은 70부, 4등전은 55부, 5등전은 40부, 6등전은 25부로 정하여 전품(田品)의 차등에 따라서 수세(收稅)케 하였다. 그런데 전지의 모양[田形]이 각각 틀리고 명색이 현란하게 되기 쉬우므로 다만 알기 쉬운 '방전(方田)'·'직전(直田)'·'제전(梯田)'·'규전(圭田)'·'구고전(勾股田)'의 5가지 명색으로 타량하여 안(案)에 기록하였다. 방전은 한 길이를 자승(自乘)하고, 직전은 장광(長廣)을 상승(相乘)하고, 제전은 대소두(大小頭)의 절반을 상병(相倂)하여 장(長)으로 승(昇)하고, 규전은 장활의 절반을 상승하고 구고전은 구고를 상승한 것을 절반하여, 각각 전적(田籍)을 만들어서 등급에 따라 해부하되, 6파 이상은 속으로 하고 5파 이하는 물론하였다.

[『萬機要覽』財用編2, 田結]

요점
- 난후 진황지의 개간현황
- 양전사업; 수취기반의 재건
- 양전법의 변화

□ 大同法

◉ 선혜청(宣惠廳)을 설치하였다. 처음에 영의정 이원익(李元翼)이 제의하기를 "각 고을의 진상(進上)과 공물(貢物)이 각급 관청의 방납인(防納人)에 의해 저지되어, 한 물건의 값이 3,4배 혹은 수십, 수백 배까지 되어 그 폐해가 극심하고 특히 경기지방은 더욱 그러합니다. 지금 마땅히 별도로 1청(廳)을 설치하여 매년 봄·가을로 백성에게서 쌀을 거두되, 토지 1결마다 2번에 걸쳐 8두(斗)씩 거두어 본청(本廳)에 수납하게 하고, 본청(本廳)은 그 때의 물가의 시세를 보아 쌀로서 방납인(防納人)에게 지급하여 수시로 무역해서 납부하게 하소서…"라고 하니 임금이 이에 따랐다. 이 때 왕의 교지(敎旨) 중에 선혜(宣惠)라는 말이 있어 이로써 청(廳)의 이름을 삼았다.

[『光海君日記』卷4, 卽位年 9月]

◉ 대동의 법은 호세가(豪勢家)는 불편하다 하고, 가난한 백성들은 편하다고 한다

[『孝宗實錄』卷7, 2年 7月]

◉ 국초에 여러 가지 토공(土貢)은 대략 고려조의 제도를 모방하였다. 태종 때에 비로소 공부(貢賦)를 제정하고, 세종 때에 또 공안(貢案)을 제정하여 그 읍의 소산(所産)을 따라 토민(土民)으로 하여금 경사(京司)에 직접 납부하게 하였다. 용도가 점점 넓어지고 복정(卜定)한 것이 일정함이 없어서 밖으로는 아전(衙前)이 사처(私處)에 유치하여 물종(物種)이 부패하게 되고, 안으로는 호우(豪右)들이 방납(防納)하고 이서(吏胥)가 주구(誅求)하므로 온갖 폐단이 번다하게 일어나 백성이 견딜 수 없으므로, 중종 때에 문

정공 조광조(趙光祖)가 공안을 개정하자고 의논하였고, 선조 때에 문성공 이이(李珥)가 수미법(收米法)을 시행하기를 청하였으며, 임진(1592) 이후에는 우의정 유성룡(柳成龍)이 역시 미곡을 거두는 것이 편리함을 말하였으나 일이 모두 성취되지 못하였다. 선조 무신(1608)에 이르러 좌의정 이원익(李元翼)의 건의로 대동법을 비로소 시행하여 민결(民結)에서 미곡을 거두어 경공(京貢)으로 이작(移作)하게 했는데, 먼저 경기에서 시작하고, 드디어 선혜청을 설치하였다. 인조 갑자(1624)에 이원익이 다시 건의하여 관동에도 시행하게 되었으며, 효종 임진(1652)에 우의정 김육(金堉)의 건의로 호서에도 시행하게 되었으며, 정유(1657)에는 김육이 또다시 청하여 호남 연읍(沿邑)에도 시행하였으며, 현종 임인(1662)에는 형조판서 김좌명(金佐明)이 청하여 산군(山郡)까지도 아울러 시행하였으며, 숙종 정사(1677)에는 도승지 이원정(李元禎)이 청하여 영남에도 시행하였으며, 무자(1708)에는 황해도 관찰사 이언경(李彦經)의 상소에 의하여 황해도에도 시행하게 되었다. 그 방법은 경기・삼남에는 밭과 논을 통틀어 1결에 쌀 12말을 거두고 관동도 이와 같게 하되 양전(量田)이 되지 않은 읍에는 4말을 더하여, 영동(嶺東)에는 2말을 더하고, 해서에는 상정법(詳定法)을 시행하여 15말을 거두니, 통틀어 명칭하기를 '대동(大同)'이라 하였다. 옛날 제도(諸道)・각읍(各邑)에서 각각 그 토산물로써 공납하던 것을 모두 경공(京貢)으로 만들고, 경공주인(京貢主人)을 정출(定出)하여 거두어들인 미곡으로써 그 가격을 헤아려 정하고 어린작등(魚鱗作等)하여 공인(貢人)에게 출급하고 진배(進排)케 하여 제향어공(祭享御供)과 제반경용(諸般經用)의 수용(需用)으로 삼고, 남으면 각 읍에 저치(儲置)하여 공용의 비용으로 준비하였다.

[『萬機要覽』 財用編3, 大同作貢]

요점
- 대동법 시행의 배경; 방납의 폐단
- 공인자본의 발생
- 부세(賦稅)의 금납화 촉진
- 재정재도의 변모; 전결세화(田結稅化)

□ 均役法

● 나라의 100여년에 걸친 고질 병폐로서 가장 심한 것은 양역(良役)이다. 호포(戶布)니 구전(口錢)이니 유포(遊布)니 결포(結布)니 하는 주장들이 분분하게 나왔으나 적당히 따를 만한 것이 없다. 백성은 날로 곤란해지고 폐해는 갈수록 더욱 심해지니, 혹 한 집안에 부・자・조・손이 군적에 한꺼번에 기록되어 있거나 혹은 3・4명의 형제가 한꺼번에 군포(軍布)를 납부해야하며, 또한 이웃의 이웃이 견책을 당하고 친척의 친척이 징수를 당하고, 황구(黃口)는 젖밑에서 군정으로 편성되고, 백골(白骨)은 지하에서 징수를 당하며, 한 사람이 도망하면 열 집이 보존되지 못하니, 비록 좋은 재상과 현명한 수령이라고 역시 어찌할지를 모른다.

[『英祖實錄』卷66, 23年 10月]

● 균역은 동쪽을 털어 서쪽을 보충하고 본(本)을 버리고 말(末)을 취한 것이고, 경장(更張)의 명(名)은 있으나 경장의 실(實)이 없어 금방 그 폐가 커질 것이다.

[『英祖實錄』卷71, 26年 7月]

● 영종 경오(1750)에 양역(良役) 1필을 감하고, 균역청을 설치하는데, 급대(給代)를 상의(商議)·확정(確定)하는 문제는 강구하고 연마하며 논술하고 비평하여 해가 지난 후에 이루어졌으니, 곧 '결미(結米)'·'이획(移劃)'·'어염선세(魚鹽船稅)'·'은여결(隱餘結)'·'선무군관포(選武軍官布)'·'회록(會錄)'이라 하여, 이에서 거두어 들이는 것으로써 감필(減疋)한 대가를 보충하여 주는데, 이것을 '균역'이라 한다.

아조(我朝) 오위(五衛)의 법은 부병제도[府兵之制]를 모방한 것인데, 병을 농사에 붙이어 번을 바꾸어 돌려가며 쉬게 하고, 간간이 성수(城戍)의 일이 있게 되면 역시 포(布)를 바치어 장정을 대신 부리도록 허락하니 징포의 법이 여기에서 시작되었다. 오위가 혁파되고 오영(五營)이 설치됨에 미쳐서는 군사를 양성하는 비용은 오로지 양보(良保)에 의지하게 되었다. 그러므로 서울과 지방에서 서로 본받아서 교묘하게 수취하는 것이 날로 증가되고, 명색(名色)이 차차 변하여 포 2필씩 징수하는 양군(良軍)이 숙종 때에는 3십만명이 되었고, 영조때는 5십만명이 됨으로 민지(民志)가 안정되지 못하고, 신역(身役)을 면하려고 꾀하는 자가 점점 많아져서, 수자리에 응하는 자는 단순히 자기의 처지를 하소연할 곳이 없는 빈궁한 백성들뿐이었다. 백골징포(白骨徵布)·황구첨정(黃口簽丁)·족징(族徵)·인징(隣徵)까지 생겨서 백성이 견딜수 없게 되었다.

숙종 정사(1677)에 대신 김석주가 호포법을 시행하기를 청하였으며, 무인(1698)에 여러 신하들에게 명하여 양역(良役)을 변통할 계책을 강구케하였고, 계미(1703)에는 영의정 신완의 헌의에 의하여 이정청(釐正廳)을 설치하였고, 신묘(1711)에는 대신(大臣)·비당(備堂)을 인견하고 계책을 진술케 하니, 영의정 서종태 등이 아뢰기를 "구전법(口錢法)은 번잡하고 알기 어렵기 때문에 시행하기 어렵고, 호포법이 가장 합당합니다"하여, 다시 더 상의하여 확정하기를 명하였다. 경종 신축(1721)에 우의정 이건명이 책자를 차진(箚進)하여 군포 2필을 바치던 것을 1필로 감하고, 전결(田結) 잡역가(雜役價)로써 보충하여 바치게 하고, 잡역은 연호(烟戶)에 옮겨 부과하되, 먼저 1·2읍에 시험하기를 청하니, 이미 윤허하였는데, 지평 유복명이 아뢰어 그 일이 정지되었다. 대개 변통하려는 의논이 있음으로부터 거기에 대한 설이 4종류가 있느니, 첫째 '호포(戶布)', 둘째 '결포(結布)', 셋째 '구전(口錢)', 넷째 '유포(遊布)'였는데, 여러 의논이 합치되지 아니하여 마침내 시행되지 못하였다.

영종 경오년에 호서도신(湖西道臣)이 결포법을 시행하기를 청하는 책자를 바치자, 호조판서 박문수는 호전법(戶錢法)을 시행하기를 청하여, 조정의 신하들이 혹은 호전법을 주장하고, 혹은 결포법을 주장하고, 혹은 변통하는 것이 가하다 하고, 혹은 변통하는 것이 불가하다고 하였다. 5월에 상(上)이 홍화문에 친히 임하시어 조정에 있는 모든 신하와 오부방민(五部坊民)에게 하문하시고 교(敎)하시기를 "오늘의 신민은 나의 신민이 아니라, 곧 열조성고(列祖聖考)께서 애휼(愛恤)하시던 자이다. 부형이 항상 애호하던 집물(什物)을 자제에게 주더라도 자제된 자로서는 애호하여 혹 상할까 두려워하는데, 하물며 억조(億兆)의 사서(士庶)를 어찌 집물을 애호하는데 견줄 것이리오. 지금 도탄에 있으되 구제할 수 없으니, 다음 날에 무슨 얼굴로 돌아가 뵈올 것인가. 이전부터 폐해를 바로잡을 것을 말하는 이들이 호포라 결포라 유포라 구전이라 하니, 구전은 영쇄(零瑣)하고 유포는 편리하지 못하여 결단코 시행할수 없다. 이제 호포·결포와 이밖에 폐해를 바로 잡는 도리를 묻노니 그것을 각각 면대하여 진술하라"하였다. 사서(士庶)와 군병(軍兵)들이 많이들 호전(戶錢)이 편리하다고 말하고, 결포가 편리하다고 말한 자는 10명에 2·3명뿐이었으므로, 제신(諸臣)과 직숙비국(直宿備局)에게 명하여 호전의 법을 마련케 하니, 호전의 법을 처음 건의한 이가 말하기를 "집마다 4·5전을 거두면 양역(良役)에서 감한 수량을 충당할 수 있다"하였으나, 그것을 상세히 계산해 보기에 이르자 대호(大戶)에 2·3냥을 거두고, 소호(小戶)에 6·70문을 거두더라도 오히려 부족되었다.

7월에 상이 또 홍화문에 친히 임하시어 백관과 유생과 서민에게 하문하시고, 교하시기를 "호전법을 시행하려 했으나, 호적법(戶籍法)이 폐쇄되어 계산하여 충당할 수 없고, 또 감필(減疋)된 백성에게 포를 징수하는 것은 나로서는 심히 미안하여 면목이 없게 여기는 것이다. 집마다 세를 지나치게 거두는 정치로 인하여 백성들의 마음이 모두 동요되니, 이것은 국민의 반(半)을 위하느라고 도리어 전국 신민에게 폐를 끼치는 것이다"하고 특별히 그 명령을 정지시켰다. 수일 후에 비국(備局)·제재(諸宰)·육조(六曹)·삼사(三司)의 제신을 인견하시고 눈물을 흘리며 분부를 내리시기를 "호전·결포의 법은 비록 시행할 수 없으나 감포(減布)하는 것은 아니할 수 없으니, 경 등은 급대(給代)의 계책을 구획하여 오라. 그렇지 않으면 나를 보지말라. 먼저 저치미(儲置米) 1만 3천석을 구획하고 다른 나머지 재곡(財穀)도 역시 이것을 모방하여 마련케 하며 제도(諸道) 감사(監司)가 권구(眷口)를 데리고 가는 것은 혁파하여 그 영수(營需)를 감하게 하며 수어사(守禦使)로서 남한유수(南漢留守)를 겸하여 광주에 출진케 하고, 총융사(摠戎使)는 경기병마절도사를 겸하여 영을 탕춘대(蕩春臺)에 설치케 하고 거기에 군량의 쌀을 감하여 모두 급대의 수용에 돌리게 하라"하고, 제신에게 명하여 감하는 수량을 계산하고 급대의 방도를 상의하여 확정하게 하였다.

[『萬機要覽』 財用編3, 均役]

요점 -균역의 변화
-양역의 가중; 납포제(納布制)의 폐단

―개혁론; 호포론(戶布論)·결포론(結布論)·유포론(遊布論)·구전론(口錢論)

□ 三手米

◉ 선조 계사(1593)에 훈련도감을 설치하고 삼남(三南)·해서(海西)·관동(關東)의 5도에서 비로소 삼수미를 거두어 병식(兵食)으로 삼았다. 삼남은 매 1결에 쌀 1두 2승을 거두고, 해서와 관동은 쌀 2두 2승을 거두어 호조에 소속시켰으니, 지금의 별영(別營)이 이것이다.

영종 경진(1760)에 교명(敎命)을 받아 면세된 전토라도 삼수미는 면제를 허하지 못하게 하였다.

각 역(驛)·마위(馬位) 및 훈국둔전(訓局屯田)은 거론하지 않으며, 사복위전(司僕位田)은 그대로 해사(該寺)에 속한다.

[『萬機要覽』 財用編2, 三手米]

요점 ―군제의 개편

□ 還穀

◉ 고구려 고국천왕 시대에 해마다 3월로부터 7월에 이르기까지 관곡(官穀)을 내어 백성의 가구 다소에 따라 차등을 두어 진대(賑貸)하고 10월에 이르러 환납하는 것을 규식으로 하니, 이것이 조적(糶糴)의 시초이다. 국초에는 여제(麗制)를 인습하여 각 도에 의창(義倉)을 설치하고 곡물로써 염산(斂散)하였으니 이것을 환자(還上)라 한다. 환곡은 유(留)와 분(分)이 있으니, 유는 수한불우(水旱不虞)를 대비하는 것이요, 분은 진대보조(賑貸補助)의 밑거리로 하는 것으로써 절반은 창고에 유치하고, 절반은 분급하는 것이 곧 상법(常法)이니, 또한 3분의 2를 유치하고 1을 분급하는 것도 있으며 3분의 1을 유치하고 3분의 2를 분급하는 것도 있고, 모두 분급하는 것도 있으며 전부 유치하는 것도 있고 한년개색(限年改色)하는 것도 있다. 만일 종량(種糧)이 넉넉하지 못하므로 인하여 도신(道臣)이 계청하면 또한 더 분급하는 것을 허하되 마음대로 더 분급하는 자는 경중을 따라서 죄를 과한다. 추수하여 거둬들이는 것을 적(糴)이라 하며, 10월에 개창하여 세전(歲前)에 봉창(封倉)하는 것이 곧 상법이며, 위반하는 자는 처벌한다. 동북과 양서(兩西)에는 많은 농토가 조숙하기 때문에 8~9월에라도 편리한 대로 개창(開倉)하는 것을 또한 허락하고, 해를 넘겨 준봉(準捧)하지 않은 자는 죄를 과하고, 허록(虛錄)·번질(反作)한 자는 중감(重勘)한다.

[『萬機要覽』 財用編3]

요점 ―환자제의 내용
―환곡의 부세료·고리대화

2. 生産力의 발전

- 개요 -

조선 후기의 사회적생산력의 증대는 이전의 어떤 시기보다 획기적인 것이었다. 특히 농업생산력 발전은 다른 부문의 변화를 선도하면서 경제·사회 변동의 추동력이 되고 있었다. 수전농업에서는 모내기(移秧法)가 일반화되면서 기존의 직파법(直播法)에 비해 단위면적당 생산고가 배증하였다. 이앙법은 김매는 노동력이 절감되고 품종개량이 용이하였으며 수전(水田)에서 벼·보리 이모작(二毛作)이 가능해지는 우월한 농법이었다. 이앙법의 보급에는 수리시설의 보급이 주요한 계기가 된 것으로 보인다. 한전(旱田)에서는 파종방식이 농종법(壟種法)에서 견종법(畎種法)으로 변화하였다. 견종을 하게 되면 중경제초(中耕除草) 노동력이 절감되고 복토를 통해 동해(凍害)와 풍해(風害)를 방지하고 지력(地力)을 이용할 수 있는 이점이 있었다. 이러한 파종법의 변화 외에 조선 후기 농업의 가장 큰 특징은 집약농법(集約農法)의 전개이다. 노동력 절감의 효과는 두 갈래로 나타났다. 잉여노동력을 경영규모의 확대에 투여한 광농(廣農)은 주로 차지(借地)를 통해 광작(廣作)을 행하여 소출을 증대시키고자 하였다. 그러나 경영확대는 자연재해나 과도한 수취에 노출되어 있던 당시의 영농현실에 제약을 받고 있었다. 따라서 상대적으로 비옥지를 차지하고, 경제외적 강제로 부터 비교적 자유로운 양반토호경영이 광작의 주류를 이루고 있었다고 보인다. 반면 소농경영은 노동력 절감 효과를 집약농업과 상업작물의 재배에 투여하였다. 시비(施肥)·경운제초(耕耘除草)·농기구 품종개량·다각화 경영 등 각 부문에서 추구된 집약농법은 토지생산성을 증대시켜 소농민경영의 자립성을 크게 높여 주고 있었다. 생산력의 발전은 상품유통경제를 활성화시키게 되었다. 담배, 인삼, 면화 등 상업작물은 장시(場市)를 통해 매매되었으며 화폐도 급속히 보급되어 나갔다.

한편 17세기 이후 수공업과 광업에서도 생산력의 발전이 이루어지고 새로운 경영방식이 도입되었다. 공납과 자체 소비를 위한 농촌 가내수공업 체제가 무너지고 자영수공업자들의 점촌(店村)이 각지에 형성되어 상품유통경제의 일익을 담당하였다. 경영형태에도 변화가 일어나 선대제(先貸制)와 고용노동이 성행하고 나아가 공장제 수공업의 맹아도 출현하게 되었다.

광업에서도 큰 변화가 일어났다. 국가가 관장하던 관청 중심의 광업에서 민간에 의해 광산개발이 촉진됨으로써 설점수세제(設店收稅制)를 실시하게 되었다. 이어 반관반민(半官半民)의 합작형태인 별장수세제(別將收稅制)를 거쳐 수령수세제(守令收稅制) 등으로 변화하면서 토호·상인들이 각 읍 수령과 결탁하여 잠채(潛採)가 성행하기도 하였다. 광업의 경영형태에서도 자본주의적 맹아가 싹트고 있었다. 물주(物主)와 경영자인 덕대(德大), 노동자인 광군(鑛軍)이 결합하여 대단위 광산촌을 형성하는 사례도 나타났다. 이와 같이 수공업과 광업이 발달함에 따라 다수의 무전무전농민(無田無佃農民)이 고용노동으로 흡수되어 임노동자로 전화해 갔다.

이러한 농·공·상 각 부분의 생산력 발전은 서로 상승작용을 일으키면서 전개되어 갔고 이 결과 향촌사회에서는 농민층 분해가 이루어지는 한편 새로이 재부(財富)를 축적한 서민층이 성장함에 따라 신분제를 비롯한 봉건사회질서도 해체기를 맞게 되었다.

□ 農法

● 숙종 24년(1698)에 호조판서 이유(李濡)가 경연에서 아뢰기를 "모내기[移秧]는 작은 노력으로 많은 효과를 거두므로, 제도(諸道)에서 하지 아니하는 곳이 없어서 이미 풍속을 이루었으니, 지금 비록 일체 금단하기 어려우나, 만약 가문 때를 만나면 수근(水根)이 있는 곳에서는 비록 심한 실패에 이르지 않더라도 높고 건조한 곳에서는 아주 실농(失農)하게 될 것이니, 이제 마땅히 엄하게 신칙하여 만일 이전대로 높고 건조한 곳에 모내기를 하는 자가 있으면 각별히 논죄할 일을 권농절목(勸農節目)에 보태어 넣는 것이 어떻겠습니까?" 하였는데, 우의정 최석정(崔錫鼎)이 말하기를 "모든 일은 이익이 있는 곳에는 형세가 금단하기 어려운 것인데, 전부터 남중(南中)에서만 하였으나, 지금은 기내(畿內) 백성도 모두 본받고 배웠으므로, 수근이 없는 곳에서는 한번 가뭄을 만나면 아주 농사를 실패하게 되니, 금지하지 않을 수 없으며, 호판(戶判)의 말이 옳습니다. 금단한 뒤에 만약 금령을 범하는 자가 있으면 급재(給災)하지 않는다는 뜻을 신칙하는 것이 착실할 듯합니다"하니, 그대로 따랐다.

[『增補文獻備考』卷147, 務農]

● 이앙은 본래 그 금령이 지극히 엄한데, 근래 소민(小民)들이 농사를 게을리 하고 이를 탐하여 광작(廣作)을 하며 그 형세가 매해 늘어나 지금은 여러 도에 두루 퍼져있으니 모두 금지하기 어렵다.

[『備邊司謄錄』英祖 36年 6月]

● 부종(付種)은 양곡의 소출이 적고 주앙(注秧)은 양곡의 소출이 배이며 공력(功力)은 반뿐인데 부종은 공력이 배가 든다.

[『日省錄』正祖 23年 5月]

● 이른바 이앙의 이(利)라는 것은 봄보리를 갈아먹고 물을 몰아 모내기를 하여 벼를 수확하니 1년에 두 번 농사지음이 그것이다.

[『石泉遺集』後集1·2, 新添縣農書條對]

● 저으기 살피건대 남쪽지방 수전(水田)에는 가을에 모두 보리를 심는다. 보리를 심으면 세가지 해가 있는데 첫째는 지력이 쉬지 못하고, 둘째는 번경할 수가 없으며, 셋째는 모내기를 제때에 못하는 것이니 일체 엄금하는 것이 마땅하다.
    수원(水源)이 마르지 않는 논배미에는 반드시 앙총(秧叢; 못자리판)을 하는데, 만약 비가 늦어서 모내기를 제때에 못하면 해가 앙총에 돌아간다.

[『經世遺表』 卷8, 田制10, 井田議]

◉ 그 견종법(畎種法) 수확은 두둑[壟]에 심는 것보다 2~3배가 크다.

[『擬上經界策』 下]

◉ 농종(壟種)하는 것이 견종에 비해 노력이 배가 들고 수익은 반밖에 안된다.

[『課農少抄』 鋤治]

◉ 지금 사람들이 보리를 심을 때 모두 밭두둑 사이에 심는다.

[『林園經濟志』, 本利志6]

◉ 농사를 짓는 자가 오로지 겸병(兼倂)이나 광작(廣作)으로 일을 삼고 또 편리하고 가까운 좀더 비옥한 곳만 얻으려 하기 때문에 한 가구에서 경작하는 바가 이미 서너 집이 가히 경작할 토지를 겸병하고 있다. 그래서 좀 멀고 척박한 곳은 그대로 폐기하여 버리고 만다.

겸병하고 광작하는 무리들이 실로 역농(力農)이라 이를만 하나 그것이 백성과 국가에 해가 되는 것이 실로 많다. 저 소위 겸병이란 것은 어떤 것인가. 한 농가가 서너 집이 지을수 있는 땅을 아울러 빼앗아서 서너집의 궁민으로 하여금 경작할 바가 없도록 하는 것이니 한 고을 내에 겸병자가 1백호라면 궁민은 3백호가 되는 것이니 형세가 장차 이로 인하여 실업하게 되는 것이다. 이로써 8도를 미루어 본다면 그 해되는 바를 대개 알 수 있다.

또 소위 광작이라는 것은 경작하는 땅이 넓기 때문에 농토를 다루고 거름주는 일에 힘을 다할 수 없고 다만 형식으로 농사짓는 흉내를 내고는 가을에는 요행이 풍년들기를 바라지만 비록 풍년이 든 해를 만나더라도 수확하는 바는 이미 극히 인공(人功)을 들인 자에게 미치지 못하게 되는데 하물며 한번 흉년을 당하게 되면 얕게 갈고 거름을 주지 않는 까닭으로 재앙을 입은 바가 이미 혹심하게 되고 수확은 더욱 감소하게 된다. 또 밭갈고 거름하는 노력을 게을리하여 황토·적토의 기름진 땅이 점차 척박한 땅으로 된다.

[『千一錄』 漁樵問答]

요점 -이앙법·견종법 보급의 효과
　　　　-광작현상; 경영형부농·서민지주의 출현
　　　　-정농사상(精農思想); 집약농업의 보급

□ 水利

● 효종 2년(1651)에 제언사목(堤堰事目)을 반행(頒行)하였다.

　각처의 방천(防川)이 많지 않은 것도 아니나, 진실로 땅의 마땅함을 살피고 물의 형세를 따르지 않는다면, 막는 대로 곧 터지게 되어 공적을 이루지 못한다. 수령은 반드시 경내의 인재를 널리 찾아 물어서, 전조(前朝; 인조조)의 관원·생원(生員)·진사(進士)·유생(儒生)을 물론하고 계려(計慮)와 지능이 있는 사람을 골라서 단독으로 관할하여 감독하며 격려하게 하고, 감사도 도내에 널리 물어 그 인재를 반드시 얻어서 각처에 나누어 보내어 모두 제언사감역관(堤堰司監役官)의 칭호를 망정(望定; 추천해 정함)하여 계문하고, 품관·한산(閑散)중에서도 진실로 일을 알고 재주가 있어 이 임무를 감당할 만한 자가 있으면 모두 마땅히 뽑아내어 일을 맡기고, 만일 방죽과 도랑을 주간해 잘 이루어 공리(功利)가 가장 많고 실효가 나타난 자가 있으면 특별히 거두어 뽑아서 실직(實職)을 제수한다.

[『增補文獻備考』卷146, 提堰]

● 정조2년(1778) 제언절목(堤堰節目)

　제언의 장광(長廣)의 척수(尺數)는 본사(本司; 제언사)와 해당 고을에 모두 기록되어 있는데, 여러 궁가(宮家)와 각 아문에 혹은 절수(折受)한 곳이 있고, 토호와 간민(奸民)이 또한 모경(冒耕)하는 근심이 많아져서, 예전에 물이 담겼던 땅이 모두 방죽이 되어 전일의 관개하는 이익이 드디어 폐해가 끊어지게 되었으니, 다만 농정이 다스려지지 아니할 뿐만 아니라 국법이 점점 해이해짐을 볼 수가 있다. 이번에 별도로 일을 잘아는 감색(監色)을 정하여 실제대로 개량하여 옛방죽을 축소됨이 없게 하고, 백성의 전답에 섞여 들어가서 모경(冒耕)하는 곳은 일체 모두 도로 묵힐 것이며, 옛방죽을 물려쌓고 수목을 벌여 심어서 따로 한계를 만들어 후일에 다시 경작하는 것을 금한다. 만약 혹시 전일과 같이 모경을 범하면 해당 고을에서 순영(巡營)에 보고하여 형추(刑推)한 뒤에 본사에 전보(轉報)하여 중하게 처벌하는 바탕으로 삼으며, 그 고을에서 즉시 적발하지 않았다가 본사의 적간(摘奸)할 때에 드러나게 되면, 해당 수령은 마땅히 제서유위율(制書有違律)을 쓸 것이며, 향소감색(鄕所監色)은 영문(營門)에 나치(拿致)·형추(刑推)·정배(定配)한다.

[『增補文獻備考』卷146, 提堰]

● 수리는 농공(農功)과 가장 관계가 있으니 곧 제언이 이것이다. 축설(蓄洩)하고 관개하여 그 이익이 매우 넓으니, 물길을 트고 둑을 쌓는 일을 조금도 부족하게 할 수 없다. 그러므로 본조(本朝)에서 특별히 제언사(堤堰司)를 설치하고 각도의 제언을 관리하

게 하였다. 중간에 그 관제를 파하였다가, 현종 3년(1662)에 예조참판 조복양(趙復陽)이 건의하여 다시 설치하고, 삼공(三公)과 호조판서·진휼청 당상으로 하여금 제거(提擧)를 예겸(例兼)하게 하였다. 영종 경술에 비국에 예속시키고, 8도(道)·3도(都; 광주·수원·강화)에서는 매년 그 관내 지방의 둑[堤]·보마기[洑]·동마기[垌]의 제원·이름·숫자를 적어 보고하고, 그 표내에 모경하는 자를 금지하되, 범하는 자는 장(杖) 80으로 치죄하고, 이득은 관에 몰수한다. 춘추로 수축하되 비록 폐언(廢堰)이라도 계문하지 아니하면 개간을 허하지 않았다

[『萬機要覽』財用編5, 提堰]

요점 ―방천(防川)의 전국적 확대
―국가적 수리정책 추진

□ 商品貨幣經濟

◉ 임진왜란(壬辰倭亂)이후 민인(民人)들은 정처(定處)가 없어 교역으로 생활함이 마침내 풍속이 되었다. 본무자(本務者)는 적고 축말자(逐末者)는 많아 식자(識者)들이 한심하게 생각한지 오래다. 흉년(凶年)에는 으레 도적(盜賊)도 많다. 한 고을에서 장시(場市)가 열리는 것이 적어도 3,4곳은 되어 … 한달 30일내에 시(市)가 열리지 않는 날이 없다.

[『宣祖實錄』卷212, 40年 6月 乙卯]

◉ 대신(大臣)과 비국(備局)의 제신(諸臣)을 인견하고, 비로소 돈을 사용하는 일을 정탈(定奪)하였다. 돈은 천하에 통행하는 재화인데 오직 우리나라에서는 조종조로부터 누차 행하려고 하였으되 행할 수 없었던 것은, 대개 동전(銅錢)이 토산이 아닌데다 또 민속이 중국과 달라 막히고 방해되어 행하기 어려운 폐단이 있었다. 이에 이르러 대신 허적(許積)·권대운(權大運)등이 시행하기를 청하매, 임금이 군신(群臣)에게 물어, 군신으로서 입시한 자가 모두 그 편리함을 말하였다. 임금이 그대로 따르고, 호조·상평청(常平廳)·진휼청(賑恤廳)·어영청(御營廳)·사복시(司僕寺)·훈련도감(訓鍊都監)에 명하여 상평통보(常平通寶)를 주조하여 돈 4백문(文)을 은1냥의 값으로 정하여 시중에 유통하게 하였다.

[『肅宗實錄』卷7, 4年 1月]

◉ 숙종 경진(1700)에 예부에 자청(咨請)하여 중강후시(中江後市)를 혁파하였으나, 책문후시(柵門後市)는 지금까지 행한다. 경자년(1720)간에 요동·봉성의 거호(車戶) 12인이 난두(欄頭)라 칭하고 우리 사행(使行)의 왕래하는 복물(卜物)에 그 거각(車脚)을 전매하

여 각가(脚價)가 배증하였는데도, 난두 등이 또 관동의 탐리와 결탁하고 이익을 도모하여 심고(瀋庫;청국의 창고)에 납세하기를 자원하고 화물을 많이 운수하여 후시(後市)의 이익을 오로지하여, 사행(使行)이 책문을 출입할 때에는 만상(灣上)과 송도(松都)의 상인 등이 은·삼을 몰래 가지고 인부나 마필속에 섞여들어 물종을 팔아 모리(牟利)하며, 회환(回還)함에 이르러서는 걸음을 일부러 늦게 하여 사신을 먼저 책문으로 나가게 하여 거리낄 것이 없게 한 뒤에 저희 마음대로 매매하고 돌아오는데 그 뒤에 단련사가 도리어 상고(商賈)의 두령이 되어서 뒤에 떨어져서 여러날을 머무르고 마음껏 매매하여 회마(回馬)하는 편에 싣고 오는데 이를 단련사후시(團練使後市)라 한다.

[『萬機要覽』 財用編5, 柵門後市]

◉ 특진관 이보혁(李普赫)이 계(啓)하기를 … "5,6년 이래 서울 안의 유의유식(遊衣遊食)하는 무리로서 평시서(平市署)에 출원하여 새로운 시전(市廛)을 설립하는 자가 대단히 많은데 이들은 상품을 판매하는 것보다 난전(亂廛)잡는 것을 일삼아서 심지어는 채소와 기름…젓갈 같은 것도 그 전매권을 가진 시전이 새로 생겨 마음대로 사고 팔 수 없고 지방민이 가져오는 사소한 생산품을 매매하여 생계를 이어가는 서울의 영세상인들이 금란전권(禁亂廛權)의 해를 입어서 장차 거래가 끊어질 지경입니다. 진신(搢紳)들 중에는 난전(亂廛)의 난잡함을 염려하는 사람도 있지만 그것은 시전의 금란전권 행위로 일어나는 폐단은 잘 모르고 하는 말입니다. 신이 뜻한 바 비국(備局)으로부터 평시(平市)의 시안(市案)의 취고(取考)하여 10년 이내에 새로 개설한 소소한 전명(廛名)은 모두 혁파하여 소민(小民)의 일단을 구제하는 것이 가할 것입니다"하였다.

[『備邊司謄錄』 英祖 17年 6月]

◉ 서울주민들은 본시 농사를 하지 아니하므로 각 관청의 벼슬아치 이외의 사람들은 누구나 눅은[싼] 값으로 사고 비싼값으로 파는 장사의 이익으로 살아가는 자가 10중 8~9나 되어 사방의 물자가 서울에 집중한다.

[『正祖實錄』 卷12, 5年 11月]

◉ 향외(鄕外)에서 장을 여는 것은 한 달에 6장인데, 1·6일, 2·7일, 3·8일, 4·9일, 5·10일을 보통 이용하고 송도(松都)는 방법이 서울과 같다. 경기 102곳, 충청도 157곳, 강원도 68곳, 황해도 82곳, 전라도 214곳, 경상도 276곳, 평안도 134곳, 함경도 28곳, 길주 이북 삼갑(三甲)의 각 고을에는 본래 장시(場市)가 없고 여염(閭閻)간에서 평상일에 매매함. 경기의 광주사평장(廣州沙坪場)·송파장(松坡場)·안성읍내장(安城邑內場)·교하공릉장(交河恭陵場), 충청도의 은진강경장(恩津江景場)·직산덕평장(稷山德坪場), 전라도의 전주읍내장(全州邑內場)·남원읍내장(南原邑內場), 강원도의 평창대화장(平昌大

化場), 황해도의 토산비천장(兎山飛川場)·황주읍내장(黃州邑內場)·봉산은파장(鳳山銀波場), 경상도의 창원마산장(昌原馬山場),평안도의 박천진두장(博川津頭場), 함경도의 덕원원산장(德源元山場)이 가장 큰 장들이다.

[『萬機要覽』財用編5, 鄕市]

요점　－화폐유통경제의 보편화
　　　　－생산력발전에 따른 수용의 확대
　　　　－사상(私商)의 성장

□ 鑛業

◉ 『속대전』에 규정하였다. "각도의 은을 생산하는 곳에는 설점수세(設店收稅)하고 사사로이 은을 캐는 자는 종신토록 섬에 귀양보낸다."

　『경국대전』에 규정하였다. "각도의 철을 생산하는 곳에는 야장(冶場)대장을 만들어 공조(工曹)와 본도(本島)·본읍(本邑)에 비치하고 매번 농한기에는 제련해서 상납케 한다."

　살피건데 『주례』에 광인의 직책은 금·옥·석(錫)·석(石)이 나는 땅을 관장하여 이것을 채굴 못하게 엄중히 금지하고 때맞추어 이것을 채취하는 것이다. 한(漢)나라 이래로 염철(鹽鐵)에 대한 권리가 국가에 있었으니 이것은 나라의 큰 재화인 것이다. 금·은·동·철이 나는 곳에는 널리 노점(爐店)을 설치하여 국용에 보탬이 되게 하고 금전·은전·동전은 각각 차등을 두어서 나라의 화폐로 해야 한다는 것이 곧 내가 고심하는 문제이다. 그러나 오늘날의 노점은 모두 간악한 백성이 사사로이 설치한 것인데 호조에서 수세하는 것은 극히 사소하고 도망자를 감추어 주고 간악한 백성을 숨겨주어 도적을 모아 변란을 일으키니 농사짓는 자는 품팔이나 머슴을 얻을수 없고 장사하는 자는 물화를 운용할 수가 없다. 좋은 논밭은 날로 줄고 자연이 날로 파괴되니 후일에 비록 조정의 대신이 국가에서 채굴하는 법을 의논하여 시행하려고 해도 지금 당장의 계책은 엄금하는 일뿐이다. 종래에 설점된 것은 간악한 자들을 살펴서 뜻하지 않은 변란에 대비하고 그 신설되는 광산은 주모자를 잡아서 변란의 싹을 꺾는 일을 그만두어서는 안될 것이다.

[『牧民心書』卷11, 工典六條, 山林]

◉ 근래에 은광산은 폐해가 많다고 하여 나라에서는 그것을 금지하고 오직 동광산만 허가하는데 은광이나 동광이 모두 폐해가 없다고 생각한다. 은산지에 은점(銀店)을 설치한다면 부상대고들은 제각기 물욕을 내어 고용인들을 모으게 된다. 그러면 토지가 없어 농사를 짓지 못하는 농민들이 점민(店民)이 되어 살아나갈 것을 원한다. 그리고 호조에 세금을 내게 되면 공사간에 유익한 것으로 될 것이다.

[『備邊司謄錄』正祖 12年 9月]

요점 ─수공업·상품유통의 활성화 ; 원료생산 촉진
　　　─물주(物主)·덕대(德大)·광부(鑛夫; 賃勞動)등 자본제적 경영형태발생

□ 兩班體制의 動搖

● 사간원이 아뢰었다. "전쟁이 일어난 이후 군량조달에 급급하여 구차스럽게 만든 법을 이루다 기록할 수 없습니다. 그 가운데 참하무관(參下武官)이 미두(米豆)각 3석을 경창(京倉)에 납입하면 즉시 6품으로 올려주고 있는데, 이 길이 한번 열리자 자못 혼잡하다는 비난이 많았습니다. 더구나 6품의 벼슬을 팔아서 6곡(斛)의 곡식을 구하는 것은 얻는 것은 작고 잃는 것은 큰것이어서 온편치 못하게 여기고 있습니다. 그 공사(公事)는 거행하지 마소서.

[『宣祖實錄』卷122, 33年 2月]

● 흉년이 들었으므로 가선(嘉善)·통정(通政)·동지(同知)·첨지(僉知)·판관(判官)·별좌(別坐)·찰방(察訪)·주부(主簿)·첨사(僉使)·만호(萬戶)·호군(護軍)·사직(司直) 중 가선·통정 등의 공명첩 2만장을 만들어 팔도로 나누어 보내어 팔도록 하였다.

[『肅宗實錄』卷32, 16年 11月]

● 양반이란 사족의 존칭이다. 강원도 정선군에 한 양반이 살고 있었는데, 어질고 독서를 좋아하였다. 군수가 새로 부임하면 반드시 그의 집에 친히 와서 인사를 드렸다. 그러나 집이 가난하여, 관청의 환곡을 해마다 받아 먹어서 햇 수가 오래되니 1천석에 이르렀다.

　어느날 관찰사가 군읍을 순행하다가 환곡을 검열하고는 크게 노하여 "어떤 놈의 양반이 군자를 이렇게 축냈단 말인가?"하고, 그 양반을 잡아서 가두라고 명령하였다. 군수는 그 양반이 가난하여 도저히 갚지 못할 것임을 마음 속으로 불쌍히 여겨, 차마 잡아서 가두지 못했으나 역시 어떻게 할 수 없었다. 양반은 밤낮으로 울었으나 갚을 도리가 없었다.

　그의 아내는 꾸짖어 말하기를 "평생에 독서를 좋아했으나, 현청의 환곡에는 아무 소용이 없구료"

　"흥, 양반이라고?"

　"양반이란 1전 어치도 못 된다오"하고 화를 냈다.

　그 마을의 한 부자가 이 소문을 듣고 가족들과 상의하되 "양반이 비록 가난하여도 언제나 존대받고 영광스럽다. 나는 비록 부자이지만 늘 비천하여 감히 말을 탈 수 없고, 양반을 보기만 하면 몸을 굽혀 어찌할 줄을 모른다. 또 포복(匍匐)하면서 뜰에서 절할 때는 코를 땅에 끌고 무릎으로 기어야 하니, 나는 언제나 죽을 모욕을 받아왔다.

지금 양반이 가난하여 환곡을 갚지 못한다 하니, 앞으로 크게 군색(窘塞)해져서 그 형편이 실로 양반신분을 보전할 수 없을 것이다. 우리가 그걸 사서 가지도록 하자"하였다.

드디어 양반의 문전에 이르러, 그 환곡을 갚아주겠다고 청하자, 양반이 크게 기뻐하며 허락했다. 이에 부자는 선걸음으로 환곡을 군청에 납부했다. 군수가 크게 놀라고 이상하게 생각하여, 자신이 그 양반을 찾아가서 위로하고, 또한 어떻게 환곡을 납부하게 되었는가를 물었다. 헌데 가만히 보니 양반은 상놈이 쓰는 벙거지를 쓰고, 잠뱅이를 입고서 땅에 부복하여 뵈오면서, 소인이라 칭하고 감히 머리를 들어 쳐다보지 못하였다. 군수가 깜짝놀라 내려가서 붙잡고 물었다.

"족하(足下)가 왜 이렇게 스스로 낮추어서 욕된 행동을 하시오?"

양반은 더욱 황공하여 머리를 조아리고 부복하여 말하기를 "황송하오나 소인이 감히 스스로 욕된 행동을 하는 것이 아니옵니다. 이미 스스로 그 양반을 팔아서 환곡을 갚았으니, 마을 부자가 곧 양반입니다. 소인이 다시 어찌 감히 옛날과 같이 그대로 양반 행세를 할 수 있겠습니까?"하였다.

군수는 탄식하여 말하기를 "군자로구나, 그 부자야말로 양반이로구나, 그 부자야말로! 부유하되 인색하지 아니함은 의(義)이고, 타인의 어려움을 구하여 줌은 인(仁)이다. 비천함을 싫어하고 고귀함을 흠모하는 것은 지(智)이니, 그야말로 참으로 양반이다. 비록 그러나 사사로이 사고 팔아 문권을 만들어두지 아니하면 송사(訟事)의 장본이다. 나하고 네가 군민에게 약속하여 증거로 삼고 문권을 만들어서 믿을 수 있게 한 다음, 군수인 내가 당연히 서명할 것이다"라고 말하였다.

이에 군수는 군청으로 돌아가서 군내의 사족(士族)·농민(農民)·공장(工匠)·상고(商賈)를 모두 불렀다. 모든 사람이 군청의 뜰에 모이자, 부자를 향소(鄕所)의 위에 앉히고 양반을 공형(公兄)의 아래에 세웠다. 이에 문권을 작성하되 "건륭 10년 9월 모일 우의 명문은 양반을 팔아서 환곡을 갚은 것에 관한 것이니, 그 값이 1천섬이다. 생각컨대 양반이란, 명칭이 여러 가지여서 독서하면 사(士)라하고, 벼슬하면 대부(大夫)라 하고, 덕(德)이 있으면 군자(君子)라 한다. 무관(武官)은 서쪽에 서고, 문관(文官)은 동쪽에 서게 되어 양반이라 하였으니, 네 임의대로 할것이로되, 더러운 짓을 멀리하고, 옛사람을 본받아 뜻을 숭상하고 오경(五更)에 항상 일어나서 유황(硫黃)으로 등잔불을 켜놓고, 눈은 코끝을 보고 발꿈치를 모아 볼기를 고이고서 『동래박의(東萊博議)』를 얼음에 박밀 듯이 외우며, 배고픔을 참고 추위를 견디어 가난을 말하지 아니하며, 아래위의 이(齒)를 맞부딪쳐서 소리를 내고 손가락으로 뒷통수를 두드리며 물로 탕구하고 침을 씹어 넘기며, 털로 만든 관을 쓸때에는 소매로 닦고 티끌을 털어 윤기가 나도록 하며 세수할 때 주먹을 비벼서 때를 밀지 말고, 입 안을 씻어내되 지나치게 하지 말고, 소리를 길게 하여 여종(女婢)를 부르고, 걸음을 느릿느릿하게 걷되 신을 질질 끄고, 『고문진보(古文眞寶)』와 『당시품휘(唐詩品彙)』를 뽑아서 베끼되 깨알같이 한 줄에 100자씩

쓰고, 손에 돈을 잡지 말고, 쌀값을 물어 보지 말고, 더워도 버선을 벗지 말고, 밥 먹을 때 상투바람으로 먹지 말고, 음식을 국부터 먹지 말고, 국을 마시되 훌쩍훌쩍 소리내서 먹지 말고, 젓가락을 방아찧듯이 탁탁 드놓지 말고, 생파를 먹지말고, 술마실 때 수염까지 빨지 말고, 담뱃대를 볼이 오목하도록 빨지 말고, 화가 나더라도 아내를 치지 말고, 노하더라도 그릇을 발로 차지 말고, 주먹으로 아녀자를 치지 말고, 노비를 죽인다고 꾸짖지 말고, 소와 말을 꾸짖되 팔아먹은 주인을 욕하지 말고, 질병에 무당을 불러들이지 말고, 제사 때 중을 데려다가 재 올리지 말고, 화롯불에 손을 쬐지 말고, 말할 때 침을 튀기지 말고, 소를 잡지 말고, 돈으로 도박하지 말아야 한다. 이러한 모든 행실을 어기거든 양반은 이 문기(文記)를 가지고 관에 와서 변정한다."

성주(城主)인 정선군수(旌善郡守)가 서명하고, 좌수(座首)·별감(別監)이 증인으로 서명하였다. 이에 통인(通引)이 도장을 꽝꽝 찍으니 소리가 엄고(嚴鼓)치듯 하고, 북두칠성과 삼태성이 종횡으로 찍혀 있는 듯하였다. 호장(戶長)이 읽기를 마치자, 부자는 실망한 듯이 한참이나 있다가 입을 열었다.

"양반이 다만 요것뿐이요? 나는 양반이 신선같다고 들었는데, 진실로 이런 것이면 너무 억울하게 곡식만 몰수당한 것입니다. 바라건대 이(利)가 되도록 고쳐주시기 바랍니다."

이에 다시 문권을 만들되 "무릇 하늘이 백성을 내시매 그 백성이 오직 넷이니, 사민(四民)가운데 가장 귀한 것은 사(士)로서, 양반이라 칭하면 이로움이 한이 없다. 농사도 안 짓고, 상업하지 아니하여도 문사(文史)를 대략만 섭렵하면 크게는 문과(文科)에 합격되고, 적게 되어도 진사이다. 문과의 홍패는 두자(尺)에 불과하지만, 백물(百物)이 구비되어 있어, 오직 돈자루나 다름없고, 진사가 30세에 처음 벼슬을 시작하더라도 오히려 이름있는 음관(陰官)으로 되어 남반수령(南班守令)의 큰 고을을 잘 얻기만 하면 일산(日傘)바람에 귀 밑이 희어지고, 방울소리를 듣고 대답하는 사령들의 '예' 소리에 배가 나오게 되며, 방에는 아리따운 기생이 둘러 있고 뜰에는 우는 학을 기를 수 있다. 궁사(窮士)가 시골에 살더라도 오히려 능히 세도를 피울 수 있으니, 이웃의 소로 먼저 논을 갈고, 마을의 농민을 붙잡아다 밭을 매더라도 누가 감히 나를 거만하다고 하겠는가? 잿물을 네 코에 퍼붓고, 상투를 붙잡아 헝클고, 수염을 잡아 뽑아도 감히 원망하지 못하리라"고 하니 부자는 문권의 중간쯤에서 혀를 내두르며, "그만 두시오. 그만 두시오. 맹랑하구려, 나를 도둑으로 만들 작정이오?" 하고 머리를 흔들며 가버렸다. 그리고서 종신토록 양반의 일을 다시는 말하지 않았다.

[『燕巖集』 卷81, 兩班傳]

요점
- 신분제의 동요
- 양반인구의 증가; 국역의 집중
- 향촌지배 질서의 재편

□ 농민층 분해

● 사간 이이만(李頤晩)이 논계(論啓)하기를 "토호들이 소민들에게 끼치는 폐해를 이루 말할 수가 없습니다. 부요(富饒)한 사람들이 대부분 이자놀이 하느라 돈과 곡식을 가난한 사람들에게 흩어놓고 전토의 문서를 전당잡았다가, 이자가 날로 불어나 갚을 수 없게 되면 그 전당잡은 것을 그대로 매매한 것으로 만들어 그의 전토를 빼앗아버리고, 또한 조금 세력이 있는 사람은 유민들을 유혹하여 모아 이모저모로 비호(庇護)해 주며 연호(烟戶)의 부역을 포탈하여 면하게 해 놓고서 공공연히 구사(驅使)하고 있고, 심지어는 소를 도살하여 이익을 남기는 짓을 하고 전결(田結)을 숨기어 부역을 피하는 짓을 하고 있으니, 청컨대 각 도 감사를 신칙하여 적발해서 죄를 다스리게 하소서"하니 임금이 따랐다.

[『肅宗實錄』 卷47, 47年 7月]

● 본부[순천]의 땅이 비옥하고 백성이 부유하다 하여 평소 낙토로 일컫지만 명실이 크게 달라 근근이 양식을 이어댄다. 능히 부유하다고 할 만할 집들은 관내 반·상을 통틀어 불과 약간에 지나지 않는다. 구역이 광대하고 인구가 많으나 동남은 바다를 끼고 있고 서북은 산지가 되어 경작할수 있는 땅이 10분의 2,3에 미치지 못한데다 그 중 양전미답은 궁가의 땅이 아니면 모두 사대부가의 전장(田庄)에 노획된 것이다.[18C초]

[『華齋集』 卷6, 論邑弊九條]

요점 ─무전농민(無田農民)의 발생 ; 비농업인구의 확대
─부익부(富益富)·빈익빈(貧益貧) 현상

□ 衙門屯田

● 간원이 아뢰기를 "둔전을 설치하는 것은 오로지 관저(官儲)가 탕갈되었거나 혹은 군량을 보충하기 위해서입니다. 그런데 근래에도 각 도의 관찰사 등이 사사로이 둔전을 설치하여 군관(軍官)·무뢰배들을 시켜 전적으로 관리하게 하는데, 군관 등이 그의 처자를 거느리고 가 기식(寄食)하는 곳으로 삼기 때문에 해마다 수확하는 것이 모두 사용(私用)으로 들어가고 관에는 한 섬의 곡식도 들어오지 않습니다. 게다가 조세를 포탈하고 역(役)을 도피한 자들이 모여드는 곳이 되고 있어 그 폐단이 적지 않습니다. 앞으로는 일체 혁파하게 하고 둔전이 있는 각 읍으로 하여금 수확된 숫자를 조사하여 호조의 회계에 보고하게 하소서"하니, 아뢴대로 하라고 답하였다.

[『宣祖實錄』 卷138, 34年 6月]

요점 ─국가권력의 사익집단화(私益集團化)경향

□ 宮房田

● 무장(茂長) 유학(幼學) 김인좌(金隣佐)가 상소하기를 "무장・영광(靈光)・장성(長城) 등 여러 고을은 갑술년(甲戌年; 1694)에 양전할 때에 주인이 없는 것으로 등록한 것이 있었는데, 이번에 모두 어의궁(於義宮)으로 들어갔습니다. 이른바 주인이 없다는 것은 참으로 주인이 없는 것이 아니라, 대개는 그 때 난리를 겪은 지가 오래되지 않아 땅은 넓고 민중은 적어졌으니, 산 위의 척박한 땅을 누가 다시 경작하겠습니까? 이제는 80년이 지나 인구가 날로 불어나 점차 개간되고 따라서 주인이 되어 더러는 자손에게 전해주고 더러는 서로 매매하게 된 것도 있습니다. 그 고을에서 관장하여 그 수효대로 균등하게 공부(貢賦)를 작정한다면 어찌 부세를 바치지 않을 리가 있겠습니까? 계유년(癸酉年; 1693)에 어의궁에서 도장[導掌; 곧 궁례(宮隸)가 세 징수를 맡아보는 것을 일컫는다]을 내려보내 요량하여 세를 받게 했는데, 1결에 40두씩이나 받았습니다. 호조에서 받는 세는 1결에 20두가 되지 않는데, 궁가(宮家)의 세는 그 배나 되므로, 민중이 억울하고 원통하게 여김이 끝이 없습니다. 본 고을의 무인 이순경(李舜卿)이라는 사람이 상언하여 호조의 공부의 예대로 해주기를 청하자, 조가(朝家)에서 이미 윤허했는데도 곧 도로 도장을 시켜 징수하고 있으니, 아마도 일시동인(一視同仁)의 의리가 아닌 듯합니다" 하였다.

[『肅宗實錄』卷27, 20年 7月]

● "병인년(丙寅年; 1686)에는 숙의방(淑儀房) 전답 2백결을 예에 의하여 획급(劃給)하라는 일로 전교하였고, 갑술년에는 양방(兩房)에 전답 각각 2백결을 전례에 의하여 획급하라는 일로 명을 내리었습니다. 이로써 보면 2백결을 절수(折受)하게 법식을 정함이 옳을 것 같았는데, 해당 조(曹)에서 모든 궁가에 절수한 결수를 취하여 상고하면 명례궁(明禮宮)・어의궁(於義宮)・수진궁(壽進宮)・용동궁(龍洞宮) 4궁은 우선 내버려두고 논하지 않더라도 이 밖의 여러 궁에 절수한 것은 혹 7천여결에 이르고 혹은 5천여결에 이르니, 그 정식(定式)보다 지나침이 이와같이 많으니 어찌 미안(未安)한 것이 아니겠습니까? 사체(事體)로써 말한다면 한도를 정한 2백결 이외에는 다 혁파함이 마땅한데, 그 중에 오래 묵은 땅은 또한 반드시 서로 얽히어 있을 것이니, 그 실결(實結)의 수는 분명히 알 수 없고, 또 하루아침에 삭감한다고 하면 궁가도 또한 성양(成樣)할 수 없을 것입니다. 이제 만약 2백결로 하도록 정한 이외에는 다 혁파하고 조가(朝家)로부터 미포(米布)・은화(銀貨)를 헤아려주어 해궁으로 하여금 장토를 스스로 마련하여 성양할 수 있도록 하고 장토를 마련하기 전까지는 한년(限年)하여 공부세(貢賦稅)로써 내려주면 공・사가 모두 편할 것입니다. 수진궁・명례궁・어의궁・용동궁의 4궁의 명선방(明

善房)・명혜방(明惠房)의 양방은 무진년(戊辰年; 1688)으로써 한정하여 이전에 절수한 것은 그대로 두고, 이후에 절수한 것도 모두 다 혁파함이 어떻겠습니까?"하니, 임금이 이르기를 "6궁에서 무진년 이전에 절수한 것은 그대로 두고 무진년 이후에 절수한 것은 혁파하라. 그리고 이 뒤로는 영구히 절수하지 말도록 분부하다"

[『增補文獻備考』卷144, 諸田]

요점 －왕실사장(王室私藏)의 확대
　　　－국가적 토지소유의 강고성

3. 三政紊亂과 農民抗爭

- 개요 -

　　조선후기 국가의 수취는 전세・군역・환곡을 중심으로 운용되었다. 이를 합하여 삼정(三政)이라 칭하는데 농민에 대한 수탈이 대부분 삼정의 운영을 매개로 진행되었다. 부세(賦稅)의 전결세화 추세에 따라 18세기말 전세(田稅)는 결당 100두(斗)에 이르고 있었다. 군역은 이미 입역(立役) 대신에 수포(收布)가 일반화되었는데 인징(隣徵)・족징(族徵)・이징(里徵) 등의 폐단으로 농가경제에 큰 부담이 되고 있었다. 반상의 구분없이 군역을 부과하는 호포론(戶布論)이 제기되었지만 균역법이라는 부분적 개선으로 그치고 말았다. 환곡은 18세기 후반부터 부세화・고리대화하여 구관아문(勾管衙門)이 대폭 증가하고 환곡 총량도 늘어나게 되었다. 이에 따라 각양각색의 폐해가 발생하여 국가 재정의 환곡 의존도가 거의 절반에 이를 정도로 자의적이고 효과적인 수탈수단으로 변질하게 되었다. 농민들은 계(契)나 민고(民庫) 등 공동납을 통하여 봉건체제의 수탈에 대응하였으나 삼정의 문란이 극도에 달하면서 저항의 강도를 높여나갔다. 농민항쟁의 전개는 과도한 수탈과 함께 농민층의 성장이 배경이 되고 있었다. 생산력의 발전과 공동체 의식의 성장, 새로운 사조의 대두 등은 봉건체제의 해체를 강요하고 있었던 것이다. 농민의 저항은 유리도산(琉璃逃散)・항조거납(抗租拒納)・산호(山呼)・격쟁(擊錚)・정소(呈訴) 등 소극적인 방식에서부터 도적화・민란봉기 등 적극적 방식에 이르기까지 농민부담의 가중에 비례하여 격화되어 갔다. 거의 모든 농민항쟁은 조직화・세력화하지 못하는 한계를 지니고 있었다. 항쟁의 주요 목표가 부세 수탈의 저지에 두어져 봉건적 토지소유 해체나 신분제 폐지 등 근본적인 변혁과제의 설정에는 이르고 있지 못했기 때문이다. 따라서 주도층도 饒戶富民인 경우가 많았으며 중앙의 타협적 개선책에 의해 대부분 와해되고 말았다. 이러한 한계는 동학농민전쟁에서 농민들이 주체세력이 됨으로써 극복하게 된다

□ 三政의 紊亂

◉ 임금이 교지(敎旨)에서 이르기를 "…삼정(三政)의 폐를 구하는 방책을 이미 조정의 신하에 물었다. 이제 지방의 수령, 관찰사 그리고 초야의 인사들 역시 반드시 마음 속에 품고 있는 바가 있을 것이니 이정청(釐整廳)에서 이 제문(題文)을 베껴 써서 전국 각지에 내려 보내 각기 그 고을의 내력할 바에 대해 이것저것 강구하고 밝혀서 모두 글로 적게 하여 고을에서 수렴한 후 관찰사로 하여금 모두 모아 서울로 올리게 하라…"하였다.

[『哲宗實錄』14, 哲宗 13年 6月 癸亥]

◉ 삼정(三政)의 폐는 극심하다. 그러므로 세상에서는 모두 경장(更張)을 하지 않으면 폐단을 막을 수 없다고 말한다. 그러나 돌이켜 보건데 지금은 나라의 기강이 떨어지지 않아 백성의 뜻이 밝아지지 않으니 즉각 좋은 제도를 창안하여 시행함은 혼란되고 잘못되기 쉬워 옛 제도를 그대로 두고 약간의 변통만 하는 것이 낫겠다.

[『邵亭文稿』1, 三政議]

□ 陳田收稅

◉ 내 외가는 해남에서 명망있는 씨족이고 집이 본래 부자였는데, 지금은 굶주려서 죽고 고아와 과부가 의탁할 곳도 없게 되었다. 그 까닭을 물으니, 진전(陳田) 때문이었다. 진전 40결이 풀밭이고 자갈밭인데 인가에서 동떨어져 있어, 농민을 모집해서 경작토록 했으나 응하는 사람이 없고, 타인에게 백령(白領; 소작료를 받지 않음)하도록 청해도 받는 사람이 없었다. 해마다 기름진 땅을 팔아 이 진전에 대한 세를 바쳤고, 기사년(1809)과 갑술년(1814) 흉년에도 오히려 면세해 줌이 없었다. 기름진 땅이 다 없어지자 이제 서적을 팔아서 바치나, 1파(把) 1속(束)도 견감된 적이 없었다. 남방의 고가세족(故家世族)으로 진전 때문에 패가하는 자가 많은데, 하물며 소민(小民)에게야 한 고랑인들 견감되는 것이 있겠는가?

[『經世遺表』卷7, 田制8]

요점 - 전세와 각종 부가세의 가중
 - 진전수세(陳田收稅)등 전정(田政)의 문란

□ 軍政

◉ 갈밭마을 젊은 여인 울음도 서러워라

현문(懸門)향해 울부짖다 하늘 보고 호소하네

군인 남편 못 돌아옴은 있을 법도 한 일이나
예부터 남절양(男絶陽)은 들어보지 못했노라

시아버지 죽어서 이미 상복입었고
갓난아인 배냇물도 안 말랐는데
삼대(三代)의 이름이 군적에 실리다니

달려가서 억울함을 호소하려도
범 같은 문지기 버티어 있고
이정(里正)이 호통하여 단벌 소만 끌려갔네

남편 문득 칼을 갈아 방안으로 뛰어들다
붉은 피 자리에 낭자하구나
스스로 한탄하네 "아이 낳은 죄로구나"

잠실궁형(蠶室宮刑)이 또한 지나친 형벌이고
민(閩)땅 자식 거세함도 가엾은 일이거든

자식 낳고 사는건 하늘이 내린 이치
하늘땅 어울려서 아들되고 딸되는 것

말·돼지 거세함도 가엾다 이르는데
하물며 뒤를 잇는 사람에 있어서랴

부자들은 한평생 풍악이나 즐기면서
한알 쌀, 한치 베도 바치는 일 없으니

다같은 백성인데 이다지 불공한고
객창에서 거듭거듭 「시구편(鳲鳩篇)」을 읊노라

[『茶山詩選』哀絶陽]

요점 − 양정수(良丁數) 감소와 군역부담 집중

□ 還政

◉ …환곡(還穀)이 … 진실로 만부득이하다면 어찌 토지세에 첨가하여 이 쓸데없는 법을 없애지 않는가.

[『雲養集』7, 三政策]

◉ …환곡의 폐를 없애는 길은 환곡제도를 폐지하는 것보다 나은게 없다. 앞으로 환자를 거두고 분배하며 이식을 거두는 것 모두를 영구히 혁파한다. … 환곡을 폐지하고 이를 토지에 부과하는 것은 대변통(大變通)에 관계되는 것이니 만큼 … 대동사목(大同事目)의 예에 따라 시행한다.

[『釐整廳謄錄』]

◉ 농가엔 반드시 양식을 비축하여
　삼년농사 지으면 일년치 비축하고

　구년농사 지으면 삼년치 비축하여
　검발(檢發)하여 하늘을 도우는 건데

　사창법(社倉法) 한번 문란해지자
　만 목숨이 뒹굴며 구슬피 우네

　빌려주고 빌리는 건 양쪽 다 원해야지
　억지로 강제하면 불편해져서

　온 땅을 통틀어도 고개만 저을 뿐
　빌리겠단 사람은 하나도 없네

　봄철에 좀 먹은 쌀 한 말 받고서
　가을엔 온전한 쌀 두말을 바치고

　게다가 좀먹은 쌀값 돈으로 내라하니
　온전한 쌀 판 돈을 바칠 수밖에

　이익으로 남는 것은 간활한 자 살을 찌워

한번 벼슬길에 천경(頃)논이 생긴다네

쓰라린 고초는 가난한 자에 돌아가니
휘두르는 채찍질에 살점이 떨어진다

큰 가마, 작은 솥 모두 다 가져가고
자식은 팔려가고 송아지마저 끌려가네

[『茶山詩選』, 夏日對酒3]

요점 －환곡운용의 부세화(賦稅化), 고리대화(高利貸化)

□ 民庫

● 민고의 폐단은 그 근원이 두 가지인데, 아전들은 거기에 관여되어 있지 않다. 하나는 감사가 함부로 위엄을 부리는 것이요, 다른 하나는 수령이 마음대로 탐욕을 부리는 것이다. 이 두가지 근원이 없으면 본래 민고가 없을 것이요, 아전들도 그들의 농간이 용납될 곳이 없을 것이다. 감사가 가족들을 데리고 부임하게 된 이후로 갑자기 각 도에 제각기 큰 도회(都會)를 만들어 관청·저택·제반 용구와 좌우의 시중이나 음식·거마·의복 등 위의(威儀)의 성대함이 임금에 견줄 만하고, 체모의 존귀함이 대신보다도 더하다. 속이 비고 식견이 모자란 사람이 한번 이 감사의 직에 앉으면 스스로 잘난 척하여 마치 본래 그런 것으로 생각한다. 이 때문에 각 고을에서 쫓아가 떠받들고 공궤하는 것이, 염치없이 아첨하는 부류들보다 조금이라고 못한 경우에는 감사는 발끈 성을 내 그 수령을 파출시킨다. 각 고을수령들은 벌벌 떨며 감히 비용을 아끼지 못하다가 일이 지나가고 나서는 쓴 비용을 아깝게 여겨 그 피해를 가난한 백성들에게 돌리니, 이것이 민고가 생겨나게 된 까닭이다. …

지금 각 도의 군현마다 소위 민고란 것이 있다. … 민고란 것은 향리들이 제멋대로 그 규례를 만들었고 수령들이 제멋대로 그 법을 만들었으니, 천지가 생긴 이래로 이런 일이 있었던가. 8도에 모두 민고가 있으나 그 법식은 도마다 각기 다르고, 고을마다 모두 민고가 있으나 그 규례가 고을마다 각기 다르다. 그 법의 득실은 고사하고 한 임금의 나라에는 마땅히 한임금의 제도가 있어야 하겠거늘, 그 산란함이 이와 같으니 천지가 생긴 이래로 이런 일이 있었던가.

[『牧民心書』 卷6, 戶典, 平賦]

요점 －지방관의 탐학, 향리의 중간농단

□ 平安道農民戰爭

◉ 평서대원수는 급히 격문을 띄우노니 관서의 부로(父老)와 자제와 공사천민들은 모두 이 격문을 들으시라. 무릇 관서는 기성(箕聖)의 옛요. 단군시조의 구굴(舊窟)로서 의관이 급제하고 문물이 병랑한 곳이다. 저 임진왜란에 있어서는 중흥의 공이 있으며 또한 정묘호란에는 양무공 정봉수가 충성을 능히 바칠수 있었다. 돈암 선우협의 학식과 월포 홍경우의 재예가 또한 이곳 서토(西土)에서 배출되었다.

그러나 조정에서는 서토를 버림이 분토(糞土)와 다름없다. 심지어 권문의 노비들도 서토의 인사를 보면 반드시 평한(平漢)이라 일컫는다. 서토에 있는 자 어찌 억울하고 원통치 않은 자 있겠는가. 막상 급한 이에 당하여서는 반드시 서토의 힘에 의존하고 또한 과시에 당하여서는 서토의 문을 빌었으니 4백년래 서인이 조정을 버린 일이 있는가.

지금 나이어린 임금이 위에 있어서 권세있는 간신배가 날로 치성하여 김조순·박종경의 무리가 국병을 전롱하니 어진 하늘이 재앙을 내려 겨울번개와 지진이 일어나고 재앙별과 바람과 우박이 없는 해가 없으니 이 때문에 큰 흉년이 거듭 이르고 굶어 부황든 무리가 길에 널려 늙은이와 어린이가 구렁에 빠져서 산 사람이 거의 죽음에 임박하였다.

그러나 다행히 제세의 성인이 청북 선천 검산 일월봉하 군왕포 상 가야동 홍의도에서 탄생하셨으니, 나면서 신령함이 있었고 다섯살 때에 신승(神僧)을 따라 중국에 들어갔으며 성장하여서는 강유사군지(江留四君地) 여연(閭延)에 머무르기 5년에 황명의 세신유족을 거느리게 되었으며 철기 10만으로 부정부패를 숙청할 뜻을 가지셨다.

그러나 이곳 관서땅은 성인께서 나신 고향이므로 차마 밟아 무찌를 수가 없어서 먼저 관서의 호걸들로 거병하여 백성들을 구하도록 하였으니 의로운 기치가 이르는 곳이 어찌 참임금을 기다리다 살아난 곳이 아니겠는가.

이제 격문을 띄워 먼저 열부군후에게 알리노니 절대로 동요치 말고 성문을 활짝 열어 우리 군대를 맞으라. 만약 어리석게도 항거하는 자가 있으면 철기 5천으로 밟아 무찔러 남기지 않으리니 마땅히 속히 청명하여 거행함이 좋으리라. 위 격문을 안주 병사·우후·목사와 숙천부사·순안현령, 평안감사·중군·서윤과 강서현령·용강현령·삼화부사·함종부사·증산현령·영유현령에게 내리노라.

대 원 수

[『純祖記事』 辛未 12月 21日]

요점
- 농민전쟁의 역사적 성격
- 농민전쟁의 주도세력

□ 晉州民亂

● 임술년 2월 19일, 진주민(晉州民) 수만명이 머리에 흰 수건을 두르고 손에는 나무몽둥이를 들고 무리를 지어 진주읍내에 모여 서리들의 가옥 수십호를 불사르고 부숴서, 그 움직임이 결코 가볍지 않았다. 병사(兵使)가 해산시키고자 장시에 나가니 흰 수건을 두른 백성들이 땅위에서 그를 빙 둘러싸고는 백성의 재물을 횡령한 조목, 아전들이 세금을 포탈하고 강제로 징수한 일들을 면전에서 여러번 문책하는데, 그 능멸하고 핍박함이 조금도 거리낌이 없었다. 그리고 그 분을 풀고자 병영으로 병사를 잡아들여가서는 이방(吏房) 김준범(金準範)과 포리(捕吏) 김희순(金希淳)을 곤장으로 수십대 힘껏 때리니 여러 백성들이 두 아전을 그대로 불 속에 던져 넣어 태워버렸다. 이방의 아들 만두(萬斗)가 그 아비를 구하고자 하였으나 역시 난민(亂民)에게 밟혀 죽었다. 병사를 꼼짝 못하게 포위하고 한밤중까지 핍박하고 관아로 돌아가지 못하게 하였다.

본 고을의 이방 김연구(金淵九)는 기회를 틈타 도피하였으나, 이튿날 수색 끝에 붙잡혀 두드려 맞고 불에 타서 죽었다. 백성들은 이어 무리를 나누어 촌으로 나가 마동(馬洞)의 영장 정남성(鄭南星), 성부인(成富人), 청강(靑崗) 최진사(崔進士)의 세 집을 모두 불태워 부쉈다. 들건대 이 3인은 경영이 긴요치 않아 원우(院宇)에 백성을 절제없이 부렸다고 한다.

[『壬戌錄』 嶺湖民變日記, 嶺南]

요점 －생산력발전 잉여부분의 수탈
－농민층의 저항양태; 유이(流移)·항조(抗租)·괘서(掛書)·정장(程狀)·봉기(蜂起)
－민란의 성격과 주도세력

4. 實學思想

- 개 요 -

실학사상은 조선후기의 경제·사회 현실을 바탕으로 성립하였다. 구체적 현실문제의 해결을 추구한 실학은 17세기초 유형원에게서 비롯되었다. 이전의 사회개혁론이 다분히 체제의 강화라는 측면에서 접근하고 있었던데 비해 17세기 이후의 개혁론은 소농민·중소상공업자 등 소경영층의 자립적 발전을 보장하려는 중세사회해체 지향의 근본적 개혁사상으로 평가된다. 이익으로 대표되는 근기남인계열인 초기 실학파는 중농주의적 관점을 지니고 있었다. 이들의 최대관심사는 지주전호제의 모순을 완화하고 농업생산력을 발전시키는 것이었는데 이는 각양의 토지개혁론으로 나타났다. 유형원의 공전제(公田制), 이익의 균전제(均田制) 또는 한전론(限田論), 정약용의 여전제(閭田制)와 정전제(井田制) 등의 전론(田論)과 다양한 농업기술론이 제시되었다. 집권세력인 노론 계열에서도 실학자들이 배출되었다. 이들은 체제 이데올로기인 조선중화주의(朝鮮中華主義)를 극복하고 청(淸)의 발달된 상공업과 문물제도를 도입하고자 하였다. 노론계의 실학은 김창협·김창흡 등 낙론(洛論)계열에 의해 이론적 체계가 세워졌으며 홍대용·박지원을 중심으로 북학파를 형성하였다. 북학파는 특히 중상주의적 경향을 보이면서 상공업과 유통경제의 활성화를 강조하였다. 근기남인학파와 북학파를 포함한 실학파들은 신분제의 개혁, 행정기구의 개편, 부세제도의 개혁 등 사회 전부문에 걸친 개혁론을 제시하였으며 자국사와 강역에 대한 새로운 인식을 토대로 화이관(華夷觀)을 극복함으로써 세계관을 달리하는 전기를 마련하였다. 실학사상은 개화사상과 함께 동학농민전쟁의 보국안민사상, 심지어 위정척사파에 이르기까지 폭넓은 영향을 미친 근대사상의 맹아라 할 수 있다.

□ 田制改革論

● 지금 대부분의 땅이 사유로 되어 사람들이 각기 세전지물(世傳之物)로 보고 있으므로 일시에 개혁하는 것은 매우 실시하기 어려운 것이다. 그대로 사전제로 두어 매매를 금하지 않고 다만 그 소유량을 공경(公卿)으로부터 서민(庶民)에 이르기까지 한정을 두어 전지가 많은 자는 팔게 하고 전지가 적은 자는 매입하여 보충하게 하면 어떻겠는가 하는 의견도 있다. 이것 역시 먼저 토지의 경계(經界)를 바로잡고 장정있는 가호수를 명백히 한 후 전지를 장정들에게 분배한 뒤에라야 가능할 것이다. … 그러나 경계를 바로잡고 정호(丁戶)를 명백히 하는 일도 공전법(公田法)을 실시하지 않고는 불가능할 것이며 경계가 바로 잡히고 정호가 명백히 된 후에도 사유를 허가하면서 토지소유를 제한하는 일은 실시되기 어려운 것이다.

[『磻溪隧錄』 卷2, 田制下, 田制雜議]

◉ 내가 일찍이 깊은 생각 끝에 한 방법을 얻었는바 그것은 전지(田地)를 고르게 하는 데 불과할 뿐이었다. 그러나 나의 뜻대로 시행하여 오래도록 폐지하지 않는다면 다소의 성과는 있을 것이다.

우선 국가에서 한 집의 살림을 알맞게 요량하는 것이 마땅하다. 전지 몇 마지기를 한정하여 한 호의 영업전(永業田)으로 만들어 당나라의 조세제도(租稅制度)와 같이 한다. 많은 자의 것을 줄이거나 빼앗지 말고 모자라는 자에게도 더 주지 않는다. 돈이 있어 사고자 하는 자는 천백결이라도 다 허가하며 전지가 많아 팔고자 하는 자도 역시 영업전 몇 마지기 이외에는 모두 허가한다. 과(過)해도 팔기를 원치 않는 자는 강요하지 말며 모자라도 사지 못하는 자도 독촉하지 않는다. 오직 영업전 몇 마지기 이내에서 매매자가 있으면 여러곳을 살펴 산 자에게는 남의 영업전을 빼앗은 죄로 다스리고 판 자에게도 역시 몰래 판 죄로 다스린다. 산 자에게는 산 값을 논하지 말고 전지를 되돌려 주도록 하며 또 전주(田主)는 자신이 관아에 고하여 면죄한 다음 자기의 전지를 되찾도록 한다.

모든 전지를 매매할 때에는 반드시 관아에 알린 다음 홍정하며, 관가에서 역시 토지문서를 상고한 다음 문권(文券)을 만들어 교부한다. 그리고 인장이 없는 것은 소송도 못하게 하면 비록 급효(急效)는 없을지라도 반드시 오래 힘입게 된다. 그것은 내가 한 마을을 살펴보았는데 작년에 몇호가 파산하더니 금년에도 역시 몇호가 파산하였다. 파산한 자를 보면 처음에는 많은 전지를 가지고 있다가 점점 적어지게 되고, 적은 전지를 가지고 있다가 영영 없게 되는데 전지가 없어졌으니 어찌 파산하지 않겠는가.

백성의 살림을 마련하는 자가 이 사람 것을 빼앗아 저 사람에게 줄 수는 없더라도 빈민으로서 만약 지금 남아 있는 전지를 항상 세업물(世業物)로 보전할 수 있다면 어찌 조금이나마 유익한 일이 아니겠는가. 무릇 매전(賣田)하는 자는 반드시 빈민이다. 지금 활리(猾吏)와 호상(豪商)이 천만금을 장만하면 여러 빈민의 전지를 사 모으고 소봉(素封)의 낙(樂)을 누리는 바 이런 지경에 파산한 자들이 많으니 그 해가 끝없지 않은가. 빈민에게 전지를 팔지 못하게 하면 파는 자가 드물 것이므로 겸하여 합치는 자도 줄어들 것이다.

그리고 빈민으로서 혹 지력(智力)이 있어 전지를 마련할 수 있으면 한자 한치의 땅이라도 사들일지언정 파는 일은 없으므로 살림이 쉽게 일어난다. 부자의 전지는 비록 많아도 혹 많은 자식이 갈라서 차지하고 못난 자는 파락(破落)하기도 하여 몇대를 넘기지 못하고 평민과 같아진다.

이와 같으면 균전의 제도도 점차 완성될 것이다. 빈호(貧戶)는 당장에 살림이 다 없어지는 걱정을 면하게 될 것이니 참으로 좋아할 것이며 부호(富戶)도 비록 파산은 했을망정 영업전은 그대로 있게 되니 뒷일을 걱정하는 부자 역시 좋아할 것이다. 이와 같이 하면 시행하기도 쉬울 뿐더러 반드시 효과도 있을 것이다. 이것이 그 대개이다.

더러는 "길흉사(吉凶事)에 쓰는 비용 때문에 전지를 팔지 않을 수 없는 자가 있다" 하여 이 제도를 의심한다. 그러나 전지를 다 팔아 없앤다면 장차는 어찌한다는 것인가. 정전제(井田制)를 시행하던 세상에는 백성이 전지의 매매를 못했다는 것을 생각하면 알 수 있을 것이다. 그리고 이 제도의 손익은 시행하는 자에게 달려있다.

[『星湖集』 卷45, 雜著, 均田論]

● 신이 견마(犬馬)의 나이로서도 일찍이 사람들의 수대(數代)를 보았으나, 그 중에 부조(父祖)의 전업(田業)을 능히 보수(保守)하여 타인에게 팔지 않은 자는 열에 다섯 정도이고, 매년 토지를 떼어 파는 자는 십상칠팔(十常七八)이었으니, 그 중 저축하여 더욱 토지를 점유하는 자의 수를 알 수 있는 것입니다. 진정 한제(限制)를 만들어서 모년모월 이후 이 한제 이상으로 많은 자는 더 이상 사들이지 못하게 하고 법령공포 이전에 사들인 것은 비록 산천을 경계로 할 정도로 광점하더라도 불문에 부칩니다. 그들의 자손으로 지자(支子)·서자(庶子)가 있어서 분배해 주는 것은 허락합니다. 그 중에 혹은 숨기고 실제로 법을 지키지 않는다든지 법령공포 후에 한제를 넘어서 가점(加占)하는 자는 백성들이 적발하면 백성에게 주고, 관에서 적발하면 몰수합니다. 이렇게 하기 수십년이 못되어 국중(國中)의 전토는 균등하게 될 것입니다. 이것이 소노천(蘇老泉)이 말한 바 조정에 단좌(端坐)하여 천하에 영을 내리되 경민동중(警民動衆)시키지 아니하고 정전제(井田制)를 실시하지 아니하되 정전의 효과를 얻는 것이어서, 비록 주(周)의 정전제라 하더라도 이보다 훨씬 나을 것이 없다고 하였음은 참으로 확실한 주장입니다.

[『燕巖集』 限民名田議]

● 아홉 도의 전답(田畓)을 고루 나누어 3분의 1을 위해서 아내가 있는 남자에 한해서는 각각 2결을 받도록 한다[그 자신에 한하며 죽으면 8년 후에 다른 사람에게 옮겨준다]. 전원(田園) 울타리 밑에 뽕나무와 삼(麻)을 심도록 하며, 심지 않는 자에게는 벌로 베(布)를 받는데 부인이 3명이면 베 1필, 부인이 5명이면 명주 1필로 상례로 정한다.

[『湛軒書』 內集 卷3, 補遺 林下經綸]

● 이제 농사짓는 사람에게는 토지를 갖게 하고, 농사짓지 않는 사람에게는 토지를 갖지 못하게 하려면 여전제(閭田制)를 실시해야 하며, 그래야 내 뜻을 실현시킬 수가 있다. 여전법이란 무엇을 일컬음인가? 산곡(山谷)과 천원(川源)의 지세를 기준으로 구역을 획정하여 경계를 삼고, 그 경계선 안에 포괄되어 있는 지역을 1여(閭)로 한다 [주제(周制)에서는 25가를 1여라 하였으나 지금은 그 명칭만 빌리고, 대략 30가구 내외로 한다. 어쨌든 그 가구수는 반드시 일정할 필요는 없다] 여 셋을 합쳐서 리(里)라하고

[『풍속통(風俗通)』에는 50가구를 1리라 하였으나, 여기서는 그 명칭만 빌리고 반드시 50가구로 하는 것은 아니다], 리(里) 다섯을 합쳐서 방(坊)이라 하고 [방은 읍리(邑里)의 명칭인데 한 대에는 구자방(九子坊)이 있었고, 국속(國俗)에도 있다] 방 다섯을 합쳐서 읍이라 한다.[주제(周制)에는 4정(四井)을 읍이라 하였으나, 오늘날에는 군현의 치소(治所)를 읍이라 한다]

여에는 여장(閭長)을 두며, 무릇 1여의 토지는 1여의 인민으로 하여금 공동으로 경작케 하고, 내땅 네땅의 구별을 없이하며, 오직 여장의 명령에만 따른다. 여민들이 농경하는 경우, 여장은 매일 개인개인의 노동량을 장부에 기록해 두었다가 가을이 되면 5곡의 수확물을 모두 여장의 집[여 가운데 도당(都堂)]에 가져온 다음 그 곡물을 분배한다. 이때 공가(公家)에 바치는 세를 먼저 제하고, 다음에는 여장의 봉급을 제하며, 그 나머지를 가지고 일역부(日役簿)에 의거하여 노동량에 따라 여림에게 분배한다.

[『與猶堂全書』上, 卷11, 論]

요점 ―농민층의 분화
―균전론(均田論)・한전론(限田論)・여전론(閭田論) 등 전제 개혁론의 유형

□ 流通經濟論

● 중국이 재산이 풍족할 뿐더러 한 곳에 지체되지 않고 골고루 유통함은 모두 수레를 쓴 이익일 것이다. 이제 천근한 예를 든다면, 우리 사행이 모든 번폐로움을 없애버리고 우리가 만든 수레에 우리가 올라타고 바로 연경에 닿을 텐데 무엇을 꺼려서 하지 않는단 말인가. 그리하여 영남(嶺南) 어린이들은 백하젓을 모르고, 관동(關東) 백성들은 아가위를 절여서 장 대신 쓰고, 서북사람들은 감과 감자(柑子)의 맛을 분간하지 못하며, 바닷가 사람들은 새우나 정어리를 거름으로 밭에 내건만 서울에서는 한 움큼에 한푼을 하니 이렇게 귀함은 무슨 까닭일까. 이제 육진(六鎭)의 마포와 관서의 명주(明紬), 양남(兩南)의 딱종이와 해서(海西)의 솜・쇠, 내포(內浦)의 생선・소금 등은 모두 인민들의 살림살이에서 어느 하나 없지 못할 물건들이며, 청산(靑山)・보은(報恩)의 천그루 대추와 황주(黃州)・봉산(鳳山)의 천그루 배와 홍양(興陽)・남해(南海)의 천그루 귤(橘)・유(柚), 임천・한산(韓山)의 천이랑 모시와 관동의 천통 벌꿀들은 모두 일상생활에서 서로 바꾸어 써야 할 것이어늘, 이제 이곳에서 천한 물건이 저 곳에서는 귀할 뿐더러 그 이름은 들어도 실지로 보지 못함은 어찌된 까닭일까. 그는 오로지 멀리 나를 힘이 없기 때문이다. 사방이 겨우 몇천리 밖에 안되는 나라에 인민의 살림살이가 이다지 가난함은, 한 말로 표현한다면 수레가 국내에 다니지 못한 까닭이라 하겠다.

[『熱河日記』 馹迅隨筆, 車制]

● 우리 나라는 면적이 적고 백성은 가난하여, 이제 농사를 짓는데 현명한 재사(才士)를 쓰고 상공(商工)을 통하도록 하여 나라 안의 이익을 모조리 융통하게 하더라도 오히려 부족하고 걱정될 것이다. 반드시 먼 지역의 물자를 교통한 후에야 재화가 늘고 백가지 일용품이 생겨날 것이다. … 이제 배로써 통상하려면 왜놈들은 간사하여 늘 이웃나라를 엿보고 있어 좋지 않고, 안남(安南)·유구(琉球)·대만 등은 또 길이 멀고 험하여 가히 통상할 수 없으니 다만 중국만이 그 대상이 될 수 있을 것 같다. … 토정(土亭) 이지함(李之菡)은 일찍이 다른 나라의 상선 수척과 통상하여 전라도의 빈곤을 구하고자 하였으니 그의 탁견(卓見)은 가히 아무도 따를 수 없는 것이다. … 다만 중국배하고만 통상하고 해외의 여러나라와 통상하지 않는 것은 역시 일시적인 권의지책(權宜之策)이요, 정론이 아니다. 국력이 강하여 지고 백성의 직업이 안정된 다음에 마땅히 통하여야 할 것이다.

[『北學議』外篇, 通江南浙江商舶議]

요점 -상공업 진흥책;화폐유통·국내외 통상증진·유통망의 확보
-북학사상의 생산력발전론

□ 身分觀

● 혹 사대부라는 명호로써 농·공·상을 업신여기고 농·공·상의 신분으로서 사대부를 부러워한다면 이것은 모두 그 근본을 모르는 자이다.
　대저 성인의 법이 어찌 사대부만이 가능할 뿐이리오. 농·공·상도 또한 능히 할수 있는 것인데 사대부와 농·공·상이 과연 같지 아니함이 있는 것인가.

[『擇里志』四民總論]

● 우리나라는 본래부터 명분을 중히 여겼다. 양반들은 아무리 심한 곤란과 굶주림을 받더라도 팔짱끼고 편케 앉아 농사를 짓지 않는다. 간혹 실업에 힘써서 몸소 천한 일을 달갑게 여기는 자가 있다면 모두들 나무라고 비웃기를 노예처럼 무시하니, 자연 노는 백성은 많아지고 생산하는 자는 줄어든다. 재물이 어찌 궁하지 않을 수 있으며, 백성이 어찌 가난하지 않을 수 있겠는가? 과목별로 조항(條項)을 엄격히 세워야 마땅할 것이다. 그 중 사·농·공·상에 관계없이 놀고 먹는 자에 대해서는 관에서 벌칙을 마련하여 세상에 용납할 수 없도록 하여야 한다. 재능과 학식이 있다면 비록 농부나 장사치의 자식이 낭묘(廊廟)에 들어가 앉더라도 참스러울 것이 없고, 재능과 학식이 없다면 비록 공경의 자식이 여대(輿臺; 하인)로 돌아간다 할지라도 한탄할 것이 없다. 위와 아래가 힘을 함께 그 직분을 닦는데, 부지런하고 게으름을 상고하여 상벌을 베풀어야 한다.

[『湛軒書』內集 卷3, 補遺 林下經綸]

● "문벌이 좋은 집 사람외에도 재주와 덕이 뛰어났거나, 또 한가지 기예(技藝)라도 있는 사람을 반드시 천거하라. 옳게 천거한 자에게는 상을 주고 천거하는 데에 폐단이 있는 자에게는 벌을 준다"하면, 이제 먼 지방에 혼자서 착함을 닦고 선비와 하류계층의 사람으로서도 똑똑하고 거룩한 인재는 모두 조정에 들어오게 할 수 있을 것이다.

상서(尙書)에 말한 "명철(明哲)한 사람을 현명하게 등용하면 미천한 중에서도 인재가 나타난다"라는 것과 "성탕(成湯)은 어진 사람을 임용하는데에 어느 지방 사람인가를 묻지 않았다"하는 것도 이와 같이 하는 것에 불과하다.

[『北學議』外篇]

요점 - 사민평등론(四民平等論)의 개혁성과 한계성
- 기예론(技藝論)에 입각한 인재등용

□ 朋黨論

● 우리나라는 중세 이후로 간사한 자가 마음대로 정사를 맡아 사화가 잇달았다. 앞서는 무오(戊午)·갑자(甲子)에 살육이 있었고 그 뒤에 기묘(己卯)·을사(乙巳)에 또 상잔이 있었다. 한때의 충신·현사가 이 물결에 휩쓸려 함께 죽었으나 그 때는 아직 붕당은 없었다. 그런데 순조 이후로 하나가 갈려 둘이 되고, 둘이 갈려 네당이 되고, 넷이 또 갈려 여덟당이 되었다.

이것이 대대로 전하여져 그들의 자손은 그대로 원수가 되어 더러는 죽이기까지 하였다. 조정에서 함께 벼슬하고 같은 마을에 살면서도 늙어죽도록 서로 왕래도 안했다. 길사나 흉사가 있으면 수근수근 서로 헐뜯으며 서로 통혼이라도 하면 무리를 지어서 공격하였다. 심지어는 언동과 복식까지 모양을 달리하여 길에서 만나도 가려내어 알수 있다. 이역(異域)이라 그런지 풍속이 달라서 그런지 참으로 심하기도 하다.

이렇게 된 까닭은 더듬어 살필 수 있다. 우리나라는 사람을 뽑는데 오로지 과거에만 의존하였다. 그러나 처음에는 뽑는 수효가 적었다. 선조 이래로 점점 많아지다가 오늘날에 있어서는 아주 많아졌다. 옛날 북조(北朝)의 최량(崔亮)이 "열 사람이 관직 하나를 함께 하여도 오히려 제수해 낼 수 없다"하였으니 오늘날 일과 꼭 부합되는 말이다.

그러므로 벌열이 성한 가문과 문장이 좋은 문호에서도 매미의 배와 거북의 장처럼 굶주리면서 홍패(紅牌)만 어루만지며 탄식하는 자의 이름을 이루 다 적을 수 없으니 어찌 분당(分黨)되지 않으랴. 대개 이(利)는 하나인데 사람이 둘이면 문득 2당을 이루고, 이는 하나인데 사람이 넷이면 문득 4당을 이룬다. 이는 일정한데 사람만 많아지니 십붕팔당(十朋八黨)으로 더욱 갈라지는 것은 당연하다. 여러 당파를 다 물리치고 오로지 일당에게 맡게 한들 그들도 또한 철(鐵)은 철일 뿐이지 녹여도 금으로는 만들 수

없다. 어디에서 온 날카로운 칼날이든 셋·다섯으로 반드시 분열된다. 그들이 득지(得志)하면 과장(科場)을 광설(廣設)하고 사정(私情)에 따라 난잡하게 뽑아올리면서 이것을 '식당(植黨)'이라 한다. 현우(賢愚)를 불문하고 요직에 불러들이면서 이것을 장세(張勢)라 한다.

이리하여 의정(議政)은 셋인데 정1품이 대신의 계자(階資)는 여섯이고 판서는 여섯인데 정2품인 자헌(資憲)은 열이나 되며, 초헌을 타고 조복을 입은 자와 대관(臺官)같은 중한 벼슬까지 관료가 관직수의 배(倍)를 넘지 않는 것이 없다. 그러므로 겨우 외적을 평정하자 내홍(內紅)이 은연히 싹튼다.

하물며 이런 당파가 있은 뒤 운우(雲雨)가 번복(飜覆)하듯 하는 정세는 아무리 총명하여도 모두 기록하지 못한다. 중립을 지켜 시비를 가리는 자는 용렬하다 하고 붕당을 위해서는 죽어도 굽히지 않는 자를 이름만 절조라 한다. 사람을 때로는 무릎에 올려놓듯 하고, 때로는 연중(淵中)에 떨어뜨리듯 하여 영욕이 갑자기 바뀌니 어찌 붕당을 만들어 싸우지 않겠는가.

그러므로 어찌하면 옳은가. 그것은 과거를 드물게 보여 난잡한 진출을 막으며 성적을 밝혀서 용렬한 자를 도태시켜야 한다. 그런 다음에 높은 벼슬은 아껴서 많이 주지 말 것이며 승진을 삼가서 경솔하게 발탁(拔擢)하지 말 것이며, 재간(才幹)에 맞추도록 힘써서 관직을 자주 옮기지 말 것이며, 이를 넘보는 구멍을 막아서 민심이 안정되도록 할 것이다. 길은 오직 이와 같이 할 뿐이며 그렇지 않으면 비록 죽인들 금할 수 없다.

[『星湖集』 卷45, 雜著, 朋黨論]

◉ 모든 내·외직의 임명은 삼공(三公)이 담당하지 아니하고 이조(吏曹)에 전적으로 맡겼으며, 또 이조가 권력이 무거워지는 것을 우려하여 삼사(三司)의 관원의 후보 천거는 이조판서에게 맡기지 않고 그 낭관(郎官)에게 전적으로 맡겼으니 이 때문에 이조의 정(正)·좌랑(佐郎)은 대각(臺閣)의 권능을 이끌었다. 삼공(三公)·육경(六卿)은 비록 높더라도 조금이라도 떳떳치 않은 일이 있으면, 전랑(銓郎)이 문득 삼사의 여러 신하로 하여금 논박하게 하였다. 조정의 풍속이 염치를 숭상하고 명절을 중히 여기어 한번 탄박(彈駁)을 받으면 직을 그만두지 않을 수 없었다. 이러해서 전랑의 권한은 바로 삼공과 동등하였으니, 이 때문에 대소가 상유(相維)하고 상하가 상제(相制)하여 삼백년간 대권간(大權奸)이 없고, 신하의 세력이 커져 제어하지 못하게 되는 환(患)도 없었던 것이다. … 이러했기 때문에 전랑은 삼사 중에서 명절과 덕망이 있는 자를 극선(極選)하여 하게 하고 또 후임을 스스로 천거하게 하여 관장에 소속되지 않게 하였으니, 사권(事權)을 중하게 여겨 공의(公議)에 하나같이 붙이고자 함이었다.

[『擇里志』 卜居總論, 人心]

요점 −붕당발생의 원인
−붕당정치의 재해석

□ 華夷觀

● 중국인이 우리 조선을 가리켜 동이(東夷)라 하는데, 이름은 비록 아담하지 않지만 또한 문화진흥의 여하에 달려 있을 뿐이다. 맹자가 말하기를 "순(舜)은 동이(東夷)사람이요, 문왕(文王)은 서이(西夷)사람이다"라고 하였다. 진실로 성인·현인만 나온다면 우리 조선이 추노(鄒魯)가 아니라 해서 마음 쓰이지 않는다. 옛날 칠민(七閩)은 남이(南夷)의 소굴이었지만, 주자(朱子)가 이곳에서 우뚝솟은 후에는 중화 예악문물의 땅이 오히려 뒤떨어졌다. 옛날에는 이(夷)였던 땅이 지금은 화(華)가 되었으니, 요체는 오로지 변화에 있을 뿐이다. … 가만히 듣건대 중국인들은 모두 모두 육학(陸學)을 종주로 한다고 하는데, 우리 조선만은 주자학을 종주로 하고 있으니, 주례(周禮)가 노(魯)에 있는 격이다.

[『宋子大全』 卷131, 雜著, 雜錄]

● 지금 사람들은 조선에서 나서 조선의 일은 전혀 모른다. 심지어는 『동국통감(東國通鑑)』이 있지만 누가 읽는가라고 말하니, 그 그릇됨이 이와 같다. 동국은 스스로 동국이니, 그 역사의 규제와 체세(體勢)도 스스로 중국사와는 다름이 있는 것이다.

[『星湖集』 卷25, 書, 答安白順 乙亥]

● "공자(공자)가 『춘추(春秋)』를 짓되 중국은 안으로, 사이(四夷)는 밖으로 하였습니다. 중국과 오랑캐의 구별이 이와 같이 엄격하거늘 지금 선생은 '인사의 감응이요 천시의 필연이다'고 하니, 옳지 못한 것이 아닙니까?"

"하늘이 내고 땅이 길러주는 무릇 혈기가 있는 자는 모두 이 사람이며, 여럿에 뛰어나 한 나라를 맡아 다스리는 자는 모두 이 임금이며, 문을 거듭 만들고 해자를 파서 강토를 조심하여 지키는 것은 다같은 국가요, 장보(章甫)이건 위모(委貌)건 문신(文身)이건 조제(雕題)건 간에 다같은 자기들의 습속인 것이다. 하늘에서 본다면 어찌 안과 밖의 구별이 있겠느냐? 이러므로 각각 제 나라 사람을 친하고 제 임금을 높이며 제 나라를 지키고 제풍속을 좋게 여기는 것은 중국이나 오랑캐가 한가지다. 대저 천지의 변함에 따라 인물이 많아지고 인물이 많아짐에 따라 물아(物我)가 나타나고 물아가 나타남에 따라 안과 밖이 구분된다" …

[『湛軒書』 內集 卷3, 補遺 毉山問答]

● "태허(太虛)는 본디 고요하고 비었으며, 가득히 차 있는 것은 기(氣)다. 안도 없고 바깥도 없으며 시작도 없고 끝도 없는데, 쌓인 기가 일렁거리고 엉켜 모여서 형체를

이루며 허공(虛空)에 두루 퍼져서 돌기도 하고 멈추기도 하나니 곧 땅과 달과 해와 별이 이것이다. 대저 땅이란 그 바탕이 물과 흙이며, 그 모양은 둥근데, 공계(空界)에 떠서 쉬지 않고 돈다. 온갖 물(物)은 그 겉에 의지하여 사는 것이다"하였다.

"옛사람이 이르기를 '하늘은 둥글고 땅은 모났다'하였는데, 지금 선생은 '땅의 체(體)가 둥글다'함은 무엇입니까?"

"심하다. 너의 둔함이여! 온갖 물의 형체가 다 둥글고 모난 것이 없는데 하물며 땅이랴! 달이 해를 가리울 때는 일식(日蝕)이 되는데 가리워진 체(體)가 반드시 둥근 것은 달의 체가 둥근 때문이며, 땅이 해를 가리울 때 월식(月蝕)이 되는데 가리워진 체가 또한 둥근 것은 땅의 체가 둥글기 때문이다. 그러니 월식은 땅의 거울이다. 월식을 보고도 땅이 둥근줄을 모른다면 이것은 거울로 자기 얼굴을 비추면서 그 얼굴을 분별하지 못하는 것과 같으니, 어리석지 않느냐?"

[『湛軒書』內集 卷3, 補遺 毉山問答]

요점
- 세계관의 변화; 중화(中華)·소중화(小中華)·화이관(華夷觀)의 극복
- 민족사와 강역에 대한 새로운 인식

제3편 近代社會

제1장 自主的 近代化를 위한 民族運動

1. 開化運動

— 개요 —

　외세에 의해 세계자본주의 체제에 편입된 조선사회는 변화를 강요당하고 있었다. 안으로는 민중의 반봉건 반침략 투쟁이 격화되고 있었으며 밖으로부터는 열강의 이권침탈이 가속화하고 있었던 것이다. 이 변혁의 기로에서 그 방법론을 둘러싸고 첨예한 갈등이 발생하였다. 양반지주적 입장에서 추진된 위로부터의 개혁과 농민적 입장에서 추구된 아래로부터의 변혁운동의 대립이 그것이다. 개화파는 부세제나 신분제의 개혁, 자본주의적 상품생산과 개국통상론·기술보급론 등 부국강병론(富國强兵論)을 주창하고 있었다. 개화파는 선진문물에 일찍 개안하였던 중인 출신들과 양반가의 진보적 지식인의 결합으로 형성되었다. 이들의 사상적 기초는 동도서기(東道西器)·한체서용(韓體西用) 등 유교적 근본에다 문명개화론을 접목한 형태를 띠고 있었으며 제국주의의 본질을 깨닫지 못한 한계를 지니고 있었다. 개화파는 다시 중국의 변법자강(變法自疆)운동과 양무론(洋務論)에 입각한 온건파와 정권을 장악하고 일거에 개혁을 추진하려는 유신적(維新的)인 급진파로 분화 충돌하게 되었다. 수세에 몰린 급진개화파는 갑신정변을 일으켜 근대화를 추진하고자 하였으나 외세의 개입을 촉진시키는 결과만 낳은 채 실패하고 말았다. 갑신정변에서 제시된 개화파의 개혁내용은 입헌군주제, 자주 독립국의 수립, 지조(地租)개혁, 문벌과 신분제 폐지 등이었다. 갑신정변이 실패한 원인으로는 부르조아 계층이 성숙하지 못한 상태에서 조급하게 외세를 끌어들여 개혁을 단행하려 했던 점, 지주적 지향성으로 농민을 비롯한 기층민중의 지지를 받지 못했던 점 등이 지적되고 있다.

　갑오개혁은 청일전쟁이 개시된 직후 친일정권에 의해 추진되었다. 개혁은 군국기무처를 중심으로 입안되었는데 내각제·의회제·신식관료제도 도입, 행정체제의 재편, 경찰·사법제도 정비 등 통치기구의 개혁과 재정기관의 일원화, 조세의 금납화, 화폐제도의 개혁, 도량형의 통일, 회계제 도입, 환곡제 폐지 등 경제개혁을 주요 내용으로 하고 있다. 그밖에 교육제도의 정비, 신분적 차별 철폐 등 사회개혁도 시행되었다. 갑오개혁은 친일정권에 의한 개량적인 근대화 과정이었으며 따라서 외세 의존적일 수 밖에 없는 한계를 지니고 있었다.

□ 甲申政變 14個條 政網

◉ 一. 대원군을 하루 속히 환국시키고, 청국에 대한 조공허례를 폐지할 것.
　一. 문벌을 폐지하고, 국민의 평등권을 제정하여 재능에 따라 인재를 등용할 것.
　一. 전국의 지조법(地租法)을 개혁하고, 간리(奸吏)를 근절하여, 궁민(窮民)을 구제하고, 국가재정을 충실히 할 것.
　一. 내시부(內侍府)를 폐지하고, 그 가운데 재능있는 자만을 등용할 것.
　一. 전후의 시기에 국가에 해독을 끼친 탐관오리 가운데 현저한 자는 처벌할 것.
　一. 각도의 환자미(還上米)는 영구히 폐지할 것.
　一. 규장각을 혁파할 것.
　一. 조속히 순사(巡査)를 설치하여 도적을 방지할 것.
　一. 혜상공국(惠商工局)을 혁파할 것.
　一. 전후의 시기에 유배 또는 구금된 죄인을 재조사하여 석방할 것.
　一. 사영(四營)을 합하여 일영(一營)으로 하고, 영중에서 장정을 뽑아 근위대를 급히 설치할 것. 육군대장은 왕세자로 할 것.
　一. 일체의 국가재정은 호조에서 관할하고, 여타의 재무아문은 혁파할 것.
　一. 대신과 참찬(參贊)은 [신차대인(新差大人)은 그 이름을 쓸 필요없이] 날짜를 정하여 합문(閤門) 안의 의정부에서 회의하고, 정령을 논의·결정하고 집행할 것.
　一. 정부의 육조 이외에 불필요한 관청은 폐지하여, 대신과 참찬으로 하여금 이것을 심의 처리하게 할 것.

[『甲申日錄』]

요점 －갑신정변의 성격과 한계
　　　－갑신정변 실패의 원인

□ 池錫永의 開化에 대한 上疏(1882)

● 오늘날 나라의 정치에 있어서 민심을 안정시키는 것이 무엇보다도 먼저하여야 할 일인줄 압니다. 왜냐하면 우리나라가 해동(海東)에 치우쳐 있어서 종래에 외교를 해본 일이 적으므로 견문이 넓지 못하고 시국에 어두워 이웃 나라와 사귀며 조약 맺는 것이 모두 무엇 때문에 하는 일인지 몰라 외무에 마음을 쓰는 사람을 보기만 하면 대번에 사(邪)에 물들었다 하여 비방하며 더럽다고 욕하여 왔던 바 무릇 백성이 서로 움직여 의심하며 꺼리는 것은 아직 시세를 알지 못하기 때문입니다. 백성이 만일 안정되지 않는다면 나라를 어찌 다스릴 수 있아오리까. 그리고 신의 생각으로는 각국 인사들이 지

은바 『만국공법(萬國公法)』·『조선책략(朝鮮策略)』·『보법전기(普法戰紀)』·『박물신편(博物新編)』·『격물입문(格物入門)』·『격치휘편(格致彙編)』과 같은 책과 또 우리나라 교리 김옥균(金玉均)이 편집한 『지구도경(地球圖經)』, 진사 안종수(安宗洙)가 번역한 『농정신편(農政新編)』, 전 현령 김경수(金景遂)가 기록한 『공보초략(公報抄略)』과 같은 책들은 모두 구곡(拘曲)을 개발하고 시무를 밝게 이해하기에 족합니다. 바라옵건대 하나의 원(院)을 설치하여 위에 열거한 여러 서적들을 찾아 모으고, 또 요새 각국의 수차·농기(農器)·직조기(織造機)·화륜기(火輪機)·병기 등을 사들여 원에 비치하게 한 다음, 각도 매읍에 공문을 발송하되 문학문망(文學聞望)이 일읍에서 뛰어난 유리(儒吏), 각 일인을 선출하여 새로 설치한 서울의 원으로 보내서 그 서적과 그 기기(器機)를 보게 하옵소서, 그리하여 원에 유(留)하는 기간을 두달로 정하고 만기가 되면 또 다른 사람을 체송(遞送)케 하여 유관(留官)의 경비는 해당읍에서 지급하게 할 것입니다. 그리고 서적을 정밀하게 연구하여 세무(世務)를 깊이 안다든가 모양을 본떠 기기를 만들어 오묘를 다한 사람이 있을 경우에는 그 재능을 전형(銓衡)하여 채용하되 또 그 기기를 만든 자에게는 전매를 허용하고 서적을 간행하는 자에게는 [출판권을 확보케 하여]그의 번각(飜刻)을 금하게 할 것입니다. 이렇게 하면 원에 들어오는 자로서 기기의 이치를 먼저 알려고 하지 않을 리 없고 시국에 마땅함을 깊이 연구하려고 하지 않을 리 없어서 번연히 깨치지 못함이 없을 것입니다. 이 사람 한사람이 깨치면 이 사람의 자손과 인당(隣黨)의 이를 경복(敬服)하는 자들이 모두 다 그 풍(風)을 따라 화(化)할 것이오니 이것이 어찌 화민성속(化民成俗)의 빠른 길이 아니며, 이용후생의 좋은 방법이 아니겠습니까. 백성이 이미 의혹을 풀고 안정한다면 무릇 스스로 굳세어 업신여김을 막아내는 방책은 중국인이 지은 『이언(易言)』이라는 부서(部書)에 갖추어 실리어 있사옴은 신이 다시 말씀드리지 않아도 좋을 것으로 아옵니다.

[『高宗實錄』 卷69]

요점 －문명개화의 방법론

□ 獨立協會 序(1896)

● 이제 우리 대조선국인이 독립협회를 무엇 때문에 만들었는가. 독립이라 말하는 것은 크게 발분(發憤)한 데서 나온 것이다. 옛적에 우리 단군께서는 홍황세계(鴻荒世界)를 개벽하시고 기성(箕聖)은 교화를 베풀고 삼한이 정치(鼎峙)하다가 고려가 통일하였는데 아 태조께서 계천입극(繼天立極)하사 [천명이]전하여 우리 대군주폐하에게 이르렀으니 수천백년 이래로 나라는 스스로 우리나라요, 백성은 스스로 우리 백성인지라 그 정치와 교화가 우리로부터 나오지 않음이 없는데 그런데도 오히려 홀연히 독립한 형세가 없는 것은 무슨 까닭인가. 나라가 작은 것도 아니고 백성이 약한 것도 아니고, 정치

와 교화가 개명(開明)하지 못한 것도 아니다. 다만 [두려워함으로서 보전하는]사대에 편안하고 무를 소홀히 하는데 익숙해서 나아가서는 어울려 함께 달리는 계략이 없고 들어와서는 스스로 지키는 도리에 소홀하여 동왜(東倭)의 배가 와닿으며 밤에 자다가 불벼락을 만나고 북호(北胡)의 기마(騎馬)가 침입해 들어모여 산에 앉아 비를 맞으니, 그 기막힌 수치를 슬퍼하고 그 더할 수 없는 모욕을 분하게 여김은 부인·동자라 할지라도 마땅히 눈을 부릅뜨고 팔뚝을 걷어붙이며 칼을 뽑아 땅을 쪼개고자 생각하는 것이다. 그러하거늘 어찌하여 경대부(卿大夫)된 자들은 오직 노소남북(老少南北)의 당론이나 일삼고, 유생된 자들은 오직 심성이기(心性理氣)의 논쟁이나 하고, 과거보는 자들은 오직 시부표책(時賦表策)의 상투적인 기교나 힘쓰고, 전형관(銓衡官)은 오직 문벌의 고·하나 저울질하여, [나라의] 급(給)속에 있는 철이나 골 속의 기름[등의 지하자원]을 불무로 가히 녹여 쓸수 없으며 약으로 발출하여 이용할 허문(虛文)이 태다(太多)하고, 적폐(積弊)가 자심(滋甚)하여 예의를 빙자해서 태평을 일삼고 박루(樸陋)함을 달게 여기면서 스스로 높은 체하여 이용후생(利用厚生)과 부국강병의 실사구시(實事求是)하는 일에 이르러선 내쳐 떨쳐버리고 외면하고 물리쳐, 마침내는 엎어지고 거꾸러져 오늘의 일대난국에 까지 이르렀으니 대저 우리동포 혈기가진 자로서 한심통곡(寒心慟哭)하지 아니할 이 어찌 있겠는가.

방금(方今)천하대세는 군웅이 각각 제가 잘나서 서로 시기하면서도 서로 좋아하며 서로 이기고 서로 근신해서 호랑이가 비록 사납지만 함부로 물어뜯었다간 상할까 두렵고 벌이 비록 독하나 함부로 가시를 쏘다간 죽을까 두려운지라, 신중히 계획하며 상세히 짐작하고 우물우물 저회(底回)하고 치밀하게 생각하면서 연하고 살찐 맛있는 고기에 침을 흘리고 속으로 가시돋친 침을 품고 있으니 가만히 그 속마을 엿본다면 기(奇)하고 이(異)하도다. 아아, 이것이 저 황천(皇天)이 우리 대군주의 요순 같은 어지심을 돕기 위하여 태평원야(太平原野)를 광개(廣開)하여 우리로 하여금 외외탁탁(巍巍卓卓) 우뚝솟은 황금의 폿대를 세우도록 하는 것이 아니겠는가. 그렇다면 금일의 독립협회는 이것은 인위로 하는 것이 아니고 실로 하늘이 도와주는 것이다. 이미 하늘에서 앞서서 해준 그 하늘[의 뜻]을 안다면 사람마다 누가 감히 뒤에서 심력을 다하지 않으리오. [그렇게 하면]우리의 형세는 이미 자유가 될 것이다.

[그런데 혹 말하기를]이미 자유라면 그것은 또한 이미 독립인데, 그렇다면 무엇 때문에 반드시 독립이란 말로 강목(綱目)을 삼고 협회를 만드는가고 한다. 이제 우리 회원 중의 지식가들이 그 이름짓는 데 고심한 것을 어떤 사람들은 혹 알지 못하고 이와 같은 비평을 할 것이다. … 생각컨대 우리 억조중생(億兆衆生)가운데 독립이란 말의 귀착하는 취지를 능히 알수 있는 자는 비교적 몇 사람 없다. 그러니 이 많은 무지자로 하여금 알수 있는데 이르도록 하는 법은 [그 어느 방법도]협회를 창시하여 대신 선창하기를 독립이다. 독립이다 하여 날마다 무수한 독립이란 글자로 광고하고 널리 깨우쳐, 마치 어른이 어린아이를 대신해서 아버지다, 어머니다 말하여 날마다 무수한 아버

지·어머니라는 말로 어린아이의 미몽(迷夢)을 열어주고 인도하는 것과 같이하는 것만 같지 못하다. 어린아이를 대신해서 아버지라 말하고 어머니라 말하는 것이 처음에는 이것이 장난이지만, 어린아이가 스스로 아버지·어머니를 말하는 것이 실로 이에 말미암음은 명백한 것이다.[이와 마찬가지로]중인(衆人)을 대신하여 독(獨)이라 말하고 립(立)이라 말하는 것이 처음에는 이것이 우활하지만, 중인이 스스로 독립이라 말하는 것이 반드시 이에 말미암음은 의심할 수 없는 것이다. 저들 중생이 스스로 독립이라 말하게 되는 날, 우리의 대신 선창한 사람들이 비로소 미진각벌(迷津覺筏)의 [지도(指導)의] 공효(功效)를 보는 날이 될 것이다. 우리가 이제 무수히 독립이란 글자를 말하는 것은 실지로 한 자도 우리가 가지고 있는 것이 없다. 우리가 사람마다 스스로 알고 사람마다 스스로 행하고 사람마다 독립하고 사람마다 협회하여 사람마다 다 실지권리를 가져 지치국체(至治國體)를 유신(維新)하여 찬연히 빛나 해가 중천에 빛나는 듯하게 되어야 [그때]비로소 오늘의 우리 독립협회의 멀고 먼 남상(濫觴)을 보게 될것이니, 이에 그 명명(命名)의 심도와 고도가 참으로 보통 범위의 미칠 바 못됨을 알 것이로다.

오호라. 국보(國步)의 간난(艱難)이 오늘보다 더함이 없다. 시절에 비유하면 동지에 양기가 움트는 때 궁한(窮寒)이 더욱 혹독한 것인데 이제 우리의 이른바 독립협회는 실로 이 자연기수(自然氣數)가운데의 일성춘뢰(一聲春雷)인지라. 앞으로 만호천문이 차례로 열림을 보게 될 것이니 영웅의 한과 지사의 분이 반드시 눈녹듯 얼음풀리듯 하는 희망이 있을 것이다.

무릇 우리의 동포들이여, 힘쓰고 힘쓸지어다. 대저 천하만사가 이루어지는 것은 성기(聲氣)의 합동하는 소치요, 이루어지지 못함은 성기가 합동하지 않는 소치인 것이다. …

근자에 동지 몇 사람이 독립협회를 건설하고자 의론할 때 여러 사람이다 좋다 하고 중론이 찬성하여 장차 성장 발전하고 원만한 실효를 거두게 될 것인데, 그 규례(規例)를 요약해 보면 천하의 서적을 대개 취해 한문과 혹은 국문으로 간행하여 아무쪼록 피열(披閱)하기에 편리한 방법을 취하고 농학·의학·병학·수학·화학·기학(氣學)·중학(重學)·천문학·지리학·기계학·격물치지학(格物致知學)·정치학 등 이와 같은 모든 학문의 서적을 있는 대로 다 수집하여 … 밖으로 남의 모욕을 막을 것이니, 진실로 급시(及時)의 요무(要務)요, 불세(不世)의 성사(盛事)이다. 그러므로 이것을 좋아하는 선량한 군자들이 다 이 풍성(風聲)을 듣고 정신을 분발하여 중자(重資)를 아끼지 않고 혜념(惠念) 협조하여 조속히 성립되기를 바라는 자가 허다하여 흙이 나무를 북돋아주고 물이 꽃에 침관(浸灌)하는 것 같아서 이미 윤택하게 되고 빛나게 되었으니 가득히 받은 융성한 은덕을 어찌 감격하지 않으리오. 그러나 판국(判局)은 사세(事勢)를 따라 커가고 물력(物力)은 마침내 박약해져 좀처럼 우리 본회의 지원(志願)을 달성하기 어려우니 아아 어찌하여 좋을까. 만일 우와 같은 노파심의 보살같은 이가 다시 많이 있다면 무엇 때문에 넉넉히 성사하지 못하고 활짝 통달하지 못할 것을 걱정하겠는가. 이것은 한 회의 광영(光榮)이 아니라 곧 한 나라의 행이며, 일시의 효험(效驗)이 아니라 곧 백세의 공업(功業)이 될 것이니, 의미(懿美)한 것이 무엇이 이와 이웃할 수 있으며, 성대한 것이 무엇이 이와 비교될 수 있으리오. 이것이 참으로 이른바 한 사람이 어기어차 소리지르면 중부(衆夫)가 일제히 따라서 고함을 질러 동성(同聲)과 동기(同氣)로서 큰 집의 동량(棟樑)을 이루는 것이니, 진실로 이와 같이 하면 곧 우리 소리가 정말 멀리 갈수 있고 우리 기운이 정말 높아져서 족히 사방 사람들을 감동케 할수 있을 것이다. 이리하여 달이 쌓이고 해를 거듭하면 여항시정(閭巷市井)의 민중이라도 거의 다 능히 독립의 진의를 알게 될 것이요, 궁향(窮鄕)과 하추(遐陬)의 우맹(愚氓)이라도 또한 거의 협회에 대한 논의가 있을 것이니, 이로 말미암아 물이 습한 데로 나아가듯 불이 건조한 데 나아가듯 하면 사람마다 독립하고 사람마다 협회하기가 무엇이 어렵겠는가.

그런데 그윽히 생각건대 독(獨)하면 능히 립(立)하고 독이 아니면 능히 립하지 못할 것이며 협(協)하면 능히 회(會)할것이요, 협이 아니면 능히 회하지 못할 것이다. 그러나 독만 있고 협이 없으면 아집(我執)에 흘러버릴것이니 불립(不立)만 같지 못하고 협만하고 독이 없으면 무주(無主)에 흘러서 불회(不會)만 못할 것이다. 그런 까닭으로 독립이라 말하고 협회라 말하는 것은 이의(二義)가 각각 성립되어 능히 독하고 능히 협하며 능히 입하고 능히 회하여 팔덕(八德)이 상제(相濟)하여야 할 것이니, 이로서 본다면 이제 이 네글자로 명명한 것은 한갖 나라를 빛내는 문장의 면목뿐이 아니라 실로 백성을 교화하는 예악의 폐정(陛庭)이니 어찌 수지무지 족지도지(手之舞之族之踏之)하고 이어 가영(歌詠)하지 않을수 있으리오. 내가 재주없음으로 해서 직(職)을 욕되게 하고 보조됨이 없으니 마음에 소찬(素餐)함을 병되게 여겨 부지앙천(俯地仰天)에 스스로 부끄러울 뿐이니 어찌 감히 함께 천하지사(天下之士)와 당세지무(當世之務)를 논하겠는가.

[『獨立協會月報』 創刊號]

요점 ─독립협회의 성격
　　　　─독립협회의 외세관·민중관

□ 萬民共同會의 上疏(1898)

● 국민에게 개간권(開墾權)을 [上政府書 其一]

근래 우리나라 국유광산이라든지, 철도기지·서북삼림(西北森林)·연해어업(沿海漁業) 등등, 이 모든 것에 대한 외국인들의 권리취득 요구를 우리정부에서 한 가지라도 허락해 주지 않은 것이 있었는가. 이렇게 외국인들의 요구가 그칠 줄 모르는데, 오늘에 이르러서는 일인들이 또다시 국내 산림천택(山林川澤)과 원야(原野)개발권까지 요구하기에 이를 정도로 극심해졌으니, 정부는 또 이 요구를 허가할 작정인가. 만일 이것마저 허가한다면 외국인들이 이 위에 또다시 요구할 만한 무엇이 남아 있겠으며, 우리도 또한 무엇이 남아서 이런 요구에 응할 것이 있겠는가. 이렇게 되면 그야말로 5백년의 마지막 날이 될 것이요, 삼천리의 종국(終局)이 될 것이니, 우리 정부에서는 반드시 이를 거절할 줄로 안다. 이는 다만 나 한 사람만의 확신이 아니라 이 땅을 밟고 서 있는 억조생령(億兆生靈)이 모두 굳게 믿어 의심치 않고 있는 것이다.

그런데 전날 광산·철도·삼림·어업권 등을 넘겨 줄 때마다 정부는 늘 그러기 좋아서 그런다고는 한번도 말한 일이 없었다. 내가 한 일이 아니라고 발뺌을 하거나 혹은 우리가 간사해서 그 짓을 한 것이 아니라 나라의 안위와 존망이 달려 있으니 어떻게 하겠느냐고 변명하곤 하였다. …

남이 내게 요구해 오지 않게 하려면 그 일을 막고 쫓아버릴 것인가, 아니면 그 팔을 잡아끌어 못하도록 할 것인가. 사람은 자기 자신을 스스로 내던지지 않는 사람을 침해할 수는 없는 법이다.

이제 우리나라 정치를 자모(自侮)·자학(自虐)하는 정치가 아니라고 할 수 있을까. 산림천택 한가지 문제만 하더라도 황무지는 국내 도처 어디에서든 볼 수가 있는데, 밥도 없고 직업도 없는 많은 국민이 이들 황무지를 개간한다면 토지마다 비옥하게 될 것이며 집집마다 넉넉해질 것이다.

이렇게 되면 국민들이 일정한 직업을 얻게 될 것은 물론 국고도 또한 세입이 증가될 것이니 국가가 부강해지는 기초가 이로부터 시작하는 것인데, 정부는 오히려 이를 시정치 않고 있음은 무슨 까닭인가. 그러기는 커녕 혹시 일개인이라도 자력으로 손바닥만한 땅이라도 개간하기만 하면 즉각 고율(高率)의 세금을 부과하여 징수해 가고 곧 그 뒤를 따라 세력가들이 빼앗아가 버리니 이를 어떻게 견디어 낼 수 있겠는가.

정부당국자는 국사(國事)가 날로 그릇되어 외국인들의 능멸이 나날이 심해 감을 깊이 생각해 주기 바란다. 외국인의 강요를 나무랄 것도 없고 징계할 것도 없다. 다만 국내의 산림천택과 미개간지를 백성들이 개간할 수 있도록 방책을 강구한다면 안으로는 황폐한 토지가 없게 될 것이며 밖으로는 외국인에게 강요를 당하는 수치도 없게 될 것이다.

그렇게만 된다면 오늘 일인에게 멸시를 받는 일이, 도리어 우리 정부가 각성하는 좋은 약이 되지 않으리라고 누가 단언할 수 있으랴.

천부(天賦)의 권리와 의무[上政府書 其二]

오늘날 우리 정부형편을 말한다면 안락하다고 말해야 옳을까, 아니면 위태롭다고 해야 옳겠는가. 안으로는 탐관오리들이 계급 낮은 자는 훔쳐먹고 지위 높은 자는 긁어먹고 빼앗아 먹어 백성은 어육(魚肉)이 되어 있으며 밖으로는 가까운 이웃나라와 먼 적국들이 총칼을 가지고 나타나서 대포가 터지고 피가 흘러 강토가 짓밟히고 있으니 차라리 위태롭다고 하는 편이 옳을 것이다.

이런 때에 이르러서 정부는 무엇을 생각하고 무슨 일을 하는지, 당초에 백성을 위하고 나라를 위한 염려는 조금도 하지 않고서 서로 헐뜯고 모함하고 비방하고 시기하기만 일삼으며, 다만 자기들 한 몸의 영리(營利)에만 급급하여 3천리 강토가 뉘 손으로 들어가고 2천만 민중이 어떤 지경에 이르렀는지는 까맣게 모르고 있으니 불쌍한 민중이 서로 불안하고 가슴을 치며 통곡하고 싶어도 할 곳이 없을 지경이다.

집을 짓는데 반드시 먼저 정초(定礎)해야만 무너지는 것을 면할 수 있고, 길을 가자 해도 먼저 방향을 살펴야만 방황하는 잘못이 없게 되는 법인데 하물며 국가를 경영하는데 있어서 어찌 기초와 방향을 생각지 않을 수 있으랴.

국가가 국가를 이루는 까닭은 한두 사람만으로 이루어지는게 아니고 여러 천만명이 모여살므로써 이루어지는 것인 즉 이 민중이 없이 어떻게 국가를 이룰 것이며, 또 민중이 모였다 할지라도 각기 그 천부의 권리와 의무를 향유하지 못하면 이는 한낱 움직이는 송장일 뿐이니 무엇이 초목금수(草木禽獸)와 다르며 비록 넓고 비옥한 땅이 있다 한들 어찌 지키고 보전할 수 있겠는가.

그러므로 서양의 공법학자(公法學者)가 말하기를 "사람에게는 빼앗을 수 없는 권리와 회피할 수 없는 의무가 있다"고 하였으니, 권리·의무가 없는 사람은 물건이지 사람은 아닌 것이다. 또 "국가의 대권(大權)은 국민으로부터 나오고 군왕(君王)은 이것을 모아서 대표하는 것이라"고 하였다. … 그러므로 국민이 국가의 기초가 된다는 것과 국가경영의 방향이라 함은 알고 보면 국민이 지닌 천부의 권리를 보호하여 각기 그 본연의 의무를 지키게 하는 것에 지나지 않는 것이다.

아아, 슬프다. 우리 한국민족이 천부의 권리를 지킬 수가 있으며, 마땅히 이행해야 될 의무를 이행할 수가 있는 것인가. 천성(天性)·천명(天命)은 하늘이 우리에게 골고루 주신 것임에도 이를 보존하고 있지 못하고, 재산은 사람이 의지해서 사는 것인데 이것 또한 스스로 갖지 못하고 있으며, 세력있는 사람에게 생사여탈(生死與奪)을 일임하여 입이 있어도 열지 못하고 혀가 있어도 굴리지 못하며 한평생을 얽매어 살고 있으니, 충군애국(忠君愛國)할 수 있는 천부의 고유한 권리를 땅에 쓸어버린 듯이 깡그리 잃고 만 것이다.

이런 즉 외국인의 능멸과 강요가 있다 해도 조금도 부끄럽고 분개하는 마음이 생길 수 없어서 강건너 불을 바라보듯 하는 심정으로 바라보게 될 뿐이다. 그러니 일개의 국민으로서는 어쩔수 없이 천부의 의무를 다할 수 없으려니와, 정부는 과연 의무를 완전히 수행했다고 할 수 있겠는가.

이상재(李商在)
[『나라사랑』제9집]

요점 —독립협회와 만민공동회와의 관계
　　　—독립협회 운동의 이론적 기초

2. 東學農民戰爭

- 개요 -

    삼정문란과 지주전호제 등 봉건적 모순이 심화되어 가던 19세기말 개항에 의한 열강의 자본주의적 침탈은 기층 민중의 고통을 한층 가중시키고 있었다. 불평등한 무역구조 아래 소생산자·영세상인들은 몰락해 간 반면 지주·부농층과 대상인은 오히려 토지를 집적하는 등 입지를 확대해 나갔다. 농민항쟁은 일상화되었으며 농민전쟁 발발 직전에는 전국적인 현상으로 나타났다. 동학의 보국안민(輔國安民)사상은 반봉건의 이념을 제시하고 있었으나 사회변혁의 구체적 목표를 담고 있지는 못하였다. 그러나 동학은 인내천(人乃天)·척왜양이(斥倭攘夷) 등 민중의 현실적 요구를 반영하고 있었고 포(包)·접(接)과 같은 체계적인 조직을 제공함으로써 농민전쟁의 전개에 큰 영향을 주었다.

    교조신원운동 이후 강·온파로 분화된 동학교문은 고부농민항쟁을 계기로 강경파인 남접 주도하에 반봉건 반침략투쟁으로 전환하여 갔다.

    호남은 봉건적 수탈과 지주전호제의 모순이 집중된 지역으로 미곡무역과 관련하여 왜상들의 침탈까지 중첩되고 있었다. 정부가 고부농민항쟁을 철저히 탄압하자 전봉준을 중심으로 제1차 농민전쟁을 일으켜 호남지역을 석권하였으나 청일전쟁의 개전으로 서울진격을 보류, 전주화약을 맺고 집강소(執綱所) 활동으로 전환하였다. 사실상의 혁명자치기구를 수립하고 폐정개혁안을 제시하였는데 신분제의 전면적 폐기와 토지의 평균분작(平均分作) 등을 주창하였다.

    청일전쟁 개전 후 집권한 친일개화정권은 외세의 힘을 빌어 농민군을 제압할 것을 결정함으로써 제2차 농민전쟁이 시작되었다. 남·북 접군은 연합하여 북상, 공주일대에서 일본군·정부군을 대적하여 격전을 벌였으나 패배하고 이후의 국지적 전투에서도 대세를 바꾸지 못한 채 좌절하고 말았다.

    농민전쟁은 조선후기 농민항쟁을 통해 성장한 기층 민중이 단계적으로 운동과 사상을 발전시켜 대규모 반봉건·반외세 투쟁으로 승화시킨 아래로부터의 변혁운동이었다. 농민전쟁은 소민(小民)들의 계급적 이해를 동력으로 전개되었으며 외세와 이에 결탁한 친일 개화정권·보수양반계층·지주 부민·거상 등의 연합세력에 의해 압살당하였다.

    농민전쟁의 좌절로 조선은 본격적으로 식민지화의 길로 접어들게 되었다. 일본은 청일전쟁에 승리함으로써 후발 제국주의국가로 진입하는데 성공하였으며 중국은 반식민지화의 가속화라는 패전의 부담을 안게 되었다. 농민전쟁은 동아시아 삼국의 근대사를 규정하는 전기가 되었던 것이다.

1) 東學思想

□ 布德文

● 경신년(1860)에 이르러 전하여 들으니 서양사람들이 한울님의 뜻이라고 하여 부귀를 바라지 않고 천하를 정복하여 교회당을 세우고 그들의 종교를 널리 보급시킨다는 것이다. 그러므로 나도 그것이 과연 그럴까, 어찌 그럴 수가 있을까 의문을 가지게 되었다.

뜻밖에 사월에 마음이 아뜩하고 몸이 떨려 무슨 병증이라도 판단할 수 없으며 무엇이라고 형용할 수도 없는 이 순간에 어떤 신비로운 말씀이 문득 귀에 들려왔다. 소스라쳐 일어나서 캐어물었더니 "두려워 말고 무서워 말라! 세상사람들이 나를 상제라고 부르는데 너는 상제도 몰라보는가"라고 하였다.

상제님이 이렇게 나타나시는 까닭을 물으니 "나도 역시 일한 보람이 없으므로 너를 세상에 내보내어 사람들에게 이 진리를 가르치려고 한다. 부디 내 말을 의심치 말라!"라고 하였다. "그러면 그리스도교를 가지고 사람들을 가르칠까요?"라고 물었더니 "그렇지 않다. 나에게 신비로운 부작(符作)이 있다. 그 이름이 선약(仙藥)이요, 그 모양은 태극의 그림과 같고 혹은 궁(弓)자를 겹쳐 놓은 것과 같다. 이 부작을 받아가지고 사람들의 병을 고치며 또 내 주문을 받아가지고 모든 사람으로 하여금 나를 위하게 하라. 그러면 너도 역시 오래 살아서 온 세상을 이롭게 할 것이다"라고 하였다. …

그러므로 우리나라는 나쁜 병들이 세상에 가득차 있고 민중들은 일년 중에 하루라도 편할 때가 없다. 이것은 역시 상해를 받을 운명이기 때문이다.

서양인은 싸워서 이기고 빼앗아 뜻대로 이루지 못하는 일이 없다. 그리하여 온 동양이 다 망해 버린다면 우리나라도 같은 운명에 빠짐을 걱정하지 않을 수 없다. 나라를 돕고 민중을 편하게 할 계책이 장차 어디서 나올 것인가. 안타까운 일이다. 지금의 세상사람들은 시대가 움직이는 형편을 모른다. 그러므로 나의 이 말을 들으면 집에 돌아가서는 마음속으로 옳지 않게 여기고 밖에 나가서는 거리에서 수군거리며 도덕을 따르지 않는다. 참으로 두려운 일이다.

어진 사람들도 이 말을 듣고 그 가운데 많은 사람들이 그렇지 않게 여겨 나는 거의 분하고 원통하다. 그러나 세상은 어찌할 수 없으므로 생각나는 대로 대략 적어내서 가르쳐보니 이 글을 잘 받아 그 가르침을 존중하기를 바란다.

[『東經大全』]

요점 -동학사상의 발생배경

□ 教祖伸寃疏(1893)

● 臣等은 俱是崔先生의 門徒라. 基ㅣ 刺骨의 病과 臆塞白의 恨이 마땅히 어떠타 謂하리오. 臣等이 敢히 其ㅣ 所聞을 隱치 못하고 天日의 下에 暴하옵니다. 其言에 曰 仁義禮智는 先聖의 所教요 守心正氣는 惟我의 更定이라하며, 又曰 夫子의 道를 覺來하면 一理의 定한 바요 惟我의 道는 大同而小異하다 하며, 又曰 吾道는 博하되 約한 者니 오직 誠敬信 三字에 在한지라. 저ㅣ 三字를 透得한 然後에야 可히 써 道를 知하리라 하였으며, 又曰 塵念이 起함을 怕치 말고 오직 覺來의 遲함을 怨하라 하였으며, 又曰 儒佛仙이 비록 末流의 弊ㅣ 있으나 其源을 究하면 皆是 天에 依한다 하였으니 今에 其 ㅣ 所著 東經 數編을 考하건대 天人相與의 原을 反覆하고 性身挾進의 工을 密勿하여 其ㅣ 眞知妙解가 獨睹昭曠하니 可謂 天地間 有數文字라 謂할지오. 其人의 教함에 全혀 變化氣質로써 하여 習慣을 除去하여 誠心奉天하여 卑己尊人으로 主를 삼는지라, 故로 一次勳炙에 經한 其人은 其德을 自新하며 其質을 自化치 않음이 無하여 문득 舊日樣子가 아닌지라. 盖 其說教 方便에 當世의 所尙으로 더부러 可히 小異한 者ㅣ 此요. 其ㅣ 東學이라 稱한 것도 其故가 有하니, 道는 비록 天에서 出하였으되 東方으로부터 創하여 東人의 學으로 되는 바 되고, 又ㅣ 臣等 師意에서 써 하되 西教의 形勢ㅣ 駸駸蔓延하는 故로 道를 東學으로써 名하여 其 實理의 不同함을 辨明함이어늘, 當世의 人이 西學으로써 排斥하여 餘地를 不有코저 하니 人의 不良함이 어찌 此에 至하뇨. 臣의 師ㅣ 嘗히 門人의게 謂하여 曰 道는 비록 天道나 學이라면 東學이니라. 하물며 地가 東西에 分하였나니 西를 어찌 東이라 謂하며 東을 어찌 西라 謂하리오. 孔子는 魯에서 生하고 鄒에 風하여 斯世에 傳하였나니, 吾道는 東에서 受하여 東에서 布하는지라. 어찌 可히 西로써 明하리오 하니, 此ㅣ 東學으로써 得名한 바요. 臣等이 從事한바니 怨컨대 東學을 指하여 西學으로써 攻치 말고 同胞를 驅하여 異端으로 排치 않는 것이 可하거늘, 道臣守宰는 民族 視하기를 草芥와 같이하고 鄕奸土豪는 道人 對하기를 貨泉과 같이하여 繫累寡極하고 誅求討取하기를 紀極을 罔有하니 寃結無告에 蒼穹이 爲하여 變色하고 赤子가 化하여 異物이 된지라. 大抵 此道는 守心正氣로써 本을 삼으되 天命을 敬畏하며 人紀를 格守하여 從善去惡에 愚夫愚婦로 하여금 天理의 根本을 知케 하고 人道의 正義를 守하여 마침내 聖될 者ㅣ 聖하며 哲될 者ㅣ 哲하며 賢될 者ㅣ 賢되면, 竊想컨대 夫子의 道라 謂하는 것도 此에 不外하리니, 어찌 東學의 偏名과 西人의 邪教로써 指目하리오. 果是萬世에 無弊하고 天下에 無極한 大道라. 且가 臣等이 萬若 不正의 道와 無質의 事로써 殿下께 瀆告하오면 是는 스스로 欺君, 罔上, 背師, 蔑倫의 科에 犯함이니, 伏願 天地父母는 化育中 赤子를 亟恤하여 써 先師의 至寃을 伸케 하며 臣等 死命을 濟하여 주소서.

박광호(朴光浩) 등
『東學史』

요점 - 근대사상으로서의 동학이 갖는 역사적 의미와 한계

□ 三戰論(1902) - 輔國安民의 計策

● 천고(千古)의 역사적 사실이여! 외워서 밝히 기록하여 거울하리라. 한 옛적에 만물이 생김이여 어찌하여 그렇게 되었으며 그럴 수가 있을 것인가. 이치(理致)를 더듬어서 헤아려 본 즉 아득히 먼 것 같지만 사물에 접촉해서 연구해 보면 혼연한 한덩어리 기운에서 나온 것이 의심없도다.

그러므로 예로부터 지금까지 성인(聖人)이 왔다가 가면 또 새로운 성인이 나와서 제주(帝主)의 법칙이 그 규모가 다르지 않음은 무슨 까닭인가. 때를 따라서 다스리는 방법은 다르지만 원리원칙은 같기 때문이다.

그 까닭을 대강 들어보면 도의 근본은 한울이니 우주 안에 가득한 만물이 한덩어리 기운에 관련되지 않음이 없나니라. 비록 그러나 인간은 동물 가운데 영장이라. 영장인 인간 가운데 총명한 사람이 태어나서 임금도 되고 스승도 되었으니 이것은 무슨 까닭인가. 오직 한울님은 편벽(偏僻)됨이 없어서 타고난 품성대로 사는 자만을 가까이 하는지라 한울님을 모시고 천도(天道)를 행하는 고로 이것을 체천(體天)이라 이르고 내가 잘되기 위해서 다른 사람을 이롭게 하는 고로 이것을 도덕이라고 하느니라. 영광이 사방에 덮이매 중앙에서는 모든 일을 펼 수 있고 때를 따라 적당한 방법을 취하여야 대저 시대에 맞을지라. 그 용도를 잘 변통하면 중도(中道)를 잡는데 실수가 없을 것이요, 처음부터 끝까지 잘해 나가면 일체의 원리에 부합되느니라. 이렇게 보면 한울과 도에 무슨 간격이 있으며 도와 사람이 어떻게 멀다고 하겠는가. "잠시도 도는 떠날 수 없다"는 것은 이것을 이름이니라.

한 옛적에 함이 없이 됨이여! 그 기운이 펴지지 못했고 3황(三皇)의 기초를 잡음이여! 도의 근본은 마음이요, 5제(五帝)시대의 어리석음이여! 법으로써 다스리기 시작하였도다. 인기(人氣)는 순후해서 백성은 모두 요순(堯舜)같은 사람이요, 성인의 도로써 가르치기까지 하니 세상이 모두 요순아님이 없더라. 사람의 도리가 장차 완성함이여, 인간에게는 각각 인간의 사심(私心)도 있는지라. 오직 저 헌원(軒轅)씨 시대의 치우와 요순시대의 3묘(苗) 같은 것은 교화를 배반하고 장난을 한 것이니 어찌 선악의 구별이 없다고 하겠는가.

무릇 성인의 도는 물건마다 이루지 못함이 없나니 능히 어지러움을 다스리는 약석(藥石)은 무기와 형벌이 그것이니라. 그러므로 주(周)나라가 성할 때에는 그 기운이 장대하여 정치는 위에서 빛나고 교화는 아래서 아름다워서 빛나는 문물이 그처럼 성했으니 어찌 흠탄할 바가 아니겠는가. 슬프다, 물건도 오래면 낡아지고 도도 멀어지면 생소해지는 것은 이치의 자연이라. 밝기가 불을 보는 듯하도다. 그 후부터 역대의 열국(列國)이 각각 패업을 닦아서 이기고 지는 것이 마치 장기·바둑 내기와 같았으니 이 어

찌 한심한 바가 아니겠는가.

비록 그러나 이것도 또한 운명인지라. 무엇을 탓할 수 있으리오, 이렇게 헤아려 봄이여, 이치의 뒤집힘과 운수의 돌고 돎이 명료하기가 손바닥을 들여다보는 것 같도다. 대개 이와 같은, 즉 옛적을 거울해서 이제 살펴보매 어찌 여러 가지 까닭이 있겠는가.

그러므로 예와 어제가 같지 않음이여, 나는 반드시 운이 변하기 때문이라고 말하노라. 방금 세계대세가 천운과 같이 움직여서 인기는 강할대로 강하고 공교할대로 공교해서 기예의 발달됨과 동작의 연습됨이 이에 그 극에 이르렀도다. 비록 그러나 강하다고 해서 병력의 강한 것만을 가리킴이 아니라 옳은 일에 나아가서 굽히지 않는 것을 이름이, 공교하다고 해서 간사한 교태를 말함이 아니라 사리(事理)에 통달해서 이기고 날카로움을 이름이라. 만일 군대와 무기로 서로 접촉하게 되면 강약이 구별되어 인도(人道)가 끊어지리니 이것을 어찌 천리(天理)라고 하겠는가.

나의 불민(不敏)함으로써 우주의 형세를 두루 살펴보니 온 세계가 모두 장해서 비록 병력으로 싸우려고 하나 서로 상적(相敵)한지라 싸워도 이익됨이 없으리니 이것이 소위 오수부동(五獸不動)이라. 그러고 본 즉 병력전쟁 한 조목은 자연히 없어지게 되었으나 병력전쟁보다도 더욱 무서운 것이 세 가지가 있으니, 첫째, 도전(道戰)이요, 둘째, 재전(財戰)이요, 셋째, 언전(言戰)이라. 이 세가지를 능히 안 연후에 가히 문명의 지경에 나가게 될 것이요, 보국안민(輔國安民)의 계책이 가히 이루어지게 되리라. 그러므로 청컨대 이것을 말해서 전쟁을 논해 볼까 하노라.

(1) 도전(道戰)

도전이란 무엇인가. "천시(天時)는 도리(道利)만 못하고 지리는 인화(人和)만 못하다"고 했다. 인화의 계책은 도가 아니면 될 수 없나니라. 도로써 백성을 교화하면 함이 없이 스스로 다스려질 것이니 그것은 무방하되 도전에 대해서는 불가하다고 말할 수 있겠지만 그것은 그렇지 않다. 군자의 덕은 바람과 같고 소인의 덕은 풀 같으니 도가 있고 덕이 행하는데 바람을 따라서 눕지 않는 풀이 없겠기 때문이니라.

대개는 큰 덕은 교화가 초목에 미치고 신뢰가 만방에 미치는지라. 현금 천운(天運)이 크게 통하여 풍화의 기운이 크게 열리니 먼 데와 가까운데가 한덩어리요, 많은 사람이 한가지로 돌아가나니 이것은 무슨 까닭인가. 어느 나라든지 각각 국교가 있어서 한결같이 주장하는 것이 개명문화인지라 대개 먼저 개명한 도로써 저 개명하지 못한 나라에 가서 그 덕을 행하여 그 백성을 교화하면 민심의 돌아가는 바가 물이 아래로 내려가는 것 같으리라. "백성이 나라의 근본이라"고 하지 않았는가. 그 근본이 건전치 못하고 그 나라만이 혼자서 건전할 수는 없는 것이니라.

그러므로 세계각국이 각각 문명의 도를 지켜서 그 백성을 보호하고 그 직업을 가르치며 그 나라로 하여금 태산(泰山)과 같이 평안하기에 이르렀으니 이것이 "도의 앞에 대적(大敵)이 없다"는 것이 아니고 무엇이겠는가. 힘으로써 다스릴 때는 비록 억만의 많은 백성이 있을지라도 각각 억만 가지 생각을 가지지만 도덕으로써 교화할 때에는 비록 열 사람의 충성이나마 생각이 같고 덕이 같으니 보국안민의 계책이 무슨 어려움이 있겠는가.

그러면 천시와 지리는 베풀어도 이익됨이 없지 않겠는가. 잘 다스려질 때에 토지가 살찌고 비와 바람이 순해서 산천초목도 모두 정기가 빛나리니 천시와 지리도 인화중에는 오는 것이 아니고 무엇이겠는가. 그래서 나는 말하기를 할 만한 싸움은 도전(道戰)이라고 하노라.

(2) 재전(財戰)

재전이란 무엇인가. 재물이란 것은 한울이 준 보배로운 물화(物貨)니 만민의 이용이요, 원기(元氣)의 기름[膏]이라. 그 종류가 몇가지인가. 동물·식물·광물이 이것이라. 사람은 물건을 다스리는 주인이니 그 이익이 무엇인가. 농업·상업·공업 세가지가 그것이니라. 농사 때를 어기면 곡식을 다 거둬 먹지 못할 것이요, 먹는 것이 때에 맞고 쓰는 것이 중도에 맞으며 가히 흉년과 환란에 대비함이 되리니 이것이 이른바 농업이니라.

있는 것과 없는 것을 옮겨서 팔고 사며 이윤을 불려서 부자가 되고 수입을 보아서 지출을 적게 하되 노력해서 벌어먹으면 이것은 재산을 안보하는 방책이니 이것이 상업이란 것이니라. 기계를 만들어서 쓰기에 편리하게 하며 이목의 공교함을 극진히 하여 규구(規矩)의 재간을 바르게 하면 온갖 물건이 넉넉하리니 이것이 공업이란 것이니라.

이 세 가지는 예로부터 지금까지의 아름답고 좋은 법규라. 지금 세계로 말하면 인기가 매우 왕성하여 널리 경위를 살펴보아서 물리를 연구하며 이치를 일구어서 보기 좋은 여러 가지 귀중품을 만들어내니 이루 다 써내지 못할 것이 많은지라. 가령 색다른 종류의 물건으로써 일찍이 여러 나라에 시험하는 것 같음은 저들의 만든 물건을 옮겨서 팔고자 함이라. 대개 이와 같은 즉 혹여 미개한 나라가 있어서 이해관계를 분석할 줄 모르면 몇 해가 못되어서 그 나라가 파멸되는 것을 가히 서서 기다릴 수가 있으리라.

이로써 관찰하면 이것은 분명히 남의 기름을 뽑아가는 소개자라 할 수 있다. 그러므로 지모(智謀)있는 사람은 의사와 같은지라 위로는 황실의 자제로부터 아래로 민간수재(民間秀才)에 이르기까지 그 재주를 기르고 그 기술을 발달시켜서, 한편으로는 외국의 침략을 방어하는 자료가 되고, 한편으로는 국가를 부강케 하는 술법으로 삼나니 이 어찌 해볼 만한 싸움이 아니겠는가. 그러므로 나는 반드시 싸울 만한 것은 재전(財戰)이라 하노라.

(3) 언전(言戰)

　언전이란 것은 무엇인가. 말이란 것은 속에 쌓여 있는 뜻 드러내는 표준이요, 사실을 서술하는 기본이라. 속뜻을 발표하여 사물에 베푸는 것이니 그것이 발현되매 형상은 없지만 소리가 있고 그것이 사용되매 때로 그렇지 않음이 없는지라. 경위가 분명하고 조리가 정연하여 잘되고 못되는 것이 모두 이에 관계되나니 가히 믿음직하지 않은가. 그러므로 옛날 선비의 말한 바 "적당한 시기에만 말한다"는 것이 이것을 이름이니라.

　대저 방언은 그 산천의 풍기(風氣)를 따라서 각각 조절을 달리하는 고로 많은 나라 백성들이 품성은 비록 일체지만 서로 뜻을 통하지 못하는 것은 다름이 아니라 언어가 같지 않기 때문이니라. 하물며 지금은 세계가 복잡하게 나열하여 있는 가운데 인기(人氣)를 둘러 통하고 물화가 서로 어울려서 국정을 말끔히 알고 있는지라 서양과 동양, 남방과 북방이 모두 교린하지 않음이 없나니, 만일 언어의 통섭이 없다면 어떻게 교제의 방책이 있을 수 있겠는가.

　말을 하매 방법이 있나니 지혜와 모계가 병행한 후에 말에 문체가 있나니라. 그러므로 "한 마디 말로써 나라를 흥왕(興旺)하게 할수 있다"는 것은 옛성인의 심법(心法)이 서적에 나타나 있나니 단연코 환장이의 솜씨가 물상(物象)에 나타남과 다름이 없나니라.

　교제하는 마당에 또한 담판하는 법이 있나니 양적(兩敵)이 서로 제 주장을 고집하여 결정을 못지을 때에 이르러서는 멀고 가까운 여러 나라가 모여서 먼저 사서(事緖)의 곡직(曲直)을 자세히 알아보고 경위의 가부를 여러 각도로 검토하여 그 사리의 당연한 것을 얻은 연후에 모든 조건이 한 가지로 귀결되고 승부의 목적이 확정되어 필경 귀화(歸化)하는 규정을 이루나니 그 때에 당하여 만일 반푼의 경위라도 지모에 합당치 못하면 어찌 세계에 뚜렷이 나설 수 있는 위세를 가질 수 있겠는가.

　흥하고 패하는 것과 날카롭고 무딘 것이 또한 담판에 있나니 이로써 헤아려보면 지모 있는 사람은 말해서 맞아나지 않음이 없나니라. 무릇 이와 같은 즉 말의 사물에 대한 공이 어찌 중대하지 않겠는가. 그러므로 나는 또한 싸울 만한 것은 언전이라 하노라.

총론(總論)

　지금 세계형편을 살펴보니 도(道)의 앞길이 더욱 환하게 밝도다. 경전에 '병기없는 전쟁'이라고 일렀으니 어찌 명백하지 않는가. 어쨌든 여러분들은 마치 우물 가운데 들어앉은 것 같아서 필시 외세형편에 혼암(昏暗)할줄로 생각되므로 이에 삼전론 1편을 지어서 고루함을 잊고 돌려 보이니 행여 심지를 극진히 하여 그 크고, 작고, 같고 다른 이치를 분석할 것 같으면 여기에 힘을 얻어서 빛나는 문채(文彩)가 마치 단 것이

양념을 받는 것 같고 흰 것이 채색을 받은 것 같으리니 마음을 가라앉히고 잘 음미하여 담벽에 마주선 탄식이 없게 함이 어떠하뇨.

　방금 세계문명은 실로 천지가 한번 크게 변해서 새로 창조될 운수인지라. 선각한 처지에는 반드시 서로 가까워지는 기운의 응함이 있으리니 생각하고 생각하여 천지의 감동하는 정신을 어기지 말라. 대개 효제충신(孝悌忠信)과 삼강오륜은 세계에서 부러워하는 바라. 그러므로 "인의예지(仁義禮智)는 선성(先聖)의 가르친 바라"고 하였나니 우리 도의 종지(宗旨)와 삼전의 이치를 아울러 활용하면 어찌 천하의 으뜸이 아니겠는가. 대개 이와 같은 즉 그야말로 금상첨화라. 이로써 명심하기를 바라고 바라노라.

손병희(孫秉熙)
『天道敎創建史』

요점 －일제침략하에서 동학사상의 변화와 운동논리

2) 農民戰爭

□ 農民軍의 倡義文

● 세상에서 사람을 가장 귀하다고 하는 것은 인륜이라는 것이 있기 때문이다. 군신부자는 인륜 중에서 가장 으뜸가는 것이다. 임금이 어질고 신하가 곧으며 아비가 자식을 사랑하고 아들이 효도한 연후에야 이에 집과 나라가 무강(無彊)의 복이 미칠 수 있는 것이다. 지금 우리 임금은 인효자애하고 총명한지라. 현량(賢良)·방정(方正)한 신하가 있어서 그 총명을 도우면 요순의 덕화와 문경(文景)의 선치(善治)를 가히 바랄 수 있으리라.

　그러나 오늘날의 신하된 자는 보국은 생각지 아니하고 부질없이 녹위(祿位)나 도둑질하여 총명을 가리우고, 아부와 아첨만을 일삼아 충간하는 말을 요언(妖言)이라 하고 정직한 사람을 비도(匪徒)라 하여, 안으로는 보국의 인재가 없고 밖으로는 백성을 학대하는 관리가 많도다. 인민의 마음은 날로 흐트러져 생업을 즐길 수 없고, 나아가 몸을 보존할 계책이 없도다. 학정은 날로 더해 가고 원성은 그치지 않으니 군신의 의(義)와 부자의 윤리와 상하의 명분은 무너지고 말았도다. 관자(管子)가 가로되 사유(四維; 禮義廉恥)가 바로 서지 못하면 나라는 멸망한다 하였으니 오늘의 형세는 옛날보다 더욱 심하도다.

　공경(公卿) 이하 방백(方伯)·수령(守令)에 이르기까지 국가의 위태함을 생각하지 않고 부질없이 일신의 비대와 가문의 윤택만을 꾀하고, 과거의 문을 돈벌이의 길이라 생각하고 응시의 장소는 교역의 시장으로 변하였도다. 허다한 돈과 뇌물은 국가로 들어

가지 않고 도리어 개인의 사복만 채우고 있도다. 국가에는 누적된 빚이 있으나 갚을 것을 생각하지 않고 교만과 사치와 음란한 일만을 거리낌없이 일삼으니, 팔로(八路)는 어육(魚肉)이 되고 만민은 도탄에 허덕이도다. 수재(守宰)가 탐학하니 어찌 백성이 곤궁하지 않으리오.

 백성은 국가의 근본이라. 근본이 쇠잔하면 나라가 망하도다. 보국안민의 방책을 생각하지 않고 향제(鄕第)를 설치하여 오로지 제 몸만을 위하고 부질없이 국록만을 도적질하는 것이 그 어찌 옳은 일이라 하겠는가. 우리는 비록 초야의 유민(遺民)일지라도 국토에 몸붙여 사는 자라 국가의 위망을 좌시할 수가 없다. 팔로가 동심(同心)하고 수많은 인민이 뜻을 모아 이제 여기에 의기(義旗)를 들어 보국안민으로써 사생의 맹세를 하노라. 금일의 광경은 비록 놀랄만한 일이기는 하나 경동하지 말고 각자 그 업에 안착하여 다 함께 태평세월을 빌고 함께 임금의 덕화를 입게 된다면 천만다행으로 생각하노라.

갑오 정월 일 호남창의소(湖南倡義所)
전봉준(全琫準)·손화중(孫和中)·김개남(金開南) 등
[『東學史』]

□ 격문(1894.1)

● 우리가 의(義)를 드러 차(此)에 지(至)함은 그 일본의(一本意)가 단단(斷斷) 타(他)에 있지 아니하고 창생을 도탄의 중(中)에서 건지고 국가를 반(磐)의 우에다 두자함이라. 안으로는 탐학한 관리의 머리를 버히고, 밖으로는 횡포한 강적(强敵)의 무리를 구축하고자 함이다. 양반과 부호의 앞에 고통을 받는 민중들과 방백과 수령의 밑에 굴욕을 받는 소리(小吏)들은 우리와 같이 원한(寃恨)이 깊은 자라. 조금도 주저치 말고 시각(時刻)으로 일어서라. 만일 기회를 이르면 후회하여도 믿지 못하리라.

갑오 정월 일 호남창의대장소(湖南倡義大將所) 재백산(在白山)
[『東學史』]

□ 沙鉢通文

● 우(右)와 여(如)히 격문을 사방에 비전(飛傳)하니 물론(勿論)이 정비(鼎沸)하였다. 매일 난망(亂亡)을 구가(謳歌)하던 민중들은 처처에 모여서 말하되 "났네 났어 난리가 났어 에이참 잘 되었지 그냥 이대로 지내서야 백성이 한 사람이나 어디 남아 있겠나!" 하며 기일이 오기만 기다리더라. 이 때에 도인(道人)들은 선후책을 토의결정하기 위하여 고부 서부 죽산리 송두호(宋斗浩)가에 도소(都所)를 정하고 매일 운집하여 차서(次序)를 결정하니 그 결의된 내용은 좌(左)와 여하다.

1. 고부성을 격파하고 군수 조병갑을 효수(梟首)할 사.
1. 군기창과 화약고를 점령할 사.
1. 군수에게 아유(阿諛)하여 인민을 침어(侵漁)한 탐리를 격징할 사.
1. 전주영을 함락하고 경사(京師)로 직향(直向)할 사.
   …

동학창의소(東學倡義所)
[『녹두장군 全琫準』]

요점 －제1차 농민전쟁의 성격

□ 農民軍 綱領과 規律

● 4대강령
 1. 사람을 죽이지 말고 재물을 손상시키지 말 것(不殺人 不殺物).
 2. 충효를 다하여 제세안민(濟世安民)할 것(忠孝雙全 濟世安民).
 3. 왜이(倭夷)를 축멸(逐滅)하여 성도(聖道)를 밝힐 것(逐滅倭夷 澄淸聖道).
 4. 병을 몰아 서울로 들어가 권귀(權貴)를 진멸할 것(驅兵入京 盡滅權貴).

1894년 3월 25일 (음) 전봉준
[『大韓季年史』 卷2]

● 農民軍의 12個條 規律
 1. 항복자는 대우를 받는다[降者受待].
 2. 곤궁한 자는 구제한다[困者救濟].
 3. 탐학하는 자는 추방한다[貪者逐之].
 4. 순종하는 자는 경복한다[順者敬服].
 5. 도주하는 자는 쫓지 말라[走者勿追].
 6. 굶주린 자는 먹여주어라[飢者饋之].
 7. 간활한 자는 없애버린다[奸猾息之].
 8. 빈자는 구해주어라[貧者賑恤].
 9. 불충한 자는 없애버려라[不忠除之].
 10. 거역하는 자는 효유하라[逆者曉諭].
 11. 병자에게는 약을 주라[病者給藥].
 12. 불효자는 죽여라[不孝殺之].

[『續陰晴史』上]

□ 農民軍의 弊政改革案

● 1. 전운영(轉運營)의 조보(漕報)는 각기 읍에서 상납하던 예에 따라 그대로 할 것.
 2. 균전관(均田官)이 진결(陳結)을 환롱(幻弄)하는 일은 민(民)의 손실이 매우 크므로 혁파할 것.
 3. 결미(結米)는 원 대동법(大同法)의 예에 따라 그대로 할 것.
 4. 균전(均田)은 춘·추 매호에 대해 1냥씩으로 정할 것.
 5. 환곡을 구백(舊白)이 발본수전(拔本收錢)한 것은 다시 환징(還徵)하지 말 것.
 6. 어느 고장을 물론하고 보(洑)를 쌓기 위한 수세(收稅)는 하지 말 것.
 7. 각기 읍의 지방관이 본읍에서 논을 사고 산을 이용하는 것은 법을 따라 처벌할 것.
 8. 각읍 시정(市井)의 모든 물건에 대해서 분전수세(分錢收稅)하는 것과 도고명색(都賈名色)을 혁파할 것.
 9. 공금을 범포(犯逋)한 자에 대해서는 천금(千金)이면 사형으로 속죄케 하고 족척에게 징채하지 말 것.
 10. 사채가 여러 해 된 것을 관장을 끼고 강제로 받아내는 일을 일체 금단 할 것.
 11. 열읍(列邑)의 이속(吏屬)들에게 임채(任債)라 해서 차출하지 말고 이를 엄금 할 것.
 12. 세력에 의지해 타인의 선농(先壟)을 뺏는 자는 사형에 처하여 이를 징려(懲勵)할 것.
 13. 각 포항(浦港)의 잠상무미(潛商貿米)는 일체 금단할 것.
 14. 각 포의 어염세전(漁鹽稅錢)은 거두지 말 것.
 15. 각읍의 관아에게 수요되는 물종(物種)은 시가에 따라 사들여 쓰도록 하고 고정된 값을 없앨 것.
 16. 잔민(殘民)을 침학하는 탐관오리는 일일이 파출(罷黜)할 것.
 17. 동학인으로 허물없이 살육되거나 수구(囚拘)된 자는 일일이 신원(伸冤)케 할 것.
 18. 전보국(電報局)은 민간의 폐가 가장 크므로 이를 없앨 것.
 19. 보부상(褓負商)·잡상들이 작당 행패하는 것을 아주 못하도록 할 것.
 20. 흉년에 백지징세(白地徵稅)를 하지 말 것.
 21. 연역(烟役)을 따로 분정(分定)하여 첨가하여 거두어 들이는 일을 일체 없앨 것.
 22. 결상두전(結上頭錢)·고전(考錢) 명색이 해마다 늘어나는데 이것을 일체 받지 말 것.
 23. 경영병저리(京營兵邸吏)의 요미(料米)는 구례(舊例)대로 멸삭(滅削)할 것.
 24. 진고(賑庫)는 혁파할 것.

1894년 4월 전봉주
『大韓季年史』 卷2]

요점 — 농민전쟁의 사회·경제적 배경
  — 농민군의 개혁요구

□ 農民戰爭의 展開

◉ [3월] 고부에서 동학교도 전봉준(全琫準) 등이 봉기했다. 군수 박원명은 난민들을 풀어서 대접하고 조정의 덕의(德意)를 알리며 죄를 용서해서 돌아가 농사일을 돌보게 하였다. 그런데 주도자 전봉준 등 몇 사람은 간 곳을 알지 못했다. 안핵사 이용태(李容泰)가 이르러서 박원명이 한 일을 모두 번복시켜서 백성들을 구타하고 반역을 했다 하여 많은 뇌물을 거두고 감사 김문현(金文鉉)과 모의해서 감영 감옥으로 끌어들이는 죄수들이 늘어섰었다. 백성들은 분하고 노해서 다시 난을 일으켰다. 전봉준의 가정은 빈한하고 의뢰할 곳이 없고 오래 동학의 물이 들어서 항상 우울하여 분함을 생각했다. 민란 초에 여러 사람이 우두머리로 추대했으나 일을 일으키는데 미치지 못하고 민중들은 갑자기 해산했다. 그러므로 전봉준은 창황히 숨었다. 조금 있다가 돌아다니다 긴박함을 알고 동학당의 김기범(金箕範)·손화중(孫化中)·최경선(崔敬善)과 모의하여 대사를 거행하고자 백성을 꼬여 전화위복의 계책으로 동학은 천리(天理)를 대신한 것으로 나라를 보호하고 백성을 편안히 하며 죽이고 약탈하지 않으며 오직 탐관오리만은 용서할 수 없다고 널리 알렸다. 이에 백성들은 향응하여 연해일대 10여 읍이 일시에 공명하고 10여 일간에 수만명에 이르렀으니 동학교도가 난민과 함께 결합한 것은 이로부터 시작된다.

[『梅泉野錄』 卷2, 甲午, 高宗 31年]

요점 － 농민전쟁의 전개 양상
－ 농민전쟁에 대한 봉건정부의 입장

□ 甲午改革

◉ 1. 현재 이후 국내외의 공사(公私) 문서에는 개국기원을 사용할 것.
2. 문벌과 양반·상민 등의 계급을 타파하고 귀천에 구애됨이 없이 인재를 뽑아 쓸 것.
3. 문무존비(文武尊卑)의 구별을 철폐하고 다만 품계에 따라 상견의(相見儀)를 규정할 것.
4.. 죄인 자신 이외의 일체의 연좌율(緣坐律)을 폐지할 것.
   ……
6. 남녀의 조혼을 엄금하여, 남자는 20세, 여자는 16세라야 결혼을 허가할 것.
7. 과부의 재혼은 귀천을 막론하고 자유에 맡길 것.
8. 공사노비법을 혁파하고 인신의 판매를 금할 것.

9. 비록 평민이라 하더라도 국가에 이익이 되고 백성을 편하게 할 수 있는 의견이 있다면 기무처(機務處)에 상서토록 하여 토의에 부치게 할 것.
    ……
16. 조관품급(朝官品級)의 정(正)·종(從)의 구별을 없이 하고, 각 아문이 마음대로 체포·시형(施刑)을 금할 것.
17. 역인(驛人)·창우(倡優)와 피공(皮工) 등의 천민대우를 폐지할 것.
    ……
20. 각 도의 부세(賦稅)·군보(軍保) 등으로 상납하는 대소의 미태목포(米太木布)는 금납제(金納制)로 대치하도록 할 것.

[『更張議定存案』]

요점
- 갑오개혁의 본질과 한계
- 농민전쟁이 갑오개혁에 미친 영향

□ 洪範十四條

● 유(惟) 개국(開國) 503년 12월 2일에 밝혀, 황조열성(皇祖列聖)의 신령에 고하노니, 짐소자(朕小子)가 조종(祖宗)의 큰 기업을 이어 지킨 지 서른 한 해에 오직 하늘을 공경하고 두려워하며, 또한 오직 우리 조종으로부터 법(法) 받으며 이를 의지하여 자주 큰 어려움을 당하나 그 기업을 거칠게 버리지 아니하니, 짐소자(朕小子)가 그 감히 가로되 능히 하늘 마음에 누림이라 하리요.

진실로 우리 조종이 돌아보시고 도우심을 말미암으니 오직 크으신 우리 태조(太祖)께서 비로소 짐(朕)의 대에 미쳐 때 운수가 크게 변하고 사람의 글월이 더욱 통창(通暢)한지라. 이웃나라가 위하여 꾀하여 조정 의론이 한결같으니 오직 자주하고 독립함이 이에 국가를 굳게 함일새, 짐소자가 어찌 하늘 때를 받들어 순히 하여 써 우리 조종의 끼치신 기업을 보전치 아니하며, 어찌 감히 뺌나이며, 가다듬어 써 우리 조종의 공렬에 빛을 더하지 아니하리요.

이를 이어 이제로부터 다른 나라를 믿지 말고 나라 운수를 융숭하고 창성하게 회복하며, 생민의 복을 지어 써 자주독립하는 기업을 굳게 할지라. 그 도리를 생각하건대, 혹은 옛 것에 빠지지 말며, 해타하는 데 익히지 말고, 순히 우리 조종의 넓으신 꾀를 쫓으며, 천하의 형세도 보아 살피어 나라의 정사를 이정(釐正)하여 積弊를 바로잡을 지니, 짐소자가 이러므로 열 네가지 큰 법을 가져, 우리 조종 하늘에 계신 신령에게 맹세하여 고하고, 위로 조종의 끼치신 공렬을 자뢰하여 능히 공을 이루게 하고, 혹은 감히 어김이 없게 하노니, 밝으신 신령은 내려 보시옵소서.

첫째는, 청국에 붙는 생각을 끊어버리고 확실히 자주독립하는 기업을 세우는 일.

둘째는, 왕실전범(王室典範)을 작정하여 대통(大統)의 계승과 종실(宗室)이며 척신(戚臣)의 분의(分義)를 밝히는 일.

셋째는, 대군주가 정전(正殿)에 어거(御居)하고 일을 보아, 정사를 친히 각 대신에게 물어 재결(裁決)할 새, 왕후와 비빈(妃嬪)과 종실과 척신이 간여함을 용납하지 아니하는 일.

넷째는, 왕실사무와 국정사무를 모름지기 나누어 서로 섞지 아니하는 일.

다섯째는, 의정부와 각 아문(衙門)의 직무 권리의 한정을 밝히 작정하는 일.

여섯째는, 인민이 부세(賦稅)를 냄은 다 법령으로 작정하고 망녕되이 명목을 가하여 범람히 거두지 아니하는 일.

일곱째는, 부세(賦稅)를 작정하여 거두고 경비를 지출하는 일은 다 탁지아문(度支衙門)을 말미암아 행하는 일.

여덟째는, 왕실의 쓰는 재물을 먼저 절감하여 써 각 아문과 지방관의 법이 되게 하는 일.

아홉째는, 왕실의 쓰는 재물과 각 관부의 쓰는 재물을 미리 일년회계를 작정하여 재물 정사(政事) 근본을 존종하는 일.

열째는, 지방관제도를 속히 고쳐 정하여 지방관리의 직권을 제한하는 일.

열한째는, 국중(國中)의 총명한 자제(子弟)를 널리 외국에 파견하여 학술과 기예를 견습하는 일.

열두째는, 장관(將官)을 교육하고 군사 뽑는 법을 정하여 군제(軍制)의 근본을 확정하는 일.

열세째는, 민법과 형법을 엄명하게 작정하고, 범람히 사람을 가두거나 벌하지 말아서 써 인민의 생명과 재산을 보전하는 일.

열네째는, 사람을 쓰기에 문벌을 거리끼지 말고, 선비를 구함에 조야(朝野)에 미쳐 써 인재 등용하는 길을 넓히는 일.

[『官報』1984.12]

3. 衛正斥邪思想과 義兵戰爭

- 개요 -

> 초기의 의병항쟁은 양반유생들에 의해 주도되었으며 이들의 이론적 기반은 위정척사 사상이었다. 위정척사란 외세와 외래문물로부터 정도인 유교를 보위해야 한다는 보수회귀적 척양척왜 논리였다.
>
> 척사파들은 문명개화론자들의 근대화정책에 대해 격렬히 저항하였으나 기본인식은 수구적·유교지향적 수준에 머무르고 있었다. 따라서 단발령이나 명성왕후시해가 거사의 계기가 된 초기의병운동은 반봉건 반침략투쟁에 철저하지 못하였으며 주도세력인 양반유생들은 계급적 한계를 뚜렷이 보여주고 있었다. 초기의병에 참가하였던 기층민중들은 농민군 출신들이 많았으며 이들은 지도부가 타협한 뒤에도 산간을 무대로 영학당·활빈당 등의 조직을 만들어 저항을 계속하였다.
>
> 을사조약이 체결된 뒤 국망의 위기가 닥치면서 의병투쟁은 차원을 달리하여 전개되기에 이른다. 유생들도 척사론적 입장에서 벗어나 국권회복으로 목표를 전환하여 대부대를 형성하기도 하였으나 투항적 면모를 일신하지는 못하였다.
>
> 1907년 헤이그 밀사사건으로 고종이 강제로 폐위당하고 군대가 해산되자 의병운동은 전면전의 성격을 띠고 전국적으로 확산되었다. 해산군인과 신식무기로 증강된 의병세력은 반침략·반봉건투쟁노선을 강화하고 전국적 범위의 공세를 벌여 나갔다.
>
> 이에 위기의식을 느낀 일본군은 대규모 병력을 동원하여 남한대토벌작전을 전개하였다. 1907년 8월부터 1909년 말까지 일군의 초토화작전 기간에 전사한 의병은 1만 6천여 명, 부상자는 3만 6천여 명에 달하였다. 1909년 말부터 의병주력은 북상하여 소규모 유격전으로 전환하게 되었으며 1910년 일제의 병탄 이후에는 간도와 연해주 등지로 이동하여 초기 항일무장투쟁의 핵심으로 활동하였다.

1) 衛正斥邪의 논리

□ 李恒老의 三疏

◉ 또 하나 드릴 말씀이 있사옵니다. 양이(洋夷)의 화(禍)가 금일에 이르러서는 비록 홍수나 맹수의 해일지라도 이보다 심할 수 없겠사옵니다. 전하께서는 부지런히 힘쓰시고 경계하시어 안으로는 관리들로 하여금 바다를 건너오는 적을 징벌케 하옵소서. 사람노릇을 하느냐 짐승이 되느냐 하는 고비와 존속하느냐 멸망하느냐 하는 기틀이 잠깐 사이에 결정되오니 정말 조금이라도 지체해서는 아니되옵니다.

그러나 한갓 그 지엽(枝葉)만 다스리고 그 근본을 제거하지 않거나, 한갓 그 흐름만 멈추게 하고 그 원천을 막지 아니한다면, 그 근본의 싹과 원천의 샘솟음을 비록 일에 통달한 사람이라도 또한 어떻게 할 수 없을 것입니다.

주자(朱子)가 이르기를 그 근본을 바로잡는 자는 비록 느리고 더딘 것 같지만 실상은 작용하기 쉽고, 그 말단을 바로잡는 자는 비록 빨리 도달한 것 같지만 실상은 공(功)이 되기가 어렵다고 하셨사옵니다. 그러므로 옛날에 사물을 잘 논구하는 사람은 반드시 근본과 말단의 소재를 깊이 밝혀내어 먼저 그 근본을 바로잡았사옵니다. 근본이 바로잡히면 말단의 불치(不治)는 걱정할 바가 아닌 것이옵니다.

　그러한 즉, 양이(洋夷)의 재앙(災殃)을 일소하는 근본은 전하의 한 마음에 있사옵니다. 지금 전하를 위한 계책은 이 마음을 맑게 닦아 외물(外物)에 견제 당하거나 흔들리지 않는 도리밖에 없사옵니다. 이른바 외물이란 것은 종류가 극히 많아서 일일이 열거할 수 없지만 가운데에도 양품(洋品)이 가장 심하옵니다.

　바라옵건대, 전하께서는 스스로 뜻을 결단하시어 무릇 의복·음식·사용물을 일상하실 때, 하나라도 양품이 그 사이에 끼어 있거든 모조리 찾아내어 대궐마당에 이를 모아 불태우시사, 좋아하시는 것과 미워하시는 것이 어느 쪽이라는 것을 명확하게 나타내 보이시면 이는 욕망을 자세하시고 마음을 바르게 가다듬은 증거이니, 전하의 몸가짐이 바르게 되리이다.

　이로써 왕실과 종친·외척을 깨우쳐 경계하시면 그들도 좇지 않을 수 없을 것이니 전하의 집안이 바로잡힐 것이며, 이로써 조정을 깨우쳐 경계하시면 안으로 조정으로부터 멀리 시골에 이르기까지 뜻을 좇으리니 전하의 나라가 바르게 되리이다.

　몸을 닦아 집안이 잘 다스려지고 나라가 바로잡힌다면 양품이 쓰일 곳이 없어져 교역하는 일이 끊어질 것입니다. 교역하는 일이 끊어지면 저들의 기이함과 교묘함이 수응(酬應)되지 못할 것이며, 기이함과 교묘함이 수용되지 못하면 저들이 기필코 할 일이 없어져 오지 않으리이다. 신은 평생을 몸에 양직물(洋織物)을 입지 아니하고, 집안에 양품을 사용하지 아니하여, 그것으로 일가의 법도를 이루었나이다.

　가슴 속에 가득찬 혈성(血誠)으로 스스로 실행코자 한 것을 임금에게 알리며 집안에 베풀고자 한 것을 나라 전체까지 옮기고자 하옵니다. 원컨대 전하께서는 이를 첫째로 실행하기고 중외(中外)에 시원하게 시범하시어 군신·백성으로 하여금 그 마음 쓰심이 밝고 깨끗함을 알게 하옵소서.

　하늘이 장차 큰일을 맡길 때에는 먼저 적국(敵國) 외환(外患)으로써 시험하는 것을 어찌 깨닫지 못하옵니까. 전하께서는 마음을 움직여 기질을 자제하시고, 걱정거리를 거울삼아 인격을 완성하며, 막힘을 헤치고 어지러움을 구하여 써 나라를 다스리도록 하옵소서.

　엎드려 전하의 행운을 비옵니다. 그리고 이것으로 신(臣)의 간절한 지성의 일단을 표하옵니다.

[『華西集』 卷3]

□ 嶺南萬人疏

◉ 수신사 김홍집(金弘集)이 가져온 황준헌(黃遵憲)의 사의(私擬;『朝鮮策略』) 1책이 유포되는 것을 보고 저절로 머리카락이 곤두서고 쓸개가 흔들리며 통곡하고 눈물을 흘리지 않을 수 없습니다. …

　신 등이 그 소위 사의라고 하는 책을 다시 들어서 조목별로 말씀드리고자 합니다. 그 논의의 요점은 조선의 금일의 급무는 방아(防俄)보다 급한 것이 없다 하고, 방아하는 방법에는 '친중국(親中國)·결일본(結日本)·연미국(聯美國)'보다 급한 것이 없다고 하였습니다. 무릇 중국은 우리가 신하로써 섬기는 나라입니다. 해마다 요동을 거쳐 비단을 보내고 신의를 지켜 번방(藩邦)이 되어온지 이에 2백년이 되었습니다. 일본측에서 황(皇)이니 짐(朕)이니 하는 존칭을 써서 보내온 국서를 우리가 받아들이는 경우, 중국이 이것을 짚어서 문책해 온다면 장차 이를 어떻게 해명할 것입니까? 이것이 이해의 명백함의 첫째입니다.

　일본은 우리와 깊은 관계가 있는 나라입니다. 그런데 삼포(三浦)의 난이나 임진왜란 때의 숙원이 아직 풀리지 않고 있습니다. 또 그들은 우리나라의 관문과 요새를 알고 있고 수륙요충(水陸要衝)을 이미 점거한 바 있습니다. 그들은 우리 민족과는 달리 반드시 딴 마음을 품을 것인바, 만일 그들이 우리의 무비(無備)한 것을 보고 공격을 자행하면 전하는 장차 어떻게 이를 막을 것입니까. 이것이 그 이해의 명백함의 둘째입니다.

　미국은 우리가 잘 모르는 나라입니다. 돌연히 타인의 종용하는 바에 의해서 풍랑과 험악한 바다를 고갈시키게 될 것이고, 또 만일 우리의 허점을 보고 우리의 약점을 엿보아 응하기 어려운 청(請)을 강요하거나 어려운 부담을 떠맡긴다면 전하는 장차 어떻게 이에 대응하려 하십니까. 이것이 그 이해의 명백함의 셋째입니다.

　아라사 오랑캐는 본래 우리와 싫어하고 미워할 처지에 있지 않는 나라입니다. 공연히 타인의 말을 믿었다가 틈이 생긴다면 우리의 체통이 손상되게 됩니다. 그리고 원교(遠交)에 기대어 근린(近隣)을 배척하는 것이 되어 그 조치가 전도(顚倒)되고 허점을 드러내는 것이 됩니다. 만일 저들이 이것을 빙자하여 군사로 침입해 들어오면 전하는 장차 어떻게 구제하려 하십니까. 이것이 그 이해의 명백함의 넷째입니다.

　또한 장차 아라사·미국·일본은 모두가 오랑캐들이어서 그 사이에 후박(厚薄)을 두기 어렵습니다. 그리고 두만강일대는 국경이 아라사와 서로 접하여 있는데 말일 저들이 일본이 하였던 예를 좇고 미국과 맺은 조약에 기대어 토지를 요구하면서 살려고 들어오거나 화물의 통상을 요구하여 오면 전하는 장차 어떻게 이를 막으려 하십니까. 이것이 그 이해의 명백함의 다섯째입니다.

　또한 장차 세계에는 미국과 일본 같은 나라가 헤아릴 수 없이 많습니다. 만일 그들이 각자 비뚤어진 생각을 갖고 일본이 하는 것과 같이 각자 이익을 추구하고 토지와 재화를 요구하여 오면 전하는 장차 어떻게 이를 막으려 하십니까. 허락하지 아니한 즉

전공(前功)이 모두 없어지고 뭇 원망이 모두 나타나 우리나라 삼천리 강토를 다하여도 들려줄 땅이 없을 것입니다. 이것이 그 이해의 명백함의 여섯째입니다.

또한 장차 오랑캐의 종자는 그 성질의 탐욕스러움이 예나 지금이나 마찬가지이며 남북이 마찬가지입니다. 만일 저들이 서로 의지하고 앞뒤로 합세하여 우리나라에서 어부지리를 얻으려 한다면 전하는 장차 어떻게 이를 금하려 하십니까. 이것이 그 이해의 명백함의 일곱째입니다.

이일이 있은 이후부터 무식한 사람들은 임금을 원망하고 유식자는 가슴을 치며 애통히 여기고 있고 민심은 이미 어지럽고 나라의 형세도 이미 깎이어 왜놈과 오랑캐로 하여금 우리나라를 엿보게 하고 있습니다. 참으로 황준헌의 말대로라면 아라사는 그 힘이 능히 우리나라를 병탄할 수 있고 그 목적하는 바가 침공함에 있다면 전하는 만리 밖에서 오는 원병을 기다리면서 장차 경군(京軍)만으로써 이를 막아낼 수 있겠습니까. 이것이 그 이해의 명백함의 여덟째입니다.

[『日本外交文書』第14卷, 高宗 18年 2月 26日]

□ 洪在鶴의 上疏(1881)

◉ 대개 서양의 학문은 천리(天理)를 어지럽히고 기강(紀綱)을 소멸시킴이 심함은 다시 말할 필요도 없습니다. 서양의 물건은 태반이 음탕하고 욕심을 유도하며 윤리와 강상을 깨뜨리고 사람의 정신을 어지럽히며 천지에 거역하는 것들입니다. 서양의 학문과 물건은 귀로 들으면 창자가 뒤틀리고 수컷이 다른 것으로 바뀌며, 눈으로 보면 창자가 꼬이고 위가 뒤집히며, 코로 냄새를 맡고 입술로 그것에 닿게 하면 마음이 변하여 실성(失性)하게 되니 이는 곧 그림자가 서로 부딪치고 전염병이 서로 감염되는 것과 같으며 그 사람이 좋아하고 싫어하거나 향배를 물을 필요가 없습니다. 또한 십자가의 상을 받들지 않는다 해도 예수교의 책을 읽게 되면 성인에게 죄를 얻는 시작입니다. 전하의 백성들은 과연 귀와 눈과 코와 입이 있습니까. 없습니까. 나라 안의 실정은 이미 달라져 있습니다.

소위 『중서견문(中西見聞)』·『태서견문(太西見聞)』·『만국공법(萬國公法)』 허다한 이단 사서(邪書)들이 나라 안에 가득차 있습니다. 소위 명사(名士)와 석유(碩儒) 중에서 새로운 것을 좋아하는 무리들이 거기에 들어가 즐기고 있고 돌아올 줄을 잊어버리고 있습니다. 또한 서로 좋다고 칭찬하며 각각 여러 가지 정도로 끌리어 들어가고 있습니다. 혹시 꾸짖는 자가 있으면 이것은 저들 나라의 사건을 적은 책으로서 우리의 윤리와 강상(綱常)을 깨뜨리는 가르침이 아니라 하고, 또 이에 따르는 것은 견문을 넓히려 하는 것뿐이며 견문을 듣는 것은 반드시 윤리와 강상을 깨뜨리는 것이 아니라고 말합니다. 아, 단지 이 말 한 마디로 서로 그들은 이미 그 속에 깊이 빠져 들어가 있음을 알 수가 있습니다.

[『日本外交文書』第14卷, 高宗 18年 閏7月 6日]

요점 －위정척사의 논리와 그 한계
－위정척사파의 제국주의와 봉건제에 대한 인식

2) 抗日義兵戰爭

□ 義兵의 槪念

● 의병이란 민군이다. 나라가 위급한 때에 즉각 의(義)로써 분기하여 조정의 징발령을 기다리지 않고 종군(從軍)하여 적개(敵愾)하는 사람들이다. 한국민족은 본래 충의(忠義)가 탁월하고 두터워 삼국시대 이래로 외환을 만날 때마다 의병의 전공이 가장 탁월하고 현저하였다. 조선왕조에 들어와서 선조시대에 일본침략자에게 짓밟힘이 8년이나 되었다. 그러나 혹은 유림이, 혹은 향신(鄕紳)이, 혹은 승려들이 모두 초야에서 분기하였다. 이것은 털끝만치도 전세(田稅)의 비율로 부과하는 병역의무의 징집에 의거한 바없이 오직 충의의 격려로써 사방에서 모여들어 죽음을 무릅쓰고 용감히 싸운 것이다. 앞 사람이 쓰러지면 뒷사람이 계속하여 적이 물러갈 때까지 싸우고야 말았다. 빼어난 공훈과 높은 절개는 해와 달처럼 밝게 빛나며 강상을 부식하고 영토를 회복하는데 크게 힘을 입었다. 그러므로 의병은 한국민족의 '나라의 국수(國粹)'인 것이다.

[『韓國獨立動之血史』]

□ 乙未義兵

● 아! 우리 팔도동포들은 차마 망해 가는 이 나라를 내버려두시렵니까. 제 할아비 제 아비가 5백년 유민이 아닌바 아니거늘, 내 나라 내 집을 위해 어찌 한두 사람의 의사(義士)도 없단 말입니까. 참혹하고도 슬프구료. 운이라 할까 명이라 할까.

아! 원통하외다. 뉘 알았으랴. 외국과 통상한다는 꾀가, 실로 망국의 근본이 될 것을 문을 열고 도적을 받아들이어 소위 세신(世臣)이란 것들은 달갑게 왜적의 앞잡이 노릇을 하는데, 목숨을 바쳐 인을 이루려는 이 선비들은 남의 노예가 되는 수치를 면하자는 것이었습니다. …

아! 저 왜놈들은 소위 신의나 법리는 말할 것조차 없거니와, 오직 저 국적(國賊)놈들의 정종(頂鐘)·모발(毛髮)이 뉘를 힘입어 살아왔습니까.

원통함을 어찌하리. 국모의 원수를 생각하면 이미 이를 갈았는데, 참혹한 일이 더욱 심하여 임금께서 또 머리를 깎으시는 지경에 이르렀으니 의관을 찢긴 나머지 또 이런 망극한 화를 만났으매, 천지가 번복되어 우리 고유의 이성을 보전할 길이 없습니다. 우리 부모에게 받은 몸을 금수로 만드니 무슨 일이며, 우리 부모에게 받은 머리털을 풀 베듯이 베어버리니 이 무슨 변고입니까. 요순우탕(堯舜禹湯)제왕의 전통이 오늘에 이르러 끊어졌고, 공맹정주(孔孟程朱) 성현의 명맥을 다시 이어갈 사람이 없으니, 장안(長安)의 부로(父老)들은 한관(漢官)의 모습을 몹시 그리워하고, 신정(新亭)의 호걸들은 초수(楚囚)의 눈물만 떨어뜨립니다. 군신·부자가 마땅히 성을 나서 한번 싸워 볼 생각이 있는데, 천지귀신은 어찌 밝은 데로 향하는 이치가 없으리오. 관중(管仲) 같은 사람 아니 나오면 우리는 정녕 오랑캐가 될 것이니, 요치(淖齒)를 베이는데 누가 과연 우단(右袒)을 할 것인가.

무릇 우리 각 도 충의의 인사들은 모두가 임금의 배양을 받은 몸이니 환난을 회피하기란 죽음보다 더 괴로우며 멸망을 앉아서 기다릴진대 싸워보는 것만 같지 못합니다. 땅은 비록 만분의 일밖에 되지 않지만 사람은 백배의 기운을 더 할 수도 있습니다. 하늘 아래 함께 살수 없으매 더욱 신담(薪膽)의 생각이 간절하고, 때는 잘못 위태하여 어육(魚肉)의 화를 면하기 어렵습니다. 나는 들어보지 못했소. 오랑캐로 변한 놈이 어떻게 세상에 설 수 있겠습니까. 공(公)으로 보나 사(私)로 보나, 살아날 가망이 만무하니 화가 되건 복이 되건 죽을 사(死)자 하나로 지표를 삼을 따름입니다. … 이에 감히 먼저 의병을 일으키고서 마침내 이 뜻을 세상에 포고하노니, 위로 공경(公卿)에서 아래로 서민에까지 어느 누가 애통하고 절박한 뜻이 없겠습니까. 이야말로 위급존망의 계절이라, 각기 짚자리에 잠자고 창을 베개하며, 또한 끓는 물속이나 불속이라도 뛰어들어 온 누리가 안정되게 하여, 일월이 다시 밝아지면 어찌 한 나라에 대한 공로만이겠습니까. 실로 만세에 말이 전해질 것입니다.

이와같이 글월을 보내어 타일렀는데도 혹시 영을 어기는 사람이 있다면, 바로 곧 역적의 무리와 같이 보아 당연히 군사를 시켜 먼저 토벌할 것이니, 각기 가슴 속에 새기고 배꼽씹는 뉘우침이 없게 하여, 부디 성의를 다하여 함께 대의를 펴기 바랍니다.

을미 12월 모일
청도 제천의병장 유인석은 삼가 격서를 보냄.
[『獨立運動史資料集』, 檄告八道列邑, 1894]

요점 -초기 의병운동의 논리와 한계

□ 高宗皇帝勅書

● 칠로(七路)에 권송(勸送)하니 각기 의병에 나서라.

슬프다. 나의 죄가 크고 허물이 많은지라 하늘의 도움을 받지 못하여 강악(强惡)한 이웃나라가 넘보게 되고 역신(逆臣)이 국권을 농단(弄斷)하여 마침내 4천년 종사와 3천리 강토가 하루아침에 오랑캐의 땅이 되려 하니 나의 이 실낱 같은 목숨이야 아까울 것 없지만 오직 종상하 인민을 걱정하여 애통하는 바이다.

여기에 이강년으로 하여금 도체찰사(都體察使)에 임(任)하고 일로(一路)에 권송(勸送)하는 바이니 양가(良家)의 재자(才子)로서 각기 의병을 일으키게 하고 초모관(招募官)에 임하여 스스로 인부(印符)를 새기어 종사토록 할지어다. 만약 명령에 복종치 않은 자가 있으면 관찰·수령으로 먼저 목을 베어 파출(罷出)하고 처분하여 강토를 보전하고 사직을 수호함에 목숨을 다하여라. 이 글을 비밀히 보내니 나의 뜻을 다 알아서 행사하라.

1907년 7월 11일
[『獨立運動史資料集』]

□ 李康秊의 各道列邑에 보낸 격문

● 오호 통재라! 원통한 말을 어이 차마 할 수 있으랴. 왜적이 국권을 임의로 조종하여 황제를 양위할 꾀가 결정되었고, 흉악한 칼날로 위협하여 임금을 섬나라로 납치할 것을 음모하였다. 조약을 강제로 체결하여 우리나라를 빼앗았고, 반사문(頒敎文)을 내려 우리 입을 막았다. 시랑과 이리의 무리가 날뛰어 억조창생은 살 길을 잃었고, 침략자의 욕심이 한량없어 삼천리 산하는 바람앞에 촛불과 같으니 칠묘(七廟)가 놀라 떨고 삼전(三殿)이 처량하다. 산림천택(山林川澤)을 저들의 소유로 여기고 인민 재산을 저희 물건으로 알고 있다.

머리를 깎이고 의관을 바꾸니 나라의 풍속은 오랑캐로 변하였고, 국모를 시해하고 임금을 협박하니 갑오·을미의 원수를 아직도 갚지 못하였다. 이민(移民)을 보낸다는 것은 우리를 바다 밖으로 쫓아낼 음흉한 계책이요, 저들이 이 강산을 빼앗아 영주하겠다는 것은 고금천하에 없었던 일이다. 그 허다한 죄상은 하늘도 미워할 것이니 우리 국민된 자 모두가 저들을 죽일 의무가 있는 것이다. 한번 죽음을 각오하고 설전(舌戰)을 벌였으니 도성(都城)안에 사람이 없다고 누가 말하였던가. 한밤중에 총소리는 병졸로서 순절한 것이 더욱 가상하다. 저들이 자기 자신을 반성해 보면 그 죄악을 알 것인데, 갈수록 포악하니 마침내는 낭패할 것을 알 수 있다. …

무릇 의병을 일으킴에 응모한 우리 충의지사(忠義之士)들은 모두 강개하여 나라에 보답할 뜻을 간직하였을 것이다. 신분 계급을 가리지 않고 함께 포용하였으니 좋은 계책은 남김없이 시행하였고, 의리와 사욕을 분간하여 취택하였으니 사사로운 정리는 깨끗이 잊어버렸다.

대의(大義)를 밝히려면 살아서 노예가 될 수 없는 일인데, 왜적을 소탕한다면 죽은

들 무슨 여한이 있으랴!

　산천초목도 우리에게 향응할 것이며, 천지신명도 우리를 도와 주리로다. 어찌 다만 한때의 공훈이 있을 뿐이겠는가. 참으로 만고의 강상(綱常)을 붙들려는 것이니 각자가 분발하여 후회함이 없게 하라. 신상필벌(信賞必罰)은 해와 달같이 어김이 없으리라. 이 격문을 초고한 후 만약 군령(軍令)을 어기는 자가 있으면 이는 곧 적의 도당이라, 용서없이 처단할 것이니 거취를 분명히 하여 후회함이 없게 하라. 말이 이에 그치니 깊이 양찰하기 바라는 바이다.

[『雲崗先生倡義目錄』]

요점 －의병전쟁의 전개과정
　　　－의병지도부의 구성변화와 그 의의

4. 國權回復運動

- 개요 -

　을사조약이 체결된 후 반외세 지향의 지식인·관료 등 사회 상층부 일각에서 교육과 식산(殖産), 계몽 등을 통해 실력을 양성함으로써 국권을 회복하려는 점진적 독립준비론이 등장하였다. 이들의 논리는 개화파와 독립협회의 노선에 영향을 받았으며 본질적으로 제국주의의 이론인 사회진화론, 그 중에서도 일본의 문명개화론을 수용한 것이었다.

　따라서 계몽운동가들은 민중을 우민시(愚民視)하고 민중이 주체가 되는 변혁운동을 부정할 수 밖에 없었다. 계몽운동은 1904년 보안회의 황무지개척 반대활동으로 시작되었다. 1905년 결성된 헌정연구회는 반일적 성격을 띠면서 의회제도의 실현을 주창하다가 강제 해체되었다. 1906년 이후 계몽운동은 문화운동으로 정착되어 갔다. 사회문화 활동, 교육활동, 산업진흥을 목표로 대한자강회를 비롯 각 지역에 학회를 결성, 기관지를 발행하고 학교를 설립하여 대중 계몽운동활동을 벌였다.

　언론활동으로서는 대한매일신보·황성신문·제국신문·만세보·대한민보 등의 신문과 소년을 비롯한 각종 잡지가 간행되어 근대화 홍보와 함께 반일의식을 고취시켰다. 계몽운동은 국학연구분야에서도 진행되었다. 국어·역사·지리와 위인에 대한 저술을 통해 애국정신을 전파하고자 했던 것이다. 식산흥업운동도 활발하였는데 경제연구회·대한공업회 등의 활동이 그 사례이다. 1907년 전국적인 국채보상운동도 같은 차원에서 전개된 국권회복운동이었다.

　일제는 타협적 계몽운동마저 용인하지 않고 완전한 식민지를 목표로 신문지법·보안법 등을 제정하였다. 합법운동에 한계를 느낀 일부 애국계몽가들은 신민회 등 비밀결사를 조직하고 지하활동에 들어 갔으며 대부분은 독립운동을 포기하고 친일

협력자가 되거나 무책임한 준비론으로 전향하여 갔다. 계몽운동은 제국주의의 침략성을 제대로 인식하지 못하고 패배주의에 매몰되고 말았으나 민족운동의 확산에 기여한 점은 평가할 수 있다. 일제 병탄을 전후하여 비타협적 계몽운동세력은 무장투쟁론으로 노선을 전환하고 국외 독립군기지건설운동에 나서게 된다.

□ 閔泳煥의 遺書

● 경고한국인민(警告韓國人民)

아, 우리나라 우리 민족의 치욕이 이 지경에까지 다다랐구나. 생존경쟁이 심한 이 세상에 우리 민족의 운명이 장차 어찌 될 것인가. 살기를 원하는 사람은 반드시 죽고, 죽기를 맹서하는 사람은 살아나갈 수 있으니 이는 여러분이 잘 알 것이다. 나 영환은 한 죽음으로써 황은(皇恩)을 갚고 우리 2천만 동포에게 사(謝)하려 한다. 영환은 이제 죽어도 혼은 죽지 아니하여 황천에서 여러분을 돕고자 한다. 바라건대 우리 동포형제여. 천만배나 분려(奮勵)를 더하여 지기(志氣)를 굳게 갖고 학문에 힘쓰며 맘과 맘을 합하고 힘과 힘을 아울러 우리의 자유독립을 회복할지어다. 그러면 나는 지하에서 기꺼이 웃겠다. 아, 조금이라도 실망하지 말라. 대한제국 2천만 동포에게 마지막으로 고한다.

각공관기서(各公館寄書)

나 영환의 나라를 위함이 제대로 되지 못하여 국세와 민계(民計)가 이 모양에 이르렀으니, 그저 죽음으로써 황은에 보답하고 우리 2천만 동포에게 사과하려 하나이다. 죽는자는 그렇다 하거니와, 우리 2천만 인민은 앞으로 이 생존경쟁 속에서 절멸이 될 지경이외다. 귀공사(貴公使)는 어찌 일본의 행위를 모를 리가 있겠소이까. 귀공사 각하가 천하의 공의를 중히 여겨 귀국의 정부와 인민에게 이 사실을 알려, 우리 인민의 자유독립을 도와준다면 죽는자도 황천에서 웃으며 감하(感荷)할 것이외다. 오호라, 각하는 우리 대한을 경시하지 말고 우리 인민을 오해하지 마소서.

[『大韓每日申報』光武9.12.1]

□ 是日也放聲大哭

● 지난날 이등(伊藤) 후작이 한국에 오며 어리석은 우리 국민이 서로서로 보며 말하기를, 이등 후작이 평시에 동양 3국이 안정과 안녕을 맡아 주선하던 인물이라, 금일에 내한함에 반드시 우리나라의 독립을 공고하게 세울 방략을 권고하리라 하여 항구로부

터 서울에 이르기까지 관민상하가 크게 환영하였더니, 세상일이 예측하기 어려운 일이 많도다. 천만 꿈밖에 5조약이 어디로 비롯하여 제출하였는가. 이 조약은 비단 우리 대한뿐만 아니라 동양 3국의 분열하는 조짐을 만들어낸 것인 즉, 이등 후작의 처음의 원래의 의도가 어디에 있었던가.

그러나 우리 대황제폐하의 강경하신 성의로 거절함을 마지 아니하셨으니 해(該)조약이 성립되지 못함은 상상컨대 이등 후작의 스스로 알고 스스로 파기해야 할 바일 것이다.

그러하거늘 저 돼지와 개만도 못한 우리 정부의 소위 대신된 자들이 영리를 바라고 덧없는 위협에 겁을 먹어 놀랍게도 매국의 도적을 지어 4천년 강토와 5백년 사직을 다른 나라에 갖다 바치고 2천만 국민으로 타국인의 노예를 만드니 저들 개·돼지만도 못한 외부대신 박제순 및 각 대신은 족히 깊이 책망할 가치도 없는 자들인 것이다.

그러하거니와 명색이 참정대신인 자는 정부의 수석대신이라, 단지 부(否)자로써 책임을 궁색하게 면하여 명예를 구하는데 도움을 주었던가. 청음 김상헌(金尙憲)의 서류를 찢는 통곡도 불능하고 동계 정온의 할복하는 것도 불능하고 여전히 생존하여 세상에 다시 서니 무슨 면목으로 강경하신 황상폐하를 다시 대하여 2천만 동포를 다시 대하리오

아아 분하도다! 우리 2천만, 타국인의 노예가 된 동포여! 살았는가! 죽었는가! 단군기자 이래 4천년 국민정신이 하룻밤 사이에 졸연히 멸망하고 말 것인가! 원통하고 원통하다! 동포여! 동포여!

장지연(張志淵)
[『皇城新聞』1905.11.20]

□ **大韓自强會**

● **취지문**

무릇 나라의 독립은 오직 자강(自强)의 여하에 달려 있는 것이다. 우리 대한이 자강의 방도를 강구(講求)치 아니하여 인민이 스스로 우매함에 굳어지고 국력이 스스로 쇠퇴하게 되었고 나아가서 금일의 험난한 지경에 이르렀고 외국인의 <보호>를 받게까지 되었다. 이것은 모두 자강의 방도에 뜻을 두지 않았기 때문이었다. 아직도 구습(舊習)을 버리지 않고 지키고 자강의 방도를 강구하는데 힘쓰지 않으면 끝내는 멸망함에 이르게 될 뿐이니 어찌 금일에 그칠 뿐이겠는가! …

이제 우리 대한은 삼천리 강토가 무결(無缺)하고 이천만 민족이 자재(自在)하니 참으로 능히 자강에 분발하여 힘써 단체를 만들어 모두 단결하면 오히려 가히 부강의 전도(前途)와 국권의 회복을 바라볼 수 있을 것이다. 금일에 당하여 어찌 분발을 서두를 때

가 아니리오! 그러나 자강의 방도를 강구하려 할 것 같으면 다른 곳에 있지 않고 교육(敎育)을 진작(振作)하고 산업을 일으키는 데 있으니 무릇 교육이 일어나지 않으면 민지(民智)가 열리지 않고 산업이 일어나지 않으면 국부(國富)가 강해지지 못하는 것이다. 그러한 즉 민지를 열고 국력을 기르는 길을 교육과 산업의 발달에 달려 있다고 아니할 수 있겠는가! 교육과 산업의 발달이 곧 자강의 방도임을 알 수 있는 것이다. 그러나 만일 이 자강의 목적을 관철하기를 바랄진댄 부득불 먼저 그 국민의 정신을 배양하여 단군 기자 이래 4천년 한국의 정신으로 2천만 모든 사람의 머릿속에 흐르도록 하여 한번 숨을 들이고 내쉬는 시간에도 자기 나라의 정신을 잊지 않게 만든 연후에야 바야흐로 자강의 마음을 단련하고 국권회복의 활기를 만들게 될 것이니 안으로 조국의 정신을 기르며 밖으로 문명의 학술을 흡수함이 곧 오늘날 시국의 급무일새, 이것이 곧 자강회의 발기(發起)하는 소이이다.

오직 우리 전국 뜻있는 이 여러분은 누가 비분 강개하지 않으며 누가 오직 국권회복의 뜻을 갖지 않은 이 있겠는가! 청컨대 주저하지 말고 이 혈성을 같이하여 더욱 자강의 술(述)에 분발하여 국권회복의 길에 매진하면 곧 대한독립의 기초가 반드시 여기 세워지리니, 이것이 어찌 전국의 행복이 아닐 수 있겠는가.

발기인 장지연(張志淵) 심의성(沈宜性) 윤효정(尹孝定)
임진수(林珍洙) 김상범(金相範)
[『皇城新聞』1906.4.2]

□ 大韓新民會

◉ 취지문

… 신민회(新民會)는 무엇을 위하여 일어남이뇨? 민습(民習)의 완고 부패에 신사상이 시급하며, 원기의 쇠퇴에 신수양(新修養)이 시급하며, 도덕의 타락에 신윤리가 시급하며, 문화의 쇠퇴에 신학술이 시급하며, 실업의 조췌에 신모범이 시급하며, 정치의 부패에 신개혁이 시급이라, 천만 가지 일에 신(新)을 기다리지 않는 바 없도다.

지리한 긴 꿈에 한 사람도 신을 원치 않는 이 없도다. 급급함이여, 오늘의 유신, 하루 신을 서둘지 아니하면 이는 우리나라가 그 만큼 일층 지옥에 떨어짐이라. 금일 신할 수 없으며 내일 신할 수 없으면 필경 만겁의 지옥에 떨어져서 인종은 절멸하고 국가는 페허가 되고 말 것이니, 이 때에 이르러 무릎을 치는 탄식을 한들 어찌하리요. 그러므로 우리들이 마땅히 잠을 잊고 반찬을 페하여 구할 바는 이 유신인 것이다. 마음을 가다듬고 피를 올려서 실행할 것은 이 유신인 것이다. …

무릇 우리 대한인은 내외를 막론하고 통일 연합으로써 그 진로를 정하고 독립 자유로써 그 목적을 세움이니, 이것이 신민회가 원하는 바이며 신민회가 품어 생각하는 소이이니, 간단히 말하면 오직 신정신을 불러 깨우쳐서 신단체를 조직한 후에 신국을 건설할 뿐이다. …

　과거 4천 년 구한국의 말년 망국귀(亡國鬼)를 만들 것인가. 장래 억만 년 신한국이 초년의 흥국민(興國民)을 만들 것인가, 무엇을 버리고 무엇을 취하며 어느 것을 버리고 어느 것을 따르려 하는가!

　오라! 우리 대한신민이여!

통용장정
　제1장 회명 및 명칭
제1절 본회의 명칭은 대한신민회로 정함.
제2절 본회의 중앙총회소는 미국캘리포니아주 리버사이드(河邊省)에 설치함.

　제2장 목적과 방법
제1절 본회의 목적은 우리 한국의 부패한 사상과 습관을 혁신하여 국민을 유신케 하며 쇠퇴한 발육과 산업을 개량하여 사업을 유신케 하며 유신한 국민이 통일 연합하여 유신한 자유문명국을 성립케 함.
제2절 본회 목적의 실행방법은 다음과 같음.
　1조 각소에 권유원을 파견하여 권유문을 뿌리며 인민의 정신을 각서케 할 것
　2조 신문 잡지 및 서적을 간행하여 인민의 지식을 계발케 할 것.
　3조 정미(精美)한 학교를 건설하여 인재를 양성할 것.
　4조 각처 학교의 교육방침을 지도할 것.
　6조 실업가에 권고하여 영업방침을 지도할 것.
　7조 본회에 합자로 실업장을 설립하여 실업계의 모범을 만들 것.
　8조 본회는 해내 해외를 막론하고 애국충성이 잇는 동포로써 일체 단결할 것.
　9조 회원이 산재한 각 구역에 연합기관을 설치하여 교통방편을 전적으로 힘쓸 것.
　10조 실력을 확장하여 국체를 완전하게 할 것

[『한국독립운동사』1]

□ 국채 1,300만환 보상 취지서

● 삼가 아뢸 것이 무릇 신민(臣民)된 자가 충성과 의리를 가지면 그 나라가 흥하고 그 백성이 평안하며 충성과 의리가 없으면 그 나라가 망하고 백성도 절멸하는 것은 비단 고금의 역사상 증거가 뚜렷할 뿐 아니라, 현재 유럽의 여러 나라들 가운데 부강한 나라와 멸망한 나라가 충성과 의리의 여하에 말미암지 않은 나라가 없는 것이다. 역대의 옛 유럽 나라들은 오히려 멀다고 하면 우리 동양의 가장 가까운 나라의 일을 돌이켜 보면 그 보는 바가 더욱 뚜렷한 것이니 이것이 곧 일본의 경우이다.

일찍이 청나라와 러시아와 전쟁을 하여 작은 나라로 큰 나라를 이긴 것은, 군대에 결사대가 있어서 죽음을 결의한 즉 유혈(流血)이 낭자하고 살점이 떨어지는 곳에서도 낙지(樂地)처럼 마다 않고 가고 집에 남아 있는 백성들은 초라한 집에서 죽을 먹으면서도 여자들이 반지를 모아서 군비(軍備)를 모아서 도왔기 때문에 마침내 동서 역사상 처음으로 절대한 위공(偉功)을 이루어 위엄과 영광이 지구상에 떨치게 된 것이다. 이것은 오천만 민족의 개개인이 충성과 의리로써 열심과 혈성을 다했기 때문에 이룬 것이었다. 어찌 감탄하고 배울 바가 아니겠는가? 오호라! 우리 이천만 동포는 이 백성과 나라가 위급하고 곤란한 때를 맞이하여 결심하는 사람도 없고 기획하는 일도 없이 단지 황제의 깊은 걱정만 쳐다보면서 수수방관하여 앉아 있다가 멸망하기에 이르는 것이 어찌 가한 일이겠는가.

  최근의 역사를 보건대, 나라가 망한 민족은 그에 따라 멸망하니 즉 이집트, 월남, 폴란드가 그 증거가 되는 것이다. 단지 자기 자신이 있는 줄만 알고 나라가 있는 줄은 모르면 이것이 곧 자멸의 함정에 스스로 빠지는 것이다. 오늘에 이르러 정신을 바짝 차리어 충의(忠義)에 분발할 때가 아닌가. 이제 국채 1,300만환은 우리 대한의 존망에 관계가 있는 것이다. 갚아 버리면 나라가 존재하고 갚지 못하면 나라가 망하는 것은 대세가 반드시 그렇게 이르는 것이다. 현재 국고에서는 이 국채를 갚아 버리기 어려운 즉 장차 삼천리 강토는 우리나라와 백성의 것이 아닌 것으로 될 위험이 있다. 토지를 한번 잃어버리면 다시 회복하기 어려운 것이다. 이렇게 월남 등의 나라와 같은 처지를 면할 수 있을까?

  이 국채에 대한 일반국민의 의무를 말할 것 같으면 불가불 모른다고 할 것이나 시대의 대세로 말하면 역시 갚지 않을 수 없다고 말할 것이다. 노력을 크게 들이지 않고 손해도 보지 않고 의연금을 모아서 이것을 갚아 버리는 한 가지 방법이 있다. 이천만인이 3개월을 한정하여 담배의 흡연을 폐지하고 그 대금으로 매 1인마다 20전씩 징수하면 1,300만환이 될 수 있다. 설령 그만큼 차지 않는 경우가 있다 할지라도 1원부터 10원, 100원, 1,000원을 출연하는 자가 있어 채울 수 있을 것이다.

  사람이 당연히 의무를 다함에 있어서 이 잠시의 결심이 일본 결사대와 그리고 여자들이 반지를 거둔 일에 비하여 어느 것이 더 무겁고 어느 것이 더 가벼우며 어느 것이 더 어렵고 어느 것이 더 쉬운 일인가. 우리 이천만 동포 중에 참으로 조금이라도 애국사상을 가진 이는 말과 글로써 서로 전하고 서로 경고하여 한 사람도 모르는 이가 없도록 하여 기어이 이를 실시해서 삼천리 강토를 유지하게 되기를 간절히 바라는 바이다.

[『대한매일신보』1907.2.22]

요점 ─ 국권회복운동의 방법과 논리
       ─ 애국계몽운동의 한계

□ 國學運動

● 오호라. 어떻게 하면 우리 이천만의 귀에 항상 애국이란 한 글자가 울리게 할까. 가로되 오직 역사로써 할지니라.

오호라. 어떻게 하면 우리 이천만의 눈에 항상 나라라는 한 글자가 배회하게 할까. 가로되 오직 역사로써 할지니라.

오호라. 어떻게 하면 우리 이천만의 손이 항상 나라를 위하여 움켜잡게 할까. 가로되 오직 역사로써 할지니라.

오호라. 어떻게 하면 우리 이천만의 발이 항상 나라를 위하여 용약(踴躍)하게 할까. 가로되 오직 역사로써 할지니라.

오호라. 어떻게 하면 우리 이천만의 목이 항상 나라를 위하여 노래하게 할까. 가로되 오직 역사로써 할지니라.

오호라. 어떻게 하면 우리 이천만의 뇌가 나라를 위하여 침사(沈思)하게 할까. 가로되 오직 역사로써 할지니라.

오호라. 어떻게 하면 우리 이천만의 머리털이 낱낱이 나라를 위하여 서게 할까. 가로되 오직 역사로써 할지니라.

오호라. 어떻게 하면 우리 이천만의 피 방울방울이 나라를 위하여 끓게 할까. 가로되 오직 역사로써 하지니라.

역사가 어떠한 것이기에 그 효과의 신성함이 이와 같은가. 가로되 역사라는 것은 그 나라 그 국민의 변천 소장(消長)한 실제의 자취이니, 역사가 있으면 그 나라가 심흥(心興)하나니라. 나라가 있으매 역사가 반드시 있으리니, 강대국 뿐만 아니라 약소국도 역사가 있을지며, 흥왕국(興旺國) 뿐만 아니라, 쇠약국도 역사가 있을지며, 문명국 뿐만 아니라 야만국도 역사가 있을지어늘, 이제 말하여 가로되 역사가 있으면 그 나라가 반드시 흥하리라 함은 무슨 말인가. 가로되 그 나라에 시이저 같은 웅주(雄主)가 있어도 그 국민이 알지 못하면 무와 일반이며, 그 나라에 나폴레옹 같은 건아(健兒)가 있어도 국민이 알지 못하면 무와 일반이요, 역사가 이미 없어지면 망국(亡國)에 반드시 이를 것이니, 오호라! 망망한 수천년 넓은 육대양에 별처럼 늘어선 나라들이 그 수를 헤아릴 수 없이 많았지만 지금까지 존재하며 지금까지 강대하여 가로되 모국(某國) 모국이라 하는 나라는 모두 역사를 가진 나라이니라.

나라가 허다하매 역사도 허다하여, 예컨대 영국사·러시아사 등이 있지만은, 그러나 외국사를 읽음은 타(他)를 알고 또 자기(自己)를 알며 경쟁에 도움을 주는 것뿐이니, 애국심을 방조함은 능히 가하나 애국심을 주동함은 불가능할지라. 그러므로 여기서 말한 역사는 본국사(本國史)만 가리킴이요. 모든 것이 복잡하매 역사도 복잡하여, 종교사·문학사 등이 있지만 이들 각 역사는 지식을 발달시켜 국가에 공헌할 뿐이니 애국심을 찬성함은 능하나 애국심을 잉조(孕造)함은 불능할지라. 그러므로 여기서 말한 역사는 본국 정치사만 가리킴인 것이다.

성스럽다, 역사여. 위대하다, 역사여. 칠중팔중으로 화려하고 장엄한 누각으로 일국의 산하(山河)를 장려케 하는 것이 역사가 아닌가. …

서울 중앙에 향하여 유일무이의 대신문을 창간하고, 해밀톤, 세익스피어 같은 대문호를 초빙하여, 애국하라 애국하라 하는 말에 피를 토하면 그 붓 밑에 몇백만 애국자를 가히 만들어낼까? 내가 또한 말하기를 반듯이 불능이니라.

몇백 년 이래로 일국민을 돌아서 풍월이나 앉아 이야기하며 다른 나라 숭배하여, 부형의 가르치는 바도 이런 것이며, 사우(師友)의 논하는 바도 이런 것이며, 귀에 익은 바도 이런 것이며, 눈에 들인 바도 이런 것이라. 젖이 떨어지는 어린 나이로부터 시작하여 백발이 성성하고 이가 빠지는 날에 이르도록 사상을 이것으로써 하며, 몽상을 이것으로써 하여, 국(國)이란 한 글자는 뇌수에 잠시도 머무르지 않는 이러한 사람들을 어찌 한 치의 혀와 세 치의 붓의 능력으로 애국심을 갖게 할 수 있으리요.

오호라. 내가 나라를 사랑하려거든 역사를 읽을지며, 사람들로 하여금 나라를 사랑케 하려거든 역사를 읽게 할지어다.

역사를 읽되 어릴 때부터 일을지며, 역사를 읽되 늙어 죽을 때까지 읽을지며, 역사를 읽게 하되 남자뿐 아니라 여자도 읽게 하며, 역사를 읽게 하되 상등사회뿐 아니라 하등사회도 읽게 할지어다. …

[『대한협회회보』 제3호, 1908년 6월]

요점 − 국학운동의 배경
　　　 − 언론계몽운동의 의의

□ 一進會에 대한 非難

● 일진회야!
　1. 한국동포 허다중(許多中)에 극비극악제일(極非極惡第一)이다
　　　차등인물(此等人物) 누구런고 일진회가 네로구나
　　　사정(私情)없는 이 필봉(筆鋒)이 무수논박(無數論駁) 했거니와
　　　근일정형(近日情形) 들어본 즉 흉염지세초식(兇焰之勢稍息)하고
　　　회탄자(悔歎者)가 많다 하니 대자대비필단(大慈大悲筆端)으로 일차개도(一次開導)하리로다.
　2. 일진회야 일진회야 너도 역시 인류(人類)로다
　　　인수지판(人獸之判) 더 구별이 의리유무 이 아닌가
　　　부모국(國)을 배반하고 흔천부귀(欣天富貴)할지라도
　　　의리자(義理者)의 불취(不取)어든 타인노예 되자고야

어찌 차마 배반할까 의리상의 관계로도
　　번연(幡然) 퇴회(退會)할것이오.
 3. 일진회야 일진회야 5조약(五條約)만 하도라도
　　네 공명(功名)이 기고(己高)하고 7조약만 하도라도
　　네 욕망이 기충(己充)인데 무삼계학(谿壑) 못다 채워
　　합방서(合邦書)을 또 하느냐 일신부귀 좋다한들
　　너도 역시 한인(韓人)이지 그런 일을 어찌 차마.
 4. 일진회야 일진회야 미천대악(彌天大惡) 지어놓고
　　구구잔명(區區殘命) 보전코자 헌병(憲兵)이니 순사(巡査)이니
　　앞 뒤 문을 옹호(擁護)치만 이천만중(二千萬衆) 저 동포의
　　만강열혈(滿腔熱血) 끓고 보면 착착(窄窄)할 사 이 천지(天地)에
　　용신(容身)할 곳 없어지니 네 신세가 가련(可憐)코나.
 5. 일진회야 일진회야 이배소위(爾輩所謂) 두령(頭領)이야
　　비기열(肥己熱)에 환장(換腸)하여 궁천거악(窮天巨惡)지더라도
　　돈불고량(頓不顧量)하고이다 까닭없는 회원배(會員輩)야
　　무삼곡기(穀氣) 바라노라 만리전정(萬里前程) 그릇치노
　　어서 바삐 퇴회하여 국민분자(國民分子) 되어보소

　　　　　　　　　　　　　　　　　[『大韓每日申報』1907년 2월]

요점 -언론을 통한 친일파 규탄

□ 安重根義士의 最後陳述

● **나는 의병으로서 이등(伊藤)을 죽였다.**

　재판장 ; 피고들에게 말하노니, 이번 재판도 거의 진행되어 최후의 진술만이 남아 있는 것 같다. 앞에서 두 변호인에게서 상세한, 그리고 피고들에게 유익한 변론도 들었는데, 이제 피고들도 할 말이 있다면 그 진술할 기회를 주겠다.
　안중근 ; … 그리고 또 재판 자체에 관해서 한 가지를 말하겠는데, 대체로 나의 이번 거사는 나 개인의 자격으로 한 것이 아님을 재삼 말했으니 양해해 주었을 줄로 믿는다. 또 국제관계를 심리함에 있어서 재판관을 비롯하여 통역·변호사에 이르기까지 모두 일본인으로만 구성되어 있는데, 여기에는 한국의 변호사도 와 있고 나의 동생도 와 있는데, 왜 그들에게는 말할 기회를 주지 않고 있는가. 변호사의 변론이나 검찰관의 논고는 모두 통역을 통해서 다만 요지만을 들려주었으나, 그 점도 나의 견해로서는 매우 미심쩍을 뿐만 아니라, 객관적으로 그 입장을 바꿔놓고 생각한다 하더라도 편벽된 취급이라는 인상을 면치 못하리라고 생각한다.

그리고 앞에서 검찰관의 논고와 변호사의 변론을 들으니, 모두들 이등의 시정방침은 완전무결한데, 내가 그것에 대하여 오해를 하고 있다고 말했는데, 이것은 그 내용을 잘 알지 못하고 하는 말들이다. 이들의 시정방침은 결코 완비된 것이 아닐진대 어찌 오해라고 할 수 있겠는가. 나는 이등의 시정방침이라는 것들을 잘 알고 있으나, 이등이 한국에서 주재하며 대한정책으로 무엇을 했는지는 자세히 말할 시간이 없으므로 그 줄거리만을 말하고자 한다.

　… 오늘날 한국의 비참한 운명은 모두가 이등의 정책 때문이었으므로, 최익현(崔益鉉)은 의병을 일으켜 싸우다가 잡혔고, 그 후에도 방침이 조금도 개선되지 않았으므로 한국의 선비들은 때때로 헌책(獻策)을 했으나 아무런 효과가 없었다. 이런 상태 아래서 전 황제께옵서는 2명의 밀사를 헤이그 만국평화회의에 차견(差遣)하시기에 이르렀다. 그것은 5개조의 보호조약이 일본측의 폭력에 의해 체결된 것으로서 왕의 옥새가 찍힌 것도 아니며, 총리대신이 보증한 것도 아니므로 그 경위를 널리 알리자는 뜻으로 평화회의에 참석시켰으나, 어떤 사정 때문인지 잘 이루어지지 않았다.

　그후 수십만의 의병이 조선 8도 도청에서 봉기했다. 뿐만 아니라 한국의 황제께옵서는 일본이 한국을 정복하려는, 참으로 국가의 운명이 위급한 순간에 가만히 앉아서 굼뜨고 어리석게 방관하는 자는 백성의 의무를 다하지 못하는 자라는 조칙을 내시기에 이르렀다. 그리하여 한국국민들은 더욱더 분개하여 오늘날까지 항전을 멈추지 않고 있는 것이다.

　아마도 오늘날까지 역살(逆殺)당한 한국인은 10만 이상을 헤아릴 줄로 안다. 10여만 명의 한국인이 나라를 위해 싸우다가 죽었으니, 이것은 본래의 소망이겠으나 사실은 이들 때문에 역살 당한 것이다. 다시 말하면 머리에 쇠사슬을 씌워 생살(生殺)하고, 사회를 위협하기 위해 양민들에게 그 광경을 보이는 등 참역무도(參逆無道) 한 짓을 공공연히 자행하여 10여만명을 죽인 것이다. 이와 함께 우리 의병의 장교도 적지 않게 전사했다. 이등의 정책이 그러하므로 한 사람을 죽이면 열 사람이 일어나고, 열 사람을 죽이면 백 사람이 더욱 연이어 일어나기만 했다.

　따라서 이익은 커녕 오히려 해독만 날로 더해 갈 뿐이니, 결국 한국에 대한 이들의 시정방침을 개선하지 않는 한 한국의 독립은 요원하며 전쟁은 끊임없이 계속되리라고 생각한다. 이등이란 놈은 스스로 영웅인 체하지만 사실은 간웅(奸雄)이다. 그 놈은 간지(奸智)가 많아 한국의 보호가 원만하게 이루어지고 날로 발전하는 양 신문에 떠들고, 일본천황과 그 정부에 대하여 갖은 거짓말로 속이고 있었으니, 한국국민은 오래 전부터 크게 이등을 증오하고 그 놈을 없애버리고 말겠다는 적개심을 품어왔었다.

　사람이라면 누구나 생을 즐기려고 할지언정 죽기를 원할 자 있겠는가. 그러나 한국국민은 하루 24시간을 도탄에 빠져 고생하지 않는 자가 없으니, 아마 평화롭게 살기를 원하는 마음은 일본보다 훨씬 심각하리라고 생각한다.

　또한 나는 이제까지 여러 계급의 일본인과 때때로 만나서 흉금을 터놓고 이야기해 본적이 많다. … 이와같이 오늘 내가 말한 여러 계급의 인사들에게 다시 물어봐도 모두 동양의 평화를 희망하고 있다는 것을 대개는 알 수 있을 줄 안다. 그와 동시에 간신 이등을 얼마나 증오해 마지않을 수 있겠는가.

따라서 내가 이등을 죽인 것도 전에 말한 바와 같이 의병 중장의 자격으로 한 것인지 결코 자객으로서 한 것은 아니다. 한·일 두나라의 친선을 저해하고 동양의 평화를 어지럽힌 장본인은 바로 이등이므로, 나는 한국의 의병 중장의 자격으로서 그를 제거한 것이다.

그리고 나의 희망은 일본천황의 취지와 같이 동양평화를 이루고 5대주에도 모범을 보이고자 한 것이 그 목적한 바다. 내가 잘못하여 범행을 저질렀다고 하지만, 그것은 결코 잘못된 일이 아님을 주장하는 바이다.

재판장 ; 그만하면 되지 않았는가?

안중근 ; 아니 좀 더 할 말이 남아 있다. 내가 지금 말한 것처럼 이번 사건은 결코 잘못한 일이 아니므로, 오늘날 만일 일본의 천황이 한국에 대한 이등의 시정방침이 실패했음을 알게 된다면, 오히려 나를 충성스러운 사람이라고 가상(嘉賞)하고야 말 것이다. 그리고 나를 단지 이등을 죽인 자객으로 대우하지 않을 줄로 확신하는 바이다.

나는 아무쪼록 한국에 대한 일본의 방침이 개선되어, 일본천황이 의도한 바있는 동양의 평화가 한·일 양국간에 영원히 유지되기를 희망해 마지 않는다.

이 자리에서 한 마디 더 말해 둘 것은, 앞에서 두 변호사의 말에 의하면 광무 3년 한청통상조약에 의해 한국인은 청나라에서 치외법권을 가지며, 또한 청나라는 한국에 대하여 치외법권을 가지고 있으므로, 한국인이 해외에서 범죄를 저지를 때 아무런 명문(明文)이 없어 무죄라고 한 것은 매우 부당한 말이라고 생각한다. 오늘날 사람은 모두 법률 아래에서 생활하고 있다. 살인을 해도 아무런 재재를 가하지 않는다는 것은 말도 되지 않는다.

그러나 나는 결코 개인적으로 한 것이 아니라 의병으로서 한 것이며, 따라서 나는 전쟁에 나갔다가 포로가 되어 이곳에 온 것이라 믿고 있으므로 생각건대 나를 국제공법(國際公法)에 의해 처벌해 줄 것을 희망하는 바이다.

재판장 ; 더 이상 할 말은 없는가?

안중근 ; 모두 말했으니 더 이상 아무것도 없다.

재판장 ; 그러면 오늘은 이것으로써 본건의 심문을 끝맺기로 한다. 본건의 판결은 다음 14일 오전 10시에 언도하기로 한다.

1910년 2월 [『나라사랑』 제34집]

요점 -의거의 논리와 그 영향

제2장 獨立戰爭期의 民族運動

1. 日帝下 國內民族運動

- 개요 -

　일제병탄이후 비밀결사와 교육문화운동, 민중생존권 투쟁 등으로 꾸준히 이어져 오던 반제항일운동은 3·1독립선언으로 결실을 맺게 되었다. 일제의 폭압적 무단통치 속에서도 극소수 친일파를 제외하고 민족구성원 대부분이 참여한 3·1운동은 무단통치를 종식시켰을 뿐만 아니라 중국 등 아시아 피압박민족 해방운동에 선구적인 영향을 미쳤다. 그러나 3·1운동은 지도조직의 부재, 제국주의적 국제질서에 대한 청원주의적 방식 등의 한계를 지니고 있었다. 3·1운동에서 보여준 민족대표들의 투항적·타협적 자세는 실질적으로 운동을 주도하였던 민중들에게 민족적·계급적 각성과 함께 조직운동의 필요성을 절감하게 하였다.

　3·1운동이후 민족운동은 절대독립론·독립전쟁론 등 비타협적 투쟁론과 준비론·실력양성론·외교론 등 점진적 방법론으로 분화되고 있었다. 한편 문화통치와 타협한 일부 민족주의계열은 민족개량주의·실력양성·자치론 등을 주장하며 사실상 매국 친일파로 전락하여 갔다. 국내의 비타협적 민족주의 계열은 개량적 운동노선에 반대하여 사회주의자들과 연대하는데 노력하였다.

　1920년대에 들어와 사회주의 사상은 새로운 이념적 지주로 등장하였다. 러시아혁명의 성공, 민족자결주의의 허구성 확인, 부르조아 민족주의계열의 변절, 노농운동의 확산 등은 사회주의 사상의 급속한 보급을 가능하게 하는 여건이 되고 있었다. 화요회·북풍회 등 사상써클을 중심으로 보급되기 시작한 사회주의 운동은 1924년 조선노농총동맹과 조선청년총동맹 등 전국적 대중단체의 결성으로 확실한 기반을 구축하였다. 1925년 두차례 조선공산당 비밀지하조직이 시도되었으며 다음해에는 ML당이라 지칭된 제3차 조선공산당이 조직되어 민족협동전선을 추구하게 되었다. 1928년 성립된 4차 공산당도 신간회와 긴밀한 관계를 유지하면서 코민테른과도 빈번하게 접촉하였으나 대량검거에 의해 와해되고 말았다.

　한편 노동자·농민대중은 반일민족해방운동의 지향을 분명히 하면서 계급운동을 전개해 나갔다. 총파업과 소작쟁의는 전국적인 현상이었으며 이를 기반으로 성장한 노농대중의 투쟁역량은 국내 반일운동의 기폭제가 되고 있었다.

1927년 결성된 신간회는 비타협적 좌·우세력이 연대한 최초의 민족협동전선이었다. 식민지체제하에서는 민족모순과 계급모순이 분리될 수 없다는 인식이 민족유일당운동을 추진하게 된 계기가 되었다. 신간회에는 민족개량주의에 반대하는 비타협적 민족주의 계열, 종교계·사회주의 계열 등 민족운동 부문의 모든 세력이 참여하였다. 신간회는 141개소의 지회와 4만명의 회원을 갖춘 전국적 조직으로 성장하였으며 민중운동을 지도하게 되었다. 그러나 일제의 노골적인 탄압과 민족주의계열 일부의 타협적 자세로 인해 해소론이 제기되면서 4년만에 해체되고 말았다.

이후 1930년대 국내의 민족운동은 노·농운동을 주축으로 전개되었다. 식민지 말기 대다수의 민족부르조아 지식인층이 친일파로 변절한 반면 노동대중은 끝까지 파쇼체제에 저항, 열렬히 투쟁을 전개하여 나갔다.

1) 民族主義運動

□ 戊午獨立宣言書

● 우리 대한 동족 남매와 세계 우방 동포여! 우리 대한은 완전한 자주독립과 우리들의 평등복리를 우리 자손 여민(黎民)에게 대대로 전하게 하기 위하여 여기 이민족(異民族) 전체의 학대와 압박을 벗어나서 대한 민주의 자립을 선포하노라. …

십 년 무단의 작폐가 여기서 극단에 이르므로 하늘이 그들의 예덕을 꺼리어 우리에게 좋은 기회를 주실세, 하늘에 순종하고 인도에 응하여 대한독립을 선포하는 동시에 그가 우리나라를 강제로 병탄한 죄악을 선포하고 징계하노라.

1. 일본의 합동 동기는 그들의 소위 범일본주의를 아시아에서 사행(肆行)함이니, 이는 동양의 적이요,
2. 일본의 합방 수단은 사기와 강박과 불법무도한 무력 폭행을 극도로 써서 된 것이니, 이는 국제법규의 악마이며,
3. 일본의 합방 결과는 군대 경찰의 야만적 힘과 경제 압박으로 종족을 마멸하며 종교를 강박하고 교육을 제한하여 세계문화를 저장(沮障)하였으니 이는 인류의 적이라.

그러므로 하늘의 뜻과 사람의 도리와 정의 법리에 미쳐서 만국의 입증으로 합방 무효를 선포하며 그의 죄악을 응징하며 우리의 권리를 회복하노라.

슬퍼라! 일본의 무력이여. 소징대계(小懲大戒)가 너희의 복이니, 섬은 섬으로 돌아가고, 반도는 반도로 돌아오고, 대륙은 대륙으로 회복할지어다. …

실로 항구 일관한 지성의 격발로써 저 이민족으로 하여금 깨닫고 새롭게 하여 우리의 결심은 야비한 궤정(軌政)을 초월하여 진정한 도의를 실현함에 있다. 우리 대중이

여, 공의(公義)의 독립자는 공의로써 진행하게끔 일체의 방편을 다하여 군국전제를 삭제하고 민주 평등을 세계에 널리 실시함이 우리 독립의 제일의(第一意)이다.

　무력 겸병을 근절하여 평등한 천하의 공도를 진행하는 것은 곧 우리 독립의 본령이다. 밀맹사전(密盟私戰)을 엄금하고 대동평화를 선전할 것이다.

　이것이 우리 복국(復國)의 사명이다. 권리와 부를 모든 동포에게 베풀며 남녀·빈부를 고르게 조화하며, 등현등수(等賢等壽)를 지우노유(智愚老幼)에게 균등하게 하여, 사해 인류를 건질 것이다.

　이것이 우리 건국의 기치이다. 나아가 국제 불의를 감독하고 우주의 진선미를 구현할 것이다. 이것이 우리 대한 민족의 시세에 응하고, 부활하는 궁극의 의의이다. …

　궐기하라, 독립군! 독립군은 일제히 천지를 바르게 한다. …

　아아! 우리 마음이 같고 도덕이 같은 2천만 형제자매여! 국민된 본령을 자각한 독립인 것을 명심할 것이요, 동양평화를 보장하고 인류평등을 실시하기 위해서의 자립인 것을 명심하도록 황천의 명명(明命)을 받들고 일체의 사악으로부터 해탈하는 건국(建國)인 것을 확신하여 육탄혈전함으로써 독립을 완성할 것이다.

　　　　　　　단기 4251년 11월　만주노령유지일동(滿洲露領有志一同)

　　　　　　　　　　　　　　　　　　　　　　　　[『韓國獨立運動史』3]

□ 2·8 獨立宣言

● 朝鮮靑年獨立團 獨立宣言書

　조선청년독립단은 아(我) 2천만 민족을 대표하야 정의와 자유의 승리를 득(得)한 세계만국의 전(前)에 독립을 기성(期成)하기를 선언하노라.

　4천3백년의 장구한 역사를 유한 오족(吾族)은 실로 세계 고민족(古民族)의 하나이라. 비록 유후호중국(有後乎中國)의 정삭(正朔)을 봉(奉)한 사(事)는 유(有)하얏스나 차(此)는 양국왕실의 형식적 외교관계에 불과하얏고 조선은 항상 오족의 조선이고 일차도 통일한 국가를 실(失)하고 이족(異族)의 실질적 지배를 수(受)한 사(事) 무(無)하도다. …

　또 합병 이래 일본 조선통치 정책을 보건대 합병시의 선언에 반(反)하야 오족의 행복과 이익을 무시하고 정복자가 피정복자에 대한 고대의 비인도적 정책을 습용(襲用)하여 오족에게 참정권, 집회결사의 자유, 언론·출판의 자유 등을 불허하며 심지어 신교(信敎)의 자유, 기업의 자유까지도 불소(不少)히 구속하며 행정·사법·경찰 등 제(諸)기관이 조선민족의 사권(私權)까지도 침해하며 공사간에 오인(吾人)과 일본과의 우열의 차별을 설(設)하며 오족에게는 일본인에 비하야 열등한 교육을 시(施)하야서 오족으로 하여금 영원히 일본인의 사용자로 성(成)케 하며 역사를 개조하야 오족의 신성한 역사적 전통과 위엄을 파괴하고 능모(凌侮)하며 소수를 제(除)한 이외는 정부 제(諸)기관과 교통·통신·병비(兵備)등 제기관에 전부 혹은 대부분 일본인을 사용하야 오족으로 하여금 영원히 국가생활에 지능과 경험을 득할 기회를 부득케 하니 오인은 결코 여차한 무단전제(武斷專制) 부정·불평등한 정치하에서 생존과 발전을 향유(享有)키 불능한 지라. 그뿐더러 원래 인구과잉한 조선에 무한으로 이민을 장려하고 보조하야 토착하니 오족은 해외에 유리(流離)함을 불면(不免)하며 정부의 제기관은 물론이고 사설의 제기관에까지 일본인을 사용하야 일단 조선인의 부를 일본으로 유출케하고 상공업에도 일본인에게만 특수한 편익을 여(與)하야 오족으로 하야금 산업적 발흥의 기회를 실(失)케 하도다.

여차히 하방면(何方面)으로 관(觀)하야도 오족과 일본과의 이해는 상호배치하야 기해(其害)를 수(受)한 자는 오족이니 오족은 생존권리를 위하야 독립을 주장하노라.

최후 동양평화의 견지로 보건대 위협이던 아국(俄國)은 이미 군주주의적 야심을 포기하고 정의와 자유를 기초로 한 신국가(新國家)의 건설에 종사하는 중이며 중화민국도 역연(亦然)하며 겸하야 차후 국제연맹이 실현되야 다시 군국주의적 침략을 감행할 강국이 무(無)할 것이다. 그러할진대 한국을 합병한 최대이유가 소멸되었을 뿐더러 차(此)로부터 조선민족이 무수한 혁명란을 기(起)한다면 일본에게 합병된 한국은 반(反)하야 동양평화의 요란(擾亂)하고 화원(禍源)이 될지라. 오족은 정당한 방법으로 오족의 자유를 추구할지나 만일 차로써 성공치 못하면 오족은 생존의 권리를 위하야 온갖 자유행동을 취하야 최후의 일인(一人)까지 자유를 위하는 열혈을 유(流)할지니 어찌 동양평화의 화원이 아니리오? 오족은 일병(一兵)이 무하니 오족은 병력으로써 일본에 저항할 실력이 무하도다. 일본이 만일 오족의 정당한 요구에 불응할진대 오족은 일본에 대하야 영원의 혈전을 선(宣)하리라. 오족은 구원(久遠)히 고상한 문화를 유(有)하얏고 반만년간 국가생활의 경험을 유한자라 비록 다년간 전제정치하의 해독과 경우(境遇)의 불행이 오족의 금일을 치(致)하얏다 할지라도 정의와 자유를 기초로 한 민주주의의 선진국의 범(範)을 수(隨)하야 신국가를 건설한 후에는 건국 이래 문화와 정의와 평화를 애호하는 오족은 세계의 평화와 인류의 문화에 공헌함이 유할줄을 신(信)하노라. 자(玆)에 오족은 일본이나 혹은 세계각국이 오족에게 자결(自決)의 기회를 여(與)하기를 요구하며 만일 불연(不然)이면 오족은 생존을 위하야 자유의 행동을 취하야 써 독립을 기성(期成)하기를 자(玆)에 선언하노라.

西記 1919年 2月 8日
在日本東京朝鮮靑年獨立團代表
최팔용 윤창석 김도연 이종근 이광수 송계백 김철수
최근우 백관수 김상덕 최근우 백인수 서 춘

결의문

1. 본단은 일한합병이 오족의 자유의사에 출(出)치 아니하고 오족의 생존발전을 위협하고 동양의 평화를 요란케 하는 원인이 된다는 이유로 독립을 주장함.

2. 본단은 일본의회 및 정부에 조선민족대회를 소집하야 대회의 결의로 오족의 운명을 결(決)할 기회를 여(與)하기를 요구함.
3. 본단은 만국평화회의에 민족자결주의를 오족에게 적용하기를 요구함. 우목적을 전달하기 위하야 일본에 주재한 각국대사에게 본단의 의사를 각해정부에 전달하기를 요구하고 동시에 위원 3인을 만국평화회의에 파견함. 우위원은 기(旣)히 파견된 오족의 위원과 일치행동을 취함.
4. 전제항의 요구가 실패될 시에는 일본에 대하야 영원히 혈전을 선(宣)함. 차로써 발생하는 참화는 오족이 기책(其責)을 임(任)치 아니함.

조선청년독립단대표
[『李光洙全集』 卷17]

□ 己未獨立宣言書

● 오등(吾等)은 자(玆)에 아(我) 조선의 독립국임과 조선인의 자주민(自主民)임을 선언하노라. 차(此)로써 세계만방에 고하야 인류평등의 대의(大義)를 극명(克明)하며 차로써 자손만대(子孫萬代)에 고(誥)하야 민족자존의 정권(正權)을 영유(永有)케 하노라.

반만년 역사의 권위를 장(仗)하야 차를 선언함이며, 이천만 민중의 성충(誠忠)을 합하여 차를 포명(佈明)함이며, 민족의 항구여일(恒久如一)한 자유발전을 위하여 차를 주장함이며, 인류적 양심의 발로(發露)에 기인한 세계개조의 대기운(大機運)에 순응병진(順應並進)하기 위하여 차를 제기함이니, 시(是)는 천(天)의 명명(明命)이며 시대의 대세이며 전인류 공존동생권(共存同生權)의 정당한 발동이라, 천하하물(天下何物)이든지 차를 저지·억제치 못할지니라.

구시대의 유물인 침략주의·강권주의의 희생을 작(作)하여 유사 이래 누천년에 처음으로 이민족 겸제(箝制)의 고통을 상한지 금(今)에 십년을 과(過)한지라. 아(我)생존권의 박상(剝喪)됨은 무릇 기하(幾何)며, 심령상 발전의 장애됨이 무릇 기하며 민족적 존영의 훼손됨이 무릇 기하며, 신예(新銳)와 독창(獨創)으로 세계문화의 대조류에 기여보비(寄與補裨)할 기연(機緣)을 유실함이 무릇 기하이뇨. …

당초에 민족적 요구로써 출(出)치 아니한 양국병합의 결과가, 필경 고식적 위압과 차별적 불평과 통계수자적 허식의 하에서 이해상반한 양 민족간에 영원히 화동(和同)할 수 없는 원구를 거익심조(去益深造)하는 금래 실적을 관(觀)하라. 용명과감으로써 구오(舊誤)를 확정(廓正)하고 진정한 이해와 동정에 기본한 우호적 신국면을 타개함이 피차간 원화소복(遠禍召福)하는 첩경임을 명지(明知)할 것이 아닌가. 또 이천만 함분축원(含憤蓄怨)의 민(民)을 위력으로써 구속함은 다만 동양의 영구한 평화를 보장하는 소이가 아닐 뿐 아니라, 차로 인하여 동양 안위의 주축인 사억만 지나인의 일본에 대한 위구(危懼)와 시의(猜疑)를 갈수록 농후케 하여, 그 결과로 동양 전국이 공도동망(共倒同亡)의 비운을 초치할 것이 명(明)하니, 금일 오인의 조선독립은 조선인으로 하여금 정당한 생영(生榮)을 수(遂)케 하는 동시에 일본으로 하여금 사로(邪路)에서 출하여 동양 지지자인 중책 전(全)케 하는 것이며, 지나로 하여금 몽매(夢寐)에도 면하지 못하는 불안·공포로서 탈출케 하는 것이며 또 동양평화로 중요한 일부를 삼는 세계평화 인류행복에 필요한 계단이 되게 하는 것이라, 이 어찌 구구한 감정상 문제리오.

아아! 신천지가 안전(眼前)에 전개되도다. 위력의 시대가 거(去)하고 도의의 시대가 내(來)하도다. 과거 전세기에 연마장양(鍊磨長養)된 인도적 정신이 바야흐로 신문명의 서광을 인류의 역사에 투사하기 시(始)하도다. 신춘이 세계에 내하야 만물의 회소를 최촉하는 도다. 동빙한설(凍氷寒雪)에 호흡을 폐칩(閉蟄)한 것이 피(彼)일시의 세(勢)라 하면 화풍난양(和風暖陽)에 기맥을 진서(振舒)함은 차(此)일시의 세이니 천지의 복운에 제(際)하고 세계의 변조(變潮)를 승(乘)한 오인은 아무 주저할 것이 없으며, 아무 기탄(忌憚)할 것 없도다.

아의 고유한 자유권을 호전(護全)하여 생왕(生旺)의 낙(樂)을 포향(飽享)할 것이며 아의 자족한 독창력을 발휘하여 춘만(春滿)한 대계(大界)에 민족적 정화(精華)를 결뉴(結紐)할지로다.

오등이 자에 분기(奮起)하도다. 양심이 아와 동존하며 진리가 아와 병진하는 도다. 남녀노소없이 음울한 고소(古巢)로서 활발히 기래(起來)하여 만휘군상(萬彙群像)으로 더불어 흔쾌한 부활을 성수(成遂)케 하도다. 천백세 조령(祖靈)이 오등을 음우(陰佑)하며 전세계 기운이 오등을 외호(外護)하나니 착수(着手)가 곧 성공이라. 다만 전두의 광명으로 맥진(驀進)할 따름인저.

공약삼장

一. 오인의 차거(此擧)는 정의(正義)·인도(人道)·생존(生存)·존영(尊榮)을 위하는 민족적 요구이니 오직 자유적 정신을 발휘할 것이오, 결코 배타적 감정으로 일주(逸走)하지 말라.

一. 최후의 일인까지 최후의 일각까지 민족의 정당한 의사를 쾌히 발표하라.

一. 일체의 행동은 가장 질서를 존중하여, 오인의 주장과 태도로 하여금 어디까지든지 광명정대하게 하라.

조선건국 4252년 3월 1일 조선민족대표

손병희(孫秉熙; 天道敎敎主)	김선주(吉善宙; 平壤牧師)	이필주(李弼柱; 靑年會職員)
백용성(白龍城; 僧侶)	김완규(金完圭; 天道敎敎主)	김병조(金秉祚; 義州牧師)
김창준(金昌俊; 中央禮拜堂牧師)	권동진(權東鎭; 天道敎道師)	권병덕(權秉悳; 천도교도사)
나용환(羅龍煥; 천도교도사)	나인협(羅仁協; 天道敎地方道師)	양전백(梁甸伯; 宣川牧師)
유여대(劉如大; 기독교인)	양한묵(梁漢默; 천도교도사)	이갑성(李甲成; 대학생)
이명룡(李明龍; 定州牧師)	이승훈(李昇薰; 기독교인)	이종훈(李鍾勳; 천도교도사)
이종일(李鍾一; 天道敎月報社)	임례환(林禮煥; 천도교지방도사)	박준승(朴準承; 천도교지방도사)
박희도(朴熙道; 청년회원)	박동완(朴東完; 청년회원)	신홍식(申興植; 平壤牧師)
신석구(申錫九; 水標禮拜堂牧師)	오세창(吳世昌; 천도교도사)	오화영(吳華英; 청년회원)

| 정춘수(鄭春洙; 南監牧師) | 최성모(崔聖模; 黃州基督傳道師) | 최　린(崔麟; 보성교교장) |
| 한용운(韓龍雲; 승려) | 홍병기(洪秉箕; 天道敎長者) | 홍기조(洪基兆; 천도교지방도사) |

[『獨立運動史資料集』]

요점
- 3·1운동의 배경과 의의
- 반일민족의식의 전민족적 확산[추진주체]
- 민족운동의 분화

□ 朝鮮物産奬勵會 趣旨書(1920)

● 우리 조선반도는 천부(天府)의 토(土)이요, 부원(富源)의 지(地)라.

　반만년 장구한 세월에 간단(間斷)없시 물자를 공급하고 사업을 부여하야 종족이 번식하고 문화가 계발되얏도다. 생장력만은 지미(地味)는 농업을 가(可)히 써 여(與)케하고 무진장의 광물을 포용한 지질은 공업을 가히 써 장(長)케 하며 사통오달한 위치는 상업을 가히 써 성케 하고 기후와 풍토는 원예와 임업·목축업에 적절하며 하해(河海)와 항만은 어업과 운수에 절호하여 식산함에 가이 축적하고 흥업함에 가이 치부하겟스니 연(然)삼천리 근역(槿域)은 삼천만 민족의 보고이요, 태창(太倉)이라 하리로다. 아니 낙원이요, '에덴'이라 하겠도다.

　우리는 가이 고루거각(高樓巨閣)에서 금의옥식(錦衣玉食)으로 행복과 안락의 생활을 향수함이 무의(無疑)할 것 갓다. 참말 그러하겟도다. 그러나 시문(試問)하노니 과연 그러한가. 희희부부(噫噫否否)라 사실은 차에 반하여 보고(寶庫)와 태창에서 동결의 궁경(窮境)을 난면(難免)하고 낙원과 '에덴'에서 고난의 참상을 불피(不避)케 되도다. 이것이 과연 어떠한 이유이며 여하한 곡절인가. 오인은 끽경차탄(喫驚嗟歎)함을 마지 아니하노라. 우리는 매일 보기도 하고 듣기도 한다. 우리 동족중에는 남부여대(男負女戴)하며 부로휴유(扶老携幼)하고 내조내부(乃祖乃父)의 고국강산을 버리고 산천이 생소하며 풍토가 부적한 만리이역에 유출(流出)하는 자 1일에도 천백으로 계(計)하며 십수년 내(來)에는 백만으로 산(算)하는 것이 아니인가. 또한 우리 존류(存留)한 자도 기 산업이 일(日)로 쇠하고 월(月)로 퇴(退)하야 빈(貧)에 빈을 증(增)하고 약(弱)에 약을 가하게 되니 [근자 경제공황은 별문제]이엇지 도외(度外) 치(置)하며 등한시할 바리오. 실로 심히 연구를 요할 문제라 하노라.

　고구(考究)컨대 개인과 단체를 물론하고 경제력의 여유의 유무, 즉 부와 빈은 생활상에 고와 락의 차(差)가 유(有)할 뿐 아니라 지식상에 우(優)와 열(劣)을 기(起)하고 종(從)하야 세력상에 강과 약을 생하며 부자는 우(優)하며 강하고 빈자는 열하고 약하야 필경 우승열패(優勝劣敗)와 약육강식의 비희극을 연출케 되나니 그러면 시사(試思)하라. 우리 민족은 우승자인가. 열패자(劣敗者)인가, 강식자(强食者)인가, 약육자(弱肉者)인가. 오인은 이를 설명코자 아니하고 다만 우리의 빈약한 원인이 무엇인가를 말하고

자 하노라. 차에 대하여는 물론 근대에 정치이며 교육이며 제도이며 습관이 부패하고 해이하야 농공상을 천시하고 오직 사만 존숭하며 당쟁을 유일의 정략(政略)으로 하고 의문(儀文)을 최선의 교육으로 하얏으니 이와같이 한 것이다. 빈약의 원인이 될 것은 무의(無疑)할지라, 연이나 이것들은 다 원인(遠因)이요, 근인(近因)은 안이라.

자(玆)에 오인은 일대 근인이 유함을 간파하였으니 후(厚)자급치 아니함이라 하노라. 환언하면 조선물산을 장려치 아니함이니 고로 오인이 이에 대서특서하고 절규고창(絶叫高唱)하는 바는 자작자급하자 함이니 즉 조선물산을 장려함이요, 또 환언하면 보호무역을 의미함이니 이것이 우리 조선인에게 가장 큰 문제라 하노라 [국제무역에는 보호무역과 자유무역이 유하니 보호무역은 국화(國貨)를 보호키 위하여 외화에 대한 관세를 중히 부담시켜 자국에 수입키 난(難)케 하는 무역이요, 자유무역은 자국에 상공업이 파(頗)히 발달되어 외화가 수입이 될지라도 타격이 없을 만한 정도인 고로 관세를 경멸(輕滅)하여 외화가 자유로 수입되게 하는 무역이니 영국이 일시 차 주의(主義)를 취하였음]. 현금 구미각국은 저와 같이 상공업이 발달되얏스나 자유무역주의를 행하는 국은 일(一)도 없고 다 보호무역주의를 행하나니 유차관지(由此觀之)컨대 선진이요, 부강한 국도 여피(如彼)히 국산을 장려하고 무역을 보호하거든 우황(又況) 낙오(落伍)이요, 빈약한 조선이리오. 고로 오인은 조선물산[本貨]을 장려하지 아니치 못하리라 하노니 차를 행함에는 하(下)의 실익이 유함을 확신하노라.

1. 경제계의 진흥이니 대범(大凡) 조선은 연년히 거액의 수입초과[외화의 수입된 가액이 국화의 수출된 가액보다 고함으로 결국 금화가 유출함을 지(指)함]가 되야 경제계가 점차로 위미(萎靡)하고 쇠퇴하는지라. 고로 본화를 장려하여야 수입초과의 해를 방지함으로써 경제의 진흥을 도(圖)함이요.
2. 사회의 발달이니 경제를 인류생활의 기본이요, 원체라 경제의 융체(隆替)는 오인 생활상 만반사업(萬般事業)에 기 영향이 파급치 안는 것이 업나니 고로 본화를 장려하여 경제계의 융성을 기하는 동시에 사회발달을 도함이요.
3. 실업자 구제책이니 농공상을 물론하고 타화(他貨;非資本)의 세력으로 인하야 조선인 실업자의 다(多)함은 실로 천(千)으로 계(計)하야 백으로 산할 수 업는지라, 고로 본화를 장려하야 실업자로 취직케 함이 사회구제상 막대한 효과를 수(收)함이요.
4. 본화를 애중(愛重)히 넉임이니 이는 정신상에 관한 대문제라. 근대 조선인은 숭외배외심(崇外拜外心)이 성하야 본화는 여하히 우미(優美)한 것이라도 탁(濁)하니 진(陳)하니 신(新)하니 하야 애지호지(愛之好之)한다. 하특물화(何特物貨)뿐이리오. 천사만반(天事萬般)이 개연(皆然)하다 하노라. 고로 본화를 장려하야 위선 본화애중념(本貨愛重念)을 발(發)케 하고 아울러 자중자애성(自重自愛性)을 함양케 함이요.
5. 근검풍(勤儉風) 감용성(敢勇性)을 화성(化成)케 함이니 근대 조선인은 나약(懦弱)하고 나타(懶惰)하야 사치와 부허(浮虛)를 숭상함이 일심(日甚)하는지라 기 원인이 나변(那邊)에 재(在)한가 함에 대하여 여러 가지의 원인이 유할줄 지(知)하거니와 연(然)한 중 취(脆)하며 약하며 박(薄)하며 경(輕)한 타화를 수요함이 중요한 원인의 일(一)됨을 인(認)치 아니치 못할지라. 고로 견(堅)

하며 실(實)하며 후(厚)하며 질박(質朴)한 본화를 장려하야 차를 사용케함으로써 근실(勤實)과 검소의 풍을 성(成)케 하는 동시에 감용(敢勇)하며 쾌활한 성(性)으로 화(化)케 함을 도함이다.

차를 여행(勵行)하야 실효를 거(擧)코자 함에 가장 필요한 것은 공덕심과 공익심이라 함이니 대개 우리가 법령이나 정책으로는 여차(如此)한 문제를 해결할 권리 또는 처지가 아닌 즉 자위상 불가불 공덕심과 공익심에 의하지 아니치 못할지라. 가령 본화가 설혹 타화보다 물질상 또는 가격상으로는 개인경제상 다소 불이익점이 유하다 할지라도 민족경제상 이익에 유의하여 차를 애호하며 장려하야 수요하며 구매하지 아니치 못할지라. 고로 오인은 의복·음식을 위시(爲始)하야 가장즙물(家藏汁物)이며 일용품물에 지(至)하기까지 부득이한 물품 이외에는 철저히 본지를 실천궁행(躬行)하고 일보를 진(進)하여 상공업에 착수·역행하야 직접으로 실업계의 진흥과 융창(隆昌)을 도하고 간접으로 일반사회의 발전과 진보를 기하여 근역(槿域)삼천리가 이천만 민족의 진개낙원(眞個樂園)·진개에덴이 되기를 지성으로 갈망하는 바로다.

대정(大正) 9년 8월 일

임시사무소[平壤南門洞 四丁目] 야소교서원(耶蘇敎書院)

발기인씨명　　　[가나다 순]

고진한(高鎭翰)　고영수(高永洙)　김광선(金光善)　김동원(金東元)　김보원(金寶源)*　김성업(金性業)
김성탁(金聖鐸)　김승기(金承基)　김신모(金信模)　김우석(金禹錫)　김찬두(金燦斗)　김형숙(金亨淑)
김형식(金瀅植)　김행일(金行一)　김홍식(金弘湜)　김취성(金取成)　곽권웅(郭權膺)　권성관(權成觀)
장기섭(張基燮)　정규현(鄭奎鉉)　정두현(鄭斗鉉)　정세윤(鄭世胤)　정약연(丁若淵)　정창신(鄭昌信)
정일선(丁一善)　조덕용(趙德龍)　조명식(趙明植)　조태선(趙泰善)　이명범(李明範)　이병돈(李秉敦)
이보식(李輔植)　이석원(李錫元)　이석찬(李錫贊)　이영하(李泳夏)　이영한(李泳漢)　이영한(李永漢)
이용준(李用俊)　이인식(李仁植)　이겸량(李謙良)*　이희철(李熙喆)　이재후(李載厚)　이제학(李濟鶴)
이진성(李眞誠)*　임찬익(林燦益)　박경석(朴經錫)　박기원(朴基源)　박인관(朴寅寬)　박인관(朴仁寬)
박치록(朴致祿)　박치종(朴治種)　백윤식(白潤植)　백응현(白應賢)　변린서(邊麟瑞)　변치덕(邊致德)
손수경(孫壽卿)　송기창(宋基昌)　양성춘(楊性春)　오윤선(吳胤善)　주공삼(朱孔三)　전덕순(全德淳)
전흥서(全興瑞)　조만식(曺晩植)　채광덕(蔡光德)　최영복(崔永福)　최석환(崔錫煥)　최억태(崔億泰)
한영길(韓永吉)　한윤찬(韓允燦)　한효식(韓孝植)

*는 여성의 표시이고 김영호(金泳鎬)씨가 제공했다.

[『韓國現代名論說集』]

□ 民立大學 發起趣旨書(1923)

● 오인의 운명을 여하(如何)히 개척할까. 정치냐 외교냐 산업이냐. 물론 차등사(此等事)가 모두 다 필요하도다. 그러나 그 기초가 되고 요건이 되며 가장 급무가 되고 가장 선결의 필요가 있으며 가장 힘있고 가장 필요한 수단은 교육이 아니기 불능하도다. 하

고(何故)오하면 알고야 동(動)할 것이요, 알고야 일할 것이며 안 이후에야 정치나 외교도 가히 써 발달케 할 것이다. 알지 못하고 어찌 사업의 작위와 성공을 기대하리오.

경언(更言)하면 정치나 외교는 교육을 대(待)하여서 비로소 그 작흥(作興)을 기할 것이니 교육은 오인의 진로를 개척함에 재하여 유일한 방편이요, 수단임이 명료하도다.

그런데 교육에도 계단과 종류가 유하여 민중의 보편적인 지식은 차(此)를 보통교육으로써 능히 수여할 수 있으나 그러나 심원한 지식과 온오한 학리는 차를 고등교육에 기(期)치 아니하면 불가할 것은 설명할 필요도 없거니와 사회최고의 비판을 구하며 유능유위(有能有爲)의 인물을 양성하려면 최고학부의 존재가 가장 필요하도다.

그뿐만 아니라, 대학은 인류의 진화에 실로 막대한 관계가 유하나니 문화의 발달과 생활의 향상은 대학을 대(待)하여 비로소 기도할 수 있고, 획득할 수 있도다. 시관(試觀)하라. 저 구미의 문화와 구미인의 생활도 그 발달과 향상의 원동력은 전혀 대학에 개재하나니 희(噫)라 저들의 운명은 실로 12,13세기경에 파리대학을 위시하여 이(伊)·영(英)·독(獨)제국에 발연히 성립된 각처의 대학설립으로부터 빛나고 개초(開招)되었다 할수 있도다. 환언하면 문예부흥도 대학발흥되고 종교개혁도 대학에서 생기고 영·불(英佛)의 정치개명도 대학에서 양출하였고 산업혁명도 대학에서 최촉(催促)하였으며 교통도 법률도 의약도 상공업도 모두 다 대학에서 주(鑄)한 것이로다.

그러므로 금에 원 조선인도 세계의 일우(一隅)에서 문화민족의 일원으로 타인과 견(肩)을 병(幷)하여 오인의 생존을 유지하며 문화의 창조와 향상을 기도하려면 대학의 설립을 사(捨)하고는 경(更)히 타도(他道)가 무(無)하도다.

그런데 만근(挽近) 수삼년 이래로 각지에 향학열이 울연(鬱然)히 발흥되어 학교의 설립과 교육의 시설이 파(頗)히 가관할 것이 다(多)함은 이 실로 오인의 고귀한 자각으로서 출래한 것이다. 일체로 서로 경하(慶賀)할 일이나 그러나 유감되는 것은 우리에게 아직도 대학이 무(無)한 일이라. 물론 관립대학도 불원(不遠)에 개교될 터인즉 대학이 전무한 것은 아니나 그러나 반도문운(半島文運)의 장래는 결코 일개의 대학으로 만족할 바 아니요, 또한 그처럼 중대한 사업을 우리 민중이 직접으로 영위하는 것은 차라리 우리의 의무라 할 수 있도다. 그러므로 오제(吾儕)는 자(玆)에 감한 바 유(有)여 감히 만천하 동포에게 향하여 민립대학의 설립을 제창하노니 자매형제로 내찬(來贊)하여 진(進)하여 성(成)하라.

민립대학 기성회(期成會)
[『南岡李昇薰傳記』]

요점
- 실력양성운동의 성립배경, 방법론
- 실력양성운동의 논리와 한계

□ 民族的經綸

● 1. 민족 백년대계의 요(要)

한 회사의 사업에 일종의 계획이 필요하다 하면 한 민족의 사업에도 계획이 필요할 것이다. … 아직까지 우리 민족에게는 민족적 계획이 없다 할 것이다. 각인의 의식 속에 잠재한 목적과 계획은 있으려니와 그것이 아직 응집치를 못한 것이다. 산산이 흩어진 운무(雲霧)요 체(體)를 이루지 못한 것이다.

그러면 그것이 응집하여 체를 이루는 방법이 무엇인가. 그것은 우리가 어제 신년호에도 주장한 바와 같이 오직 단결의 한 길이 있을 뿐이다. 이것은 가장 낡은 진리거니와 진리는 영원히 새로운 것이다.

우리는 단결의 필요를 수십 년래로 논하였고 또 단결하자는 의사도 그만큼 많이 역설하여왔다. 그러나 그것은 아직까지도 추상적 이론이었고 실행, 즉 구체화의 시기에 달하지 못하였다. 이 모양으로 가는 동안에 우리의 민심은 날로 환산(渙散)하고 우리의 민력은 날로 쇠미하여갔다. …

2. 정치적 결사의 운동

"사람은 정치적 동물이라"함은 너무 진부적인 격언이라. … 그런데 조선민족은 지금 정치적 생활이 없다. … 왜 지금의 조선민족에게는 정치적 생활이 없나. 그 대답은 가장 단순하다. 일본이 한국을 병합한 이래로 조선인에게는 모든 정치적 활동을 금지한 것이 제일의 원인이요, 병합이래로 조선인은 일본의 통치권을 승인하는 조건 밑에서 하는 모든 정치적 활동, 즉 참정권·자치권 운동 같은 것은 물론이요 일본정부를 상대로 하는 독립운동조차도 원치 아니하는 극렬한 절개의식이 있었던 것이 제2의 원인이다.

이 두가지 원인으로 지금까지 하여온 정치적 운동은 일본을 적국시하는 운동뿐이었다. 그러므로 이런 종류의 정치운동은 해외에서나 만일 국내에서 한다 하면 비밀결사적일 수밖에 없었다.

그러나 우리는 무슨 방법으로나 조선내에서 전 민족적인 정치운동을 하도록 신생면(新生面)을 타개할 필요가 있다.

우리는 조선내에서 허하는 범위내에서 일대 정치적 결사를 조직하여야 한다는 것이 우리의 주장이다. 그러면 그 이유는 어디 있는가. 우리는 두 가지를 들려고 한다.

1) 우리 당면의 민족적 권리와 이익을 옹호하기 위하여.
2) 조선인을 정치적으로 훈련하고 단결하여 민족의 정치적 중심세력을 만들어 이로써 장래 구원(久遠)한 정치운동의 기초를 이루기 위하여.

그러면 그 정치적 결사의 최고 또는 최후의 목적이 무엇인가. 다만 이렇게 대답할 수도 있다 - 그 정치적 결사가 생장하기를 기다려 그 결사 자신으로 하여금 모든 문제를 스스로 결정케 할 것이라고. …

3. 산업적 결사와 운동

… 일본과 조선간의 중요 관세가 이미 철폐되어 조선에서도 제조할 수 있는 조선인의 일용품이 제방을 터뜨리는 모양으로 조선으로 흘러들고 다른 한편으로는 조선인의 부력이 날로 고갈하여 대규모 산업을 기획할 능력이 갈수록 쇠약하여 간다. 이러한 경우를 당하여 우리가 만일 적당한 대책을 세우지 아니하면 머지않아 우리가 경제적으로 파멸할 것은 명확관화하다.

"그러나 이 제도 밑에서야 어찌할 수가 있나?" 이러한 말은 도저히 허락할 수 없는 말이다. 용서할 수 없는 말이다. 우리는 이러한 제도 밑에서 가능한 무슨 방침을 세우지 아니할 수 없다. 그것은 우리의 생존에 대한 의무다.

그러면 어찌하면 좋은가. 우리는 물산장려의 낡은 진리에 돌아갈 수 밖에 없는 것이다.

1) 소극적으로 보호관세의 대용효력을 얻기 위하여 조선상품 사용동맹자를 얻을 것.
2) 적극적으로 조선인의 일용품이요 또 조선에서 제조하기 가능한 산업기관을 일으킬 자금의 출자자를 얻기 위하여 일대 산업적 결사를 조직하여야 할 것이다.

조선의 산업은 이상에 말한 산업적 대결사의 힘이 아니고는 결단코 일어나지 못할 것이다. …

4. 교육적 결사와 운동

… 전 민중에게 과학적 지식을 보급하는 대운동을 일으켜야 할 것이다. 그리하고 이 운동은 민중 독서물의 간행과 민중(특히 농민을 중심으로) 강습소의 설치로 얻을 것이요, 또 일을 하려면 거기 필요한 자금과 인물을 얻기 위한 민중 교육을 목적으로 하는 대결사를 조직해야 할 것이다. 지금이 그때다.

이러한 운동에 대한 자세한 계획은 여기서 말한 것도 아니거니와 이 결사를 전도회사(傳道會社)에 비기면 가장 상상하기 용이할 것이다. 전도회사가 많은 자금을 가지고 각지에 선교사를 파견하는 모양으로 이 결사에서는 각 농촌에 어문과 과학의 선교사를 파견하는 것이라고 생각하면 근사할 것이다. …

5. 교육·산업·정치의 관계

… 이 세 가지 사업은 동시에 일으킬 것이니 동일한 최고간부의 지도하에 분업적으로 하는 것도 좋거니와 사업 자체는 확연히 독립하는 것이 좋을 것이요, 특히 정치적 결사 이외의 것은 절대적 색채를 띠지 아니할 필요가 있는 것이다. 대개 정치적 색채를 띠면 종종 위험이 수반하는 까닭이다.

조선인으로 누군들 조선인의 운명을 근심하지 아니하는 이가 있으며, 또 조선인의 운명을 근심하는 이는 반드시 조선인의 살 길을 궁구할 것이다. 그러하거늘 지금까지에 조선의 민중적 경륜이 확립되지 못하여 전 민족이 거취를 찾지 못함은 심히 개탄할 일이다. 이에 우리는 우리의 확신하는 바를 피력하는 것이니 이것이 기회가 되어 민족적 경륜에 관한 열렬하고 심각한 토구(討究)가 생기고 아울러 금년내로 그 경륜에서 나오는 여러 사업이 단서를 열게 되기를 바란다.

[『東亞日報』 1924.1.2~6]

요점 — 1920년대의 일제의 식민정책과 민족개량주의자의 본질
— '민족개조론'·'민족적 경륜'에 대한 사회주의자의 비판

2) 社會主義運動

□ 北風會 宣言·綱領

● 선 언

현재 조선의 사회운동은 극히 혼돈스런 상태에 있지만 바야흐로 조직을 필요로 하고 실천을 요구하는 신기운이 감돌고 있다. 운동의 초기에는 오직 소수의 전위분자가 대중과 비교적 간격을 두고 현실로부터 유리되어 학문적인 이상만을 추구하는 폐해가 있기 마련이다. 그러나 조선의 대중은 이미 움직이고 있다. 따라서 이제까지의 전위분자들은 어디까지나 현실을 토대로 하여 대중과 함께 자본가의 본진을 향해 돌진하지 않으면 안된다. 그러므로 우리는 모든 것을 근본적으로 개혁하고 이러한 신국면에 적응하는 진용을 새롭게 준비하고 전술과 전략을 새롭게 수립하여 싸움에 임해야 한다.

강 령

1. 사회운동이 본질적으로 대중 자체의 운동인 이상 우리는 어디까지나 현실에 입각한 대중의 실제적 요구에 따라 종국적인 이상을 향해 매진해야 한다.
1. 우리는 대중운동 부문인 노동자·농민·청년·여성·형평운동의 지적 교양과 계급적 훈련을 병행하여 모든 현상타파 운동을 지지함과 동시에 경제문제에 비중을 두어 과학사상을 보급하고 도시와 농촌의 협동을 기한다.
1. 우리는 이제까지 노선이 불투명한 운동을 정리하고 조직의 분류를 면밀히 하여 종래의 소극적 부인의 태도를 버리고 더욱더 질서있게 정진 할 것이다.
1. 우리는 계급관계를 무시한 단순한 민족운동을 부인한다. 그러나 현재 조선에 있어 민족운동도 또한 피할 수 없는 현실로부터 발생하는 이상 우리는 특히 양대운동 즉 사회운동과 민족운동의 병행에 대한 시간적 연합을 기한다.

1924년 12월 27일   북풍회 중앙집행위원회

[『朝鮮』]

□ 朝鮮共産黨의 當面問題 슬로건

● 1. 일본제국주의 통치의 완전한 타도, 조선의 완전한 독립.
2. 8시간 노동제[광산 6시간 노동], 노임증가 및 최저임금제 제정, 실업자구제, 사회보험제 실시.
3. 부녀의 정치적·경제적·사회적 일체의 권리의 평등, 노동부녀의 산전산후의 휴식과 임금지불.
4. 국가경비에 의한 의무교육 및 직업교육의 실시.
5. 일체의 잡세폐지, 단일누진소득세의 설정
6. 언론·집회·결사의 자유, 식민지적 노예교육 박멸
7. 민족개량주의자와 사회투기주의자의 기만을 폭로하자.
8. 제국주의의 약탈전쟁을 반제국주의의 혁명전쟁으로.
9. 조국 노동혁명의지지, 소비에트연방의 옹호.
10. 타도 일본 제국주의, 타도 일체 봉건세력, 조선 민족해방 만세, 국제공산당 만세.
11. 조선은 조선인의 조선이다.
12. 횡포한 총독부정치의 굴레에서 벗어나자.
13. 보통교육을 의무교육으로 하고, 보통학교 용어를 조선어로, 보통학교장을 조선인으로, 중학 이상의 학생집회를 자유로, 대학은 조선인을 중심으로.
14. 동양척식회사를 철폐하라. 일본이민제를 철폐하라. 군농회(郡農會)를 철폐하라.
15. 일본물화를 배척하라. 조선인 관리는 일체 퇴직하라. 일본인 공장의 직공은 총파업하라.
16. 일본인 지주에 소작료를 지불하지 말라. 일본인 교원에게서 배우지 말라. 일본인 상인과 관계를 단절하라.
17. 재옥혁명수(在獄革命囚)를 석방하라. 군대와 헌병을 철거하라.

『金燦調書』

□ 朝鮮共産黨의 革命的 意義

● 조선공산당은 국제공산당이 그러함과 마찬가지로 그 한 지부로서 폭력혁명에 의거하여 공산주의 건설을 목적으로 하는 것임은 물론이다. 조선문제로서는 공산당 지도 아래에 노동자·농민의 결합에 의하여 공동전선을 전개하고, 일본제국의 통치를 변혁하여, 그 사유재산 제도를 부인하려는 데에 있다.

세계 프롤레타리아 국가의 건설을 위해서는 자본주의들인 일본의 제국주의를 타파하고 식민지 조선의 독립을 도모하지 않으면 아니된다. 민족문제의 해결은 프롤레타리아 독재의 일부로 된다. 조선에서의 혁명적 의의는 이와 같이 이해되어야 할 것이다. 프롤레타리아 독재로의 민족운동을 원조함은 물론 전술로서 민족주의적 단체와 제휴하여 이를 이용하는 것은 이미 배우고 있다. 노동운동으로, 소작쟁의로 파고들어 간다. 학교의 맹휴도 그 대상이 되고 있다. 그리하여 그 조직에서는 각 방면의 야체이카를 부식하고, 모든 표현단체에 프락치를 만든다.

[『朝鮮獨立思想運動の變遷』]

요점 - 1920년대의 사회주의운동의 성립배경과 성장과정
  - 민족해방운동에 대한 사회주의자의 전략
  - 코민테른과 조선공산당과의 관계

3) 民族統一戰線運動

□ 新幹會

● 강 령
1. 우리는 정치적·경제적 각성을 촉진함.
2. 우리는 단결을 공고히 함.
3. 우리는 기회주의를 일체 부인함.

규 약
제1조 본회는 신간회(新幹會)라 칭함.
제2조 본회의 본부는 서울에 둠.
제3조 본회는 본회의 강령을 관철키를 목적함.
제4조 본회 회원은 연령 20세 이상 조선인 남녀로서 본회강령을 승인하는 자로 함.
  단, 학생 및 20세 미만의 청년은 본회 학생부에 입회케 함.
제5조 본회회원은 본회임원의 선거 및 피선거권 그리고 결의권을 가짐.
제6조 본회회원은 본회의 일체의 결의 및 지휘에 복종함을 요함.
제7조 본회회원은 회비로 1년에 금 30전을 본회에 납입함을 요함.
제8조 본회는 각 지방을 구(區)로 나누어 매구에 지회를 설치함.
제9조 본회에 다음과 같은 기관을 둠.
  ①대회 ②간사회 ③총무간사회 ④각부회[특별부를 제외함]
제10조 본회 대회는 본회 지회에서 선출된 대표로 성립함.
제11조 대표회원은 30인의 1인으로 선출함.
제12조 본회 대회는 본회에 관한 일체사건을 결의하고 본부임원을 선거함.

제13조 본회 정기대회는 매년 1차[2월], 본회 임시대회는 본부간사회가 필요로 인정할 때 또는 지부 대표회원 반수 이상의 요구가 있는 때에 회장이 소집함.
제14조 간사회는 대회와 대회 사이에 있어서 대회의 직능을 행함.
제15조 본회임원은 다음과 같이 둠.
    1. 회장 1인   2. 부회장 1인
    3. 총무간사 약간인   4. 상무간사 약간인
    5. 간사 약간인
    단, 회장·부회장 및 총무간사는 필요를 따라 비서를 본회회원 중에서 스스로 둘 수 있음.
제16조 회장은 본회를 대표하며, 본회회무의 통일을 도모함.
제17조 부회장은 회장을 보좌하고, 회장이 유고할 때에는 회장의 직책을 대리함.
제18조 총무간사는 간사회 또는 총무간사회 결의에 의하여 각부의 사무를 집행함.
제19조 상무간사는 총무간사를 보좌하여 부무(部務)를 처리함.
제20조 본회에는 다음과 같은 부(部)를 설치하고, 매 부에 총무간사 1인 및 상무간사 약간인을 둠.
    1. 서무부   2. 재무부   3. 출판부   4. 정치문화부
    5. 조사연구부   6. 조직부   7. 선전부
제22조 본회에는 다음과 같은 특별부를 둠.
    1. 학생부
제23조 본회 경비는 회비와 기타 수입으로 충당함.
제24조 본회 대회에 관한 상세한 규정과 간사회·총무간사회·각부회·지회 및 특별부에 관한 규익은 별도로 정함.
제25회 본 규약은 본회 본부대회에서 증삭(增削)할 수 있음.

임시규약
제1조 지회규약 제3조·제4조에 관하여 지회가 설립되지 못한 구역은 본부에서 직접 처리함.
제2조 본규약 제10조에 관하여 해구역에 지회가 설립되지 못하므로 본부에 직속한 회원은 본부에서 전형하여 대표회원을 지정함.

대회규정
제1조 대회는 회장의 소집으로 대표회원이 과반수 출석할 때 성립함.
제2조 대표회원은 1년간 그 대표권을 보유함. 단, 지부대회에서 필요로 인정할 때에는 개선 할 수 있음.
제3조 대회에서는 그 계속기간에 한해 다음과 같은 임원을 선출하여 둠.

    1. 의장 1인   2. 부의장 2인
    3. 서기장 1인   4. 서기 약간인

제4조 의장은 대회의 질서를 유지하며 의사를 진행하며 대회를 대표함.
제5조 부의장은 의장이 유고할 때 의장의 사무를 대리함.
제6조 서기장은 의장 지휘하에 서기사무를 총괄함.
제7조 서기는 의사록 및 기타 문안을 작성하고 사무를 처리함.
제8조 의사순서는 본부 총무간사회에서 정하여 대회에 보고함.
제9조 지회로서 의안을 제출 할 때에는 설명서를 첨부하여 대회개회 전 4일 이전으로 본부 총무간사회에 제시함을 요함. 단, 대표회원으로서 특별의안을 제출할 때에는 5인 이상 연서를 요함.
제10조 제출의안을 기각 또는 수정동의를 발할 때 3인 이상의 찬성이 없으면 논제를 삼지 아니함.
제11조 본부 회장·부회장 및 총무간사는 대회에서 결의권이 없음.
제12조 본회임원 및 본부임원의 선출방법은 전형위원을 선출하여 정원의 배수되는 후보자를 선출케 한 후 무기명투표로써 행함.
제13조 대표중으로서 대회의 질서를 교란하고 기타 불법한 행동이 있을 때 대표 3인 이상의 동의로 3분의 2이상의 찬동이 있으면 다음과 같이 징계함.

    1. 진사(陳謝)   2. 대표권 정지   3. 대표권 박탈

발기인

김명동(金明東) 김준연(金俊淵) 김 탁(金 鐸) 권동진(權東鎭) 정재룡(鄭在龍) 이갑성(李甲成)
이승훈(李昇薰) 정태석(鄭泰奭) 이승복(李昇馥) 이 정(李 淨) 문일평(文佚平) 박동완(朴東完)
백관수(白寬洙) 신석우(申錫雨) 신채호(申采浩) 안재홍(安在鴻) 장지연(張志淵) 조만식(曺晩植)
최선익(崔善益) 최원순(崔元淳) 박래홍(朴來泓) 하재화(河載華) 한기악(韓基岳) 한용운(韓龍雲)
한위건(韓偉健) 홍명희(洪命熹) 홍성희(洪性熹) 이정섭(李晶燮) 이종린(李鍾麟) 이순탁(李順鐸)
이종목(李鍾穆)

『東亞日報』1927.1.20

요점 - 민족협동전선운동의 의의

□ 槿友會

◉ 근우회 취지문

인류사회는 많은 불합리를 생산하는 동시에 그 해결을 우리에게 요구하여 마지않는다. 여성문제는 그 중의 하나이다. 세계는 이 요구에 응하여 분연(奮然)하게 활동하고 있다. 세계자매는 수천년래의 악몽으로부터 깨어서 우리의 생활도정(生活途程)에 횡재

(橫在)하고 있는 모든 질곡을 분쇄하기 위하여 온지 이미 오래이다.

이 역사적 세계적 혁명에서 낙오될 수 있으랴. 우리 사회에서도 여성운동이 개시된 것은 또한 오래이다. 그러나 회고하여 보면 조선운동은 거의 분산되어 있었다. 그것에는 통일된 조직이 없었고 통일된 목표와 지도 정신도 없었다. 고로 그 운동은 효과를 충분히 내지 못하였다.

우리는 운동상(運動上) 실천으로부터 배운 것이 있으니 우리가 실지로 우리자체를 위하여 우리 사회를 위하여 분투하려면 우선 조선자매 전체의 역량을 공고히 단결하여 운동을 전반적으로 전개하지 아니하면 아니된다. 일어나라! 오너라! 단결하자! 분투하자! 조선의 자매들아! 미래는 우리의 것이다.

선언서

역사가 있는 후로부터 지금까지 인류사회에는 다종다양(多種多樣)의 모순과 대립의 관계가 성립되었다. 유동무상(流動無常)하는 인간관계는 각시대에 따라서 혹은 그 부류에 유리하게 혹은 저 부류에 유리하게 혹은 저 부류에 불리하게 되었나니 불리한 처지에 서게 된 민중은 그 시대시대의 사회적 서러움을 한껏 받았다. 우리 여성은 각 시대를 통하여 가장 불리한 지위에 서 있어왔다.

사회의 모순은 현대에 이르러 대규모화하였으며 절정에 달하였다. 사람과 사람의 사이에는 인정과 의리의 정열은 최후 잔사(殘渣)도 남지 아니하고 물질적 이욕(利慾)이 전 인류를 모두 상벌(相伐)의 수라장에 들어가게 하였다. 전쟁의 화는 갈수록 참담하여 가고 광대하여 가고 빈궁과 죄악은 극도에 달하였다.

이 시대의 여성의 지위에는 비록 부분적 향상이 있었다 할지라도 그것은 환상의 일편에 불과하다. 미처 청산되지 못한 구시대의 유물이 오히려 유력하게 남아 있는 그 위에 현대적 고통이 겹겹이 가하여졌다.

그런데 조선여성을 불리하게 하는 각종의 불합리는 그 본질에 있어 조선사회 전체를 괴롭게 하는 그것과 연락된 것이며 일보를 진(進)하여는 전세계의 불합리와 의존합류(依存合流)된 것이니 모든 문제는 이제 서로 관련되어 따로따로이 성취될 수 없게 되었다. 억울한 인류가 다 한가지 새 생활을 개척하기 위하여 분투하지 아니하면 아니되게 되었으며 또 역사는 그 분투의 필연적 승리를 약속하여 주고 있다.

조선 여성운동의 진정한 의의는 오직 여사(如斯)한 역사적·사회적 배경의 이해에 의하여서만 비로소 파악될 수 있는 것이니 우리의 역할은 결코 편협하게 국한될 것이다. 우리가 우리 자신의 해방을 위하여 분투하는 것은 동시에 조선사회 전체를 위하여 나아가서는 세계인류 전체를 위하여 분투하게 되는 행동이 되지 아니하면 아니된다. [2행 삭제당함] 그러나 일반만을 고조하여 특수를 지각(志脚)하여서는 아니된다.

고로 우리는 조선운동을 전개함에 있어서 조선의 모든 특수점을 고려하여 여성 따로의 전체적 기관을 가지게 되었나니 여사한 조직으로서만 능히 현재의 조선 여성운동을 세계사정 및 조선사정에 의하여, 또 조선여성의 성숙정도에 의하여 바야흐로 중대한 계단으로 진전(進展)하였다.

부분적으로 분류되어 있던 운동이 전선적(全線的) 협동전선으로 조직된다. 여성의 각층에 공동되는 당면의 운동목표가 발견되고 운동방침에 결정된다. 그리하여 운동은 비로소 광범하고 또 유력하게 발전될 수 있게 되었다. 이 단계에 있어서 모든 분열정신을 극복하고 우리의 협동정신으로 하여금 더욱더욱 공고하게 하는 것이 조선여성의 의무이다.

조선여성에게 얽혀져 있는 각종의 불합리는 일반적으로 요약하면 봉건적 유물과 현재적 모순이니 이 양 시대적 불합리에 대하여 투쟁함에 있어 조선여성의 사이에는 큰 불합리가 있을 리가 없다.

오직 반동층(反動層)에 속하는 여성만이 이 투쟁에 있어서 회피·낙오할 것이다. 근우회는 이러한 견지에서 사업을 전개하려 하는 것을 선언하나니 우리의 앞길이 여하히 험악할지라도 우리는 일천만 자매의 힘으로써 우리의 역사적 임무를 수행하려 한다.

여자는 벌써 약자가 아니다.

여성 스스로 해방하는 날 세계가 해방할 것이다.

조선자매들아, 단결하자!

근우회 행동강령
1. 여성에 대한 사회적·법률적 일체차별 철폐
2. 일체 봉건적 인습과 미신타파
3. 조혼폐지 및 결혼의 자유
4. 인신매매 및 공창(公娼)폐지
5. 농촌부인의 경제적 이익옹호.
6. 부인노동의 임금차별 철폐 및 산전산후 임금지부
7. 여성 및 소년공의 위험노동 및 야업(夜業)금지

1927년 5월 27일
[『한국근대민족해방운동사』]

요점 - 여성계의 민족협동전선 운동
- 여성차별 철폐운동의 내재적 의미

□ 新幹會 解消論可決

◉　-1-

신간회 전국대표 대회는 해소안을 절대다수로 가결했다. 해소는 해체가 아니라 해소의 실천은 금후에 남겨진 과제라는 것이 관념상으로는 가능하지마는 사실에 있어서 조선의 정치적 현실은 이 해소를 통해서 하는 실천을 가능케 할 가능성이 적다. 그러타 허면 해소는 사실에 잇어서 해체와 다름없으니 신간회는 만 4개여년의 업적을 남기고 인제는 1개의 역사상의 존재로 화했다함이 무불가(無不可)일 것이다.

-2-

신간회는 1927년 2월 15일에 '정치적·사회적 각성촉진'·'단결공고'·'기회주의의 부인'의 삼대강령을 가지고 탄생하엿다. 그 강령 및 지도 정신을 통하야 해단체는 비타협적 민족운동의 이론을 대표하며 동시에 민족단일당의 수립을 목표로 하고 출세함이 판명되어 전 조선적으로 4백의 지회를 가지고 4만의 회원을 옹(擁)하야 합병 이후에 초유(初有)의 일대 정치적 단결을 이루엇섯다. 그리하야 은연중에 조선민족의 사상적 지주가 되어온 점에 잇어서 그 영향이 적지 안았다고 할 것이다. 오직 조선의 현실적 정세는 표면적 정치운동의 활발한 전개를 불허하며 또는 해회(該會)의 지도적 전위의 결성이 결여(缺如)하야 간부의 개체(改遞)가 빈번하며 회의 구성분자가 아직도 조직훈련기에 잇는 등 종종(種種)의 원인으로서 효과적인 강력(强力)을 발휘하기에는 아직도 앞을 기다릴 수밖에 없는 형편이엇던 것은 무가내하(無可奈何)의 일이엇슬 것이다.

-3-

겨우 생장기에 드러갓다고 볼 신간회가 돌연 해소의 파랑(波浪)을 깨어진 것은 돌이어 의외의 일이라고 볼 것이다. 다시 냉관(冷觀)하건대 이미 민족운동에서 출발한 신간회로서 금일 해소함에 잇어서 계급운동에 대한 질곡을 짓는다 함을 이유로 삼음이 신간회를 주체로 보아 일종의 모순임이 틀림없다. 이 사실은 오즉 신간회가 주체의 지도 이론이 결여하고 객체의 이론이 부수, 또는 이용되어 잇섯다는 것을 증(證)하는 것이다. 논리상에 있어서 이것이 명백할 뿐 아니라 사실상에 잇어서도 신간회내에 포괄된 민족주의자층이 대체로 피동적으로 동원된 경우가 많고 자발적인 지도정신에 의함이 아니엇던 것이 사실이라 함이 과언이 아니랄진대 금일 신간회가 주인잃은 집이 됨이 필연의 이(理)가 아닐까 한다.

-4-

신간회해소는 조선문제에 관한 전체적 이론의 전개를 우리에게 요구한다. 그러나 이를 지상(紙上)에서 기탄없이 토론함은 불가능의 일이다. 오직 해소에 반(伴)하야 조선의 운동이 일층 지하적으로 되고 격화할 것만은 누구나 예상할 수 잇나니 이는 조선의 객관적 정세가 핍박의 도(度)를 가하고 잇다는 것을 증(證)하는 것이매 조선의 통치당국에게 정문(頂門)의 일침(一針)이라고 할 것이다.

타방(他方), 민족운동선상에 잇서서도 사상적 동요를 방지하기 위하야는 현재의 민족주의자는 자립적 입장으로서의 권토중래(捲土重來)의 준비가 잇어야 할 것이다.

[『東亞日報』 1931.5.18]

요점 — 신간회 해소논쟁의 내용과 평가
— 신간회 해소 이후 민족해방운동의 전개방향

4) 民衆運動

□ 朝鮮勞動共濟會 趣旨文

● 대리지공(大理至公)하니 정로탄탄(正路坦坦)이라 명(名)을 매(賣)하고 권(權)을 농(弄)하여 타의 력(力)을 식하고 타의 노(努)를 의(衣)하여 고루거각(高樓巨閣)에 금의옥식(錦衣玉食)으로 일생의 안락을 천행(擅行)하는 역사적 유물은 현대의 패덕(悖德)이라, 차(此)를 명고(鳴鼓)하고 곽청(廓淸)함은 상제의 정의며 성근(誠勤)히 작업하여 자력을 식하고 자노(自努)를 의(衣)함은 인세(人世)의 정직(正職)이라. 차를 경대(敬待)하고 부지(扶持)함은 인도의 본체로다. 고로 노동이 신성하고 노동자가 존귀하다 함이 어찌 신의 거룩한 활성(活聲)이 아니리오. 명예도 노동자에게 황금도 노동자에게 안락도 노동자에게 여(與)하랴고 상제께서 고대하시나니라. 그러나 노동자의 이해는 서로 같고 지위도 또한 같도다. 자녀를 교육치 못하고 직업도 보장치 못하고 질병과 재난을 구제치 못하여 다만 사환과 천대로 타(他)를 위하여 잠식(蠶食)하였고 타를 위하여 석공(石工)하였고 스스로 응(膺)을 문(們)하고 삼사(三思)하면 타를 원(怨)함보다 자기를 자책함을 마지 아니할 뿐이로다.

그러나 변하였도다. 자조와 자존을 자각과 자고(自高)를 지(知)하였도다. 자아의 노력을 타에게 견탈(見奪)치 아니하고 자아가 의식(衣食)하며 자아의 행복을 타에게 의뢰치 아니하고 자아에서 구하여, 천의(天意)에 귀(歸)하는 정로(正路)가 개(開)하였도다. 사(事)는 반드시 정(正)으로 귀(歸)하고 정에서 성(成)하나니 정로를 진(進)하는 정인(正人)의 정행(正行)은 병혁도 부월(斧鉞)도 감히 저(沮)하며 능히 거(拒)할 수가 있나니라. 기(起)하여라. 진(進)하여라.

             1920년 2월 7일   조선노동공제회

강 령

1. 조선노동사회의 지식계몽 1. 저축의 장려
1. 품성의 향상   1. 위생사상의 향상
1. 환난구제 및 직업소개   1. 일반노동 상황의 조사

[『共濟』 창간호(1920)]

□ 衡平運動趣旨文

● 공평은 사회의 근본이고 애정은 인류의 본령이다. 그런고로 아등(我等)은 계급을 타파하고 모욕적 칭호를 폐지하여 교육을 장려하며 아등도 참다운 인간이 되는 것을 기(期)하는 것은 본사(本社)의 주지(主旨)이다. 지금까지 조선의 백정(白丁)은 어떠한 지위와 어떠한 압박을 받아왔던가? 과거를 회상하면 종일토록 통곡하여도 혈루(血淚)를 금할 길 없다. 여기에 지위와 조건문제 등을 제기할 여유도 없이 일전의 압박을 절규하는 것이 오등의 실정이다. 이 문제를 선결하는 것이 아등의 급무(急務)라고 설정하는 것은 적확(的確)한 것이다. 비(卑)하고 빈(貧)하고 천(賤)하게 굴(屈)한 자는 누구였던가? 아아 그것은 아등의 백정이 아니었던가? 소위 지식계급을 위한 압박과 멸시만이 아니었던가? 직업의 구별이 있다고 하면 금수의 생명을 빼앗는 자 아등만이 아닌 것이다. 사회는 시대의 요구보다도 사회의 실정에 응하여 창립되었을 뿐 아니라 아등도 조선민족 2천만의 분자(分子)로서 갑오년 6월부터 칙령으로써 백정의 칭호가 없어지고 평민이 된 우리들이다. 애정으로써 상호부조하며 생명의 안정을 도모하고 공동의 존영(存榮)을 기하려 한다. 이에 40여만의 단결로써 본사의 목적인 그 주지를 선명하게 표방코자 하는 바이다.

1923년 4월 25일
조선경남 진주(晉州) 형평사 발기인 일동
[『朝鮮民族獨立運動秘史』]

요점 - 1920년대의 민중운동의 성장과정
- 민중운동과 민족해방운동간의 관계

5) 民衆生活相

□ 農民生活相

● 지주에 대한 소작인의 불평과 원망은 가는 곳마다 없는 곳이 없다. 그런 가운데도 문경군 안에는 더욱 심한 것 같다. 그 전에는 지세(地稅)도 지주측에서 부담할 뿐만 아니라 소출을 반반씩 나누어 주는 반분작(半分作)을 마다하고 도조(賭租)로 하여주기를 희망할 만큼 도지가 후하였는데, 지금 와서는 오히려 그 반분작을 바랄 수도 없다고 한다. 너야 굶어 죽든말든 내 배만 부르면 그만이라는 셈으로, 한번 매겨놓은 도지는 수확이 좋든 나쁘든 조금도 감해 주지 않고 그대로 받아가는데, 작년 같은 흉년에도 불벼락같이 받아갈 것을 받아가고야 말았다.

방금 군내에 있는 지주들은 대부분 그와 같이 가혹한 소작료를 받는데, 그 가운데도 원성의 적이 되어 있는 경우는 산양면에 100여 두락을 차지하고 있는 부산농사주식회사, 1천여 두락을 가지고 있는 장길상·조선개척주식회사·암좌매길(岩佐梅吉)·등원구평(藤原久平) 등으로 대부분 일본인 지주들이다.

그 전에는 비교적 후하다고 하던 지주들도 불과 몇 해 동안에 돌변하여 소작인에게 가혹한 태도를 취하게 된 것은 그 원인이 부산농사주식회사 등 일본인 지주가 생긴 후부터라 한다. 원래 산간벽지로 전답이 드문데다가 사람은 많아 논 마지기, 밭 한 평 얻기 어려워 설혹 억울한 점이 있더라도 참고 나가는 까닭에 일본인 지주들은 이점을 간파하고 마음놓고 가혹하게 착취해 갔으며, 이와 동시에 조선지주들도 그것을 본받아 그처럼 된 것이라 한다.

[『東亞日報』 1925.2.22]

● 지금 도내에서 제일 규모가 크다는 중앙수리조합을 보건대 기채액 900여 만원중 5,807,000여 원을 5푼3리의 대장성(大藏省) 예금부(預金部) 저리로 돌려놓고 그 위에 금년에 상환할 예정액 중 324,600원은 후일에 갚기로 중간거치까지 시켰으며 금년 조합비는 부과예정액보다도 4할이나 감하여 겨우 236,000여원을 부과하였지만 조합비의 수납은 여의치 않고 억울하고 원통하다는 지주들의 진정서만 이 조합에서는 금년에 이미 백건이나 넘게도 당국에 들어온 상태라 한다. 이렇게 저리의 이자 중간처리, 조합비의 부과감액 등 극력 당국에서 구제하고 있음에도 불구하고 몽리면적 500정보중 조합비를 물고는 수지가 맞지 아니하여 토지를 헐매하고 타처로 옮겨간 지주와, 은행·개인 등 부채에 못견디어 담보로 넘어간 토지 등을 합하면 실로 1,200정보나 되며, 그 중에는 땅을 팔려 하나 살 사람이 없고 경작을 하자니 수지가 맞지 않는 터이므로 전연 경작도 않고 내버린 땅이 200정보나 된다고 한다. 이러한 상태이므로 지주도 소작인도 모두가 몰락이 되어 야반도주를 한다는 애화조차 빈번하게 들린다 한다.

[『朝鮮日報』 1932.12.12]

● 이제 이재지방(罹災地方)중의 하나인 황해도 봉산군(鳳山郡) 사리원(沙里院)일대에는 농작이 비교적 양호하였으나 이 일대에 대부분의 토지를 소유한 동척농감(東拓農監) 삼하모(森下某)와 출수모(出水某) 등은 전후하여 금년 농산액의 9할 가량의 소작률을 과함으로써 동소작인 150여 인과의 사이에 용의치 않은 분쟁이 있어서 수십명의 경찰대의 출동을 보게 되었다함이 1건이요, 동도(同道) 신천군(信川郡)일대는 재해가 특심(特甚)한데 그 근소한 농산물에 대하여 과중한 소작료를 징수할 뿐 아니라 매1석에 약 2할5분의 가봉(加捧)을 행한다 함이 1건이요, … 전북 정읍군(井邑郡)은 동척의 토지가 가장 많은 곳으로서 매년 무리한 소작료를 징수하여 원성이 특심한 바이어니와 금년에는 평년작이나 재해지를 물론하고 모두 5할이상 7,8할의 소작료를 강요함으로써

사경에 빠진 소작인 등은 극력으로 항쟁한 결과 농감의 간평(看坪)으로 다소의 해결을 보게 되었다 함이 또 1건이다.

[『朝鮮日報』 1924.10.23, 社說]

● 경남 합천군 쌍백면(雙栢面)에서는 근일 각 동리에서 생활난으로 남부여대하고 방향없이 철가도주(撤家逃走)한 사람이 일증월가(日增月加)한다는데 그 원인을 이 면 면장에게 듣건대 일만농촌의 생활정도가 채무나 재산이 거개상등(擧皆相等)한 이때 가난한 사람은 흉년에 살아가기보다 풍년에 살기가 매우 곤란한 것이, 작년에는 한재로 수확이 전멸되어 일반채권자는 집행이나 차압할 도리가 없어 부득이 유예하여 왔으므로 숨쉴 여가라도 있었지마는 금년에는 도처마다 이름 좋은 풍년이라 채권자들은 때를 만났다 하고 눈을 부릅뜨고 집행·차압으로 위협하는 이때 곡가(穀價)까지 참락되었음에 이리저리 살수 없는 농민은 작농한 벼를 매도하여 빚을 갚는다 하여도 빚도 다 갚지 못하고 일가족이 살아나갈 길이 막연하여 밤중에 철가도주하는 사람이 날로 많다 한다.

[『東亞日報』 1930.12.20]

요점 －일제의 농업정책[토지조사사업, 산미증식계획, 농촌진흥운동 등]
　　　　－자소작농의 몰락과 유민화

□ 都市貧民生活相

● 발길을 돌리어 등 너머 있는 공동묘지의 20여 가호 움집생활을 살펴보면 더 한층 형언할 수 없는 참상을 목도하게 된다. … 무덤이 집안 같고 집안이 무덤 같다. 이마 위에 주름살이 수없이 놓여 있고 백발이 뒤덮인 수척한 늙은 할머니가 누더기 속에 파묻힌 어린아이를 무릎 위에 앉히고 거적문을 열고 내다보며 울음섞인 말소리로 기자를 향하여, 이와 같이 흙마당 위에다 그대로 초색 한 잎만 말로 자노라니 정말 허리와 다리가 너무 추워서 물러나는 것 같고 거기다가 이불이라고 그나마 한 개 있는 것이 솜을 못두고 겹이불을 덮고 있는 까닭에…

[『東亞日報』 1924.11.15]

● 토막민들의 직업을 조사한 바에 의하면 물론 일용인부가 가장 많은데 462명에 달하고 그 다음은 '지게꾼' 164인, 공사장인부가 202인이요, 그밖에는 행상·인력거부·직공·운동점인부 등인데 최다수를 점령한 일용인부라는 것은 물론 무직업과 같은 것이요, 제일 부유하다고 할 만한 인력거부는 겨우 6명에 불과한 바 그들의 생활은 실로 참담하다고 한다.

[『朝鮮日報』 1931.11.20]

요점 －도시빈민의 형성배경과 실태

□ 勞動者生活相

● 안주(安州) 수문공사를 지난달 30일에 시작하였다 함은 본보에서 이미 보도하였거니와 공사를 시작한지 1주일도 지나지 못하여 지난 7일에 동맹파업이 일어났다고 한다. 그 자세한 내막을 보도컨대 오전 7시부터 오후 7시까지 일을 죽도록 시키고도 일급이라고는 최고액이 68전이요, 최하로는 40전까지도 있다는 바 매일 평균 50여명 인부가 1주일 동안에 최고급 68전을 받는 사람은 세 사람밖에 없었다고 한다. 그러나 할 것 없고 먹을 것 없는 불쌍한 노동자들은 불평을 품고도 늙은 부모와 어린 처자를 구원하기 위하여 애를 쓰며 일을 계속하던 바 지난 7일 12시경에 이르러서는 무거운 짐을 지고 가는 노동자의 지게를 청부감독자 정상양팔(井上良八)이란 자가 짐이 적다고 밀치며 노동자대표로 그의 불법행동을 반문하는 문학빈이라 사람을 때리기까지 하려하였으나 상당한 일공을 내라고 하니까 처음에는 아니준다고 하였으나 무슨 양심이 돌았던지 일공표를 내어주는데 반일 동안 공전을 최상은 20전으로 최하는 15전까지라 하는 바 일반 노동자는 우리가 부모처자를 데리고 굶어죽을지라도 이런 부정한 돈 20전이나 15전은 받지 않겠다고 모두 도로 주고 해산하였다는데 청부업자 정상양팔이란 자는 요행을 생각하였던지 싫으면 그만두라고 꿋꿋이 말하였다더라.

[『東亞日報』 1924.4.9]

● 전북 태인 동진수리조합 중촌조(中村組)로부터 1만 6천원의 인부공전을 나누어 주지 않은 까닭으로 인부 수천명이 소동을 일으킨 까닭에 정읍(井邑)경찰서에서는 이미 현장으로 출동하며 중촌조로 하여금 배급한 전표(傳票)의 약 4분의 1을 순사주재소에서 지불키로 하여 중촌조를 보호할새 다시 싸움이 일어나 인부 수명이 중경상을 당하고 중촌조의 영부(永富)는 권총을 발사까지 하였다고 한다. 이로써 싸움은 더욱 커지어 수습하기 어려운 상태에 빠지었다 하면 인부들은 임금을 받는 데까지는 싸움을 계속할 모양이라는데 태인 각 단체에서 대책을 강구중이라더라.

[『東亞日報』 1927.7.15]

요점 －노동자의 노동조건
－노동쟁의의 양상

□ 强制徵用者의 證言

● 13세 생일이 지났을 무렵 면사무소의 모집계와 면의 순사가 와서 평안남도 순천군에 있는 대동탄광으로 강제연행 당했어요. 2년 만기가 되어도 보내주지를 않아서 함바

를 탈출하여 고향에 돌아와죠.

한달이 걸려서 겨우 집에 돌아오니까 아버지는 창백한 얼굴로, 벌써 죽은 줄만 알았는데 살아 있었구나 하면서 기뻐했죠. 그러나 매일같이 순사가 찾아오기 때문에 반자 뒤에 숨기도 하고 한 발자국도 밖에는 못나갔어요.

들키지 않게 밤이 되면 살짝 빠져나가 논에서 일을 했어요. 좁은 면인지라 그렇게 항상 숨어 있는 것은 어려운 일이며 자연히 남의 눈에 띄게 되어 내가 집에 돌아와 있다는 소문이 퍼졌지요. 이제는 그야말로 위험이 다가왔으므로 약간의 식량을 휴대하고 깊은 산 속으로 숨었습니다. 1년 정도를 숨어 다녔으나 영양실조에 걸려서 비틀거리면서 산에서 내려왔죠.

그 해의 밭농사인 보리는 오래간만에 풍년이어서 우리는 수확하는 날만 손꼽아 기다린 것이죠.

그러는 참에 면사무소의 담당계원이 와서, "총독부의 명령이다. 즉시 보리밭을 엎어버리고 뽕나무와 무명을 심어라!" 하지 않아요. 아무리 명령이라도 수확을 바로 눈앞에 둔 농민이 보리밭을 엎어버리고 뽕나무나 무명을 심을 수 있겠나요? 우리들은 총독부의 횡포에 화를 내고 면사무소의 명령을 무시하고 마지막까지 거절했지요.

1944년 5월 28일입니다. 못자리를 만들기 위해 부친과 함께 아침 일찍부터 논에 나갔습니다. "볍씨를 가지고 올 테니 물을 잡아두어라"고 하시면서 부친은 논두렁길을 올라가셨습니다. 그리고는 아무리 기다려도 부친이 안 돌아오십니다. 아마 집에 무슨 일이 생겼을 것이라고 생각하고 나는 집으로 달려가 보았습니다. 모친은 집에서 바느질을 하시더군요. 아무리 찾아도 부친이 안보입니다.

"어머니, 아버지가 왠일일까요? 볍씨를 가지고 오신다고 했는데 아무리 기다려도 돌아오지 않으시니…"

어머니 말씀은 한 시간 전에 볍씨를 가지고 집을 나가셨다는 겁니다. 그리고 걱정스러운 표정으로 나를 보십니다. 아버지를 찾으러 집을 나설 때 근처의 할머니 한 분이 안색이 달라져서 달려오는 것을 보았습니다.

"오룡아, 너의 아버님을 순사가 데려갔대. 지금 면사무소에 계시다는군."

나는 그 자리에 털썩 주저앉을 정도로 쇼크를 받았습니다. 그런 사연을 모친에게 말하고는 즉시 면사무소까지 달려갔죠. 그곳에는 나처럼 소식을 듣고 급히 달려온 많은 사람들이 멀리서 지켜보고 있었죠. 부친은 나를 알아보시더니 오른팔을 들고 저쪽으로 피하라는 신호를 하십니다. 그 때 나는 언제까지나 피할 수만은 없다고 각오를 한 다음 부친 옆으로 갔습니다. 그것을 본 면사무소 서기 "오룡이 너 이놈! 도망질만 하고 형편없는 놈이다. 이번에는 각오를 해라. 네놈은 부친하고 함께 일본으로 가!" 두 사람을 함께 보낼 것처럼 말합디다.

"하는 수 없군요. 하지만 아버지만은 절대로 안 보낸다고 약속하시오. 안 그러면 우리 집은 망하라는 겁니까?…"

수염투성이 털보 일본인 면장이 한층 높은 곳에 올라가서 연설을 했죠. "너희들은 큐슈의 야하다제철이라는 세계에서 제일가는 용광로를 설치한 훌륭한 공장에서 일하게 되었다. 그곳은 국영공장이며, 생산된 철은 군함이나 대포를 만든다. 조선에서 빌빌거리는 것보다는 일본에 가서 기술을 배워라. 그것이 자기를 위하는 길이고 나아가서는 천황폐하께 충성을 다하는 길이 된다. 하여간 생명을 다해서 일을 잘하고 오너라."
　면장은 마치 출정군인을 전송하는 말투로 말했지요. 여기서 비로소 행선지가 일본의 야하다제철소라는 것을 알게 되었습니다.
　조선에서 실시된 징용은 절대적인 강제력이 있었으니까, 갈 것인가 말 것인가 하는 개인의 의사는 무시되고, 목적지는 물론이고 일하는 장소조차 안 가르쳐 줍니다. 내가 도착한 곳은 야하다제철소가 아니라 후꾸오까현의 호슈탄광이었습니다.

[『日帝의 朝鮮人勞動强制收奪史』]

요점 －강제징용의 실상

□ 東京震災 韓人虜殺報告書

● 2만의 동포가 왜노의 총칼에 죽어갔다
　동포들이여! 왜도 관동에서 2만의 동포가 왜노의 총칼에 참혹히 죽어갔다.
　동포들이여! 다리를 꺾이고 배를 갈리어 죽은 우리 동포의 최후의 애호는 다만 '아이고 어머니' '아이고 아버지' 뿐이었다.
　동포들이여! 우리의 전도에는 이보다 더한 학살? 살육의 참화가 박두할 것이다. 동포들이여! 왜노를 박멸하자! 노소남녀 구별없이 모두 살육하자! 모두 굳은 결심과 빈 주먹만 있으면 된다.
　동포들이여! 우리들은 이를 조사보고함과 동시 하루 속히 최후의 결사전투를 개시할 것을 절원(切願)하는 바이다.
　형제여, 알거나 모르거나 청천(靑天)도 낯을 찌푸리고 백일(白日)도 빛을 잃었다.
　개천 4256년 9월 1일부터 동 15일경까지 2주일간 장시일 계속하여 왜지 관동에서 왜족이 한인을 학살한 그 참상을 무엇이라고 평할 것인가. 우리 인류사회에 있어서는 공전절후(空前絶後)의 참변일뿐더러 폭랑(暴狼)·독사와 같은 동물계에서도 희유의 만행으로써 우리 동포 수만을 도살한 그 잔인비참한 정형(情形)에는 요귀악마도 눈을 감고 고개를 돌리지 않을 수 있다.
　동 1일 왜정부는 동경시 선교(船橋) 무선전신을 경유 관동부(關東府) 육현(六縣)전반에 대하여 한인박멸을 명령하였다. 그 이유는 한인은 당시 당지의 진화(震禍)를 기회로 각처에 방화 또는 폭탄으로써 제반의 건축물을 파괴하고 혹 음료수에 독약을 투입하여 인명을 살해하고 혹은 권총·장총·폭탄을 휴대 혹은 대(隊)를 지어 일본인을 습격하는 등 관동지방의 전멸을 도모한다라고 하여 동경 횡빈(橫濱)을 시발점으로 하여 병대와 경찰관을 2부 6현에 일제히 나포(羅佈)하여 한인박멸을 종횡으로 선전하니 왜족은 장약(壯弱)을 가리지 않고 손에 닿는 대로 눈에 띄는 대로 장총·단총·장검·단검·철창·죽창·곤봉·추자·소화구의·건어(鍵魚)찍기 등 형색의 흉기를 휴대하고 "조선인을 박멸하자"고 외치며 그 함성 천지를 진동하고 벌떼와 같이 일어나니 이가 소위 청년단(靑年團) 혹은 자경단(自警團)이라 칭하는 것이다.

집의 내외 촌락·시가는 물론 산·야·천·초원까지도 빈틈없이 수색하여 한인이라고만 하면 남녀노유를 가리지 않고 만나는 대로 보는 대로 불문곡직 살륙하니 선혈과 양심뿐인 우리는 어떻게 죽음을 면할 것인가? 우전(羽田)부근에서는 기병대에 의해 2천명이 죽었고 우전천(隅田川)변에서 4백명이 총살을 당했고 신나천(神奈川)부근에서 3백여 인, 기옥현(埼玉縣) 취상역(吹上驛) 및 동경시 본소(本所)부근의 4백여 명, 동경시 구호(龜戶)경찰서 구내에서 2백여 명, 중선도 본압정(中仙道 本壓町)부근에서 1백여 명이 죽었고 동경시 상야(上野)경찰서 구내에서 150인, 학견(鶴見)경찰서 부근에서 1백여 명을 살륙하니 우리 동포 2만 다수의 선혈은 보람없이 왜지 관동 전반을 피로 물들였고 우리 동포 2만 다수의 육체는 할 일없이 왜지 관동 전반의 비료로 화하였다.

살륙의 참상

하동(河東)광장에 한인을 다수 포집(捕集)하여 기천기백인을 한꺼번에 난사하고 병영 또는 경찰서 구내에 기백기십인을 집합시켜 살해하였다. 더구나 노상에서 보는 대로 병력 내지 경찰관이 총살자살한 것은 물론 보통의 살인수단이라고 할 수 없게 소위 자경단(自警團)·청년단(靑年團) 등은 '조선인'이라고 외쳐 부르는 한 마디에 백이 응하여 낭(狼)의 군(群)과 같이 동서남북에서 모여와 1명의 우리 동포에 대하여 수십인의 왜노가 달라붙어 검으로 찌르고 총으로 쏘고 봉으로 때리고 발로 차서 쓰러뜨리고 그 위에 죽은 사람의 목을 묶어 끌고 다니면서 찌르고 차면서 시체에까지도 능욕을 가하였다.

부인 등을 보면 양편으로 좌우의 다리를 벌려 생식기를 검으로 찔러 일신(一身)을 4분5열로 짜르며 여자는 이렇게 하여 죽이는 것이 묘미가 있다고 웃으면서 담화하였다. 우리 동포를 전차궤교(電車軌橋)하에 목을 매달고 양 다리를 끈으로 묶어 좌우에서 다수인이 끈을 잡고 신호하며 호응하면서 '그네'와 같이 흔들어 죽인 것도 있다. 신체를 전신주에 묶고 처음 눈알을 도려내고 코를 찔러 그 애통한 광경을 충분히 구경한 후에 배를 찔러 죽인 것도 있다.

각 기차중에서는 다수의 왜노 등이 4지(四肢)를 잡고 창 밖으로 던져 역살(轢殺)하였고 남녀 수십인을 발가벗겨 보행시키고 또는 춤을 추게 하여 수시간 동물적 희롱을 감행시킨 후 찔러 죽인 일도 있었다. 이러한 괴악한 수단은 우리의 뇌수(腦髓)로는 도저히 상상을 할 수 없는 바이다.

한인 중에도 왜어에 능통한 자가 왜족으로 오인되어 보명(保命)할 것을 염려하여 정정가가(町町街街) 기차 중에서도 통행인에게 왜국문을 탁음자의 발음을 시킴으로써 한인을 색출하고 왜인 중에서도 자기에게 관계있는 한인을 은닉 또는 보호하여 살해당한 자도 1,2인뿐이 아니다. 이렇게 우리 동포를 주밀히 학살하니 왜지 관동에 있는 우리의 형제 내지 주중(舟中)의 사람은 모두 적뿐인 곳에서 어디에 가서 생을 구할 것인가.?

동네 앞을 흐르는 것은 우리 동포의 선혈이고 이곳저곳에 흐트러진 것은 우리 동포의 시체이다. 우리 동포의 사체가 퇴적하여 우전천은 유통도 막혀 아 동포의 피가 썩는 그 악취는 통행인의 호흡도 막힐 정도이다.

왜족이 자인한 학살의 동기, 왜족이 한인학살의 이유를 내세운 왜지 관동의 전멸계획이라는 것 혹은 난폭한 행동이 과연 우리 인간에게 이런 일이 있었던가?

전혀 무근(無根)의 허설로써 왜족중 "사회혁명을 도모하는 일파가 당시 왜지의 진화재(震禍災)를 기회로 방화·약탈 등의 난행을 하였던 바 이와 같은 허언을 선포하여 자체의 죄를 한인에게 전과(傳科)하려고 하였다"라고 한다. 이는 동 6일에 왜국 내각총리[山本] 및 경시총감[湯淺]의 유고(諭告)로써 공표한 바이다.

왜정부의 간책(奸策)

왜정부로서는 한인학살의 사실을 엄폐하여 한인을 보호한다고 외계에 대하여 선전하던 유일의 빙자는 "한인으로써 잔명을 보존한 것은 대개 병영 내지 경찰에서 보호를 받는 자다"라고 하는 것이다. 그러나 처음에는 경찰관 내지 병대(兵隊)도 한인을 만나는 즉시 그 장소에서 살륙하였으니 그 후에는 일정한 장소에 집합시켜 편리한 방법으로 죽이려는 생각과 또한 학살을 시작하였던바 본래 다수의 한인인고로 관동지방 전반에 총성·갈성(喝聲)·애호(哀呼)의 소리는 천지를 진동하고 난타난자하여 피가 바다를 이루고 시체는 산더미가 됨에 이르러 외인들에게 보이는 것을 겁내어 각처의 한인을 병영 또는 경찰서구내에 집합시킴에 이르렀다. 그리하여 병영·경찰서에 온 사람은 임시 잔명을 보존하였다 하나 도중에서 대개 모두 중상을 입었다.

더구나 중상을 입은 자는 과연 몇 시간이나 생명을 보존할 수 있었을 것 같은가? 혹은 광장·하변에 끌고 나가, 혹은 그 안에서 기백기십인을 일시에 죽였다. 그리하여 동 6일에 이르러 한인이 죄없음이 밝혀짐에 따라 외계의 여론이 점차로 일어나니 왜정부는 각 경찰서 구내 또는 병영에 한인을 집합한 것은 보호를 위한 것이다라고 선전함과 동시에 각 소에 한인수용소를 설치하여 한인을 그곳에 이송·집합시켜 병대 또는 경찰관으로써 감수(監守)를 삼았다. 따라서 7일부터는 이 참극이 점차 감소하였으나 왜관민(倭官民)공히 학살을 계속한 것은 15일경까지이다.

당시 조선내의 각 언론계 출판물은 물론 왜지의 각 신문·잡지의 한인 학살에 대한 보도를 일체 금지하고 오히려 한인의 이재자(罹災者)를 구제하는 일에 전력을 다한다는 선전적 기재를 장려하고 각처에 한인수용소를 설치하여 실지로는 감금하면서 외계에 대하여는 "조선인 보호이다"라고 선전함과 동시에 한인이 귀국하여 이 참변의 실황을 설포(說布)할 것을 겁내어 정부의 비밀통첩으로써 각 경찰서에서 한인의 귀국을 금지시키고 외계에 대하여는 도중의 위태로움을 염려하는 때문이라 하였다. 그후에 이르러 귀국을 허가하였으나 이들 귀국인의 신변은 순사가 비상한 사찰을 가(加)해 지인(知人)에게 자기가 겪은 경력담을 하면 즉시 '유언비어'라고 엄벌을 가하는 등 요악(妖惡)한 정책과 가혹한 압박으로써 조선 또는 외지에 한인학살의 정황이 전포되는 것을 방지하고 간사한 수단으로써 한인보호의 형식으로 꾸며 세계를 기만하려 했다. 현로(現露)한 사실을 정책과 압박으로써 그 영향을 소멸하려고 세계 공지(共知)의 참극을 수단으로써 호도하려고 했다.

왜정부에서는 당시 외국인으로서 한인학살의 실황을 목격할 것을 방지하기 위해 외국인을 각 소에 집합시켜 경찰관 또는 병대로써 감수하고 외출을 금하고 그 주변에서 왜노들은 총을 쏘고 또는 싸움을 하면서 "이 총성은 한인이 쏘는 총성이며 이 싸움은 한인이 습격하는 소리다"라고 기만하는 동시에 이곳저곳에 한인의 폭행 또는 습격 등의 사실이 빈번하다고 선전하였다.

왜노의 궤변. 왜정부 산본(山本) 내각총리의 유고중에 "금회(今回) 조선인에 대한 사건은 일반인민의 오해로 인해 발생한 바이다"라고 말했으나 왜정부 당국에서 동경시선교무선전신을 통해 관동지방 전반에 대해 한인박멸을 명령한 것은 동년 10월중 왜국 임시국회 중의원에서 공인된 바이다.

더구나 왜노의 상투어인 "진화재의 당시 관민을 논할 것 없이 일본인은 이지력(理智力)을 상실하였던 때인고로 이러한 사건의 발생을 본 것이다"라고 하는 것은 자기의 죄를 타인에게 전과하는 것으로 이지력 상실자나 할 수 있는 행동 아닐까? 이지력을 상실하였다면 한인학살과 외국인기만의 수단은 어떻게 그리 고착할 수 있었던가?

왜족 중 소위 지식계급의 언론은 모두 "금회의 일은 조선인뿐만이 아니라 일본인중에서도 사회주의자는 다수의 피해자를 낸 것인즉 조선인에 대하여 특수한 원한을 가진 경우다"라고 하니 그렇다면 한인 중에서도 사회주의자나 혹은 건설파괴 내지 인명살해의 행위자만 해하였는가? 한인이라고만 하면 불문곡직 도륙한 것은 무슨 이유인가?

왜정부의 소위 조선총독[齋藤實]은 동 6일에 왜지 각 신문에 공포하여 왈 "당시 관동지방에 재주(在住)하는 조선인은 노동자 3천, 학생 3천, 합계 6천명 중 조사의 결과 살해당한 자 2인뿐이다"라고 했다. 관동·관서 양지방에 가장 많이 재주하여 강축(强縮)의 계산으로 전부의 5분의 1이 관동지방에 재주하니 그 수가 3만 이상에 달하는 것은 삼척동자도 다 알고 있는 바이다.

수만 다수의 인명을 살육하면서 2인뿐이라고 발표한 것은 실로 수심(獸心)의 궤변이 아닐 수 없다.

구사일생의 우리 동포로써 잔명(殘命)을 보존한 사람은 왜병영 내지 경찰서에서 요행히 살아남은 사람이 가장 많고 혹은 서까래 밑에서 10여일간을 기한(飢寒)을 참고 견디어 살아남은 사람, 물 속에서 수일간 혹은 장시간을 은신하여 살아남은 사람, 양옥

건축의 입주(立柱)준비를 위해 둘러친 목통(木桶)속에서 수일을 경과하여 구명한 사람, 우리 동포의 시체 속에서 묻혀서 구명한 사람도 있고 왜노 등의 난행을 받아 사전(死前)에 전도(顚倒)하여 눈을 부릅뜨고 사지(四肢)를 떨며 죽은 시늉을 하여 구명을 한 사람, 그 외에도 글로도 다할 수 없이 기막히고 비참한 경과로 살아남은 자도 많다. 슬프다 구사일생의 우리 동포여! 왜노의 괴악(怪惡)한 수중에 들어가 최후의 죽임을 시험하는 것은 과연 어떠한 심정일까? 이래도 최후의 동작 없을손가? 필사의 힘 있으면 무엇이든 할 수 있다.

　형제들이여! 왜지 관동에서 모진 폭행을 당하는 것이 누구의 뼈며 왜지 관동을 진홍으로 물들인 것은 과연 누구의 피인가? 주(主)를 같이하는 우리 형제의 손이요, 발이 아닌가? 거지동일(擧止同一)하여야 할 우리 동포의 살과 피가 아닌가? 이는 우리의 치명상이 아닐 수 없지 않는가? 우리에게 위기일발 닥쳐온 것이 아닌가? 오인(吾人)이 준충(蠢蟲)이 아닌 인류로서의 신경을 가졌다면 최후의 분투 없을 수 없다. 오인이 야만이 아니고 신성한 역사를 가진 민족이라면 개인이 가진 모든 것을 민족적 위기에 처해 희생하여야 하지 않은가?

　목이 천이 짤릴 때까지는 치행준동(痴行蠢動)을 한탄만하고 그물이 내게 건져질 때에 이르러 자기도 같은 우물의 고기인 것을 알아차릴 것인가? 특히 양두(羊頭)를 걸어 놓고 개고기를 팔 시대적 사기배들아! 한시라도 속히 허예(虛譽)와 기만의 흑심을 씻어내라! 냉정한 고려로써 결염(潔廉)한 양심을 회복하라! 배를 불리기 위해 안구(眼球)를 빼먹고 개를 크게 하기 위해 팔을 잘라 다리에 있는 것과 같은 짓을 하면 아니되잖는가? 형제들이여! 내일은 살아남은 각자 형제의 몸에 왜마의 독아(毒牙)가 범습(犯襲)하는 날인 것을 모르는가? 내일은 오인 전체민족에게 왜노의 괴조(怪爪)가 침박(侵迫)하는 날인 것을 모르는가? 형제들이여! 무엇을 준비하고 무엇을 기대하고 있는가? 죽은 후에 장사지낼 준비를 하는가? 하늘에서 별이 떨어질 것을 기대하는가?

　형제들이여! 주저하면 함몰시킬 때를 놓친다. 말할 것없이 최대의 분발로써 최후의 결투를 행할 뿐이다.

1924년 1월 조사원일동 고백　　우대표 김건(金健)
[『韓國獨立運動史』3]

요점　-관동대지진 한인 학살 만행의 진상

6) 其他

□ 韓國獨立運動之血史 序文

● 우리 민족은 맨손으로 일어섰고 붉은 피로 독립을 구하여 세계혁명의 역사에 있어

서 하나의 새로운 세계를 열었다. 기미(己未; 1919)·경신(庚申; 1920)년 이후로는 이러한 움직임이 더욱 치열하고 그 진행이 계속되었다. 오히려 죽음의 세계에 도달하는 것을 반드시 이루어야 할 목적으로 삼았다. 그러므로 나의 역사서술은 마땅히 『통사(痛史)』에 이어 독립이 완성되는 날로 획린(獲麟)의 시기를 삼아야 할 것이며 [공자는 『춘추』의 서술을 획린조에서 더 이상 쓰지 않았다]광복의 역사에 이르러서는 나의 능력있는 벗에게 부탁함이 옳을 것이다. 우리 민족은 단기 4253년 3월 1일에 독립을 선포하였다. 이로써 그 피가 푸른 바다를 날고 소리가 세계를 진동시켜 세계 각 민족으로 하여금 우리가 독립할 자격이 있는 민족임을 고루 인정하게 한 것이다.

그러나 우리 민족의 독립운동은 겨우 이날부터 시작된 것은 아니다. 갑진의정 6조(甲辰議定六條)와 을사보호조약 이래로 독립운동이 하루라도 그친 적이 없었다. 독립에 몸을 맡겨 죽어간 우리의 의병이 수만이요, 독립에 몸을 맡겨 죽어간 우리의 열사가 수천이다. 또한, 우리 지사단(志士團)중 아직 뒤를 이어 죽지 못하고 안팎으로 분주하게 독립을 부르짖으면서 나라의 혼을 불러일으키는 자가 수없이 많다. 천천히 하자는 주장과 빨리 서둘러야 한다는 주장이 서로 계속하기를 수십년이었지만 아직 세계의 주목을 끌지 못하였다. 그러나 3·1선언 이후 우리 민족은 남녀노소, 내외원근(內外遠近)할 것 없이 한 덩어리로 활동하고 일치단결하여 움직이며, 물불을 가리지 않고 뛰어들고 수많은 죽음도 사양하지 않았다.

지난날에는 이등박문을 저격한 자가 안중근 한 사람이었으나 오늘날에는 수백의 안중근이 있다. 지난날에는 이완용을 칼로 찌른 자가 이재명 한 사람이었으나 오늘날에는 수백의 이재명이 나왔다. 이에 세계 각 민족은 비로소 우리 민족의 독립자격을 인정하였다. 또한 그들은 하나같이 "한국은 4천여 년의 영원한 역사와 2천만의 총명한 민족과 고대문화를 가지고 일본인을 앞서서 인도하였다. 비록 일본인이 한때 폭력으로 합병을 강제하였으나 결코 영원히 점령하여 동화시킬 수는 없을 것이다. 삼천리 반도 강산에 이미 새로운 기운이 보이니 독립에 이르는 것은 오직 시간문제일 뿐이다"라고 말하고 있다. 따라서 우리 민족의 앞으로 갈 길의 결과는 의심할 바 없고 오직 시간문제라 하겠다. 그렇다면 어떻게 진행하는 것이 옳겠는가. 더러는 "미국과 일본의 교섭이 날로 험악해져 반드시 전쟁을 피하지 못하리니 이것이 기회다"라고 말한다. 또 다른 이들은 "러시아의 새로운 당이 여러번 들고 일어나 적화(赤化)를 선포하고 일본인들에게 복수하기 위한 전쟁을 할 것이니 이것이 기회다"라고 한다 [볼셰비키혁명당이 노일전쟁의 패배를 설욕하기 위한 전쟁을 할 것이라는 것]. 또 더러는 "일본 내부의 사회파가 날로 발전하여 머지않아 혁명을 일으킬 것이니 이것이 기회다"라고 말하기도 한다.

이러한 유형의 이야기는 모두 당연한 사실이다. 그러나 우리 민족의 독립은 마땅히 우리의 힘으로 이루어야 한다. 결코 이같은 외국의 형편에 기대어 요행을 바라고 하는 사업으로 해서는 안된다. 어떤 사람들은 "우리민족의 활동은 맨손과 피뿐이요, 물질적인 실력이 모자라는데 어떻게 우리 힘으로 독립을 이룰 수 있겠느냐"고 한다. 그러나 나는 그렇지 않다고 한다. 이것은 무슨 이야기인가? 이제 우리 민족이 독립의 뜻을 내세웠는데 설사 밖으로부터의 기회가 없더라도 이 운동이 그치겠는가? 진실로 마땅한 진행방법만 찾으면 어찌 또 힘이 부족하겠는가. 진행방법으로 말하면 오직 정신상·사실상의 두 가지 분투할 힘을 자신있게 말할 수 있다. 정신상의 분투란 오직 참고 견디는 것이다.

대개 인류가 경쟁의 무대에 서서 위험을 무릅쓰고 용감히 나아가며 있는 힘을 다하여 싸워 목숨을 아끼지 않는다면 하나의 생(生)을 얻고 백번을 패배한 후에도 나머지 하나의 공(功)을 얻을 것이다. 이 모두 참고 견디는 인내력의 보람이다. 이제 우리 민족 모두가 날이 시퍼런 칼을 보아도 도망하지 않고 발로 철망을 밟아도 거리끼지 않는다. 이렇게 용감하고 씩씩하게 분투한 지 이미 2년이 지났다. 혹시라도 두세번의 궐기에 기운이 다하고 한두번의 실패에 떨쳐 일어나지 못하여 오랜 기간을 진행해 나아가지 못한다면 하늘의 운이 도울 수 없고 기호가 따를 수 없을 것이다. 그러나 능히 참고 견디며 백번 꺾여도 숙어들지 않고 열번 밟혀도 다시 일어나 현상태를 비관하지 않고 험난한 길에 걸음을 멈추지 않으면 최후의 결과는 반드시 승리를 이룰 것이다. 이것이 곧 정신상의 진행방법이다.

사실상의 방법에 관해 논해 보자. 만약 정식전쟁으로 한다면 결국 우리가 이기기는 어려울 것이다. 그러나 우리가 저들의 통치의 힘을 잃도록 여러 가지로 그르치게 한다면 그것으로 좋은 방법이 될 것이다. 이것이 무슨 이야기인가? 옛날 우리나라 관청에 한 고약한 관리가 있어 괴상한 형벌을 만들어내 죄인을 매섭게 때리는데 살점이 떨어지고 피가 흘러내려 죄인이 죽게 되곤 하였다. 여러 고을을 다스리며 두려워하는 소리가 심하게 돌던 때에 홍천군수에 이르렀다. 하급관리들이 "우리들도 이 사람의 손에 벌을 받게 되면 모두 죽게 될 것이니 동맹하여 저항하는 지혜를 쓰자"고 협의하였다. 그리하여 일을 당하게 되자 고의로 순응하지 않았다. 군수가 불같이 화를 내며 곤장을 치게 했다. 그러나 곤장을 치는 졸개가 범인을 치는 듯 마는 듯 하였다. 군수는 더욱 화가 나서 다른 졸개를 불러 치게 했으나 마찬가지였다. 이렇게 두 번 세 번 바꾸었으나 여전했다. 군수가 아무리 발을 구르고 호령을 하여도 말을 듣지 않았다. 결국 그들이 동맹을 맺고 저항하는 것임을 깨닫고는 그 날로 군수를 그만두었다.

이제 우리 민족 2천만 인민이 저들의 행정을 대할 때 일치단결하여 저항하면 저들이 아무리 물러가지 않으려 해도 그것이 불가능할 것이다. 오늘날 이집트의 독립운동을 보자. 기술자는 일하지 않고 상인은 문을 닫고 학생은 수업을 거부하며 관리는 퇴직하였다. 이러한 여러 가지 어려운 현상이 계속 나타나 그치지 않게 되자 영국은 결국 통치의 힘을 잃고 독립을 인정하게 되었다. 아일랜드도 마찬가지이다. 인구는 겨우 300만, 그러나 한마음으로 뭉쳐서 경찰서를 때려부수고 납세를 거부하였다. 그러나 그 주동자를 체포 할 수 없었다. 영국인들은 결국 대책이 궁하게 되었다.

지금 우리 민족은 이러한 정도에 이르지 못하여 저들을 위하여 관리가 된 자가 있고 저들을 위하여 정찰견 노릇을 하는 자가 있다. 그렇기 때문에 저들이 난폭한 정치를 시행할 수 있고 우리 독립단의 기관을 낚아챌 수 있는 것이다. 만약 관리가 된 자들을 모두 퇴직하게 한다면 그들의 행정은 손을 놀릴 방법이 없을 것이며 우리가 정찰견 노릇을 하지 않고 여러 가지로 허물을 덮어주면 그들을 염탐하여 잡아내는 술책도 쓰지 못할 것이다. 만약 이렇게 된다면 적극적으로 저들 경찰과 서로 대항하여도 저들이 무슨 방법으로 우리를 막아내겠는가.

납세의 거절도 소수만이 행하면 저들이 체포하여 형벌을 줄 것이나 2천만이 일치단결하여 행한다면 저들이 어떻게 일일이 수색·체포하여 벌을 주어 다스리겠는가. 이에 그들의 통치는 완전히 힘을 잃어 비록 돌아가고 싶지 않을지라도 돌아가지 않을 수 없을 것이요, 독립을 허락하고 싶지 않으나 허락하지 않을 수 없을 것이다. 실로 이렇게 나아간다면 우리 민족의 독립은 능히 우리의 힘으로 얻을 수 있는데 어떻게 오는 기회만 기다릴 것인가. 전쟁의 방법에 있어서는 우리의 군사와 장수들이 이미 수십년의 경험으로 얻은 것이 있으니 이에 대해 자세한 이야기를 기다릴 것은 없을 것이다.

박은식(朴殷植)
[『韓國獨立運動之血史』]

요점
- 저술의 목적과 의의
- 일제의 조선사편수회 설립목적

□ 6·10만세운동 격고문

● 우리는 벌써 민족과 국제평화를 위하여 1919년 3월 1일에 우리의 독립을 선언하였다.

우리는 역사적 국수주의를 반복하려는 것은 아니다. 우리의 항구적 국권과 자유를 회복하려 함에 있다.

우리는 결코 일본 전 민족에 대한 적대가 아니요 다만 강도 일본제국주의의 야만적 통치로부터 탈퇴코자 함에 있다.

우리의 독립의 요구는 실로 정의의 결정으로 평화의 실현인 것이다.

형제여 자매여! 속히 나와서 일본제국주의와 싸우자, 그리하여 완전한 독립을 회복하자.

(1) 조선독립만세
(2) 조선은 조선인의 조선이다.
(3) 횡포한 총독정치를 구축하고 일제를 타도하라.
(4) 학교의 용어는 조선어로.
(5) 학교장은 조선사람이어야 한다.
(6) 일본인을 조선의 영역으로부터 구축하자.

(7) 조선의 대학, 전문학교는 조선인으로 하자.
(8) 동양척식회사를 철폐하자.
(9) 일본인의 식민지를 철폐하자.
(10) 일체의 납세를 거절하자.
(11) 일본인 물품을 배격하자.
(12) 조선인 관리는 일체 퇴직하라.
(13) 공장의 노동자는 총파업하라.
(14) 8시간 노동제를 실시하라.
(15) 동일노동의 동일임금.
(16) 소작제는 4:6제로 하고 공과금은 지주가 부담하라.
(17) 소작권은 이동치 못한다.
(18) 일본인 지주의 소작료는 주지 말자.

[이석태, 『사회과학대사전』, 1946]

□ 光州學生運動 檄文

● 학생투쟁지도본부의 격문

(1)

장엄한 학생대중이여! 최후까지 우리들의 슬로건을 지지하라! 그리하여 궐기하자! 싸우자! 굳세게 싸우라!

1. 검거자를 즉시 우리의 손으로 탈환하자.
1. 교내에 경찰의 침입을 절대 반대한다.
1. 교유회 자치권을 획득하자.
1. 언론, 출판, 집회, 결사, 시위의 자유를 획득하자!
1. 직원회에 학생대표를 참가시켜라.
1. 조선인 본위의 교육제도를 확립하라!
1. 식민지적 노예교육제도를 철폐하라!
1. 사회과학연구의 자유를 획득하라!
1. 전국학생대표자회의를 개최하라!

(2)
1. 조선민중아 궐기하라!
1. 청년대중아! 죽음을 초월하고 싸우라!
1. 검거자를 즉시 석방하라!
1. 재향군인단의 비상소집을 즉시 해산하라!
1. 경계망을 즉시 철퇴하라!
1. 소방대, 청년단을 즉시 해산하라!
1. 만행의 광주중학을 폐쇄하라!
1. 기성학부형위원회를 분쇄하라!

1. 학부형대회를 소집하라!
1. 일본제국주의를 타도하라!
1. 피압박민족해방만세!

[광주지방법원 『昭和三年刑公』 제884호, 891호]

□ 朝鮮語學會事件

● 우자(右者)에 대한 치안유지법 위반 피의사건에 관하여 예심을 수행하여 종결·결정한 것이 좌(左)와 같음.

주문(主文)
피고인   이고루·최현배·이희승·정인승·이중화·이우식·김양수·장현식·김도연·이인·김법린 및 정태진에 대한 본건을 함흥 지방법원의 공판에 부침.

이 유
민족운동의 한 가지 형태로서의 소위 어문운동(語文運動)은 민족고유의 어문의 정리·통일·보급을 도모하는 하나의 문화적 민족운동인 동시에 가장 심모원려(深謀遠慮)를 포함한 민족독립 운동의 점진형태(漸進形態)이다.

생각컨대, 언어는 사람의 지적·정신적인 것의 원천일 뿐 아니라, 사람의 의사·감정을 표현하는 이외에 그 특성도 표현하는 것이므로, 민족고유의 언어는 민족안에 있어서 의사의 소통은 물론 민족감정 및 민족의식을 빚어내어 이에 군건한 민족의 결합을 성취시키며, 그것을 기록하는 민족고유의 글자가 있어서 이에 민족문화를 성립시키는 것이니, 민족적 특질은 그 어문을 통하여, 나아가서는 민족문화의 특수성을 파행시키고 향상 발전시키며, 그 고유문화에 대한 과시와 애착은 민족적 우월감을 생기게 하고, 그 단결을 일층 공고하게 하여 그 민족은 활발히 발전하게 된다.

그러므로 민족 고유의 어문의 소장(消長)은 그것이 곧 민족 자체의 소장에 관한 것이 되므로, 약소민족은 필사의 노력으로써 그것을 유지·보전하기에 힘쓰며, 아울러 그 발전을 꾀하여 방언의 표준어화, 문자의 통일과 보급을 희구하여 마지않는다.

그리하여 어문운동은 민족 고유문화의 쇠퇴를 방지할 뿐 아니라, 그 향상발전을 가져오게 하고, 문화의 향상은 민족 자체에 대하여 일층 군센 반성적 의식을 불러일으키고, 강렬한 민족의식을 배양하여 약소민족에게 독립의 의욕을 용솟음치게 하며, 정치적 독립달성의 실력을 양성시키는 일이 되나니. 이러한 운동은 18세기 중엽이랴, 구라파 약소민족들이 반복하여 채용하여 큰 성과를 거둔 데에 비추어볼 때에 세계 민족운동사상에 가장 유력하고 또 효과적인 운동이라고 인정하기에 이르렀다.

그리하여 본건 조선어학회는 대정 8년 만세소요사건의 실패에 비추어 조선의 독립을 장래에 기약하는 데는 문화운동에 의하여 민족정신의 활기와 실력양성을 급무로 삼아서 대두된 소위 실력양성 운동이 그 출발의 꽃 봉오리였음에 불구하고, 드디어 용두사미로 마쳐서, 그 본령을 충분히 발휘하지 못하였더니, 그 뒤를 받들어 소화 6년(1932) 이래로 피고인 이고루를 중심으로 하여 문화운동 중 그 기초적 운동이 되는 위에서 말한바, 어문운동의 방법을 취하여 그 이념으로써 지도이념을 삼아가지고, 겉으로는 문화운동의 가면을 쓰고 조선독립을 목적한 실력배양 단체로서 본건이 검거되기까지 10여 년이나 오랫동안 조선민족에 대하여 조선의 어문운동을 전개하여 온 것이다.

[『한글학회』 50년사』]

요점 —어문운동의 민족운동사적 의의

2. 日帝下 國外民族運動

- 개요 -

1910년 일제의 조선병탄을 전후하여 항일세력은 대거 만주·연해주 등지로 활동무대를 옮기고 독립전쟁을 준비하게 되었다. 이들은 이주동포들의 지원아래 독립군 기지를 건설하여 군사력을 배양하고 교육을 통하여 민족의식을 고취하고 있었다. 3·1운동은 국외의 민족운동을 크게 고무시켰다. 이 시기 국외의 민족운동은 독립전쟁론과 외교독립론으로 대별된다. 만주·연해주 일대의 동포사회를 기반으로 하는 항일 무장투쟁세력은 청원운동이나 타협주의를 거부하고 본격적인 독립전쟁만이 민족해방을 가져올 수 있다는 전제하에서 한·만 국경지대에서 끊임없이 유격전과 국내진공작전을 전개하였다. 홍범도·김좌진 등이 이끄는 신흥무관학교 출신병력을 주축으로 하는 독립군은 봉오동·청산리전투에서 일본군을 궤멸시키는 전과를 거두기도 하였다.

한편 상해 임시정부는 국내 연통제(聯通制)의 실시와 외교활동에 주력하였다. 임정은 파리강화회의와 워싱턴회의 등에 대표를 파견하여 독립지지를 호소하였지만 아무런 성과도 거두지 못하였으며 이승만의 위임통치 청원을 계기로 분열되어 갔다. 이에 따라 1923년 독립운동전선의 통일을 위해 상해·만주·노령 등지의 민족운동단체가 참여하는 국민대표자회의가 개최되었다. 그러나 이조차도 임정 개조(改造)파와 창조(創造)파로 대립하여 성과를 거두지 못한 채 임정의 침체기를 맞이하였다.

1930년대 이후 전개된 항일무장투쟁으로는 만주지역의 동북항일연군 및 조국광복회, 화북지방을 중심으로 한 조선독립동맹, 중경 임정의 광복군 등의 활동을 들 수 있다.

> 1931년 만주사변이 발발함에 따라 만주일대는 전지역이 전선화되었다. 동북만주의 한국독립군, 남만주의 조선혁명군 등 민족주의계열의 무장세력은 중국의 항일부대와 연대, 상당한 전과를 거두었으나 1930년대 중엽에는 중국 본토로 퇴각하지 않을 수 없었다.
> 이에 비하여 만주지역의 노농운동은 무장투쟁으로 발전하기 시작하였으며 항일유격대의 활동이 활발해졌다. 1933년 결성된 중국공산당이 조직한 동북인민혁명군 제2군은 조선인이 주력이었으며 항일투쟁의 핵심이었다. 1936년에는 만주지역 동포들의 항일통일전선체인 재만한인조국광복회가 결성되어 국내공작에 주력하였다. 조국광복회 국내조직은 동북항일연군과 연계하여 국내진공작전을 수행하였는데 1937년 보천보(普天堡)전투가 그 대표적인 사례이다.
> 중국본토에서도 항일무장투쟁이 활발히 시도되었다. 김원봉을 중심으로 한 조선의용대, 김두봉의 화북조선독립동맹의 무장투쟁이 있었으며 중경의 임정은 1940년 이청천을 총사령으로 광복군을 결성하였다. 광복군은 조선의용대의 일부가 결합한 후 군대로서 면모를 갖추고 대일항쟁을 시작하였다. 광복군은 중국·인도·버마전선의 심리전에 투입되어 성과를 거두었으며 국내 진공을 준비중 일본군의 항복으로 목적을 달성하지 못하였다.
> 이와 같이 항일무쟁투쟁은 민족해방을 실현하기 위한 유일한 노선이자 기본동력이었다.

1) 民族主義運動

☐ **大韓民國臨時政府 憲章·法律 및 命令(1919.4)**

● 대한민국 임시헌장 선포문

신인일치(神人一致)로 중외협응(中外協應)하야 한성(漢城)에 기의(起義)한지 30유일(有日)에 평화적 독립을 3백여 주에 광복하고 국민의 신임으로 완전히 다시 조직한 임시정부는 항구완전한 자주독립의 복리로 아(我) 자손려민(子孫黎民)에게 세전(世傳)키 위하야 임시의정원의 결의로 임시헌장을 선포하노라.

대한민국 임시헌장

제1조 대한민국은 민주공화제로 함.
제2조 대한민국은 임시정부가 임시의정원의 결의에 의하여 차(此)를 통치함.
제3조 대한민국의 인민은 남녀·귀천 및 빈부의 계급이 무(無)하고 일체 평등임.
제4조 대한민국의 인민은 신교(信敎)·언론·저작·출판·결사·집회·신서(信書)·
　　　주소이전·신체 및 소유의 자유를 향유함.
제5조 대한민국의 인민으로 공민자격이 유한 자는 선거권 및 피선거권이 유함.

제6조 대한민국의 인민은 교육·납세 및 병역의 의무가 유함.
제7조 대한민국은 신의 의사에 의하야 건국한 정신을 세계에 발휘하며 진(進)하야 인류의 문화 및 평화에 공헌하기 위하야 국제연맹에 가입함.
제8조 대한민국은 구황실을 우대함.
제9조 생명형(生命刑)·신체형 및 공창제(公娼制)를 전폐함.
제10조 임시정부는 국토회복 후 만 1개년내 국회를 소집함.

대한민국 원년 4월　일

임시의정원 의장 이동녕(李東寧)
임시정부 국무총리 이승만(李承晩)
내무총장 안창호(安昌浩)　　외무총장 김규식(金奎植)
법무총장 이시영(李始榮)　　재무총장 최재형(崔在亨)
군무총장 이동휘(李東輝)　　교통총장 문창범(文昌範)

선서문

존경하고 열애하는 아(我) 2천만 동포 국민이여, 국민원년(國民元年) 3월 1일, 아 대한민국이 독립선언함으로부터 남과 여와 노와 소와 모든 계급과 모든 종파를 물론하고 일치코 단결하야 동양의 독일인 일본의 비인도적 폭행하에 극히 공명하게 극히 인욕(忍辱)하게 아 민족의 독립과 자유를 갈망하는 실사(實思)와 정의와 인도를 애호하는 국민성을 표현하지라 금(今)에 세계의 동정(同情)이 흡연(翕然)히 아 국민에 집중하엿도다. 차시를 당하야 본정부 전국민의 위임을 수하야 조직되엿나니 본정부-전국민으로 더브러 전심(專心)코 륙력(戮力)하야 임시헌법과 국제도덕의 명하는 바를 준수하야 국토광복과 방기확고(邦基確固)의 대사명을 과(果)하기를 자에 선서하노라 동포국민이여 분기할지어다. 우리의 유(流)하는 일적(一滴)의 혈이 자손만대의 자유와 복락의 가일(價一)이요, 신의 국의 건설의 귀하 기초이니라. 우리의 인도(人道)-맛참내 일본의 야만을 교화할지요, 우리의 정의-맛참내 일본의 폭력을 승(勝)할지니. 동포여, 기(起)하여 최후의 일인까지 투쟁할지어다.

정강(政綱)
1. 민족평등·국가평등 및 인류평등의 대의를 선전함.
2. 외국인의 생명재산을 보호함.
3. 일체 정치범인을 특사(特赦)함.
4. 외국에 대한 권리의무는 국민정부와 체결하는 조약에 일의(一依)함.
5. 절대독립을 서도(誓圖)함.
6. 임시정부의 법령을 위월(違越)하는 자는 적으로 인(認)함.

대한민국 원년 4월

대한민국 임시정부
[『韓國獨立運動史資料』Ⅱ]

요점 ─ 대한민국 임시정부의 성립

□ 大韓民國臨時政府 承認歎願書

◉ 우리들 외국에 거주하는 한국교민은 이곳 필라델피아에서 한인 대표자회의를 개최, 2천만 한국국민을 대표하여 조직된 대한민국 임시정부를 승인해 줄 것을 탄원하는 바이다.

　임시정부는 공화주의 정체이며 지도이념은 진정한 민주주의 정신을 바탕으로 하고 있다. 우리 공화국은 민주주의 원칙의 지도하에 자유스런 국민생활을 보장하고 있다. 그러므로 우리의 지상목표는 남에게 양도할 수 없는 민족자결의 권리를 되찾는데 있다. 한국은 1905년까지 하나의 독립왕국이었으며, 미국은 1882년 한·미조약에서 이를 완전히 승인 보장한 바 있다. 미국 대통령과 국민은 국제정의에 입각, 과거 정의와 자유를 위해 투쟁한 혁혁한 투쟁정신을 인식하고, 민주주의를 위하여, 약소국가의 권리를 옹호하기 위하여 우리의 정당한 청원에 호의적인 고려를 해주기 바란다.

1919년 4월 16일
제1회 미주 한인대표자회의 대표 정한경(鄭翰景)
[『徐載弼의 在美韓人記錄』]

요점 ─ 미주지역의 독립청원운동

□ 大韓民國臨時政府 施政方針[발췌]

◉ 내　정
제1항 통일집중 ; 내외에 있는 국민을 연락·통일하여 중앙에 권력을 집중하고 아(我) 민족 전체로 하여금 일치행동케 하기 위하여 다음과 같은 방침을 실시.
　　① 연통제 실시　　② 민단제실시　　③ 각 단체 연락
　　④ 인물연락　　　 ⑤ 인물집중　　　 ⑥ 선전원파송
　　⑦ 반도처치(反徒處置) ⑧ 시찰파견　　 ⑨ 기관보간행
제2항 대적(對敵) ; 개전의 준비완성까지는 우선 현재로서는 일본통치를 절대 거절하고 완전독립의 의사를 표시하기 위하여 다음과 같은 방법을 실시함.
　　① 시위운동　　　② 납세거절　　　③ 소송거절
　　④ 관공리퇴직　　⑤ 일본 연호·기장폐지(旗章廢址)
　　⑥ 일화배척 장려　⑦ 일인법령 거절

⑧ 임시작탄(臨時炸彈)사용; 필요로 인정할 시기에는 작탄 등 적과 및 창귀(脹鬼)를 격살하고 혹은 기 영조물(營造物)을 파괴함.
⑨ 국내 감사대(敢死隊) 조직: "국내에 모험심있는 청년으로 감사대를 조직하여 일(一)은 국민에게 이상 제반행위를 고찰하고, 이(二)는 모든 일에 선봉이 되게 함.
⑩ 국외 감사대 조직: 국외에 있는 청년으로 감사대를 편성하고 내지(內地)에 잠파(潛派)하여 전절 동양(同樣)의 행동을 취하게 함.
⑪ 국내 각 교파·보부상 기타 각 단체를 사용하여 이상 행사에 주동이 되게 함.
⑫ 비행기 사용.

제3항 교통
제4항 교육; 목하 독립운동을 진행하고 있는 동안에도 될 수 있는 대로 교육에 전력하기 위하여 다음과 같은 방법을 점차 실행함.
① 교과서 편찬   ② 의무교육 실시   ③ 관리양성
④ 긴요사용에 관한 기술의 습득을 위하여 외국에 유학생을 파견함.
⑤ 서적간행; 직접 혹은 간접으로 위인·열사의 전기와 모험 및 애국적 소설 등을 간행하여 국민의 충렬한 지기를 조장케 함.

군 사

제5항 개전준비; 독립운동의 최후수단인 전쟁을 대대적으로 개시하여 규율적으로 진행하고 최후승리를 얻을 때까지 지구하기 위하여 다음과 같은 준비의 방법을 실행함.
① 군사 적재소집; 군사상 수양과 경험있는 인물을 조사·소집하고 군사회의를 열어 작전계획을 준비함과 아울러 각종 군사직무를 분담 복무케 함.
② 국외의용병 모집·훈련; 아령(俄領)·중령(中領) 각지에 십만명 이상의 의용병 지원자를 모집하여 다음과 같은 훈련을 함.
③ 사법부분치   ④ 군사사단(軍士私團) 조사
⑤ 국민의용병   ⑥ 사관학교설립   ⑦ 비행기대 편성
⑧ 작탄대편성   ⑨ 외국사관학교 유학
⑩ 전시 긴요기술 학습 ⑪ 군물(軍物)수입 교섭   ⑫ 준비양곡
⑬ 군사선전원 파견   ⑭ 군법·군규(軍規) 제정

외 교

제6항 세계에 대한 선전; 세계열국으로 하여금 대한의 독립이 세계평화 유지상 필요함을 깨닫게 하여 아(我) 민국에 동정케 하도록 다음과 같은 방법으로 선전을 실행함.
① 선전사무확장; 선전부를 확장하여 일본의 침략주의가 세계평화의 화근이 되는 이유와 한국에 대한 비인도적 행위에 관한 사실과 한국의 독립이 세계평화에 필요하고 한족의 자

격이 독립국민으로서 충분함을 실증하는 등의 자료를 수집하여 민활하게 선전함.
② 선전원 파견.
③ 정당·교회 및 각 단체 이용.
④ 원동(遠東)거류 미인(美人)사용
⑤ 한·중 친목회를 조직.

제7항 조사; 선전의 자료와 외교의 진행에 공용하기 위하여 다음과 같은 방법으로서 내외의 조사를 실행함.
① 내지 및 일본에 관한 조사원을 밀파하여 독립운동 진행의 정황 및 일본의 이에 대한 의사 및 요행을 조사케 함.
② 국제문제·열국정책·세계사조·심사 및 관계 신문·잡지 수집, 세계각국의 신문·잡지에 게재된 한·일 관계에 대한 논평, 열강의 정책 및 국제문제·세계사조 등에 관한 사항을 수집하여 심사함.
③ 각국 정계 대아(對我) 의사탐사.
④ 일본에 밀탐을 파견하여 관료와 군벌의 대륙 및 태평양정책 및 군사계획의 여하를 탐사케 함.

제8항 교섭; 아 민국에 특수한 관계가 유(有)제국과 상호제휴하고 타 열국에도 동정을 얻기 위하여 다음과 같은 방법으로 교섭을 실행함.
① 중국외교단 편성; 중국외교에 적당한 인원을 선발하여 중국외교단을 편성하고 중국 남북 정부 및 각 성장(省長) 및 독군(督軍)과 교섭하여 중국지방으로 하여금 아 민국의 정부행동 및 군사준비에 편의를 얻도록 기도하고 중국 사관학교에 아국청년을 입학시켜 아민국 [약10여자 불명]과 중국의 연합행동을 취하도록 요구함.
② 노국에 교섭원파견; 노국외교에 적당한 인원을 선발하여 노국내정을 주밀히 시찰하고 유력한 기관에 교섭하여 군기 및 군수품의 공급과 우리 민국이 일본과 개전의 시에 후원하도록 요구함.
③ 몽고에 교섭원파견; 상당한 인원을 몽고에 파견하여 아 민국이 일본과 개전의 시 원조케 함.
④ 일·미전쟁 촉진 및 군사원조 요구 ; 미국에 파견할 외교원으로 하여금 미국과 교섭시켜 미·일 전쟁을 촉진하고 아 민국에 대하여 군자·군기 및 군수품의 대여를 요구함.
⑤ 외국차관 교섭; 구미에 있는 대자본가에 교섭하여 차관을 얻도록 함.
⑥ 일본을 꺼리는 제국에 특별교섭, 오스트리아 혹은 기타 일본의 무력주의를 규탄하는 나라에 교섭하여 한국개전의 시 한국의 후원이 되게 함.
⑦ 독일에 교섭원 파견; 독일에 상당한 인원을 파견하여 군사상 기술자를 고입(雇入)하고 군기 및 군수품을 차입케 함.
⑧ 영·불·이(伊)에 교섭; 영·불·이 3국에 대하여 한·일전쟁의 시 아 민족에 동정이 있도록 교섭한다.
⑨ 신흥약소국과 교섭
⑩ 중·일 주재 외교관에 교섭

⑪ 국제연맹에 독립승인 및 참가요구

재 정

제9항 수입; 금회 대입의 제반 경비는 금전이 있는 후 성공하게 되므로 상당한 금력을 준비하기 위하여 다음의 방법으로 재정을 수입함.
  ① 인구세 징수
  ② 애국금 의연(儀捐) 수합(收合)
  ③ 공채 발매; 내외국인에게 공채권을 발매하여 다수의 재정을 수입키 위하여 다음의 방법에 의함.
     가) 재산조사   나) 재산등급에 의한 공채발매
  ④ 공채난매(亂賣) 불허.
  ⑤ 공채 발매인 상여; 공채를 발매할 인원에 대하여는 수입액의 10분의 1이내를 상여함.
  ⑥ 임시소득세 납금; 일반국민으로 하여금 각기 소득에 비례하여 매월 혹은 매년에 납금케 하고 지주 및 영업자는 소득의 30분의 1이내, 노동자 및 소작인은 50분의 1이내에 정함을 득함. 단 미령(美領)혹은 기타 노동활동이 풍부한 지방에서는 20분의 1 혹은 30분의 1의 내에서 행함을 득함.
  ⑦ 외국차관
  ⑧ 실업 및 금융기관 설치.
제10항 예산
제11항 적립
제12항 화폐제조

사 법

제13항 사법실시; 독립운동 진행중 질서유지 및 광복을 달성한 후 사법·행정을 준비하기 위하여 다음과 같은 사항을 실행함.
  ① 보통법원 간단구성.
  ② 특별법원을 간단히 구성하여 제14항 기재한 제죄(諸罪)를 심판함.
  ③ 임시감옥 설치.
  ④ 민·형사 법률편찬.
  ⑤ 세계 사법제도 조사 참작.
제14항 상벌; 광복사업에 대한 충의를 장려하고 반도를 징계하기 위하여 다음과 같은 방법으로 포상과 징벌을 시행함.

[『獨立新聞』 50號]

요점
- 대한민국 임시정부의 집행체제
- 대한민국 임시정부의 정책

□ 大韓民國 臨時政府 軍務部 布告文(1920.2)

● 충용한 대한의 남녀여! 혈전(血戰)의 시(時), 광복의 추(秋)가 내(來)하였도다. 너도 나아가고 나도 나아갈지라. 정의를 위하여, 자유를 위하여, 민족을 위하여 철과 혈로써 조국을 살릴 때가 이때가 아닌가.

혼있고 피있는 대한의 남녀여! 선조를 위하여 후손을 위하여 무도한 왜적에게 학살을 당하는 너의 부모·형제·자매를 위하여 최후의 희생을 공(供)할 때가 이때가 아닌가.

신성한 민족인 대한의 남녀여! 4천여 년의 조국을 일조에 도이(島夷)의 야심에 충(充)한 이래로 과거 10년간 가장 가혹한 압박을 수(受)하여도 가장 치욕된 고통을 당하여도 오직 혈루(血淚)를 머금고 구차히 천명(賤命)을 투생(偸生)함은 피차 금일을 대(待)함이 아닌가.

반만년 역사의 권위를 장(杖)하여, 2천만 민족의 의용을 합하여, 20세기 금일의 시대적 요구에 응하여 인도(人道)를 부르며 나아갈 때에 무엇이 두려우며, 무엇을 근심할까? 네 앞에 독립이요, 내앞에 자유뿐이로다.

그런데 우리의 충용과 우리의 피와 우리의 신성과 우리의 권위로써 나아가 싸우려면 전(戰), 싸워 이기려면 승(勝). 무기를 말하느니 보다 자금을 논하느니 보다 제일의 급무는 전투의 기초인 군인의 양성과 군대의 편성이다.

이것이 과연 우리의 정당한 요구요 필연한 사실이요, 완전한 자각이라 하면, 주저말고 고려말고 하루바삐 너도 나와 대한민국의 군인이 되며, 나도 나가 대한민국의 군인이 되어 2천만 남녀는 1인까지 조직적으로 통일적으로 광복군 되기를 서심(誓心)·단행할지어다.

대한민국 2년 1월
군무총장 노백린
[『獨立新聞』 50號]

요점 −임시정부의 무장투쟁 준비

□ 봉오동전투

● 6월 7일 상오 7시에 북간도에 주둔한 아군 7백이 북로사령부(北路司令部) 소재지인 왕청현 봉오동을 향하여 행군할 새 불의에 동 지점을 향하는 적군 3백을 발견한지라. 동군을 지휘하는 홍범도·최명록 양 장군은 즉시 적을 공격하여 급사격(急射擊)으로 적에게 120여의 사상자를 출(出)케 하고 적의 궤주함을 승(乘)하여 즉시 추격전에 이(移)하여 목하 전투중에 在하다.

[「독립신문」 제83호, 1920.6.22]

● 아(我) 추격대의 철수 후 독립군 각 단체는 매우 재빠르게 아병(我兵; 일본군)과의 교전을 선전하고 있다. 도독부는 '군정보신보(軍情報新報)' 호외(號外)를 발행하고 국민회도 인쇄물로서 독립군이 일본군과의 교전 결과 적 150명을 죽이고 적을 선지(鮮地)로 격퇴하여 대승을 얻었다고 고취하며 독립 기세의 홍진(興振)을 책모(策謀)하고 있다. 독립군 각 단체는 계속적인 교전을 예상하고 군사행동에 대한 각단 연락의 방법 및 식량, 장정 모집 등의 재전투 준비를 신속히 행하고 있는 것 같고 장정들이 속속 독립군에 들어가고 있다. 일·중 합의에 따라 교전지 피해조사를 위하여 중국 군대 보호하에 아(我) 경관 수명을 2, 3일 내에 피해지를 시찰시키려 하고 있다. 정보에 의하면 앞서 교전한 적은 두만강 대안 독립군의 전부인 것 같으며 아병의 철퇴 후에 독립군은 강안(江岸) 지대의 요점(要點)에 정찰대를 파견하여 대안 정황을 정찰 중이다.

[『現代史資料』28, p.584]

□ 청산리전투

● 적(일본군)의 전위 보병중대가 아(我)의 후병잠복(後兵潛伏) 10미터 되는 근거리에 至하도록 적은 안심하였다가 아(我)의 후병은 차(此)에 지(至)하기까지 자약불동(自若不動)하다가 충분한 호기(好機)를 제(際)하여 맹렬한 급사격을 행한 지 약 20여 분 만에 1명의 잔여 없이 적의 전위중대를 전멸하니 그 수는 약 200여 명이더라. 그 후방에 추진(追進)하던 적의 본대는 창황망조(蒼黃罔措)하여 미처 전개원전(展開援戰)치 못하고 혼란상태에 함(陷)하여 황급적(遑汲的) 행동으로 산포·기관총을 난사하나 조준과 방향 목표가 부적(不適)한 중 천연적 지물(地物)이 유리하여 아군의 해는 소무(少無)하고 반(反)히 아군의 사기는 왕성케 되다. 시시(是時)에 적은 보병 2개 중대, 기병 약간을 부(附)한 한 부대가 장백산 동북지역으로 우회하여, 동지(同地)에 재(在)한 산림을 점령하여 아군의 익측(翼側)을 포위하다. 적의 본대는 지형이 불리할뿐더러 아군의 사격군기가 자약치밀(自若緻密)하므로 직전개진(直前開進)치 못하고 4, 5백 미터를 퇴각하여 대(隊)를 정돈하여 가지고 아군의 정면 및 익축을 포위하고 산포·기관총으로 난사하는지라 아군이 점령한 지점은 고지이며 은폐 안전할뿐더러 적은 아군의 감제사격(瞰制射擊)을 수(受)하게 되매 적의 사격은 호(毫)도 효과가 무(無)하므로 아군의 사기는 더욱 왕성하고 적은 일모(日暮)됨을 고려하여 숙영지로 퇴환하는 행동을 취하다.

[「독립신문」 제88호, 1920.12.25]

● 이번 전투에 백반의 승산을 유(有)한 적(敵)은 하(何)로 인하여 반(反)히 대패를 초(招)하였으며 백반의 준비가 부족한 아군은 능히 전승을 득(得)하였는지 차(此)를 약진

(略陳)함.

적의 실패 이유
1. 병가(兵家)의 최기(最忌)하는 경적(輕敵)의 행위로 험곡장림을 별로 수색도 없고 경계도 없이 맹진(盲進)하다가 항상 일부 혹은 전부의 함몰을 당함이며
2. 국지전술에 대한 경험과 연구가 부족하여 삼림과 산지중에서 종종 자상충돌(自傷衝突)을 生함이며
3. 해군인(該軍人)의 엽전심(厭戰心)과 피사도생(避死逃生)하는 겁나심(怯懦心)은 극도에 달하여 군기가 문란하여 사법(射法)이 불정(不精)하여 일발의 효(效)가 무(無)한 난사를 행할 뿐이더라.

아군의 전승 이유
1. 생명을 불고하고 분용(奮勇) 결투하는 독립에 대한 군인정신이 먼저 적의 지기(志氣)를 압도함이요.
2. 양호한 진지를 선점하고 완전한 준비로 사격 성능을 극도로 발휘함이요.
3. 응기수변(應機隨變)의 전술과 예민 신속한 활동이 모두 적의 의표에 출(出)함이라. 오호라, 3일간의 전투에 량도(糧道)가 구절(俱絶)되어 다만 5-6궤의 감자로써 아장(餓腸)을 근충(僅充)하고, (一日一夜)에 능히 150여 리의 험산밀림을 통행하되 일호(一毫)도 탈기(奪氣)한 자가 불소(不少)하되 반점(半點)의 원회(怨悔)가 무(無)함은 참으로 독립의 장래를 위하여 희망한 바이더라.

[「독립신문」 제95호, 1921.2.25]

요점 - 간도지역 초기 항일무장투쟁의 성과

□ 朝鮮革命宣言(1923)

◉ -1-

강도 일본이 우리의 국호를 없이하며 우리의 정권을 빼앗으며 우리의 생존적 필요조건을 다 박탈하였다. 경제의 생명인 산림·천택(川澤)·철도·광산·어장, 내지 소공업원료까지 다 빼앗아 일체의 생산기능을 칼로 베며 도끼로 끊고, 토지세·가옥세·인구세·가축세·백일세(百一稅)·지방세·주초세(酒草稅)·비료세·종자세·영업세·청결세·소득세 … 기타 각종 잡세는 날로 증가하여 혈액은 있는 대로 다 빨아가고, 여간(如干) 상업가들은 일본의 제조품을 조선인에게 매개하는 중간인이 되어 차차 자본중심의 원칙하에서 멸망할 뿐이오. …

-2-

내정(內定)독립이나 참정권이나 자치를 운동하는 자―누구이냐?

너희들이 '동양평화' '한국독립보존'등을 담보한 맹약이 먹(墨)도 마르지 아니하여 삼

천리 강토를 집어먹던 역사를 잊었느냐? '조선인민 생명·재산 자유보호' '조선인민 행복증진'등을 밝힌 선언이 땅에 떨어지지 아니하여 2천만의 생명이 지옥에 빠지던 실제를 못 보느냐?

3·1운동 이후에 강도 일본이 또 우리의 독립운동을 완화시키려고 송병준(宋秉畯)·민원식(閔元植)등 한둘 매국노를 시키어 이 따위 광론(狂論)을 부름이니 이에 부화하는 자-맹인이 아니면 어찌 간적(奸賊)아니냐?

설혹 강도 일본이 과연 관대한 도량이 있어 개연(慨然)히 이들의 요구를 허락한다 하자. 소위 내정독립을 찾고 각종 이권을 찾지 못하면 조선민족은 일반의 아귀가 될 뿐이 아니냐? 참정권을 획득한다 하자. 자기 나라의 무산계급의 혈액까지 착취하는 자본주의 강도국의 식민지 인민이 되어 몇 개 노예 대의사(代議士)의 선출로 어찌 아사의 화를 구하겠느냐?

자치를 얻는다 하자. 그 어떤 종류의 자치임을 막론하고 일본이 그 강도적 침략주의의 초패(招牌)인 '제국'이란 명칭이 존재한 이상에는 그 부속하에 있는 조선인민이 어찌 구구한 자치의 허명으로써 민족적 생존을 유지하겠느냐?

설혹 강도 일본이 돌연히 불보살(佛菩薩)이 되어 일조에 총독부를 철폐하고 각종 이권을 환부하며 내정·외교를 다 우리의 자유에 맡기고, 일본의 군대와 경찰을 일시에 철수하며 일본의 이주민을 소환하고 다만 허명(虛名)의 종주권만 가진다 할지라도, 우리가 만일 과거의 기억이 아주 없어지지 아니하였다 하면 일본을 종주국으로 봉대(奉戴)한다 함이 '치욕'이란 명사를 아는 인류로는 못할지니라.

일본 강도정치하에서 문화운동을 부르는자—누구이냐? 문화는 산업과 문물의 발달한 총적(總積)을 가리키는 명사니, 경제약탈의 제도하에서 생존권이 박탈된 민족은 그 종족의 보존도 의문이거든 하물며 문화발전의 가능이 있으랴?

쇠망한 인도족·유태족도 문화가 있다 하지만, 하나는 금전의 힘으로 그 선조의 종교적 유업을 계속함이며, 하는 그 토지와 인구의 광대함으로 상고의 자유발달한 여택(餘澤)을 보수(保守)함이니, 어디 모기나 늑대같이 사람피를 빨다가 골수까지 깨무는 강도 일본의 입에 물린 조선 같은 데서 문화를 발전 혹 보수한 전례가 있더냐?

검열·압수 모든 압박중에 몇 개 신문·잡지를 가지고 '문화운동'의 목탁으로 자명하여 강도의 비위에 거스리지 아니할 만한 언론이나 주장하여 이것을 문화발전의 과정으로 본다 하면, 그 문화발전이 도리어 조선의 불행인가 하노라.

이상의 이유에 거하여 우리는 우리의 생존의 적인 강도 일본과 타협하려는 자[내정·독립·자치·참정권론자]나 강도 정치하에서 기생하려는 주의를 가진 자[문화운동자]나 다 우리의 적임을 선언하노라.

-3-

강도 일본의 구축을 주장하는데 또 여좌(如左)한 논자들이 있으니 제1은 외교론이니, 이조 오백년 문약(文弱)정치가 '외교'로써 호국의 장책(長策)을 삼아 더욱 그 말세에 우심(尤甚)하여 갑신 이래 유신당·수구당의 성쇠가 거의 외원(外援)의 유무에서 판결되며, 위정자의 정책은 오직 갑국(甲國)을 끌어다가 을국(乙國)을 누름에 불과하였고, 그 의뢰의 습성은 일반 정치사회에 전염되어 즉 갑오·갑신 양 전역(戰役)에 일본이 수십만의 생명과 수억만의 재산을 희생하야 청·로 양국을 물리치고 조선에 대하여 강도적 침략주의를 관철하려 하는데 우리 조선의 "조국을 사랑한다. 민족을 건지려 한다"하는 이들은 일검일탄(一劍一彈)으로 혼용탐폭(昏庸貪暴)한 관리나 국적(國賊)에게 던지지 못하고 공함(公函)이나 열국공관에 던지며, 장서(長書)나 일본정부에 보내어 국세(國勢)의 고약(孤弱)을 애소하여 국가 존망·민족사활의 대문제를 외국인 심지어 적국인의 처분으로 결정하기만 기다리었도다. 그래서 '을사조약'·'경술합병' 곧 '조선'이란 이름이 생긴 뒤 몇 천년만의 처음 당하던 치욕에 조선민족의 분노적 표시가 겨우 하얼빈(OO賓)의 총, 종현(鍾峴)의 칼, 산림유생의 의병이 되고 말았도다.

아! 과거 수십년 역사야말로 용자(勇者)로 보면 타매(唾罵)할 역사가 될 뿐이며, 인자(仁者)로 보면 상심할 역사가 될 뿐이다. 그러고도 국망 이후 해외로 나가는 모든 인사들이 사상이 무엇보다도 먼저 '외교'가 그 제1장 제1조가 되면, 국내인민의 독립운동을 선동하는 방법도 '미래의 일미전쟁·일로전쟁'등 기회가 거의 천편일률의 문장이었었고, 제2는 준비론이니, 을사조약의 당시에 열국공관에 빗발치 듯 하던 종이쪽으로 넘어가는 국권을 붙잡지 못하며, 정미년의 해아밀사(海牙密使)도 독립회복의 복음을 안고 오지 못하매, 이에 차차 외교에 대하여 의문이 되고 전쟁이 아니면 안되겠다는 판단이 생기었다. 그러나 군인도 없고 무기도 없이 무엇으로써 전쟁하겠느냐? 산림유생들은 춘추대의에 승패를 불계(不計)하고 의병을 모집하여 아관대의(峨冠大衣)로 지휘의 대장이 되며, 사냥포수의 화승대(火繩隊)를 몰아가지고 조일전쟁의 전투선에 나섰지만 신문쪽이나 본 이들 – 곧 시세를 짐작한다는 이들은 그리할 용기가 아니난다.

이에 "금일 금시로 곧 일본과 전쟁한다는 것은 망발이다. 총과 대포도 장만하고 사관이나 병졸감까지라도 다 장만한 뒤에야 일본과 전쟁한다"함이니, 이것이 이른바 준비론, 곧 독립전쟁을 준비하자 함이다. 외세의 침입이 더할수록 우리의 부족한 것이 자꾸 감각되어 그 준비론의 범위가 전쟁 이외까지 확장되어 교육도 진흥해야겠다. 상공업도 발전해야겠다. 기타 무엇무엇 일체가 모두 준비론의 부분이 되었었다.

경술 이후 각 지사들이 혹 서북간도의 삼림을 더듬으며, 혹 시베리아의 찬바람에 배부르며, 혹 남북경(南北京)으로 돌아다니며, 혹 미주나 하와이로 들어가며, 혹 경향에 출몰하여 10여 성상 내외 각지에서 목이 터질 만큼 준비! 준비!를 불렀지만 그 소득이 몇 개 불완전한 학교와 실력 없는 회(會)뿐이었다. 그러나 그들의 성력(誠力)의 부족이 아니라 실은 그 주장의 착오이다.

강도 일본이 정치·경제 양면으로 압박을 주어 경제가 날로 곤란하고 생산기관이 전부 박탈되어 의식의 방책도 단절되는 때에 무엇으로? 어떻게 실업을 발전하며? 교육을 확장하며? 더구나 어디서 얼마나 군인을 양성하며, 양성한들 일본전투력의 백분의 일에 비교라도 되게 할 수 있느냐? 실로 일장의 잠꼬대가 될 뿐이로다.

이상의 이유에 의하여 우리는 '외교'·'준비'등의 미몽(迷夢)을 버리고 민중의 직접혁명의 수단을 취함을 선언하노라.

-4-

조선민족의 생존을 유지하자면 강도 일본을 구축할지며, 그렇게 하려면 오직 혁명으로써 할 뿐이니, 혁명이 아니고는 강도 일본을 구축할 방법이 없는 바이다.

그러나 우리가 혁명에 종사하려면 어느 방면부터 착수하겠느뇨? 구시대의 혁명으로 말하면 인민은 국가의 노예가 되고 그 위에 인민을 지배하는 상전 곧 특수세력이 있어 그 소위 혁명이란 것은 특수세력의 명칭을 변경함에 불과하였다. 다시 말하면 '을'의 특수세력으로 '갑'의 특수세력을 변경함에 불과하였다.

……

민중이 어떻게 각오하느뇨?

민중은 신(神)이나 성인이나 어떤 영웅호걸이 있어 '민중을 각오'하도록 지도하는 데서 각오하는 것도 아니요, "민중아 각오하자" "민중이여 각오하여라" 그런 열규(熱叫)의 소리에서 각오하는 것도 아니요, 오직 민중이 민중을 위하여 일체 불평·부자연·불합리한 민중향상의 장애부터 먼저 타파함이 곧 "민중을 각오케"하는 유일방법이니 다시 말하자면 곧 선각한 민중이 민중의 전체를 위하여 혁명적 선구가 됨이 민중각오의 제1보니라. ……

조선 안에 강도 일본의 제조한 혁명원인이 산같이 쌓이었다.

언제든지 민중의 폭력적 혁명이 개시되어 "독립을 못하면 살지 않으리라" "일본을 구축하지 못하면 물러서지 않으리라"는 구호를 가지고 계속 전진하면 목적을 관철하고야 말지니 이는 경찰의 칼이나 군대의 총이나 간활한 정치가의 수단으로도 막지 못하리라.

혁명의 기록은 자연히 처절장절한 기록이 되리라. 그러나 물러서면 그 후면에는 흑암한 함정이요, 나아가면 그 전면에는 광명한 활로니 우리 조선민족은 그 참절장절한 기록을 그리면서 나아갈 뿐이니라.

이제 폭력—암살·파괴·폭동—의 목적물을 대략 열거하건대, 1) 조선총독 및 각 관공리. 2) 일본천황 및 각 관공리. 3) 정탐노(偵探奴)·매국노. 4) 적의 일체시설물 등이다.

이것 외에 각 지방의 신사(紳士)나 부호가 비록 현저히 혁명적 운동을 방해한 죄가 없을 지라도 언어 혹 행동으로 우리의 운동을 완화하고 중상하는 자는 우리의 폭력으로써 대부(對付)할지니라.

일본인 이주민은 일본 강도정치의 기계가 조선민족을 위협하는 선봉이 되어 있은 즉 또한 우리의 폭력으로 구축할지니라.

혁명의 길은 파괴로부터 개척할지니라. 그러나 파괴만 하려고 파괴하는 것이 아니라

건설하려고 파괴하는 것이니, 만일 건설할 줄을 모르면 파괴할 줄도 모를지며, 파괴할 줄을 모르면 건설할 줄도 모를지니라. 건설과 파괴가 다만 형식상에서 보아 구별될 뿐이요, 정신상에서는 파괴가 곧 건설이니 이를테면 우리가 일본세력을 파괴하려는 것이 제1은 이족통치(異族統治)를 파괴하자 함이다. 왜? '조선'이란 그 위에 '일본'이란 이족 그것이 전제(專制)하여 있으니 이족전제의 밑에 있는 조선은 고유적 조선이 아니니, 고유적 조선을 발견하기 위하여 이족통치를 파괴함이니라.

제2는 특권계급을 파괴하자 함이다. 왜? '조선민중'이란 그 위에 총독이니 무엇이니 하는 강도단의 특권계급이 압박하여 있으니, 특권계급의 압박 밑에 있는 조선민족은 자유적 조선민중이 아니니 자유적 조선민중을 발견하기 위하여 특권계급을 타파함이니라.

제3은 경제 약탈제도를 파괴하자 함이다. 왜? 약탈제도 밑에 있는 경제는 민중 자기가 생활하기 위하여 조직한 경제가 아니요, 곧 민중을 잡아 먹으려는 강도의 살을 찌우기 위하여 조직한 경제니 민중생활을 발전하기 위하여 경제 약탈제도를 파괴함이니라.

제4는 사회적 불평균을 파괴하자 함이다. 왜? 약자 위에 강자가 있고 천민 이상에 귀족이 있어 모든 불평균을 가진 사회는 서로 약탈, 서로 질투·원수시하는 사회가 되어 처음에는 소수의 행복을 위하여 다수의 민중을 잔해(殘害)하다가 말경에는 또 소수끼리 서로 잔해하여 민중전체의 행복을 증진하기 위하여 사회적 불평균을 파괴함이니라.

제5는 노예적 문화사상을 파괴하자 함이다. 왜? 유래(遺來)하던 문화사상의 종교·윤리·문학·미술·풍속·습관 그 어느 무엇이 강자가 제조하여 강자를 옹호하던 것이 아니더냐? 강자의 오락에 공급하던 도구가 아니더냐? 일반민중을 노예화케 하던 마취제가 아니더냐?

　　　　……

다시 말하자면 '고유적 조선의', '자유적 조선민중의', '민중적 경제의', '민중적 사회의', '민중적 문화의', '조선을', '건설'하기 위하여 '이족통치의', '약탈제도의', '사회적 불평균의', '노예적 문화사상의' 현상을 타파함이니라.

　　　　……

이제 파괴와 건설이 하나이요 둘이 아닌 줄 알진대, 민중적 파괴 앞에는 반드시 민중적 건설이 있는 줄 알진대, 현재 조선민중은 오직 민중적 폭력으로 신조선건설의 장애인 강도 일본세력을 파괴할 것뿐인 줄 알진대, 조선민중이 한편이 되고 일본 강도가 한편이 되어 네가 망하지 아니하면 내가 망하게 된 '외나무다리 위'에 선 줄 알진대 우리 2천만 민중은 일치로 폭력 파괴의 길로 나아갈지니라.

민중은 우리 혁명의 대본영(大本營)이다.

폭력은 우리 혁명의 유일무기이다.

우리는 민중 속에 가서 민중과 악수하여

끊임없는 폭력—암살·파괴·폭동으로써 강도 일본의 통치를 타도하고

우리 생활에 불합리한 일체 제도를 개조하여

인류로써 인류를 압박치 못하며 사회로써 사회를 박삭(剝削)치 못하는 이상적 조선을 건설할지니라.

신채호(申采浩)
[『나라사랑』 제3집]

요점
- 신채호의 준비론·외교론·문화운동론 비판
- 신채호의 혁명사상
- 자치론·참정론의 허구

韓國光復軍 宣言文

● 대한민국 임시정부는 1919년 정부가 공포한 군사조직법에 의거하여 중화민국 총통 장개석 원수의 특별허락으로 중화민국 영토내에서 광복군을 조직하고 1940년 9월 17일, 한국광복군 총사령부를 창설함을 자(玆)에 선포한다.

한국광복군은 중화민국 국민과 합작하여 우리 두 나라의 독립을 회복하고자 공동의 적인 일본 제국주의자들을 타도하기 위하여 연합군의 일원으로 항전을 계속한다. 과거 30여년간 일본이 우리 조국을 병합·통치하는 동안 우리 민족의 확고한 독립정신은 불명예스러운 노예생활에서 벗어나기 위하여 무자비한 압박자에 대한 영웅적 항쟁을 계속하여 왔다.

영광스러운 중화민족의 항전이 4개년에 도달한 이 때 우리는 큰 희망을 갖고 우리 조국의 독립을 위하여 우리의 전투력을 강화할 시기가 왔다고 확신한다. 우리는 중화민국 최고영수 장개석(蔣介石)원수의 한국민족에 대한 원대한 정책을 채택함을 기뻐하며 감사와 찬사를 보내는 바이다. 우리 국가의 해방운동과 특히 우리들의 압박자 왜적에 대한 무장항전의 준비는 그의 도의적 지원으로 크게 고무되는 바이다. 우리들은 한중연합전선에서 우리 스스로의 계속부단(繼續不斷)한 투쟁을 감행하여 극동 및 아시아 인민중에서 자유·평등을 쟁취할 것을 약속하는 바이다.

대한민국 22년 9월 15일
김구(金九)

창립된 광복군은 다음과 같은 전략과 진용(陳容)을 발표하였다.

전 략
1. 군의 경비·기재·장비는 외국의 원조로 충당할 것.

2. 대량으로 군사간부를 양성하는 일방(一方) 국내·만주·남북중국에 전원을 파견하여 일본군 한국적사병(韓國籍士兵) 및 한교청년(韓僑靑年)을 모집·훈련할 것.
3. 군창립 1개년 후에 최소 3개 사단을 편성하며 중·미·영 등 연합군에 교전단체로 참가하여 전투를 전개할 것.
4. 일방으로 선전전(宣傳戰)을 실시하여 밖으로는 종래의 투쟁역사와 현재의 분투상황을 소개하는 동시에 우리 민족의 독립자격이 충분함을 천명·발양(發陽)하여 안으로는 후방의 동포를 움직여 총궐기 폭동화할 것과 군사행동에 협력할 것을 촉진할 것.

　진용(陳容)

총사령	이청천(李靑天)	참모장	이범석(李範奭)	경리처장	조경한(趙擎漢)
정훈처장	조경한(趙擎漢)	총무처장	최용덕(崔用德)	편련처장	송호성(宋虎聲)
참모처장	채원개(蔡元凱)	군의처장	유진동(劉振東)	무관처장	황학수(黃學秀)

[『韓國獨立運動史』(애국동지회 편)]

요점 — 임시정부의 무장투쟁 준비

□ 大韓民國 建國綱領

● 제1장 강령

1. 우리나라는 우리 민족이 반만년 이래로 공통한 말과 글과 국토와 주권과 경제와 문화를 가지고 공통한 민족정기를 길러온 우리끼리로서 형성하고 단결한 고정적 집단의 최고조직임.
2. 우리나라의 건국정신은 삼균제도(三均制度)에 역사적 근거를 두었으니, 선민(先民)의 명명(明命)한바, '수미균평위(首尾均平位)'하면 '홍방보태평(興邦保泰平)'이라 하였다. 이는 사회각층의 지력(智力)과 권력과 부력의 가짐을 고르게 하여 국가를 진흥하며 태평을 보전·유지하려 함이니 홍익인간과 이화세계(理化世界)하자는 우리 민족의 지킬 바 최고의 공리임.
3. 우리나라의 토지제도는 국유의 유법을 두었으니 선현의 통론(通論)한 바 준성조지공분수지법(遵聖祖至公分授之法)하여 혁후인사유겸병지폐(革後人私有兼併之弊)라 하였으니 이는 문란한 사유제도를 국유로 환원하라는 토지혁명이다. 우리 민족은 옛 규칙과 새 법을 참작하여 토지제도를 국유로 확정한 것임.
4. 우리나라의 대외주권이 상실되었을 때에 순국한 선열은 우리 민족에게 동심복국(同心復國)할 것을 유촉(遺囑)하였으니, 이른바 "바라건대 우리 동포는 국치를 잊지 말고 굳게 참고 노력하여 마음을 한가지로 하고 다같이 덕을 닦아서 외국의 모멸을 두들겨 부숨으로써 우리 독립을 회복하라 [望我同胞 勿忘國恥 同心同德

以鼓外侮 復我獨立]"고 하였다. 이는 전후 순국한 수십만 선열의 전형적 유지(遺志)로서 현재와 장래의 민족정기를 두들겨 일으킴이니 우리 민족의 남녀노소가 영원히 잊지 못할 것임.
5. 우리나라의 독립선언은 우리 민족의 혁혁한 혁명을 일으킨 원인이며 신천지의 개벽이니 이른바 "우리 조국의 독립국임과 우리 민족의 자유민임을 선언하노라. 이로써 세계만방에 고하여 인류평등의 대의를 밝히며 이로써 자손만대에 경계하여 민족자존의 정권(正權)을 영유케 하노라"하였다. 이는 우리 민족이 3·1헌전(憲典)을 발동한 원기이며 동년 4월 11일에 13도 대표로 조직된 임시의정원은 대한민국을 세우고 임시정부와 임시헌장 10조를 만들어 반포하였으니 이는 우리 민족의 힘으로써 이족전제를 전복하고 5천년 군주정치의 허울을 파괴하고 새로운 민주제도를 건립하여 사회의 계급을 없애는 제일보의 착수였다. 우리는 대중이 핏방울로 창조한 국가형성의 초석인 대한민국을 절대로 옹호하며 확립함에 같이 싸울 것임.
6. 임시정부는 13년 4월에 대외선언을 발표하고 삼균제도의 건국원칙을 천명하였으니, 이른바 "보통선거 제도를 실시하여 정권을 균(均)히 하고 국유제도를 채용하여 이권을 균히 하고 공비교육(公費敎育)으로써 학권(學權)을 균히 하며, 국내외에 대하여 민족자결의 권리를 보장하여서 민족과 국가의 불평등을 고쳐버릴 것이니, 이로써 국내에 실현하면 특권계급이 곧 없어지고 소수민족의 침몰을 면하고, 정치와 경제와 교육권리를 균히하여 고저를 없이하고 동족과 이족에 대하여 또한 이렇게 한다"고 하였다. 이는 삼균제도의 제일차선언이니 이 제도를 발양·확대할 것임.
7. 임시정부는 이상에 근거하여 혁명적 삼균제도로써 복국(復國)하고 건국을 통하여 일관한 최고공리인 정치·경제·교육의 균등과 독립·민주·균치(均治)의 3종방식을 동시에 실시할 것임

제2장 복국(復國)

1. 독립을 선포하고 국호를 일정히 하여 행사하고 임시정부와 임시의 정원을 세워서 임시약법과 기타 법규를 반포하고 인민의 납세와 병역의 의무를 행하며 군력과 외교와 당무와 인심이 서로 배합하여 적에 대한 혈전을 정부로써 지속하는 과정을 복국의 제1기라 할 것임.
2. 일부 국토를 회복하고 당(黨)·정·군의 기구가 국내로 옮기어 국제적 지위를 본질적으로 취득함에 충족한 조건이 성숙할 때를 복국 제2기라 할 것임.
3. 적의 세력에 포위된 국토와 포로된 인민과 침점된 정치·경제와 말살된 교육과 문화 등을 완전히 탈환하고 평등지위와 자유의지로써 각국정부와 조약을 체결할 때를 복국의 완성기라 할 것임.
4. 복국기에서 임시 약헌(約憲)과 기타 반포한 법규에 의하여 임시의정원의 선거로

조직된 국무위원회로서 복국의 공무를 집행 할 것임.
5. 복국의 국가주권은 광복운동자 전체가 대표할 것임.
6. 삼균제도로서 민족의 혁명의식을 환기하며, 해외의 민족역량을 집중하여 광복운동의 총동원을 실시하여 장교와 무장대오를 통일훈련하여 상당한 병력의 광복군을 곳곳마다 편성하여 혈전을 강화 할 것임.
7. 적의 침탈세력을 박멸함에 일체 수단을 다하되 대중적 반항과 무장적 투쟁과 국제적 외교와 선전 등의 독립운동을 확대·강화할 것임.
8. 우리 독립운동을 동정하고 원조하는 민족과 국가와 연결하여 광복운동의 역할을 확대할 것이며 적 일본과 항전하는 우방과 절실히 연락하여 항일동맹군의 구체적 행동을 취할 것임.

제3장 건국

1. 적의 일체 통치기구를 국내에서 완전히 박멸하고 국도(國都)를 정하고 중앙정부와 중앙의회의 정식활동으로 주권을 행사하여 선거와 입법과 임관과 군사·외교·경제 등에 관한 국가정령이 자유로 행사되어 삼균제도의 강령과 정책을 국내에 추행(推行)하되 시작하는 과정을 건국의 제1기라 함.
2. 삼균제도를 골자로 한 헌법을 시행하여 정치·경제·교육의 민주적 시설로 실제상 균형을 도모하며 전국의 토지와 대생산기관의 국유화가 완성되고 전국 학령아동의 전수가 고등교육의 면비수학(免費修學)이 완성되고 보통선거 제도가 구속없이 완전히 실시되어 전국 각 동·리·촌과 면·읍과 도(島)·군·부(府)와 도(道)의 자치조직과 행정조직과 민중단체와 조직이 완비되어 삼균제가 배합·실시되고 경향각층의 극빈계급에 물질과 정신상 생활정도와 문화수준을 높이어 보장되는 과정을 건국의 제2기라 함.…
3. 건국기의 헌법상 국민의 기본권리와 의무는 다음 원칙에 의거하고 법률로 따로 정하여 시행함.…
4. 건국시기의 헌법상 중앙과 지방의 정치기구는 다음 원칙에 의거함. …
5. 건국시기의 헌법상 경제체계는 국민각개의 균등생활을 확보함과 민족 전체의 발전 및 국가를 건립·보위함과 민족 전체의 발전 및 연환(連環)관계를 가지게 하되 다음에 열거한 기본원칙에 의거하여 경제정책을 추진·실행함.
    ① 대산업기관의 공구(工具)와 시설을 국유로 하고, 토지·광산·어업·수리·임업·소택과 수상·공중의 운수사업과 은행·전신·교통 등과 대규모의 농·공·상, 기업과 성시(城市)·공업 구역의 공용적 주요산업은 국유로 하고, 소규모 혹 중소기업은 사영으로 함.
    ② 적의 침략·침점 혹은 시설한 관공·사유 토지와 어업·광산·농림·은행·회사·공장·철도·학교·교회·사찰·병원·공원 등의 산업과 기타 토지 및 경제·정치·군사·문화·교육·종교·위생에 관한 일체 사유자본과 부적자(附敵者)의 일체 소유자본과 부동산을 몰

수하여 국유로 함.
③ 몰수한 재산은 빈공(貧工)·빈농 및 일체 무산자의 이익을 위하여 국영 혹 공영의 집단 생산기관에 충당함을 원칙으로 함.
④ 토지의 상속·매매·저압(抵押)·전양(典讓)·유증(遺贈)·전조차(轉租借)의 금지와 고리대금업과 사인의 고용농업의 금지를 원칙으로 학도 농장생산 소비와 무역의 기구를 조직 확대하여 농공대중의 물질과 정신상 생활정도와 문화수준을 높임.
⑤ 국제무역·전기·수도, 대규모의 인쇄소·출판·영화극장 등을 국유·국영으로 함.
⑥ 노공(老工)·유공(幼工)·여인의 야간노동과 연령·지대(地帶)·시간의 불합리한 노동을 금지함.
⑦ 농공인의 면비의료(免費醫療)를 보급·실시하여 질병소멸과 건강을 보장함.
⑧ 토지는 자력자경인에게 나누어줌을 원칙으로 하되, 원래의 고용농·자작농·소지주농·중지주농 등 농인지위를 보아 저급으로부터 우선권을 줌.

[『韓國獨立運動史』(애국동지원 호회 편)]

요점 ─임시정부의 국가건설 방향
─삼균주의의 내용

□ 對日宣戰聲明書(1941)

● 오인은 삼천만 한국인민과 정부를 대표하여 삼가 중·영·미·가(加)·호(濠)·화(和)·오(墺) 기타 제국의 대일선전이 일본을 격패(擊敗)케 하고 동아를 재건하는 가장 유효한 수단이 됨을 축하하여 자(玆)에 특히 다음과 같이 성명하노라.
1. 한국 전인민은 현재 이미 반침략전선에 참가하였으니 한 개의 전투단위로서 추축국(樞軸國)에 선전(宣戰)한다.
2. 1910년의 합방조약 및 일체 불평등조약의 무효를 거듭 선포하여 아울러 반 침략 국가의 한국에 있어서의 합리적 기득권익을 존중한다.
3. 한국·중국 및 서태평양으로부터 왜구를 완전히 구축하기 위하여 최후의 승리를 얻을 때까지 혈전한다.
4. 일본세력하에 조성된 장춘(長春) 및 남경(南京)정권을 절대로 인정치 않는다.
5. 루즈벨트·처칠선언의 각 조를 견결(堅決)히 주장하며 한국독립을 현실키 위하여 이것을 적용하며 민주진영의 최후승리를 원축(願祝).

대한민국 23년 12월 9일
대한민국 임시정부
[『韓國獨立運動史資料』Ⅱ]

요점 ─임시정부의 국제적 지위 획득을 위한 노력

□ 大韓民國臨時政府 當面政策

◉ 1. 본 임시정부는 최속(最速) 기간내에 곧 입국할 것.
  2. 우리민족의 해방 및 독립을 위하여 혈전한 중·소·미·영 등 우방 및 민족으로 더부러 절실제휴(切實提携)하고 연합국헌장에 의하야 세계일가의 안전 및 화평을 실현함에 협력할 것.
  3. 연합국의 주요국가인 중·미·소·영·법 오강(五强)에 향하여 먼저 우호협정을 체결하고 외교 도경(道經)을 영벽(另闢)할 것.
  4. 맹군(盟軍)주재기간에 일체 필요한 사의(事宜)를 적극 협조할 것.
  5. 평화회의 및 각종 국제집합에 참가하여 한국에 응유(應有)한 발언권을 행사할 것.
  6. 국외임무의 결속과 국내임무의 전개가 서로 접속됨에 필요한 과도조치를 집행하되 전국적 보선(普選)에 의한 정식정권이 수립되기까지의 과도정권을 수립키 위하야 국내외 각 계층, 각 혁명당파, 각 종교단체, 각 지역대표와 정명한 각 민주영수들이 회합하도록 적극 노력할 것.
  7. 국내 과도정권이 수립된 즉시 본 정부의 임무는 완료된 것으로 인(認)하고 본정부의 일체 직능 및 소유물건은 과도정권에게 교환할 것.
  8. 국내에서 건립될 정식 정권은 반드시 독립국가·민주정부·균등사회를 원칙으로 한 신헌장에 의하야 조직할 것.
  9. 국내의 과도정권이 성립되기 전에는 국내 일체 질서와 대외 일체 관계를 본 정부가 부채유지(負債維持)할 것.
  10. 교포의 완전 및 귀국과 국내외에 거주하는 동포의 구제를 신속변리(迅速辨理)할 것.
  11. 적의 일체 법령의 무효와 신법령의 유효를 선포하는 동시에 적의 통치하에 발생된 일체 죄범을 사면할 것.
  12. 적산(敵産)를 몰수하고 적교(敵僑)를 처리하되 맹군과 협상·진행할 것.
  13. 적군에 피박출전(被迫出戰)된 한적군인(韓籍軍人)을 국군으로 편입하되 맹군과 협상 진행할 것.
  14. 독립운동을 방해 한 자와 매국적(賣國賊)에 대하여는 공개적으로 엄려(嚴勵)히 변리할 것.

   1) 당강(黨綱; 기본강령) ; 민국 27년(1945) 8월 28일 제5차 대표대회 통과
  1. 국가의 독립을 보위하며 민족의 문화를 발양(發揚)할 것.
  2. 계획경제 제도를 확립하야 써 균등사회의 행복생황을 보장할 것.
  3. 전민정치 기구를 건립하야 써 민주공화국의 국가체제를 완성할 것.
  4. 국비교육 시설을 구비하야 써 기본지식과 필수기능을 보급할 것.

5. 평등·호조(互助)를 원칙으로 한 세계일가를 실현토록 할 것.

2) 정책[행동강령]

1. 유구한 독립국가의 진체(眞諦)를 천명하고 독특한 문화민족의 실적을 발휘할 것.
2. 계급·성별·교파 등등의 차별이 없는 보선제를 실시하야 국민의 정치권리를 평등히 할 것.
3. 국민은 노동·교육·선거·파면·입법·보험·구제 등 각종 기본권리를 향유할 것.
4. 국민의 신체·거주·집합·결사·언론·출판·신앙·통신 등의 자유를 확보할 것.
5. 지방자치제를 실시하야 국민의 정치능률을 제고(提高)하며 중앙 및 지방의 균권제(均權制)를 실행할 것.
6. 토지는 국유를 원칙으로 하되 토지법·토지사용법·지가세법 등의 법률을 규정하야 한기(限期)를 실행할 것.
7. 토지는 농민에게 분급·경작케 하되 빈농민(貧農民)에게 우선권이 있게 할 것.
8. 교통·광산·삼림·수리·운수·전기·어업·농업 등 전국적인 성격의 대규모 생산기관은 국가경영으로 할 것.
9. 국민의 현재 사유토지와 소·중 규모의 사영기업은 법률로써 보장할 것.
10. 국민의 각종 교육의 경비는 일률로 국가에서 부담할 것.
11. 교육종지(敎育宗旨)의 내용을 독립·민주·단결로 확정하고 교과서를 편찬할 것.
12. 연합국가들과의 우호관계를 보유하며 세계상 각 약소민족 및 각군의 동정하는 정치단체들과 연락할 것.
13. 국제의 집체(集體)안전과 세계의 영구평화를 실현하기 위하야 노력할 것.
14. 국방군을 편성하기 위하야 의무병역을 실시할 것.
15. 축녀(軸女)의 지위를 제고하야 남자와의 균등발전을 도모할 것.
16. 국민보건 시설을 보급할 것.
17. 양노제도를 확립하야 실시할 것.
18. 농촌조직을 건전히 하야 농민생활을 개선할 것.
19. 공장법과 노공보호법(勞工保護法)을 재정하야 노공생활을 보장할 것.
20. 전국 청년을 교양단결하야 국가건설과 민족부흥의 초석이 되게 할 것.
21. 전시재난에 빠진 동포의 구제공작에 적극 노력할 것.
22. 국외 각지에 거주하는 동포의 안전과 발전을 도모할 것.
23. 일체의 가연(苛捐)과 잡세를 폐제(廢除)하고 고리대금을 엄금할 것.
24. 적산은 그 관공·사유물을 물론하고 일률로 급수(汲收)하야 국유로 할 것.
25. 매국적과 독립운동을 방해한 자를 징처(懲處)하며 그 재산을 몰수하여 국영사업에 충용하고 토지는 국유로 할 것.
26. 봉건·법서기(法西其) 등의 일체 반민주의 경향을 숙청 할 것.

3) 당면구호
1. 전 민족적 민주단결을 실현하자.
2. 독립운동에 희생된 선열들의 유족을 구휼(救恤)하자.
3. 감옥·형무소·유치장·관찰소를 개방하자.
4. 적의 창고에 저장한 미곡을 기아대중에게 분급하자.
5. 투항한 적구내의 우리 관병(官兵)은 국방군으로 수편(收編)하자.
6. 임시정부의 정권을 전민족의 의사로 조직된 정식정부에 교환케 하자.
7. 국내에 진행한 맹군을 진력 원조하자.
8. 각 전구(戰區)에 거주하는 동포의 안정보장에 적극 노력하자.

『독립기념관 관보』

요점 －대한민국 임시정부의 노선변화
　　　－임시정부의 국가건설 방략

2) 社會主義運動

□ 朝鮮革命軍 宣言文

● 조선혁명군은 운동의 발전적 조직과정에서 지금 자치기관인 국민부(國民府)와 분리하여 혁명군의 독립적 기치(旗幟)를 선명히 함과 동시에 과거의 경로를 회고하고 장래의 전략을 확립하여서 조선혁명의 군사적 임무를 다할 것을 전조선 노력대중(勞力大衆)과 혁명동지에게 선언함.…

　조선혁명군은 1920년 가을 일본군대의 재만(在滿)조선인 대학살사변이 있은 후 위력을 떨쳐 전만주의 살생을 자행하는 보민회(保民會)·조선민회(朝鮮民會)등 주구배(走狗輩)를 박멸소탕하고 그 야수적 횡포 아래서 신음하는 조선인을 구출하고 국내에 진공하여 헌병소·경찰서·금융조합·채목공사(採木公司)와 군청·면역소 등을 파괴하고 일본의 관공리와 악덕부호 등을 응징하여 재만조선인의 생활질서를 보증하는 등 악전고투 수년, 부단의 노력으로써 수많은 희생을 당하여 오늘에 이르렀다.

　그러나 종래의 조선혁명군은 혁명과 자치를 혼합병행하는 정치권력체계를 가진고로 혁명적 역할을 전일(專一)로 수행하기가 불능하고 또 혁명군 자체도 자격기술을 구비하지 않은고로 군중과의 접촉 혹은 감정상 소격(疏隔)을 나타내게 함이 없다고 자인할 수 없다. 이는 우리 운동이 합리화·조직화되지 않은 자연생장적 초(初)운동에서 자연히 발생하는 폐해로써 오류인 것이다. 이에 우리 혁명군은 과거의 경로(經路)에 비추어 금후의 행정(行程)을 행함에 군사적 조직은 독립적 체제를 취하며 내부적 편성은 정예·치밀을 요한다. 그리고 중앙의회의 결정으로서 국민부를 순연(純然)한 주민자치 단체로 변체(變體)하여 우리들은 엄연 분립하고 혁명운동에 대한 군사적 역할을 전적 임무로서 현 단계에서

1. 재만조선인 대중에게 혁명의식을 주입하여 군사학술을 보급시켜 혁명전선의 기본진영을 확립하고,
2. 정치학식과 군사기능이 실제 단체의 지도운동에 적임할 기간(基幹)인재를 양성하고,
3. 국내외에 있어서 일본 제국주의에 대한 정치적 경제적 건설을 파괴하고 그 주구배의 기관을 소탕하고 기타 일체의 반동적 악세력을 박멸하기로 하여 용감히 전진하여 대중의 당면이익을 옹호하여 강력한 투쟁을 전개코자 한다.

1929년 12월 20일
재만 조선혁명군
[『韓國獨立運動史』(애국동지원 호회)]

요점 ─간도지역 후기 항일무장투쟁의 성격

□ 民族革命黨 政網

● 1. 원수 일본의 침략세력을 박멸하여 우리 민족의 자주독립을 완성한다.
  2. 봉건세력 및 일체의 반혁명세력을 숙청하여 민주집권의 정권을 수립한다.
  3. 소수인이 다수인을 박삭(剝削)하는 경제제도를 소멸하여 국민생활상 평등제도를 확립한다.
  4. 일부를 단위로 하는 지방자치제를 실시한다.
  5. 민중무장을 실시한다.
  6. 국민은 일체의 선거 및 피선거권을 가진다.
  7. 국민은 언론·집회·출판·결사의 자유를 가진다.
  8. 여자는 남자의 권리와 일체 동등하다.
  9. 토지는 국유로 하고 농민에게 분급하다.
 10. 대규모의 생산기관 및 독점적 기업을 국영으로 한다.
 11. 국민일체의 경제적 활동은 국가의 계획하에 통제한다.
 12. 노동운동의 자유를 보장한다.
 13. 누진율의 세칙을 실시한다.
 14. 의무교육과 직업교육은 국정의 경비로써 한다.
 15. 양로·육영·구제 등 공공기관을 설립한다.
 16. 국적(國賊)의 일체의 재산과 국내에 있는 적 일본의 공유재산을 몰수한다.

17. 자유・평등・호조(互助)의 원칙에 기초하여 전세계 피압박민족 해방운동과 연락・협조한다.

1935년
민족혁명당
[『朝鮮獨立運動』2]

요점
- 민족유일당운동
- 대일전선의 통합

□ 在滿韓人 祖國光復會

● 재만한인 조국광복회 선언

재만한인의 진실한 자치와 한국의 자유・독립・재건을 위해 싸우자!

국내외에 재주하는 프롤레타리아계급의 형제자매와 동포들이여!

우리의 조국, 화려한 삼천리강산은 우리의 조상으로부터 자자손손에 이르기까지 대대로 전래된 강산인데 구적 왜놈들에 강탈되고 5천년의 광휘있는 역사를 지닌 2천만 백의동포는 놈들의 노예로 화한 지 벌써 27,8년에 달한다. 그간 우리 2천만 백의동포는 놈들이 감행하는 착취・압박・살해 등의 정책하에서 견디다 못해 고향에서 쫓겨나 남부여대하여 적료(寂廖)한 해외에까지 구축되어 도처에서 일없이 학대・체포・살해 등을 감행당하여 오등(吾等)민족은 모두 신산을 맛보며 피와 땀을 흘리고 망국노예의 비참한 경애(境涯)는 가축보다 더 불쌍한 생활에 빠져 천시받고 있다. 더욱이 왜놈들은 만주를 점령한 후 조선을 공업화시킨다는 구실로 3년 이내에 7백만의 백의동포를 만주의 광야에 이민시키고자 하고 있다.

놈들의 이와같은 계획은 오등 민족의 생활안전을 목적으로 하는 것이 아니고 자기 이익을 위해 오등 백의 민족을 모두 만주광야에 방축하여 영원한 노예로 만들고 마음대로 반소련전쟁과 중국혁명 진압전쟁의 와중 속에 던져 살해코자 하는 술책인 것이다. 오등 민족 특히 재만 백의동포의 운명은 극히 위기에 처해 있다. 이러한 시기에 처해서 오등 동포의 서광은 구적인 놈들과 전쟁하여 승리함으로써만이 얻어질 것이다.…

이것은 한국민족이 풍부한 독립사상과 열렬한 투쟁정신으로 미래의 광복사업에 반드시 승리할 것을 여실히 증명해 준다. 대다수 애국지사의 희생과 각지 열사・영웅의 진췌(盡悴)한 다년간의 활동은 아직 민족독립과 해방의 목적을 달하기에는 이르지 못했다. 그 주요원인은 일체의 조국 광복운동이 통일적 정치주장과 구체적 계획 및 방침에 공고한 단결과 원조를 원활히 진척하지 못하고 또 운동이 타 반일국가 및 민족과 밀접한 연계를 갖지 못하여 각자 단독행동에 옮겨 삼삼오오 고군독전에 빠졌기 때문이다. 고로 오등은 재만한인의 진실한 자치와 조국광복의 임무를 완수하기 위해 수개항의 정치 기본강령과 투쟁강령에 따라 국내외 전 동포에게 선언하는 바이다.

1. 전민족의 계급·성별·지위·당파·연령·종교 등 차별을 불문하고 백의동포는 반드시 일치단결 궐기하여 구적인 왜놈들과 싸워 조국을 광복시킬 것.

오등 백의동포 2,300만은 모두 강도 왜놈들의 민족적 압박·착취·학대를 입어 망국노의 생활을 계속하고 있다. 따라서 한국 민족독립의 책임은 일반 한인을 망라하여 전부가 이 책임을 져야 하는 것이다. 우리는 일체의 차별을 논치 않고 노약·남녀를 불문하고 부호가는 금품을 제공케 하고 양식을 가진 자는 양식을 내게 하고 지능·재지를 가진 자는 그것으로써 봉공하며 2,300만 민중이 일심동체가 되어 반일 광복전선에 총동원하여 이에 나서면 놈들은 대타격을 받고 오등의 신성한 민족적 독립해방은 완수될 것이다.

2. 재만한인의 진실한 자치조국 광복을 완수하기 위해 싸울 군대를 조직할 것.
   …
3. 재만한인의 진정한 자치의 실현을 기하기 위해 싸울 것.

한국독립의 완성은 오등의 기본임무이다. 그러나 재만한인은 우선 자기의 진정한 자치의 실현을 주장한다. 동시에 오등의 주장은 일본 강도와 저들의 주구들이 민족을 기망(欺罔)하기 위해 선전하는 간도자치를 공고히 반대하여 중국 대다수의 반일민중과 친밀히 연락을 유지하여 일·만 통치를 전복함으로써 재만 한인의 진정한 자치를 완수하고 나아가 조국광복의 신성한 사업에 참가·원조해야 할 것이다.

4. 재만한인의 자치와 조국광복 사업을 순조로이 진척시키기 위해 우선 경제문제를 해결해야 하는바 그 방법으로서는, (가) 강도들의 은행·광산·공장·토지·상점 등 일체 재산을 무조건 몰수할 것. (나) 매국적 민족반도 및 주구들의 모든 재산을 몰수할 것. (다) 오등 백의민족 중 유력한 재산가로부터 조국광복을 위한 특별 의연을 받을 것. (라) 오등 민족해방 운동에 동정하며 원조코자 하는 국가 및 민족에 대해 동정모연 운동을 광범히 진행시킬 것.
5. 국내외 반일 독립운동 각 단체와 전 애국지사들 중에서 대표를 선파하여
   재만한인
   조국광복위원회를 조직할 것.
   이 이원회는 재만한인 자치와 한국 독립운동을 지도할 총영도기관이므로 오등은 과거의 모든 운동이 통일적 총영도기관을 결하여 구체적·통일적 지도가 부족했음을 교훈으로 하여 우선 해외와 국내의 반일 총세력을 집중하여 총영도기관 '조

국광복회'를 건립할 것을 주장하여 마지않는다.
6. 재만한인의 진정한 자치와 조국광복 운동에 관해 찬성·동정하는 국가·민족과 친밀히 연결을 유지하여 구적 일본 강도에 대해 공동전선에 나설 것.

재만한인의 진실한 한국독립의 필승을 보장하기 위해 우선 일본강도를 적으로 하는 중국·대만·내몽고 및 일본 제국주의의 통치하에 있는 피압박인민들과 친밀히 연합하여 우리들의 구적 일본 강도를 타도해야 할 필요성을 우리는 전세계에 선언하여 마지않는다. 한국 민족해방 운동에 관하여 동정·원조하며 선의에 의해 원조코자 하는 국가 및 민족은 한국민족의 붕우로 생각하고 동시에 일본 강도들을 원조하며 한민족에 반대하는 자는 한국민족의 구적으로 취급해야 한다.

애국지사와 동포들이여!
이상에 기재한 6개조의 기본적 강령은 조국광복 사업에 관한 사항을 모두 포함한 것이라고는 말할 수 없다. 그러나, 이 조건은 극히 중심적이고 구체적이라고 사료한다. 전 동포를 포옹하고 인간으로서 가치있는 생활을 바라며 금수와 같이 노예생활을 바라지 않는 동포형제들이여! 각종 반일단체·공장·광산·농촌·학교·도시·신문사·철로·병영·상점 등에 있어서 이 강령을 십이분 토의하고 아울러 이 강령에 찬성하는 동지들은 즉시로 조국광복회를 창립하여 무장대를 조직함과 동시에 대표를 선정하여서 미래 광복회의 제1차 대표대회를 소집하여 운동의 구체적 전개를 기대하여 마지않는다.
백의동포의 민족해방을 목표로 하여 싸우자!
재만한인의 진실한 자치를 목표로 하여 싸우자!
대한국 민족해방·독립·승리만세!

1936년 6월 10일
재만한인조국광복회 발기위원회 오성륜·엄수명·이상중
『現代史資料』30]

□ 在滿韓人 祖國光復會 10대 강령

1. 조선민족의 총동원으로 광범한 반일통일전선을 실현함으로써 강도 일본제국주의의 통치를 전복시키고 진정한 조선인민정부를 수립할 것.
2. 재만 조선인민들은 조·중 민족의 친밀한 연합으로써 일본 및 그 주구 만주국을 전복하고 중국영토 내에 거주하는 조선인의 진정한 민족자치를 실행할 것.
3. 일본 군대·헌병·경찰 및 그 주구들의 무장을 해제하고 조선의 독립을 위하여

진정하게 싸울 수 있는 혁명군대를 조직할 것.
4. 일본국가 및 일본인 소유의 모든 기업소·철도·은행·선박·농장·수리(水利)기관 및 매국적 친일분자의 전체 재산과 토지를 몰수하여 독립운동의 경비에 충당하며 일부분으로는 빈곤한 인민을 구제할 것.
5. 일본 및 그 주구들의 인민에 대한 채권, 각종 세금, 전매제도를 취소하고 대중생활을 개선하여 민족적 공·농·상업을 장애없이 발전시킬 것.
6. 언론·출판·집회·결사의 자유를 전취하고 일제의 공포정책 실현과 봉건사상 장려를 반대하며 일체 정치범을 석방할 것.
7. 양반·상민 기타 불평등을 배제하고 남녀·민족·종교 등 차별없는 인류적 평등과 부녀의 사회상 대우를 제고하고 여자의 인격을 존중히 할 것.
8. 노예노동과 노예교육의 철폐, 강제적 군사복무 및 청소년에 대한 군사교육을 반대하여 우리말과 글로써 교육하며 의무적인 면비교육(免費敎育)을 실시할 것.
9. 8시간 노동제 실시, 노동조건의 개선, 임금의 인상, 노동법안의 확정, 국가기관으로부터 각종 노동자의 보호법을 실시하며 실업하고 있는 근로대중을 구제할 것.
10. 조선민족에 대하여 평등적으로 대우하는 민족 및 국가와 친밀히 연합하며 우리 민족해방운동에 대하여 선의와 중립을 표시하는 나라 및 민족과 동지적 친선을 유지할 것.

[『現代史資料』 30]

요점
- 항일무장투쟁의 내용과 의미
- 후기 항일무장투쟁세력의 국내공작

제4편　現代社會

제1장　解放과 分斷

1. 解放과 政府樹立

- 개요 -

　1945년 8월 15일 일제의 패망과 함께 우리민족은 해방을 맞게 되었다. 일제하 40여년 동안 피어린 투쟁이 있었지만 주체적으로 조국해방을 쟁취하지는 못하였다. 따라서 파시즘에 공동전선을 편 미·소가 남북을 분할 점령하는 운명을 맞게 되었다. 해방은 자주독립국가의 건설이 아닌 분단과 점령군의 지배로 다가온 것이다.
　해방직후 결성된 조선건국준비위원회는 치안유지·물자공급 등 자치활동을 강화하였으며 미군진주 직전 조선인민공화국을 선포하고 각 지방의 조직을 인민위원회로 개편하였다.
　그러나 1945년 9월 8일 남한에 진주한 미군은 모든 자주적 정치기구를 부인하는 한편 친일 자본가·지주 출신을 우익으로 하고 일제 관료·경찰들을 재기용하였다. 미군정은 일제하의 악법을 존속시켜 점령통치에 활용하고 식민지적 질서를 유지시키고자 하였다. 미군정의 이러한 현상유지 정책은 미국의 국익에 기초하는 것이었으며 냉전구조정착의 선행지표였다. 소련의 북한 점령정책은 상대적으로 소극적인 것이었다. 소련은 군정청을 설치하지 않고 인민위원회의 자치 행정권을 인정하는 간접통치 방식을 채택하였다.
　남한에서는 다양한 정치세력이 형성되어 정당·정치단체가 난립하게 되었다. 사회주의자들의 조선공산당, 진보적 민족주의자들과 일부 사회주의자들이 결합한 인민당, 민족주의 계열의 국민당 등이 출범하였으며 임시정부 요인들도 개인자격으로 환국, 정치활동을 개시하였다. 지주·자본가층이 주도한 한국민주당, 이승만 중심의 독립촉성회도 결성되었는데 여기에는 친일파가 다수 포함되었다.
　북한에서는 김일성을 중심으로 공산주의자들이 정국 주도권을 장악하였다. 민족주의 계열은 조선민주당을 결성하였고 천도교 청우당도 조직되었다. 1945년 말에는 이미 노·농·청년 등 대중조직이 결성되었으며 개혁적 요구가 수렴되고 있었다.
　모스크바 삼상회의의 신탁통치 결정은 해방정국에 더욱 혼란을 가중시켰다. 독립보장과 임시정부 수립 등 현실적 내용은 왜곡된 채, 독립유보로만 이해한 민중은 격렬한 탁치반대운동을 전개하였다. 찬탁과 반탁으로 갈라진 좌·우 대립이 극심해져 가는 가운데 임시민주정부 수립을 위해 개최된 미소공동위원회가 결렬되면서 분단은 기정 사실화되어 갔다.
　신탁통치를 둘러싼 국내 정치세력의 분열은 분단의 원인을 제공하였으며 사회 전부문에 걸쳐 친일파들이 정치세력화하는 계기를 마련해 주었다.

1) 美·蘇의 對韓政策

□ 치쓰짜꼬브 大將의 布告文(1945.8)

● 조선인민들에게!

조선인민들이여! 붉은군대와 연합국군대들은 조선에서 일본약탈자들을 구축하였다.

조선은 자유국이 되었다. 그러나 이것은 오직 신조선 역사의 첫 페이지가 될 뿐이다.

화려한 과수원은 사람의 노력과 원려의 결과이다.

이와 같이 조선의 행복도 조선인민이 영웅적으로 투쟁하며 꾸준히 노력하여야만 달성할 수 있다. 일제의 통치하에서 살던 고통의 시일을 추억하라! 담위에 놓인 돌멩이가 지도 괴로운 노력과 피땀에 대하여 말하지 않는가? 당신들은 누구를 위하여 일하였는가?

왜놈들이 고대광실에서 호의호식하며 조선사람들을 멸시하며 조선의 풍속과 문화를 모욕한 것을 당신들이 잘 안다. 이러한 노예적 과거는 다시 돌아오지 않을 것이다. 진저리나는 악몽과 같은 그 과거는 영원히 없어져버렸다.

조선사람들이여! 기억하라! 행복은 당신들의 수중에 있다. 당신들은 자유와 독립을 찾았다. 이제는 모든 것이 죄다 당신들에게 달렸다. 붉은군대는 조선인민이 자유롭게 창작적 노력에 착수할 만한 모든 조건을 지어주었다.

조선인민 자체가 반드시 자기의 행복을 창조하는 자로 되어야 할 것이다. 공장·제작소 및 공작소 주인들과 상업가 또는 기업가 등이여! 왜놈들이 파괴한 공장과 제작소를 회복시키라! 새 생산기업체를 개시하라! 붉은군대 사령부는 모든 조선기업소들의 재산보호를 담보하며 그 기업소들의 정상적 작업을 보장함에 백방으로 원조할 것이다.

조선노동자들이여! 노력에서의 영웅심과 창작적 노력을 발휘하라! 조선사람의 훌륭한 민족성 중 하나인 노력에 대한 애착심을 발휘하라! 진정한 사업으로써 조선의 경제적 및 문화적 발전에 대하여 원려하는 자라야만 모국 조선의 애국자가 되며 충실한 조선사람이 된다.

해방된 조선인민 만세!

[『北韓硏究資料集』 第1輯]

□ 美極東司令部 布告1號

● 조선인민에게 고함

미국 태평양방면 육군총사령관으로서 자에 다음과 같이 포고한다.

일본제국 정부의 연합국에 대한 무조건항복은 여러나라 군대간에 오래 행해져 왔던 무력투쟁을 끝나게 하였다. 일본천황의 명령에 의하고 또 그를 대표하여 일본제국 정부와 일본 대본영이 조인한 항복문서의 조항에 의하여 본관의 지휘하에 있는 승리에 빛나는 군대는 금일 북위 38도 이남의 조선영토를 점령했다.

  조선인민의 오랫동안의 노예상태와 적당한 시기에 조선을 해방독립 시키려는 연합국의 결심을 명심하고 조선인은 점령의 목적이 항복문서를 이행하고 그 인간적 종교적 권리를 보호함에 있다는 것을 새로이 확신해야 한다. 따라서 조선인민은 이 목적을 위하여 적극적으로 원조 협력해야한다. 본관은 본관에게 부여된 태평양방면 미군사령관의 권한으로써 여기에 북위 38도 이남의 조선과 조선주민에 대하여 군정(軍政)을 펴고 다음과 같은 점령에 관한 조건을 포고한다.

제1조 북위 38도 이남의 조선영토와 조선인민에 대한 통치의 전권한은 당분간 본관의 권한하에 시행된다.
제2조 정부·공공단체 및 기타의 명예직원과 고용인, 또는 공익사업 공중위생을 포함한 전 공공사업 기관에 종사하는 유급 혹은 무급직원과 고용인, 또 기타 제반 중요한 사업에 종사하는 자는 별명이 있을 때까지 종래의 정상한 기능과 업무를 실행하고 모든 기록과 재산을 보존·보호하여야 한다.
제3조 주민은 본관 및 본관의 권한하에서 발포한 명령에 즉각 복종하여야 한다. 점령군에 대한 모든 반항행위 또는 공공안녕을 교란하는 행위를 감행하는 자에 대해서는 용서없이 엄벌에 처할 것이다.
제4조 주민의 재산소유권은 이를 존중한다. 주민은 본관의 별명이 있을 때까지 일상의 업무에 종사하라.
제5조 군정기간에 있어서는 모든 목적에 사용하는 용어는 공용어로 한다. 영어원문과 조선어 또는 일본어원문에 해석 또는 정의가 불명하거나 부동할 때에는 영어원문을 기본으로 한다.
제6조 이하 공포하게 되는 포고·법령·규약·고시·지시 및 조례는 본관 또는 본관의 권한하에서 발포될 것이며 주민이 이해해야 될 사항을 명기할 것이다.

1945년 9월 9일
미국 태평양방면 육군총사령관 육군대장 더글라스 맥아더

[『解放三年史』1]

요점 —미·소군의 점령정책

□ 勞動者 自主管理運動

● 영등포 조선피혁회사는 작년 10월 8일 군정청에서 임명한 양심적인 관리인 박인덕 씨를 중심으로 민주주의적 관리위원회를 조직하고 회사관리에 있어 노동자를 비롯한 종업원 일반의 창의적 의견을 존중한 결과 생산은 일제시에 비하여 배가 되고 종업원들은 명랑유쾌히 산업건설에 전력을 다하여 남선(南鮮)서는 보기드문 모범적 공장이 되어 있었다. 그런데 군정청은 돌연히 관리인 박씨를 파면하고 조균훈씨를 관리인으로 부장환씨를 그 대리로 신임하였다. 신임된 양씨는 관리위원회 해산을 요구하는 일방 제품을 시내 네 백화점에만 판매하기로 하여 종업원의 생활보장을 전연 돌보지 않는 등 비민주주의적 운영방침을 취하여 생산은 3분지 1로 저하되었다. 이에 종업원들은 신임 관리인 양씨와 협조하여 원만히 문제를 해결코자 (1) 종래의 관리위원회를 승인하고 이와 서로 협의할 것. (2) 생산품은 종전과 같이 양화(洋靴) 매족(每足) 120원으로 협동조합·학교·공장 등에 직접 판매할 것. 즉 간상배의 손에 넘겨 일반 시민생활을 위협하는 방침을 취하지 말 것. (3) 상품의 운반은 정당한 수속을 밟을 것. 즉 되는대로 창고에서 MP차에 싣고 가지 말 것 등의 정당한 요구조건을 내걸고 교섭중인데 그 결과가 매우 주목되고 있다.

[『해방일보』1946.4.22]

● 이미 누차 보도한 바이어니와. 이러한 부당한 억압에 분격한 종업원은 일치결속하여 항쟁하여 오던 중 조피에서 24명, 단닝에서 5명의 계속적 해고선풍이 나고 5월 6일에는 신 관리인이 군정청명령이라고 하여 전원 해고명령을 발표하였다. 그러나 전종업원이 굳센 단결 밑에 강경한 담판을 한 결과 즉일로 해고를 취소할 것과 노동자대표들을 이사진에 참가시킬 것을 승인하였다.

그런데 이러한 협정을 무시하고 8일 아침에 또다시 전원을 해고한다. 이력서와 서약서를 가지고 오는 자에 한하여 새로이 채용하겠다는 관리인의 배신적 발표가 있어 극도로 분개한 종업원은 강경한 태도로 그 불신행위를 질문한 결과 동일 오후 2시에 관리인측 부장환·조병훈씨와 종업원측 조피 추교선·이덕배·이성배·김홍진, 단닝 최영열 동무가 회담하고 다음 같은 해결을 지었다.

一. 해고희생자를 내지 않는다.
一. 검거된 우·송 양군의 석방에 노력한다.
一. 서약서·이력서 제출문제는 취소할 것으로 종업원은 생산증진의 책임을 진다.
一. 벽에 붙은 관리인의 발표는 8일 오후 4시까지 모두 뗀다.

[『전국노동자신문』1946.5.10]

요점
- 노동자 자주관리 운동의 역사적 의의
- 미군정의 경제·노동정책

□ 勞動者 工場管理에 대하여

◉ 제2차 세계대전의 종막은 파쇼진영의 전면몰락을 선고하였다. 소비에트동맹과 중·미·영 민주주의 국가의 긴밀한 제휴와 영웅적 투쟁에 의한 압도적 승리는 새로운 국제평화 체제의 건설에 빛나는 광명과 활력을 주었으며 가장 엄숙하고 광희있는 세계역사의 새로운 페이지를 기록하게 되었다. …

우리 조선민족에게 부과된 세계사적 임무의 완전수행은 오직 전민족의 자주적 독립국가를 완성시킴에 있다. 따라서 일 국가로서의 자주독립은 오직 자주적으로 발전할 수 있는 경제적 기초가 없이는 도저히 불가능할 것이다. 여기에서 우리는 조선의 국가건설에 있어서 가장 급선무로 제기되는 문제는 모든 사업을 급템포로 부흥발전 시킴에 있다.

더욱이 현대적 국가건설에 있어서 공업은 그의 가장 중요한 지위를 차지하고 있으며 그의 의무는 두말할 것 없이 노동계급의 힘에 의하여 완수될 것이다.

보라! 현하 조선건설에 있어서 노동계급에게 부과되니 제문제 우리가 해결하여야 할 과업은 산적되고 있다. 그 중에 있어서도 노동자의 공장관리 문제는 가장 중대한 문제 중의 하나이다. 이상의 의미에서 공장관리는 노동자의 손으로라는 노동계급의 요구는 해방된 새조선의 건설에 있어서 그 누구보다도 진정으로 삼천만 민중을 사랑하고 전민족의 영원한 복지의 향상을 위하여 자기의 두 어깨에 부과되니 가장 중대한 임무를 자각한 전투적 노동자대중의 참된 부르짖음이라고 아니할 수 없다 …

현훈 전평 조직부장
[『전국노동자신문』 1945.11.16]

◉ 그러므로 현하 조선산업에 있어서 그의 자주적 발전은 오직 노동자계급의 조직관리와 정확한 감독이 없이는 우리 노동계급의 정치적·경제적 이익과는 하등의 관련이 없을 뿐 아니라 전근로민중의 생활은 근본적으로 개선될 수 없을 것이다.

그러므로 우리 노동계급의 공장관리권 주장은 현실이 요구하는 가장 공명정대한 주장이 되지 않을 수 없을 것이다. 그러나 이것은 전근로인민의 정권이 실력적 기능을 완전발휘할 수 있는 계단에 있어서만이 가능할 것이다. 즉 38도 이북에 있어서 나날이 전과를 높이고 있는 사실이 이것을 여실히 증명하고 있다.

그러므로 현단계에 있어서 특히 38도 이남에 있어서 노동자의 고양관리에 대한 기본적 과제는 노동계급의 기본조직의 확대강화와 계급의식의 철저화, 제국주의 전쟁의 방지 그리고 인민정권 확립을 위한 정권투쟁과 연결시킴에 치중치 않으면 안될 것이다.

따라서 관리권 획득투쟁은 노동자의 조직활동과 계급의식의 향상, 인민정권획득투쟁의 한 부분으로서 또는 한 개의 수단으로서 삼아야 할 것이다.

그러므로 이러한 투쟁은 언제나 실업반대투쟁과 연결시켜 광범한 군중투쟁을 전개치 않으면 안될 것이다. 그럼에도 불구하고 우리는 관리문제에 있어서 허다한 오류를 범하였다는 것을 지적하지 않을 수 없다. 근로대중의 일상생활에 대한 위협 즉 그들의 당면한 실업문제의 해결을 위한 공장관리권 전취투쟁을 통하여 그들을 계급적으로 교양훈련 시키며 조직화시키는 동시에 전 근로인민 대중을 주체로 한 정권 수립이 없이는 노동계급의 생활은 근본적으로 개선될 수 없다는 것을 철저히 인식시키는 선전활동이 부족하였을 뿐만 아니라 단순한 관리권의 접수와 생산관리에 근로자대중의 관심을 집중시켜 그들의 공장관리에 대한 막연한 기대와 소기업가적 심리를 완전히 극복치 못하였음과 동시에 공장관리를 노동조합 운동의 전체문제인 것처럼 생각하는 그릇된 인식에 의하여 노조와 공장관리위원회를 엄격히 구별치 못하고 그것을 혼동하여 노동조합으로 하여금 이론의 기업단체화 시킴과 같은 경제주의적 우경적 과오를 범하였다는 것을 지적하지 않을 수 없다. 노동자의 공장관리에 있어서 가장 전투적으로 관리권을 전취하고 관리위원회의 구성이나 또는 운영에 있어 가장 합리적으로 경리한다고 자처하는 공장에 있어서도 그의 감독과 지도를 현에 성장되면서 있는 우리들의 주권인 인민위원회에 바라지 않았다는 점은 인민위원회가 직접 지도할 만한 역량이 없다면 지도할 수 있도록 우리들로부터 노력하여야 할 것이다. 확실히 전 근로인민의 주권을 확대강화시키는 정치투쟁에 결부시키지 못하였을 뿐 아니라 그는 오히려 우리들의 주권을 약체화—주관적으로는 여하간—시키는 조합주의적 좌경적 오류를 범하였다는 점을 간과할 수 없을 것이다.

우리들이 공장관리에 있어서 이상에 지적한 과오는 현에 노동계급으로 하여금 공장관리에 참가시킴으로써 혁명적으로 전개되고 있는 노동운동을 온정주의적 또는 노·자 협조주의에 전락시키려는 가장 발달된 자본가들의 기만정책에 떨어지기 쉬운 위험성을 내포하였다는 것을 지적하지 않을 수 없는 것이다.

그리고 조선인 개인기업에 있어서까지도 공장관리 문제를 전면적으로 제기하였기 때문에 자본가들에게 일종의 공포감을 주었으며 그 결과는 자본도피로 휴업공장의 부흥을 지연시켰으며 생산증강과 실업문제의 해결을 더욱더 곤란케 하였을 뿐만 아니라 민족통일전선의 결성을 저해하는 결과를 초래한다는 것은 더 말할 필요조차 없는 사실이다.

[『전국노동자신문』1945.12.1]

요점 —전평의 노동 자주관리 운동에 대한 입장
—노동운동의 정치투쟁화

□ 美國의 韓國 統一行政體制案[한국신탁통치 원안]

1. 미·영·중·소 4개국이 신탁통치 체제의 최고권한자(administrative authority)가 되어, 유엔헌장 79조에 규정된 기본목적에 따라 행동한다.
2. 1인의 고등판무관(A High Commissioner)과 4개 신탁통치국의 대표로 구성되는 집행위원회(Executive Council)를 통해서 통치권한과 기능을 수행한다.
3. 한국의 통일행정 체제 즉 신탁통치 제제에는 한국인을 행정관·상담역·고문으로 사용한다.
4. 신탁통치 기한은 5년으로 하되 필요하면 4개 신탁통치국간의 협정으로 다시 5년을 연장할 수 있다.

1945년 12월 17일
[『解放三年史』1]

□ 美國側案에 대해 蘇聯이 提出한 代案

⦿ 1. 조선을 독립국가로서 재건하는 것을 전제로 하고 조선임시민주정부를 수립한다.
2. 이 정부의 수립을 원조하고 일정한 조치를 미리 정해 두기 위하여 미·소 양군의 대표에 의해 구성되는 공동위원회를 설치한다. 이 위원회는 이 제안을 준비하는데 있어서 조선의 민주주의적 제 정당 및 제 사회단체와 협의한다. 이 위원회의 권고는 미·소·영·중 4국 정부 앞으로 제출한다.
3. 공동위원회는 임시조선민주정부와 조선의 민주주의 단체들의 참가에 조선개혁안을 마련한다. 공동위원회는 또한 5개년간의 조선에 대한 4개국 신탁통치(trusteeship)에 관한 협정안을 임시조선정부와 협의한 후 결정하여 4개국 정부에 제출한다.
4. 미·소 양군의 대표자회의를 2주 이내에 한번씩 개최한다.

1945년 12월 20일
[『解放三年史』1]

□ 朝鮮에 관한 모스크바 3相會議 決定書

⦿ 1. 조선을 독립국가로 재건설하며 조선을 민주주의적 원칙하에 발전시키는 조건을 조성하고 일본의 장구한 조선통치의 참담한 결과를 가급적 속히 청산하기 위하여 조선의 공업·교통·농업과 조선인민의 민족문화발전에 필요한 모든 시설을 취할 임시 조선 민주주의 정부를 수립할 것이다.

2. 조선 임시정부 구성을 원조할 목적으로 먼저 그 적의한 방책을 연구·조성하기 위하여 남조선 미국점령군과 북조선 소련점령군의 대표자들로 공동위원회가 설치될 것이다. 그 제안·작성에 있어 공동위원회는 조선의 민주주의정당 및 사회단체와 협의하여야 한다. 그들이 작성한 제안은 공동위원회 대표들의 정부가 최후 결정을 하기 전에 미·영·소·중 각국 정부에 그 참고에 공하기 위하여 제출되어야 한다.
3. 조선인민의 정치적·경제적·사회적 진보와 민주주의적 자치발전과 독립국가의 수립을 원조·협력할 방안을 작성함에는 또한 조선 임시정부와 민주주의 단체의 참여하에서 공동위원회가 수행하되 공동위원회의 제안은 최고 5년 기한으로 4국 신탁통치(Trusteeship)의 협약을 작성하기 위하여 미·영·소·중 제국정부가 공동참작할 수 있도록 조선 임시정부와 협의한 후 제출되어야 한다.
4. 남·북 조선에 관련된 긴급한 제 문제를 고려하기 위하여 또한 남조선 미합중국 관구와 북조선 소련관구의 행정·경제면의 항구적 균형을 수립하기 위하여 2주일 이내에 조선에 주둔하는 미·소 양군사령부 대표로써 회의를 소집할 것이다.

1945년 12월 27일 모스크바 외상회의에서

[『解放三年史』1]

요점 — 신탁통치에 대한 미소의 입장비교

2) 北韓의 宣言書 및 政網

□ 勞動黨 宣言書

● 국외·국내의 복잡 미소한 정세는 조선 민주건설의 근거지이며 주도력이 되어 있는 북조선 근로대중의 민주역량을 일층 더 강화하고 광범하게 연합할 것을 요구하고 있다. 이 목적을 달성하기 위하여는 북조선의 근로대중의 이익을 옹호하는 대중적 정당의 합동이 필연적으로 요청되고 있다.

이 긴급정세에 대처하여 북조선공산당 중앙위원회와 조선신민당 중앙위원회는 양당을 통일합동 하여 북조선노동당을 조직하고 다음과 같은 당면정책의 실천을 위하여 투쟁하기로 되었다.

1. 민주주의 조선 독립국가 건설을 촉진할 것.
2. 일체의 반동세력을 일소하고 노동당의 사명달성을 위하여 투쟁할 것.

3. 북조선 토지개혁을 강고히 하여 조선적 토지개혁을 실시하고 산업·운수·은행 등의 국유화 전 조선내에 민주주의적 노동법령을 실시할 것.
  4. 국가경제를 부흥하고 산업을 발전시켜서 전 인민의 물질적 생활수준을 급진적으로 향상시킬 것.
  5. 민족문화를 발전시키고 문화수준을 향상시킬 것.
  6. 세계평화를 위하여 투쟁하는 국가와 평화를 사랑하는 민주주의 국가와의 친선을 강화할 것.

우리 북조선노동당의 사명은 민족독립을 달성하고 조선의 진정한 민주주의적 국가를 건설하여 조선으로 하여금 세계의 평화를 위하여 투쟁하는 선진국가의 계열에 당당히 참가할 수가 있는 것이다. 북조선공산당 중앙위원회와 조선신민당중앙위원회가 양당 통일·합동에 의한 노동당조직에 관한 결정을 양당의 전당원이 지지할 것을 확신한다.

노동당의 당원은 본당 사명실현을 위하여 일층 희생적 투쟁을 할 것을 우리는 확신한다.

1946년 8월 30일
[『北韓硏究資料集』第10]

□ 朝鮮民主主義人民共和國 政府의 政網

● [조선 최고인민회의 제1차 회의에서 내각수상 김일성 발표]
  조선 최고인민회의 대의원 여러분!

남북조선 인민의 총의에 의하여 수립된 통일적 조선 중앙정부인 조선 민주주의인민공화국 정부는 우리나라에 완전한 통일을 보장하며 부강한 민주주의 자주독립 국가를 건설할 목적으로 아래와 같은 과업을 실천하기 위하여 투쟁할 것입니다.

첫째, 위대한 소련군의 영웅적 투쟁에 의하여 일본제국주의의 식민지 노예에서 해방된 우리 민족은 전민족이 다 하루바삐 통일된 민주주의 정부를 수립하고 전세계 민주주의 국가의 일원으로 될 만한 조선 독립국가가 건설되기를 손꼽아 기대했던 것입니다. 그러나 외래 제국주의자들의 지지와 조종하에 있는 남조선 민족반역자들은 자기들의 반동매국노의 행동으로써 조선에 관한 모스크바 3상회의 결정을 파탄시킨 남조선을 친일파·민족반역자들의 횡행하는 무법천지로 변화시킨 후 남조선 민주주의 애국단체들과 정당들을 강압·해산하며 애국인사들을 학살·체포·구금하는 등 온갖 발악을 다 하면서 결국은 남조선 단독괴뢰정부를 수립하고 미군의 장기주둔을 요구하고 있습니다. 그들은 자기들의 모리를 충족시키기 위하여 우리 민족을 영원히 분열하며 국토를 영원히 양단하려는 망국멸족의 극단적 비열한 최종발악을 다하고 있습니다. 이와 같은 조건하에서 남·북 조선인민의 총의에 의하여 수립된 중앙정부는 전 조선인민들을 정부 주위에 튼튼히 단결시켜 가지고 통일된 민주주의 자주독립 국가를 급속히 건설하기 위하여 전력을 다할 것이며 국토의 완정과 민족의 통일을 보장하는 가장 절박한 조건으로 되는 양군 동시철거에 대한 소련정부의 제의를 실천하기 위하여 전력을 다할 것입니다.

둘째, 우리나라의 정치·경제·문화생활에 있어서 장구한 일제통치의 악독한 결과를 숙청하기 위하여 정부는 온갖 필요한 대책들을 취하게 될 것이며 동시에 조선인민의 이익을 반역하고 일본 제국주의자들을 적극적으로 협력한 친일파·민족반역자들을 공화국의 법령으로써 처벌할 것입니다.

중앙정부는 일본 제국주의자들이 남겨놓은 노예적 사상잔재와 또는 우리 조선을 다시 식민지화하려는 제국주의 국가들 앞에선 비굴하는 민족반역자들과 우리 인민이 창설한 민주제도를 파괴하려는 온갖 시도들을 반대하여 적극적인 투쟁을 전개할 것입니다.

셋째, 우리 민족을 노예화하기 위하여 만들어낸 일제시대의 온갖 법률들과, 또한 모리간상배 및 매족매국노들이 위조하여 낸 남조선 괴뢰정부의 온갖 반민주주의적·반인민적 법률들은 다 무효로 선포될 것입니다.

조선민주주의인민공화국 정부는 이미 북조선에서 실시한 토지개혁·산업국유화법령·노동법령·남녀평등권법령 등 제반 민주개혁을 더욱 공고 발전시킬 것이며 그것을 전 조선적으로 실시하기 위하여 전 조선인민을 이끌고 최대의 투쟁과 백방의 대책을 다할 것입니다.

넷째, 조선을 부강한 민주주의적 독립국가로 건설하기 위하여 정부는 일제시대의 노예적·식민지적 경제체계를 일소하고 또한 조선을 재식민지화하기 위하여 우리의 민족경제를 파탄하는 외래 독점자본가들의 경제적 예속정책을 반대하고 조선인민의 물질적 복리를 부단히 향상시키며 우리나라의 경제적 번영과 정치적 및 민족적 독립을 보장할 오직 자주적인 민족적 인민경제체계를 수립할 것입니다.

민주주의 인민공화국 정부는 국내에 있는 일체 자원들을 인민의 이익에 합리적으로 이용하도록 유일한 인민경제 계획을 작성하며 그 계획에 의하여 민족경제와 민족문화를 적극적으로 발전시킬 것입니다.

상술한 과업을 성과있게 실현하기 위하여 정부는 다음과 같은 대책을 취하게 될 것입니다.

1. 산업방면에 있어서는 일제가 남긴 우리 산업의 편파성과 예속성을 퇴치하며 국내에 있는 풍부한 자연부원을 다 이용하여 공업생산품을 대량으로 증가하여 인민경제의 수요를 충족시키도록 노력할 것이며 제철·제강·기계부속품·화학·조선업·철도·자동차운수업·경공업들을 일층 더 발전시켜 민족공업의 독자성을 발휘하도록 할 것입니다.

민주주의인민공화국 정부는 국내에서 운영하는 공장들은 그 능력을 다 발휘하도록 할 것이며, 복구하지 못한 공장들을 건설할 것입니다. 인민들의 생활상 수요를 충족시키기 위하여 일용품 생산을 더 많이 확장할 목적으로 섬유·피혁·제화 및 기타 경공업을 적극적으로 발전시키도록 노력할 것이며 특히 이 방면에 있어서 개인기업의 창발성을 장려하여 조합기업들과 단체들에게 많은 원조를 줄 것입니다.

2. 농업방면에 있어서 정부는 토지개혁의 결과로서 북조선에서 이미 실시된 토지이용 제도를 엄격히 고수할 것이며 남조선에서도 조선민주주의인민공화국 헌법에 기초하여 토지개혁을 실시하도록 보장 할 것입니다.

민주주의 인민공화국 정부는 농산업과 목축업을 발전시키는 사업에 있어서 농민들의 창발력을 백방으로 장려하며 제때에 그들에게 각종 방조를 주며 춘경·추수 사업을 조직적으로 지도하며 비료와 농구를 원만히 공급하여 영농방법들을 개량할 대책을 수립하며 파종면적과 특지면적을 확장함으로써 수확고를 더 많이 향상시키도록 노력할 것입니다. 육전(陸田)보다 2배나 더 증수하고 인민들의 주요한 양곡으로 되는 벼의 수확고를 높이며 수전면적을 더 발전시키기 위하여 정부는 관개시설을 확장하며 증설하는 사업에 강력한 대책을 수립할 것이며 농민들이 자발적으로 건설하는 관개시설 사업을 장려·방조할 것입니다.

민주주의인민공화국 정부는 인민들의 의료품에 대한 요구를 충족시키기 위하여 섬유공업이 요구하는 공예작물 총면적을 확장하여 공예작물 수확을 높이며 양잠업을 발전시키기 위한 각종 대책들을 취할 것이며, 또한 인민경제와 인민생활에 불가결한 임업·수산업에 대한 발전을 보장할 것입니다.

3. 상업방면에 있어서는 인민들의 생활필수품들을 충족하게 공급하며 도시와 농촌간의 상품유통을 원활히 하며 물가를 저하시키는 사업들을 강력히 추진할 것입니다.

국영상점망과 소비조합 상점망을 더 많이 발전시키어 농촌과 도시에 국가상점과 소비조합 상점들을 광범히 설치할 것이며 개인상업도 인민들의 필수품들을 공급하도록 장려·지도할 것입니다. 아직 우리 공업이 발전되지 못한 조건하에서 인민의 수요를 적극 추진하여 국내에서 생산하는 물자를 외국으로 수출시키는 동시에 우리 인민들이 수요되는 물자들과 공업시설을 위한 기계 및 물자들을 수입하는 사업들을 정확히 조직·실시할 것입니다.

다섯째, 교육·문화·보건 방면에 있어서는 1950년도에는 초등 의무교육제를 실시할 것이며 미취학 아동들을 학교에 최대한도로 수용하고 초중·고중의 진학율을 향상시키기 위하여 학교망들을 대대적으로 확충할 것입니다.

완전한 독립국가를 건설하기 위하여서는 인민에게 충성을 다하는 정치·경제·문화, 각 방면에 충실한 민족간부가 있어야 할 것입니다. 간부를 양성하는 사업은 민주주의인민공화국 앞에 가장 중요한 과업으로 제기되는 것입니다.

공화국정부는 각 전문대학들이 인민경제 발전에 요구되는 유능한 인재들을 보장할 수 있도록 교육에 필요한 일반시설들을 충실히 할 것이며 교육내용과 교육방법을 선진

국가의 수준에까지 이르도록 개선할 것이며 기술자와 전문가들을 양성하는 기술전문학교와 대학들을 더 많이 건설할 것입니다. 노동자들과 사무원들에게 기술을 보급시키기 위하여 기업소들과 기관들 안에 직장교육망과 기술양성 단기강습소들을 확장하며 기술 향상에 백방의 노력과 대책을 다할 것입니다.

특히 기술노동자들을 양성하기 위하여 생산기술학교를 많이 설치할 것입니다. 성인교육을 장려하여 인민들의 문맹퇴치는 물론 그들의 문화수준을 더욱 향상시키기 위하여 성인학교·성인중학교를 확장할 것입니다.

인민들의 정치·문화 수준향상과 과학기술 향상을 실질적으로 보장하기 위하여 많은 신문·잡지·서적들을 발간하며 도서관·영화관·극장·구락부 사업들을 충실히 하며 또한 확충할 것입니다.

공화국정부는 인민보건 사업을 건전히 발전시키며 방역사업을 엄밀히 하며 병원과 진료소들을 농촌과 기업소들에 더 많이 증설할 것이며 약품생산과 의료기계 생산들을 제고할 것이며, 부족되는 의사들을 많이 양성하여 인민들의 보건을 보장할 것입니다.

여섯째, 1945년 8월15일 해방과 함께 인민의 자유의사에 의하여 창건된 새로운 인민정권 형태인 인민위원회는 전 조선인민의 절대적 지지를 받는 진정한 인민의 정권으로 되었습니다.

민주주의인민공화국 정부의 정치기초인 각급 지방인민위원회들이 이미 조직된 지역에서는 그를 일층 강화할 것이며 반동세력에 의하여 조직되었다가 해산당한 지역들에서는 그를 회복하며 조직하기 위하여 투쟁할 것입니다.

일곱째, 대외정책에 있어서는 민주주의인민공화국 정부는 우리 민족이 전세계 자유애호 민족들의 대열에서 동등한 한 성원으로 되며 또한 우리 민족의 평등적 지위와 자유를 존중하는 여러 자유애호 민주국가와 민족들과의 견실한 친선을 맺도록 도모하게 될 것입니다.

공화국정부는 일본을 제국주의적 침략국가로 재생시키는 것은 우선 우리 민족의 독립을 위협하는 것이므로 일본을 다시 제국주의 침략국가로 재생시킬려고 시도하는 제국주의 국가들을 전부 다 우리 민족의 원수로 인정할 것입니다. 공화국정부는 일본을 비군국화 하며 민주화함에 대한 포츠담회의의 결정을 실천할 것을 강요할 것입니다.

여덟째, 우리의 국토와 인민의 이익을 보장하며 이미 쟁취한 민주개혁의 성과들을 확고히 옹호하며 다시금 피에 쓰라린 망국노의 생활을 거듭하지 않으며 외래의 침략세력을 방위하기 위하여 민주주의 인민공화국 정부는 조국을 보위하며 인민군대를 백방으로 강화시키는 사업에 최대의 노력을 더 할 것입니다.

1948년 9월 10일
[『조선중앙연감』(1949)]

요점
- 북한의 사회주의 정책과 통일노선
- 북한의 일제잔재청산

3) 信託統治에 관한 論爭

□ 託治反對 國民總動員委員會 聲明書

● 우리는 피로써 건립한 독립국과 정부가 이미 존재하였음을 다시 선언한다.

　5천년의 주권과 3천만의 자유를 전취하기 위하여는 자기의 정치활동을 옹호하고 외래의 탁치세력을 배격함에 있다. 우리의 혁혁한 혁명을 완성하자면 민족의 일치로써 최후까지 분투할 뿐이다.

　일어나자 동포여!

대한민국 27년 12월 28일

결 의 문

1. 신탁통치를 반대하기 위하여 기구를 창립하되 명칭은 탁치반대 국민총동원위원회라 칭함.
2. 탁치반대 국민총동원위원회는 각 정당·각 종교·각 사회단체 기타 유지 인사로 조직함.
3. 탁치반대 국민총동원위원회의 기관은 중앙·군·면에 종으로 분설할 것.
4. 탁치반대 국민총동원위원회는 국무위원회의 지도로 수(受)할 것.
5. 탁치반대 국민총동원위원회에는 탁치반대 국민총동원위원회를 지도하는 위원 7인을 선출하여 해외에 대한 지도위원회를 설치함.
6. 재정은 지원자의 희망과 정부의 보조로써 충용할 것.
7. 탁치반대 총동원위원회의 장정 위원 9인을 김구(金九)·조소앙·김약산(金若山)·조경한·유림·김규식·신익희·김붕준·엄항섭·최동오 제씨로 선출하여 기초를 제출할 것.

[『解放三年史』1]

□ 모스크바 三相會談 決定에 대한 朝鮮人民共和國 中央人民委員會의 決定書

● 모스크바 3상회담의 조선에 대한 결정을 토의하고 조선인민공화국 중앙위원회는 아래와 같이 인정함.

1. 8월 15일을 계기로 한 조선해방은 우리의 힘이 아니고 세계 민주주의 연합국의 용감한 군대의 힘으로 된 것이며 조선을 자주독립 국가로서 발전할 수 있는 길을 열어준 위대한 역사적 단계였고,

2. 3상회담의 결정은 조선민족 해방을 확보하는 진보적 결정일 뿐 아니라 민주주의 정권수립과 조선의 민주주의적 발달을 원조하여 조선의 완전독립을 발전적으로 완성하여 세계 문명국가의 지위에 나아가게 하는 것이며 8월 15일 해방으로부터의 위대한 일보전진이다.
3. 이 결정은 현하 국제정세뿐 아니라 조선 국내정세에 비추어 조선민족의 이익을 존중하는 가장 적절한 국제적·국내적 해결이며 세계의 평화유지와 인류의 민주주의화에 최적한 결정이라고 확신하여 본 위원회는 다음과 같이 결정한다.

모스크바 3상회담의 진보적 결정을 전면적으로 지지하고 민주주의 연합국과 같이 조선의 민주주의 정부결정의 실행에 적극적으로 참가하고 민주주의 제국의 원조와 협력에 의하여 우리 조국을 민주주의적 문명국가의 수준에 도달시키기 위하여 투쟁함을 약속함.

전 조선인민 및 각 민주주의 정당과 사회단체는 모스크바회담 결정의 완전한 실천을 위하여 적극적으로 투쟁하여야 하며 본 인민위원회를 중심으로 굳게 단결하여 조선인민공화국 깃발 아래에 민주주의 민족전선을 결성함으로써 우리 조국을 위한 정치·경제·문화 등의 급속한 발전을 위하여 돌진하지 않으면 안된다.

각 인민위원회와 제 민주주의 정당 및 사회단체는 본 결정을 민족대중에게 이해·보급시키며 나라를 사랑하는 전 인민은 본 결정을 깊이 인식하곤 민주주의 연합국의 호의와 원조에 반대하여 경거망동함으로써 민족통일 전선을 분열하려고 책동하는 일파를 단호 배격하라.

4천년 역사에 빛나는 우리 조국의 민주주의적 발전 만세!
민주주의 민족결성 만세!

1946년 1월 2일   조선인민공화국중앙위원회

[『解放三年史』1]

요점 －남북한, 좌·우익의 탁치 찬반대립과 그 영향

2. 分斷의 展開

- 개요 -

임시정부 수립을 위한 미소공동위원회가 결렬되자 이승만은 1946년 6월 3일 정읍에서 남한 단독정부 수립을 주장하는 성명을 발표하였다. 남북 영구분단의 위기가 현실화하자 좌·우 합작을 통해 이를 저지하려는 움직임이 일어났다. 김규식·안재홍 등 민족주의자들과 여운형·백남운 등 좌파세력에 의해 추진된 이 같은 시도는 미군정의 분할포섭정책·단정세력의 방해·조선공산당의 좌편향 등으로 하여 좌절하고 말았다.

북한에서는 1946년 2월에 북조선 임시 인민위원회가 조직되고 3월에 이미 토지개혁을 단행하였는데, 무상몰수·무상분배 방침은 농민의 광범위한 지지를 받았다. 7월에는 8시간 노동제·남녀평등권을 보장하는 개혁법령이 제정되었으며 8월에는 주요산업에 대한 국유화조치가 단행되었다. 북한 공산주의자들은 급속한 개혁정책 추진을 통해 정권기반을 공고히 하였으며 사회주의 국가건설의 토대를 마련하였다.

남한에서는 분단에 따른 남북 경제교류의 단절로 공업경제가 마비되었다. 미군정의 자유시장정책은 매점매석에 의한 곡가폭등을 초래하였으며 물자부족을 심화시켰다. 귀속적산은 친미·친일세력에 불하되어 매판자본가 육성의 기반이 되었다. 토지분배는 지주출신이 다수인 입법의원의 반대로 무산되고 토지개혁은 연기되어 정부수립후인 1950년 3월에야 유상몰수·유상분배로 이루어지게 되었다.

남·북한이 정치·경제적으로 대극의 노선을 취하면서 영구분단은 점차 현실화하고 있었다. 단정수립이 추진되자 이에 반대하는 전민족적인 저항이 전개되었다. 1948년 4월 개최된 남북 제정당·사회단체 연석회의에는 남북한의 정치지도자·각부문 단체의 대표들이 참가하여 외군철수·임시정부 수립 등을 결의하였으나 남한의 정치세력은 단정수립을 저지할 역량을 가지고 있지 못한 실정이었다. 민중의 투쟁도 치열하게 전개되었는데 5·10 총선때까지 노동자·농민·학생들의 총파업과 시위가 계속되었다. 4·3 제주민중항쟁은 대표적인 단정반대투쟁이었다.

□ 李承晩 井邑發言 (1946.6.3)

● 이제 우리는 무기휴회된 공위(共委)가 재개될 기색도 보이지 않으며 통일정부를 고대하나 여의케 되지 않으니 우리는 남방만이라도 임시정부 혹은 위원회 같은 것을 조직하여 38이북에서 소련이 철퇴하도록 세계공론에 호소하여야 될 것이니 여러분도 결심하여야 될 것이다. 그리고 민족통일기관설치에 대하여 노력하여 왔으나 이번에는 우리 민족의 대표적 통일기관을 귀경한 후 즉시 설치하게 되었으니 각 지방에서도 중앙의 지시에 순응하여 조직적으로 활동하여 주기 바란다.

[『解放三年史』2]

요점 －분단정부 수립의 논리와 지지세력

□ 文化人 108名 連書 南北會談支持聲明

● 조국은 지금 독립의 길이냐, 예속의 길이냐 또는 통일의 길이냐 하는 분수령상의 절정에 서 있다. 이같이 막다른 순간을 당하여 식자적 존재로 자처하는 우리는 민족의 명예를 위하여 또는 문화인의 긍지를 위하여 민족대의의 명분과 국가자존의 정로를 밝히어 진정한 민족적 자주독립의 올바른 운동을 성원코자 하는 바이다.

3·1선언에도 명단된 바와 같이 우리는 원래부터 자유민주 독립국이다. 때로 성쇠의 기복은 있었다 하더라도 자유민으로서 자재(自在)한 문화와 독립국으로서 일관한 역사는 장류와도 같이 내리 한 줄기로 흘렀던 것이다. 공동사회체의 단일민족으로서 고락을 같이한 한 개의 생활을 향유하였던 것이다. 그러기에 일제퇴각을 전제로 한 카이로의 3국선언도 영단을 내리어 우리의 전일적 자주독립을 보장하였고 포츠담의 4국회담도 이를 추인하여 국제헌장의 위신을 세계에 선시하였던 것이다. 그런데 그 후로 오늘의 해방된 조국의 자태는 과연 어떠한가?

모스크바결정에 의한 미·소의 서울회담은 전후 두번이나 열렸으나 안으로 우리 자신의 편파적 반발과 밖으로 조잡한 국제정세로 인하여 남북을 통한 공동의 협상공작은 실패에 돌아가고 말았다. 이리하여 분열과 파쟁이 더욱더 조장되는 한편으로 불가피하게 강행되는 것은 미·소 각개의 독자적 행동이었으니 그것은 소련의 동시 철병안과 미국의 UN제소안이었다. 미·소 양군은 동시에 철병하여 조선문제는 조선사람에게 맡기라고 한 소련의 제안은 대경대법(大經大法)이다. 작위가 아닌 한에서 반대가 있을 수 없겠거늘 미국의 묵살하에서 소련의 일방적 성명에 그치었고 남북을 통한 총선거로 통일정부의 수립을 기한다고 한 UN의 결정도 명정언순(名正言順)이라 소련의 참가하에서 이대로 추진되는 한 이의가 있을 리 없겠거늘 필경 소련의 불참으로 UN자신의 기록에 남았을 뿐이다.

조국의 수난은 이같이 하여서 심도를 더하였다. 그리하여 필경 위험은 당면하고야 말았다! 의취가 자별한 이같은 연막적 정세하에서 참극과 조악을 포장한 실탄의 일발이 우리의 심장을 직충하는데 있으니 그것은 가능지역의 일방적 선거로써 '중앙정부'의 일방적 형태를 만들어간다는 남방의 단독조치였다. 명목과 분장은 하여튼지 남방의 '단정'이 구성되는 남방의 '단선'인 것은 말할 것도 없는 바이니 38선의 법정적 시인인 것도 두말할 것이 없는 것이다. 38선의 실질적 고정화요, 전제로 하는 최악의 거조인지라 국토양단의 법리화요, 민족분열의 구체화인 것도 분명한 일이다. 그리하여 그후로 오는 사태는 저절로 민족상호의 혈투가 있을 뿐이니 내쟁같은 국제전쟁이요, 외전같은 동족전쟁이다. 동족의 피로써 물들이는 동포의 상잔만이 아니라 동포의 상식(相食)만이 아니라 실로 어부의 득을 위하여 우리 부자의, 숙질의, 형제의, 자매의 피와 살과 뼈를 바수어 바치는 형제의 참극일 뿐이니 이 어찌 있을 수 있는 일이겠는가? 이를 추진시키는 미국적 UN도 그 같은 의도는 천만에 아니라 하리라.

이를 추종하는 우리의 일부도 그같은 소원은 천만에 아니라 하리라. 국제정의의 수호를 위하여 영도자로 자처하는 미국이 그같은 음성적 야도(野道)를 가질 수 없을 것이며 민족자존의 선양을 위하여 애국자로 자처하는 동포가 그같은 발악적 역심을 가질 리 없을 것을 믿지 않으려 함이 아니다.

선진의 남북지도자여!

후군의 육속(陸續)을 믿고 오직 전진하시라! 참된 자유와 자주, 참된 민의와 민주! 역사의 순류를 향하여 드높게 북을 울리자!

탁치없는 완전한 자주독립!

이같이 아슬아슬한 고비에서 우리는 민족의 '진정한 소리'를 들었다. 민족자체의 '자기소리'를 들었다. 자결의 원칙과 공존의 도의와 합작의 실익을 위한 구국운동의 일보로서 '남북협상의 거족적 호령소리'를 들었다. 남방의 제의를 들었고 북방의 호응을 들었다치면 응하는 동고(同鼓)의 북소리를 들은 것이다.

이는 해방의 첫소리다. 외력의존의 허무감에서 터져나온 자력의 우렁찬 소리다. 골수에서 빚어나온 소리요, 다시금 골수에 사무쳐야 할 소리다. 사경에서 스며 나온 최후의 소리요, 신생으로 비약할 최초의 소리다. 과거를 돌아보아 오늘의 이 소리가 얼마나 피끓는 소리인가? 이 소리에 응하지 않는 '우리'가 있겠는가? 감응이 없다는 동포가 있겠는가? 남방의 집항자(執航者)는 악평으로써 이를 자조하는 실정이다. 진실로 '세쇠도미(世衰道微)'요, '시일해상(是日害喪)'이니 '시가인(是可忍)' 야(也)론 집불가인(執不可忍)이랴?

자력주의와 민본주의의 젊은 새 나라를 수립하기 위하여 첫째로, 미·소 무력의 제압을 부인하자! 양군의 동시철퇴를 실제적으로 가능케 할 기본토대를 짓기 위하여 우선 우리는 우리 자신의 체제를 단일적으로 이 길은 오직 남북협상에 있다. 자력주의와 민본주의의 젊은 새 나라를 수립하기 위하여 첫째로, 미·소 무력의 제압을 부인하자! 양군의 동시철퇴를 실제적으로 가능케 할 기본토대를 짓기 위하여 우선 우리는 우리 자신의 체제를 단일적으로 정비·강화하자!

이 길은 오직 남북협상에 있다.

남북통일을 지상적 과제로 한 정치적 합작에 있다. 남북상호의 수정과 양보로써 건설되는 통일체의 새 발족에 있다.

이번의 협상운동을 지지하고 성원하는 우리의 염원과 의욕도 여기에 있는 것이다.

자주독립을 달성할 때까지 후속을 위촉한 3·1선언의 고사를 인용하거니와 최후의 일각까지 최후의 일인까지 남북협상의 대도를 추진하여 통일국가의 수립을 기필하자!

1948년 4월 14일　　서울서 108유지는 자서(自署)함

이순택(李順鐸) 이극로(李克魯) 설의식(薛義植) 이병기(李秉岐) 손진태(孫晉泰)

유진오(兪鎭午) 배성룡(裵成龍) 유재성(劉在晟) 이준열(李駿烈) 이홍종(李弘鐘)
정구영(鄭求暎) 윤행중(尹行重) 박은성(朴恩聲) 김일출(金一出) 박은용(朴殷用)
채정근(蔡廷根) 송석하(宋錫夏) 박용덕(朴鎔德) 이민희(李敏熙) 조동필(趙東弼)
홍기문(洪起文) 정인승(鄭寅承) 정희준(鄭熙俊) 문동표(文東表) 이관구(李寬求)
임학수(林學洙) 오기영(吳基永) 신영철(申永哲) 오승근(吳承根) 양윤식(楊潤植)
김시두(金時斗) 김기림(金起林) 양응호(楊應浩) 김성진(金晟鎭) 김양하(金良瑕)
정순택(鄭淳宅) 박준영(朴俊泳) 김용암(金龍岩) 정계성(鄭桂成) 허하백(許河伯)
홍성덕(洪聖德) 박동길(朴東吉) 최문환(崔文煥) 박계주(朴啓周) 이부현(李富鉉)
고승제(高承濟) 이건우(李建雨) 장기원(張起元) 허 규(許 珪) 최호진(崔虎鎭)
박용구(朴容九) 김병제(金炳濟) 유 열(柳 烈) 김무삼(金武森) 이달영(李達永)
김성수(金成秀) 고경흠(高景欽) 염상섭(廉尙燮) 백남교(白南敎) 장추화(張秋華)
이 하(李 河) 이의식(李義植) 김봉집(金鳳集) 하윤도(河允道) 이재완(李載完)
정래길(丁來吉) 김계숙(金桂淑) 최정우(崔挺宇) 신 막(愼 幕) 안기영(安基永)
김진석(金鎭石) 성백선(成白善) 최재위(崔在緯) 나세진(羅世振) 정지용(鄭芝鎔)
강진국(姜辰國) 안건제(安建濟) 정열모(鄭烈模) 김태화(金泰和) 백남진(白南鎭)
양재하(梁在廈) 장현칠(張鉉七) 손명현(孫明鉉) 오건일(吳建一) 홍승만(洪承萬)
박 철(朴 哲) 윤태웅(尹泰雄) 이준하(李俊夏) 황영모(黃泳模) 유두찬(劉斗燦)
전원배(田元培) 김재을(金在乙) 이겸효(李謙孝) 신의향(辛義鄕) 허 준(許 俊)
고병국(高秉國) 김석환(金錫煥) 김분옥(金粉玉) 박태원(朴泰遠) 김진억(金鎭億)
이갑운(李甲雲) 송지영(宋志英) 백석황(白錫滉) 이만준(李萬濬) 신남철(申南徹)
곽 경(郭 敬) 오진섭(吳鎭燮) 차미리사(車美理士)

[『세계일보』 1948.4.19]

□ 金九·金奎植의 南北協商에 관한 共同聲明

● 금반 우리의 북행은 우리 민족의 단결을 의심하는 세계인사에게는 물론이요 조국의 통일을 갈망하는 다수 동포들에게까지 금반 행동으로써 많은 기대를 이루어준 것이다. 그리고 남북 제 정당·사회단체 연석회의는 조국의 위기를 극복하며 민족의 생존을 위하여는 우리 민족도 세계의 어느 우수한 민족과 같이 주의와 당파를 초월하여서 단결할 수 있다는 것을 또 한번 행동으로써 증명한 것이다. 이 회의는 자주적·민주적 통일조국을 재건하기 위하여서 양조선의 단선·단정을 반대하며 미·소 양군의 철퇴를 요구하는데 의견이 일치하였다. 북조선 당국자도 단정은 절대로 수립하지 아니하겠다고 약속하였다.

　연석회의에서 국제협조와 기타 수개 문제에 대하여 우리의 종래주장이 다 관철되지 못한 것은 우리로서는 유감으로 생각하는 바이나 국제협조 문제에 대하여서는 앞으로 어느 나라가 우리의 독립을 더 잘 도와주느냐는 실지행동에서 용이하게 해결될 수 있는 것이며 또 기타 문제에 있어서도 앞으로 각자가 노력하며 남북지도자들이 자주 접촉하는데서 원활히 해결할 수 있으리라고 믿는다. 우리는 행동으로써만 우리 민족이 단결할 수 있다는 것을 증명한 것뿐 아니라 사실로도 우리 민족끼리는 무슨 문제든지 협조할 수 있다는 것을 체험으로 증명하였다.

　앞으로 북조선 당국자도 단전도 하지 아니하며 저수지도 원활히 개방할 것을 쾌락하였다. 그리고 조만식 선생과 동반하여 남행하겠다는 우리의 요구에 대하여 북조선 당국자는 금차에 실행할 수는 없으나 미구에 그리 되도록 노력하겠다고 약속하였다.

1948년 5월 6일
[『史料解放 40年』]

□ 單選反對鬪爭

● 이에 우리는 흥망의 관두에 선 우리 조국과 민족을 미 제국주의의 침략으로부터 구출하기 위하여 남조선 전 노동계급의 이름으로써 1948년 5월 8일 0시를 기하여 남조선 단독선거 반대 총파업에 들어감을 선언하는 동시에 전 근로인민과 애국동포들에게 호소합니다.

　노동자 농민들이여! 청년학생 소시민들이여! 일체 애국동포들이여!

　우리나라를 망치고 우리 민족을 멸하는 남조선 단독선거가 수일 후에 닥쳐왔습니다. 미 제국주의는 기어코 이승만·김성수 도당의 허수아비 단정을 내세워 우리 민족을 식민지노예의 사슬로 얽어매려 하는 것입니다. 미국은 처음부터 이 목적을 위하여 친일파 매국노들의 협조 아래 조선독립을 보장해 준 3상결정을 파탄시키고 소련의 양군철퇴안을 거부하고 조선문제를 비법적으로 조선인민을 참가시키지 않고 또 조선인민의 의사와도 반대로 강압으로써 미국 제국주의자들의 분할예속화 정책의 엄폐물이며, 대용기관인 소위 유엔 조선위원단을 파견하고 남조선 단독선거 실시를 결정하였습니다. 또한 미 제국주의자들은 이와 같은 그들의 침략적인 외교정책과 발을 맞추어 남조선의 인민경제를 아주 허물어버리고 인민생활을 말할수 없이 비참한 지경에 몰아넣었습니다. 노동자는 쌀값도 못되는 임금을 받으면서 1주 100시간 이상의 강제노동을 예사로 당하고 나날이 실업과 기아는 더욱 범람하고 있습니다. 농민들은 여전히 봉건적 소작제의 멍에와 약탈적 미곡공출로 말미암아 농가의 9할은 벌써부터 절곡상태에 빠져 생명의 위협을 받고 있습니다. 미국 제국주의가 남조선에 친일파를 중심으로 차려놓은 테러경찰 제도 아래서 인권은 여지없이 유린되고 무수한 애국자가 살상처형 당하고 있습니다.

　노동자 형제·자매들이여!

　우리들은 애국투쟁의 선두대입니다. 10월 인민항쟁과 3·22총파업과 2·7총파업의 빛나는 투쟁전통은 우리의 열정을 더욱 끓게 하고 우리의 자신을 더욱 크게 합니다. 우리는 이제 또다시 궐기하여 유엔간판 아래서 미국이 지도하는 국제강도단과 매국노들의 단독선거를 쳐부수는 결사적 항쟁의 선두에 있습니다. 우리는 다음과 같은 요구와 주장을 늘고 총파업을 선언합니다.

- 우리의 모든 힘과 정신을 다 바치어 반동적 허수아비 단정과 그를 만들기 위한 5월 10일의 단선을 분쇄하자! 식민지노예의 사슬로 우리 민족을 얽어매려는 미 제국주의자의 침략정책을 물리치자.
- 미 제국주의자의 분할예속화 정책의 엄폐물이며 대행기관인 소위 유엔조선위원단을 우리의 강토로부터 몰아내자.
- 소련제안과 같이 미·소 양군을 즉시 무조건 동시철퇴케 하고 외국의 간섭없이 조선인민이 자기 손으로 통일적 민주주의 자주독립 국가를 수립하자.
- 남조선의 정권을 북조선과 같이 인민위원회로 넘기라.
- 전평의 민주노동법과 전농의 토지개혁안 산업국유화 기타 제반 민주개혁을 즉시 실시하라!
- 여하한 명목과 구실을 물론하고 민주진영에 대한 탄압을 즉시 중지하고 검거투옥된 일체 민주주의 애국자를 석방하라! 단선·단정 반대를 부르짖고 투쟁하는 제주도를 비롯한 남조선 각지 인민에 대한 부정학살적 토벌을 즉시 중지하라!
- 노동자·사무원들의 임금을 현재의 3배로 올려라.
- 노동자 빈농에게 1일 5홉, 그 가족과 일반시민에게 1일 3홉의 쌀을 배급하라!
- 8·15전의 황민화정책을 되풀이하려는 일제의 재일동포에 대한 폭압과 이에 대한 미국의 비호정책을 즉시 철퇴하라!
- 미제국주의자의 충복이며 주구로서 조국을 팔아먹는 민족반역자 이승만·김성수 계열을 타도하라!

전 근로인민들이여! 애국동포들이여!

우리 노동자와 함께 단선을 파탄시키는 열화 같은 구국투쟁을 전개합시다. 만일 당신들이 우리 조국을 통일되고 자유스럽고 부강하고 민주적인 독립된 나라로 만들려는 애국애족심에 불탄다면 단독선거 분쇄를 위한 적극적인 구국투쟁을 과감하게 전개합시다. 우리 조국의 최대의 위기가 박두한 이 엄숙한 순간 매일 우리가 조금이라도 동요·주저하고 수수방관한다면 그는 우리의 국호를 양단하며 우리 조국과 우리 자신을 멸망하고 우리 후손을 영원한 불안 가운데 몰아넣는 것입니다.

우리의 위대하고 성스러운 구국투쟁은 민족해방 독립의 역사를 창조하고 있습니다. 자유와 평화를 사랑하는 전세계 인민들의 무한한 동정과 열렬한 지지를 받고 있습니다. 우리의 심장에는 구국순국의 붉은 혈조가 뛰고 있으며 우리의 통일된 단결력은 위대합니다. 형제·자매들이여! 일제히 일어서 구국전선으로 돌진합시다. 항쟁하는 위대한 조선인민만세!

전 조선민족의 통일과 독립과 자유를 위하여 투쟁하는 백절불굴의 민족적 공격정신 만세! 자유스럽고 통일된 민주주의 조선 완전독립 만세!

1948년 5월 8일
남조선 단선단정 반대투쟁 총파업위원회
『年表 韓國現代史』

요점
- 단선·단정 반대운동의 성격과 의의
- 단독선거에 대한 사회주의자와 민중들의 저항

3. 大韓民國의 樹立과 試鍊

- 개요 -

　　1947년 3월 트루만 독트린 발표를 전후하여 냉전시대 서막이 열리고 있었다. 미국은 남한에 친미우익세력이 안정적으로 구축되었다고 판단하고 한국문제를 유엔으로 이관하기로 결정하였다. 1947년 11월 5일 유엔총회는 한국임시위원단의 감시하에 인구비례에 의한 남북총선거 실시를 결의하였다. 북한이 이를 거부하자 미국의 제안으로 2월 26일 유엔 소총회에서 남한 단독 선거 실시안이 통과되었다. 1948년 5.10총선이 실시되었으며 우익 편향의 제헌국회가 소집되어 이승만을 초대 대통령으로 선출하였고, 8월 15일 대한민국 정부가 수립되었다. 단독정부는 태생적 한계를 지니고 있었는 바 대부분의 민족주의 세력조차 배제된 극우 세력에 기초한 정권이었기 때문이다. 단정은 식민지 관료·경찰기구와 친일인맥을 존속시키고 반공을 이데올로기화하는 외세의존적·반자주적 정권에 지나지 않았다. 이승만 정권의 본질은 반민족행위특별조사위원회 활동을 적극적으로 탄압한데서 잘 나타난다. 그는 자신의 취약한 지지기반을 친일파 관료·경찰·지주·자본가 등 민족반역자들에 의존하는 것으로 대체하였기 때문에 반민특위의 조사를 저지하지 않을 수 없었다. 이후 이승만 정권은 매카시즘적 반공 이데올로기를 도구로 반대세력을 탄압하여 독재를 유지하려 하였다. 남북한에 각기 정권이 수립되고 소련군에 이어 미군이 철수하면서 민족간의 직접적인 대결 국면이 조성되었다. 이승만은 북진통일을 주장하면서 이를 평화통일론을 탄압하는 정치적 목적에 악용하였다. 한편 38선 부근에서는 남북간의 빈번한 무력충돌로 긴장이 조성되었다. 1950년 6월 25일 북한군이 전면적인 공세를 취함으로써 한국전쟁이 발발하였다. 전쟁은 3년여에 걸친 공방 끝에 남북한 모두에 궤멸적 타격을 입히고 1953년 7월 23일 휴전협정이 조인됨으로써 막을 내렸다. 한국전쟁은 250만명의 사망·실종자를 포함 500만명에 이르는 인명피해를 남기고 천만 이산가족을 양산하였고 대부분의 산업시설은 파괴되었다. 무엇보다도 민족 내부에 극단적인 적대감과 이념대립을 가져왔으며 남북한이 각기 세계냉전구도의 전초를 자임하면서 회복하기 힘든 민족동질성의 훼손을 초래하게 되었다. 남한에서는 이후 30여년간 걸친 예속적 반공 독재정권이 성립함으로써 민주주의와 다원적 사회발전을 저지하는 직접적 계기로 작용하였다.

□ 大韓民國 憲法

● 전 문

　유구한 역사와 전통에 빛나는 우리들 대한국민은 기미 3·1운동으로 대한민국을 건립하여 세계에 선포한 위대한 독립정신을 계승하여 이제 민주독립국가를 재건함에 있어서 정의 인도와 동포애로써 민족의 단결을 공고히 하여 모든 사회적 폐습을 타파하고 민주주의 제도를 수립하여 정치·경제·문화의 모든 영역에 있어서 각 인의 기회를 균등히 하고 능력을 최고도로 발휘케 하며 각 인의 책임과 의무를 완수케 하여 안으로는 국민생활의 균등한 향상을 기하고 밖으로는 항구적인 국제평화의 유지에 노력하여 우리들과 우리들의 자손의 안전과 자유와 행복을 영원히 확보할 것을 결의하고 우리들의 정당하게 또 자유로이 선거된 대표로써 구성된 국회에서 단기 4281년 7월 12일 이 헌법을 제정했다.

대한민국 국회의장 이승만

제1장 총강

제1조 대한민국은 민주공화국이다.
제2조 대한민국의 주권은 국민에게 있고 모든 권력은 국민으로부터 나온다.
제3조 대한민국의 국민되는 요건은 법률로써 정한다.
제4조 대한민국의 영토는 한반도와 그 부속도서로 한다.
제5조 대한민국은 정치·경제·사회·문화의 모든 영역에 있어서 각 인의 자유·평등과 창의를 존중하고 보장하며 공공복리의 향상을 위하여 이를 보호하고 조정하는 의무를 진다.
제6조 대한민국은 모든 침략적인 전쟁을 부인한다. 국군은 국토방위의 신성한 의무를 수행함을 사명으로 한다.
제7조 비준·공포된 국제조약과 일반적으로 승인된 국제법규는 국내법과 동일한 효력을 가진다.
　외국인의 법적 지위는 국제접과 국제조약의 범위내에서 보장된다.
　…

요점 ―대한민국 헌법의 성격

□ 反民族行爲處罰法

● 제1장 죄

제1조 일본정부와 통모하여 한일합병에 적극 협력한 자, 한국의 주권을 침해하는 조

약 또는 문서에 조인한 자 및 모의한 자는 사형 또는 무기징역에 처하고, 그 재산의 전부 혹은 2분의 1 이상을 몰수한다.

제2조 일본정부로부터 작(爵)을 수(受)한자, 또는 일본 제국의회의 의원이 되었던 자는 무기 또는 5년 이상의 징역에 처하고, 그 재산과 유산의 전부 혹은 2분의 1이상을 몰수한다.

제3조 일본치하 독립운동자나 그 가족을 악의로 살상·박해한자 또는 이를 지휘한 자는 사형·무기 또는 5년 이상의 징역에 처하고 그 재산의 전부 혹은 일부를 몰수한다.

제4조 다음 각 호에 해당하는 자는 10년 이하의 징역에 처하거나 15년 이하의 공민권을 정지하고 그 재산의 전부 혹은 일부를 몰수할 수 있다.

1. 습작한 자.
2. 중추원 부의장·고문 또는 참의 되었던 자.
3. 칙임관 이상의 관리 되었던 자.
4. 밀정행위로 독립운동을 방해한자.
5. 독립을 방해할 목적으로 단체를 조직했거나 또는 그 단체의 수뇌간부로 활동하였던 자.
6. 군·경찰의 관리로서 악질적인 행위로 민족에게 해를 가한 자.
7. 비행기·병기·탄약 등 군수공업을 책임경영한 자.
8. 도·부의 자문 또는 결의기관의 의원이 되었던 자로서 일제에 아부하여 그 반민족 죄적이 현저한 자.
9. 관공리 되었던 자로서 그 직위를 악용하여 민족에게 해를 가한 악질적 죄적이 현저한 자.
10. 일본국책을 추진시킬 목적으로 설립된 각 단체본부의 수뇌간부로서 악질적인 지도적 행동을 한자.
11. 종교·사회·문화·경제 기타 각 부문에 있어서 민족적인 정신과 신념을 배반하고 일본 침략주의와 그 시책을 수행하는데 협력하기 위하여 악질적인 반민족적 언론저작 및 기타 방법으로서 지도한 자.
12. 개인으로서 악질적인 행위로 일제에 아부하여 민족에게 해를 가한 자.

제5조 일본치하에 고등관 3등급 이상, 동 5등, 이상을 받은 관공리 또는 헌병·헌병보·고등경찰의 직에 있던 자는 본법의 공소시효가 경과되기 전에는 공무원에 임명될 수 없다. 단 기술관은 제외한다.

제6조 본법에 규정한 죄를 범한 자 가운데 개전의 정상이 현저한 자는 그 형을 경감 또는 면제할 수 있다.

제7조 타인을 모함할 목적 또는 범죄자를 옹호할 목적으로 본법에 규정한 범죄에 관하여·허위신고·위증·증거인멸을 한 자 또는 범죄자에게 도피의 길을 협조한 자는 당해 내용에 해당한 범죄규정으로 처벌한다.

제8조 본법에 규정한 죄를 지은 자로서 단체를 조직하는 자는 1년 이하의 징역에 처

한다.

제2장 특별조사위원회

제9조 반민족행위를 예비조사하기 위하여 특별조사위원회를 설치한다. 특별조사위원회는 위원 10인으로써 구성한다. 특별조사위원은 국회위원 중에서 다음과 같은 자격을 가진자를 국회가 선거한다.
   1. 독립운동의 경력이 있거나 절개를 견수하고 애국의 성심이 있는 자.
   2. 애국의 열성이 있고 학식·덕망이 있는 자.
      국회는 특별조사위원회의 처리가 본법에 위반한다고 인정할 때에는 불신임을 의결하고 특별조사위원을 재선할 수 있다.
제10조 특별조사위원회는 위원장·부위원장 각 1인을 선호한다. 위원장은 조사위원회를 대표하며 회의에 의장이 된다. 부위원장은 위원장을 보좌하고 위원장이 사고가 있을 때에는 그 직무를 대리한다.
제11조 특별조사위원은 재임 중 현행범 이외에는 특별조사위원장을 승인이 없이 체포·심문을 받지 않는다.
제12조 특별조사위원회는 사무를 분담하기 위하여 서울시와 각 도에 조사부, 군부(郡府)에 조사지부를 설치할 수 있다. 조사부 책임자는 조사위원회에서 선거하여 국회의 승인을 받아야 한다. 특별조사위원회의 각 도조사부는 해당사무의 공정·타당을 기하기 위하여 언제든지 국회의원의 요구가 있을 때에는 조사문서를 정시(呈示)하여야 한다.
제13조 특별조사위원회에서 채용하는 직원은 친일모리의 세평이 없는 자라야 한다.
제14조 조사방법은 문서조사·실지조사의 2종으로 한다. 문서조사는 관공문서·신문 기타 출판물을 조사하여 피의자명부를 작성한다. 실지조사는 피의자명부를 기초로 하고 현지출장 기타 적당한 방법으로 증거를 소집하여 조사서를 작성한다.
제15조 특별조사위원회로부터 조사사무를 집행하기 위하여 정부 기타의 기관에 대하여 필요한 보고기록의 제출 또는 기타 협력을 요구할 때에는 이에 응하여야 한다.
제16조 특별조사위원이 직무를 수행할 때에는 특별조사위원장의 임명장을 소지케 하며, 그 행동의 자유를 보유하는 특권을 가지게 된다. 특별조사위원은 조사상 필요에 의하여 사법경찰관리를 지휘·명령할 수 있다.
제17조 특별조사위원회가 조사를 완료할 때에는 10일 이내에 위원회의 결의로 조사 보고서를 작성하고 의견서를 첨부하여 특별검찰부에 제출하여야 한다.
제18조 특별조사위원의 비용은 국고부담으로 한다.

제3장 특별재판부 구성과 절차

제19조 본법에 규정된 범죄자를 처단하기 위하여 대법원에 특별재판부를 부치(附置)한다. 반민족행위를 처단하는 특별재판부 부장 1인, 부장재판관 3인, 재판관 12인으로써 구성한다. 전항의 재판관은 국회의원 중에서 5인, 고등법원 이상의 법관 또는 변호사중에서 6인, 일반 사회인사중에서 5인으로 하여야 한다.

제20조 특별재판부에 특별검찰부를 병치한다. 특별검찰부는 국회에서 선거한 특별검찰부 검찰관장 1인, 차장 1인, 검찰관 7인으로써 구성한다.

제21조 특별재판관과 특별검찰관은 다음의 자격을 가진 자중에서 선거하여야 한다.
  1. 독립운동에 경력이 있거나 절개를 견수하고 애국의 성심이 있는 법률가.
  2. 애국의 열성이 있고 학식·덕망이 있는 자

제22조 특별재판부 차장과 특별재판관은 대법원장 및 법관과 동일한 대우와 보수를 받고, 특별검찰관장과 특별검찰관은 검찰총장 및 검찰관과 동일한 대우와 보수를 받는다.

제23조 특별재판부의 재판관과 검찰관은 그 재임 중 일반재판관 및 일반검찰관과 동일한 신분의 보장을 받는다.

제24조 특별재판부의 재판관과 검찰관은 그 재임 중 국회의원·법관과 검찰관 이외의 공직을 겸하거나 영리기관에 참여하거나 정당에 관여하지 못한다.

제25조 특별재판부에 3부를 두고 각 부는 재판장 1인과 재판관 4인의 합의로써 재판한다.

제26조 특별검찰관은 특별조사위원회의 조사보고서와 일반검찰 사실을 기초로 하여 공소를 제기한다. 단 특별검찰관의 결정이 부정당하다고 인정될 때에는 특별조사위원회는 특별검찰관 전원의 합의에 의한 재고려를 요구할 수 있다.
  특별검찰관은 검찰상 필요에 의하여 특별조사위원에게 재조사를 위탁하거나 사법경찰관을 지휘·명령할 수 있다.

제27조 특별검찰관은 특별조사위원회의 조사보고서를 접수한 후 20일 이내에 기소하여야 하며, 특별재판부는 기소된 사건에 대하여 30일 이내에 공판을 개정하여야 한다. 단 특별재판부는 부득이한 사정이 있을 때에는 기간을 연장할 수 있으되 30일을 초과할 수 없다.

제28조 본법에 의한 재판은 단심제로 한다. 소송절차와 형의 집행은 일반 형사소송법에 의한다.

부 칙

제29조 본법에 규정한 범죄에 대한 공소시효는 본법 공포일로부터 기산하여 2년을 경과함으로써 완성된다. 단 도피한 자나 본법이 사실상 시행되지 못한 지역에 거주하는 자 또는 거주하던 자에 대하여는 그 사유가 소멸된 때로부터 시효

가 진행된다.

제30조 본법의 규정은 한일합병 전부터 단기 4278년 8월 15일 이전의 행위에 이를 적용한다.

제31조 본법에 규정한 범죄자로서 대한민국 헌법공포일로부터 이후에 행한 그 재산의 매매·양도·증여 기타의 법률행위는 일절 무효로 한다.

제32조 본법은 공포일로부터 시행한다.

요점
- 반민특위의 내용과 의의
- 친일파 숙청의 실패와 현대사에 미친 영향

□ 農地改革法

◉ 제1장 총 칙

제1조 본법은 헌법에 의거하여 농지를 농민에게 적절히 분배함으로써 농가경제의 자립과 농업생산력의 증진으로 인한 농민생활의 향상 내지 국민경제의 균형과 발전을 기함을 목적으로 한다.

제2조 본법에서 농지는 전(田)·답(畓)·과수원·잡종지, 기타 법적 지목여하에 불구하고 실제경작에 사용하는 토지현상에 의한다.

농업경영에 직접 필요한 지소(池沼)·농도(農道)·수로(水路) 등은 당해 몽리농지에 부속한다.

제3조 본법에 있어 농가라 함은 가주(家主) 또는 동거가족이 농경을 주업으로 하여 독립생계를 영위하는 합법적 사회단위를 칭한다.

제4조 본법실시엔 관한 사무는 농림부장관이 차를 관장한다.

본법의 원활할 운영을 원조하기 위하여 중앙·시·도·부·군·도(島)·읍(邑)·면(面)·동(洞)·리(里) 농지위원회(農地委員會)[이하 '위원회'라 한다]를 설치한다.

제2장 취득과 보상

제5조 정부는 좌에 의하여 농지를 취득한다.
  1. 좌의 농지는 정부에 귀속한다.
    (가) 법령급조약에 의하여 또는 국유로 된 농지
    (나) 소유권자의 명의가 분명치 않은 농지
  2. 좌의 농지는 적당한 보상으로 정부가 매수한다.
    (가) 농가 아닌 자의 농지
    (나) 자경하지 않는 자의 농지, 단 질병·공무·취학 등 사유로 인하여 일시 이농한 자의 농지는 소유지위원회의 동의로서 도지사가 일정기한까지 보류를 인허한다.

(다) 본법규정의 한도를 초과하는 부분의 농지
(라) 과수원·종묘·포상전 등 숙한성 작물재배 토지를 3정 이상 자영하는 자의 숙한성 작물 재배 이외 농지

제6조 좌의 농지는 본법으로서 매수하지 않는다.
1. 농가의 자경 또는 자영하는 1가당 총면적 3정보 이내의 소유농지 단 정부가 인정하는 고원·산간 등 특수지역 이외는 예외로 한다.
2. 자영하는 과수원·종묘포·상전 기타 숙한성 작물을 재배하는 농지.
3. 비농가로서 소규모의 가정원예로서 자경하는 5백평 이내의 농지.
4. 정부·공공단체·교육기관에서 사용목적을 변경할 필요가 있다고 정부가 인정하는 농지
5. 공인하는 학교·종교단체급·후생기관 등의 소유로서 자경이내의 농지. 단 문교재단의 소유농지는 별도히 정하는 바에 의하여 매수한다.
6. 학술연구 등 특수한 목적에 사용하는 정부인허 범위내의 농지
7. 분묘를 수호하기 위하여 종전부터 소작료를 징수하지 아니하는 기존의 위토(位土)로서 묘매(墓每) 1위(位)에 2반보(反步) 이내의 농지
8. 미완성된 개간급·간척농지. 단 기완성부분은 특별보상으로 매수할 수 있다.
9. 본법실시 이후 개간 또는 간척한 농지. 단 국고보조에 의한 것은 전호(前號)단서에 준한다.

제3장 분배와 보상

제11조 본법에 의하여 정부가 취득한 농지급 별도법령에 의하여 규정한 국유농지는 자경할 농가에서 좌의 순위에 따라 분배·소유케 한다.
1. 현재 당해농지를 경작하는 농가
2. 경작능력에 비하여 과소한 농지를 경작하는 농가
3. 농업경영에 경험을 가진 순국열사의 유가족.
4. 영농력을 가진 피고용농가
5. 국외에서 귀환한 농가

제12조 농지의 분배는 농지의 종목·등급 등 농가의 능력 기타에 기준한 점수제에 의거하여 1가당 총 경영면적 3정보를 초과하지 못한다.

1949년 6월 21일

『農地改革史』上

요점 －농지개혁의 정치적·사회경제적 의미
－유상몰수·유상분배의 영향

□ 大韓民國隣接海洋의 主權에 대한 大統領의 宣言 [平和線宣言]

● 확정된 국제적 선례에 의하여 국가의 복지와 방어를 영원히 보장하지 않으면 안될 요구에 의하여 대한민국 대통령은 다음과 같이 선언한다.

1. 대한민국 정부는 국가의 영토인 한반도 및 도서의 해안엔 인접한 해붕(海棚)의 상하에 기지(旣知)되고 또는 장래에 발견될 모든 자연자원·광물 및 수산물을 국가에 가장 이롭게 보호·보존 및 이용하기 위하여 그 심도여하를 불문하고 인접해붕에 대한 국가주권을 보존하며 또 행사한다.
2. 대한민국 정부는 국가의 영토 및 한반도 및 도서의 해안에 인접한 해양 상하 및 내에 존재하는 모든 자연자원 및 재부를 보유·보호·보존 및 이용하는 데 필요한 좌(左)와 여(如)히 한정된 연장해양에 선(宣)하여 그 심도여하를 불구하고 인접해양에 대한 국가의 주권을 보지(保持)하며 또 행사한다. 특히 어족(魚族)같은 감소될 우려가 있는 자원 및 재부가 한국주민에게 손해되도록 개발되거나 또는 국가의 손상이 되도록 감소 혹은 고갈되지 않게 하기 위하여 수산업과 어렵업(漁獵業)을 정부의 감독하에 둔다.
3. 대한민국 정부는 이로써 대한민국 정부의 관할권과 지배권이 있는 상술한 해양의 상·하 및 내에 존재하는 자연자원 및 재산을 감독하며 또 보호할 수역을 한정할 좌에 명시된 경계선을 선언하며 또 유지한다.
   이 경계선은 장래에 구명될 새로운 발견·연구 또는 권익의 표현에 인하여 발행하는 신정세에 맞추어 수정할 수 있음을 겸하여 선언한다.
   ① 함경북도 경흥군(慶興郡) 우암령(牛岩嶺) 고정(高頂)으로부턴 북위(北緯) 42도 15분, 동경(東經)130도 45분의 점에 이르는 선.
   ② 북위 42도 15분, 동경 130도 45분의 점으로부터 북위 38도, 동경 132도 50분의 점에 이르는 선.
   ③ 북위 38도, 동경 132도 50분의 점으로부터 북위 35도, 동경 130도의 점에 이르는 선.
   ④ 북위 35도, 동경 130도의 점으로부터 북위 34도 40분, 동경 129도 10분의 점에 이르는 선.
   ⑤ 북위 34도 40분, 동경 129도 10분의 점으로부터 북위 32도, 동경 127도의 점에 이르는 선.
   ⑥ 북위 32도, 동경 127도의 점으로부터 북위 32도, 동경 124도 점에 이르는 선.
   ⑦ 북위 32도, 동경 124도의 점으로부터 북위 39도 45분, 동경 124도의 점에 이르는 선.
   ⑧ 북위 39도 45분, 동경 124도의 점으로부터 [평안북도 龍川郡 薪島列島] 마안도(馬鞍島)서단에 이르는 선.
   ⑨ 마안도서단으로부터 한만국경(韓滿國境)의 서단과 교차되는 직선.
4. 인접해양에 대한 본 주권의 선언은 공해상의 자유 항행권(航行權)을 방해하지 않는다.

1952년 1월 18일

[『韓國外交關係資料集』]

요점
- 해양주권의 확립
- 한일어로분쟁의 시작

□ 韓國軍 指揮權移讓

● 한국 육해공군 지휘권이양에 관하여 이 대통령과 맥아더 장군간에 교환된 공한(公翰).

　국제연합 미국대표 오스틴씨가 사무총장에게 달한 공한(1950.7.25).

　국제연합 미국대표는 국제연합 사무총장에게 경의를 표하오며 아울러 대한민국 이승만 대통령과 더글러스 맥아더 장군간에 교환된 하기 공한에 관하여 안전보장이사회의 주의를 환기하도록 요청하는 영광을 가지나이다.

[『歷史의 證言』]

● 이 대통령이 맥아더 장군에게 보낸 공한.

　대한민국을 위한 국제연합의 공동 군사노력에 있어 한국내 또는 한국 근해에서 작전중인 국제연합의 육·해·공군의 모든 부대는 귀하의 통솔하에 있으며 또한 귀하는 최고사령관으로 임명되어 있음에 감(鑑)하여 본인은 현 작전 상태가 계속되는 동안 일체의 지휘권을 이양하게 된 것을 기쁘게 여기는 바이오며 여사한 지휘권은 귀하 자신 또는 귀하가 한국내 또는 한국근해에서 행사하도록 위임한 기타 사령관이 행사하여야 할 것입니다. 한국군은 귀하의 휘하에서 복무하는 것을 영광으로 생각할 것이며, 또한 한국국민과 정부도 고명하고 훌륭한 군인으로서 우리들의 사랑하는 국토의 독립과 보전에 대한 비열한 공산침략을 대항하기 위하여 힘을 합친 국제연합의 모든 군사권을 받고 있는 귀하의 전체적 지휘를 받게 된 것을 영광으로 생각하며 또한 격려되는 바입니다.

　귀하에게 심후하고도 따뜻한 개인적인 경의를 표하나이다.

1950년 7월 15일 이승만

[『歷史의 證言』]

● 주한미국대사를 통해 이대통령에게 보낸 맥아더원수의 회한(回翰)

　7월 15일자 공한에 의하여 이대통령이 취하신 조치에 대하여 본관의 사의와 충심으로부터의 찬의를 그에게 표하여 주심을 바라나이다. 한국 내에서 작전중인 국제연합군의 통솔력은 반드시 증강될 것입니다. 용감무쌍한 대한민국군을 본관지휘하에 두게 된 것을 영광으로 생각하나이다. 이대통령의 본관에 대한 과도한 개인적 찬사에 대한 사의와 그에 대하여 본관이 또한 가지고 있는 존경의 뜻도 아울러 전달하여 주시기 바라나이다. 우리들의 장래가 고난하고 요원할지도 모르겠으나 종국적인 결과는 반드시 승리할 것이므로 실망하시지 마시도록 그에게 전언해주시기 바라나이다.

             1950년 7월 18일   맥 아 더

                    『歷史의 證言』

요점 — 이승만 정권의 예속성

□ 休戰協定

● 국제연합군 총사령관을 일방으로 하고 조선인민군 최고사령관 및 중국인민지원군 사령관을 다른 일방으로 하는 하기의 서명자들은 쌍방에 막대한 고통과 유혈을 초래한 한국충돌을 정지시키기 위하여 서로 최후적인 평화적 해결이 조성될 때까지 한국에서의 적대행위와 일체 무력행위의 완전한 정지를 보장하는 정전을 확립할 목적으로 하기 조항에 기재된 정전조건과 규정을 접수하며 또 그 제약과 통제를 받는 데 개별적으로나 공동으로나 또는 상호간에 동의한다. 이 조건과 규정의 의도는 순전히 군사적 성질에 속하는 것이며 이는 오직 한국에서의 교전쌍방에만 적용한다.

제1조 군사분계선과 비무장 지대

1. 한 개의 군사분계선을 확정하고 쌍방이 이 선으로부터 각기 2km씩 후퇴함으로써 적대군대간의 한 개의 비무장지대를 인정한다.

 한 개의 비무장지대를 설정하여 이를 완충지대로 함으로써 적대행위의 재발을 초래할 수 있는 사건의 발생을 방지한다.

  ……

제4조 쌍방관계정부들에의 건의

  ……

60. 한국문제의 평화적 해결을 보장하기 위하여 쌍방 사령관은 쌍방의 관계 각국정부에 정전협정이 조인되고 효력을 발행한 후 3개월 이내에 각기 대표를 파견하여 쌍방의 한 급 높은 정치회의를 소집하고 한국으로부터의 모든 외국군대의 철수 및 한국문제의 평화적 해결 등 문제들을 협의할 것을 이에 건의한다.

제5조 부칙

  ……

63. 제12항을 제외한 본 정전협정의 일체 규정은 1953년 7월 22일 22시부터 효력을 발생한다.

 1953년 7월 27일 10시에 한국 판문점에서 영문·한국문 및 중국문으로 작성한다. 이 3개국 국어에 의한 각 협정의 본문은 동등한 효력을 가진다.

국제연합군 총사령관 미국 육군대장 마크 W 클라크
조선인민군 최고사령관 조선민주주의인민공화국 원수 김일성
중국인민지원군 사령관 팽덕회

참 석 자
국제연합군 대표 미국 육군중장 윌리암 K해리슨
조선인민군 및 중국인민지원군 대표 조선인민군 대장 남일

[『韓國外交 40年』(1948~1988)]

요점 －휴전협정의 성격과 의미

□ 韓美相互防衛條約

◉ 본 조약의 당사국은,
　모든 국민과 모든 정부가 평화적으로 생활하고자 하는 희망을 재확인하며, 또한 태평양지역에 있어서의 평화기구를 공고히 할 것을 희망하고 당사국중 어느 일국이 태평양지역에 있어서 고립하여 있다는 환각을 어떠한 잠재적 침략자도 가지지 않도록 외부로부터의 무력공격에 대하여 그들 자신을 방위하고자 하는 공통의 결의를 공공연히 또는 정식으로 선언할 것을 희망하고, 또한 태평양지역에 있어서 평화와 안전을 유지하고자 집단적 방위를 위한 노력을 공고히 할 것을 희망하며, 다음과 같이 동의한다

제1조 당사국은 관련될지도 모르는 어떠한 국제적 분쟁이라도 국제적 평화와 안전과 정의를 위태롭게 하지 않는 방법으로 평화적 수단에 의하여 해결하고 또한 국제관계에 있어서 국제연합의 목적이나 당사국이 국제연합에 대하여 부담한 의무에 배치되는 방법으로 무력의 위협이나 무력의 행사를 삼가 할 것을 약속한다.

제2조 당사국중 어느 일국의 정치적 독립 또는 안전이 외부로부터의 무력공격에 의하여 위협을 받고 있다고 어느 당사국이든지 인정할 때에는 언제든지 당사국은 서로 협의한다. 당사국은 단독적으로나 공동적으로나 자조와 상호원조에 의하여 무력공격을 방지하기 위한 적절한 수단을 지속하고 강화시킬 것이며 본 조약을 실행하고 그 목적을 추진할 적절한 조치를 협의와 합의하에 취할 것이다.

제3조 각 당사국은 타 당사국의 행정지배하에 있는 영토와 각 당사국이 타 당사국의 행정지배하에 합법적으로 들어갔다고 인정하는 금후의 영토에 있어서 타 당사국에 대한 태평양지역에 있어서의 무력공격을 자국의 평화와 안전을 위태

롭게 하는 것이라고 인정하고 공통한 위험에 대처하기 위하여 각자의 헌법상 수속에 따라 행동할 것을 선언한다.

제4조 상호합의에 의하여 미합중국의 육군해군과 공군을 대한민국의 영토내와 그 부근에 배치하는 권리를 대한민국은 허여(許與)하고 미합중국은 이를 수락한다.

제5조 본 조약은 대한민국과 미합중국에 의하여 각국의 헌법상의 수속에 따라 비준되어야 하며 그 비준서가 양국에 의하여 워싱턴에서 교환되었을 때에 효력을 발생한다.

제6조 본 조약은 무기한으로 유효하다. 어느 당사국이든지 타당사국에 통고한 후년에 본 조약을 종지시킬 수 있다.

이상의 증거로서 하기 전권위원은 본 조약에 서명한다.

본 조약은 1953년 10월 1일에 워싱턴에서 한국문과 영문 두 벌로 작성한다.

대한민국을 대표해서 변영태
미합중국을 대표해서 존 포스터 덜레스
[『歷史의 證言』]

요점
- 한미 군사동맹관계의 구축
- 냉전대립체제의 강화

□ 韓美行政協定 제22조 <형사재판권>

● 1. 본조의 규정에 따를 것을 조건으로,

1. (가) 합중국 군당국은, 합중국 군대의 구성원, 군속 및 그들의 가족에 대하여 합중국 법령이 부여한 모든 형사재판권 및 징계권을 대한민국 안에서 행사할 권리를 가진다.

(나) 대한민국 당국은, 합중국 군대의 구성원, 군속 및 그들의 가족에 대하여 대한민국의 영역 안에서 범한 범죄로서 대한민국 법령에 의하여 처벌할 수 있는 범죄에 관하여 재판권을 가진다.

2. (가) 합중국 군당국은 합중국 군대의 구성원이나 군속 및 그들의 가족에 대하여 합중국 법령에 의하여서는 처벌할 수 있으나 대한민국 법령에 의하여서는 처벌할 수 없는 범죄(합중국의 안전에 관한 범죄를 포함한다)에 관하여 전속적 재판권을 행사할 권리를 가진다.

(나) 대한민국 당국은 합중국 군대의 구성원이나 군속 및 그들의 가족에 대하여, 대한민국법령에 의하여서는 처벌할 수 있으나 합중국법령에 의하여서는 처벌할 수 없는 범죄(대한민국의 안전에 관한 범죄를 포함한다)에 관하여 전속적 재판권을 행사할 권

리를 가진다.

(다) 본조 제2항 및 제3항의 적용상, 국가의 안전에 관한 범죄라 함은 다음의 것을 포함한다.

① 당해국에 대한 반역

② 방해행위(「사보타아지」), 간첩행위 또는 당해국의 공무상 또는 국방상의 비밀에 관한 법령의 위반

3. 재판권을 행사할 권리가 경합하는 경우에는 다음의 규정이 적용된다.

(가) 합중국 군당국은, 다음의 범죄에 관하여는, 합중국 군대의 구성원이나 군속 및, 그들의 가족에 대하여 재판권을 행사할 제1차적 권리를 가진다.

① 오로지 합중국의 재산이나 안전에 대한 범죄, 또는 오로지 합중국 군대의 타구성원이나 군속 또는 그들의 가족의 신체나 재산에 대한 범죄

② 공무집행중의 작위 또는 부작위

(나) 기타의 범죄에 관하여는, 대한민국 당국이 재판권을 행사할 제1차적 권리를 가진다.

5.(다) 대한민국이 재판권을 행사할 합중국 군대의 구성원이나 군속 및 그들의 가족인 피의자의 구금은, 그 피의자가 합중국 군당국의 수중에 있는 경우에는, 모든 재판절차가 종결되고 또한 대한민국 당국이 구금을 요청할 때까지, 합중국 군당국이 계속 이를 행한다. 그 피의자가 대한민국의 수중에 있는 경우에는, 그 피의자는 요청이 있으면, 합중국 군당국에 인도되어야 하며 모든 재판절차가 종결되고 또한 대한민국 당국이 구금을 요청할 때까지 합중국 군당국이 계속 구금한다. 피의자가 합중국 군당국의 구금 하에 있는 경우에는 합중국 군당국은 어느 때든지 대한민국 당국에 구금을 인도할 수 있으며, 또한 특정사건에 있어서 대한민국 당국이 행할 수 있는 구금인도의 요청에 대하여 호의적 고려를 하여야 한다.

[『1993년 대법전』]

제2장 獨裁政權과 民主化運動

1. 4月革命

- 개요 -

한국전쟁은 미약한 산업기반을 완전히 파괴시키고 미국에 대한 정치·경제적 예속을 심화시켰다. 이승만 정권은 원조물자와 한미상호방위조약에 경제와 안보를 의지하고 있었다. 잉여농산물은 농촌을 피폐화시켰으며 원조물자의 특혜 배분에 의해 중소기업들이 몰락하여 갔다. 1950년대 말 미국의 대한원조가 감소하자 이에 의존하던 국가재정과 삼백(제당·제분·면방직) 산업은 심각한 타격을 받고 사회경제적 모순을 증폭시키게 되었다. 이승만 독재정권은 무리한 개헌과 진보당사건, 3·15부정선거 등을 자행하면서 영구집권을 추구하였다. 4월혁명은 부정선거 규탄으로 시작되어 정권퇴진운동으로 확산되었다. 수많은 사상자가 발생한 항쟁 끝에 이승만이 망명한 후 허정 과도내각이 구성되었으며 7·29총선이 실시되었다. 4·19항쟁의 주도세력인 학생들은 신생활운동·민계몽 등 개량주의적 운동에 참여하거나 총선에서 혁신세력을 지원하는 활동을 전개하였다. 선거에서 보수세력인 민주당이 압승하면서 4·19이념은 완전히 퇴색하게 되었다. 민주당은 현상유지를 고수하면서 친미반공정책을 강화하고 학원안정법, 반공특별법, 시위규제법 등의 입법을 추진하였다. 1961년 들어서 4월혁명은 새로운 양상을 띠게 되었다. 학생운동세력과 혁신세력은 악법반대투쟁에 나서는 한편 민족통일운동을 전개하였다. 민족자주통일중앙협의회를 중심으로 혁신계 정치인들은 남북교류와 미군철수를 주장하였다. 노농운동이 재개되었으며 교원노조가 결성되어 사회적 반향을 불러일으켰다. 그러나 남북학생회담 추진 등 민족통일운동은 보수세력의 반발을 불러 일으키고 있었으며 이에 편승한 박정희 일파는 군사쿠데타를 감행하여 군사파쇼정권을 수립하게 되었다.

□ 서울大學校 文理大 4·19宣言文

● 상아의 진리탑을 박차고 거리에 나선 우리는 질풍과 같은 역사의 조류에 자신을 참여시킴으로써 이성과 진리, 그리고 자유의 대학정신을 현실의 참담한 박토에 뿌리고자 하는 바이다.

오늘의 우리는 자신들의 지성과 양심의 엄숙한 명령으로 하여금 사악과 잔학의 현장을 규탄·광정하려는 주체적 판단과 사명감의 바람임을 떳떳이 선명하는 바이다. 우리의 지성은 암담한 이 거리의 현상이 민주와 자유를 위장한 전체주의의 표독한 전횡에 기인한 것을 단정한다. 무릇 모든 민주주의의 정치사는 자유의 투쟁사이다. 그것은 또한, 이러한 형태의 전제로 민중 앞에 군림하는 종이로 만든 호랑이같이 어설픈 것임을 고시한다. 한국의 일천한 대학사가 적색전제의 과감한 투쟁의 거획(巨劃)을 장(掌)하고 있는데 크나큰 자부를 느끼는 것과 똑같은 민주주의를 위장한 백색전제에의 항의를 가장 높은 영광으로 우리는 자부한다.

근대적 민주주의 기간은 자유다. 우리에게 자유는 상실되어 가고 있다는 것을, 아니 송두리째 박탈되고 있다는 것을 우리는 이성의 혜안으로 직시한다. 이제 막 자유의 전쟁엔 불이 붙기 시작했다. 정당히 가져야 할 권리를 탈환하기 위한 자유의 투쟁은 요원의 불길처럼 번져가고 있다. 자유의 전역은 바야흐로 풍성해 가고 있다. 민주주의와 민중의 공복이며 중립적 권력체인 관료와 민주를 위장한 가부장적 사제권력의 하수인으로 발벗었다. 민주주의 이념의 최저 공리인 선거권마저 권력의 마수 앞에 농단되었다. 언론·출판·집회·결사 및 사상의 자유의 불빛은 무시한 전제권력의 악랄한 발악으로 깜박이던 빛조차 사라졌다. 진흙 같은 긴 밤의 계속과 나이어린 학생 김주열(金朱烈)의 참사를 보라! 그것은 가식없는 전제주의 전횡의 나상밖에 아무것도 아니다. 저들을 보라! 비굴하게도 위협과 폭력으로 우리들을 대하려 한다.

우리가 백보를 양보하더라도 인간적으로 부르짖어야 할 것은 학생의 양심이다.

보라! 우리는 기쁨에 넘쳐 자유의 횃불을 올린다. 보라! 우리는 캄캄한 밤의 침묵에 자유의 종을 난타하는 타수의 일익임을 자랑한다. 일제의 철쇄하에 미친 듯 자유를 연호한 나의 아버지, 나의 형제들과 같이.

양심은 부끄럽지 않다. 외롭지도 않다. 영원한 민주주의 사수파는 영광스럽기만 하다! 보라! 현실의 뒷골목에서 용기없는 자학을 되씹는 우리의 대열을 따른다. 나가자! 자유의 비결은 용기일 뿐이다. 우리의 대열은 이성과 양심과 평화, 그리고 자유에의 열렬한 사랑의 대열이다. 모든 법은 우리를 보장한다.

1960년 4월 19일

『史料解放 40年』

□ 大學教授團 時局宣言文

● 이번 4·19참사는 우리 학생운동사상 최대의 비극이요, 이 나라 정치적 위기를 초래한 중대사태이다. 이에 대한 철저한 반성과 규정이 없이는 이 민족의 불행한 운명은 도저히 만회할 길이 없다. 우리 전국 대학교 교수들은 이 비상시국에 대처하여 양심의 호소로써 다음과 같이 우리의 소신을 선언한다.

1. 마산·서울, 기타 각지의 데모는 주권을 빼앗긴 국민의 울분을 대신하여 궐기한 학생들의 순수한 정의감의 발로이며 불의에는 언제나 항거하는 민족정기의 표현이다.
2. 이 데모를 공산당의 조종이나 야당의 사주로 보는 것은 고의의 왜곡이며 학생들의 정의감의 모

독이다.
3. 합법적이요 평화적인 데모학생에게 총탄과 폭력을 기탄없이 남용하여 공전의 참극을 빚어낸 경찰은 자유와 민주를 기본으로 한 대한민국의 국립경찰이 아니라 불법과 폭력으로 권력을 유지하려는 일부 정치집단의 사병이다.
4. 누적된 부패와 부정과 횡포로써 민권을 유린하고 민족적 참극과 국제적 수치를 초래케 한 현정부와 집권당은 그 책임을 지고 속히 물러가라.
5. 3·15선거는 부정선거다. 공명선거에 의하여 정부통령을 재선거하라.
6. 3·15부정선거를 조작한 자는 중형에 처해야 한다.
7. 학생살상의 만행을 위해서 명령한 자와 직접 하수한 자는 즉시 체포 처단하라.
8. 깡패를 철저히 색출 처단하고 그 전체적 조직을 분쇄하라.
9. 모든 구금된 학생을 즉시 석방하라. 설령 파괴와 폭행이 있었더라도 이는 동족의 피살에 흥분된 비정상 상태하의 행동이요, 파괴와 폭동이 그 본의가 아닌 까닭이다.
10. 공적 지위를 이용해서 관청과 결탁하여 부정축재한 자는 군·관·민을 막론하곤 가차없이 적발 처단하여 국가의 기강을 세우고 부패와 부정을 방지하라.
11. 경찰의 중립화를 확고히 하고 학원의 자유를 절대 보장하라.
12. 곡학아세(曲學阿世)의 사이비학자를 배격한다.
13. 정치도구화한 소위 문화인예술인을 배격한다.
14. 시국의 중대성을 인식하고 학생들은 흥분을 진정하여 이성을 지키고 속히 본분으로 돌아오라.
15. 학생제군은 3·8이북에서 호시탐탐하는 공산괴뢰들이 제군들의 의거를 1백퍼센트 선전에 이용하고 있다는 사실을 경계하라. 또 이남에서도 종래의 반공명의를 도용하는 방식으로 제군들의 피의 대가를 정치적으로 악이용하려는 불순분자가 있음을 조심하라.

　　　　　　　　　　　　　　　　　4293년 4월 25일　　　대학교수단
　　　　　　　　　　　　　　　　　　　　　　　　　　『4月民主革命史』

요점　－4월혁명의 배경과 성격
　　　　－4월혁명의 주체세력

□ 2大惡法 반대투쟁 성명서

● 장(張)정권과 그 호위세력들은 소위 '반공임시특별법' 및 '국가보안법'보강 등 인류역사상 그 유례를 찾아볼 수 없는 반민주·반민족 악법을 공공연히 획책하고 있다.
　이것은 또 하나의 이(李)정권의 체제인 장정권이 혁명의 배반자 태업자로서의 자신들의 부패와 무능을 은폐하여 '영구 민족분할'과 '영구 파쇼집권'의 기도라는 것을 찰지한 우리 청년학도는 이것과 이에 준하는 여하한 악법도 혈투적으로 폐쇄시킬 결의 밑에 본 투쟁위원회를 결성하였다. 지난 4월을 계기로 이승만의 구호와 공갈만의 반공의 신화는 무너졌거니와 아직도 '매카시'와 '아이히만'의 할애비들이 득실거리는 이곳 기성 보수층간에는 이승만도 경악할 만한 치졸스러운 반공책―이것은 실질적으로 육공책이다―을 운운하고 있다. 우리는 명백히 선언한다! 진정한 반공의 길은 악법이나 폭군정치가 아니고 자유롭고 생동하는 선정에 있다는 것을 우리는 기억한다! 얼마나 많은 죄 없는 동포들이 그릇된 반공이란 미명하에 파쇼도당의 희생물이 되었던가를 우리는 체험했다. 그릇된 반공 밑에 학문과 학원의 자유가 무참하게 짓밟혀졌고 학도의 애족적 정열이 얼마나 쟁의 선봉에 섰던 자들이 이제 와선 훨씬 더 간악스러운 수법으로 민족을 배반하고 우롱하는 그 파렴치성을 국가보안법 강화가 국민의 자유를 유린치 않는 방향에서 적용될 것이라고 혹자는 말하나, 그 어떤 전제자가 있어 자유를 억압한다고 선포하면서 악법을 했던가? 현행법만으로는 공산간첩을 잡지 못한다는 억지보다 더한 억지가 또한 어디에 있는가. 이런 전 논리적 대중우롱을 받아들일 만큼 이 민족은 무지하지 않다.

　상기하라! 악정과 폭정이 지속될 때 반공이라는 미명으로는 민족배반자 타도를 막을 수 없다는 것을 자기 아니면 반공할 수 없다는 억지로 영구한 집권유지가 불가능하다는 것을.

　데모규제법이 무엇인가! 그것은 한 마디로 관제데모 이외에는 일체의 데모도 허용치 않겠다는 발악 이외에 그 무엇이란 말인가. 현대의 후진지역에서 가장 중요한 것은 대중의 사회경제적 해방욕구이며 이것을 위한 사회적 자유이다. 정당한 데모는 무권리의 상태를 표현하는 유일한 최후의 권리이다. 이 권리마저 박탈당할 때 우리에게 남는 권리란 무엇이란 말인가?

　다시 한번 강조한다. 우리는 진정한 반공의 길과 민족의 진정한 활로를 확립키 위해 여하한 반민족적·반민주적 악법의 티끌만한 출현도 필사적으로 거부하며 이것을 둘러싼 민족반역자는 추호도 용서할 수 없다는 것을. 그것은 우리의 엄숙한 역사적 사명감이며 민족의 폐부로부터 우러나오는 자유쟁취의 함성이기 때문이다.

1961년 3월 17일　　　　　악법반대전국학생투쟁위원회

　전한국학생총연맹·피양민학살유족회중앙학생위원회·서울대학교민족통일연맹단·국대민족통일연맹·고려대학교민족통일연맹·외국어대학교통일전선·성균관대학교민족통일연맹·민주학생통일연맹·전국학생자립경제추진회·민족통일연구소·전국학생혁신연맹·동국대학교민족통일연맹·항공대학민족통일연맹·중앙대학교민족통일연맹·계랑단(契郞團)전국근로자고학생총연맹·전국대학교민족통일전선

『岩漿』

□ 統一運動

● 배고파 못살겠다! 통일만이 살길이다.

　1. 일터없고 집도 없고 쌀도 없고 배고파 살수 없는 열세 실업대중 여러분! 정의와 조국애에 불타는 청년 및 학생지도자 여러분! 조국통일을 진심으로 갈망하여 싸우는

중소산업인들이여! 이제 여러분이 갈망하는 통일의 날은 다가왔다. 나가자! 통일의 광장 서울운동장으로! 외치자! 조국의 자주적 통일을!

  1. 장면정권은 하루 속히 통일의 길을 열어라! 남북 학생회담 개최는 통일에의 제1보다! 무엇이 무서우냐! 진실로 무서운 건 배고픔에서 일어나는 사회악의 범람이다.

  1. 유엔군이여! 당신들이 자유와 평화를 위하여 이 땅에 진주하고 있다면 이 땅의 진정한 차별없는 자유와 평화를 찾기 위해 남북의 학생들이 서로 만나려는 회담의 길을 막지 말고 자진하여 열어라. 그것만이 이 땅의 자유와 평화를 보장하는 길이다.

  1. 동포여! 형제여! 군인이여! 경찰관이여! 우리들이 사는 길은 자주적인 통일밖에 없다. 북과 남의 승패론이 아니라 민족으로서 사는 길이 통일밖에 더 있느냐. 모두 함께 궐기하라! 남북 학생회담 개최하여 통일의 길을 열어놓자!

    1961년 5월 일   남북학생회담환영 및 민족통일촉진궐기대회

『岩漿』

요점 -4월혁명이념의 발전
       -평화통일론의 대두

2. 軍事政權의 樹立과 民主化運動

- 개요 -

  5·16쿠테타로 정권을 장악한 일부 군부세력은 반공·친미를 표방하며 변혁세력을 탄압함으로써 미국의 지지를 획득하였다. 쿠데타세력은 중앙정보부를 만들어 반대세력에 대한 정보정치를 자행 공포분위기를 조성하고, 반공법 등 악법을 제정하여 민주주의를 압살함으로써 군사독재정권의 기초를 마련하였다. 군사정권은 반대세력의 정치활동을 규제한 가운데 민정이양 절차를 밟아 박정희를 대통령으로 당선시키고 제3공화국을 수립하였다. 정통성이 없는 군사정권은 조국근대화의 기치아래 경제발전을 달성함으로써 정당성을 창출하려 하였다. 근대화 추진의 재원을 마련하기 위해 군사정권은 굴욕적인 한일협정을 체결하고 월남파병을 강행하였다. 국가주도의 근대화지상주의는 일정부분 경제성장을 가져온 반면 자본의 집중·농업부문의 파괴·노동조건의 악화·예속경제의 심화 등 갖가지 부작용을 초래하고 있었다. 박정희는 민주화세력의 도전이 거세어지자 3선개헌에 이어 민족지상의 염원인 통일문제를 기만적으로 악용, 10월유신을 단행하고 계엄정치를 시행하였다. 군사정권의 폭압적 통치에 비례하여 민족민주운동 세력의 저항도 한층 강화되어갔다. 한일협정반대운동인 1964년의 6·3데모, 70년대 초 노동운동의 저항세력화·빈민운동·언론자유수호운동·대학자주화선언·유신정권하의 유신철폐운동·노조민주화투쟁·농민운동 등 학생·지식인의 반독재 민주화 투쟁과 민중운동이 결합한 극한투쟁은 지속적으로 전개되었다. 박정권은 이에 대항하여 반공이데올로기를 극단화시키면서 각종의 시국 간첩사건을 조작하거나 노골적인 탄압을 가함으로써 정권을 연장하려 획책하였다. 1979년 들어서서 학생·지식인과 대중세력이 참여하는 반독재 민주화투쟁은

폭발적으로 고양되고 있었으며 부마항쟁의 와중에 박정희가 권력측근에 의해 살해됨으로써 유신정권은 종말을 고하였다. 박정희 사망 이후 '민주화의 봄'이 도래하였으나 전두환을 중심으로 하는 정치군인들은 12·12항명 쿠테타를 일으켜 실권을 장악하였다. 1980년 초 민중생존권투쟁과 민주화를 요구하는 정치투쟁은 더욱 확산되었다. 최규하 정부가 기회주의적 태도를 취하는 가운데 신군부 세력은 5월 17일 비상계엄을 선포하고 광주민중항쟁을 폭압적으로 진압한 후 5공화국을 출범시켰다. 미국은 전두환 정권을 지지함으로써 이중성을 여지없이 노출시켰으며 이후 반미투쟁은 변혁운동의 주요과제로 등장하게 되었다. 전두환 정권은 물리력에 의존하여 강압통치를 행하였으나 도덕적 정당성의 결여는 최소한의 권위마저 확보할 수 없는 치명적 결함이 되고 있었다. 민주세력에 대한 비이성적 탄압과 박종철고문치사사건, 4·13호헌조치 등 폭력정권의 말기적 증상은 마침내 중산층마저 저항의 대열에 합류하게 하였다. 6·10시민항쟁은 호헌조치를 철폐시키고 6·29항복선언을 끌어내었으나, 군사정권의 야권분열 책동과 부정선거, 지역감정 조장으로 다시 한번 민족민주운동이 좌절되는 결과를 맞고 말았다.

☐ 5·16쿠데타 第一聲

◉ 친애하는 애국동포 여러분!

　은인자 중하던 군부는 드디어 금조 미명을 기하여 일제히 행동을 개시하여 국가의 행정·입법·사법의 3권을 완전히 장악하고 이어 군사혁명위원회를 조직하였습니다. 군부가 궐기한 것은 부패하고 무능한 현정권과 기성정치인들에게 이 이상 더 국가와 민족의 운명을 맡겨둘 수 없다고 단정하고 백척간두에서 방황하는 조국의 위기를 극복하기 위한 것입니다.

　군사혁명위원회는

첫째, 반공을 국시의 제1의로 삼고 지금까지 형식적이고 구호에만 그친 반공태세를 재정비 강화할 것입니다.

둘째, 유엔헌장을 준수하고 국제협약을 충실히 이행할 것이며 미국을 위시한 자유우방과의 유대를 더욱 공고히 할 것입니다.

셋째, 이 나라·사회의 모든 부패와 구악을 일소하고 퇴폐한 국민도의와 민족정기를 다시 바로잡기 위하여 청신한 기풍을 진작할 것입니다.

넷째, 절망과 기아선상에서 허덕이는 민생고를 시급히 해결하고 국가자주경제 재건에 총력을 경주할 것입니다.

다섯째, 이와 같은 우리의 과업이 성취되면 참신하고도 양심적인 정치인들에게 언제든지 정권을 이양하고 우리들 본연의 임무에 복귀할 준비를 갖추겠습니다.

　애국동포 여러분!

　여러분은 본 군사혁명위원회를 전폭적으로 신뢰하고 동요없이 각인의 직장과 정업을 평상과 다름없이 유지하시기 바랍니다.

　우리들의 조국은 이 순간부터 우리들의 희망에 의한 새롭고 힘찬 역사가 창조되어 가고 있습니다.

　우리들의 조국은 우리들의 단결과 인내와 용기와 전진을 요구하고 있습니다.

　대한민국 만세!

　궐기군 만세!

군사혁명위원회 의장 육군중장 장도영(張都暎)

혁명공약
1. 반공을 국시의 제일의로 삼고 지금까지 형식적이고 구호에만 그친 반공태세를 재정비・강화한다.
2. 유엔헌장을 준수하고 국제협약을 충실히 이행할 것이며 미국을 비롯한 자유우방과의 유대를 더욱 공고히 한다.
3. 이 나라・사회의 모든 부패와 구악을 일소하고 퇴폐한 국민도의와 민족정기를 다시 바로잡기 위하여 청신한 기풍을 진작한다.
4. 절망과 기아선상에서 허덕이는 민생고를 시급히 해결하고 국가 자주경제 재건에 총력을 경주한다.
5. 민족적 숙원인 국토통일을 위하여 공산주의와 대결할 수 있는 실력배양에 전력을 집중한다.
6. [군인] 이와 같은 우리의 과업이 성취되면 참신하고 양심적인 정치인들에게 언제든지 정권을 이양하고 우리들 본연의 임무에 복귀할 준비를 갖춘다.
　[민간] 이와 같은 우리의 과업을 조속히 성취하고 새로운 민주공화국의 굳건한 토대를 이룩하기 위하여 우리는 몸과 마음을 바쳐 최선의 노력을 경주한다.

[『史料解放40年』]

요점 －군사정권의 수립과 성격

□ 大韓民國과 日本國間의 基本關係에 관한 條約 [韓日會談]

● 1965년 6월 22일　　동경에서 서명
　1965년 12월 18일　　발효

　대한민국과 일본국은 양국 국민관계의 역사적 배경과 선린관계와 주권상호존중의 원칙에 입각한 양국관계의 정상화에 대한 상호희망을 고려하며 양국의 상호복지와 공통이익을 증진하고 국제평화와 안전을 유지하는데 있어서 양국이 국제연합헌장의 원칙에 합당하게 긴밀히 협력함이 중요하다는 것을 인정하며 또한 1951년 9월 8일 샌프란시스코에서 서명된 일본국과의 평화조약의 관계규정과 1948년 12월 12일 국제연합 총회에서 채택된 결의 제195호를 상기하며 본 기본관계에 관한 조약을 체결하기로 결정하여 이에 다음과 같이 양국간의 전권위원을 임명하였다.

       대한민국   대한민국 외무부 장관   이동원(李東元)
                      대한민국 특명전권대사   김동조(金東祚)
       일본국   일본국 외무대신   추명열삼랑(椎明悅三郎)
                                                    고삼진일(高杉晉一)

    이들 전권위원은 그들의 전권위임장을 상호제시하고 그것이 상호타당하다고 인정한 후 다음의 제조항에 합의하였다.

제1조 양 체약당사국간에 외교 및 영사관계(領事關係)를 수립한다.
      양 체약당사국은 대사급 외교사절을 지체없이 교환한다.
      양 체약당사국은 또한 양국 정부에 의하여 합의되는 장소에 영사관을 설치한다.

제2조 1910년 8월 22일 및 그 이전에 대한제국과 대일본제국간에 체결된 모든 조약 및 협정이 이미 무효임을 확인한다.

제3조 대한민국 정부가 국제연합 총회의 결의 제195호에 명시된 바와 같이 한반도에 있어서의 유일한 합법정부임을 확인한다.

제4조 (가) 양 체약당사국은 양국상호간의 관계에 있어서 국제연합헌장의 원칙을 지침으로 한다.
      (나) 양 체약당사국은 양국의 상호의 복지와 공통의 이익을 증진함에 있어서 국제연합헌장의 원칙에 합당하게 협력한다.

제5조 양 체약당사국은 양국의 무역·해운 및 기타 통상상의 관계를 안정되고 우호적인 기초 위에 두기 위하여 조약 또는 협정을 체결하기 위한 교섭을 실행가능한 한 조속이 시작한다.

제6조 양 체약당사국은 민간 항공운수에 관한 협정을 체결하기 위하여 실행가능한 한 조속히 교섭을 시작한다.

제7조 본 조약은 비준(批准)되어야 한다. 비준서는 가능한 한 조속히 서울에서 교환한다.
      본 조약은 비준서가 교환된 날로부터 효력을 발생한다.
     이상의 증거로써 각 전권위원은 본 조약에 서명날인한다.
     1965년 6월 22일 동경에서 동등히 정본(正本)인 한국어·일본어 및 영어로 본서 2통을 작성했다. 해석에 상위있을 경우에는 영어본에 따른다.

            대한민국을 위하여   (서명)   이동원   김동조
            일본국을 위하여   (서명)   추명열삼랑   고삼진일

[『韓國外交 40年(1948~1988)』]

요점
- 한일회담 이후 한국의 대일 예속화 과정
- 미국의 극동아시아정책

□ 國民敎育憲章

● 우리는 민족중흥의 역사적 사명을 띠고 이 땅에 태어났다. 조상의 빛난 얼을 오늘에 되살려 안으로 자주독립의 자세를 확립하고 밖으로 인류공영에 이바지할 때다. 이에 우리의 나아갈 바를 밝혀 교육의 지표로 삼는다. 성실한 마음과 튼튼한 몸으로 학문과 기술을 배우고 익히며 타고난 저마다의 소질을 계발하고 우리의 처지를 약진의 발판으로 삼아 창조의 힘과 개척의 정신을 기른다. 공익과 질서를 앞세우며 능률과 실질을 숭상하고 경애와 신의에 뿌리박은 상부상조의 전통을 이어받아 명랑하고 따뜻한 협동정신을 북돋운다. 우리의 창의와 협력을 바탕으로 나라가 발전하며 나라의 융성이 나의 발전의 근본임을 깨달아 자유와 권리에 따르는 책임과 의무를 다하며 스스로 국가건설에 참여하고 봉사하는 국민정신을 드높인다. 반공민주정신에 투철한 애국애족이 우리의 삶의 길이며 자유세계의 이상을 실현하는 기반이다. 길이 후손에 물려줄 영광된 통일조국의 앞날을 내다보며 신념과 긍지를 지닌 근면한 민족의 슬기를 모아 줄기찬 노력으로 새 역사를 창조하자.

1968년 12월 5일
[『史料解放 40年』]

요점
- 군사정권하의 획일적 정신교육
- 전체주의적 지배 이데올로기 구축

□ 7·4南北共同聲明

● 1. 쌍방은 다음과 같은 조국통일 원칙들에 합의를 보았다.
첫째, 통일은 외세에 간섭을 받음이 없이 자주적으로 해결하여야 한다.
둘째, 통일은 서로 상대방을 반대하는 무력행사에 의거하지 않고 평화적 방법으로 실현하여야 한다.
셋째, 사상과 이념 제도의 차이를 초월하여 우선 하나의 민족대단결을 도모하여야 한다.
2. 쌍방은 남북 사이의 긴장을 완화하고 신뢰의 분위기를 조성하기 위하여 서로 상대방을 중상 비방하지 않으며 크고 작은 것을 막론하고 무장도발을 하지 않으며 불의의 군사적 충돌사건을 방지하기 위한 적극적인 조치를 취하기로 합의하였다.

3. 쌍방은 끊어졌던 민족적 연계를 회복하여 서로의 이해를 증진시키고 자주적 평화통일을 촉진시키기 위하여 남북 사이의 다방면적인 제반교류를 실시하기로 합의하였다.
4. 쌍방은 지금 온 민족의 거대한 기대 속에 진행되고 있는 남북적십자회담이 하루 빨리 성사되도록 적극 협조하는데 합의하였다.
5. 쌍방은 돌발적 군사사고를 방지하고 남북 사이에 제기되는 문제들을 직접·신속·정확히 처리하기 위하여 서울과 평양 사이에 상설 직통전화를 놓기로 합의하였다.
6. 쌍방은 이러한 합의사항을 추진시킴과 함께 남북사이의 제반문제를 개선 해결하며 또 합의된 조국통일의 원칙에 기초하여 나라의 통일문제를 해결할 목적으로 이후락(李厚洛) 부장과 김영주(金英柱) 부장을 공동위원장으로 하는 남북조절위원회를 구성 운영하기로 합의하였다.
7. 쌍방은 이상의 합의사항이 조국통일을 일일천추로 갈망하는 온겨레의 한결같은 염원에 부합하다고 확신하면서 이 합의 사항을 성실히 이행할 것을 온 민족 앞에 엄숙히 선언한다.

1972년 7월 4일
[『韓國外交 40年(1948~1988)』]

요점 통일문제에 대한 지배세력의 입장

□ 大統領特別宣言(10.17)

● 친애하는 국민 여러분!

나는 우리 조국의 평화와 통일, 그리고 번영을 희구하는 국민 모두의 절실한 염원을 받들어 우리 민족사의 진운을 영예롭게 개척해 나가기 위한 나의 중대한 결심을 국민 여러분 앞에 밝히는 바입니다.

지금 우리를 둘러싼 국세정세는 심대한 변화를 일으키고 있습니다.

나는 인류의 평화와 번영을 위해 긴장완화의 흐름에 긍정적인 자세로 임해야 한다는 것을 이미 오래 전부터 밝힌 바있습니다. 그러나 긴장완화의 본질은 아직까지도 열강들의 또 하나의 새로운 문제해결 방식에 지나지 않으며 이 지역에서는 불행하게도 긴장완화가 아직 정착되지 못하고 있는 것으로 나는 보고 있습니다. 그렇기 때문에 긴장완화라는 이름 밑에 이른바 열강들이 제3국이나 중소국가들을 희생의 제물로 삼는 일이 충분히 있을 수 있다는 점을 우리는 경계해야 할 것입니다.

지금 우리 한반도를 둘러싼 열강들의 기존 세력균형 관계에는 커다란 변화가 일어나고 있습니다. 나는 이 변화가 우리의 안전보장에 직접적 또는 간접적으로 위험스러운 영향을 끼치게 될 것으로 보고 있습니다. 왜냐하면 그같은 변화는 곧 아시아의 기존질서를 뒤바꾸는 것이며 지금까지 이곳의 평화를 유지해 온 안보체제마저도 변질시키려는 커다란 위협을 내포하고 있기 때문입니다. 그 누구도 이 지역에서 다시는 전쟁이 재발하지 않을 것이라고 장담할 수 없는 것이 또한 우리의 솔직한 현황인 것입니다.

국제정세가 이러할진대 작금의 변화는 확실히 역사상 그 어느 때보다도 뚜렷하게 우리의 운명은 우리 스스로의 힘으로 지키고 개척해 나가지 않을 수 없다는 것을 엄숙히 가르쳐 주고 있습니다.

이 같은 상황 속에서 전화의 재발을 미연에 방지하고 평화로운 조국통일의 길을 모색하기 위해 우리는 27년간의 기나긴 불신과 단절의 장벽을 헤치고 이제 하나의 민족으로서 남북간의 대화를 시작한 것입니다.

이 대화는 결코 우리가 지금까지 추구해 온 기본정책을 근본적으로 뒤바꾸려는 것이 아닙니다. 오히려 우리가 오래도록 추구해 온 평화통일과 번영의 터전을 더욱 굳게 다져 나가려는 민족적 결의의 재천명인 것입니다.

지금부터 2년 전인 1970년 8월 15일 나는 광복절 제25주년 경축사를 통해 조국의 평화통일을 위한 기반조성과 관련하여 북한당국자들에게 무력과 폭력의 포기를 요구하고 그 대신 남과 북이 각기 평화와 번영을 위해 선의의 경쟁을 할 것을 제의한 바 있습니다.

그로부터 2년이라는 시일이 지난 오늘 남북 사이에는 많은 사태의 진전이 이루어졌습니다. 금년 5월 2일 이후락 중앙정보부장이 나의 뜻에 따라서 평양을 방문하여 북한의 최고당국자들과 만나 조국의 평화통일방안을 포함한 남북간의 현안문제들에 관하여 서로 의견을 교환한 뒤 지난 7월 4일에는 역사적인 남북 공동성명이 서울과 평양에서 동시에 발표되었습니다.

남북적십자회담은 우리 대한적십자사의 제의에 따라 예비회담이 작년 9월 20일부터 판문점에서 개막된 뒤 금년 8월 11일 그 대단원을 이루어 본회담을 각기 평양과 서울에서 개최한 바 있으며, 제3차 본회담이 금년 10월 24일 평양에서, 그리고 제4차 본회담이 금년 11월에 서울에서 계속 열리게 되어 있습니다.

이제 남북간에는 남북 조절위원회와 남북 적십자회담이라는 서로 차원을 달리한 두 개의 대화의 길이 마련되어 있습니다. 그러나 이 대화도 위헌이다 위법이다 하는 법률적 또는 정치적 시비마저 없지 않습니다.

친애하는 국민 여러분!

남북간의 이 대화는 흩어진 가족을 찾아야겠다는 1천만 동포의 대화이며, 전쟁의 참화를 방지하고 조국을 평화적으로 통일해야 하겠다는 5천만 민족의 대화입니다. 우리는 조국의 강토 위에서 다시는 동족상잔의 비극적인 총성이 들리지 않게 해야 하겠으며 흩어진 1천만의 이산가족은 한시바삐 재결합되어야 하겠으며 분단된 조국은 기어코 평화적으로 통일되어야 하겠습니다.

이 모든 것은 우리 민족의 긍지와 명예를 위하여 마땅히 성취되야 할 우리 민족의 대과업인 것입니다. 이 민족의 과업을 이룩하기 위해서는 비록 이념과 체제가 다르다 하더라도 우리는 북한 공산주의자들과 대화를 계속해 나가야 한다는 것이 나의 소신입니다. 나는 한반도의 평화, 이산가족의 재결합, 그리고 조국의 평화통일, 이 모든 것이 민족의 소명에 따라 남북의 성실한 대화를 통해서만 이루어질 수 있는, 진정으로 민족중흥의 위대한 기초작업이며 민족웅비의 대설계라고 믿습니다.
　그러나 국민 여러분!
　지금 우리의 주변에서는 아직도 무질서와 비능률이 활개를 치고 있으며 정계는 파쟁과 정략의 갈등에서 좀처럼 헤어나지 못하고 있습니다. 그뿐 아니라 이 같은 민족의 대과업마저도 하나의 정략적인 시비거리로 삼으려는 경향마저 없지 않습니다. 이처럼 민족적 사명감을 저버린 무책임한 정당과 그 정략의 희생물이 되어온 대의기구에 대해 과연 그 누가 민족적 염원인 평화통일의 성취를 기대할 수 있겠으며 남북대화를 진정으로 뒷받침할 것이라고 믿겠습니까? 우리는 지금 국제정세의 거센 도전을 이겨내면서 또한 남북대화를 더욱 적극적으로 과감하게 추진해 나가야 할 중대한 시점에 처해 있습니다.
　이 같은 시점에서 우리에게 가장 긴요한 것은 줄기찬 예지와 불퇴전의 용기, 그리고 철통같은 단결이며 이를 활력소로 삼아 어렵고도 귀중한 남북대화를 더욱 뒷받침할 수 있을 뿐 아니란 급변하는 주변정세에 능동적으로 대응해 나갈 수 있는 모든 체제의 시급한 정비라고 믿습니다.
　우리 헌법과 각종 법령 그리고 현체제는 동서 양극체제하의 냉전시대에 만들어졌고, 하물며 남북의 대화 같은 것은 전연 예상치도 못하였던 시기에 개정된 것이기 때문에 오늘과 같은 국면에 처해서는 마땅히 이에 적응할 수 있는 새로운 체제로의 일대 유신적 개혁이 있어야 하겠습니다.
　국민여러분!
　이제 일대개혁의 불가피성을 염두에 두고 우리의 정치현실을 직시할 때 나는 정상적인 방법으로는 도저히 이 같은 개혁이 이루어질 수 없다는 판단을 내리게 되었습니다. 오히려 정상적인 방법으로 개혁을 시도한다면 혼란만 더욱 심해질 뿐더러 남북대화를 뒷받침하고 급변하는 주변정세에 대응해 나가는데 아무런 도움이 될 수 없다고 믿었기 때문입니다.
　따라서 나는 국민적 정당성을 대표하는 대통령으로서 나에게 부여된 역사적 사명에 충실하기 위해 부득이 정상적 방법이 아닌 비상조치로서 남북대화의 적극적인 전개와 주변정세의 급변하는 사태에 대처하기 위한 우리 실정에 가장 알맞은 체제개혁을 단행해야 하겠다는 결심을 하기에 이르렀습니다. 나는 오늘 이같은 결심을 국민 여러분에게 솔직히 알리면서 나의 충정에 대하여 깊은 이해를 구하고자 하는 것입니다.
　이번 비상조치는 결코 한낱 정권의 입장에서가 아니라 국권을 수호하고 사상과 이념을 초월한 성실한 대화를 통해 전쟁재발의 위험을 미연에 막고 나아가서는 5천만 민족의 영광스러운 통일과 중흥을 이룩하려는 실로 우리 민족의 운명과도 직결되는 불가피한 조치라고 확신합니다.

이제 나는 평화통일이라는 민족의 염원을 구현하기 위하여 우리 민족진영의 대동단결을 촉구하면서 오늘의 이 역사적 과업을 강력히 뒷받침해주는 일대 민족 주체세력의 형성을 촉진하는 대전기를 마련하기 위해 다음과 같은 약 2개월간의 헌법 일부조항의 효력을 중지시키는 비상조치를 국민 앞에 선포하는 바입니다.

1972년 10월 17일 19시를 기하여 국회를 해산하고 정당 및 정치활동의 중지 등 현행 헌법의 일부조항 효력을 정지시킨다.

일부 효력이 정지된 헌법조항의 기능은 비상국무회의에 의하여 수행되며 비상국무회의의 기능은 현행헌법의 국무회의가 수행한다.

비상국무회의는 1972년 10월 27일까지 조국의 평화통일을 지향하는 헌법개정안을 공고하며 이를 공고한 날로부터 1개월 이내에 국민투표에 부쳐 확정한다.

헌법개정안이 확정되면 개정된 헌법절차에 따라 늦어도 금년 연말 이전에 헌정질서를 정상화시킨다.

친애하는 국민여러분!

나는 지금 이상과 같은 비상조치를 국민여러분에게 선포하면서 이 나라의 자유민주주의를 더욱 건전하고 알차게, 그리고 능률적인 것으로 육성 발전시켜야겠다는 나의 확고한 신념을 밝혀두고자 합니다. 우리는 자유민주 체제보다 더 훌륭한 제도를 아직 갖지 못했습니다. 그러나 아무리 훌륭한 제도란 하더라도 이를 지킬 수 있는 능력이 없을 때에는 이 민주체제처럼 취약한 체제도 또한 없는 것입니다.

나는 지금 우리 민주체제에 그 스스로를 지켜나가며 더욱 발전할 수 있는 활력소를 불어넣어 주고 이를 바탕으로 하여 남북대화를 굳게 뒷받침해 줌으로써 평화통일과 번영의 기틀을 마련하고자 이 개혁을 단행하는 것입니다. 조국의 통일과 번영을 바라는 그 마음으로 우리 국민 모두가 한마음 한뜻이 되어 이 비상조치를 지지할 것으로 믿기 때문에 나는 앞에서 밝힌 제반 개혁이 공약한 시일내에 모두 순조로이 완결될 것으로 믿어 마지않습니다.

그러나 만일 국민 여러분이 헌법개정안에 찬성치 않는다면 나는 이것을 남북대화를 원치 않는다는 국민의 의사표시로 받아들이고 조국통일에 대한 새로운 방안을 모색할 것임을 아울러 밝혀두는 바입니다.

이번 비상조치는 근본적으로 그 목적이 제도의 개혁에 있는 것입니다. 따라서 국민의 일상생업과 활동에는 아무런 지장이나 변동도 없을 것을 확실히 밝혀둡니다.

모든 공무원들은 국민에 대한 공복으로서의 사명감을 새로이하고 맡은바 직책에 가일층 충실할 것을 촉구합니다.

정부는 국민의 명랑한 생활을 보장하기 위해 사회질서 확립에 각별한 관심을 기울일 것이며, 경제활동의 자유 또한 확고히 보장할 것입니다.

새마을운동을 국가시책의 최우선과업으로 정하며 이 운동을 통해 모든 부조리를 자율적으로 시정하는 사회기풍을 함양하며 과감한 복지균점정책을 구현해 나갈 것입니다.

그리고 이번 비상조치에 따라 개혁이 진행중이라 하더라도 한반도의 평화와 민족의 지상과제인 평화통일을 위한 남북대화는 계속 추진하겠다는 것이 정부의 입장임을 아울러 밝혀두는 바입니다.

친애하는 국민여러분

나는 이번 비상조치의 불가피성을 다시금 강조하면서 오늘의 성급한 시비나 비방보다는 오히려 민족의 유구한 장래를 염두에 두고 내일의 냉엄한 비판을 바라는 바입니다.

나 개인은 조국통일과 민족중흥의 제단 위에 이미 모든 것을 바친 지 오래입니다. 나는 지금 이 특별선언을 발표하면서 오직 민주제도의 건전한 발전과 조국통일의 영광된 그 날만을 기원하고 있으며 나의 이 기원이 곧 우리 국민 모두의 기원일 것으로 믿고 있습니다.

우리 모두 일치단결 하여 이 기원이 성취되는 그 날까지 힘차게 전진을 계속합시다. 그리하여 통일조국의 영광 속에서 민주와 번영의 꽃을 영원토록 가꾸어 나아갑시다.

1972년 10월 17일　　대통령 박정희(朴正熙)

[『史料解放 40年』]

요점　－군사정권의 기만적 통일문제 접근
　　　　－유신독재·총통정치의 시작

□ 大統領緊急措置1號(1974.1.8)

● 1. 대한민국 헌법을 부정·반대·왜곡 또는 비방하는 일체의 행위를 금한다.
　2. 대한민국 헌법의 개정 또는 폐지를 주장, 발의제안 또는 청원하는 일체의 행위를 금한다.
　3. 유언비어를 날조·유포하는 일체의 행위를 금한다.
　4. 전 1·2·3항에서 금한 행위를 권유·선동·선전하거나 방송·보도·출판, 기타 방법으로 이를 타인에게 알리는 일체의 언동을 금한다.
　5. 이 조치에 위반한 자와 이 조치를 비방하는 자는 법관의 영장없이 체포·구속·압수·수색하며 15년 이하의 징역에 처한다. 이 경우에는 15년 이하의 자격정지를 병과할 수 있다.
　6. 이 조치에 위반한 자와 이 조치를 비방하는 자는 비상군법회의에서 심판·처단

한다.
7. 이 조치는 1974년 1월 8일 17시부터 시행한다.

[『史料解放 40年』]

요점 – 유신체제의 수립과 민주주의탄압

自由實踐文人協議會 101人宣言

● 오늘날 우리 현실은 민족사적으로 일대 위기를 맞이하고 있다. 사회도처에서 불신과 불의, 부정과 부패가 만연하여 정직하고 근면한 사람을 살기 어렵고 거짓과 아첨에 능한 사람은 살기 편하게 되어 있으며, 왜곡된 근대화정책의 무리한 강행으로 인하여 권력과 금력에서 소외된 대다수 국민들은 기초적인 생존마저 안심할 수 없는 지경에 이르고 말았다. 이러한 모순과 부조리는 반드시 극복되어야 한다.

그러나 그것은 몇몇 정치가의 독단적인 결정에 맡겨질 일이 아니라 전 국민적인 지혜와 용기에 의해서만 가능한 일이라 믿고 이에 우리 뜻있는 문학인일동은 우리의 순수한 문학적 양심과 떳떳한 인간적 이성에 입각하여 다음과 같은 주장을 결·선언하는 바이며 이러한 우리의 주장이 실현되는 것만이 국민총화와 민족안보에 이르는 길이라고 선언하는 바이다.

결 의

1. 시인 김지하씨를 비롯하여 긴급조치로 구속된 모든 지식인·종교인 및 학생들은 즉각 석방되어야 한다.
2. 언론·출판·집회·결사 및 신앙·사상의 자유는 여하한 이유로도 제한될 수 없으며, 교수·언론인·종교인·예술가를 비롯한 모든 지식인은 이 자유의 수호에 적극 앞장서야 한다.
3. 서민대중의 기본적 생존권을 보장하기 위한 획기적 조치가 있어야 하며 현행 노동 제법은 민주적인 방향에서 개정되어야 한다.
4. 이상과 같은 사항들이 원칙적으로 해결되기 위해서는 자유민주주의 정신과 절차에 따른 새로운 헌법이 마련되어야 한다.
5. 이러한 우리의 주장은 어떠한 형태의 당리당략에도 이용되어서는 안될 문학자적 순수성의 발로이며, 또한 어떠한 탄압 속에서도 계속될 인간본연의 진실한 외침이다.

1974년 11월 18일

자유실천 문인협의회

고 문 : 이희승·이헌구·박화성·김정한·이영도·박두진·김상옥·이인석·박연희·장용학

대표간사 : 고은
　　간　　사 : 신경림·염무웅·박태순·황석영·조해일
　　회　　원 : 이선영 외 30인

[『史料解放 40年』]

□ 光州民主化運動[朝鮮大學校 學生聲明書]

● 아, 민족사의 비극이다. 하늘은 우리를 버렸다. 국토수호를 위임받은 군인이 제 나라의 양민을 학살하고 있다. 국민의 가슴이 산산이 부서진 오늘은 참을 수 없는 비극의 날이다. 5월 17일 밤을 기해 전두환과 그 일파는 기존의 비상계엄을 전국으로 확대하고 군부통치에 비판적인 정치인·민주인사들을 체포함으로써 민주주의에 대한 우리의 희망을 말살하고 말았다. 이에 분노한 광주의 전남대학교·조선대학교를 비롯하여 각 전문대학교와 고등학생들과 시민들의 평화적인 시위에 대해 계엄당국은 3만여 명의 전투경찰을 시내에 투입, 도로를 차단하여 시위군중들을 고립시켜 페퍼포그를 쏘아대면서 도망가지 못하게 하고 서울에서 급파된 3천명의 공수특전단들은 곤봉과 대검을 빼어들고 닥치는 대로 시민들을 학살하기 시작, 거리는 피로 물들었으며 시체는 군 트럭에 내어 던져지고, 젊은이들을 집에까지 쫓아가서 대문을 부수고 난자하여 죽였다. 이러한 만행에 시민들은 치를 떨며 저항하기에 이르렀다. 그러나, 맨손인 시민들은 도리어 칼질을 당하였고 여학생을 죽이는 것에 항의한 70노파는 그 자리에서 공수부대원들에게 찔려 죽었다.

　돌을 날라다 준 여학생을 시민들이 보는 앞에서 난자하였고 군인에 대고 울부짖는 시민들을 향해 피묻은 칼을 휘두르며 죽이겠다고 위협했다. 수많은 여학생들이 옷이 찢기고 발가벗겨진 채 트럭에 실려갔다.

　공수특전단들은 시내버스와 승용차를 세워 안에 타고 있는 젊은이들을 닥치는대로 군화발로 짓이겨 병신을 만들거나 연행해 갔고, 시외버스터미널에서는 젊은이의 시체가 대합실에 즐비하였고, 미처 치우지 못한 시체는 밤늦게까지 길가에 그대로 놓여 있었다. 젊은이들을 굴비엮듯 길바닥에 눕혀 놓았으며 "젊은놈들은 모조리 죽여버려라"고 소리쳤다.

　이 참상을 본 나이먹은 어른들은 6·25때 인민군들보다 더 잔인하다고 통탄하였으며 그 참상은 필설로 설명할 수 없었다.

　지금 광주천지에서는 젊다는 이유 한가지만으로 죄가 되어 생명을 잃어야 하거나 병신이 되어야 하는 처절한 운명에 놓여 있다. "광주시민 70%는 죽여도 좋아" "개 몇 마리 잡았나?"는 공수특전단들의 구호였다.

　부상당한 여학생을 병원까지 쫓아간 간호원들을 구타하고 치료에 필요한 기물을 파괴하였다. 아! 베트남전쟁에서의 양민학살을 제 동포들에게 되풀이하고 있구나! 세계역사상 가장 잔인스러운 학살에 분노한 광주의 애국시민들은 궐기하여 중무장한 공수부대에 대해 맨손으로 항거했다.

　시민의 분노는 진실을 왜곡하고 있는 매스컴에로 돌려져 문화방송을 불태웠으며 몇 군데의 파출소와 군용트럭·페퍼포그차를 불태웠다. 이 모든 것은 비무장시민들에게 가한 만행에 대한 응답이었다. 계엄당국은 이런 파괴행위를 시민들이 계획해 온 것이라고 주장하면서 진실을 왜곡했다. 5월 20일 밤을 계기로 전라남도 내의 모든 통신이 차단되고 군부의 살륙작전은 최후의 국면에 접어들었다. 고등학생들조차 엉금엉금 기어가도록 두들겨 맞았으며 지금까지 희생된 사망자 수는 2백여 명, 부상자는 1천여 명을 헤아리고 있다. 한국의 언론은 이 사태에 침묵을 지키고 있으며 18일부터 21일까지 5일간의 악몽 동안 특히 그러했다. 그들은 전두환이 작성해 준 원고를 앵무새처럼 외우면서 사태가 불순분자들의 책동이라고 말하고 있으니, 아! 앞이 캄캄하고 가슴이 아파 붓을 움직일 수가 없구나!

　5월 21일 전두환은 수많은 사실을 '근거없는 유언비어'라고 낙인찍었으나 우리는 다음의 사실을 확인한다. 첫날 최소한 40여명이 백주에 공수부대의 대검에 의해 죽어갔으며 한 여학생은 광주의 분수대에 발가벗겨지고 유방을 도려 내인 채 매어져 죽어갔다. 현재 공수부대원들은 시민들에 의해 도시외곽으로 쫓겨나고 시내의 수많은 관공서가 불타고 있으며 모든 교통통신은 두절되었다. 시민들은 군대의 진주를 막기 위해 광주로 들어오는 철길을 파괴했으며 시민들의 외치는 구호는 "우리 함께 죽자!" "죽여달라!"이다. 부마사태 때에는 전라도출신 공수부대원들을 투입시켰고 이제 광주에서는 경상도출신 공수부대원들을 투입시켜 지역감정을 유발하여 시민들을 행동하게 하고 있다. 전두환은 국민을 둘로 나눈 채 권력을 유지하려 하고 있으니 이것은 이 민족의 소망에 대한 명백한 배신이다. 우리는 조용히 앉아 이 사태를 방관하지 않겠다.

　더 이상 억압과 착취에 시달리지 않는 영광스러운 그의 군대를 우리사회에서 쫓아내야 한다. 이 사명을 우리의 마음속에 새기고 함께 일어서서 함께 싸우고 숨이 붙어 있는 한 애국가를 부르며 함께 나아가자.

　대한민국 만세! 민주주의 만세!

　이상의 믿어지지 않는 사태는 80만 광주시민이 그 증인이다.

　광주시민은 최후의 한 사람까지 투쟁할 것이다.

1980. 5. 22

조선대학교 민주투쟁위원회　　한국 광주

『人權報告書』

요점 ─ 광주 민중항쟁의 배경과 역사적 의의

□ 國家保衛非常對策委員會 設置令[대통령령 제9897호]

● 제1조(설치) 비상계엄하에서 계엄법 제9조 제11조의 규정에 의하여 계엄업무를 지휘감독함에 있어서 대통령을 보좌하고 국가를 보위하기 위한 국책사항을 심의하기 위하여 대통령소속하에 '국가보위비상대책위원회(이하'비상대책위원회'라 한다)'를 설치한다.

제2조(구성) 비상대책위원회는 국무총리, 부총리 겸 경제기획기원장관, 외무부장관·내무부장관·법무부장관·국방부장관·문교부장관·문화공보부장관, 중앙정보주장·대통령비서실장·계엄사령관·합동참모회의의장·각군참모총장 및 국군보안사령관과 대통령이 임명하는 10인 이내의 위원으로 구성한다.

제3조(회의소집) 대통령은 비상대책위원회의 의장이 되며, 의제를 선정하여 소집하고 이를 주재한다.

제4조(상임위원회의 설치) 비상대책위원회의 위임에 따라 제1조에 규정된 사항의 기획과 집행의 조정 및 통제를 하기 위하여 비상대책위원회에 국가보위비상대책 상임위원회(이하 '상임위원회'라 한다)를 둔다.

제5조(상임위원회의 구성)

① 상임위원회는 위원장과 30인 이내의 위원으로 구성한다.

② 상임위원회 위원장은 비상대책위원회 위원중에서 대통령이 지명하며, 상임위원회 위원은 대통령이 임명, 또는 위촉한다.

제6조(분과위원회의 설치)

① 상임위원회의 사무를 분장·처리하기 위하여 상임위원회에 분과위원회를 둘 수 있다.

② 상임위원회에 두는 분과위원회의 종류와 그 분장사무는 상임위원회가 대통령의 승인을 얻어 이를 정한다.

제7조(운영세칙) 이 령에 규정된 이외에 비상대책위원회 운영, 기타 필요한 사항은 비상대책위원회가 이를 정한다.

　　부　　칙(시행일) 이 령은 공포한 날로부터 시행한다.

1980년 5월 27일

[『國保衛白書』]

요점 -초법적 군사통치기구의 설치

□ 6·10 국민대회선언

◉ 국민합의 배신한 4·13호헌조치는 무효임을 전 국민의 이름으로 선언한다.

오늘 우리는 전 세계 이목이 우리를 주시하는 가운데 40년 독재정치를 청산하고 희망찬 민주국가를 건설하기 위한 거보를 전 국민과 함께 내딛는다. 국가의 미래요 소망인 꽃다운 젊은이를 야만적인 고문으로 죽여놓고 그것도 모자라서 뻔뻔스럽게 국민을 속이려 했던 현정권에게 국민의 분노가 무엇인지를 분명히 보여주고, 국민적 여망인 개헌을 일방적으로 파기한 4·13폭거를 철회시키기 위한 민주장정을 시작한다.

오늘, 광주학살에 참여한 정치군인들 사이의 요식적인 자리바꿈을 위한 영구집권의 시나리오가 수만 전투경찰의 삼엄한 엄호 속에 처러졌다. 이번 민정당 전당대회는 독재세력의 내부행사일 뿐 국민의 민주적 여망과는 아무 관계가 없는 것임을 전국민의 이름으로 선언한다……

무엇보다도 우리는 이른바 4·13 대통령의 특별조치를 국민의 이름으로 무효임을 선언한다. 이 나라는 전제군주국가가 아니다. 이 나라의 엄연한 주인은 국민이요, 국민이 국가권력의 주체이다. 따라서 전 국민적인 여망인 민주헌법쟁취를 통한 민주정부의 수립의지를 정면으로 거부한 이 폭거는 결코 인정될 수 없다. 광주학살 이후 계엄령하에서 급조된 현행헌법에서조차 대통령은 오직 헌법개정에 관한 발의권밖에 가지지 못하도록 되어 있다. 그런데도 행정부의 수반이 국민의 대표기관인 국회의 개헌논의 중지를 선언하고 이를 재개하는 자를 의법조치하겠다고 엄포를 놓은 것은 위헌적인 월권행위요, 민주주의의 요체인 3권분립을 파기한 폭군적 망동이었다. 헌법개정의 주체는 오로지 국민이다. 국민 이외의 어느 누구도 이 신성한 권리를 대행하거나 파기할 수 없다. 그러므로 국민적 의사를 전적으로 묵살한 4·13폭거는 시대적 대세인 민주화를 거스르려는 음모요 국가권력의 주인인 국민을 향한 도전장이 아닐 수 없다……

이제 우리 국민은 이 민족의 40년 숙원인 민주화를 달성하기 위해 일어섰다. 이 민주화라는 과제가 88올림픽을 이유로 연기될 수 없다. 인류평화의 제전이요 민족의 축제가 되어야 할 88올림픽이 민주화를 늦추고 현행 헌법대로 독재정권을 연장시키는데 악용되어서는 안된다. 우리는 민주화라는 '민족적 대사'를 완수한 이후에 전국민의 압도적 지지 위에 세워진 튼튼한 민주정부 하에서 다가오는 88올림픽을 민주시민의 감격과 긍지를 가지고 치러야 한다……

이제 우리 국민은 그 어떠한 이유나 명분으로도 더 이상 민주화의 실현이 지연되어서는 안된다고 요구하고 있다. 분단을 이유로, 경제개발을 이유로, 그리고 지금은 올림픽을 이유로 민주화를 유보하자는 역대 독재정권의 거짓 논리에서 이제는 깨어나고 있다.

오늘 고 박종철군을 고문살인하고 은폐조작한 거짓 정권을 규탄하고 국민의 여망을 배신한 4·13폭거가 무효임을 선언하는 우리 국민들의 행진은 이제 거스를 수 없는 역사의 대세가 되었다. 세계의 양심과 이성이 우리를 격려하고 민주제단에 피뿌린 민주영령들이 우리를 향도하며, 민주화 의지로 사기충천한 온 국민의 민주화 결의가 큰 강줄기를 형성하니 무엇이 두려운가. 자! 이제 우리의 자리를 박차고 일어나 찬연한 민주 새벽의 그날을 앞당기자. 민주·민권 승리의 확신과 필승의 의지를 가지고 오늘 우리 모두에게 맡겨진 민족의 과제 앞에 힘차게 전진하자.

□ 6·29선언

● 친애하는 국민여러분!

오늘 저는 각계각층이 서로 사랑하고 화합하여 이 나라의 국민임을 자랑스럽게 여기며, 정부 역시 국민들로부터 슬기와 용기와 진정한 힘을 얻을 수 있는 위대한 조국을 건설하기 위해 비장한 각오로 역사와 국민 앞에 서게 되었습니다.

그러면 저의 구상을 주저없이 말씀드리겠습니다. 이 구상은 대통령 각하께 건의를 드릴 작정이며, 당원동지, 그리고 국민 여러분의 뜨거운 뒷받침을 받아 구체적으로 실현시킬 결심입니다.

첫째, 여야합의하에 조속히 대통령 직선제개헌을 하고 새 헌법에 의한 대통령선거를 통해 88년 2월 평화적 정부이양을 실현토록 해야겠습니다. 오늘의 이 시점에서 저는, 사회적 혼란을 극복하고, 국민적 화해를 이룩하기 위하여는, 대통령 직선제를 택하지 않을 수 없다는 결론에 이르게 되었습니다. 국민은 나라의 주인이며, 국민의 뜻은 모든 것에 우선하는 것입니다.

둘째, 직선제개헌이라는 제도의 변경뿐만 아니라, 이의 민주적 실천을 위하여는 자유로운 출마와 공정한 경쟁이 보장되어 국민의 올바른 심판을 받을 수 있는 내용으로 대통령선거법을 개정하여야 한다고 봅니다. 또한 새로운 법에 따라, 선거운동·투개표과정 등에 있어서 최대한의 공명정대한 선거관리가 이루어져야 합니다.

셋째, 우리 정치권은 물론 모든 분야에 있어서의 반목과 대결이 과감히 제거되어 국민적 화해와 대단결을 도모하여야 합니다. 그러한 의미에서 저는 그 과거의 행적이 어떠하였든 간에 김대중(金大中)씨도 사면·복권되어야 한다고 생각합니다. 그리고 우리와 우리들 자손의 존립기반인 자유 민주주의적 기본질서를 부인한 반국가사범이나 살상·방화·파괴 등으로 국기를 흔들었던 극소수를 제외한 모든 시국관련 사범들도 석방되어야 합니다.

넷째, 인간의 존엄성은 더욱 존중되어야 하며 국민 개개인의 기본적 인권은 최대한 신장되어야 합니다. 이번의 개헌에는 민정당이 주장한 구속적부심 전면확대 등 기본권 강화조항이 모두 포함되기를 기대합니다. 또한 정부는 인권침해 사례가 없도록 특별히 유의하여야 하며, 민정당은 변호사회 등 인권단체와의 정기적 회합을 통하여 인권침해 사례의 즉각적 시정과 제도적 개선을 촉구하는 등 실질적 효과거양에 주력하여야 할 것입니다.

　다섯째, 언론자유의 창달을 위해 관련제도와 관행을 획기적으로 개선해야 합니다. 아무리 그 의도가 좋더라도, 언론인 대부분의 비판의 표적이 되어온 언론기본법은 시급히 대폭 개정되거나 폐지하여 다른 법률로 대체되어야 할 것입니다. 지방 주재기자를 부활시키고 프레스카드 제도를 폐지하며 지면의 증면 등 언론의 자율성을 최대한 보장하여야 합니다. 정부는 언론을 장악할 수도 없고 장악하려고 시도하여서도 아니됩니다. 국가안전보장을 저해하지 않는 한 언론은 제약받아서는 아니됩니다. 언론을 심판할 수 있는 것은 독립된 사법부와 국민임을 다시 한번 상기합니다.

　여섯째, 사회 각 부문의 자치와 자율은 최대한 보장되어야 합니다. 각 부문별로 자치와 자율의 확대는 다양하고 균형있는 사회발전을 이룩하여 국가발전의 원동력이 된다고 믿습니다. 개헌절차에 불구하고 지방의회 구성은 예정대로 순조롭게 진행되어야 하고 시·도 단위 지방의회 구성도 곧이어 구체적으로 검토·추진하여야 할 것으로 생각됩니다. 학문의 전당인 대학의 자율화와 교육자치도 조속히 실현되어야 합니다. 이를 위해 대학의 인사·예산·행정에 대한 자율성을 보장하고 입시·졸업제도도 그와 같은 방향으로 개선해 나가야 합니다. 그리고 우수한 많은 학생들이 학비조달에 큰 어려움이 없도록 관련제도를 보완하고 예산에 반영하여야 할 것입니다.

　일곱째, 정당의 건전한 활동이 보장되는 가운데 대화와 타협의 정치풍토가 조속히 마련되어야 합니다. 정당은 국리민복을 위하여 책임있는 주장이나 정책을 추진함으로써 국민의 정치적 의사를 형성하고 결집하는 민주적 조직체이어야 합니다. 정당이 이러한 목적에 위배되지 않는 건전한 활동을 하는 한, 국가는 이를 보호하고 육성하는 데 진력하여야 할 것입니다.

　여덟째, 밝고 맑은 사회건설을 위하여 과감한 사회정화 조치를 강구해야 합니다. 이를 위해 모든 시민이 안심하고 행복한 생활을 누릴 수 있도록 폭력배를 소탕하고 강도절도 사범을 철저히 단속하는 등 서민생활 침해사범을 척결하고 우리 사회에 잔존하는 고질적인 비리와 모순을 과감히 시정해 나가야 합니다. 근거없는 유언비어가 추방되고 지역감정이나 흑백논리와 같은 단어들이 영원히 사라져 서로 신뢰하고 사랑할 수 있는 공동체를 만들어야 합니다. 그리하여 온 국민이 안정된 사회환경 속에 안심하면서 자부심을 가지곤 활기찬 생활을 할 수 있도록 해야 할 것입니다.

　이러한 사항들이 오늘의 난국을 타개하고 위대한 국가로의 전진을 위한 시급한 당면과제라고 생각합니다.

　국민 여러분! 역사의 단절이 아니라 지속적 발전을 바라는 여러분의 기대를 등에 업고 역사와 국민을 두려워하는 겸허한 마음으로 오늘 저는 이 제안을 감히 하는 바입니다. 저는 우국충정에서 나온 이 구상이 대통령 각하와 민주정의당 전 당원은 물론이고 국민 모두의 성원으로 꽃피울 수 있게 되리라 확신합니다.

　저의 이 기본구상이 받아들여질 경우에는 앞으로 이에 따른 세부 추가 사상들이 추진될 것입니다. 만의 일이라도 위의 제안이 관철되지 아니할 경우, 저는 민정당 대통령 후보와 당 대표위원직을 포함한 모든 공직에서 사퇴할 것임을 아울러 분명히 밝혀두는 바입니다.

민주정의당 대표 노태우
[『東亞年鑑』, 1988]

요점 －6·29선언의 배경과 민중의 성장
　　　－민족민주운동 세력의 성장과 분화

□ 南·北 사이의 화해와 불가침 및 교류 협력에 관한 합의서

◉ 남과 북은 분단된 조국의 평화적 통일을 염원하는 온 겨레의 뜻에 따라 7·7 남북공동성명에서 천명된 조국통일 3대 원칙을 재확인하고, 정치 군사적 대결상태를 해소하여 민족적 화해를 이룩하고, 무력에 의한 침략과 충돌을 막고 긴장완화와 평화를 보장하여, 다각적인 교류·협력을 실현하여 민족공동의 이익과 번영을 도모하여, 쌍방 사이의 관계가 나라와 나라 사이의 관계가 아닌 통일을 지향하는 과정에서 잠정적으로 형성되는 특수관계라는 것을 인정하고, 평화통일을 성취하기 위한 공동의 노력을 경주할 것임을 다짐하면서, 다음과 같이 합의하였다.

제1장 남북화해

제1조 남과 북은 서로 상대방의 체제를 인정하고 존중한다.
제2조 남과 북은 상대방 내부문제에 간섭하지 아니한다.
제3조 남과 북은 상대방에 대한 비방, 중상을 하지 아니한다.
제4조 남과 북은 상대방을 파괴, 전복하려는 일체 행위를 하지 아니한다.
제5조 남과 북은 현 정전상태를 남북 사이의 공고한 평화상태로 전환시키기 위하여 공동으로 노력하며 이러한 평화상태가 이룩될 때까지 현 군사정전협정을 준수한다.
제6조 남과 북은 국제무대에서 대결과 경쟁을 중지하고 서로 협력하며 민족의 존엄과 이익을 위하여 공동으로 노력한다.
제7조 남과 북은 서로의 긴밀한 연락과 협의를 위하여 이 합의서 발효 후 3개월안에 판문점에 남북연락사무소를 설치, 운영한다.
제8조 남과 북은 이 합의서 발표 후 3개월 안에 본회담 테두리 안에서 남북정치분과 의원회를 구성하여 남북화해에 관한 합의의 이행과 준수를 위한 구체적대책을 협의한다.

제2장 남북 불가침

제9조 남과 북은 상대방에 대하여 무력을 사용하지 않으며 상대방을 무력으로 침략하지 아니한다.

제10조 남과 북은 의견대립과 분쟁문제들을 대화와 협상을 통하여 평화적으로 해결한다.

제11조 남과 북의 불가침 경계선과 구역은 1953년 7월 27일자 군사정전에 관한 협정에 구정된 군사분계선과 지금까지 쌍방이 관할하여온 구역으로 한다.

제12조 남과 북은 불가침의 이행과 보장을 위하여 이 합의서 발효 후 3개월 안에 남북군가공동위원회를 구성·운영한다. 남북군사공동위원회에서는 대규모 부대이동과 군사연습의 통보 및 통제문제, 비무장지대의 평화적 이용문제, 군인사 교류 및 정보교환 문제, 대량살상무기와 공격능력의 제거를 비롯한 단계적 군축 실현문제, 검증문제 등 군사적 신뢰조성과 군축을 실현하기 위한 문제를 협의 추진한다.

제13조 남과 북은 우발적인 무력충돌과 그 확대를 방지하기 위하여 쌍방 군사 당국자 사이에 직통전화를 설치 운영한다.

제14조 남과 북은 이 합의서 발표 후 1개월 안에 본회담 테두리 안에서 남북군사 분과위원회를 구성하여 불가침에 관한 합의의 이행과 준수 및 군사적 대결상태를 해소하기 위한 구체적 대책을 협의한다.

제3장 남북교류·협력

제15조 남과 북은 민족경제의 통일적이며 균형적인 발전과 민족 전체의 복리 향상을 도모하기 위하여 자원의 공동개발, 민족내부 교류로서의 물자교류, 합작투자 등 경제교류와 협력을 실시한다.

제16조 남과 북은 과학·기술, 교육, 문학, 예술, 보건, 체육, 환경과 신문, 라디오, 텔레비전 및 출판물을 비롯한 출판·보도 등 여러 분야에서 교류와 협력을 실시한다.

제17조 남과 북은 민족구성원들의 자유로운 왕래 접촉을 실현한다.

제18조 남과 북은 흩어진 가족·친척들의 자유로운 서신거래와 왕래와 상봉 및 방문을 실시하고 자유의사에 의한 재결합을 실현하며, 기타 인도적으로 해결할 문제에 대한 대책을 강구한다.

제19조 남과 북은 끊어진 철도와 도로를 연결하여 해로, 항로를 개설한다.

제20조 남과 북은 우편과 전기통신교류에 필요한 시설을 설치·연결하며, 우편·전기통신 교류의 비밀을 보장한다.

제21조 남과 북은 국제무대에서 경제와 문화 등 여러분야에서 서로 협력하며 대외에 공동으로 진출한다.

제22조 남과 북은 경제와 문화 등 각 분야의 교류와 협력을 실현하기 위한 합의의 이행을 위하여 이 합의서 발표 후 3개월 안에 남북경제교류·협력공동위원회를 비롯한 부문별 공동위원회를 구성·운영한다.

제23조 남과 북은 이 합의서 발효 후 1개월 안에 본회담 테두리 안에서 남북교류·협력분과위원회를 구성하여 남북교류·협력에 관한 합의의 이행과 준수를 위한 구체적 대책을 협의한다.

요점 －남북 기본 합의서 채택의 의미

제3장 新自由主義의 擡頭와 世界化

1. 國際秩序의 再編

- 개요 -

> 동구 사회주의 세계가 몰락하고 냉전구조가 해체됨으로써 자본주의는 가장 강력한 견제세력이자 반면교사를 잃게 되었다. 최근 세계적 조류로 등장하고 있는 신자유주의는 자본주의의 가장 무책임한 형태로 지적되고 있다. 유럽의 좌파 지식인들은 신자유주의가 보수적이고 복고적인 속성을 갖고 있으면서도 진보적인 가면으로 위장하고 있다고 비판한다. 현재 국내외를 막론하고 신자유주의에 반대하는 소수 비판자들은 오히려 세계적 조류를 무시하는 구세력으로 매도된다. 기업에 대한 일체의 사회적 통제를 거부하고 초국적 거대자본을 옹호하는 신자유주의는 미국의 주도아래 맹위를 떨치고 있다. 비교적 성공한 말레이시아의 사례가 있으나 개별국가 단위의 저항은 한계가 있어 보인다. 신자유주의의 확산을 저지하기 위해서는 국제적인 연대가 필수적인 것이다.

□ UR貿易協商合議案[발췌]

- 1995년 1월까지 가트[관세무역에 관한 일반협정]를 대체할 다자간 무역기구(MTO)를 설립한다.
- 1995년 1월을 시점으로 공산품은 5년, 농산물은 6년에 걸쳐 관세를 철폐 또는 인하한다.
- 원칙적으로 농산물에 대한 모든 비 관세조치를 일반관세로 전환한다.
- 일본에 대해서는 특별대우로 관세화를 6년간 유예하며 그 동안 국내소비량의 4~8%의 회소 시장접근을 허용한다.
- 최종 반덤핑관세의 회피를 막기 위해 반덤핑조치를 적용한다.
- 수축 자주규제 등 회색조치를 4년 이내에 단계적으로 철폐한다.
- 통상관련 지적재산권 분야에서 특히 컴퓨터 프로그램 및 데이터베이스의 저작권과 대여권을 보호한다.
- 국내조달의 특별한 수준을 요구하거나 수출상품 수준과 관련해 수입을 양적 또는 금액상으로 제한하는 무역관련 투자조치를 금지한다.
- 가트규정에 부합되지 않는 일방적 분쟁조정 절차를 금지한다.
- 원칙적으로 서비스에는 최혜국 및 내국인대우를 적용한다.

[『朝鮮日報』1993.12.16]

□ 서울 NGO 선언문[요약]

● 새 천년의 도전

평화와 정의, 빈곤퇴치를 위한 투쟁의 선봉장으로서 NGO들은 점증하는 폭력과 무력갈등, 광범위한 인권침해, 그리고 수십억으로 추산되는 최저 생존수단을 보장받지 못하는 인구의 급증이 인간에게 미치는 영향을 일상적으로 접하고 있다.

그러나 희망을 가질 수 있는 이유들도 많이 있다. 지난 수십년간 이러한 해악들을 제거하는데 헌신한 민중운동과 시민사회단체, 그리고 NGO들의 괄목할 만한 성장이 있어 왔다.

이러한 맥락에서 이번 서울대회에서는 상호 관련있는 많은 주체들을 고찰했고 21세기를 위한 공통의 비전을 선언했으며 이 비전을 실현하기 위한 구체적 행동들에 관해 합의하였다.

우리의 비전

1. 우리들이 전망하는 세계는 바로 인간중심적이며 진실로 민주주의적이고 인간이 자신의 운명에 전적으로 참여하여 스스로 주인이 되는 세계이다.
2. 모든 사회가 정의, 평등, 존엄, 만인의 다양성과 인권에 대한 존중을 중추로 삼는 세계이다.
3. 유엔헌장의 원칙들에 반영돼 있는 것처럼 평화와 인간안보가 군비갈등과 전쟁을 대체하는 세계이다.
4. 남녀노소가 리더쉽 의사결정 가정책임 등 모든 차원에서 진정한 평등을 공유하는 세계이다.
5. 국가의 힘이 군사력이나 국민소득이 아니라 국민들을 위한 자유, 인간안보, 양질의 삶과 교육, 주거와 건강을 기꺼이 보장하고 지구공동사회를 위해 타국과 적극 협력하려는 의사에 의해 결정되는 세계이다.
6. 세계화와 경제성장이 사회발전, 지속가능한 환경, 인류의 복지를 위해 활용되는 세계이다.
7. 과학과 기술이 윤리적 도덕적 가치에 기여하는 세계이다.
8. 모든 성인남녀가 아동의 존중 보호 교육에 관심을 기울이고 그들이 가르치는 교훈과 솔선수범이 비폭력과 인권의 근원이 되는 세계이다.
9. 토착민 노인 청소년 장애인 농촌주민 기타 소외된 사람들의 주장이 정책과 의사결정에 반영되는 세계이다.
10. 인간의 욕구가 생물학적 다양성과 지구환경을 존중하고 세대간 평등과 정의를 유지하는 방식으로 충족되는 세계이다.

유엔에게

· 최근 몇 년 사이에 이룩된 NGO와의 동반자 관계의 심화, 그리고 NGO가 유엔활동에 참여할 수 있는 모든 기회의 제공
· 세계평화와 모든 사람들의 발전을 위한 조건을 확보하는 데에서 더욱 창조적이고 효율적인 역할의 수행
· 연대감을 갖고 NGO간의 동반자 관계의 심화, 확대, 그리고 공통의 목적을 추구함에 있어서 자신들의 자원, 경험, 에너지의 공유
· 자율성과 독립을 보존해 나가는 한편, 정부 및 유엔과 비판적이며 건설적인 동반자 관계하에서 활동 전개
· 윤리적 성실성 투명성 신뢰성이 최고 기준들에 부합하면서 자신들의 강령 계획 활동에 맞춰서 행위해 나가며 자신들의 정통성과 힘의 원천인 가치와 이상의 준수

[『東亞日報』 1993.10.15]

2. 世界化의 虛構性

- 개요 -

문민정부의 개혁조치가 힘을 잃어갈 무렵 제시된 새로운 국정지표는 세계화였다. 군사독재정권 시기 친미반공과 근대화가 통치 이데올로기였다면 기득권세력의 지배논리가 세계화 개방화로 분식되어 새롭게 등장한 것이다. 세계화가 전세계적 추세이며 현대사회의 생산력 발전 수준이 초국가적 국제적 분업과 협업을 요구하고 있다는 논리도 일견 타당성이 있어 보인다. 그러나 김영삼 정권 이후 지속되어온 세계화 논리는 많은 문제점을 내포하고 있다. 세계화의 공세가 미국의 이익을 중심으로 전개되고 있고 수혜층이 기득권층으로 한정되면서 민중에게 일방적인 희생을 요구하고 있다는 점은 이미 I.M.F사태로 증명되고 있다. I.M.F체제를 초래한 재벌·관료세력과 이를 방치한 언론 등은 내부모순을 국가간 경쟁력으로 호도하면서 본질을 은폐하려 하였다. 60~70년대 개발독재의 후과가 오늘의 각종 폐해로 나타나고 있음에도 근대화 서구화 지상주의를 그대로 답습하고 있는 것에 문제의 심각성이 있다. 세계화를 추진하기 위해서는 먼저 구성원 내부의 폭넓은 공감대 형성과 부의 환원에 의한 복지사회의 건설, 개혁을 통한 내부의 비합리적 요소의 제거 등이 전제되어야 할 것이다.

□ 한국-IMF 구제금융 양해각서 [前文]
Korea-Memorandum on the Economic Program

● 1. 지난 수십년간 신중한 거시경제 정책과 지속적인 구조조정 작업은 한국을 급속한 경제성장의 길로 인도했다. 1인당 국내총생산(G.D.P)이 연평균 7% 가까이 증가하면서 빈곤했던 농업경제는 선진 산업경제로 탈바꿈했다. 그러나 동시에 정부 개입정책의 한계도 확실히 드러났다. 정부의 과도한 개입정책은 비효율적인 금융부문을 만들고 시장원칙을 결여한채 거액의 부채를 안고 있는 기업부문을 남겼다.

2. 최근 몇년간 한국정부는 특히 금융부문을 중심으로 여러 분야에서 구조조정 작업을 벌여왔다. 그러나 현재의 금융위기는 정치적 개입으로부터 자유롭고 동시에 규칙과 선진산업국의 관행을 따르는 보다 튼튼하고 투명한 금융 시스템을 만들기 위해 포괄적이고 신속한 개혁이 필요하다는 사실을 명백히 보여줬다. 이같은 금융 시스템은 한국경제가 세계화의 도전을 이겨내는 동시에 다시 빠르고 지속적인 성장의 길로 접어드는데 결정적으로 필요하다

3. 현재의 금융위기가 발생하기 이전 한국의 거시경제정책의 성과는 대체로 만족할 만했다. 97년 3분기까지 실제 G.D.P는 약 6% 증가했으며 소비자 물가상승률은 4% 수준으로 억제됐다. 올해 경상수지적자는 G.D.P의 3%이하로 떨어질 것으로 보인다. 정부의 신중한 재정정책으로 97년 예산 적자는 소폭에 머무를 것으로 보이며, 통화량도 정부의 인플레 억제목표에 맞춰 최소한의 증가에 머물렀다.

4. 그러나 올초부터 사상 유례없는 대기업(재벌)의 연쇄부도 사태가 발생했다. 높은 부도율은 일부 분야에 대한 과도한 투자, 수출가격 하락과 함께 정부가 재벌 부도를 허용키로 한데 따른 것이다. 기업 도산은 금융기관의 무수익자산(부실여신)을 9월말까지 32조원(G.D.P의 7%)으로 급속히 증가시켰다. 이는 96년말 수치의 두배 가량의 규모다.

5. 현재 한국 금융산업이 겪고 있는 어려움은 시장경제원리에 대한 금융기관의 인식부족과 취약한 건전성 감독의 결과다. 금융기관은 위험도에 대한 평가를 제대로 하지 못했으며, 민간기업의 과잉 투자계획을 지나치게 지원했다. 동시에 주가폭락으로 은행 보유 주식의 가치가 하락했다. 이로 인해 국제 신용평가기관들이 한국 금융기관들의 신용등급을 잇따라 하향조정 했으며, 해외자금 조달이 급속히 어려워졌다.

[『韓國日報』1997.12.6]

□ "인간의 얼굴을 한 세계화를"[다보스 포럼]

● 코피 아난 유엔사무총장은 31일 스위스 다보스의 세계경제포럼에서 세계 정·재계 지도자들에게「인간의 얼굴을 한 세계화」를 촉구했다.

아난 총장은 이날 연설에서「인간의 얼굴을 한 세계화」를 위해서는 재계 지도자들이 개별 기업 단위에서, 적절한 공공정책에 대한 지원을 통해『인간적 가치를 포용하고 실천해야 한다』고 지적했다.

그는 인간 존중을 위한 3대 가치로 세계인권선언, 국제노동기구(ILO)선언, 리우환경회담선언 등에 반영된 인권, 노동권, 환경 보호 등을 제시했다.

그는 재계 지도자들이 인권의 보호와 존중에 힘쓰고 사업장에서 인권남용이 없도록 해야 한다고 말했다. 또 노동자들의 조합 결성권을 인정하고 강제노동및 어린이 노동, 직장내 차별을 폐지하도록 요청했다.

그는 세계화가 이제 삶의 현실이 됐지만 그 취약성을 과소평가한 면이 있다며 "우리는 단기적 이익만 추구하는 글로벌 시장과 인간의 얼굴을 한 것중 하나를 선택해야 한다"고 주장했다.

한편 회의에 참석한 세계 각국의 정·재계 지도자들은 금융위기를 아시아, 러시아, 브라질로 확산시키고 있는「세계화 자본주의」의 문제점들을 논의했으나 이해가 엇갈려 합의점을 이끌어내는 데 실패했다.

회의에서는 투기성 단기자본 규제와 금융체제 개혁, 유로화 출범에 따른 변동환율제의 문제점 등이 집중 논의됐으나 미국의 신자유주의 입장과 규제를 강조하는 반대 입장이 맞섰다.

앨 고어 미 부통령은 투기자본의 적극 규제 대신「투명하고 책임있는」새 금융 체제를 제안했으며 로렌스 서머스 재무부 부장관도 아시아 금융 위기의 원인은『국제 투기꾼 소행이라기보다는 국내 자본의 이동과 더 관련이 크다』고 주장했다.

그러나 사카키바라 에이스케 일본 대장성 재무관은 민간 자본의 흐름에 대한 좀 더 엄격한 감시의 필요성을 강조했다.

[『韓國日報』 1999.2.1]

요점 －IMF체제의 배경
　　　－세계화의 양면성

논점 한국사 사료집성

인쇄일 초판 1쇄   2000년 03월 25일
         2쇄   2015년 04월 11일
발행일 초판 1쇄   2000년 03월 01일
         2쇄   2015년 04월 24일

지은이 이 연 외
발행인 정 진 이
발행처 국학자료원
등록일 1994.03.10, 제17-271호

서울시 강동구 성내동 447-11 현영빌딩 2층
Tel : 02-442-4623~4 Fax : 02-6499-3082
www.kookhak.co.kr
E- mail : kookhak2001@hanmail.net
ISBN 978-89-8206-472-2 (03910)
가 격 18,000원

*저자와의 협의 하에 인지는 생략합니다.